다산기념 철학강좌

세계 석학들의 향연

다산기념 철학강좌
■
세계 석학들의 향연

윤리와 사회철학

한국철학회 편

철학과현실사

다산기념 철학강좌 합본 출간에 부쳐

이 책은 지난 10여 년간(1997-2007) 한국철학회가 주관하고 명경의 료재단(꽃마을한방병원)이 후원한 다산기념 철학강좌의 성과이며, 그 심포지엄 강좌에 초대된 열 명의 세계 석학들에 의해 행해진 각 강연 논문들(한국어 번역)을 모두 함께 묶은 책이다.

국내 학자로서 이미 고인이 된 김태길 교수님을 필두로 중국 학자인 두유명이 참여했고, 유럽 문화권에서는 칼-오토 아펠, 슬라보예 지젝, 페터 슬로터다이크, 영미 문화권에서는 존 서얼, 찰스 테일러, 피터 싱어, 마이클 샌델, 마이클 왈쩌 등 세계적으로 명망이 있는 학자들이 엮어낸 그야말로 철학적 향연이라 할 만하다.

명경의료재단이 약소한 후원금이긴 하나 한국철학회가 주관하는 의미 있는 문화사업을 하고자 했을 때, 김여수, 이명현, 이삼열, 길희성 등 원로 철학자들은 세계 석학들을 초빙해서 국제 철학강좌를 개최하는 것이 좋겠다는 제안을 해주셨다.

강좌명은 일찍이 동서철학의 융합을 시도한 정약용의 호를 빌려 상징적으로 다산기념 철학강좌(Dasan Memorial Lecture of Philosophy)로 하기로 하고 다산기념 철학강좌 운영위원회를 한국철학회 산하에 두기로 했다.

그간 좋은 글을 발표해주신 석학들 그리고 운영위원장과 위원회에 가담했던 여러 철학교수님들, 발표자 교섭에 참여하신 교수님들, 실제 운영 실무를 도와주신 교수님들, 논문 번역의 노고를 감당해주신 여러 교수님들께 진심으로 감사드린다.

또한 언제나 프레스센터에서 제1강연을 하도록 주선해주시고 도와주신 최광범 선생님의 관심과 협조가 아니었으면 이러한 프로젝트는 성공할 수 없었을 것이라 생각하고 오래 기억하고자 한다. 약소한 후원으로 대단한 향연이 되게끔 이끌어주신 여러 철학인들에게 다시 한 번 감사드린다.

어려운 형편인데도 다산기념 철학강좌 전집을 출간하고 또한 이런 합본까지 기획, 출판하는 데 물심양면으로 도와주신 철학과현실사에도 감사의 마음 전하고 싶다.

전 한국철학회 회장
명경의료재단 이사장
황경식 삼가 적음

다산기념 철학강좌 ▪ 세계 석학들의 향연

윤리와 사회철학

다산기념 철학강좌 ■ 1

공자 사상과 현대사회

1997

김태길

차례

머리말

한국철학회가 명경의료재단의 후원으로 세계의 저명한 철학자들을 초빙하여, 매년 다산기념 철학강좌를 개설한다는 소식을 기쁜 마음으로 들은 것은 1996년 봄이나 여름쯤이었을 것이다. 그러나 그 강좌가 나와 직접적 관련이 있으리라는 연상은 떠오르지 않았다.

1997년으로 해가 바뀔 무렵에, 저 기념 강좌의 운영 책임을 맡은 이삼열 교수로부터 제1차 연도의 강좌를 나에게 위촉하기로 의견을 모았다는 이야기를 공식적으로 들었다. 구체적 언급은 없었지만, 국가적 체면을 고려하여 한국인 철학자 가운데서 고령(高齡)에 속하는 나에게 그 첫 주자(走者)의 임무를 맡기고자 한 것으로 짐작하였다.

나는 그 임무가 만만치 않다는 것을 즉석에서 느꼈다. 까딱 잘못하면, 나 개인의 망신은 고사하고, 한국 철학계 전체에 누를 끼칠 염려가 있다는 생각도 함께 떠올랐다. 그러나 나는 그 제안을 사양하지 않았다. 노욕이 발동한 것이다.

내가 그동안 50년 가까이 공부하고 발표도 한 것을 다시 요령 있게 정리해서 발표함으로써 내가 맡은 임무의 짐을 벗어난다는 시나리오는 마음에 들지 않았다. 동학들로부터 "또 그 소리냐" 하는 빈축을 당하는 것이 싫어서이기보다는, 이 기회를 살려서 내 딴에는 새로운 일을 하고 싶어서였다.

'공자 사상과 현대사회'라는 주제가 떠올랐다. 공자 사상에 대한 관심이 간헐적으로 뇌리를 스치기 시작한 것은 내 나이 70 전후부터였을 것이다. 그러나 하기 쉬운 일부터 손을 대게 되는 것이 사람의 심리여서, 그 관심은 그저 스쳐가는 관심일 뿐이었다.

운영위원회 측에서는 '다산기념 철학강좌'라는 명칭에 구애받지 말라고 했지만, 한국의 철학자인 나로서는 동양의 사상을 주제로 삼는 것이 적절하리라는 생각이 들었다. 동시에 그저 가끔 스쳐만 가던 공자 사상에 대한 관심에 무게가 실리기 시작했다. 결국 모험을 하기로 마음을 굳혔다.

어린 시절에 서당에 다니며 『소학』을 배웠고, 일본에서 고등학교에 다닐 때 한문 선생이 『논어』를 1년 동안 교과서로 사용했으며, 1960년대 중반에 『한국 대학생의 가치관』이라는 연구 과제를 수행하는 과정에서 『논어』를 다시 들여다보았다. 이것이 내가 공자 사상에 대해서 가진 배경의 전부였다. 내 결심을 '모험'이라고 말한 까닭이다.

『논어』를 위시한 공자 사상의 고전에 대한 해설은 우리나라에도 이미 여러 가지 나돌고 있다. 비슷한 것을 또 하나 '논문' 또는 '강좌'랍시고 내놓는 것은 별로 의미가 없을 것이었다. 뭔가 새로운 것을 보태는 바가 있어야 명분이 선다. 그 '새로운 것'을 위해서 두 가지를 시도하기로 하였다. 첫째는 공자 사상을 현대사회 속에서 숨 쉬는 철학자의 시각에서 조명하는 일이요, 둘째는 자칫 모호한 말로 어물어물 얼버무리기 쉬운 동양의 철학을 되도록 명료한 표현으로 다루는 일이다. 그러나 나에게 허락된 시간은 9개월 정도밖에 없었고, 늙은이가 하는 일이 그리 뜻대로 진행되기에는 어려움이 많았다. 그저 최선을 다하는 것으로 만족하자고 스스로에게 타일렀다.

4회에 걸쳐서 강연을 하기 위한 원고로서 네 편의 논문을 쓰기로 약속이 되었다. 첫 번째 강연을 위해서는 공자 사상 전체의 바탕이 되는 개념들을 연결시켜서 그 근본정신에 접근하기를 꾀하였다. 두 번째 강연을 위해서는 인(仁)의 개념을 중심으로 공자의 인간관을 현대의 문제 상황과 관련시켜서 천착하기로 하였다. 세 번째 강연을 위해서는 공자의 군자(君子) 개념을 현대사회에 비추어서 정리하기로 하였다. 그리고 네 번째 강연에서는 공자의 효(孝) 사상을 긍정적 시각에서 재조명하기로 하였다.

나는 네 번의 강연이 내면적으로 깊은 연관성을 갖게 되기를 원하였다. 그리고 이 소망은 자연스럽게 이루어졌다. 내가 선택한 공자의 세 개념, 즉 '인'과 '군자'와 '효'가 본래 내면적으로 깊은 연관성을 가지고 있기 때문이다. 그 깊은 내면적 관계를 내가 그전부터 미리 알고 있었던 것은 아니다. 그 관계를 파악하게 된 것은 이번 공부에서의 가장 큰 수확이다.

또 하나의 소득은 유교의 '효' 사상을 긍정적으로 받아들이게 되었다는 사실이다. 나는 효 사상을 기성세대의 이기심과 깊은 관계가 있는 것으로 보는 편견을 가지고 있었다. 젊은 세대가 효도를 강조한다면 대단한 미담이 될 수 있을 것이나, 부모 세대나 조부모 세대가 그것을 강조하는 것은 '옆구리 찔러 절 받기'의 표본에 불과하다고 생각했었다. 그러나 '효'와 '인'을 같은 정신의 산물로 이해하면서 '효'를 '인'의 시초로 생각하게 되었고, 나아가서 효자와 군자 사이에도 밀접한 관계가 있음을 보았다. 동시에 효 사상의 근본을 부모에 대한 자녀의 일방적 의무 개념으로서 파악하지 않고, 그것을 부모와 자녀 간의 '서로사랑'으로서 파악하게 되었다. '효'의 핵심을 '부자유친(父子有親)'에서 찾아본 것이다.

나는 다산기념 철학강좌를 위한 나의 원고 네 편이 한 권의 책으로 묶여서 나오게 된 것을 자못 기쁘게 생각한다. 나의 변변치 못한 연구가 하나의 시초가 되어 앞으로 누군가에 의하여 다시 발전되는 데 자극제가 될 수도 있다는 희망 때문이다. 동시에 나는 다산기념 철학강좌 운영위원회가 나에게 공자 사상을 다시 되돌아보게 하는 기회와 용기를 준

일에 대하여 깊은 감사를 느낀다. 그리고 장차 다산기념 철학강좌가 철학에 관심을 가진 사람들의 적극적 호응을 받아서 그 본래의 취지에 걸맞은 성과를 거두게 되기를 진심으로 염원한다.

1998년 11월 중순

불곡산(佛谷山) 기슭에서

金泰吉

제 1 강연

공자의 근본 사상

1. 그의 정치사상

공자는 서주(西周)를 바람직한 국가상(國家像)의 귀감으로 삼았다. 그러나 그가 서주 지배계급의 복권(復權)을 염두에 두었던 것으로는 보이지 않는다. 주나라의 봉건제도가 형성된 지 600여 년이 흐르는 동안에 주나라 왕실의 권력이 크게 떨어졌고, 지배층과 피지배층 사이에 이루어졌던 계층 간의 위계질서도 전반적으로 무너졌다. 경제적 여건의 변화에 따라서 새로운 세력을 얻은 사람들이 나타나게 되었고, 아래에서부터 올라온 이 신진 세력은 기존의 지배 세력에 도전하는 양상을 보였다. 이 도전을 받은 기존의 세습 귀족들은 당연히 저항을 시도하게 되었으며, 결과적으로 사회 전체가 큰 혼란에 빠졌다. 난세(亂世)가 온 것이다.

공자의 견지에서 볼 때, 난세는 악순환의 논리를 따르게 마련이므로, 그것은 기존의 지배 세력을 위협하는 불행일 뿐 아니라, 결국은 오늘의 신진 세력까지 포함하는 모든 계층의 안녕을 위협하는 문제 상황이었다. 여기서 공자는 이 난세의 극복을 위하여 생애를 바쳐야 하겠다는 사명감을 느끼게 되었고, 이 사명감의 달성을 위한 한 지표(指標)로서 서주의 옛 질서를 귀중한 거울로 삼은 것이다. 공자가 역점을 두고 찬양한 것은 주나라의 봉건제도 그 자체가 아니라, 서주 시대가 이룩한 안녕과 질서였다고 보아야 할 것이다.

사회의 혼란을 막고 질서를 회복 내지 유지하는 방법에는 크게 두 가지 길이 있다. 그 하나는 힘과 법으로 악(惡)의 세력을 누르는 길이요, 또 하나는 통치자의 덕(德)과 사랑(仁)으로써 백성의 자발적 협력을 얻어내는 길이다. 이 두 가지 길 가운데서 공자는 단연 덕치(德治)의 길을 택하였다. 덕으로써 세상을 다스려야 한다는 생각은 중국에서 오랜 전통을 가진 것으로서 전설적 통치자 요(堯)와 순(舜)에 관한 기록에도 이미 나타나 있고, 공자가 존경해 마지않은 주공(周公)도 그 길을 밟은 것으로 알려졌다. '술이부작(述而不作)'과 '온고이지신(溫故而知新)'을 강조한 공자로서 저 덕치의 길을 택한 것은 당연한 일이라 하겠다.

공자가 힘과 사법에 의한 통치의 길을 물리치고 덕과 사랑에 의한 통치의 길을 택해야 한다는 태도를 밝힌 언행(言行)은 『논어』 가운데 여러 곳에 나타나 있거니와, 이 점이 가장 극명하게 나타난 것은 「안연」 편 19장에서다.

계강자(季康子)가 공자에게 정치에 관해서 물으며 말했다. "만약에 무도한 자를 죽여 없애고 유도(有道)의 길로 나아가게 한다면 어떻겠습니까?" 이에 공자가 대답하였다. "정치를 하고자 하는 대부(大夫)께서 어찌 살인의 방법을 쓰려 하십니까. 대부께서 착한 길을 가고자 하면, 백성들도 따라서 착하게 될 것입니다. 군자의 덕은 바람과 같고 소인의 덕은 풀과 같아서, 풀은 그 위에 바람이 불면 반드시 바람을 따라서 눕게 마련입니다."[1]

공자가 힘의 정치를 물리치고 덕치의 길을 제시한 더 가까운 이유로서는 그가 살았던 당시 노(魯)나라의 실정을 생각할 수 있을 것이다. 노

---

[1] 『論語』「顏淵」 19, 季康子問政於孔子曰 "如殺無道, 以就有道, 何如." 孔子對曰 "子爲政, 焉用殺. 子欲善而民善矣. 君子之德風, 小人之德草. 草上之風, 必偃."

나라는 춘추시대 초기만 하더라도 비교적 국세가 탄탄했으나, 그 뒤에 현군(賢君)이 나타나지 않아서 공실(公室)의 힘이 점차 쇠약해졌고, 삼환씨(三桓氏)로 불리는 세 대부 집안의 세력이 커졌다. 이들 대부는 마침내 군권(軍權)까지 장악하여 나라 정치를 마음대로 요리하였다. 급기야 민심도 동요하여 나라 전체가 혼란에 빠지게 되거니와, 이와 같은 불행의 근본 원인은 지배계층의 도덕적 타락에 있다고 공자는 보았을 것이다. 이에 공자는 위정자의 도덕성을 강조하지 않을 수 없었을 것이고, 위정자의 도덕성 강조는 곧장 덕치주의 정치사상으로 이어졌을 것이다.

앞에서도 공자가 군자의 덕을 바람과 같다 하고 소인의 덕을 풀과 같다고 언급한 바 있거니와, 공자는 상류에 위치한 위정자의 실천이 하류에 위치한 백성들의 모방을 유도한다는 사실을 굳게 믿고 있었다. 공자의 이러한 믿음은 『논어』 여기저기에 기록으로 남아 있다. 예컨대, 「안연」편에는 "정치란 정(正)을 뜻하는 것이니, 대부께서 정(正)으로써 이끄신다면 누가 감히 부정(不正)을 행할 수 있겠습니까"라고 한 말이 기록되어 있으며,2) 「자로」편에는 "위정자 자신이 바르면 명령하지 않아도 행해지고, 위정자가 바르지 않으면 비록 명령을 한다 해도 따르지 않는다"라는 말이 있다.3)

공자는 힘의 정치와 형벌에 의한 치안의 한계를 잘 알고 있었다. 타율(他律)에 의존한 치안과 질서는 일시적 대중요법(對症療法)과 같은 것이며, 오직 국민의 덕성(德性)에서 우러난 자율적 협력만이 참되고 지속적인 안녕과 질서를 가져올 수 있다고 공자는 믿었다. 우리는 『논어』 「위정」편에서 다음과 같은 구절을 읽는다.

공자가 말씀하였다. "법으로써 인도하고 형벌로써 다스리면, 백성은 형벌을 면하기에만 급급하고 수치를 모른다. 덕으로써 인도하고 예(禮)로써 다스리면, 백성들은 염치를 알게 되고 또 바르게 된다."4)

---

2) 『論語』 「顏淵」 17, 季康子問政於孔子, 孔子對曰 "政者, 正也. 子帥以正, 孰敢不正."
3) 『論語』 「子路」 6, 子曰 "其身正, 不令而行. 其身不正, 雖令不從."

권세와 형벌로써 악(惡)의 세력을 근절한다는 것은 불가능한 일이다. 권세와 형벌이 두려워서 질서 유지에 협력하는 사람들은 권력과 형벌의 외압(外壓)만 약화되면 언제든지 반발과 파괴로써 악의 세력으로 다시 돌아간다. 상층에 위치한 사람들의 덕성과 교화로써 백성을 유덕(有德)한 사람으로 만드는 것만이 진실로 도(道)가 지배하는 나라를 건설하는 길이다. 대체로 이러한 생각이 공자로 하여금 패도(覇道)의 정치를 물리치고 덕치(德治)의 정치를 역설하게 한 것으로 생각된다.

　　맹자가 성선설(性善說)을 주장한 이래로 유교에서는 인간성을 선량한 것으로 보아온 경향이 있거니와, 공자의 경우에도 이미 같은 생각이 작용한 것이 아닐까 한다. 춘추시대에 이르러서 인심이 거칠어진 것은 사실이나, 『시경(詩經)』과 『서경(書經)』에 대하여 각별한 애착을 가졌던 공자는 고대로부터 전래한 순박한 시와 요순(堯舜)의 전설 속에 담긴 선량한 인심이 인간성 본연의 모습이라고 보았을 가능성이 높다. 소박한 농경사회를 배경으로 삼은 이러한 인간관은 공자로 하여금 성군(聖君) 또는 현군(賢君)의 솔선수범만 있으면 도덕성이 높은 태평성대를 건설할 수 있으리라는 확신을 갖도록 하는 데 큰 도움이 되었을 것이다.

　　그러나 공자가 내면적 덕성(德性)의 강조 하나만으로 안녕과 질서가 지배하는 태평성세를 건설할 수 있다고 믿은 것은 아니다. 공자는 "덕으로써 인도하고 예로써 다스린다(道之以德, 齊之以禮)"라고 말한 바 있듯이, 덕과 더불어 예를 매우 존중했거니와, 공자가 중요시한 예(禮)는 제도와 관습으로서의 성격이 강한 규범으로서 법(法)에 준하는 힘을 가지고 있었다. 법이 형벌을 수반하는 무서운 규범이라면 예는 형벌의 위협은 없으나 관습적으로 따르게 되는 부드러운 규범이다. 간단히 말해서, 공자는 덕치가 가진 취약점을 예의 숭상으로써 보완할 수 있다고 믿었던 것이다.

　　'예'라는 것은 일차적으로는 외형적인 것이다. 그러나 그것은 단순히

---

　　4) 『論語』「爲政」, 子曰 "道之以政, 齊之以刑, 民免而無恥. 道之以德, 齊之以禮, 有恥且格."

외형(外形)을 위하여 외형을 갖추는 것이 아니라, 귀중한 내용물을 오래 간직하기에 필요한 그릇과도 같은 것이다. 그릇이 없이 음식물만을 오래 간직하기 어렵듯이, 형식인 예를 무시하면 인간의 아름다운 정신을 가꾸고 간직하기가 어렵다. 공자가 예를 숭상한 것은 내용을 살리기 위해서는 외형의 도움이 절실하다는 사실을 누구보다도 잘 알았기 때문이다. 『논어』「팔일」편에 다음과 같은 구절이 있다.

> 자공(子貢)이 고삭제(告朔祭)에서 산 양을 희생으로 바치던 제례(祭禮)를 없애고자 했을 때, 공자가 말씀하였다. "사(賜)야, 너는 그 양을 아끼고자 하나, 나는 차라리 그 예(禮)를 아끼고자 한다."[5]

'고삭(告朔)'이라 함은, 옛날에 천자가 매년 초겨울에 다음해 달력을 제후에게 나누어 주고, 제후들은 그것을 종묘에 간직해 두었다가 매월 초하루가 되면 나랏일을 보기에 앞서서 살아 있는 양(羊)을 제물로 바치던 제례(祭禮)를 말한다. 세월이 흐르는 가운데 천자가 제후에게 달력을 나누어 주는 일도 흐지부지하게 되어 고삭제가 그 내용을 잃게 되었다. 이에 노나라의 관직에 있던 자공이 유명무실한 고삭제를 위하여 공연히 산 양만 희생시킬 필요가 없다고 주장한 바 있었다. 이 말을 듣고 공자는, 비록 형식만의 고삭제라도 남겨두어야 천자가 달력을 나누어 주었던 옛날의 관행이 되살아날 수 있다는 이유로, 그 제례의 폐지에 반대했던 것이다. 공자가 예를 숭상한 까닭이 외형에 있지 아니함을 밝혀 주는 대목이다.

공자가 예를 그토록 중요시한 것은 그가 말한 예가 봉건제도를 배경으로 삼고 형성된 주나라의 예였기 때문이다. 주나라의 예에 따르면, 위로는 천자에서 아래로는 서민에 이르기까지 각기 그 신분에 따라서, 사람들이 취해야 할 생활양식과 행동거지에 엄격한 차별이 있었다. 따라서 공자가 말하는 예를 지키는 것은 봉건제도 아래서 형성된 위계질서에 순종함을 의미하는 것이니, 예의 준수가 봉건적 위계질서의 유지와

---

5) 『論語』「八佾」 17, 子貢欲去告朔之餼羊, 子曰 "賜也! 爾愛其羊, 我愛其禮."

직결됨은 스스로 명백하다.

인간의 평등을 윤리의 기본 전제로 삼고 있는 현대의 관점에서 본다면, 공자가 예의 숭상을 강조한 대목은 그의 사상이 지극히 비민주적임을 밝혀주는 대목으로서 비판의 대상이 될 수도 있을 것이다. 그러나 공자의 사상을 현대의 시각에서 평가하는 작업은 잠시 보류하고, 지금은 공자의 시대에 시점(視點)을 고정시키는 자세를 유지하며 그의 사상을 간추려보는 일에만 전념하기로 하자.

공자 정치사상의 일환으로서 그의 정명론(正名論)도 이 자리에서 언급해두는 것이 좋을 듯하다. '정명'이란 명분(名分)을 바로 세운다는 뜻으로서 예(禮)와도 밀접한 관계를 가졌기 때문이다. 사람에게는 각각 그의 신분과 처지를 일컫는 명칭이 있으며, 각기 자신에게 주어진 명칭에 적합하도록 처신하는 것이 명분을 바로 세움에 해당한다. 제(齊)나라의 경공(景公)이 정치의 요체를 물었을 때, 공자는 이렇게 대답하였다. "임금은 임금다워야 하고 신하는 신하다워야 하며, 아버지는 아버지다워야 하고 아들은 아들다워야 합니다."6)

각자의 신분과 처지에 적합하도록 처신하라 함은 "네 분수를 지켜라"라는 말과도 같은 뜻이니, '정명'과 '예의 숭상'이 같은 범주의 규범임이 명백하다. "그 직위에 있지 않으면, 그 정사(政事)를 논의하지 않는다"라는 공자의 말씀도 같은 맥락에서 이해할 수 있을 것이다.7)

2. 덕(德)과 도(道) 그리고 인(仁)

덕(德)으로써 세상을 다스려야 한다고 역설한 공자의 사상을 더욱 구체적으로 이해하기 위해서는 그가 주장한 '덕'의 개념이 밝혀져야 한다. 그러나 공자가 덕을 체계적으로 설명한 기록은 없다. 다만 여러 구체적 상황에서 여러 가지 표현으로 덕에 대해 언급했을 뿐이다. 그러므로 우

---

6) 『論語』「顏淵」 11, "君君 臣臣, 父父 子子."
7) 『論語』「泰伯」 14, "不在其位, 不謀其政." 공자의 이 말은 「헌문(憲問)」편에도 다시 나온다.

리는 대화 속에서 공자가 말한 덕의 단편들을 종합함으로써 그의 덕론(德論)을 추리할 수밖에 없다. 덕을 숭상하는 사상이 공자에서 비롯된 것은 물론 아니며, 고래로 여러 문화 전통 속에 여러 가지 덕 사상이 나타났다. 여기서 우리가 알고자 하는 것은 공자가 덕에 관하여 가졌던 사상의 남다른 점이다.

덕을 숭상한 공자의 사상 바탕에는 인간이면 누구나 따라야 할 도(道)가 있다는 굳은 믿음이 깔려 있다. "아침에 도에 관하여 들어서 알게 되면, 저녁에 죽어도 여한이 없을 것이다"8)라고 말했을 정도로 공자는 도의 존재를 믿고 그것을 중요시하였다. 그러므로 덕(德行)에 대한 공자의 사상을 이해하기 위해서는 먼저 도에 대한 그의 견해를 살펴볼 필요가 있다.

『논어』 여러 곳에 '도'에 관한 언급이 있다. 그러나 도가 무엇이라는 것을 명확하게 밝힌 대목은 발견하기 어렵고, 더러는 '도'라는 말을 서로 다른 뜻으로 쓴 것이 아닌가 하는 의문을 갖게 하는 대목도 보인다. 예컨대, 『논어』 「공야장」편에 정(鄭)나라의 대부 자산(子産)을 칭찬하며 "그에게는 군자의 도가 네 가지 있다"라고 한 공자의 말이 있으며,9) 「헌문」편에는 "군자의 도에 세 가지가 있는데, 나는 그것을 이루지 못하고 있다"라는 말이 보인다.10) 이 경우에 공자가 말한 '도'는 '덕'에 가까운 뜻으로 쓴 듯하며, "아침에 도에 관하여 들어서 알게 되면, 저녁에 죽어도 여한이 없을 것이다"라고 말했을 때의 '도'와는 그 뜻이 다른 것으로 보인다.

『논어』 「위령공」편에 "사람은 도를 크게 할 수 있으나, 도는 사람을 크게 할 수 없다"라는 공자의 말씀이 보인다. 그러나 이 말의 뜻이 무엇인지 분명치 않기에, 주자(朱子)의 『논어집주(論語集註)』를 들추어보았다. 주자는 주(註)에서 말하기를 "사람 밖에 도가 없고, 도 밖에 사람이

---

8) 『論語』 「里仁」 8, "朝聞道, 夕死可矣."
9) 『論語』 「公冶長」 16, 子謂子産, "有君子之道四焉, 其行己也恭, 其事上也敬, 其養民也惠, 其使民也義."
10) 『論語』 「憲問」 29, 子曰 "君子道者三, 我無能焉. 仁者不憂, 知者不惑, 勇者不懼."

없다. 그러나 인심(人心)은 유각(有覺)하고 도체(道體)는 무위(無爲)하다. 그러므로 사람은 도를 크게 할 수 있고, 도는 사람을 크게 할 수 없다"라고 하였다.11) 주자의 주에 따르면, 사람이 있는 곳에는 도가 있고 도가 있는 곳에는 사람이 있다. 다만 사람의 마음은 능동적으로 작용함으로써 도를 닦아서 체득할 수 있으나, 도에는 의식(意識)이 없으므로 도가 능동적으로 인간에게 작용하지는 않는다. 이러한 분석이 옳다면, 공자가 말한 도는 인간의 도, 즉 인간이 마땅히 따라야 할 도리(道理)를 가리킨 것으로 볼 수 있을 것이다. 그 인간의 도리가 우주 만물을 지배하는 자연의 이법(理法)과 어떤 관계에 있는가를 여기서 당장 따질 필요는 없을 듯하다.

『논어』에는 "나라에 도가 있다(邦有道)"느니, "나라에 도가 없다(邦無道)"느니 하는 말이 여러 곳에 보인다. 공자는 나라에 도가 있을 때는 나아가서 벼슬을 하여 적극적으로 활동하는 것을 정도로 생각하고, 나라에 도가 없을 때는 초야에 묻혀서 어리석은 듯이 사는 것을 권장하였다.12) 추측건대, 공자는 인간의 도리가 살아 있는 나라를 도가 있는 나라라 하고, 인간의 도리가 유린되는 나라를 무도(無道)의 나라라고 본 듯하다.

인간에게는 인간으로서 지켜야 할 도리가 있다는 생각은 중국에서도 아득한 옛날부터 있었을 것이다. 그 인간의 도리를 '도(道)'라는 말로 표현하였으며, 공자도 그 말을 일상적인 의미로 사용하였고, 그 말이 갖는 철학적 의미의 천착은 후학들이 할 일로 남겨둔 것으로 보인다. 어쨌든 공자는 도의 존재를 믿었고, 개인의 삶이나 집단의 삶이 모두 도에 어긋남이 없어야 한다고 믿었음에 틀림이 없다.

도에 어긋남이 없도록 살아가기 위해서는 도를 따를 수 있는 능력을 갖추어야 한다. 삶의 현장에는 여러 가지 경우가 있으므로, 여러 가지

---

11) 『論語集註』, 卷之八, 「衛靈公」, 第十五, "人外無道, 道外無人, 然人心有覺, 而道體無爲, 故人能大其道, 道不能大其人."

12) 『論語』「公冶長」21, 子曰 "甯武子, 邦有道, 則知; 邦無道, 則愚. 其知可及也, 其愚不可及也."

경우의 도를 지키기 위해서는 여러 가지 종류의 덕을 갖추어야 한다. 여러 가지 경우에 항상 바르게 행동할 수 있는 모든 덕을 갖춘 사람이 있다면, 그는 도에 통달한 사람이라고 말할 수 있을 것이다.

사람들 특히 덕치(德治)의 임무를 맡아야 할 위정자(爲政者) 계층의 사람들이 갖추어야 할 여러 덕목(德目)이 있거니와, 그 가운데서 공자가 가장 중요시한 것은 인(仁)이었다. 공자의 사상을 가장 진솔하게 전하는 고전으로 평가되는 『논어』 가운데 인의 중요성을 강조한 대목이 많다는 것은 널리 알려진 상식이다. 특히 공자는 바람직한 인간형(人間型)으로서 '군자(君子)'를 제시했거니와, 군자가 되기 위해서는 잠시도 인을 떠나지 말아야 한다고 다음과 같이 역설하였다.

부(富)와 귀(貴)는 사람들이 탐내는 바이나, 도를 따라서 얻은 것이 아니면 누리지 말아야 한다. 빈(貧)과 천(賤)은 사람들이 싫어하는 바이나, 도를 어기면서까지 그것을 면하려고 해서는 안 된다. 군자가 인(仁)을 떠난다면 어찌 군자로서 이름을 이룩할 수 있겠는가. 군자는 밥을 먹는 시간에도 인을 어기지 않으며, 다급한 순간에도 반드시 이를 지키고, 넘어지는 순간에도 반드시 이를 지킨다.[13]

위의 인용을 통하여 우리가 알 수 있는 것은 공자의 사상 가운데서 매우 중요한 비중을 차지하는 세 가지 개념, 즉 '도(道)'와 '인(仁)'과 '군자(君子)' 사이의 관계가 대단히 긴밀하다는 사실이다. 도를 이야기한 바로 뒤를 이어서 인을 말하고 또 군자를 언급했다는 것은 공자의 머릿속에서 저 세 가지 개념이 항상 불가분의 관계를 가지고 어우러져 있었음을 짐작하게 한다. 공자의 사상 바탕에는 도를 터득한 사람의 가장 기본적인 덕이 바로 인이고, 인의 덕을 가까이하면 그것으로써 이미 군자로서의 바탕을 이룩했다고 보는 생각이 깔려 있다고 볼 수 있을 것

---

13) 『論語』, 「里仁」 5, "富與貴, 是人之所欲也. 不以其道得之, 不處也. 貧與賤, 是人之所惡也. 不以其道得之, 不去也. 君子去仁, 惡乎成名. 君子無終食之間 違仁, 造次必於是, 顚沛必於是."

이다.

공자는 여러 가지 경우에 여러 가지 표현으로 인을 말하고 있으나, 인의 뜻을 직접적이고 명확한 언어로써 밝힌 기록은 보이지 않는다. 다만 그는 인의 중요성, 인자(仁者)의 생활 태도와 그 심경, 인에 도달하는 방안 등을 말함으로써, 인의 뜻을 간접적으로 이해하도록 인도한다.

제자들로부터 인에 대한 질문을 받았을 때 공자는 여러 가지 다른 표현으로 대답했거니와, 그 가운데서 인의 뜻을 이해하기에 비교적 직접적인 도움이 되는 것은, '인'은 곧 '사람을 사랑함'이라고 대답한 경우다.14) 중국에서는 옛날에 '어질 인(仁)' 자와 '사람 인(人)' 자를 같은 뜻으로 쓴 경우가 많았다고 하거니와, '仁'이라는 한자가 인간의 관계를 나타낸다는 것은 통설(通說)에 가까운 상식이다. 인간의 관계에서 가장 소중한 것이 '사랑'이라는 것은 동서고금에 공통된 생각이라는 점으로 미루어서, '인(仁)'을 '사람을 사랑함(愛人)'이라고 말한 공자의 뜻을 짐작할 수 있을 것이다. '사람에 대한 사랑'이 인의 바탕이요, 인을 체득(體得)함으로써 인간이 인간답게 된다고 본 것이 공자의 생각이 아닐까 한다. 주자(朱子)가 『논어집주』에서 인을 "사랑의 원리요 마음의 덕(愛之理 心之德)"이라고 주해한 것도 같은 맥락으로 이해할 수 있을 것이다.15)

인의 바탕으로서의 사랑은 어디까지나 인간적인 사랑이라는 점에서 불교의 사랑이나 기독교의 사랑과는 다르다. 종교에서 말하는 사랑은 인간 이외에 절대자(絶對者)를 매개로 삼는 까닭에, 그것은 차별이 없는 절대적 사랑이다. 그러나 인의 바탕으로서의 사랑은 사람과 사람의 관계에서 자연적으로 생기는 인정(人情)에 기초하는 까닭에, 인간관계의 친소(親疏)를 따라서 차별상(差別相)을 나타내는 것이 당연하다고 공자는 생각한 것 같다. 『중용』 가운데 보이는 "인은 사람다움이니, 어버이를 친근하게 모시는 일이 가장 중요하다(仁者人也, 親親爲大)"라는 해석은 널리 알려진 바이며, 『논어』 가운데서도 같은 해석을 뒷받침하

---

14) 『論語』「顏淵」22, 樊遲問仁, 子曰 "愛人…"
15) 『論語集註』, 「學而」, 第三章의 註 참조.

는 구절을 찾아볼 수 있다. "효제(孝弟)는 인을 이룩하는 근본이다", "군자가 부모에게 독실하면, 백성들에게 인의 기풍이 일어난다", "자기를 극복하고 예(禮)로 돌아가는 것이 인이다" 등이 그것이다.16)

부모에 대한 효(孝)와 형제간의 우애(悌)는 나에게 가장 가까운 혈연에 대한 자연의 정(情)을 발휘하는 덕목이다. 그러므로 효제가 인의 근본이라 함은 인간관계의 친소(親疏)와 인 사이에 불가분의 관계가 있다는 뜻을 내포한다. "군자가 어버이에게 독실하면 백성들에게 인자한 기풍이 일어나고…"라는 「태백」편의 구절에도 비슷한 함축이 있다. 여기서 '篤於親'을 "친족에게 후덕하게 한다"라고 해석하여도 전체의 함축에는 크게 다를 바가 없다. "자기를 극복하고 예로 돌아가는 것이 인이다"라는 말 가운데도 인간관계의 친소를 중요시하는 뜻이 함축되어 있다. 예(禮)라는 것이 본래 신분과 친소에 따라서 사람들이 취해야 할 태도가 다르다는 생각에 기초한 규범이기 때문이다.

친근한 사람들을 비롯해서 여러 사람들을 사랑하는 것만으로 인에 도달할 수 있는 것은 아니다. '인'은 박애, 정직, 용기 등과 같이 비교적 단순한 덕이 아니라, 여러 가지 덕의 종합과도 같은 복합적인 개념이다. 『논어』에는 인이 여러 가지 덕의 종합임을 알리는 말들이 여기저기 보인다. 다음에 그 일부를 인용한다.

인한 사람은 어려운 일을 할 때는 남보다 앞에 서고, 이득(利得)에 관해서는 남보다 뒤에 선다.17)

중궁(仲弓)이 인에 대하여 물었을 때, 공자가 말씀하였다. "집 문을 나서면 큰 손님을 대하듯이 공경스럽게 행동하고, 백성에게 일을 시킬 때는 큰 제사를 받들듯이 신중을 기할 것이며, 자기가 원치 않는 바를 타인에게 행하지 말아야 한다."18)

---

16) 『論語』「學而」 2, "孝弟也者, 其爲仁之本與." 「泰伯」 2, "君子篤於親, 則民興於仁." 「顏淵」 1, 顏淵問仁, 子曰 "克己復禮 爲仁."
17) 『論語』「雍也」 22, "仁者先難而後獲."
18) 『論語』「顏淵」 2, 仲弓問仁, 子曰 "出門如見大賓, 使民如承大祭, 己所不欲,

인한 사람은 말을 신중하게 한다.19)

군세고, 꿋꿋하고, 절박하고, 입이 무거우면 인에 가깝다.20)

자장(子張)이 공자에게 인에 대하여 물었을 때, 공자가 말씀하였다. "천하에서 다섯 가지를 행할 수 있으면 인하다 하겠다." "다섯 가지란 무엇입니까?" "공손함과 관대함, 신의와 민첩함 그리고 은혜로움이다."21)

말을 듣기 좋게 꾸미고 얼굴 표정을 보기 좋게 꾸미는 사람 가운데는 인한 이가 드물다.22)

이상의 인용만으로 미루어보더라도 공자의 '인' 가운데는 희생정신, 공경(恭敬), 신중, 공평(公平), 소박, 성실, 관대, 신의(信義), 민첩, 은혜로움, 정직 등의 덕이 포함되어 있음을 알 수 있다. 따라서 인은 단순한 개념이 아니며, 인자(仁者)의 경지에 도달한다는 것은 결코 쉬운 일이 아닐 것이라는 생각도 든다. 공자에게는 고명한 제자들도 많이 있었으나, 『논어』 전편을 훑어보아도 공자로부터 인자라는 평가를 받은 사람은 찾아보기가 어렵다.

공자의 여러 제자들 가운데서 그로부터 인자의 경지에 도달했다는 평가를 받은 사람은 아마 안연(顔淵) 한 사람뿐이었을 것이다.23) 노나라의 대부 맹무백(孟武伯)이 자로(子路)와 염구(冉求)와 자화(子華)를 인자라고 말할 수 있느냐고 물었을 때, 공자는 그들이 모두 유능한 사람이

勿施於人."
19) 『論語』「顔淵」 3. 司馬牛問仁, 子曰 "仁者, 其言也認." 曰 "其言也認, 斯謂
之仁已乎." 子曰 "爲之難, 言之得無認乎."
20) 『論語』「子路」 27, "剛, 毅, 木, 訥, 近仁."
21) 『論語』「陽貨」 6, 子張問仁於孔子, 孔子曰 "能行五者於天下, 爲仁矣." "請問
之." 曰 "恭, 寬, 信, 敏, 惠."
22) 『論語』「學而」 3, "巧言令色, 鮮矣仁."
23) 공자는 『論語』「雍也」 5장에서 "안회는 그의 마음이 석 달 동안 인을 어기지
않는다. 다른 사람들은 하루나 한 달에 한 번 잠시 인에 이른다"라고 말한 바
있다.

라고 평가했으나, '인하다'고까지는 말하기 어렵다고 하였다.24) 자공(子貢)이 "내가 원하지 않는 바를 남에게 행하지 말라"는 공자의 가르침을 실천에 옮기겠다고 말했을 때도, 공자는 "네가 잘할 수 있는 일이 아니다"라고 말했을 정도다.25)

그러나 공자는 인하게 되기 위해서는 특별히 탁월한 소질이나 초인적 능력을 가져야 한다고는 생각하지 않았다. 공자는 누구나 결심만 단단히 하고 노력만 꾸준히 하면 인자에 접근할 수 있다고 믿었다. 그는 『논어』「술이」편에서 "인은 멀리 있는 것일까. 내가 마음만 먹으면 인에 도달할 수 있다"라고 말하였고,26) 「안연」편에서는 "인하게 되는 것은 내게 달려 있는 것이니, 어찌 남에게 달렸다 하겠는가"라고 하였다.27) 세상에 인자가 적은 가장 큰 원인은 사람들에게 인을 좋아하는 마음이 부족하기 때문이라고 공자는 믿었다. 『논어』「이인」편에 "나는 아직 인을 좋아하는 사람과 인하지 않음을 싫어하는 사람을 보지 못했다"라는 그의 말이 보인다.28) 사람들에게 인을 행할 힘이 없는 것이 아니라, 그 힘을 발휘하고자 하는 의지가 부족하다는 것이다. "하루라도 인을 위하여 그의 힘을 쓰는 사람이 있는가. 나는 힘이 부족한 사람은 아직 보지 못했다."29)

3. 의(義)와 효(孝)

인(仁)을 넓은 뜻으로 이해할 때는 유교에서 숭상하는 모든 덕목이 그 안에 포함된다고 말할 수 있다. 그러나 유가에서는 인을 좁은 의미로 사용할 경우도 많으며, 좁은 의미로 사용할 경우에는 인을 의(義), 예

---

24) 『論語』「公冶長」 8장 참조.
25) 『論語』「公冶長」 12장 참조.
26) 『論語』「術而」 30, 子曰 "仁遠乎哉. 我欲仁, 斯仁至矣."
27) 『論語』「顔淵」 1, 子曰 "爲仁由己, 而由人乎哉."
28) 『論語』「里仁」 6, 子曰 "我未見好仁者, 惡不仁者."
29) 『論語』「里仁」 6, "有能一日用其力於仁矣乎. 我未見力不足者."

(禮), 지(知), 신(信) 등과 병립(竝立)하여 오상(五常)의 하나로 꼽는다. 오상 가운데서 '인' 다음으로 큰 비중을 차지하는 것은 '의'와 '예'가 아닐까 한다. 다만 예(禮)는 엄밀한 의미의 덕목이라기보다는 외형적 규범으로서의 성격이 강하므로 다른 기회에 따로 고찰하기로 하고, 여기서는 의(義)에 대하여 간단하게 살펴보기로 한다.

『논어』 여러 곳에서 우리는 '의'에 대한 언급을 찾아볼 수 있다. 그 언급의 맥락으로 미루어서 '의'라는 것이 우리가 지켜야 할 행동의 규범임에는 의심의 여지가 없으나, 그 개념의 정확한 의미를 찾아보기는 어렵다. 추측건대, 공자를 위시한 초기의 유가들은 세상에는 인간이 지켜야 할 도리(道理)가 있다고 믿었으며, 그 도리에 어긋남이 없는 것을 '의'라고 생각한 듯하다. 서양 윤리학의 목적론자들이 우리가 추구해야 할 목적을 먼저 상정하고 그 목적에 적합하도록 행동함을 '옳다(right)'고 본 것과는 다른 발상으로 보인다. 그러나 서양의 법칙론자들이 인간이 지켜야 할 행위의 법칙을 구체적으로 밝히고 그것을 따르는 것이 올바른 삶의 태도라고 본 것과 일치한다고 말하기도 어렵다. 공자가 강조한 의(義)는 그 의미를 분석적으로 밝히기 어려운 두루뭉술한 개념이라고 보는 것이 옳을 듯하다.

『논어』「이인」편에 "부귀는 사람들이 탐내는 바이나, 도(道)로써 얻은 것이 아니면 누리지 말아야 한다"라는 공자의 말씀이 있고,30) 「술이」편에는 "의(義)가 아니고서 부귀한 것은 나에 있어서 뜬구름과 같다"라는 말이 있다.31) 이것으로써 우리는 공자의 '의'와 '도' 사이에 불가분의 관계가 있음을 알 수 있다. 곧 도(道)를 따르는 것이 바로 의(義)에 해당한다고 공자는 본 것이다. 다만 원시 유교의 단계에서는 '도'에 대한 명백한 정의(定義)가 없으므로, '의'의 개념도 어렴풋할 수밖에 없다.

그러나 한 가지 분명한 점이 있다. 유가에서는 '의(義)'를 '이(利)'와 대립시켜서 생각했다는 사실이다. 『논어』「이인」편에 "군자는 의(義)에

---

30) 『論語』「里仁」5, 子曰 "富與貴, 是人之所欲也. 不以其道得之, 不處也."
31) 『論語』「術而」16, 子曰 "飯疏食飮水, 曲肱而枕之, 樂亦在其中矣, 不義而富且貴, 於我 如浮雲."

밝고, 소인은 이익(利)에 밝다"라는 말이 보이고,32) 맹자(孟子)와 양혜왕(梁惠王)의 대화에서 이(利)와 의(義)의 대립이 부각된 바 있음은 널리 알려진 사실이다. 여기서 우리는 "의(義)가 아니고서 부귀한 것은 나에 있어서 뜬구름과 같다"라고 한 「술이」편의 말을 다시 상기하게 되며, 부(富)와 귀(貴)가 이(利)의 대표적인 것임을 알 수 있다. 유가(儒家)들은 불가(佛家)나 도가(道家)처럼 세속적 욕구의 대상인 이(利)를 부정적 시각에서 물리치지는 않으나, '이'보다는 '의'를 더욱 숭상해왔다. 의(義)의 도(道)를 벗어나지 않는 범위 안에서 세속적 욕구를 충족시키라고 가르쳤던 것이다.

유교에서 말하는 오상(五常)이 사회생활 전체를 위한 규범이라면, 오륜(五倫)은 주로 가정생활의 규범을 밝힌 것이라고 말할 수 있다. 오륜 가운데서 가장 큰 비중을 차지하는 것은 효(孝)의 덕목이다. 중국은 일찍부터 농경을 생업으로 삼고 발전한 나라이며, '국가(國家)'라는 말이 암시하듯이 가족을 기본으로 삼는 사회로서의 전통이 오래되었다. 농경사회와 가족제도를 바탕으로 삼고 형성된 유교 사상이 가족 윤리를 중요시한 것은 당연한 일이며, 가족 윤리의 으뜸가는 원리로서 효의 덕목을 강조했던 것이다.

유가들은 국가를 가족의 연장 또는 확대 선상에서 파악하였다. 따라서 가족의 질서가 잡히면 국가도 편안하게 된다고 믿었으며, 그 가족 질서의 근본 원리로서 효를 숭상했던 것이다. 『논어』「학이」편에 보이는 유자(有子)의 말은 이 점을 단적으로 밝혀준다.

유자가 말하였다. "그 사람됨이 효성스럽고 공순(恭順)하면서 윗사람을 범하기 좋아하는 사람은 흔하지 않다. 윗사람 범하기를 좋아하지 않으면서 난(亂)을 일으키기 좋아하는 사람 또는 찾아보기 어렵다. 군자는 근본에 힘쓰게 마련이며, 근본이 서면 도(道)가 살아난다. 효성스럽고 공순함은 인(仁)을 이룩하는 근본이다."33)

---

32) 『論語』「里仁」 15, 子曰 "君子喩於義, 小人喩於利."

유교에서는 전통적으로 글공부를 크게 중요시하였다. 『논어』를 열면 제일 먼저 만나게 되는 문장이 "배우고 때때로 익히면 또한 기쁘지 아니한가"라는 공자의 말씀이라는 사실에는 상징적 의미가 있다고 생각된다.34) 공자가 말년에 자신의 인간적 성장 과정을 회고했을 때, "나는 열다섯 살에 학문에 뜻을 두었다"라는 말로 시작한 것은,35) 그의 인간적 성장의 기초가 학문에 있었음을 말해준다. 그러나 공자는 학문보다도 사람됨을 더욱 중요시하였고, 사람됨의 근본이 효제(孝弟)에 있다고 보았다. 『논어』「학이」편 6장이 이 점을 분명하게 밝혀준다.

공자가 말씀하였다. "젊은이들은 집에 들어와서는 효도를 다하고 밖에 나가서는 윗사람에게 공순해야 하며, 근신하고 신의를 지키며 널리 사람들을 사랑하고 인자(仁者)를 가까이해야 한다. 그런 연후에 남는 힘이 있으면 곧 글공부를 한다."36)

다른 문제에 관해서도 그런 경우가 많듯이, 공자는 왜 효도가 그토록 중요한가에 대하여 그 이유를 설명하려고 시도하지는 않았다. 아마 그것은 자명한 도리 또는 성인(聖人)의 도(道)인 까닭에, 굳이 이유를 따질 필요가 없다고 생각했거나, 그런 것을 따지는 것이 윤리 문제를 다루는 중국인의 사고방식이 아니었기 때문일 것이다. 어쨌든 효도의 이유에 대한 논의는 없이, 효도의 실천적 방안을 제시하거나 효도의 정신을 밝히는 일에 치중하고 있다. 현대인의 관점에서 볼 때 공자가 제시한 효도의 구체적 방안이 과연 설득력을 갖느냐 하는 문제는 잠시 접어두고, 『논어』에 나타난 효도의 내용을 간추려보기로 한다.

---

33) 『論語』「學而」2, 有子曰 "其爲人也孝弟, 而好犯上者鮮矣. 不好犯上, 而好作亂者, 未之有也. 君子務本, 本立而道生. 孝弟他者, 其爲仁之本與."

34) 『論語』「學而」1, 子曰 "學而時習之, 不亦說乎."

35) 『論語』「爲政」4, 子曰 "五十有五而志于學, 三十而立…"

36) 『論語』「學而」6, 子曰 "弟子, 入則孝, 出則悌, 謹而信, 汎愛衆, 而親仁, 行有餘力, 則以學文."

공자가 말씀하였다. "아버지가 생존했을 때는 그분의 뜻을 잘 살피고, 아버지가 돌아가신 뒤에는 그분의 행적을 잘 살펴야 한다. 돌아가신 뒤에 3년 동안 아버지의 길을 고치지 않는다면, 가히 효성스럽다고 말할 수 있다."37)

공자가 말씀하였다. "요즈음의 효도는 봉양(奉養) 잘하는 것을 말한다. 개와 말도 잘 먹이는 경우가 있다. 공경하는 마음이 없으면 무엇으로 구별하겠는가?"38)

공자가 말씀하였다. "부모가 살아 계실 때는 예로써 섬기고, 돌아가시면 예로써 장사 지내고, 예로써 제사를 모셔야 한다."39)

공자가 말씀하였다. "부모를 섬김에 있어서 부모에게 잘못이 있을 때는 완곡하게 간해야 하며, 부모가 간언(諫言)을 받아들이지 않을 뜻을 보이면 더욱 공경하는 태도로써 그분들의 뜻을 존중해야 하며, 괴롭더라도 원망은 하지 말아야 한다."40)

맹무백(孟武伯)이 효도를 물었을 때, 공자가 말씀하였다. "부모는 오직 자식의 질병만을 걱정하도록 해야 한다."41)

공자가 말씀하였다. "부모가 계시면 먼 곳에 가지 말아야 하며, 부득이 멀리 떠날 경우에는 반드시 그 행방을 알려야 한다."42)

『논어』에 보이는 이상과 같은 구절을 종합하여 우리는 다음과 같이

---

37) 『論語』「學而」11, 子曰 "父在, 觀其志. 父沒, 觀其行. 三年無改於父之道, 可謂孝矣."
38) 『論語』「爲政」7, 曰 "今之孝者, 是謂能養, 至於犬馬, 皆能有養. 不敬,何以別乎."
39) 『論語』「爲政」5, 子曰 "生, 事之以禮. 死, 葬之以禮, 祭之以禮."
40) 『論語』「里仁」18, 子曰 "事父母幾諫, 見志不從, 又敬不違, 勞而不怨."
41) 『論語』「爲政」6, 孟武伯問孝, 子曰 "父母唯其疾之憂."
42) 『論語』「里仁」19, 子曰 "父母在, 不遠遊, 遊必有方."

정리할 수 있을 것이다.

(1) 효도의 근본은 부모의 뜻을 존중하고 따르는 공경(恭敬)의 정신이다. 부모의 뜻과 행동에 대하여 공감을 느끼지 못하더라도 자식 된 도리로서는 부모의 길을 따라야 하며, 부모가 돌아가신 뒤에도 3년 정도는 그분들의 길을 지키는 것이 효도에 해당한다.

(2) 부모가 크게 잘못을 저질렀거나 그릇된 길로 들어서려고 할 경우에는 자식이 그 잘못됨을 간언(諫言)으로써 일깨우고 고치도록 유도하는 것은 바람직한 일이다. 다만 간언하는 태도는 매우 부드럽고 완곡해야 하며, 부모가 끝까지 간언을 받아들이지 않을 경우에는 자식 된 도리로서 물러설 수밖에 없다. 어떤 경우에도 부모를 원망해서는 안 된다.

(3) 노후의 부모가 육체적 불편을 느끼지 않도록 잘 봉양하는 것은 자식 된 도리의 기본이다. 그러나 물질적 봉양을 잘하는 것만으로 효도가 되는 것은 아니며, 공경으로써 마음을 편안하게 하는 것이 효도의 필수조건이다. 특히 자식은 부모에게 걱정을 끼치는 일이 없도록 최선을 다해야 한다. 인간의 힘으로 막을 수 없는 불가항력적인 불행으로 부모에게 걱정을 끼치는 것은 어쩔 수 없다 치더라도, 자식의 불찰로 인해서 부모에게 근심을 끼치는 것은 효도에 어긋나는 짓이다. 자식이 부모의 곁을 멀리 떠나가면 자연히 부모에게 걱정거리가 되기 쉬우니, 되도록 부모의 곁에서 멀리 떨어지지 않는 것도 효도의 한 방안이다.

(4) 부모의 생존 시에만 잘 모시는 것으로는 효도로서 충분할 수 없다. 돌아가셨을 때는 예를 다하여 장례를 치르고, 장례가 끝난 뒤에도 오랫동안 제례(祭禮)를 정성껏 모셔야 한다. 유가의 사상 가운데는 개인의 죽음을 생명의 끝으로 보지 않고 가계(家系)의 계승을 통하여 생명이 연장된다는 믿음이 깔려 있으며, 조상의 영혼을 예로써 모시는 것은 자손의 당연한 도리라는 관념이 강하다.

『논어』에는, 효도가 단순히 가족 윤리를 위한 덕목에 그치는 것이 아니라, 효의 정신은 사회 전체를 후덕하게 만드는 원리이며, 효도의 정신이 확산되면 나라 전체의 정치 문제도 잘 풀린다는 뜻의 말도 보인다. 「학이」편에 보이는 "부모의 장례를 신중히 치르고 조상의 제사를 정성껏 모시면, 백성의 덕이 돈후하게 된다"라고 한 증자(曾子)의 말이 그것이고,[43] 누군가 공자에게 왜 정치를 하지 않느냐고 물었을 때, "효도하라. 오직 효도하고 형제에게 우애를 다함으로써 그것을 정치에 반영하라"라는 『서경(書經)』의 말을 인용하여 효도 안에 정치의 길이 들어 있음을 말한 것도 그것이다.[44]

가정마다 효성이 지극한 자녀들로 가득 차고, 형제간의 우애가 돈독하면, 나라 전체가 질서와 평화를 유지하게 될 것이라고 유가들은 믿었다. 그러나 이 믿음이 효도를 행해야 하는 이유로서 전제되었다고는 생각되지 않는다. 공자와 그 제자들은 다만 효가 인간이 마땅히 지켜야 할도리이므로 사람인 이상 이 길을 밟아야 한다고 생각했을 것이며, 효도를 권장하고 숭상하는 과정에서 가족 윤리의 원리로서의 효(孝)가 사회윤리의 원리도 될 수 있다고 강조했을 것이다.

4. 군자(君子)

유교에서는 인격 완성의 경지에 도달한 이상적 인품은 '성인(聖人)'의 칭호로 존경을 받는다. 공자 자신도 말년에 이르러 이 성인의 수준에이른 사람으로 평가되고 있으나, 그는 『논어』「술이」편에서, "나는 성인을 만나보지 못했다. 군자라도 만날 수 있다면 그것으로 만족하겠다"라고 말하였다.[45] 성인은 이상적 인간상이나 우리가 현실적으로 도달하기는 어려운 목표이며, 공자가 현실적 노력의 목표로서 제시한 것은 군자다. 공자의 가르침은 결국 "군자가 되도록 노력하라"는 한마디로 요약할 수 있다 하여도 크게 잘못은 아닐 것이다.

'군자(君子)'는 본래 '소인(小人)'과 대(對)를 이루는 말로서 서주(西周) 시대에는 세습적 지배층의 인물을 가리켰다. 지배자의 위치에 있는

---

43) 『論語』「學而」 9, 曾子曰 "愼終, 追遠, 民德歸厚矣."
44) 『論語』「爲政」 21, 或謂孔子曰 "子奚不爲政." 子曰 "書云. '孝乎 惟孝, 友于兄弟, 施於有政.' 是亦爲政, 奚其爲爲政."
45) 『論語』「術而」 26, 子曰 "聖人, 吾不得而見之矣, 得見君子者, 斯可矣."

사람들은 덕(德)으로써 백성, 즉 소인 계층을 다스려야 한다는 것이 고대로부터의 중국 정치사상이었고, 따라서 군자는 당연히 덕을 쌓아야 할 사람으로서 생각되었으며, 여기서 군자는 덕성이 높은 인격자라는 또 하나의 의미를 갖게 되었다.46) 사회계층의 변화에 따라서 후일에는 사회적 지위를 나타내는 의미는 점차 약화되고, 학덕을 갖춘 인격자라는 뜻이 전면에 나타나게 되었다. 필자가 '군자'라는 개념에 대하여 갖는 관심은 인품(人品)을 나타내는 말로서의 쓰임에 집중된다.

군자가 갖추어야 할 조건을 명확하게 밝힌 대목을 『논어』 안에서 찾아내기는 어렵다. 위정자로서 덕치(德治)의 소임을 다하기에 부족함이 없을 정도의 학덕을 갖춘 사람이면 군자라고 할 수 있을 것이라는 주장을 일단 할 수 있을 것이며, 오상(五常)과 오륜(五倫)의 개념에 의존하여 군자의 조건을 추론할 수도 있을 것이다. 그러나 더욱 구체적인 이해를 위하여, 『논어』 안에서 '군자'라는 말이 나오는 대목을 훑어보기로 한다.

『논어』「학이」편 14장은 군자의 면모를 비교적 폭넓게 말해준다. 우선 그 뜻을 직역(直譯)으로 옮겨보자.

공자가 말씀하였다. "군자는 식생활에서 배부르기를 추구하지 않고, 사는 데는 편안함을 추구하지 않는다. 일에는 민첩하고 말에는 신중하여, 유도지인(有道之人)을 따라서 바르게 하기를 힘쓴다면, 가히 호학(好學)이라고 말할 수 있을 것이다."47)

우선 군자는 일신의 안락만을 추구해서는 안 되며, 말은 신중하게 해

---

46) 『孟子』「滕文公章句」 上에 세상에는 대인이 할 일과 소인이 할 일이 따로 있음을 말하고, 마음을 수고롭게 하여 사람을 다스리는 일은 대인이 맡아서 하고 근육노동을 하여 생산에 종사하는 일은 소인이 맡는 것이 천하에 공통된 이치라는 주장을 전개한 대목이 있다. 맹자가 말한 '대인'과 같은 뜻으로 고대 중국에서는 '군자'라는 말이 사용되었다. 성백효, 『맹자집주』(전통문화연구회, 1991), p.159 참조.

47) 『論語』「學而」 14, 子曰 "君子食無求飽, 居無求安, 敏於事而愼於言, 就有道而正焉, 可謂好學也已."

야 하고, 실천에는 민첩해야 한다. 그리고 항상 도리를 따라서 바르게 행동하도록 노력해야 한다. 따라서 공동체를 염두에 두지 않고 일신의 이익을 추구하거나 말만 앞서고 실천이 따르지 않는 사람은 군자라고 할 수 없다. 그리고 또 하나 중요한 것은 정도(正道)를 따라서 살고자 하는 굳은 의지다.

「학이」편 그 다음 장에서는 안빈낙도(安貧樂道)를 가르치고 있다. "가난하면서도 아첨하지 않고 부유하면서도 교만하지 않으면 어떻겠습니까?" 하고 물은 자공(子貢)에 대하여, 공자는 "가난하면서 낙도(樂道)하고 부유하면서도 예를 존중하는" 경지를 제시했던 것이다. 이 경지가 바로 공자가 생각한 군자의 경지가 아닐까 한다.48) 「이인」편 5장에서도 부귀와 빈천에 대해서 군자가 가져야 할 마음가짐을 말하고 있으며, 특히 이 대목에서는 부귀를 얻음에 있어서나 빈천을 면함에 있어서나 정도(正道)를 따라야 한다는 것과 군자는 항시 인(仁)을 염두에 두어야 함을 강조하고 있다.

『논어』의 「학이」편 1장에는 "사람들이 나를 알아주지 않는다 하더라도 화를 내지 않는다면 매우 군자답지 않겠는가"라는 말이 있고, 16장에는 "남이 나를 알아주지 않을 것을 걱정하지 않고, 내가 남을 알지 못할 것을 걱정한다"라는 말이 있다.49) 요즈음 흔히 볼 수 있듯이, 인기를 끌어 유명하게 되고자 자기선전에 골몰한 사람이나 한자리 얻으려고 동분서주하는 사람은 군자로부터 먼 거리에 있다고 보아야 할 것이다.

「이인」편 10장에는 "군자는 천하의 일에 대하여 절대로 그래야 한다거나 절대로 안 된다고 미리 단정하지 않고, 다만 의로움을 좇는다"라는 말이 있고, 「자한」편에는 공자가 하지 않은 일 네 가지로서 "자의적(恣意的) 태도와 기필코 하고 말겠다는 태도와 고집스러움과 자신만을 생각하는 태도"를 들고 있다.50) 이 두 곳의 말을 통하여 알 수 있는 것

---

48) 『論語』「學而」15, 子貢曰 "貧而無諂, 富而無驕, 何如." 子曰 "可也 未若貧而樂, 富而好禮者也."

49) 『論語』「學而」1, 子曰 "學而時習之, 不亦說乎. 有朋自遠方來, 不亦樂乎. 人不知而不慍, 不亦君子乎."「學而」16, 子曰 "不患人之不己知, 患不知人也."

50) 『論語』「里仁」10, 子曰 "君子之於天下也, 無適也, 無莫也, 義之與比."「子

은, 군자는 흑백논리를 따라서 외곬으로 빠지지 않는다는 사실이다. 다만 군자가 무원칙하게 적당히 산다는 뜻은 아니며, 사리(事理)에 따른다는 기본적 원칙을 지켜가며, 상황에 따라서 융통성 있게 사는 것이 바람직하다는 주장을 포함하고 있다는 점에 유의해야 할 것이다. 우리는 「위정」편에 보이는 "군자는 그릇이 아니다(君子不器)"라는 말도 같은 맥락에서 이해할 수 있을 것이다. 요즈음의 표현을 빌린다면, 군자는 닫힌 성격의 소유자가 아니라 열린 성격의 인품이라고 말할 수 있을 것이다.

군자는 열린 성격의 인품인 까닭에 두루 화친(和親)하고 편당적이 아니다. 이와 반대로 소인은 편당적이어서 두루 화친하지 않는다.51) 『논어』「자로」편에 보이는 "군자는 화합하되 뇌동(雷同)은 하지 않으며, 소인은 뇌동하되 화합하지 않는다"라는 공자의 말씀도 같은 맥락에서 이해할 수 있을 것이다. 그 밖에도 「술이」편에는 '군자부당(君子不黨)'이라는 말이 공자 생존 당시의 일반적으로 쓰이던 문자임을 암시하는 대목이 있으며,52) 「위령공」편에도 "군자는 긍지는 지니나 다투지 아니하며, 여럿이 함께 어울리기는 하나 편당적으로 굴지 않는다"라는 공자의 말씀이 보인다.53) 군자는 다투지 않는다. 다만 다툼을 피할 수 없는 예외의 경우가 있으니, 활쏘기가 그 하나다. 활쏘기에서는 다투기는 하나 예(禮)를 다하는 것을 조건으로 삼으니, 다른 다툼과는 사정이 다르다. 그러기에 공자는 활쏘기에서의 다툼을 군자다운 다툼이라고 말하였다.54) 오늘의 운동경기에서 강조하는 '정정당당한 경기'의 정신을 연상케 한다

공자는 "중용(中庸)의 덕성(德性)은 지극하다"라고 말했을 정도로 중

罕」4, "子絶四. 毋義, 毋必, 毋固, 毋我."

51) 『論語』「爲政」14, 子曰 "君子周而不比, 小人比而不周."

52) 『論語』「術而」30, 陳司敗問, 昭公知禮乎, 孔子曰 "知禮." 孔子退, 揖巫馬期而進之, 曰 "吾聞君子不黨, 君子亦黨乎. 君取於吳, 爲同姓, 謂之吳孟子. 君而知禮, 孰不知禮."

53) 『論語』「衛靈公」21, 子曰 "君子矜而不爭, 羣而不黨."

54) 『論語』「八佾」7, 子曰 "君子無所爭, 必也射乎. 揖讓而升, 下而飮, 其爭也君子."

용의 덕을 찬양하였다.55) 그가 내세운 바람직한 인간상으로서의 군자도 이 중용의 덕을 떠나서 이루어질 수 없다. 공자는 여러 경우에 중용의 중요성을 강조하였다. 자장(子張)과 자하(子夏)의 인품에 관하여 자공으로부터 질문을 받았을 때, 공자가 한 말은 그 대표적인 것이다. 두 제자 가운데서 누가 더 현명하냐고 자공이 물었을 때, 공자는 자장은 지나치고 자하는 모자란다고 대답했으며, 그렇다면 자장이 더 현명하냐고 자공이 다시 묻자, 이에 공자는 "지나침은 모자람과 같다"라고 말씀했던 것이다.56)

'중용'과 '조화' 사이에는 불가분의 관계가 있다. 중용이 깨지면 조화도 깨지고, 조화가 무너지면 중용도 무너진다. 『논어』「옹야」편 16장에서, 공자는 "바탕이 문채(文彩)보다 두드러지면 야(野)하게 되고, 문채가 바탕보다 두드러지면 형식적이 된다. 바탕과 문채의 조화가 잘 이루어져야 비로소 군자라 할 수 있다"라고 말하고 있거니와, 이 말씀의 뜻은 조화의 중요성을 역설한 것으로 볼 수도 있고, 중용의 중요성을 강조한 것으로 볼 수도 있다.57)

『논어』「술이」편에 공자의 인품을 표현하여 "온화하면서 엄숙하고, 위엄이 있으면서 사납지 않으며, 공경스러우면서 편안하다"라고 말한 것도 중용의 덕을 찬양한 것이다.58) 『시경(詩經)』 첫머리에 보이는 시 「관저(關雎)」를 평하여 공자가 "즐기면서도 정도를 지나치지 않고, 슬퍼하면서도 마음 상하게 하지는 않는다"라고 한 것도 중용의 덕을 찬양한 말이다.59)

『논어』「양화」편에 공자가 자로에게 '육언육폐(六言六蔽)'에 대하여 가르치는 대목이 있다. 일반적으로 미덕(美德)이라고 일컬어지는 여섯 가지 것에도 폐단이 따른다는 가르침이다. 다시 말하면, 인(仁)과 지(知)

---

55) 『論語』「雍也」27, 子曰 "中庸之爲德也, 其至矣乎. 民鮮久矣."
56) 『論語』「先進」15, 子貢問 "師與商也孰賢." 子曰 "師也過, 商也不及." 曰 "然則師愈與." 子曰 "過猶不及."
57) 『論語』「雍也」16, 子曰 "質勝文則野, 文勝質則史, 文質彬彬, 然後君子."
58) 『論語』「術而」37, "子溫而厲, 威而不猛, 恭而安."
59) 『論語』「八佾」20, 子曰 "『關雎』, 樂而不淫, 哀而不傷."

와 신(信)과 직(直)과 용(勇)과 강(剛)은 모두 미덕을 일컫는 말(言)이나, 그 본질에 대한 이해 없이 그저 좋아만 한다면, 중용을 잃게 되어 폐단이 따른다는 것이다. 공자의 표현을 옮겨보기로 하자.

인(仁)을 좋아하되 배우기를 좋아하지 않으면, 그 폐단은 어리석음으로 나타난다. 앎을 좋아하되 배우기를 좋아하지 않으면, 그 폐단은 방자함으로 나타난다. 신의를 좋아하되 배우기를 좋아하지 않으면, 남을 해치는 폐단이 따른다. 정직함을 좋아하되 배우기를 좋아하지 않으면, 그 폐단은 박절함으로 나타난다. 용기를 좋아하되 배우기를 좋아하지 않으면, 그 폐단은 난폭함으로 나타난다. 굳센 것을 좋아하되 배우기를 좋아하지 않으면, 그 폐단은 과격함으로 나타난다.[60]

요컨대, 정직과 용기 등은 그 자체로 볼 때 미덕임에 틀림이 없으나, 외곬으로 그것만을 숭상하고 상황을 전체적으로 판단하는 지혜로움이 없다면, 정도를 지나쳐서 도리어 폐단을 부르게 된다는 교훈이다. 이 폐단을 없애기 위해서는 중용의 덕을 바탕에 깔아야 하며, 중용의 덕을 체득하기 위해서는 배움을 게을리하지 말아야 한다는 것이 공자의 가르침의 요점이다.

---

60) 『論語』「陽貨」 8, 子曰 "好仁不好學, 其蔽也愚. 好之不好學, 其蔽也蕩. 好信不好學, 其蔽也賊. 好直不好學, 其蔽也絞. 好勇不好學, 其蔽也亂. 好剛不好學, 其蔽也狂."

공자의 인간관과 현대의 문제 상황

1. 인간: 그 존재(存在)와 당위(當爲)

인간으로서 살아가는 모든 장소와 모든 시간에 우리가 항상 부딪치는 문제가 있다. "어떻게 하는 것이 옳으냐?", "어떠한 삶이 올바른 삶이냐?" 이러한 물음을 우리가 언제나 의식적으로 제기하는 것은 아니다. 다만 우리들의 마음 바탕에는 항상 저 물음이 깔려 있고, 우리들의 의식적 행동은 저 물음에 대한 실천적 응답으로서의 성격을 가졌다. 바둑을 두는 사람이, 생각하고 말고 할 필요도 없이 즉각적으로 한 점에 돌을 놓는 경우가 간혹 있다 하더라도, 기사(棋士)의 마음 바탕에는 "다음에는 어느 점에 두는 것이 가장 유리할까?" 하는 물음이 항상 깔려 있는 것과 비슷한 사정이다.

"어떻게 해야 할 것인가?" 하는 물음을 염두에 두고 우리가 언제나 고민스러운 생각에 잠기지는 않는다. 이런 경우에는 이렇게 하고 저런 경우에는 저렇게 하면 된다는 답이 대개는 이미 나와 있어서, 우리는 그 상식적 답에 따라 일상생활에서 부딪치는 문제를 해결한다. 그 상식적인 답의 근거는 몸소 겪은 개인적 체험일 수도 있고, 그 사회의 관례(慣例)일 수도 있으며, 개인이 신봉하는 종교나 철학의 가르침일 수도 있다.

상식적인 답에 따라서 한 행동이 삶의 문제에 대한 해결을 가져다주지 않을 경우가 있다. 개인적 체험이나 사회적 관례 또는 친숙한 종교나 철학의 가르침의 한계를 넘어서는 새로운 문제에 부딪쳤을 때 흔히 그런 경우가 생긴다. 시대 또는 사회의 변동이 너무나 크고 급격했을 때, 과거의 상식이나 과거의 철학만으로는 해결하기 어려운 새로운 문제에 봉착하는 것은 능히 있을 수 있는 일이며, 현대의 어지러운 상황은 바로 그러한 문제가 생기기 쉬운 어려운 상황이다.

"어떻게 살아야 하느냐?" 이것은 실천철학의 문제와 대결한 고금의 사상가들이 줄곧 제기해온 끝없는 물음이다. 이 너무나 평범하고 너무나 어려운 물음을 앞에 놓고 수많은 철학자들이 여러 가지 해답을 제시하였다. 그 여러 가지 해답을 유형별로 묶으면, 대충 다음과 같이 정리할 수 있을 것이다.

   (1) 도(道)를 따라서 살아라.
   (2) 자연(自然)을 따라서 살아라.
   (3) 신(神)의 뜻을 따라서 살아라.
   (4) 너의 자아(自我)를 실현하도록 살아라.
   (5) 만인(萬人)의 행복을 목표로 삼아라.

여기에 "각자의 행복을 위해서 살아라" 하는 또 하나의 원칙을 추가할 수도 있을 것이다. 누가 그러한 원칙을 제시했다고 어느 개인의 이름을 말하기는 어려우나, 현실적으로 이 여섯 번째 원칙을 따라서 사는 사람들이 우리 주변에 허다함을 감안할 때, 이것도 하나의 '삶의 원칙'으로 간주해야 할 것으로 보인다.

"도를 따라서 살아라"라는 원칙이 말하는 '도'가 무엇인지는 분명하지 않다. 다만 그것이 인간과 깊은 관계를 가진 어떤 원리일 것임에는 의심의 여지가 없다. 새나 짐승에게도 삶의 문제는 있다고 볼 수 있거니와, 새와 짐승에 대하여, 설령 그것들이 말귀를 알아듣는다 하더라도, "도를 따라서 살아라"라는 말은 무의미한 말이다. 그 말은 인간에 대해서만 의미를 가졌으며, 이 말이 인간에 대해서만 의미를 갖는다는 것은 '도(道)'와 '인간(人間)' 사이에 불가분의 관계가 있음을 시사한다. 즉, 우리가 지켜야 할 도는 인간의 도일 수밖에 없으며, 만약 그것이 인간의 도가 아니라면, 우리가 그것을 따라야 할 까닭이 없다.

"자연을 따라서 살아라"라는 원칙은, '자연'이라는 말이 지시하는 바가 너무 광대한 까닭에, 그 메시지가 명백하지 않다. 다만 이 경우의 '자연'이 '인간'과 대립하는 개념이 아님은 의심의 여지가 없다. 인간과 대립하는 자연이라면, 인간인 우리가 그것을 따라야 할 까닭이 없으며, "자연을 따라서 살아라"라는 원칙은 "인간 너 자신의 본성에 충실하도록 하라"의 뜻으로 받아들여야 할 것이다.

"신이 뜻을 따라서 살아라"라는 원칙의 경우는 '신'을 어떻게 이해하느냐가 핵심적 문제로서 떠오른다. 신의 존재가 의심의 여지없는 사실이라는 믿음을 전제로 삼고 출발한다 하더라도, 신의 뜻이 무엇인지를 구체적으로 파악하는 일이 어려운 과제로서 남는다. 인간인 우리가 신의 뜻을 직접적으로 인지할 수는 없을 것이며, 인간을 거울로 삼고 신의 뜻을 미루어 짐작할 수밖에 없을 것이다. '신의 뜻'이라는 말 자체가 신도 인간과 같이 의지(意志)를 가졌다는 것을 전제로 삼고 신의 모습을 그려본 결과다. 어쨌든 우리가 신의 뜻을 헤아리기 위해서는 우선 인간 자신의 마음속을 깊이 들여다보아야 할 것이다.

"너의 자아를 실현하도록 살아라"라는 네 번째 원칙의 경우는 "인간이란 무엇인가?"라는 문제가 더욱 선명하게 표면으로 떠오른다. '자아실현'이라는 말은 인간이 잠재적으로 가지고 있는 가능성을 높이 상정(想定)하고, 그 가능성을 현실로 나타나도록 함이 바람직하다는 발상에 근원을 두었다. 그러므로 이 네 번째 원칙을 실천하기 위해서는 먼저 "나는 누구냐?"라는 물음에 대답해야 하며, 이 물음에 대답하기 위해서는 "인간이란 무엇이냐?"라는 물음과 대결해야 한다.

"만인의 행복을 목표로 삼아라"라는 다섯 번째 원칙에서는 '행복'이라는 말에 핵심이 있다. 행복이라는 목표에 도달하기 위해서는 우선 행복이 무엇인지 정확하게 알아야 하며, 인간의 행복이 무엇인지 알기 위해서는 인간의 본성에 대한 깊은 이해가 있어야 한다. 이 경우에도 결국 '인간'의 문제와 부딪치게 되는 것이다. "각자의 행복을 위해서 살아라"라는 여섯 번째 원칙의 경우에도 '행복'이라는 말에 핵심이 있기는 마찬가지며, 결국 '인간'의 문제와 맞부딪치게 되는 것도 다를 바가 없다.

"인간은 현실적으로 어떠한 존재(存在)로서 실재하느냐?" 하는 사실(fact)의 문제와 "인간은 장차 어떠한 존재가 되는 것이 바람직하냐?" 하는 당위(當爲) 또는 가치(value)의 문제는 엄격히 구별해야 할 별개의 문제라는 점을 강조한 철학자들이 있었다. 무어(G. E. Moore)는 인간성에 대한 사실 판단을 근거로 삼고 인품 또는 행위에 대한 가치 판단을 추론할 경우에는 '자연론적 오류'라는 논리적 오류를 범하게 된다는 주장을 전개함으로써 윤리학의 새로운 장을 열었다고 평가되기도 하였다.
메타 윤리학의 대두와도 밀접한 관계를 가진 저 주장에 대하여 필자도 한때 전폭적 찬동을 한 적이 있었다. 그러나 요즈음은 인간의 존재(存在)와 당위(當爲)의 문제를 단순 논리로써 다루어서는 안 된다는 쪽으로 생각이 바뀌고 있다. 인간을 어떠한 존재로 보느냐 하는 관점의 선택에는 인간을 바라보는 사람의 가치 판단이 반드시 들어가게 마련이며 순수한 사실 판단의 체계로서의 인간관(人間觀)이라는 것은 있을 수 없다는 것이 요즈음 인간의 문제를 대하는 필자의 기본적인 생각이다.
인간관과 역사(歷史) 사이에는 중요한 유사점이 있다. '역사'라는 것은 과거의 사실에 대한 객관적 기술(記述)이라고 생각하는 사람들이 많으나, 엄밀하게 따져 말하자면, 사가(史家)의 주관적 견해, 즉 사관(史觀)에 의하여 물들지 않은 역사라는 것은 현실적으로 존재하지 않는다. 한 시대와 한 국가 안에서 일어난 모든 사실을 망라해서 기록에 남긴다는 것은 불가능한 일이며, 설령 가능하다 하더라도 그러한 기술의 집합이 역사가 될 수는 없다. 일정한 사관을 따라서 사료(史料)를 취사선택하고, 엄정한 사관을 따라서 정사(正邪)를 분간해가며 편찬한 것이 우리가 알고 있는 '역사'라는 기록이다. 물론 우리는 그 사관이 공정하고 객관적이기를 희망하지만, 주관을 완전히 배제한 사관이라는 것은 원칙적으로 있을 수 없다.

"인간이란 어떠한 존재냐?" 하는 물음을 염두에 두고 인성론(人性論) 또는 인간관(人間觀)을 시도하는 학자도 '인성' 또는 '인간'에 관한 모든 사실을 망라해서 평면적으로 서술하지는 않는다. 그도 불가불 하나의 관점 또는 시각을 택하고 그 관점 내지 시각을 통하여 인간을 탐구하고 인성을 판단하게 된다. 가장 바람직한 것은 하나의 관점 또는 하나의 시각만을 고집하지 않고 여러 시각에서 바라본 인간의 모습을 종합적으로 파악하는 일일 것이다. 그러나 이러한 종합적 태도조차도 하나의 선택임에는 다를 바가 없으며, 선택이 있는 곳에는 반드시 선택한 사람의 주관이 개입하게 마련이다.

인간의 심성(心性)은 매우 복잡하고 미묘한 구조를 가지고 있으며, 서로 다른 여러 가지 측면을 가지고 있다. 사람들은 누구나, 비록 정도의 차이는 있으나, 개인적 독립성을 지향하는 측면과 집단적 공동성을 지향하는 측면을 가지고 있다. 사람들은 누구나 성선설(性善說)의 주장을 뒷받침하기에 적합한 소질과 성악설(性惡說)의 주장을 뒷받침하기에 적합한 소질을 아울러 가지고 있다. 쉽게 말하면, 사람들은 누구나 주어진 여건에 따라서 개인주의자가 될 수 있는 가능성과 집단주의자가 될 수 있는 가능성을 다소간 아울러 가지고 있으며, 사람들은 누구나 주어진 여건에 따라서 흔히 말하는 '선인(善人)'이 될 수 있는 소질과 흔히 말하는 '악인(惡人)'이 될 수 있는 소질을 다소간 아울러 가지고 있다.

시대와 사회의 제반 사정의 영향을 받고, 집단주의 인간형의 가능성이 현실로 부각되기도 하고 개인주의 인간형의 가능성이 현실로 부각되기도 한다. 집단주의 인간형의 가능성이 우세하게 현실로 나타날 경우에는 인간을 집단적 존재로서 파악하는 인간관이 우세하게 되기 쉽다. 그러나 같은 시대와 같은 사회에서 사는 모든 사람들이 동일한 인간관을 갖는 것은 아니다. 같은 시대와 같은 사회를 함께 산 사람들 가운데도 서로 다른 인간관을 가진 사상가들이 나타날 수 있다. 그 사상가의 개인적 생활사(生活史)의 차이와 개인적 기질의 차이가 시각의 차이를 수반하고, 그 시각의 차이가 같은 인간 세계를 다르게 보도록 만들기 때문일 것이다.

부모로부터 물려받은 유전적 인자와 생후에 경험한 사회 환경 여하에 따라서, 이른바 '선인'으로 평가되기 쉬운 소질이 현실로 드러나는 사람도 있고 이른바 '악인'으로 평가되기 쉬운 소질이 현실로 드러나는 사람도 있다. '선인'으로 평가되는 사람들이 사회의 기풍을 좌우하는 환경 속에서 생활한 사람들은 '성선설'에 공감을 느끼기 쉽고, '악인'으로 평가되는 사람들이 사회의 기풍을 좌우하는 환경 속에서 생활한 사람들은 '성악설'에 공감을 느끼기 쉽다. 그러나 동일한 사회 환경 속에서 생활한 모든 사람들이 동일한 인성론(人性論)에 공감을 느끼는 것은 아니다. 같은 사회 안에서 같은 사회적 기풍을 체험한 사람들 가운데서도 서로 다른 인성론에 공감을 느끼는 사상가들이 나타날 수 있다. 그 사상가의 개인적 생활사의 차이와 개인적 기질의 차이가 시각의 차이를 수반하고, 그 시각의 차이가 같은 인간상(人間像)을 다르게 보도록 만들기 때문일 것이다.

모든 인간관 또는 인성론에 다소간 주관이 개입하게 마련이라는 사실을 근거로 삼고 모든 인간관 또는 인성론의 타당성 내지 가치를 의심하거나 부인해야 한다고는 생각하지 않는다. 도리어 주관의 개입으로 인하여 그 인간관 또는 인성론에 생명이 깃들고, "인생을 어떻게 살아야 하는가?"라는 물음에 대한 지혜의 싹을 그 안에 잉태할 수도 있다. 아무런 의미 부여도 없이 단순한 과거지사의 나열에 불과한 기술(記述)의 집합보다도 사가(史家)의 사관과 혼이 담긴 산 역사가 더욱더 큰 의미와 가치를 가질 수 있다는 사실이 우리의 주장을 뒷받침한다.

주관의 지나친 개입으로 인하여, 인간의 객관적 사실을 떠나서 그 모습을 제멋대로 지어낸 인간관이나 인성론은 사람들을 오도(誤導)할 염려가 크다. 그러나 넓은 시야와 깊은 통찰력으로 인간 존재의 중요한 측면을 선택적으로 파악한 인간관 내지 인성론은 우리들에게 삶의 길을 밝혀주는 귀중한 교훈을 그 안에 가지고 있을 수 있다. 선인(先人)들이 남겨놓은 옛날의 인간관 또는 인성론으로부터 오늘을 사는 우리가 어떠한 교훈을 읽을 수 있느냐 하는 것은 우리들 자신의 문제이며, 이 문제를 푸는 일도 우리들 자신의 몫이다.

2. 공자의 인간관

"인간이란 어떠한 존재인가?" 또는 "인간의 본성은 무엇인가?" 이러한 문제를 놓고 공자가 어떤 논(論)이나 설(說)을 직접 주장한 바는 없다. 그러므로 우리가 공자의 인간관을 알아보기 위해서는 어떤 추리(推理)를 통한 간접적 방법을 취할 수밖에 없다. 그렇게 해서라도 우리가 공자의 인간관을 문제 삼고자 하는 것은 '인간관'이라는 이름을 붙일 수 있는 그의 사상으로부터 현대인이 많은 것을 배울 수 있다고 믿기 때문이다.

대가족이 집단으로 농경에 종사하며 살았던 고대의 동북아시아 사람들에게 일찍부터 의식된 자아(自我)는 독립과 자유를 열망하는 개인으로서의 '나'가 아니라, 혈연과 협동을 유대로 삼고 하나가 된 가족 집단으로서의 '우리'였을 것이다. 기계화된 오늘의 농사와는 달라서, 고대의 농업은 한 개인의 힘으로는 감당하기 어려웠고, 가족 이상의 집단 노동이 불가피하였을 것이다. 농지도 개인의 소유가 아니었으며, 가족 전체가 그 소유권 또는 경작권을 가지고 있었으므로, 개인의 단독의 힘으로 살아갈 길은 거의 없었을 것이다. 생존을 위해서는 어떤 가족의 일원으로서 한자리를 차지할 필요가 있었으며, 동일한 가족에 속하는 모든 식구들은 생사와 고락을 같이할 수밖에 없었을 것이다. 벌통을 이탈한 일벌이 단독의 힘으로는 살아가기 어렵듯이, 사람도 가족을 떠나서 단독의 힘으로는 살기 어려웠을 것이며, 가족이라는 집단이 인간 사회의 기본적 생활 단위를 이루었을 것이다.

우리들의 의식구조는 생활 조건의 결정적 영향을 받아가며 형성된다. 특히 자아의식(自我意識)은 생활 조건의 영향을 크게 받는다. '자아'라는 것이 본래 육체로써 그 범위가 결정되는 물질의 체계가 아니라 상황에 따라서 신축(伸縮)하는 의식의 체계이기 때문이다. 가족이라는 집단과 생사와 고락을 같이하게 마련인 생활 조건 속에서, 고대의 동북아시아 사람들은 그들이 속해 있던 가족에 대하여 강한 '우리'를 의식했을 것이며, 그 '우리의식'은 바로 '자아의식'의 기본으로서 자리 잡았을 것이다. 쉽게 말해서, 자신과 가족을 동일시하는 의식구조가 형성되었을 것이다.

가족이라는 집단이 인간 사회의 기본적 생활 단위를 이루고, 가족을 '우리', 즉 '자아'로 느끼는 의식이 형성되었다는 것은, 사람들이 인간을 암암리에 집단적 존재로서 파악했으리라는 것을 강력하게 시사한다. 고대의 사람들도 자신을 인간의 한 표본으로서 의식했을 것이며, 자신이 가족이라는 집단을 떠나서는 살 수 없는 존재임을 직관했다면, 그들은 자신을 포함한 인간을 집단적 존재로서 직관했을 것임에 틀림이 없다. 고대의 중국인이 인간을 집단적 존재로서 파악했으리라는 우리의 추측을 우리는 중국인이 만들어낸 '인간(人間)'라는 한자어에 의하여 뒷받침할 수 있을 것이다. '사람 인(人)' 자와 '사이 간(間)' 자를 붙여서 만든 '인간'이라는 말은, 사람을 단독적 개별의 존재로서 보지 않고 관계를 이루고 연결되어 있는 집단적 존재로서 본 사람들에 의하여 만들어진 말일 것임에 분명하다 '사람 인(人)' 자 하나만 떼어서 보더라도, 사람은 단독으로는 살 수 없으며 서로 의지해야 존립할 수 있음을 나타낸 상형문자라는 것은 널리 알려진 상식이다.

공자는 가족을 자아로서 의식하는 사람들이 살았던 고대 중국에서 태어났다. 그도 같은 자아의식을 가지고 성장했을 것이며, 주위 사람들도 모두 가족을 자아로서 의식하며 사는 것을 보았을 것이다. 이러한 상황에서 그가 인간을 개별적 존재로서 파악하기보다는 집단적 존재로서 파악했을 것이라고 보는 것이 사실에 가까울 것이다. 공자 자신이 인간을 '집단적 존재'라고 직접 언명한 구절을 예시하기는 어려우나, 그가 그렇게 생각했다는 것을 간접적으로 암시하는 대목을 찾아보기는 어렵지 않을 것이다.

『맹자(孟子)』「진심장구(盡心章句)」에 "인(仁)이라 함은 사람다움

(人)을 말한다'라는 구절이 있고,1) 『중용(中庸)』 제20장에도 "인(仁)이라 함은 사람다움(人)이니, 친족을 친히 여기는 것이 그 가운데서도 중요하다"라는 말이 있다.2) 『논어』의 '정유인언(井有仁焉)'이라는 말의 예로 알 수 있듯이, '어질 인(仁)' 자와 '사람 인(人)' 자를 같은 뜻으로 통용하기도 했다는 사실과 아울러, 위의 두 구절은 공자의 인간관을 짐작하기에 중요한 단서가 될 수 있다. 왜냐하면, "인이란 사람다움이다"라는 말에는 "사람을 사람답게 하는 것은 인이다"라는 뜻이 함축되어 있다고 볼 수 있으므로, 공자가 그토록 중요시한 '인'의 덕목이 의미하는 바를 고찰함으로써 사람다운 사람의 조건을 부각시킬 수 있을 것이며, 그렇게 함으로써 공자가 머릿속에 그린 인간 본연의 모습을 알아낼 수 있을 것이기 때문이다.

안연(顔淵)이 공자에게 '인'에 대하여 물었을 때, 공자는 "나를 이기고 예로 돌아간다(克己復禮)"라는 말로 대답한 바 있다. 여기서 '나를 이긴다', 즉 '극기'라 함은 '개인적 자아로서의 나'를 넘어선다는 뜻이며, '예로 돌아간다', 즉 '복례'라 함은 '집단적 자아로서의 우리'로 돌아간다는 뜻을 함축한다. 여기서 '극기'의 '기(己)'를 '개인적 자아'의 뜻으로 푸는 것은 '몸 기(己)' 자의 본래 뜻이 육체적 자아를 가리키기 때문이며, '복례'의 '예(禮)'가 '집단적 자아'의 뜻을 함축한다 하는 것은 '예'라는 말의 본래 뜻이 사회(社會), 즉 집단적 자아를 상징하기 때문이다.

공자는 예(禮)를 크게 중요시했거니와, 그가 중요시한 예는, 여러 사람들이 함께 참여함으로써 하나의 '우리'가 되도록 하는 화합의 몸짓과 거룩한 의식(儀式)으로서, 사회적 규범으로서의 힘을 가졌다. 예는 강권을 발동한 제재를 통하여 개인의 자의(恣意) 또는 방종을 막는 법(法)과는 달리, 사람들이 자율적으로 기꺼이 참여하고 따르는 관습적 규범이다. 그러므로 공자에 있어서 예를 따른다는 것은 개인이 고립된 '나'의 껍질을 벗어나서 하나의 '우리' 속으로 융화한다는 뜻을 가졌다. 바꾸어

---

1) 『孟子』「盡心章句」下 16, 孟子曰 "仁也者 人也, 合而言之 道也."
2) 『中庸』 제20장, "仁者人也, 親親爲大."

말하면, 예는 개별적인 '나'들이 그것을 통하여 하나의 '우리', 즉 집단적 자아가 되게 하는 삶의 방식이다.

공자는 나(己)를 벗어나서 예(禮)로 돌아가는 것이 인(仁)이라고 하였다. 여기서 '예를 지킨다'고 하지 않고 '예로 돌아간다'고 한 것은 예를 따르는 것이 인간 본연의 모습이라는 믿음을 나타낸 표현이라고 분석된다. 요컨대, 공자는 사람을 사람답게 하는 것은 '인'의 덕이요, 인에 도달하기 위해서는 작은 '나'의 껍질을 벗어나서 큰 '우리', 즉 집단적 자아로 되돌아가야 한다고 주장한 것이다. 그리고 '예'는 작은 '나'가 큰 '우리'로 나아가는 길목에서 반드시 통과해야 할 귀중한 관문 내지 규범이다.

'극기복례(克己復禮)'가 사람다움(仁)의 조건이라고 말한 「안연」편의 한 구절만으로도, 공자가 염두에 둔 인간상이 집단주의적 인간이었음은 어느 정도 밝혀졌다고 볼 수 있다. 그러나 그가 집단적 자아의 인간상을 인간 본연의 모습으로 본 까닭은 아직 밝혀지지 않았으며, 그가 염두에 둔 '집단적 자아'의 구체적 심상(心象)도 아직 분명하지 않다. 이러한 의문을 밝히기에 도움이 될 만한 구절이 있는지 좀 더 탐구해보기로 한다.

번지(樊遲)가 인에 대하여 물었을 때, 공자가 "사람을 사랑하는 것이다(愛人)"라고 대답한 구절이 『논어』 「안연」편에 있다. 그리고 앞에서 언급한『중용』 제20장의 "인이라 함은 사람다움이니, 친족을 친히 여기는 것이 그 가운데서도 중요하다"라고 한 구절 바로 뒤에 "의(義)라 함은 마땅함(宜)이니, 어진 사람들을 존중하는 것이 그 가운데서도 중요하다"라는 말이 있고, 곧 이어서 "친족을 친히 여김에 있어서의 강등(降等)과 어진 사람들을 존중함에 있어서의 차등(差等)이 예(禮)를 낳게 하는 까닭이다"라는 구절이 보인다.3)

위에 인용한 두 구절을 연결함으로써 매우 중요한 결론 하나를 끄집어낼 수 있을 것이다. 즉, 사람다움(仁)의 근본은 사람을 사랑함에 있되,

---

3) 『中庸』 제20장, "仁者人也, 親親爲大. 義者宜也, 尊賢爲大. 親親之殺, 尊賢之等, 禮所生也."

그 사랑은 모든 사람을 똑같이 위하는 무차별의 사랑이 아니라, 사람에 따라서 더 아끼고 덜 아끼는 차등을 두는 차별의 사랑이라는 결론이다. 그리고 누구를 더 아끼고 누구를 덜 아끼는 그 차별의 기준은 상대와 나의 친소(親疏)에 있으며, 그 가까움과 멂을 분간하는 가장 중요한 척도는 혈연(血緣)의 촌수(寸數)다. 그리고 친친(親親)의 강등과 존현(尊賢)의 차등을 따르는 가운데서 예(禮)가 생긴다고 하였으니, 예가 사람을 사람답게 하는 외형적 장치라는 관념이 유교 사상 바탕에 일관되게 깔려 있음을 다시 한 번 확인하게 된다.

사람다움(仁)의 근본이 사람을 사랑함에 있되, 사람다운 사랑은 만인을 균등하게 위함이 아니라, 친소(親疏)에 따라서 차등을 두는 차별의 사랑이라는 유교의 가르침은, 윤리가 사회의 질서를 보장하는 실천의 원리로서 작용하기 위해서는 사람이 가진 자연의 정(自然之情)을 중요시해야 한다는 생각에서 유래할 것이다. 사람다움의 덕으로서의 인(仁)은 신 또는 그 밖의 어떤 절대자를 매개로 삼는 종교적 사랑이 아니라 속세에 사는 인간이 주고받는 윤리적 사랑이다. 인은 자연적 존재로서의 인간이 주고받는 사랑인 까닭에, 인간이 가지고 있는 자연의 정에 의존할 수밖에 없다. 자연의 정을 떠나서 오로지 추상적 당위(當爲)의 논리에만 의존하여 도출한 "모든 사람을 차별 없이 사랑하라"는 가르침은, 어떤 종교적 신앙의 도움 없이는 실천에 옮기기 어렵다. 공자는 인간의 심리에 대한 깊은 통찰을 가진 현실주의적 사상가였던 까닭에, 자연의 정에 따르는 차별애(差別愛)를 주장했던 것이다.

자연의 정이 가장 두터운 것은 혈육의 정이요, 그 가운데서도 으뜸가는 것이 부모와 자식 사이의 정 그리고 형과 아우 사이의 정이다. 그러기에 유가들은 효(孝)와 제(悌)를 인의 핵심으로서 강조하였다. 그러나 유가들은 효제(孝悌)만으로 인이 이루어진다고 생각한 것은 아니다. 효제는 인의 출발점일 따름이며, 이것을 출발점으로 삼고 점차 먼 곳 사람들에게까지 사랑의 범위를 넓혀감으로써 인으로 접근하게 된다고 그들은 믿었다. 『맹자』「양혜왕」편에 보이는 다음 구절은 이 점을 매우 분명하게 밝혀준다.

내 부형을 공경하여 그 마음을 남의 부형에게까지 미치도록 하고, 내 어린이를 사랑하여 그 마음을 남의 어린이에게까지 미치도록 한다면, 천하는 손바닥 위에서 움직일 수 있습니다. 『시경』에 이르기를, "내 아내를 올바로 대하고, 형제에게까지 그렇게 하여, 집안과 나라를 다스리도다"라고 하였으니, 가족 다스리는 이 마음을 넓혀서, 저 백성들에게 쓸 따름임을 말한 것입니다.[4]

이것은 맹자가 제(齊)나라 선왕(宣王)에게 나라 다스리는 일과 집안 다스리는 일의 근본이 같다는 것을 말한 대목이다. 내 집 사람들을 사랑하는 마음을 키워서 남의 집 사람들에게까지 미치도록 하고, 같은 마음으로 사람을 대하는 범위를 점점 넓혀가면, 마침내 온 세상이 사랑의 혜택을 입고 편안하게 된다는 것이다. 수신(修身)에서 출발하여, 제가(齊家)와 치국(治國)을 거쳐서, 평천하(平天下)에 이른다는 것이 유가들의 일관된 생각이다.

이상의 고찰로써 우리는 공자와 그 제자들이 염두에 둔 집단적 자아의 인간상을 대략 짐작할 수 있다. 그들의 자아는 '나(己)'를 중심으로 삼되, 그 자아는 사랑을 통하여 그 범위를 나선형 모형으로 점점 넓혀간다. 사랑이 클수록 인(仁)으로 가까워가며, 인으로 가까워감에 따라서 각자의 자아도 커진다. 여러 개인들의 자아는 그 나선형 파장의 크기에 따라서 서로 융화하게 되고, 사랑과 예(禮)를 유대로 삼고 크게 어우러진 유기적 화합의 인간상, 즉 사회가 형성된다.

집단적 자아의식을 가진 개인들의 나선형적 의식의 파장이 어우러진 유기적 화합의 인간상을 인간 본연의 모습으로 보게 된 까닭에 대한 직접적 언명은 아직 발견하지 못했다. 다만 하나의 추측은 가능하다. 농경시대를 살았던 공자와 그 제자들은 가족을 단위로 하나의 '우리'가 되어 뭉쳐서 사는 인간의 현실을 체험하였고, 사람들이 가족적 이기주의의 단계를 넘어서서 더 큰 자아로 성장함으로써 태평성세를 이룩할 수 있

---

4) 『孟子』「梁惠王章句」上 7, "老吾老 以及人之老, 幼吾幼 以及人之幼, 天下 可運於掌. 詩云, 刑于寡妻 至于兄弟 以御于家邦, 言擧斯心 加諸彼而已."

으리라는 낙관이 겹쳐서, 유기적 화합의 인간상을 인간 본연의 모습으로 보았으리라는 추측이다.

3. 서방 세계의 개인주의 인간상

인간을 집단적 존재로서 파악한 것은 유가들에게만 국한된 인간관은 아니었다. 그것은 인간과 하늘과 땅 그리고 만물을 하나라고 생각한 동아시아 전체에 공통된 인간관이었을 것이다. 대자연의 힘에 의존하여 농사를 지으며 가족주의의 전통을 가진다는 공통점이 있는 동아시아의 여러 나라들은 자연히 인간을 보는 관점도 대동소이했으리라고 생각된다. 우리나라의 경우도 개인주의적 사고가 우세하게 된 것은 서구의 문명이 들어온 뒤의 일이며, 그 이전에는 가족 또는 민족을 '자아(自我)'로 느끼며 산 것이 우리나라의 전통이었다. 우리 조상들은 처음 만나서 인사를 나눌 때는 우선 족보(族譜)부터 따지는 것이 상식이고 예절이었다. 역적모의에 가담했다는 혐의를 받으면 그 형벌이 삼족에까지 미치는 것을 당연시한 것도 같은 맥락이다. 가문(家門)이 삶의 기본 단위였으며, 가문을 떠난 개인은 무력하기 짝이 없는 존재였다. 모두가 족보에 매달려야 했고, "성을 간다"는 말은 극단의 욕설이었다.

서양 세계에도 주로 농경에 의존하여 생활한 국가들이 있었고 가족제도도 있었다. 그곳에서도 인간을 집단적 존재로서 인식한 인간관이 우세한 시대가 있었을 것이다. 그러나 언제부터였다고 정확하게 밝혀서 말하기는 어려우나, 서양 세계에는 상당히 오랜 옛날부터 개인주의적 사상의 싹이 트기 시작하였고, 근세 이후에는 이 사상이 점차 우세한 위치를 점령하는 추세를 보였다. 오늘날은 '민주주의' 또는 '자유주의'라는 이름의 개인주의를 의문의 여지없는 진리로서 신봉하는 사람들이 다수를 차지하는 실정이다.

서양에도 여러 나라들이 있고 여러 가지 문화 전통이 서로 영향을 주고받으면서 오늘에 이르렀다. 그러나 그 가운데서 가장 큰 흐름을 이루고 오늘의 서양 사상의 근간이 된 것은 그리스의 철학 사상과 유대인의 나라에서 일어난 기독교 사상이라고 볼 수 있을 것이다. 서로 영향을 주고받은 이 두 흐름의 사상은 일찍부터 개인주의의 싹을 틔웠고, 공자가 살았던 기원전 5세기경에는 중국 사람들과는 현저하게 다른 눈으로 인간 세계를 바라본 것으로 생각된다.

그리스의 여러 도시국가 가운데서 가장 중요한 위치에 있던 아테네에 일찍부터 민주주의 제도가 수립되었다는 것은 널리 알려진 사실이다. 아테네의 민주주의가 개인주의에 입각한 것이었음은 저 유명한 페리클레스가 기원전 431년에 행한 추도(追悼) 연설에도 뚜렷이 나타나 있다.

> 우리 국가제도는 민주제도라고 일컫는데, 이는 정권이 다수의 손에 쥐어져 있고 소수의 손에 쥐어져 있지 않기 때문이다. 그러나 법률상의 사사로운 다툼에서는 모든 사람에게 평등한 권리가 마련되어 있는 한편, 인재에 대해서는 각기 신망이 있는 대로, 그 신분이 아니라 그 능력에 따라서 공사(公事)에 나서도록 받들거니와, 나라에 이바지할 수 있는 사람은 그 신분이 천할지라도 가난하기 때문에 길이 막히지는 않는다.5)

이 연설은 모든 사람에게 평등한 권리가 있음을 천명하였고, 능력만 있으면 누구나 국가의 요직을 맡을 수 있다고 언명하였다. 낮은 계층에 있는 선각자가 억압과 차별대우에 항거해서 그런 말을 한 것이 아니라, 나라의 최고 실력자인 페리클레스가 공식 석상에서 그렇게 말했던 것이다. 근세 이후의 개인주의적 인권 사상과 별로 다르지 않은 발언이다.

그리스 사회에서 일반적으로 중요시되었고 플라톤도 그의 『국가론』에서 상당한 비중을 두고 언급한 네 가지 주덕(主德)이 있다. 지혜와 절제와 용기 그리고 공정(公正)이 그것이다. 이 네 가지 덕을 유교에서 숭상한 인(仁)과 효제(孝悌) 그리고 충서(忠恕) 등과 비교할 때, 우리는 그 사이에 큰 차이가 있음을 본다. 유교에서 숭상한 덕은 주로 정서에 바탕을 둔 것이며 인간의 사회적 유대에 주안점을 둔 것임에 비하여, 그리스

---

5) C. Brinton, *A History of Civilization*, 양병우 외 공역, 『세계문화사』(상)(을유문화사, 1963), p.90.

인이 숭상한 덕목은 주로 지성에 바탕을 둔 것이며 개인의 행복과 개인 상호간의 원만한 관계를 위한 마음가짐으로서의 성격이 강하다. 그리스의 사주덕 가운데 용기까지도 지성에 바탕을 두었다고 보는 것은 그리스에서 숭상된 용기(ardreia)는, 아리스토텔레스가 밝혔듯이, 이성(理性)에 의하여 통제된 원기(元氣)를 의미했기 때문이다.

유교 사상에 주정주의(主情主義)의 색채가 강한 데 비하여 그리스 철학에는 주지주의(主知主義)의 경향이 현저하다. 일률적으로 단정하기는 어려우나, 지성이 강한 사람들은 대체로 맺고 끊는 심성이 강하여 개인주의로 기울기 쉽다. 우리가 그리스 철학을 주지주의적이라고 자신 있게 말할 수 있듯이, 그리스의 대표적 철학자들을 몰밀어서 개인주의적이라고 말할 수 있을지는 의문의 여지가 없지 않다. 그러나 유교의 스승들에 비하여, 소크라테스나 소피스트들에게, 에피쿠로스학파와 스토아학파에게 개인주의의 인생관이 현저했다는 것은 부인하기 어려울 것이다.

그리스에 일찍부터 민주주의 제도가 수립되고 개인주의 사상이 대두하게 된 연유를 밝히기는 쉽지 않을 것이다. 다만 역사에 대한 문외한으로서 추측을 말하는 것이 허용된다면, 그리스라는 나라의 땅이 척박하고 강우량이 적어서 농사만으로는 살아가기 어려웠던 반면에, 해운(海運)의 요충지에 위치했던 까닭에 일찍부터 무역과 상업이 발달하고 도시화가 빨랐다는 사실을 지적할 수는 있을 것이다. 상업이 발달하고 여러 도시가 생기면 사람들은 자연히 이해와 득실을 계산하게 되고, 계산에 익숙한 도시 생활은 사람들을 개인주의의 방향으로 흐르게 하기 쉽다. 그리고 권리 의식을 수반하는 개인주의와 여러 시민의 의사를 존중하는 민주주의 사이에는 밀접한 상관관계가 있다.

우리가 그리스 철학에 대해서 말한 바와 같은 주장을 기독교 사상에 대해서도 강조하기는 어려울 것이다. 사랑과 믿음을 생명으로 여기는 기독교의 종교 사상을 주지주의적이라고는 결코 말할 수 없으며, 교황을 정점으로 삼고 거대한 조직을 형성하여 일사불란하게 움직이는 가톨릭교회의 거대한 체계를 생각할 때, '개인주의적' 운운하는 것도 억지스러운 발언이다. 그러나 유대교의 율법(律法)으로부터 개인의 영혼을 해방, 구제하고자 한 예수 그리스도의 가르침 바탕에 개인주의적 요소가 있다는 견해를 무조건 부정하기는 어려울 것이며, 그리스도의 정신 바탕에 깔렸던 개인주의적 요소는 루터(M. Luther)의 종교개혁을 계기로 표면으로 부상한다.

실은 기독교 사상에는 개인주의적 정신과 비이기적 몰아(沒我)의 정신이 아울러 있다고 보아야 할 것이다. 개개인의 영혼의 구원을 희구하는 점에서 기독교에는 분명 개인주의적 측면이 있다. 기독교도는 가장 숭고한 순간에 신(神)과 단둘이서 마주하게 되며, 오직 신에 대해서만 책임을 진다. 기독교의 근본정신으로 볼 때, 국가나 가족 등 지상의 인연들은 모두 넘어서야 할 기반(羈絆)에 불과한 것이다. 예수 자신의 말씀에도 이 점을 분명히 밝힌 대목이 있다.

예수님이 아직 군중에게 말씀하고 계실 때, 예수님의 어머니와 형제들이 예수님께 드릴 말씀이 있다고 찾아왔다. 그래서 어떤 사람이 예수님께 "선생님, 어머니와 형제분들이 선생님을 만나려고 밖에서 기다립니다"라고 하였다. 그러나 예수님은 그에게 "내 어머니와 형제가 누구냐?" 하시고 제자들을 가리키며, "보아라, 이들이 내 어머니와 형제들이다. 누구든지 하늘에 계신 아버지의 뜻을 따라 사는 사람이 바로 내 형제와 자매이며 어머니이다"라고 말씀하셨다.6)

개인주의가 가족주의나 민족주의와 손을 잡기는 어려우나 사해동포주의와 손을 잡기는 비교적 쉬운 일이다. 그리스 철학의 스토아학파가 개인주의에 입각하면서 사해동포주의로 나아간 것은 그 좋은 실례의 하나다. 온 인류의 구원을 표방하는 세계종교인 기독교가 개인주의적 측면을 가졌다는 사실에 논리적 모순이 있다고 볼 이유는 없다.

기원전 4세기에 그리스는 알렉산드로스 대왕에 의해 정복을 당했다. 기원전 323년 알렉산드로스의 죽음으로 인하여 마케도니아의 세력은

---

6) 마태복음, 12장 46-50절.

일단 물러갔으나, 그리스의 황금기는 다시 돌아오지 않았다. 동방(東方)의 물결이 크게 밀려들어왔고, 그리스 고유의 민주주의 이상은 전체주의적 정치 이념에 밀리게 되었다. 따라서 그리스 철학에 담겼던 개인주의 사상도 크게 발전하지 못한 상태에서 자유보다는 통제에 역점을 둔 로마 제국의 시대를 맞이하게 되었다. 그리고 가톨릭교회가 정신세계를 지배한 중세기의 긴 세월이 이어졌다.

원시 기독교 사상 가운데 들어 있던 개인주의적 요소도 순조롭게 성장하기에 앞서서 많은 시련을 겪어야 했다. 예수 그리스도가 십자가에 못 박힌 뒤에도 이교도와 로마 관헌의 압박은 계속되었고, 이 거대한 적대 세력과 맞서기 위해서는 기독교도들의 단결이 개인적 영혼의 해방보다도 현실적 급선무로 다가왔다. 그리고 주로 가난하고 배우지 못한 서민층 출신이 많은 기독교도 개개인이 하느님과 직접 대화를 하고 구원을 받는다는 것도 쉬운 일이 아니었다. 그러므로 하느님과 일반 기독교도 사이에서 교량 노릇을 할 사제(司祭)도 있어야 했다. 그 사제들을 중심으로 교회가 조직되었고, 여러 교회들이 다시 크게 뭉쳐서 교황(敎皇)을 정상으로 받드는 가톨릭교회가 성립하였다. 그것은 '보편적' 또는 '전반적'이라는 뜻을 가진 '가톨릭(catholic)'이 상징하듯이 기독교 세계 전체를 포괄하는 거대한 조직이고, 그 위계질서가 엄격하였다. 대규모의 엄격한 조직생활 속에서 개인주의가 고개를 들기는 어려운 일이었다.

그러나 13세기 말 또는 14세기 초부터 시작되었다고 볼 수 있는 르네상스를 계기로, 그리스 철학과 원시 기독교 사상 속에 싹트고 있던 개인주의 인간관은 긴 잠에서 깨어나게 된다. '부활'이라는 뜻을 가진 '르네상스'의 사상가들은 고대 그리스 철학에 대하여 깊은 관심을 가졌으며, 역사의 주역은 신(神)이 아니라 인간이라고 선언하였다. '휴머니스트'로 불린 그들은 인간이 자율적으로 각자의 목적을 추구할 특권을 가진 이성적 존재임을 역설하였다. 램프레히트(S. P. Lamprecht)에 따르면, "르네상스의 영향을 받아 개인에 대한 존경은 늘어가고, 권위에 대한 굴종은 타파되었으며, … 인간 이성의 비판력에 대한 신뢰감이 배양되었다."[7]

루터의 주도하에 16세기에 감행된 종교개혁은 르네상스의 개인주의를 더욱 조장하였다. 루터는 각 개인이 자신의 종교적 문제들을 각자의 양심에 비추어 해결할 권리와 의무를 가졌다고 역설하였다. 심지어 모든 신자가 다 같이 성직자라는 주장까지 하였다. 이 종교개혁론자들은 르네상스의 휴머니스트들보다도 더욱 철저하게 개인주의적이었다고 말해도 과언이 아닐 것이다.

근세 이후 과학과 기술의 눈부신 발달은 정치와 경제 그리고 사회 전반에 획기적 변화를 가져왔고, 이 현실 세계의 획기적 변화는 개인주의 사상의 발전을 위한 더욱 강력한 토양 구실을 하였다. 과학과 기술의 발달은 새로운 지리학적 탐험을 가능케 하였고, 무역의 범위를 크게 확대하는 결과를 초래하였다. 새로운 자본주의와 함께 상공 계급이 대두하여 정치 참여의 권리를 요청하였다. 이러한 일련의 변화는 구시대 신분 사회의 권위주의를 부정하는 의미를 함축하는 동시에 개인의 인권과 자유를 조장하는 조건으로서 작용하였다.

근세 이후에 날로 성장한 개인주의는 민주주의의 정치 이념과 결합함으로써 더욱 확고한 세력을 얻게 되었다. 서방 국가들은 물론이요 그 영향 아래 있는 동방의 여러 나라에서도 개인주의는 사람들의 정서 속에 '진리'로서의 자리를 차지하게 되었다. 공산주의 내지 사회주의의 도전을 받고 한때 주춤하기도 했으나, 소련과 동구의 몰락을 계기로, 근래는 '자유민주주의'라는 이름의 개인주의를, 대안을 생각할 여지조차 없는 올바른 삶의 길이라고 믿는 사람들이 대다수를 차지하고 있다.

4. 개인주의의 한계와 다시 돌아본 공자의 인간관

1945년에 제2차 세계대전이 끝나고 우리나라가 일본 제국주의의 굴레를 벗어나게 되었을 때, 38선 이남은 미국의 영향권 아래로 들어갔다. 우리는 미국식 교육제도를 받아들이게 되었고, 미국을 본받아서 자유민

---

7) S. P. Lamprecht, *Our Philosophical Traditions*(1955), 김태길 외 공역, 『서양철학사』(개정판, 을유문화사, 1992), p.295.

주주의 헌법을 제정하였다. 그 뒤로 50여 년의 세월을 보내는 가운데 우리는 여러 측면에서 미국 문화의 영향을 받았다. 미국 문화의 수용에 부분적 저항이 없었던 것은 아니나, 대세는 미국의 문물을 모방하는 방향으로 기울었다.

자유주의니 민주주의니 하는 것은 우리나라의 전통과는 거리가 먼 사상이었으나, 가부장적 권위주의와 일본 제국주의의 탄압에 대한 경험이 저 서방의 새로운 사조를 맹목적으로 환영하기에 적합한 심리 상태를 준비했다는 또 하나의 요인도 작용하였다. 결국 우리는 '자유민주주의의 나라'임을 표방하였고, 제반 제도와 일상적 생활양식이 그 이름을 따라서 변화하였다. 그동안에 우리가 자유민주주의의 근본정신을 제대로 체득했다고 말하기는 어려울 것이다. 다만 확실한 것은 우리들의 의식구조 바탕에 개인주의적 인생관이 확고한 자리를 차지하게 되었다는 사실이다.

산업화 과정을 통한 경제적 구조의 변화는 개인주의적 인생관을 구축하는 데 더욱 직접적인 요인으로서 작용하였다. 상공업의 발달과 도시화는 젊은이들에게 농사라는 가업(家業)을 떠나서 직업을 가질 수 있는 기회를 대량으로 제공하였고, 그 기회를 잡은 젊은이들은 가족에 대한 충성보다 개인의 자유를 선택할 수 있게 되었다. 젊은 세대로 갈수록 '우리'를 위한 '우리'의 삶보다도 '나'를 위한 '나'의 삶이 더욱 소중하다는 생각을 당연한 것으로 받아들이는 기풍이 강하게 일어났다. '나'에 대한 자아의식이 '우리'에 대한 자아의식을 압도하는 세태가 된 것이다.

참된 자유민주주의의 기초가 되는 개인주의는 개인의 권익과 자유를 수단이 아닌 목적으로서 존중하되, 나의 권익과 남의 권익을 차별 없이 존중하고 나의 자유와 남의 자유를 평등하게 존중하는 이성적 개인주의다. 그러나 우리나라를 풍미하고 있는 것은 그토록 높은 수준의 개인주의가 아니라, 실은 '이기주의'라는 말이 더 적합한 낮은 수준의 '개인주의'에 불과하다. 필자는 우리나라를 풍미하고 있는 낮은 수준의 개인주의를 편의상 '이기적 개인주의'라고 부르기로 한다.

무릇 이기주의는 나에 대한 사랑에서부터 출발한다. '나에 대한 사랑', 즉 '자애(自愛)'는 그 자체로 볼 때 매우 귀중한 심성이다. 자기 자신조차 사랑하지 않는 사람은 자기 자신의 보호를 소홀히 하므로 생존을 지속하는 일에도 어려움을 겪는다. 자포자기하고 막가는 사람은 자신의 삶을 지탱하기가 어려우며, 다른 사람이 그의 삶을 도와주기도 매우 어렵다. 생존에 필요한 최소한의 노력조차도 거부하는 사람은 불법을 범해서라도 생존을 계속하고자 하는 악당보다도 더욱 처치가 곤란하다. '나에 대한 사랑'은 삶을 위해서 필요한 가장 기본적인 심성이라는 뜻에서 지극히 소중하다.

자애심(自愛心)이 강한 사람일수록 자신을 위해서 바라는 바가 있을 것이다. 그가 바라는 바가 무엇이냐에 따라서 그가 걷는 삶의 길은 윤리적 의미를 달리하는 여러 갈래로 나누어지게 마련이다. 예컨대 그가 바라는 바가 절에 들어가서 수도함으로써 조용한 세월을 보내는 것이라면, 그의 자애심은 타인과 공동체에 대해서 크게 공헌하는 바는 없겠지만, 반대로 큰 피해를 입히는 일도 별로 없을 것이다. 만약 그의 야망이 세계적인 화가가 되는 것이고 또 그에게 그림에 대한 천재적 소질이 있다면, 그가 오로지 자신의 명성과 돈벌이를 위하여 그림 공부와 창작 활동을 한다 하더라도, 그가 명성을 얻고 돈을 벌기 위하여 굳이 비열한 방법만 쓰지 않는다면, 그 화가의 이기주의는 사회에 대하여 큰 피해를 주지는 않을 것이다. 그가 비록 이기적 동기에서일지라도 세계적 화가가 된다면, 설령 그에게 우리 국위를 선양하겠다는 생각이 전혀 없어도, 결과적으로 우리나라의 예술을 빛내고 세계의 화단(畵壇)에 큰 공헌을 남기는 결과를 가져오게 될 것이다. 오로지 이기적 동기에서 자신의 명성을 추구한 예술가 또는 학자가 높은 업적을 남김으로써 결과적으로 국가와 사회에 크게 기여하는 것은 충분히 있을 수 있는 일이다. 이기적 개인주의자라 할지라도 남에게 피해를 주지 않고 도리어 국가와 사회에 이바지할 경우도 있다는 사실을 말하고자 함이다.

이기적 개인주의자가 타인과 사회에 대하여 피해를 입히지 않는 것은 그의 자애심이 타인과의 경쟁 상황을 만들어내지 않을 경우에 국한된다. 바꾸어 말하면, 어떤 이기적 개인주의자의 자애심이 바라는 바가 타인에게 좌절을 안겨주지 않고도 달성할 수 있는 목표일 경우에만 그의 이기주의는 타인에게 직접적 피해를 입히지 않는다. 그러나 우리의 현실은 무수한 이기적 개인주의자들이 동일한 목표의 달성을 위해 지나친 경쟁을 벌이는 가운데, 피차가 모두 피해를 입고 좌절하는 경우가 많은 형국이다.

현재 우리나라의 이기적 개인주의자들 대다수가 추구하는 목표는 (1) 돈과 재물, (2) 권력과 지위, (3) 관능적 쾌락 등 외면적 가치에 속하는 것들이다. 이 외면적 가치에 속하는 것들은 대체로 그 총량(總量)에 한계가 있고, 그것들을 탐내는 사람들의 욕심에는 거의 한정이 없다. 따라서 이들 외면적 가치의 대상들을 서로 많이 차지하기 위하여 매우 치열한 경쟁 상황이 전개되는 동시에, "만인(萬人)은 만인의 적"이라는 홉스적 불행을 초래한다. 결과적으로 소수의 승리자와 다수의 패배자가 나타나게 되거니와, 소수의 승리자는 다수의 도전과 시기 속에서 마음이 불편하고, 다수의 패배자는 그 패배의 책임을 사회의 구조적 모순으로 돌리고 불만과 분노를 느끼며 산다. 결국 모두가 피해를 입는 셈이다.

이기적 개인주의의 폐단은, 우리나라의 경우, 지나친 사회 경쟁과 빈부 격차의 문제에만 국한되지 않는다. 한국인의 대다수는 타인과 공동체에 대한 배려가 심히 미약한 편이어서 사회 질서의 문제도 매우 심각하다. 교통의 혼잡과 빈번한 교통사고만 보더라도, 도처에 쌓인 쓰레기와 빈번히 일어나는 산불만 보더라도, 우리나라의 사회 질서가 얼마나 혼란한가를 짐작할 수 있다.

자유민주주의의 선진국으로 알려진 서방의 여러 나라들의 경우는 사람들의 개인주의가 타인의 자유와 권익을 존중함에 있어서 우리나라보다 상당히 앞서 있을 것이다. 그러나 그들의 경우도 이기심의 굴레를 벗어나서 투철한 이성적(理性的) 개인주의에 도달한 사람들은 비교적 소수에 불과할 것이다. 정도의 차이는 있으나, 그들의 사회에서도 이기심으로 인하여 서로가 피해를 입는 사례가 적지 않은 것으로 안다.

서구의 선진국에서는 냉철한 개인주의로 인하여 삶의 고독이 우리나라의 경우보다도 더욱 심한 편이다. 우리 한국인의 경우는 대체로 지성

(知性)보다 정열이 우세한 기질을 가졌으므로, 아직까지는 인정이 많은 사회를 유지하고 있다. 따라서 정(情)을 나누며 서로 어울리는 경우가 비교적 많은 편이다. 그러나 서구의 선진국 사람들은 대체로 냉철한 기질이 우세하므로 개개인이 각각 떨어져서 각자의 울타리를 고수하는 경향이 우리보다 강하다. 각자의 울타리 고수는 개인의 독립성과 자유를 위하여 도움이 되기는 하나, 궁극적으로는 모두가 외로운 인생을 산다는 결과를 가져온다.

타인과의 끈끈한 유대를 거부하고 각자가 자기의 방식으로 사는 것을 젊은이들은 대체로 환영한다. 이러한 추세는 근자에 우리나라 젊은이들에게도 급속도로 번져가고 있다. "나는 내가 원하는 삶을 내 방식대로 살겠다." 이것은 우리나라 젊은이들에게 매혹적이고 당연한 말로 다가오기 쉬우며, 상업주의에 젖어 있는 대중매체는 은근히 젊은이들의 개인주의적 성향을 부추긴다.

"인간이라는 것이 각자의 취향에 따라서 제멋대로 살 수 있는 존재냐?" 하는 원칙의 문제는 여기서 제기하지 않겠다. 다시 말해서, 사회의 안녕과 질서, 국가의 유지와 발전 따위의 거창한 문제들은 일단 접어두고, 개인적 차원에서 볼 때 그것이 과연 바람직한 길이냐 하는 문제만을 생각해보고자 한다. 무릇 구속을 원치 않는 것은 본능과도 같은 인간 심리이고, 특히 부모들의 지나친 간섭에 대한 반동 심리에서 젊은이들이 각자의 길을 주장하는 심정은 이해할 수 있는 일이다. 그리고 젊음이 영원히 지속될 수 있는 사람에게는 그 길이 유리할지도 모른다는 생각도 해본다.

그러나 젊음은 그리 오래가지 않으며, 요절(夭折)의 불행을 당하지 않는 한, 모든 사람은 늙게 마련이다. 요즈음의 추세로 보면, 한 개인의 생애 중 늙은이로서 사는 날이 젊은이로서 사는 날보다 길 가능성도 충분히 있다. 늙은 뒤에는 남의 보살핌을 필요로 하는 것이 인생의 현실이며, 늙은 뒤에도 '나 홀로 내 길을' 즐길 수 있는 사람은 극히 소수다. 젊은이에게는 고독이 즐거울 수도 있을지 모르나, 늙은이에게는 그것은 견디기 힘든 고통이다. 서양 속담에 "끝이 좋아야 모두가 좋다"라는 말이 있거니와, 노후가 비참하면 인생 전체가 비참하다 해도 과언이 아닐 것이다.

우리는 자유민주주의를 구가하고 동경하며 50여 년 동안 살아온 셈이다. 그리고 그 이념의 실현을 위하여 우리 나름의 노력도 하였다. 한때 공산주의 이념과의 갈등을 겪기도 했으나, 소련과 그 위성국가들의 몰락을 계기로, 이제는 자유민주주의의 정당성이 입증되었다고 믿는 사람들의 세력이 압도적이다. 그러나 대항 세력이었던 공산주의에 심각한 문제가 있다는 사실이 자유민주주의의 완벽성을 입증하는 것은 아니다. 동서양을 막론하고 인류는 아직도 많은 문제를 안고 있으며, 그 문제들이 점차 해결되어가는 추세에 있다고 낙관하기는 어렵다.

여기서 우리는 자유민주주의의 바탕을 이루고 있는 개인주의적 인간관의 타당성에 대하여 의문을 제기하게 된다. 새롭게 문제를 제기한다기보다는 이미 오래전부터 제기되어온 문제가 다시금 심각하게 다가온다고 말하는 편이 정확할 것이다. 이 오래된 문제를 다시금 의식하면서 필자는 공자의 인간관으로부터 무엇인가 얻을 수 있지 않을까 하는 생각을 하였다.

필자는 여기서 서구의 개인주의적 인간관과 공자 및 그 제자들의 집단주의적 인간관 가운데 하나는 옳고 하나는 그르다는 전제를 출발점으로 삼고자 하는 것이 아님을 우선 밝혀두고자 한다. 인간에게는 개인주의적 측면도 있고 집단주의적 측면도 있으며, 때로는 이 측면이 우세하게 표면화하기도 하고 때로는 저 측면이 우세하게 표면화하기도 한다고 필자는 믿는다. 어느 한쪽만 강조하고 다른 한쪽을 도외시할 때 편견의 폐단이 생기게 마련이며, 두 측면을 균형 있게 중요시하는 것이 바람직하다. 여기서 어떻게 하는 것이 균형 있게 중요시하는 것이냐 하는 문제가 생기게 되며, 이 문제에 대하여 그 균형의 중용점(中庸點)은 각 시대와 사회의 상황에 따라서 다르다고 우선 말할 수 있을 것이다. 우리가 당면한 문제는 우리 시대와 우리 사회의 경우는 어떤 점이 균형을 위한 중용점에 해당하는가를 고찰하는 일이다.

'두 가지 대립하는 인간관의 균형을 위한 중용점'이라는 말의 모호함을 벗어나기 위해서는 그 중용점의 발견을 위한 기준을 마련해야 할 것이다. 우리는 지금 두 가지 대립되는 인간관을 지양(止揚)하여 제삼의 인간관을 모색하자는 것이며, 두 인간관의 산술적 중간이 아닌 가치론적 중용을 찾고자 하는 것이다. 산술적 중간이라면 대립된 두 인간관을 비교 분석하는 것만으로 찾아볼 수 있을 것이나, 가치론적 중용을 찾기 위해서는 두 인간관을 비교 평가하기 위한 기준을 저 두 인간관 밖에서 구해야 할 것이다.

  지금 우리는 바람직한 인간관의 문제를 다루고 있다. 그러므로 바람직한 인간관의 기준이 서면, 그것이 대립된 저 두 인간관을 평가하는 척도가 되는 동시에, 우리가 문제 삼고 있는 두 인간관을 지양한 제삼의 인간관을 위한 척도의 구실도 할 것이다. 결국 우리에게 긴요한 것은 바람직한 인간관의 기준을 찾아내는 일이다. 그리고 바람직한 삶의 실현이라는 우리들의 공동 목표가 바로 그 기준에 해당한다고 필자는 믿는다.

  여기는 "어떠한 삶이 바람직한 삶이냐?" 하는 거창한 물음을 두고 깊게 고찰할 자리가 아니다. 필자의 평소 생각을 간략하게 정리하는 것으로 대신하고자 한다. 필자는 모든 사람들이 같은 유형의 삶을 목표로 삼아야 한다고는 생각하지 않는다. 사람들은 각자의 취향에 따라서 살 자유를 어느 정도 가지고 있다고 보아야 하므로, 개인에 따라서 바람직한 삶의 그림이 다를 수 있다는 주장이 성립한다. 다만 사회적 존재로서의 인간이 누릴 수 있는 자유에는 한계가 있으며, 그 한계 안에서 각자가 원하는 삶을 가질 수 있기 위해서는 사회 전체가 바람직한 수준을 유지해야 한다. 그러므로 이 자리에서 우리가 묻는 '바람직한 삶'은 개인의 차원보다도 사회적 관점에 치중하게 된다. 따라서 우리는 바람직한 사회의 조건부터 고찰하기로 한다.

  바람직한 사회의 첫째 조건은 질서와 평화다. 사회가 질서와 평화를 잃으면 개인들이 각자의 뜻을 이루고 보람찬 삶을 실현하기가 매우 어렵다. 바람직한 사회의 둘째 조건은 사회정의에 입각한 만인(萬人)의 기본 생활 안정이다. 기본 생활이 위협을 받으면 '각자의 취향을 따르는 바람직한 삶'이라는 것이 실현될 바탕을 잃게 된다. 모든 사람들의 기본 생활이 보장된다 하더라도 사회정의가 무너져서 빈부의 차이가 심하면, 인간적 갈등이 격화되어 마음의 평화를 잃게 된다. 바람직한 사회의 셋째 조건은 인화 내지 사랑과 협동이다. 인화와 협동이 부족하면 그 사회 안에 사는 개인들의 삶이 고독과 좌절을 면하기 어렵다. 이상 세 가지 조건들은 서로가 완전히 떨어져 있는 것은 아니며, 상호간에 작지 않은 연관성이 있다.

만약 세상의 모든 사람들이 투철하게 지성적인 개인주의자가 될 수 있다면, 다시 말해서 모든 사람들이 나와 남의 권익을 차별 없이 존중하도록 철저하게 지성적일 수 있다면, 사회 전체의 질서와 평화에 별다른 문제가 생기지 않을 것이다. 그리고 사회정의와 만인의 기본 생활의 안정도 달성될 수 있을 것이다. 그러나 모든 사람이 예외 없이 철저하게 지성적이 된다는 것은 현실적으로 기대하기 어렵다. 자기중심적이요 이기적인 사람들이 어디엔가 나타날 것이고, 비록 소수라도 그러한 사람들이 나타나면 사회의 평화와 질서는 파괴될 것이다. 그리고 설령 자기중심적 이기주의자가 나타나지 않는다 하더라도, 심한 고독을 면하기는 어려울 것이다. 특히 노년의 삶을 고독하고 비참하게 만들 것이다.

어느 시대 어느 나라에나 질서를 파괴하고 안녕을 위협하는 사람들은 있게 마련이다. 이들 반사회적 성향의 사람들과 맞서서 안녕과 질서를 지키는 일이 중요하거니와, '나'만을 염두에 두고 공동체에 대한 관심이 희박한 사람들에게 반사회적 세력을 꺾어주기를 기대하기는 어렵다. 개인적 자아, 즉 '나'의 껍질 안에 갇혀 있는 사람들은 반사회적 행동을 스스로 하지 않을 수는 있으나, 반사회적 세력과 맞서서 싸우기를 원치는 않을 것이다. 그러므로 '나'의 손해를 감수해가며 '우리'를 위하는 일에 정열을 기울이는 사람들이 다수를 차지해야 한다. 이리하여 우리는 공동체 지향의 인간관이 개인주의적 인간관보다 우세함이 바람직하다는 결론을 얻게 된다.

공자의 집단주의 인간관에 있어서 그 '집단'의 기초가 되는 것은 '가족'이다. 가족을 기본으로 삼고 집단의 범위를 점차 확대함으로써 마침내 '천하'에 도달한다는 발상이다. 표현을 바꾸면, '우리'의 출발점은 가족이고, 가족에서 출발한 자아의 의식을 점차 넓힘으로써, 천하의 모든 사람들을 '우리'로서 끌어안는다는 것이다. 공자의 이와 같은 집단주의 인간관에는 장점과 단점이 아울러 있는 것으로 보인다.

공자의 인간관은 자연의 정(自然之情)에 뿌리를 두고 있다는 강점을 가지고 있다. 혈연을 유대로 삼고 함께 생활하는 가족이 하나의 '우리'를 의식하며 사는 것은 동물의 세계에 공통된 현상으로서 그 생물학적 근거가 확고하다. 부모가 독립 이전의 자녀를 자아의 일부로 의식하고 독립 이전의 자녀들이 부모를 자아의 일부로 의식하며 의지하는 것은 생물학적 자연현상이다. '마땅히 그렇게 해야 한다'는 당위의식(當爲意識)의 힘을 빌릴 필요도 없이 저절로 그렇게 된다. 일반 동물의 경우는 그렇게 저절로 생긴 가족적 자아의식이 새끼들의 성장을 계기로 소멸한다. 그러나 높은 지성을 가지고 과거를 기억하며 미래를 예상하는 인간의 경우는 그 가족적 자아의식을 오래 보존하고 더욱 확대한다는 것도 충분히 가능한 일이다. 이것은 공자의 인간관이 가진 크나큰 강점이다.

그러나 '자연의 정'에 뿌리를 두었다는 바로 그 점이 약점으로 나타나기도 쉽다. 대체로 '정'이라는 것은 그 미치는 범위가 좁다. 그것은 잔잔한 호수 위에 던져진 조약돌이 일으킨 파문처럼 동심원을 그리며 퍼져가다가 곧 흔적도 없이 사라진다. 특히 혈연의 정은 폐쇄성이 강해서 가족 밖으로 멀리 뻗어가지 못하고 가족이기주의 수준에 머물기 쉽다. 혈연의 정에 갇힌 사람들은 "남의 자식을 밀어내고 무슨 수를 써서라도 내 자식만은 일류 대학에 집어넣어야겠다"라는 식의 생각을 벗어나기 어렵다. 가족에 대한 사랑을 이웃 사랑으로 넓히고, 이웃 사랑을 나라 사랑과 인류 사랑으로 점차 확대한다고 하지만, 그것이 과연 현실적으로 가능하냐 하는 의문을 제기하지 않을 수 없다.

자연의 정에 뿌리를 둔 집단주의 인간관 그 자체 안에서 우리 문제 해결의 열쇠를 찾아내기는 어려울 것이다. 가족주의를 벗어나지 못한 닫힌 마음으로는 현대의 문제 상황을 극복하지 못한다. 현대는 열린 마

음의 인간상을 요구하거니와, 그 열린 마음의 인간상을 위한 가르침을
공자의 사상 가운데서 찾아볼 수 있는 것일까? 충분하다고 보기는 어려
울 것이나, 공자의 '군자' 개념으로부터 많은 것을 배울 수 있을 것으로
보인다. 우리는 다음 강연에서 공자의 '군자' 개념을 다시 되돌아보는
동시에, 그의 '군자'가 현대인을 위하여 어떠한 깨우침을 줄 수 있는가
를 살펴보고자 한다.

제 **3** 강연

군자의 인간형과 현대사회

1. '군자'의 개념으로부터 현대인의 배워야 할 것

우리가 공자의 군자(君子) 개념에 대하여 각별한 관심을 갖는 것은 주로 두 가지 기대 때문이다. 우리가 갖는 첫째 기대는, 현대를 사는 우리로서 바람직한 인간형(人間型)의 그림을 그리고자 할 때, 공자의 군자 개념으로부터 많은 가르침을 얻을 수 있으리라는 그것이다. 그리고 그 둘째는, 현대를 사는 우리로서, 바람직한 인간관(人間觀)을 모색하는 과정의 일환으로 앞의 강연에서 고찰한 공자의 집단주의적 인간관에 대하여 그 부족한 면을 보충할 수 있는 지혜를 공자의 군자 개념으로부터 다소간 발견할 수 있으리라는 기대다.1) 우선 현대의 바람직한 인간형을 위하여 공자의 '군자'로부터 무엇을 배울 수 있는지부터 살펴보기로 한다.

---

1) 덕성과 가치관을 위시한 사람의 됨됨이를 '인간형(人間型)'이라는 말로 표현하고, 인간을 어떠한 존재로 보는가, 특히 인간의 자아(自我)를 무엇으로 보는가 하는 문제에 대한 견해를 '인간관(人間觀)'이라 부르기로 하였다. 인간관 여하에 따라서 인간형이 크게 달라지므로, 이 두 가지 개념 사이에는 밀접한 관계가 있다.

공자에 따르면, 군자는 풍요로운 물질생활을 탐내지 않는다(食無求飽, 居無求安). 공자는 부귀를 배척하지 않았으며, 정도(正道)를 밟아서 얻은 부귀라면 오히려 대견한 일이라고 생각했다. 공자 자신이 고관의 자리를 마다하지 않았으며, 고관의 자리에 어울리는 예(禮)를 갖추자면 어느 정도 물질이 필요하다는 사실도 알고 있었다. 다만 그는 사치스럽고 호화로운 생활을 경계하였으며, 차라리 안빈낙도(安貧樂道)하는 것을 군자다운 태도라고 역설하였다.

옛날부터 부귀는 대부분의 사람들이 갈망하는 바이다. 특히 현대는 부(富)에 대한 욕구가 탐욕에 가까울 정도로 팽배한 시대다. 인생을 위하여 가장 중요한 것이 가문(家門)이던 시대는 사라지고, 이제는 부가 인간의 값을 정하는 가장 중요한 조건으로 간주되는 세태가 되었다. 이러한 현실을 고려할 때, 공자가 권장한 군자의 길이 현대인을 위해서도 바람직한 길일까 하는 문제를 우선 고찰해보고자 한다.

결론부터 말하면, 현대는 과거 어느 때보다도 사치와 낭비를 억제해야 할 시대라고 필자는 생각한다. 자연 자원의 고갈 문제와 자연환경의 오염 문제가 심각하지 않았던 옛날에도 성현들은 검소한 생활을 권장했음에 비추어서 현대에는 더욱 철저히 절약에 힘써야 한다. 옛날에는 부자가 먹다 남긴 음식을 빈자가 먹기도 하고 부자가 입다 버린 옷을 빈자가 얻어 입기도 하였다. 그러나 현대에는 멀쩡한 가구도 쓰레기가 되는 세상이다. 소비가 결코 미덕이 될 수 없는 까닭이다. 옛날에는 가난을 조상의 탓 또는 팔자의 탓으로 돌렸던 까닭에 빈부의 격차에 대한 사회적 불만은 적었다. 그러나 지금은 본인의 무능과 게으름에 연유하는 가난까지도 사회구조의 모순에 책임을 돌린다. 부자들의 사치와 낭비가 사회적 갈등을 조장하는 까닭이다. 그 밖에도 검소한 생활을 권장해야 할 이유는 많이 있다. 사치스러운 생활을 추구하지 않았다는 점에서, 공자의 '군자'는 오늘의 우리를 위해서도 본받을 만한 귀감임에 틀림없다.

유교는, 내세(來世)를 중요시하는 불교나 기독교와는 달리, 현세에서의 삶을 긍정했으며 금욕을 권장하지는 않는다. 공자가 좋아하는 군자도 현세에서의 세속적 즐거움을 회피하지 않는다. 그는 즐길 때는 즐기고 슬플 때는 슬퍼하며 자연스럽게 산다. 다만 그는 지나친 쾌락을 탐내지 않으며, 몸과 마음이 상할 정도로 슬픔에 젖지 않는다(樂而不淫, 哀而不傷). 요컨대, 즐겁게 살되 즐거움의 정도가 지나쳐서 향락을 탐닉하지는 않는 것이 군자의 생활신조다.

많은 현대인이 지나치게 돈을 좋아하는 것은 사치와 낭비를 위해서인 경우가 대부분이며, 사치와 낭비는 지나친 향락으로 연결된다. 즐길 것을 즐기되 지나친 향락은 삼가고, 슬픔을 슬퍼하되 지나치게 슬퍼하기에는 이르지 않는 군자의 중용(中庸)은 현대의 우리로서도 본받을 삶의 지혜라고 생각된다.

『논어』「학이」편에 군자는 "일에는 민첩하되 말은 삼간다(敏於事而愼於言)"라는 구절이 있다. 그리고 자공이 군자에 대하여 물었을 때, "말보다 행동을 앞세우고, 실천이 있는 뒤에야 그것에 대하여 말한다"라고 공자는 대답하였다.[2] 실천으로써 감당하지 못할 말을 앞세우거나 남이 듣기 좋은 말만 골라서 하는 것은 군자가 취할 태도가 아니다. 말만 앞세우고 행동이 이를 뒷받침하지 못하면 믿음이 없어지고, 믿음 없음이 일반화되면 불신사회(不信社會)를 초래한다. 불신사회에서는 서로의 협동이 어려워지고, 협동이 어려워지면 사회는 갈등과 불안이 지배한다.

현대의 우리 사회는 말만 무성하고 실천은 빈약하다는 문제를 안고 있다. 좋은 말을 잇달아 쏟아놓는 사람은 많지만, 그 말을 실천에 옮기거나 믿고 뒤따르는 사람은 적다. 이러한 현상은 특히 정치계에 현저하며, 정치에 대한 국민의 불신으로 이어지고 있는 실정이다. 그리고 정치에 대한 불신은 경제와 사회, 교육과 문화 등 여러 분야에 치명적 영향을 미치고 있다. 이러한 실정에 비추어 "일에는 민첩하되 말은 삼간다"는 군자의 태도로부터 오늘의 우리들이 배워야 할 교훈이 적지 않다고 말할 수 있을 것이다.

『논어』「이인」편에 보이는 "군자는 의로움에 밝고, 소인은 이익에 밝

---

2) 子貢問君子, 子曰 "先行其言, 而後從之."

다(君子喩於義, 小人喩於利)"라는 공자의 말씀도 현대인이 마음에 깊이 새겨야 할 귀중한 교훈을 담고 있다. 현대인은 일반적으로 이익에 대하여 매우 민감한 반면에, 옳고 그름에 대해서는 신경을 쓰지 않는 경향이 있다. 나의 이익을 위해서 불의(不義)에 눈을 감기도 하고, 때로는 스스로 옳지 않은 행위를 감행하기도 한다. 나랏일을 먼저 생각하고 그 다음에 사사로운 이익을 챙겨야 마땅한 터인데, 많은 사람들이 그 반대의 길을 걷고 있다. 결국은 나라 전체가 어려움에 처하게 되고, 그 어려움 속에서 나 자신도 어려움을 당하는 경우가 많다. 소인배의 어리석음을 범하고 있는 것이다.

우리가 현세에서의 삶을 의미 있는 것으로 보는 한, 이해득실을 염두에 두지 말라는 가르침은 현실에 맞지 않는다. 특히 현대와 같이 인심이 각박한 시대에는 자신의 이익을 스스로 지키지 않으면 생활 대열에서 낙오자가 될 염려가 있다. 그러나 부당한 방법으로 사리(私利)를 추구하는 것은 옳음(義)을 배반하는 잘못일 뿐 아니라 긴 안목으로 볼 때는 결국 자신도 손해를 보는 어리석음이기도 하다. 물질적 득실만이 이해관계의 전부가 아님을 생각할 때 우리는 이 점을 더욱 분명하게 알 수 있다. 이(利)보다 의(義)를 더욱 존중히 여기라는 공자의 가르침이 현대에 있어서도 타당성을 잃지 않는다고 보는 까닭이다.

『논어』「위정」편에 보이는 "군자는 두루 화친하되 편당적이지 아니하며, 소인은 편당적이어서 두루 화친하지 않는다(君子周而不比, 小人比而不周)"라는 공자의 말씀도, 공자 생존 당시에 흔히 사용된 것으로 보이는 '군자부당(君子不黨)'이라는 말과 아울러, 우리에게 시사하는 바가 크다. 오늘날 우리 사회는 '편당적이어서 두루 화친하지 못하는' 소인들의 세상이기 때문이다. 사분오열하여 이리 몰리고 저리 몰리는 정치인들의 꼴을 보거나 지방색과 동창의식으로 편을 가르는 일반 시민의 경향을 바라볼 때, 이제 이 땅에 많은 군자들이 나타나기를 대망해 마지않는다.

"군자는 화합하되 뇌동하지 않으며, 소인은 뇌동하되 화합하지 않는다(君子和而不同, 小人同而不和)"라고 하였다. 군자들이 화합하는 까닭은 '나'보다 '우리'를 더욱 소중하게 여기기 때문이요, 이(利)보다 의(義)가 소중함을 알기 때문이다. 소인들이 뇌동은 하되 화합은 하지 않는 것은 '나'의 이(利)에 집착한 나머지 '우리' 모두를 위한 의(義)를 망각하기 때문이다. 사람들은 마음이 열리면 '우리'를 위하여 화합하게 되고 마음이 닫히면 '나'의 이(利)를 위하여 뇌동하게 된다. 우리가 군자의 열린 마음을 본받는다면, 세상을 보는 눈도 크게 열릴 것이다.

우리는 닫힌 마음으로 '나'만을 생각하는 까닭에 남의 사정을 안중에 두지 않는다. 그리고 오늘날 우리가 일상생활에서 경험하는 크고 작은 갈등이 대개는 처지를 바꾸어놓고 생각하는 마음, 즉 역지사지(易地思之)하는 마음의 부족에서 온다. "내가 원하지 않는 바를 남에게 행하지 않는다(己所不欲 勿施於人)." 이것은 공자의 정신인 동시에 군자의 정신이다. 다행히 군자의 정신을 따르는 사람이 많아진다면, 우리 사회의 분위기는 한결 밝아질 것이다.

요즈음 우리 사회에서는 '집념'이라는 말을 좋은 의미로 사용하는 경우가 많다. "집념이 강하다"는 말을 찬양의 뜻을 담아서 사용하는 사람을 흔히 본다. "내 자식만은 반드시 명문대학에 넣고 말겠다"든지 "기어코 대통령이 되고 말겠다"는 따위의 고집스러운 태도가 칭찬을 받는 것이다. 어떤 목적을 위하여 강하게 밀고 나가는 노력이 찬양의 대상이 되어 마땅한 것은 당초에 세운 목적이 타당하고 그 목적을 추구하는 방법이 정당할 경우에 국한된다. 그러나 우리 주변에서는 엉뚱한 목적을 위하여 방법을 가리지 않는 태도까지도 긍정적으로 받아들이는 경우를 흔히 본다. 무리(無理)를 무릅쓰고 강행하는 태도에 박수를 보내는 것이다.

그러나 옳음(義)을 떠나서 무리를 해서라도 어떤 일을 기필코 성취하겠다고 밀어붙이는 태도는 군자의 길이 아니다. 기필코 하고 말겠다는 태도와 고집스러운 태도는 공자가 하지 않는 네 가지 행위(絶四)에 들어간다. 옳은 길(義)의 원칙을 지켜가며 상황에 따라서 융통성 있게 처신하는 것이 공자의 길인 동시에 군자의 길이다. 욕심으로 인한 고집스러운 태도를 배척하는 점에서도 오늘의 우리들이 군자로부터 배울 바가 있다고 믿는다.

공자는 '중용(中庸)'을 덕의 지극한 것으로서 중요시하였고, 군자가 마땅히 체득해야 할 덕목 가운데 하나로 꼽았다. 그리고 중용과 표리의 관계를 가진 '조화(調和)'도 군자의 덕목으로서 언급한 바 있다. 그런데 요즈음 우리 주변에는 극단으로 달리는 사람들이 흔히 있고, 극단으로 달리는 풍조로 인하여 발생하는 문제도 적지 않다. 사람들은 남의 눈에 뜨이기를 좋아하고, 남의 이목을 끌기 위하여 튀는 언행을 감행한다. 그러나 비록 남의 이목을 끄는 데 성공했다 하더라도, 그것은 슬기로운 태도가 아니다. 사람들은 조만간 그 튀는 언행에 대하여 싫증을 느끼게 될 것이고, 더러는 거부감을 느끼게 될 것이다. 거부감은 갈등을 유발한다.

현대인으로서도 군자의 인간형으로부터 배울 것이 많다는 견해와 관련하여 두 가지 의문을 제기할 수 있을 것이다. 첫째로, 우리는 군자에 가까운 사람이 되는 것이, 사회 전체를 위해서 뿐 아니라 본인 개인을 위해서도 바람직하냐 하는 의문을 제기할 수 있을 것이다. 둘째로, 우리는 군자형의 인품을 실현하는 일이 현대의 여러 여건 아래서도 가능하냐 하는 의문을 제기할 수 있을 것이다. 첫째 것은 군자형의 인품을 가진 사람이 현대의 치열한 경쟁 사회에서 잘 적응할 수 있겠느냐 하는 의문이요, 둘째 것은 현대와 같은 각박한 사회에서 군자다운 군자가 나타날 수 있겠느냐 하는 의문이다.

현대는 이(利)에 밝은 영악한 사람들이 활개를 치는 시대요, 우리 사회는 말을 잘해야 출세의 길이 열리는 사회다. 그런데 군자는 이(利)보다 의(義)를 존중한다 하였고, 일에 민첩하되 말을 앞세우지 않는다고 하였다. 또 현대는 도처에 향락의 기회가 널려 있는 시대다. 그러나 군자는 향락에 탐닉함을 삼간다고 하였다. 이러한 점을 고려할 때, 현대사회에서 군자의 자세를 지키려면 불리한 경우가 많을 것이니, 결국 군자로서 사는 것이 본인을 위해서 바람직하지 않을 것이라는 반론이 나올 수 있다. 이것이 우리 첫째 의문의 배경이다.

우리가 만약 이(利)를 의(義)보다 중요시하고 이른바 '출세'를 삶의 보람으로 생각하는 소인(小人)의 인생관을 전제로 삼는다면, 군자가 되는 것이 본인을 위해서는 바람직하지 않다는 결론을 얻을 수도 있을 것이다. 우리가 만약 향락의 극대화에 최고의 가치를 인정한다면, 군자가 되는 것은 본인을 위해서 좋지 않다고 말할 수 있을 것이다. 그러나 군자의 인생관은 소인의 인생관과는 크게 다르므로, 그의 인생관으로 본다면 군자로서 사는 것이 도리어 바람직할 것이다. 그리고 향락에 대한 지나친 집착은, 쾌락주의의 역리(逆理)라는 모순에 부딪치기 쉬우므로, 소인을 위해서도 바람직한 생활 태도가 아니다. 더구나 군자의 가치관으로 볼 때 그것은 한갓 어리석음에 지나지 않는다. 일반적으로 말해서 근시안적 계산법에 따르면 군자 됨에 불편한 점이 많다는 주장이 성립할 수 있을 것이나, 원대한 안목으로 내다본다면, 이해와 득실을 개선한다 하더라도, 군자 됨이 도리어 본인을 위하는 길이라는 결론에 도달할 것이다.

사람들의 인격은 사회 환경의 영향을 크게 받고 형성된다. 기성세대의 지배적 정신풍토, 가정과 학교에서의 인성교육(人性敎育), 정치와 경제의 현실 등이 어떠하냐에 따라서, 젊은이들의 인격 형성이 크게 좌우된다. 그런데 오늘날 우리 사회의 전체적 상황은 어느 모로 보나 군자형의 인격을 길러내기에 적합한 조건을 갖추었다고는 생각되지 않는다. 군자형의 인물이 나타나기에는 정신풍토가 너무나 각박하다. 이것이 우리 둘째 의문의 배경이다.

그러나 군자형의 인물이 나타나기 어렵다는 것이 그 불가능함을 의미하는 것은 아니다. 어렵지만 불가능하지는 않다고 믿는다. 인간은 주위 환경의 영향을 크게 받지만, 그 영향을 극복하고 새로운 것을 만들어낼 힘도 가지고 있다. '군자'가 바람직한 인간형임을 확신하고 그 인간형으로 접근하고자 하는 굳은 결심으로 꾸준히 노력하면 그 노력은 헛되지 않을 것이다. 어렵지만 불가능하지 않은 일은 세상에 얼마든지 있다.

공기 좋고 물 좋던 옛날에 비하면, 현대는 건강을 유지하기에 어려움이 많은 시대다. 물과 공기뿐 아니라 식품에도 화학물질이 함유되어 먹을 것이 마땅치 않다고 아우성이다. 그러나 그렇다고 해서 현대인이 건강체를 단념해야 한다고 말하기는 더욱 어렵다. '군자'라는 인간형의 경우도 마찬가지다. '군자'라는 것은 쉽게 말해서 정신적으로 매우 건전한 인품에 붙인 이름이라고 이해하면 틀림이 없을 것이다.

2. 가족주의적 인간관의 한계와 열린 마음의 군자

제2강연에서 공자의 인간관을 고찰했을 때, 그의 집단주의적 인간관에, 현대의 개인주의적 인간관에서 오는 폐단을 극복할 수 있는 장점과 아울러 약한 고리도 있음을 보았다. 공자의 인간관은 가족주의적 인간관에서 출발하여 그것을 확대한 것이었다. '가족'이라는 자연 집단을 근거로 삼은 까닭에, 공자의 집단주의적 인간관은 '자연의 순리(順理)를 따른다'는 강점을 가졌다. 그러나 가족 집단을 지탱하는 그 자연의 정이 자기중심적이며, 그 정이 미칠 수 있는 거리에 한계가 있는 까닭에, 가족주의에서 출발한 공자의 인간관이 '우리'의 범위를 과연 어디까지 확대할 수 있느냐 하는 물음에 부딪친다. 이 물음은 쉽게 해결되기 어려운 물음인 까닭에, 공자의 인간관에 있어서 약한 고리로서 남을 우려가 있다.

우리는 저 물음을 해결할 수 있는 단서를 공자의 군자 사상에서 찾을 수 있으리라고 기대한다. 군자의 가장 큰 특색의 하나가 열린 마음의 주인공이라는 사실이 가족주의적 사유의 폐쇄성을 극복하는 단서를 제공할 수 있으리라고 기대하는 것이다.

'열린 마음'이니 '닫힌 마음'이니 하는 말은 뜻이 모호한 표현이므로, 그 뜻을 구체적으로 밝힐 필요가 있다. 앞에서 인용한 바 있는 "군자는 두루 화친하고 편당적이 아니다"라는 「위정」편의 구절은 군자의 열린 마음을 구체적으로 밝혀주기에 큰 도움을 준다. 편당적이어서 패거리를 만드는 것은 소인들이 하는 짓이며, 군자는 여러 사람들과 광범위하게 화친하되 편을 가르거나 패거리를 만들지 않는다. 군자의 투철한 불편부당 배후에는 이익보다도 옳음을 숭상하는 정신이 깔려 있거니와, 이러한 맥락에서 볼 때, 이해관계가 일치하는 사람들이 뭉쳐서 다른 집단에 대하여 배타적 태도를 취하는 것은 어떤 경우이든 군자의 정신에 어긋나는 짓이다. 따라서 같은 지방 사람들이 뭉쳐서 다른 지방과 편을 가르거나 같은 동문끼리 뭉쳐서 세력을 형성하는 따위는 군자의 정신에 위배된다. 같은 논리를 한 걸음 더 연장한다면, 민족적 이기주의나 국가적 이기주의도 군자의 길이 아니라고 말할 수 있을 것이다.

우리들의 이러한 해석을 뒷받침하기 위하여 우리는 『논어』에 두 번 보이는 "내가 원하지 않는 바를 남에게 행하지 말라"는 유명한 구절을 다시 끌어낼 수 있을 것이다. 이 구절은 "무엇이든 남에게 대접받고자 하는 대로 너희도 남을 대접하라"고 한 마태복음의 황금률과 같은 논리의 가르침을 소극적으로 표현한 것으로 볼 수 있는 것으로서, 세계종교로서의 기독교와 같은 논리를 말하고 있다는 점에서 중요한 의미를 가졌다. 알기 쉽게 말해서, 공자의 군자 사상에는 자기중심적 정(情)의 논리를 뛰어넘을 수 있는 계기가 숨어 있다.

여기서 의문을 제기하는 사람이 있을지 모른다. "공자로부터 출발하여 뻥뻥 돌아서 어렵게 박애(博愛)의 정신에 도달할 것이 아니라, 처음부터 그리스도의 가르침에서 출발하는 편이 낫지 않느냐" 하는 의문이다. 그러나 우리가 도달하고자 하는 것은 그리스도의 박애정신이 아니라 인류 전체를 자아로 의식할 수 있는 자아관(自我觀)이다. 우리에게 필요한 것은 타아(他我)로서 온 인류를 사랑하라고 가르치는 박애의 철학이 아니라, 전 인류를 '우리'로서 사랑하라고 가르치는 대자아(大自我)의 철학이다. 박애의 철학보다도 대자아의 철학으로 마음이 끌리는 까닭은 타아를 사랑하기보다는 자아를 사랑하기가 쉽다는 심리학적 사실에 있다.

기독교도 가운데도 소아(小我)를 희생함에 생애를 바친 테레사 수녀가 있고, 인류를 넘어서서 모든 생명을 사랑한 슈바이처 박사가 있다는 사실을 우리는 알고 있다. 그러나 개인주의에서 출발하여 테레사 수녀나 슈바이처 박사의 큰 사랑에 도달하기는 지극히 어려운 일이다. '나'를 사랑하는 것은 저절로 할 수 있는 쉬운 일이나, '남'을 사랑하는 것은 보통 사람에게는 불가능에 가까운 어려운 일이다. 필자 자신이 '나'를 버리지 못하는 보통 사람임을 아는 까닭에, 그리스도의 박애보다도 공자의 대아(大我)로 마음이 기운다.

비록 자애(自愛)의 정이 가족의 울타리를 넘어서서 먼 곳으로 파급될 수 있다 하더라도, 그 파급이 작은 나를 중심으로 삼는 동심원을 그리고 확대된다는 사실은 여전히 남아 있다. 잔잔한 수면에 던져진 조약돌의 파문이 그렇듯이, 자애에서 출발한 인간애도 가족을 넘어서서 멀리 갈수록 그 사랑의 강도가 약화되어, 어느 지점에 이르면 흔적조차 없어진다. 그런데 그것이 어떻게 전 인류를 끌어안도록 확대될 수 있겠느냐 하는 의문이 이 자리에서 제기될 수 있을 것이다.

우리들의 직관으로 파악할 때, '자연의 정' 하나의 힘만으로 전 인류를 '우리'로서 의식하기에 이르기는 지극히 어려울 것으로 보인다. 자기중심적인 자연의 정이 미칠 수 있는 범위는 곧 한계에 부딪친다. 세계의 끝까지 멀리 도달할 수 있는 것은 자연의 정이 아니라 생각하는 능력, 즉 지성(知性)이다. 우리가 전 인류를 '우리'로서 의식하는 대아(大我)의 경지에 도달하기 위해서는, 나와 내 가까운 곳을 사랑하는 자연의 정과 세계의 끝까지 내다볼 수 있는 지성의 힘을 합쳐야 한다.

가족 단위로 농경에 종사하며 자급자족으로 살았던 우리들의 옛 조상들의 경우는 '자아'의 크기가 가족의 범위 안에 머물러 있어도 큰 지장이 없던 시절이었을 것이다. 그러다가 사람들의 교류 범위가 확대됨에 따라서 '우리'의 범위도 점차 넓어졌을 것이다. 혈연뿐 아니라 지연(地緣)도 '자아'의 확대를 위한 큰 요인으로서 작용했을 것이다. 당내(堂內)의 친족 전체가 하나의 '우리'를 이루기도 하고, 마을 전체가 하나의 '우리'로서 살기도 했을 것이다. 외침을 받았을 경우에는 '우리'의 범위는 더욱 확대되어 민족 또는 국가 전체에 미치고, 공동체 의식은 더욱 강화되었을 것이다.

우리 민족이 일본의 침략을 받고 그들의 식민지로 전락했을 때 이 나라의 많은 사람들이 '나'와 민족을 동일시하였다. 나라의 주권을 빼앗긴 상태에서는 개인의 삶도 위협을 받는다는 위기의식이 사람들의 자아를 크게 만들었다. 물론 모든 한국인이 공통된 자아를 의식했던 것은 아니며, 더러는 삶의 방도를 친일파의 길에서 찾기도 하였다. 그러나 대부분은 민족적 자아의식을 가지고 산 시간이 많았으며, 특히 일부의 애국지사들은 가정까지도 멀리하고 '민족'이라는 자아를 위해서 일생을 헌납하였다.

여기서 우리는 애국지사의 길을 선택한 사람과 친일파의 길을 택한 사람의 갈림길에서 작용한 힘이 무엇에 연유했을까 하는 문제를 생각하게 된다. 바꾸어 말하면, 사람들이 가진 어떠한 차이가 누구는 애국지사의 길을 걷게 하고, 누구는 친일파의 길을 걷게 했을까 하는 문제를 생각하게 된다. 자연의 정의 차이 또는 지능의 차이가 사람들을 서로 다른 길로 가게 했다고 보기는 어렵다. 친일파들은 자연의 정이 약했다거나 지능이 낮았다는 주장 또는 그 반대의 주장이 성립하기는 어려울 것으로 보인다.

이론의 여지가 전혀 없지는 않을 것이나, 애국지사의 길을 택한 사람들을 공자가 말하는 '군자'의 인간형으로 분류하고, 친일파의 길을 택한 사람들을 '소인'의 인간형으로 분류한다 해도 큰 무리가 없을 것으로 보인다. 그리고 사람들을 군자의 길로 가게 하는 것이 뜨거운 정열과 냉철한 지성이라고 전제한다면, 애국지사로서 '대인'의 길을 걸은 사람들은 뜨거운 정열과 냉철한 지성을 아울러 가진 사람들이었다는 추측이 가능하다. 이러한 추측은 전 인류를 '우리'로서 의식하는 대아의 경지에 도달하는 일이 불가능하지 않다는 결론을 얻고자 하는 우리에게 적지 않은 힘이 된다. 왜냐하면 우리들이 뜨거운 정열과 냉철한 지성을 아울러 갖는다는 것은 충분히 가능한 일이며, 우리들의 지성이 민족과 국경을 넘어서서 전 인류에까지 미치는 것도 가능한 일이기 때문이다.

자아는 의식(意識)의 체계다. 자아의식의 체계는 나선형 모양으로 컸다 줄었다 하며 동심원적으로 유동한다. 시시각각 유동하는 가운데도 일상 시에 큰 테두리의 자아의식을 유지하는 사람을 우리는 대아(大我)로서 사는 큰 인물이라고 볼 수 있거니와, 개인의 정열과 지성 이외에도 자아의식의 테두리의 크기를 좌우하는 또 하나의 요인이 있다. 또 하나의 요인이란 그가 사는 시대의 상황이다. 개인의 생존과 종족의 유지를 위하여 큰 테두리의 자아의식이 요구되는 시대일수록 자아의 범위가 넓은 열린 마음의 인물이 나타나기 쉽다.

현대는 과거 어느 때보다도 자아의 범위가 넓은 열린 마음의 인물을 요구하는 시대다. 지구 전체가 일일 생활권이라고 하여도 과언이 아닐 정도로 교통과 통신이 발달했고, 전 세계의 인구가 한 부락민처럼 이해관계를 맺어가며 살고 있다. 날로 더해가는 환경의 오염과 자원의 고갈은 온 인류가 뜻을 모아서 하나밖에 없는 지구를 지켜줄 것을 요청한다. 단적으로 말해서, 우리가 후손들에게 오래도록 인간이 살 수 있는 지구를 물려주기 위해서는 우리들의 자아가 과거 어느 때보다도 넓은 범위로 확대되어야 한다. 우리들이 이러한 시대에 살고 있으며, 우리와 우리 후손이 살아남기 위해서 대자아(大自我)의 인간상이 나타날 필요가 있음을 알고 있다는 사실은 현대인으로 하여금 대자아의 인간상으로 접근하게 함에 큰 도움이 될 것이다.

가족주의의 색채가 강한 공자의 집단주의적 인간관과 공자의 군자 사상의 힘만으로, 현대의 인류가 봉착한 문제를 해결할 수 있는 새로운 인간관을, 현대의 서구적 개인주의 인간관의 약점을 극복할 수 있는 새로운 인간관을 제시할 수 있다고 믿는 것은 아니다. 다만 현대가 요구하는 새로운 인간관을 모색함에 있어서, 고대의 위대한 동양사상가인 공자의 가르침으로부터 많은 도움을 얻을 수 있으리라고 믿는 것이다. '술이부작(述而不作)'과 '온고이지신(溫故而知新)'을 강조한 공자가, 선대의 가르침을 답습하는 데 그치지 않고 스스로 많은 사상을 새롭게 피력했듯이, 현대를 사는 오늘의 지성인들도 우리 자신의 머리로 현대의 문제를 해결할 수 있는 길을 찾아보아야 할 것이다. 옛날 공자의 경우나 오늘날 우리의 경우나, 삶의 문제 해결의 지혜를 모색함에 있어서 가장 큰 힘이 되는 것은 우리가 가지고 있는 뜨거운 정열과 차가운 지성이다.

3. 덕치(德治)의 이념과 현대 한국

공자의 군자론은 그의 정치론과 밀접한 관계를 가졌다. 춘추시대의 혼란한 세상을 체험한 공자는 바른 정치를 통하여 흐트러진 인심과 어지러운 질서를 바로잡고자 했고, 그가 생각한 바른 정치는 덕을 갖춘 사람이 덕으로써 나라를 다스리는 것이었다. 그 바른 정치를 하기에 적합한 덕을 갖춘 사람이 바로 군자에 해당하므로, 공자의 군자론과 정치론은 밀접한 관계를 갖게 된다.

군자의 덕은 비단 위정자가 되기에 필요한 능력일 뿐 아니라, 인간이 인간으로서 살아가는 데 긴요한 삶의 지혜요 능력이다. 바꾸어 말하면, 공자는 '군자'의 개념을 통하여 바람직한 위정자의 상(像)을 제시했을 뿐 아니라, 일반적으로 바람직한 인간형을 제시했던 것이다. 현대를 사는 우리가 공자의 '군자' 개념에 대하여 관심을 가진 것은 일차적으로, 그가 제시한 군자가 현대를 위해서도 바람직한 인간형으로서 타당성을 갖느냐 하는 시각에서였으며, 이 물음에 대한 우리들의 고찰은 대체로 긍정적이었다.3) 이제 우리는 '군자에 의한 정치'를 주장한 공자의 정치론도 현대를 위한 정치론으로서 타당성을 갖느냐 하는 물음을 두고 생각해보고자 한다.

공자가 덕치를 주장한 것은 봉건군주의 권위주의 정치를 염두에 두고 봉건군주가 취할 태도를 말한 것이었다. 그러므로 그의 덕치주의를 주권이 국민에게 있는 오늘의 민주정치에 그대로 옮겨놓고 그 가부를 논하기는 어려울 것이다. 예컨대, "백성을 부림에 있어서는 때를 가려야 한다(使民以時)" 함은 공자가 말한 덕치의 구체적 가르침의 하나이나, '백성을 부린다'는 것 자체가 민주정치에서는 있을 수 없는 일이므로,

---

3) 군자에 관한 모든 주장이 현대에도 타당성을 갖는다고는 생각하지 않는다. 예컨대 '君子不器'라는 말은 "한 가지 일만을 잘하는 전문가가 되기보다는 여러 가지 일에 두루 능통함이 바람직하다"는 뜻이나, 특수 분야에 대한 전문적 지식이나 기술을 갖지 않으면 낙오자가 되기 쉬운 현대에서 이 말을 글자 그대로 받아들이기는 어렵다. 현대에 적응하기 위해서는 틀에 박힌 사람이 되지 않을 뿐 아니라, 한 가지 특기를 가진 전문가가 될 필요가 있다.

오늘의 위정자를 위한 가르침으로서는 적합하지 않다. 그러나 '때를 가려서 백성을 부린다'는 근본정신이 국민을 위함에 있다고 해석할 경우에는 '사민이시(使民以時)'의 정신은 오늘의 위정자에게도 적절한 교훈이 될 것이다.

'덕치주의(德治主義)'는 본래 '법치주의(法治主義)'와 대립하는 개념이다. 『논어』「위정」편에 보이는 "정령(政令)으로 인도하고 형벌로써 다스리면 백성들은 형벌은 면하되 염치는 모르게 된다. 덕으로써 인도하고 예(禮)로써 다스리면 백성들은 염치를 알게 되고 또 바르게도 된다"라는 말로 알 수 있듯이,4) 공자는 덕치만이 정치의 정도(正道)라고 주장한 것으로 알려져 있다. 성선설에 근거를 둔 이 주장은 하나의 이상론이며, 민심이 순박했던 옛날에도 현실에 적합하지 않은 경우가 흔히 있었다. 하물며 현대와 같이 사회의 양상이 복잡하고 범죄 문제가 유례없이 심각한 시대에, 덕치 하나만에 의존하여 질서와 안녕을 유지하기는 매우 어려울 것이다.

그러나 법치를 배제하고 덕치만을 고집하는 것이 아니라면, 위정자의 도덕성이 중요함을 강조하는 공자의 정치사상에는 현대 국가를 위해서도 소중한 가르침이 적지 않다고 생각된다. 특히 국가 전체의 이익을 도외시하고 개인의 이익과 당리당략만을 위하여 권모술수에 골몰한 현대 한국 정치 풍토를 바라볼 때, 공자의 가르침이 더욱 소중하게 느껴진다.

공자는 위정자의 언행이 백성들에게 미치는 영향이 지대함을 역설하였다. 위정자의 언행은 모방의 대상이 되므로 국민에 대한 솔선수범이 중요함을 강조한 것이다. "위정자 자신이 바르면 명령하지 않아도 행해질 것이고, 위정자가 바르지 않으면 비록 명령한다 하더라도 따르지 않는다"라고 한 「자로」편의 말은, 공자가 위정자의 언행이 모방의 대상이 된다는 사실을 강조한 대목이다. 위정자가 바르게 한다고 국민이 모두 그를 본받으리라는 보장은 없을 것이나, 위정자가 바르지 않을 경우에 국민이 그의 명령을 따르지 않는다는 것은 일반적 현상이라고 말할 수

---

4) 『論語』「爲政」3, 子曰 "道之以政, 齊之以刑, 民免而無恥; 道之以德 齊之以禮, 有恥且格."

있을 것이다. 위정자의 솔선수범이 국가의 안녕과 질서를 위한 충분조건이라고 보기는 어려우나, 그 필요조건임에는 의심의 여지가 없다.

공자는 국가의 존립을 위해서 필요한 세 가지 조건으로서 식량과 병력과 국민의 신뢰를 꼽았다. 그 가운데서도 가장 중요한 것은 국민의 신뢰요, 다음으로 중요한 것은 식량이라고 주장하였다.[5] 그리고 국민의 신뢰를 얻기 위하여 가장 중요한 것은 위정자의 덕이요, 식량의 확보를 위하여 가장 중요한 것은 적절한 경제정책이다. 공자가 이러한 주장을 하게 된 것은 그가 살았던 시대의 현실에 대한 관찰에 근거를 두었을 것이다.

오늘의 우리 한국의 현실도 민생과 경제의 문제가 심각하고 정치인에 대한 국민의 불신으로 인하여 많은 어려움이 생기고 있다는 점에서 크게 다를 바가 없다. 민생과 경제의 문제에 대해서는 많은 논란이 있고 정부도 그 나름의 대책을 세우고 있으나, 본래 그 문제 자체의 다난함으로 인하여 쾌청한 날을 보기 어렵다. 정치인에 대한 국민의 불신은 이미 만성화하여서 이에 대한 문제의식조차 미약하다.

현대에 있어서도 정치인에게는 막강한 힘이 있는 까닭에 사람들은 그들 앞에서 자세를 낮춘다. 그러나 돌아서면 비난과 멸시로 정치인을 매도하는 것이 일반적 현상이다. 정치인들이 신뢰를 회복하는 일은, 정치인들은 물론이요 우리 모두를 위해서 매우 중요한 과제다. 정치인들의 신뢰 회복을 위해서 결정적 관건이 되는 것이 그들의 유덕한 인품이라는 것은 우리 모두의 상식이다. 그리고 위정자가 갖추어야 할 덕성을 가진 인품으로서 공자가 염두에 두었던 것이 다름 아닌 '군자'의 인품이었다.

공자의 말씀 가운데 "군자는 의로움에 밝고, 소인은 이로움에 밝다"라는 것이 있다.[6] 정치가에게 이로움을 도외시하라면, 그것은 무리한

---

5) 『論語』「顏淵」7, 子貢問政, 子曰 "足食, 足兵, 民信之矣." 子貢曰 "必不得已而去, 於斯三者何先." 曰 "去兵." 子貢曰 "必不得已而去, 於斯二者何先." 曰 "去食. 自古皆有死, 民無信不立."

6) 『論語』「里仁」16, 子曰 "君子喩於義, 小人喩於利."

요구가 될 것이다. 그러나 이로움(利)보다도 의로움(義)을 더욱 소중히 여기기를 바라는 것은 반드시 무리한 요구가 아닐 것이다. 정치가라는 것이 나라의 살림을 맡은 공인(公人)임을 생각할 때, 그가 이로움보다도 의로움을 더욱 중요시하길 바라는 것은 국민으로서 당연하다고 필자는 생각한다. 우리들의 생명과 재산을 군자 아닌 소인에게 맡길 수는 없는 일이다.

그러나 우리나라의 정치인들 가운데 이로움보다도 의로움을 더욱 소중히 여기는 군자형의 인물이 얼마나 될까 하고 알려진 이름들을 떠올릴 때, 소수에 불과하지 않을까 하는 회의(懷疑)를 금치 못한다. 내가 이름을 알 정도의 정치가라면 애국심도 있을 것이고 의로움을 소중히 여기는 마음도 가졌을 것이다. 그러나 그들의 마음을 현실적으로 지배하는 것은 많은 경우에 애국심이나 의리(義理)가 아니라 이기심이다. 이기심에 압도당하는 까닭에 그들의 애국심이나 의리는 말의 단계에서만 나타나고 행동에까지는 나타나지 않는다. 행동이 언어를 따르지 못하는 것이다.

공자 말씀 가운데 "군자는 그의 말이 그의 행동보다 지나침을 부끄러이 여긴다"라는 것이 있다. 그리고 "군자는 말은 더듬되 행동은 민첩하기를 바란다"라고도 하였다.7) 오늘날 우리나라의 정치가들은 대개 말을 매우 잘한다. 그러나 그 말에 대하여 책임을 지지 않으니, 교언(巧言)이 난무하고 식언이 다반사가 된다. 정치가들 가운데서 군자를 찾아보기가 매우 어렵다는 결론을 피하기 어렵다.

여기서 예상되는 반문이 있다. 우리나라의 현실에 비추어볼 때, 이로움보다 의로움을 좇고 묵묵히 실천을 잘하면서 말은 서투른 사람이 도대체 정치인으로서 살아남을 수 있느냐 하는 물음이다. 당리당략보다도 의로움 또는 옳음을 더욱 중요시하고도 소속당으로부터 환영을 받을 수 있으며, 행동에는 민첩하나 말은 못하는 사람이 선거에서 승리자가 될 수 있느냐 하는 뜻에서 제기하는 의문이다. 더욱 알기 쉽게 말하면, 군

---

7) 『論語』「憲問」 28, 子曰 "君子恥其言而過其行."「里仁」 24, 子曰 "君子欲訥 於言, 而敏於行."

자형의 인물이 오늘의 우리 정치 마당에 뛰어들어서 성공할 수 있겠느냐 하는 의문을 제기하는 사람이 있을 수 있을 것이다.

한 걸음 더 나아가서 이렇게 주장하는 사람이 있을지도 모른다. "고대의 신분사회에서는 문벌 좋은 사람들이 위정자의 자리에 앉게 마련이었고, 그들은 학덕을 연마하여 도달한 높은 인품으로 정치에 임하면 되었다. 그들의 학덕 연마는 과거(科擧)에서 급제하는 데 유리한 조건이 되었을 것이며, 그것이 정치가가 되는 데 지장이 될 까닭은 없었을 것이다. 그러나 현대의 정치 무대에 서기 위해서 결정적으로 중요한 것은 문벌이 아니라 본인의 능력이며, 여기서 요구되는 능력은 도덕적 탁월성이 아니라 권모술수와 언변 또는 아첨 따위의 잔재주다. 그러므로 군자형의 인품은 오늘의 정치 무대에서는 도리어 불리한 조건으로 작용할 가능성이 높다. 이러한 현실을 무시하고 공자의 덕치주의 정치 이념을 고취하는 것은 어리석은 짓이다. 오늘의 우리나라 정치 현실을 직시하고도 공자의 정치사상 또는 군자론으로부터 배울 것이 많다고 말할 수 있는가?"

논자의 이러한 반문에도 일리가 있다. 그러나 오늘의 우리나라 정치 현실을 고칠 수 없는 고질로 단정하는 것은 지나친 비관이다. 정치 풍토라는 것은 사람들의 노력 여하에 따라서 바뀔 수 있는 것이고, 우리나라의 경우도 해방 이후에 여러 변화 과정을 거쳐서 오늘의 양상에 이르렀다. 이 양상은 앞으로도 계속 변화할 것이며, 그 변화의 방향은 사람들의 의식 수준 향상에 따라서 점차 좋은 편으로 기울 것이라고 기대된다.

언변이 좋고 권모술수에 능한 재주꾼들이 우리나라의 정치계를 주도하게 된 오늘의 현실에 대해서는 주권을 가진 국민 모두가 책임을 나누어야 한다. 잔재주가 능한 후보자에게 투표함으로써 그들을 정계의 주역으로 부상하게 만든 것은 결국 주권을 행사한 국민 일반이었다. 의로움을 외면하고 이로움만 좇는 정치가들이 활개를 치게 된 현실에 대해서도 정치가 이외의 많은 사람들에게 책임이 있다. 국가와 국민 전체로 돌아가야 할 이익을 횡령하거나 착복하는 일은 정치가가 아닌 사람들의 공범(共犯)이 없이는 불가능하다.

한국인 일반의 의식 수준을 끌어올리는 일은 우리 모두가 힘을 모아서 해야 할 일이고, 또 그것은 가능한 일이다. 유권자의 국민 수준이 향상되면 정치인들의 태도도 바뀔 수밖에 없을 것이고, 군자형의 인품을 갖는 것이 정치인으로서 성공하기 위한 필수조건으로 인식될 날이 올 수도 있을 것이다. 공자는 본래 이상주의자였으며, 그의 이상주의와 우리들의 현실 사이에는 항상 거리가 있게 마련이다. 그러나 그의 이상주의가 우리에게 가야 할 방향을 제시함에 있어서 귀중한 가르침으로서의 힘을 가졌다는 사실에 우리는 주목할 필요가 있다.

적어도 국정 최고의 책임자는 군자형의 인품이 되려는 노력을 꾸준히 해야 한다고 믿는다. 철두철미 완전한 군자에까지는 이르지 못하더라도 어느 정도 그에 가까운 경지에 이른다면, 그 개인을 위해서나 나라를 위해서 매우 다행한 일이 될 것이다. 다행히 정상의 자리에 앉은 사람이 군자와 같은 인품으로서 정치에 임한다면, 주위의 많은 사람들이 그의 영향을 받을 것이다. 『논어』「위정」편에 공자의 이런 말씀이 보인다. "덕으로써 정치를 하는 것은 북극성은 제자리에 있고 여러 별들이 이를 향하여 떠받드는 것과 같다.8)

군자에게 요구되는 덕성만 갖추면 최고위의 정치가가 되기에 충분하다고 생각하는 것은 물론 아니다. 경제와 사회, 문화와 교육, 군사와 외교 등 여러 분야에 대한 어느 정도의 식견이 없이는 국정 전체를 통괄하기에 어려움이 있다. 그러나 최고위의 정치가에게 가장 중요한 것은 역시 덕성이다. 한 사람이 여러 분야에 걸쳐서 높은 수준의 전문적 지식을 갖기는 어려운 일이므로, 최고위의 정치가에게 가장 중요한 것은 각 분야의 최고 전문가들을 적소에 배치하는 일이다. 인사(人事)의 중요성을 강조하는 까닭이 여기에 있으며, 인사를 적절하게 하기 위해서는 인물을 알아보는 밝은 눈과 파당을 초월하는 넓은 아량 그리고 사정(私情)에 흔들리지 않는 공정성 등의 덕성을 갖추어야 한다.

사람을 쓰는 문제에 대해서 공자가 직접 언급한 것으로서는 「자로」편 2장이 있다. 그 뜻을 옮기면 다음과 같다.

---

8) 『論語』「爲政」1, 子曰 "爲政以德, 譬如北辰居其所而衆星共之."

중궁(仲弓)이 계씨(季氏)의 가재(家宰)가 되어서 정치에 관하여 물었을 때, 공자가 말씀하였다. "먼저 유사(有司)들에게 일을 시키되 사소한 잘못은 용서하고, 어진 인재를 등용하여라." "어떻게 좋은 인재를 알아보고 등용합니까?"라고 물었을 때, "네가 아는 사람부터 등용하여라. 네가 모르는 사람을 남들이 버려두겠느냐"라고 공자는 말씀하였다.9)

이 대화의 요점은 하급자의 사소한 잘못은 너그럽게 용서하라는 말과 좋은 인재를 등용하라는 말에 있을 것이다. 끝머리에 "네가 모르는 사람을 남이 버려두겠느냐"라는 말은 자기가 직접 모르는 사람들 가운데 좋은 인재가 있을 경우에는 남들이 그를 내버려두지 않고 천거할 것이라는 말로 이해된다. 그러나 오늘의 대통령과 같이 전국에서 가장 우수한 인재를 망라하여 등용해야 할 경우에는 직접 모르는 사람들 가운데서 주위의 추천에 따라 인재를 발탁하는 사례가 많을 것이다. 이때 측근 가운데서 누구의 추천에 무게를 둘 것이냐 하는 현실적 문제가 생길 것이며, 이 경우에 잘못된 추천에 현혹되지 않기 위해서는 편당적인 사람과 아첨하는 사람을 경계할 필요가 있을 것이다. 결국 높은 자리에 앉은 사람 자신이 불편부당하고 아첨을 싫어하는 인품을 가져야 한다는 결론으로 귀착한다.

공자의 정치사상 가운데 정명론(定命論)이 있었거니와 그의 정명론도 오늘의 우리 정치에 대해서 시사하는 바가 크다. 정명론의 핵심은 "임금은 임금답고 신하는 신하다우며, 아비는 아비답고 자식은 자식다워야 한다"라는 말과 "그 직위에 있지 않으면 그 정사(政事)를 논하지 않는다"라는 말 가운데 잘 나타나 있다.10) 쉽게 말해서, 각자가 가지고 있는 이름 또는 각자가 맡고 있는 자리에 적합하도록 처신해야 한다는 것이 정명론의 근본정신이다. 각자의 이름에 적합하도록 처신할 때 이

---

9) 『論語』「子路」 2, 仲弓爲季氏宰, 問政, 子曰 "先有司, 赦小過 擧賢才." 曰 "焉知賢才而擧之." 子曰 "擧爾所知, 爾所不知, 人其舍諸."

10) 『論語』「顏淵」 11, 孔子對曰 "君君 臣臣, 父父 子子."「憲問」 27, 子曰 "不在其位, 不謀其政."

름이 바로 서고, 이름이 바로 설 때 정치도 바르게 된다는 것이 공자의 가르침이다.

우리나라의 정치 현실을 바라보건대, 이름이 바로 서지 않는 경우가 많다. 정치가의 이름이 바로 서자면 그 이름이 가리키는 직책에 책임을 져야 하는데, 우리나라의 정치가들 가운데는 책임지기를 싫어하는 사람들이 많다. 윗사람이 아랫사람에게 책임을 떠넘기기도 하고, 내 부서의 책임을 남의 부서로 떠넘기기도 한다. 비슷한 사태는 중앙부서와 지방단체 사이에서도 일어난다. 나랏일에 관해서 잘못을 하면 누군가가 책임을 져야 같은 불상사의 재발을 막을 수 있다. 그러나 우리나라의 경우에는 아무도 책임을 지지 않으므로 같은 잘못이 되풀이하여 일어난다.

모든 직책에는 업무 규정이 있고, 어떤 직책을 맡을 때는 그 업무 규정을 준수하겠다는 약속을 암묵리에 하고 들어간다. 업무에 관련된 책임을 회피하는 것은 저 약속을 위반하는 것에 해당한다. 공인(公人)이 공식 석상에서 하는 말은 약속으로서의 의미를 가졌다. 그러나 직무에 관한 약속을 소홀히 여기는 한국의 공인들은 자신의 말 속에 담긴 약속도 소홀히 여긴다. 자신의 말에 대해서 책임을 지지 않는 것이다. 공인들이 자신의 말에 대하여 책임을 지지 않는 까닭에 일반 국민들은 그들을 믿지 않는다.

거짓말 또는 약속 불이행은 연쇄 반응을 일으키고 번져간다. 특히 거짓말 또는 약속 불이행이 상류사회에서 일어났을 경우는 그로 인한 불신풍조는 더욱 빨리 하류사회로 번져간다. 현재 우리 사회는 불신풍조로 가득 차 있다. 불신풍조를 그대로 두고는 나라가 바로 서기 어렵다.

효 사상의 철학적 탐구

1. 효도의 부활에 관한 대립된 견해

『심청전』이 씌었던 조선시대의 우리나라에서는 '불효막심한 놈'이라
는 말은 '인간도 아니다'라는 말에 가까웠다. 반면에 '효성이 지극하다'
는 말은 신랑감 또는 신붓감으로서 적합하다는 것을 의미하는 가장 강
력한 추천의 말이었다. 짧게 말해서, 조선시대 우리나라에서는 효심(孝
心)의 유무가 사람을 평가하는 가장 기본적 척도로서 통용되었다. 가족
윤리가 윤리 전체의 핵심 노릇을 했던 것이다.

1964년 판『대영백과사전』에는 3,600만 개의 단어가 수록되어 있으
나, '효'에 해당하는 말은 없다고 들었다. 영어를 사용하는 서양의 나라
에는 효 사상의 전통이 미약함을 의미한다. 효에 대한 관념이 미약한 미
국의 문화가 해방을 계기로 우리나라에 급속도로 밀려왔다. 그 미국 문
화의 영향을 받아가며 한국의 산업화와 근대화가 이루어졌고, 한국의
산업화 내지 근대화는 한국인의 윤리 의식에도 현저한 변화를 가져왔
다. 산업화의 덕택으로 경제 사정이 크게 좋아진 반면에 윤리 의식은 크
게 떨어진 것이다.

급기야 윤리적 무정부 상태(ethical anarchism)에 가까운 사태에 이르

렀을 때, 도덕의 재건이 시급함을 역설하는 목소리가 높아졌다. 도덕의 재건을 위해서는 유교적 전통 윤리를 오늘에 되살려야 한다는 의견이 일어났고, 전통 윤리를 되살리기 위해서는 우선 효 사상을 고취해야 한다고 역설하는 사람들이 나타났다. 효는 윤리의 근본이니 효 사상만 제대로 보급하면 모든 윤리 문제는 자연히 해결된다는 낙관론을 펴는 사람도 있다.

그러나 효 사상을 중심으로 한 유교 윤리를 되살려야 한다고 믿는 사람들은 기성세대의 일부에 불과하며, 젊은 세대는 대체로 이에 동의하지 않는다. 그리고 효 사상을 고취하자는 사람들은 효가 인륜의 근본이라는 것을 믿고 주장할 뿐이며, 그 주장이 옳다는 것을 설득력 있게 밝힐 만한 이론은 가지고 있지 않다. 결국 효 사상을 신앙처럼 역설하는 사람들과 그들의 주장을 묵살하는 사람들이 활발한 논쟁도 없이 두 진영으로 나누어져 있는 것이 오늘의 실정이다.

효도를 역설하는 사람들이 아들 또는 딸의 위치에 있는 젊은이들이 아니라 부모 또는 조부모의 위치에 있는 늙은 세대라는 사실은, 효 사상의 강조가 효도받기를 원하는 이기주의에 연유하는 것이라는 느낌을 갖게 하며, 이러한 느낌은 곧장 거부감으로 이어진다. 그러나 그러한 거부감을 따라서 효 사상의 고취를 복고주의자들의 시대착오적 태도라고 일축하는 것은 옳지 않을 듯하다. 논자들의 주장을 즉각적으로 부정하기보다는 그들의 주장에도 긍정적 측면이 있을 수 있다는 가정 아래, 유교적 효 사상의 참뜻을 살펴보는 편이 바람직하다는 것이 필자의 생각이다.

공자와 그의 제자들의 윤리설에는, 사람으로서 마땅히 실천해야 할 덕목 또는 도덕률의 제시만 있고, 왜 그것들을 실천해야 하는지에 대한 분석적인 논의는 거의 없다. 다만 그것들은 성인(聖人)의 가르침 또는 인간의 도리이므로 굳이 설명할 필요가 없다고 믿은 듯한 인상을 줄 경우가 많다. 효(孝)의 경우에도 마찬가지여서, 효도의 규범 또는 그 실천 방안을 제시했을 뿐, 왜 그렇게 해야 하는지에 대한 논리적 설명은 별로 없다.

조선시대만 하더라도 "공자와 맹자께서 그렇게 말씀하셨다" 또는 "사서와 삼경에 그러한 가르침이 있다" 하는 것만으로 어떤 규범을 지켜야 할 근거로서 충분하였다. 그러나 오늘의 젊은이들에게는 성현이나 경전(經典)의 권위만으로는 납득이 가지 않는다. 그러므로 오늘의 젊은이들에게 효도가 인간의 도리라는 것을 납득시키기 위해서는, 그것이 왜 도리인가를 밝혀주는 논의(論議)가 있어야 한다. 완성된 형태의 그 논의를 옛날 경전에서 찾아내기는 어려운 것으로 보이므로 『논어』에 보이는 공자의 사상을 근거로 삼고, 현대인의 견지에서 그 논의를 시도해보고자 한다.

"공자의 사상을 근거로 삼고"라 함은 공자의 사상에서 배우고 도움을 받는다는 뜻이며, 공자의 사상 밖으로는 한 걸음도 나가지 않는다는 뜻은 아니다. 다시 말하면 필자는 공자의 사상 가운데 현대인을 납득시킬 수 있는 효 윤리의 싹이 들어 있다고 믿을 뿐 아니라, 그 싹에 거름을 주고 생각을 추가해서 현대인을 위한 이론체계로 키울 수 있다면, 그 일을 시도하는 것이 현대를 사는 후학의 과업이라고 생각한다.

효 사상의 철학적 정립을 시도하기에 앞서서 한 가지 언급해두고자 하는 바가 있다. 이제까지 우리나라에서 효도를 고취한 선인들 가운데 공자의 효 사상을 피상적으로 이해한 사례가 많다는 사실을 지적하고자 하는 것이다. 무릇 윤리라는 것은 사람들의 관계를 원만하게 하기 위한 규범이며, 모든 윤리의 근본정신은 서로가 서로를 위하는 상호 존중의 마음을 바탕으로 삼는다고 말할 수 있다. 그러나 이제까지 우리나라에서 윤리의 기본으로서 효를 앞세운 도덕교육 가운데는 자녀들의 일방적인 의무만을 강조하는 듯한 느낌을 주는 경우가 가끔 있다. 몇 가지 예를 들어보기로 하겠다.

필자가 어렸을 때, "어떠한 경우에도 부모의 뜻을 어기지 않는 것이 자식 된 도리"라는 훈계를 여러 번 들었고, 그 당시 어린 소견에도 그것은 무리한 요구라는 느낌이 들었다. 이제 돌이켜보건대, "어떠한 경우에도 부모의 뜻을 어기지 말라"는 가르침은 공자의 효 사상의 본의(本意)

가 아닌 것이라는 생각이 든다. 『논어』 「위정」편 5장에, 맹의자(孟懿子)가 효에 대하여 물었을 때, 공자가 "어기지 말라(無違)"라고 대답한 대목이 있기는 하나, 이것은 "예(禮)를 어기지 말라" 또는 "도리(道理)를 어기지 말라"는 뜻으로 이해해야 하며, 부모의 무리한 뜻에도 맹종하라는 가르침으로 보는 것은 잘못일 것이다.

요즈음은 좀 덜하지만, 종전에는 부모가 원하는 직업을 자식에게 강요하는 사례가 많았다. 이러한 강요의 근거가 되는 듯이 보이기도 하는 대목이 『논어』에 없는 것은 아니다. 「학이」편에 보이는 "아버지가 살아 계실 때는 그의 뜻을 살피고, 아버지가 돌아가신 뒤에는 그분의 행적을 살펴야 한다. 3년 동안 아버지의 도(道)를 고치지 않는다면, 효성스럽다고 할 수 있을 것이다"라는 구절이 그것이다.[1] 그러나 공자가 말씀한 것은 2,500여 년 전의 일이고, 그 시대에는 직업의 종류도 적었고 사회의 변천도 매우 완만했다. 사회가 날로 달라지는 오늘날, 저 구절이 자녀에게 부모의 뜻을 강요하는 근거가 되기는 어렵다.

『심청전』의 주인공 청(淸)은 늙은 아버지의 눈을 뜨게 하기 위하여 젊은 생명을 희생하기로 결심했고, 우리 조상들은 심청의 행위를 지극한 효행으로서 칭송하였다. 한편 심청으로 하여금 공양미 300석에 몸을 팔도록 유도한 아버지 심학규를 비난하지는 않았다. 정조(正祖)가 직제학(直提學) 이병모(李秉模) 등에 명하여 편찬한 도덕 교과서 『오륜행실도(五倫行實圖)』에도 유사한 이야기가 실려 있다.

송나라 남향(南鄉)에 사는 양풍(楊豊)이 산골짜기 밭에 나가서 곡식을 거두고 있었을 때, 갑자기 범이 나타나서 그를 습격하였다. 그 옆에서는 그의 딸 양향(楊香)이 아버지를 따라서 일을 거들고 있었는데, 14세 소녀의 몸으로 범에게 달려가 그 목에 매달렸다. 그 틈에 아버지는 피하여 화를 면했고, 딸은 대신 희생되었다. 이 소문을 들은 태수(太守)는 소녀의 효성을 조정에 알렸고, 조정에서는 후한 상을 내리고 정문(旌門)까지 세워서 길이 표창하였다. 그러나 어린 딸이 대신 죽도록 내버려두고 달아난 아버지 양풍을 문책하거나 비난했다는 말은 없다.[2]

---

1) 子曰 "父在, 觀其志. 父沒, 觀其行. 三年無改於父之道, 可謂孝矣."

『오륜행실도』는 본래 도덕 교과서용으로 만들어진 책이었다. 『심청전』도 효도를 숭상하는 많은 사람들의 사랑을 받았고, 자녀교육을 위해서 자주 언급되었다. 조선시대의 우리 조상들이 자식에 대한 부모의 도리는 제쳐놓고 부모에 대한 자식의 도리만을 일방적으로 강조하는 경향이 있었다고 말할 수 있는 증거라 하겠다. 그러나 부모와 자식의 윤리에 있어서 자식의 도리만을 일방적으로 강조하는 것이 공자 사상 본래의 정신은 아닐 것이다. 그것을 공자 사상의 본래의 뜻이 아니라고 생각하는 첫째 이유는, 그것이 공자의 인(仁) 개념과 조화되기 어렵기 때문이다.

인의 근본정신은 사람에 대한 사랑이며, 부모와 자녀 사이의 사랑을 근원으로 삼고 그것을 점차 먼 곳에까지 미치도록 하라는 것이 인의 가르침의 핵심이다. 자식의 처지에서 보면 부모의 대한 사랑이 인이 시발점이듯이, 부모의 처지에서 보면 자녀에 대한 사랑이 그 시발점이다. 바꾸어 말하면, 자식이 가장 먼저 사랑해야 할 사람은 부모이고, 부모가 가장 먼저 사랑해야 할 사람은 자식이다. 자식이 부모를 사랑해야 마땅하듯이, 부모도 자식을 사랑해야 마땅하다. "아비는 아비답고 자식은 자식다워야 한다(父父 子子)"라는 「안연」편의 말도 같은 맥락에서 이해해야 할 것이다.

자식이 효성스러워야 하는 것과 마찬가지로, 부모는 자애로워야 한다. 다만 부모는 굳이 시키지 않아도 본능적으로 자애롭게 마련이므로, 그 의무를 강조하지 않았을 뿐이다. 그러므로 자식의 젊은 생명을 대가로 치르고 부모가 눈을 뜬다거나 생명을 연장하는 것은 부모의 도리에도 어긋나고 인의 정신에도 어긋나는 짓이다.

2. 인(仁)의 시초로서의 효(孝)

모든 동물의 세계가 그렇듯이, 인간의 세계도 자기중심적이게 마련이다. 동물뿐 아니라 식물까지 포함한 모든 생물은 자신의 생명 연장과 종

---

2) 이병모 외 편, 『오륜행실도』(을유문화사, 1972), pp.58-59.

족의 번식을 위하여 살도록 마련되어 있으며, 인간도 예외가 아니다. 인간 이외의 다른 생물 가운데도 자아의식(自我意識)을 가진 것이 있는지 없는지는 모르겠으나, 인간은 누구나 '나'와 '우리'를 위해서 살도록 마련되어 있다. 인간은 누구나 자아를 사랑하며, 자아의 범위 안에 포함되지 않는 것, 즉 '나'와 '우리' 안에 포함되지 않는 것은 일반적으로 사랑하지 않는다.

일찍이 윌리엄 제임스(W. James)가 주장했듯이, 자아(self)는 의식의 체계다. 바꾸어 말하면, 자아의식이 자아의 범위를 결정한다. '나'로서 의식하는 것은 물론이요, '나의 것(mine)'으로 의식하는 것도 자아의 범위에 포함된다. 이때 '나의 것'이라는 말은 넓은 의미로 사용되고 있으며, 나의 작품과 나의 소유물 등뿐만 아니라 나의 부모, 나의 친구 등 내가 사랑하는 사람들까지 포함된다.

대체로 유아(幼兒)의 자아는 그 범위가 매우 좁다. 자아의식 자체가 미약할 뿐 아니라, 자기에게 직접 도움을 주는 엄마나 즐거움을 주는 장난감 정도만 '나의 것'으로 인식할 뿐, 그 밖의 것에 대해서는 무관심하거나 경계심을 갖는다. 점차 성장함에 따라서 자아의 범위가 넓어지거니와, 자기와 접촉이 많고 자기에게 도움을 주는 사람과 물건부터 차례로 자아의 범위 안에 편입시킨다. 일반적으로 한 집에 사는 가족이 먼저 자아의 범위 안에 들어오게 마련이며, 자아 속에 들어온 사람들과 '나'는 합하여 하나의 '우리'로서 의식된다. 사람의 인격이 성숙할수록 '우리'의 범위는 커가게 마련이고, 민족 전체 또는 인류 전체를 '우리'로서 의식하는 경지에 이르기도 한다.

의식은 일정불변한 것이 아니라 항시 유동한다. 자아의식은 의식하는 '나'와 의식되는 '나의 것'으로 나누어볼 수 있거니와, 의식하는 '나'를 중심점으로 삼고 '나의 것'들이 동심원 또는 나선형 모향으로 유동하며, 자아의 범위도 때에 따라서 늘었다 줄었다 한다. 예컨대, 유산을 중간에 두고 다투는 형제의 자아는 그 순간에 크게 줄어들며, 국제 경기를 보며 우리 편을 응원하는 사람들은 일시적으로 매우 큰 자아를 의식한다. 그러나 의식의 흐름을 따라서 유동하고 신축하는 가운데서도, 평상시에 대체로 자아의 범위가 큰 사람과 그 범위가 대체로 작은 사람을 구별할 수는 있다.

우리가 보통 소인(小人)이라고 부르는 사람은 평상시에 작은 자아 속에 갇혀 있는 사람을 가리키고, 대인(大人) 또는 군자(君子)라고 부르는 사람은 평상시의 자아의 범위가 큰 사람을 가리킨다고 볼 수 있다.

우리는 대체로 나의 몸을 사랑하고 나의 명예를 사랑하며 나의 가족과 나의 친구 그리고 나의 조국을 사랑한다. 그러나 자아의 범위 밖의 것은 사랑할 수가 없다. 무엇을 사랑한다는 것은 그것이 자아의 범위 안으로 포섭되었음을 의미하며, 어떤 의미에서도 '나의 것'이 아닌 것은 사랑하지 않는다. ('나의 것'이라는 말보다는 '우리의 것'이라는 표현이 더 적합할 경우가 흔히 있다. '우리나라' 또는 '우리 지구'의 경우가 그것이다. 그러나 '우리'라는 말은 자아의 다른 이름일 뿐이며, '나'의 논리와 '우리'의 논리는 근본적으로 다를 바가 없다.) 그러므로 어떤 것이 나의 사랑을 받기 위해서는 그것이 나의 자아 범위 안으로 포섭되어야 한다.

우리 주위에는 사랑을 받지 않고는 살아남기 어려운 것이 무수하게 많다. 인간 가족은 서로의 사랑이 아니면 조만간 멸망할 것이며, 우리의 자연도 사랑이 아니면 죽음의 길을 밟을 것이다. 사랑은 인간과 자연을 위한 삶의 조건이다. 쉽게 말해서, 인류가 깨끗한 환경 속에서 평화롭게 살 수 있기 위해서 큰 사랑을 품은 사람, 즉 넓은 범위의 자아의식을 가진 사람들이 무수하게 많아야 한다. 공자가 말한 군자의 부류에 속하는 사람들이 많이 나타날수록 인류의 장래는 밝게 열린다.

처음부터 큰 자아를 가지고 태어나는 사람은 없다. 누구나 최초에는 자기밖에 모르는 이기주의자로서 출발한다. 성장해감에 따라서 '타아(他我)'의 존재를 발견하고 그 타아를 자아 속에 포함시켜가며 '우리'를 의식하는 가운데 자아의 폭이 넓어진다. 정상적 가정에서 출생한 어린이가 처음 발견하는 타아는 어머니이며, 곧 이어서 아버지와 그 밖의 가족과 만나게 된다. 어머니가 자기를 위하여 소중한 존재임을 본능적으로 느끼게 되면서 어린이는 어머니를 자기의 '나의 것'으로 의식한다.

어머니가 어린이의 자아의식 속으로 포섭되는 동시에 그 자아의 범위가 커지는 것이다. 이어서 아버지와 그 밖의 가족도 자기에게 도움을 주는 존재임을 알게 되는 동시에, 그들도 '자아' 속으로 편입시킨다.

어머니의 견지에서 볼 때 뱃속의 태아는 명백한 자신의 분신이며, 그것은 바로 '나'의 일부로서 의식된다. 신생아로 태어난 뒤에도 하나의 '자아'로서의 모자 또는 모녀 관계는 지속되며, 어린이가 성장함에 따라서 '타아'로서의 측면의 부각을 보게 되나, 끝까지 '나의 아들' 또는 '나의 딸'로서 자아의 일부로 의식된다. 어머니와 자식은 '하나인 동시에 둘이요 둘인 동시에 하나'인 관계를 유지하며 가장 긴밀한 '우리'의 패러다임을 형성한다. 아버지와 자식의 경우에도 긴밀한 '우리'를 형성한다는 점에서 크게 다를 바가 없다.

유가에서는 효(孝)를 말할 때 주로 부자(父子)의 관계를 앞세우고 모녀(母女)나 모자(母子) 관계는 한 걸음 뒤로 미루는 경향이 있다. 유교 사상이 부계(父系) 사회를 배경으로 삼고 형성되었다는 사실과 '부생모육(父生母育)'이라는 말에 나타났듯이 종족의 번식에 있어서 남성의 구실이 여성의 그것보다 크다는 그릇된 생각, 즉 생물학적 무식에 연유한 경향일 것이다. 그러나 실제에 있어서는 생식이나 양육에 있어서 어머니의 역할이 더 크다는 것이 일반적 사실이며, 신생아에게 가장 가까운 사람이 어머니라는 사실에 비추어서, 효의 시발점은 모자 또는 모녀의 관계에서 포착해야 한다고 믿는다.

'효'의 문제를 다루면서 '자아'의 문제에서 출발한 까닭은 현대사회의 가장 큰 문제가 현대인이 '폐쇄적 자아'의 껍질을 깨지 못한다는 사실에 있다고 보는 동시에, '폐쇄적 자아'의 껍질을 타파하는 전략의 일환으로서 공자의 효 사상을 살릴 필요가 있다고 보았기 때문이다. '폐쇄적 자아'라 함은 흔히 말하는 '소아(小我)'에 해당하는 것이며, 소아의 껍질 안에 갇혀 있을 때 사람들은 이기적으로 행동한다. 인구는 기하급수적으로 늘어가는데, 그들이 자기밖에 모른다면 인류의 장래는 희망을 상실할 것이다.

지금 필자가 효 사상을 오늘에 되살려야 한다고 보는 생각을 좀 더 정확하게 표현한다면, "부모에 대한 자녀의 사랑과 존경뿐 아니라, 자녀에 대한 부모의 사랑과 존경까지도 그 본연의 모습을 되살려야 한다는 생각"이라고 말해야 할 것이다.

이제까지 효도를 강조한 사람들은 부모에 대한 자식의 도리를 말하는 데 그치고, 자식에 대한 부모의 도리에 대해서는 언급이 적었다. 자식에게는 '자성애(子性愛)'라는 본능적 애정이 없으나, 부모는 모성애 또는 부성애를 가지고 있어서 굳이 말하지 않아도 자식을 지극히 사랑하게 마련이라는 사실을 감안하더라도, 현대의 윤리에서는 자녀에 대한 부모의 도리도 아울러 고찰해야 마땅하다는 것이 필자의 개인적인 생각이다.

공자가 효도의 중요성을 강조했을 때는, 부모와 자식 사이의 윤리가 귀중하다는 것을 일깨우고자 함에 그치지 않고, 그 이상의 어떤 뜻을 가지고 있었다고 필자는 믿는다. 설사 공자의 뜻이 부모와 자식 사이의 윤리를 바로 세우고자 함에 있었을 뿐이라 하더라도, 후학인 우리로서는 그 이상의 뜻을 공자의 효 사상에 부여해야 하고 또 그렇게 할 수 있다고 믿는다. 여기서 '그 이상의 뜻'이라 함은 효 사상이 가족 윤리의 원동력을 밝혀줌에 그치지 않고, 나아가서는 국가 윤리와 세계 윤리의 원천을 제공할 수 있다는 뜻을 말한다.

집단을 이루고 살도록 마련인 인간은 상호간에 교섭을 갖게 되고, 교섭을 가진 사람들은 서로 도움이 되기도 하고 서로 방해가 되기도 한다. 도움을 주고받는 사람들 사이에는 넓은 의미의 '사랑'이 생기고, 서로 방해가 되는 관계 상황에서는 넓은 의미의 '미움'이 생기는 것이 일반적 현상이다. 다만 항상 도움만 주는 사람이 따로 있고 방해만 되는 사람이 따로 있는 것은 아니며, 평상시에 도움이 되던 사람이 때로는 방해가 되기도 하고, 평상시에 방해가 되던 사람이 때로는 도움을 주기도 하므로, 동일한 사람에 대하여 사랑과 미움을 아울러 느끼는 경우도 흔히 있다.

'나'가 누군가에 대해서 사랑의 감정을 느낄 때, 나는 그 순간에 있어서 그 사람을 나의 자아 안으로 끌어들인다. '나'가 누군가에 대하여 미움을 느낄 때, 나는 그 순간에 있어서 그 사람을 나의 자아 밖으로 밀어낸다. 그러므로 일반적으로 말해서, 사랑의 감정이 많은 사람일수록 자아의 범위가 넓은 반면에 미움의 감정이 많은 사람일수록 자아의 범위가 좁다. 여기서 우리는 개인 한 사람을 위해서나 사회 전체를 위해서나, 사랑의 감정을 되도록 키우고 미움의 감정을 되도록 줄이는 것이 바람직하다는 건전한 상식과 만나게 된다. 그리고 사랑의 감정은 키우고 미움의 감정은 줄이도록 하는 구체적 방안이 무엇일까 하는 현실적 문제에 부딪치게 된다.

사랑의 감정을 키우고 미움의 감정을 줄이는 방법에 여러 가지가 있을 것이다. 그 여러 가지 방법 가운데 모든 사람에게 접근이 가능하고 또 효과가 클 것으로 생각되는 것이 부모와 자식 사이에 자연적으로 싹트는 사랑을 의식적으로 키우고 슬기롭게 관리하는 그것이다. 여기서 우리는 또다시 효의 문제로 돌아오게 되거니와, 효 사상의 실천적 보급의 방법을 구체적으로 탐구하기에 앞서서, 이 대목에서 제기됨직한 두 가지 반론부터 짚고 넘어갈까 한다.

여기서 예상되는 반론의 하나는 많은 사람들을 사랑하는 대아(大我)의 인간상을 실현하기 위해서라면, 굳이 효 사상을 끌어들여서 멀리 돌아갈 것 없이 기독교의 인류애 또는 불교의 자비(慈悲)의 가르침으로 직행하는 편이 빠르지 않겠느냐는 주장이다. 널리 알려진 바와 같이, 기독교에서는 전 인류를 형제 또는 자매로서 사랑하라고 가르쳐왔으며, 불교에서는 인간뿐 아니라 미물(微物)까지도 사랑하는 대자대비를 가르쳐왔다.

그런데 유교에서는 먼저 내 부모, 내 형제부터 사랑하고 그 사랑을 남의 부모와 남의 형제에게까지 점차 넓혀서 마침내 온 천하에 이르도록 하라고 가르친다. 그뿐만 아니라, 공자의 인(仁)은 내 부모와 내 형제를 남의 부모와 남의 형제보다 더 많이 사랑함을 당연시하는 차별이 있는 사랑이므로, 모든 부모와 모든 형제를 한결같이 사랑할 것을 가르치는 기독교나 불교의 사랑에 비하여 보편성이 약하다. 이러한 관점에서, 큰 사랑을 가진 대인의 인간상 실현을 위하여 효 사상에서 출발할 까닭이 없다는 주장을 내세우는 사람이 있을 수 있을 것이다.

만약에 기독교 또는 불교의 가르침으로 직행함으로써 전 인류 내지 온갖 중생을 사랑하는 경지에 이르기가 용이하다면, 그 길을 택하는 것이 마땅할 것이다. 그러나 머리로 '전 인류를 사랑해야 한다' 또는 '온갖 중생을 사랑하자'고 생각하기는 쉬우나 가슴으로 그 생각을 실천하기는 어렵다. "전 인류를 사랑하는 큰마음을 갖도록 인도해주소서" 또는 "온갖 중생을 사랑하도록 이끌어주소서" 하고 기도하기는 쉬우나 그 소망이 성취되기는 어렵다. 간혹 그러한 경지에 도달하는 사람이 나타나는 수도 있으나 그것은 예외적 현상이며, 보통 사람들의 경우는 가슴이 머리를 따라가지 못하며, 행동이 언어를 따라가지 못한다.

　정확한 통계자료를 가지고 있지는 않으나, 일반적으로 말해서, 신앙을 갖지 않은 사람들보다는 신앙을 가진 사람들이 남에 대한 사랑을 더 많이 가지고 있을 개연성이 높으리라고 생각된다. 그러나 신앙인의 언어와 실천 사이에 요원한 거리가 있다는 사실도 부인하기 어렵다. 역사상에는 종교로 인한 전쟁이 수없이 기록되었고, 현대에도 종교와 관계가 깊은 싸움이 도처에서 일어나고 있다. 이러한 현상은 종교적 신앙을 통하여 대아(大我)에 도달하는 길도 그리 순탄하지 않음을 말해준다. 그 길이 순탄하지 않은 까닭에 때로는 위선(僞善)의 길로 빠지는 경우도 있거니와, 그 까닭은 인간이 현재 서 있는 자리와 앞으로 도달하고자 하는 목표 사이의 요원한 거리를 감당하기에 적합한 현실적 방안이 미약하기 때문이 아닐까 한다. 기도와 묵념 또는 참선 등의 방법이 전통적으로 사용되어왔으나, 진실로 도통한 대인(大人)의 경지에 이른 사람은 그리 많지 않을 것이다.

　유교에는 신비주의적 매력은 없으나, 인간 존재의 소박한 현실에서 출발하고 있다는 강점을 가졌다. 한민족(漢民族)에게는 고대로부터 만물을 생성하고 만물을 지배하는 근원으로서의 '천(天)'에 대한 신앙이 있었고, 공자도 '천'에 대한 신앙을 가지고는 있었으나, 그의 윤리 사상이 '천'에 대한 신앙으로부터 풀려나온 것으로는 보이지 않는다. 공자의 윤리 사상이 이상으로 삼은 '인(仁)'에 도달하기 위한 시발점이 된 것은 부모와 자식 사이에서 일상적으로 발견되는 자연의 정(情)이다.

자식을 갖게 되면 부모는 본능적으로 그들에게 애정을 느끼게 되고, 자식 편에서도 적어도 부모의 보호가 절실하게 필요한 동안은 부모에 대하여 본능적으로 애정을 느끼게 된다. 부모와 자식 사이에 생기는 이 애정은 모든 사람들이 느끼게 마련인 자연의 정이며, 누구나 마음속에 가꿀 수 있는 애정의 싹이다. 자녀의 마음속에 저절로 일어난 애정을 가꾸고 키우는 단계에서 결정적 구실을 할 수 있는 것이 다름 아닌 효 사상이다.

어린것의 마음속에 일어난 부모에 대한 애정은 그 어린것이 자라감에 따라서 점점 약화되고 마침내는 없어지는 것이 동물 세계의 일반적 현상이다. 자신의 생존을 위하여 부모의 보살핌이 필요한 동안은 부모에 대하여 뜨거운 애착과 애정을 느끼지만, 어린것이 자라서 독립할 수 있는 단계에 이르면 부모에 대한 애착이나 애정은 자연히 소멸되는 것이다. 그대로 방치하면 자연히 소멸하게 마련인 부모에 대한 사랑을 계속 유지할 뿐 아니라 더욱 성장하도록 하자는 것이 효 사상의 주장이다.

가정은 사랑의 싹을 키우기에 적합한 온상이다. 생사와 고락을 같이 하는 가운데, 부모와 자녀 사이의 사랑을 키우고 형제와 자매 사이의 사랑을 키워서 가족을 사랑의 집단으로 만들고, 가정이라는 온상에서 기른 사랑의 묘목을 이웃으로 내보내고, 이웃 사이의 사랑을 다시 국가와 사회 전체로 내보내자는 것이 공자의 인(仁) 개념이다. 정치의 길을 묻는 제선왕(齊宣王)에게 대답한 맹자의 말은 이 점을 명백한 표현으로 밝혀준다.

내 부모를 섬기는 마음을 남의 부모에게까지 미치며, 내 어린이를 사랑하는 마음을 남의 어린이에게까지 미친다면, 천하를 손바닥 위에 놓고 다스릴 수 있습니다. 『시경』에 이르기를 "내 아내에게 모범이 되어서 형제의 이름으로써 집과 나라를 다스린다" 하였으니, 이 마음을 들어서 저기에 가(加)할 뿐임을 말한 것입니다.[3]

---

3) 『孟子』「梁惠王章句」上 7, "老吾老 以及人之老, 幼吾幼 以及人之幼, 天下可運於掌. 詩云, 刑于寡妻 至于兄弟 以御于家邦, 言擧斯心 加諸彼而已."

유교의 효 사상만으로 세계의 질서를 바로 잡을 수 있다고는 생각하지 않는다. 다만 '사랑해야 한다'는 당위의식이나 '사랑하고 싶다'는 소망만으로는 사랑을 실천하기 어려우며, 사랑에 대한 당위의식이나 소망에 앞서서 사랑의 정열이 가슴을 채워야 한다는 경험적 사실을 강조한 유가들의 현실 감각에 주목하고자 하는 것이다. 이 현실 감각이 가득 실려 있는 것이 공자의 효 사상이며, 인(仁)의 개념이라고 믿는 까닭에, '효'와 '인' 두 개념 속에 삶의 지혜가 들어 있다고 보는 것이다. 다른 한편, '효'와 '인' 두 개념에는 현대인의 견지에서 볼 때, 뚜렷한 한계가 있다는 점도 부인하지 않는다. 우리는 이 한계를 극복하기 위하여 보편적 종교의 믿음 또는 보편성의 원리로서의 합리성 내지 이성의 철학으로부터도 많은 것을 배워야 할 것이다.

이 자리에서 예상되는 반론의 또 하나는, 과거 지향의 효 사상보다는 미래 지향의 '내리사랑'에 무게를 싣는 편이 더욱 현실적이 아니냐는 주장이다. 동물 세계의 근본 목표를 생존과 종족의 번식이라고 본다면, 늙은 세대보다는 젊은 세대에게 무게를 두는 편이 합리적이라는 주장이 성립한다. 그리고 인간 이외의 모든 동물은 늙은 세대를 위하여 힘을 낭비하는 일이 없다. 유교에서 주장하는 효도라는 것은 결국 늙은 세대가 자구책으로 내놓은 사상이 아니냐고 주장하고 싶은 사람이 있을지도 모른다.

옛날 가부장적 가족제도 아래서 효도를 앞세워 젊은 세대의 자유와 권익을 지나치게 억압한 때가 있었던 것은 사실이다. 그러나 공자 사상의 근본정신은 늙은 세대를 일방적으로 위하라는 것이 아니라, 가족은 서로 사랑하라는 것이었다고 보아야 한다. 다만 내리사랑은 본능과도 같은 것이어서 내버려두어도 실천하게 마련이라고 보았던 까닭에 굳이 강조하지 않았을 뿐이다. 더욱 중요한 것은 공자의 효 사상이 일반적으로 실천되었을 때 도움을 받는 것은 늙은 세대에 국한되지 않는다는 사실이다.

근래 자녀 세대의 효 사상이 현저하게 약화됨에 따라서 부모 세대의 태도에도 현저한 변화가 생겼다. 자신들의 노후를 자녀들이 보살펴주리라는 기대가 없어지자, 부모도 자녀에 대하여 거리를 두기 시작한 것이다. 죽는 날까지 경제력을 장악하고 있어야 한다는 위기감에서, 자식을 위해서라면 모든 것을 주어도 아깝지 않다던 옛날의 태도를 버리게 되었고, 가족 간의 사랑이 크게 약화되었다. 가족 간의 사랑의 약화는 젊은 세대를 위해서도 결코 바람직한 일이 아니다. 젊은이도 조만간 늙게 마련이고, 그들의 노후가 불행하게 되는 것은 오늘의 젊은이들도 결코 원하지 않을 것이다.

3. 현대사회와 효

사라져가는 효 사상을 오늘에 되살린다면, 건전한 가족제도의 재건을 위해서 뿐 아니라 사회 전체의 질서 회복을 위해서도 크게 도움이 될 것이다. 다만 농경 사회와 대가족제도를 배경으로 삼고 구체화된 옛날의 효도 사상을 상황이 크게 달라진 현대사회에 그대로 살릴 수는 없을 것이며, 그대로 살려서도 안 될 것이다. 예컨대, 『심청전』에 나타난 바와 같이 자녀의 지나친 희생을 요구하는 효도를 오늘의 젊은이들에게 가르치고자 시도하는 것은 옳지 않다.

무릇 윤리의 본질은 자율(自律)에 있으므로, 효도의 윤리도 자율에 바탕을 두어야 한다. 쉽게 말하면 늙은 세대의 요구를 떠나서, 젊은 세대 스스로 그 길이 옳다고 믿는 효도라야 실천윤리로서의 구실을 할 수 있다. 다만 오늘의 여러 가지 상황을 고려할 때, 젊은 세대가 자발적으로 효도의 길을 터득하게 될 가능성은 매우 희박하므로, 효 사상의 회생을 위한 기성세대의 교육적 행위가 필수적이다. 효 사상 교육은 인성교육(人性敎育)의 일환으로서 베풀어야 하며, 그 첫 번째 임무는 응당 부모의 몫이다.

효 사상 교육의 중요성을 느끼더라도 부모는 자식 앞에서 '효(孝)'를 입 밖에 내지 말아야 한다. 부모가 자식을 앞에 놓고 '효도'를 운운하면, 자식은 그것을 자식에 대한 불평쯤으로 들을 것이며, 불평 섞인 잔소리를 하는 부모에 대해서 자식은 연민을 느낄지는 모르나 존경심을 갖지 않을 것이다. 자식으로부터 존경을 받지 못하는 부모가 자식에 대한 인성교육에서 성공하기는 매우 어려운 일이다.

공자 사상의 궁극 목표는 사람들로 하여금 '인(仁)'의 경지에 접근하도록 인도함에 있었다. 그리고 그는 인으로 접근하는 첫걸음을 부모에 대한 사랑에서 출발함이 가장 현실적이라고 판단하였다. 인이란 결국 '사람에 대한 넓고 깊은 사랑'을 의미하므로, 어린이가 그 길로 들어서는 첫걸음은 부모에 대한 사랑에서 출발함이 마땅하다고 공자는 생각했던 것이다. 그러므로 인은 효의 근본에 해당하며 인의 정신을 가르치면 효에 대한 가르침은 자연히 그 안에 포함되게 마련이다.

그러나 유학자가 아닌 보통 부모들이 자녀에게 인의 정신을 가르친다는 것이 가능한 일인가? '인'이라는 말을 쓰기 시작하면 문제가 어려울 것이며, '인'의 사상을 완벽하게 가르치고자 하면 문제는 더욱 어려워질 것이다. 그러나 '인'이라는 말에 구애받지 않고, '인'의 정신의 초보를 가르치는 일은 보통 부모에게도 충분히 가능하다. '인'이란 '사람에 대한 사랑'을 말하는 것이며, '사람을 사랑한다' 함은 자기밖에 모르는 이기주의자가 되지 않는다는 뜻이다. 바꾸어 말하면, 작은 '나'만을 생각하는 태도를 벗어나서 '우리' 모두를 생각하는 열린 마음을 가진 사람으로 성장하는 것이 다름 아닌 '사람을 사랑함'에 해당하고 '인'으로 접근하는 과정을 밟는 셈이 된다.

학교교육의 경우에는 교사가 '효'라는 말을 사용해가며 효도를 직접 가르치는 것도 무방할 것이다. 다만 여기서 유의해야 할 점은, 가정교육의 경우에서나 학교교육의 경우에서나, "사람을 사랑하라" 또는 "자기만을 생각하는 이기주의는 올바른 삶의 태도가 아니다"라는 따위의 말을 아무리 자주 해도 그것만으로는 교육 효과가 별로 나지 않는다는 사실이다. 무릇 인성교육에서는 말보다 행동이 중요하며, 부모나 교사가 행동으로써 모범을 보이는 것이 효과적이다. 부모나 교사가 솔선수범으로 그들의 말을 뒷받침할 때, 비로소 그들의 말이 힘을 발휘한다.

우리가 '효'라는 말을 사용하든 안 하든 간에, 효 사상을 오늘에 되살리고자 하는 우리들의 목표는 다음과 같이 요약할 수 있을 것이다. (1)

우리나라의 젊은이들로 하여금 부모를 사랑하고 부모의 은덕에 감사하는 태도를 갖게 한다. (2) 우리나라의 젊은이들로 하여금 이웃을 사랑하고 기성세대를 존경하도록 유도한다. (3) 우리나라의 젊은이들로 하여금 널리 사랑하고 널리 감사하는 생활 태도를 갖게 한다. 이 세 가지 목표를 차례로 달성하도록 노력해야 할 것이며, 이 노력이 성과를 거두기 위해서는 교육자의 임무를 지게 되는 기성세대가 말보다도 실천으로써 인생의 선배다움을 보여주어야 할 것이다.

자녀를 대하는 부모의 태도에 근본적 변화가 있어야 할 것이다. 이제까지는 대다수의 부모들이 자녀의 인성교육을 등한시하였다. 대다수의 부모들은 어린 자녀를 잘 먹이고 잘 입히는 일에 정성을 쏟았고, 좀 자라면 공부 잘해서 명문대학에 들어가도록 닦달과 뒷바라지하는 일에 열중하였다. 부모들의 이러한 태도는 자녀들로 하여금 은혜를 모르는 자기중심적 성격자로 성장하도록 함에 크게 작용하였다. 어릴 때부터 부모의 과보호 속에 자란 사람은 삶에서 만나는 어려움과 고마움을 모르기 쉬우며, 남과의 경쟁에서 이길 것만을 목표로 삼고 자란 사람은 '나'만을 아는 이기주의자가 되기 쉽다. 결국 이제까지 우리는 부모로부터 받는 사랑은 당연한 것으로 알고 이를 감사히 여기며 보답할 생각은 하지 않는 젊은이들을 무수히 길러냈다 하여도 크게 틀린 말은 아닐 것이다. 우리는 유교의 효 사상과는 정반대의 길을 걸어온 셈이다.

부모는 자녀에게 감사하는 태도부터 가르치는 것이 바람직하다. 말로 가르치는 것보다 실천으로 가르치는 편이 빠르다. 우리들의 일상생활에는 감사하게 생각해야 마땅한 일들이 전후와 좌우에 무수히 널려 있다. 매일 굶지 않고 먹을 수 있다는 것부터가 지극히 고마운 일이다. 대자연에 감사할 일이고 농부들에게도 감사할 일이다. 우리는 항상 공기와 물의 혜택을 받고 있으며, 과학과 기술의 혜택을 받고 있다. 너무나 익숙해서 고마움을 잊고 있을 뿐이다.

미래의 강복(降福)을 비는 기도보다는 과거와 현재의 은덕에 감사하는 기도가 자녀들을 위한 교육에 도움이 클 것이다. 젊은 부모가 그들의 부모인 할아버지와 할머니에 대하여 보여주는 감사의 언행은 어린 자녀들에게 효도를 가르치는 좋은 본보기가 될 것이다. 자연에 감사하고 물자를 아끼는 부모들의 일상생활도 자녀들의 교육을 위하여 도움이 될 것이다. 감사의 감정은 곧 사랑의 감정으로 이어진다.

효의 근본은 사랑(仁)이라고 하였다. 효 사상의 교육을 위해서는 넓은 의미의 '사랑하는 마음'을 젊은이들에게 길러주는 것이 긴요하다. 유아기의 어린이들은 엄마와 아빠를 대상으로 삼고 넓은 의미의 사랑을 경험하기 시작하거니와, 이렇게 시작된 사랑의 마음을 키워가도록 하라는 것이 공자의 가르침이다. 그런데 오늘의 부모들은 어린 자녀를 과보호함으로써 모처럼 싹트기 시작한 사랑의 마음을 말라죽게 하는 경우가 많다. 과보호는 어린이를 자기중심적 성격자로 성장하도록 함으로써 그의 자아(自我)를 축소시키는 결과를 가져온다.

부모를 대상으로 삼고 싹트기 시작한 사랑하는 마음을 키운다 함은, 사랑의 대상을 '나'와 엄마, 아빠 밖으로 넓힌다는 뜻이다. 그 확장의 가장 적합한 첫 번째 대상은 형제 또는 자매다. 그러기에 공자와 그 제자들은 효(孝)와 아울러 제(悌), 즉 우애를 강조하였다. 그런데 현대의 젊은 부모는 아들이나 딸 하나만을 낳고 단산하는 경우가 많으므로, 동기간의 우애를 모르고 자라는 어린이들도 있다. 형제나 자매가 없는 어린이들을 위해서는 그 자리를 대신할 사람을 발견하도록 배려할 필요가 있을 것이다. 조부모가 그 자리를 메울 수도 있고, 이웃집 또래나 놀이방의 친구가 그 자리를 메울 수도 있을 것이다.

우리나라의 사회 환경은 전반적으로 어린이나 청소년의 정서교육을 위해서 부적합하다. 폭력과 관련된 장난감이나 만화 또는 비디오테이프가 범람하고 있어서 젊은 세대의 정서를 황폐하게 만들고 있다. 장난감과 만화 등을 만들고 파는 사람들이 어린이와 청소년의 정서교육 내지 인성교육을 염두에 두고 자제하는 것을 기대하기는 상인들의 현재의 의식수준이 바뀌지 않는 한 어려울 것이다. 공권력으로 그들을 어느 정도 제지하는 것이 가능할 것이나, 공권력만으로는 그들을 완전히 막기는 어려울 것이다. 가장 중요한 것은 부모와 자녀가 좋은 친구가 됨으로써 좋지 않은 장난감이나 만화 등을 사지 않는 방향으로 의견을 모으는 일이다.

우리가 사라져가는 효 사상을 오늘에 되살리는 문제를 거론하는 근본 동기는 오늘의 철저한 개인주의 사회가 인간의 바람직한 참모습이 아니라는 통찰에서 출발하고 있다. 헤르만 헤세(Hermann Hesse, 1877-1962)가 그의 시 「안개 속에서(Im Nebel)」를 통하여 말했듯이, 현대인 모두가 외톨이로 살고 있다. 모두가 '나'는 '나'고 '너'는 '너'다. 아무도 옆 사람을 보지도 못하고 알지도 못한다. 마치 누에고치 속의 번데기가 각자의 성(城) 속에 갇혀서 서로 떨어져 살듯이, 현대의 인간은 모두가 각각 '나'라는 껍질 속에 틀어박혀서 고독한 자유를 감당 못하며 차가운 삶을 영위한다. 필자가 보기에 이것은 결코 인간의 인간다운 모습이 아니며 보기 좋은 모습은 더욱 아니다.

인간은 아득한 옛날부터 집단을 이루고 살아왔다. 집단에는 자연히 통솔자 또는 지도자가 생기게 마련이고, 그들은 집단을 돌보는 보호자의 구실만을 하는 것이 아니라, 집단 성원들에 대한 지배자로서 군림하였다. 지배자 또는 지배계층이 개인의 자유와 인권을 유린하는 사례가 많았으니, 그 폐단이 자못 심한 지경에 이르렀다. 지배자 또는 지배계층이 개인을 억압할 때는 으레 집단 우위(優位)의 원칙을 앞세웠다. 그러므로 저 지나친 억압에 대한 반발은 자연히 개인주의의 철학을 낳게 하였고, 개인주의 논리를 철저하게 밀고 나감으로써 우리가 얻은 것이 헤세가 노래한 바와 같은 고독한 인간상이다.

개인주의에도 여러 가지 종류가 있을 수 있으며, 개인주의자들 가운데도 외롭지 않게 사는 사람들이 많을 것이다. 그러나 현재 우리가 살고 있는 개인주의 시대의 모습은 헤세의 관찰에서 크게 벗어나지 않을 것으로 보인다. 한마디로 말해서, 오늘날 인간 사회의 모습을 조감할 때, 사람과 사람의 유대가 몹시 미약하다는 인상을 크게 받는다. 대체로 개개인의 자아의 폭이 매우 협소하므로 '나'와 '너'가 중복되는 부분의 폭도 따라서 좁은 편이다. 이를테면 이 시대의 개인주의는 소인(小人)들의 개인주의다.

필자는 개인주의를 버리고 집단주의로 돌아가야 한다고는 생각하지 않는다. 다만 소아적(小我的) 개인주의를 대아적(大我的) 개인주의로 바꿀 수 있는 가능성에 대하여 차분히 생각해보고자 할 따름이다. 만약 공자가 말한 군자(君子)처럼 대인의 경지에 이른 사람들이 하나의 사회를 구성한다면, 비록 그들이 개인주의의 길을 택한다 하더라도, 그들의 사회는 결코 삭막하거나 냉랭하지 않을 것이다.

공자가 바람직한 인간형으로서 제시한 '군자'는 '인'의 덕을 어느 정도 몸에 익힌 사람을 의미한다고 볼 수 있다. 그리고 '효'는 인으로 접근하는 첫걸음으로서의 중요한 의의를 가졌다 하였다. 그러나 우리가 상식적으로 말하는 효자 또는 효녀를 군자라고 보기는 어렵다. 우리나라에서는 매년 효행을 표창하는 문화 행사를 보거니와, 이 행사에서 대상을 받은 사람들도 군자와는 대체로 거리가 멀다는 인상이 깊다. 아무리 효성이 지극한 사람이라도 그의 효심이 가족의 울타리 안에서만 발휘된다면, 그는 아직 군자의 대열에서는 먼 거리에 있다고 보아야 한다. 인간과 자연에 대한 사랑이 가족의 울타리를 넘어서 먼 곳에까지 미칠 때 비로소 인의 길로 깊이 진입하게 되는 동시에 군자의 인품으로 접근하게 된다.

단란한 가족은 인정이 풍부한 인간 사회를 위한 기본 공동체다. 가족 윤리가 무너지면 사회 전체의 윤리가 위협을 받는다. 우리가 효의 덕목을 중요시하는 까닭도 그것이 가족 윤리의 핵심에 가깝다고 보기 때문이다. 다만 가족제도 내지 가족 윤리의 강조가 가족적 이기주의를 조장하는 결과로 이어져서는 안 되므로, 우리는 '효'가 좁은 의미에 '효'에 그치지 않고 더욱 넓은 인간 세계로 뻗어나가는 '인'의 경지로 이어져야 한다고 보는 것이다.

우리나라에서 효 사상이 왕성했던 것은 농경시대에 있었던 일이고, 농경시대의 우리나라 가족 윤리는 수직적 질서로서의 특색을 가지고 있었다. 수직적 질서는 상하의 위계질서를 강조하는 것이므로, 현대에서 상식화된 민주주의와는 조화되기 어렵다. 이제 우리가 효 사상을 오늘에 되살리기를 꾀함에 즈음하여 이 점을 고려하지 않을 수 없다. 즉, 효 사상의 강조가 가족의 민주화에 역행하는 일이 없도록 배려해야 할 것이다. 여기서 우리는 민주적 가족에 적합한 효도는 어떠한 것일까 하는 문제와 부딪친다.

『논어』에 보이는 '효'에 대한 가르침에서는 자식의 도리를 강조한 구절은 많으나 부모의 도리를 말한 대목은 적다. 형제의 우애에 해당하는 '제(悌)'의 덕에 관해서도 형의 도리보다는 주로 아우의 도리를 강조하고 있다. 이러한 대목이 전통적 가족 윤리를 비민주적으로 형성하는 원인으로 작용하였다고 생각된다. 현대의 가족 윤리에서는 부모와 자식 또는 형과 아우가 서로 상대편을 아끼고 위하는 방향으로 원칙을 조정해야 할 것이다. 가족 상호간에 서로가 서로의 뜻을 존중하고 그 뜻이 이루어지도록 서로 돕는 것을 기본 원칙으로 삼아야 한다. 다만 나이가 어린 사람은 세상에 대한 경험이 부족하므로 혈기에 밀려서 그릇된 판단을 내리게 될 가능성이 많으므로, 경험이 풍부한 윗사람의 조언을 필요로 할 경우가 많다. 여기서 중요한 것이 믿음을 바탕으로 삼는 허심탄회한 대화다. 이 대화의 성공을 위해서는 항상 대화하는 습관을 길러야 할 것이며, 윗사람은 그의 말이 설득력을 가질 수 있도록 식견을 갖추어야 할 것이다.

공자의 효 사상은 단순히 자식으로 하여금 부모를 위하도록 가르치는 것만이 아니라 군자를 닮은 훌륭한 사람이 되라고 가르친다. 여기서 말하는 '훌륭한 사람'의 첫째 요건은 '사랑의 정'이요, 둘째 요건은 '열린 마음'이다. '사랑의 정'이란 친화(親和)의 심성을 말함이요, '열린 마음'이란 자아의 폭이 넓음을 가리킨다. 따라서 자기 하나만을 아는 소인은 효도에서 가장 먼 거리에 있다는 주장도 여기에 포함된다. 친화의 정이 두터우면 우선 제 부모와 제 동기를 아끼게 될 것이며, 마음이 열려 있어서 자아의 폭이 넓으면 가족의 울타리를 넘어서 먼 곳의 사람들까지도 아끼게 될 것이다.

효 사상과 가족의 화목을 강조하면서 우리가 특히 경계해야 할 것은 가족적 이기주의의 폐단이다. 가족적 이기주의는 우리나라 전통사회의 나쁜 유산으로서 아직도 남아 있거니와, 가족제도의 중요성과 효 사상의 고취가 저 나쁜 유산을 더욱 강화하는 결과를 불러와서는 곤란하다. 우리가 '효'를 말하면서 '인'과 '군자'도 함께 이야기하는 까닭이 바로 이 점에 있다.

'인'과 '효' 그리고 '군자'와 '덕치' 등의 개념이 큰 비중을 차지하는 공자의 사상에는 주정주의(主情主義)의 색채가 농후하다 주정주의의 색채가 강한 그의 사상만으로 현대의 복잡한 문제들을 해결하기에는 어려움이 따를 것이다. 유교 사상을 현대에 적합하도록 다시 해석하고 보완하는 일은 앞으로의 과제로서 남아 있다. 이 재해석과 보완의 과정에서 유교의 주정주의와 서구의 주지주의(主知主義)를 접목시킬 수 있느냐 하는 문제가 진지하게 제기될 수 있으리라고 생각된다.

다산기념 철학강좌 ■ 3

자유주의를 넘어서

자유주의의 한계와 그 보완의 과제

1999

마이클 왈쩌

김용환·박정순·윤형식·정원섭 옮김

The Exclusions of Liberal Theory

Michael Walzer

차례

머리말

제3회 다산기념 철학강좌의 연사인 왈쩌(Michael Walzer)는 현재 미국 고등학술원(Institute for Advanced Study) 종신교수이며, 국내 학계에는 공동체주의자로 알려져 있다. 일반적으로 공동체주의가 자유주의와 대립적인 것으로 이해되고 있는 데 반해, 왈쩌는 공동체주의를 자유주의에 대한 보완으로 이해하고자 한다는 점에서 자유주의와 공동체주의의 균형을 모색하고 있을 뿐만 아니라 사회 경제적 체제에 있어서는 사회민주주의(democratic socialism)를 주창한다.

왈쩌는 「미국 공산당의 산고(産苦)」라는 논문으로 미국의 대표적인 좌파 학술잡지인 『디센트(*Dissent*)』지를 통해 학계에 발을 들여놓았다. 이 잡지는 미국 공산당 운동에서 중요한 이론가였던 코저(Lewis Coser), 호위(Irving Howe) 등이 주도한 것으로서 왈쩌는 대학 시절 이미 이들의 조교로 미국 공산당사 집필에 참여하였으며, 1970, 80년대에는 구소련 및 중국 공산당에 대해 신랄한 비판도 서슴지 않았다. 현재도 이 잡지의 편집진의 일원으로서 적극적인 활동을 하고 있다.

1960년 노스캐롤라이나대학 학생 농성에 리포터로 방문했다가 농성 대열에 합류하면서 왈쩌는 인권문제에 대해 적극적인 관심을 기울이면서 동시에 신좌파(New Left)에 대해 매우 우호적인 태도를 표명한다.

특히 1970년대 미국 사회를 들끓게 했던 베트남 전쟁에 대해서는 격렬한 반전운동을 전개하기도 했다. 1980년대 이후에는 다문화주의 운동과 더불어 독일 사민당과 일정한 교유를 유지하며 민주적 사회주의를 주창하고 있다.

왈쩌의 학문적 활동에 대해 논의하기 위해서는 먼저 1970년대 미국 철학계에 대해 지적하는 것에서 시작하는 것이 좋겠다. 1970년대 미국 철학계, 특히 정치철학 및 도덕철학 분야에서 가장 큰 사건이라면 존 롤즈(John Rawls)의 『정의론(*A Theory of Justice*)』(황경식 옮김)이 출간된 점이다. 그때까지 미국 철학계의 지배적인 학풍은 논리실증주의 영향으로 현실의 윤리적 문제들을 분석하고 그 해답을 모색하는 실천적 성격은 거의 소멸된 채, 윤리학적 용어들의 의미나 논변의 특성을 밝히는 일이 전부라고 해도 과언이 아니었다. 그 결과 이 당시 미국 철학계에서는 화급한 현실적인 문제들을 언급할 생각도 없었으며, 그럴 능력도 없었다. 이런 상황에서 "사회구조의 제일 덕목은 정의"라고 천명하는 롤즈의 『정의론』은 철학계뿐만 아니라 정치학계와 경제학계, 나아가 사회 전반에까지 상당한 영향을 미치게 된다.

왈쩌는 『정의론』이 출간될 무렵 롤즈와 마찬가지로 하버드대학에서 교수로 있었다. 그의 주저인 『정의와 다원적 평등(*Spheres of Justice*)』(정원섭 외 옮김)은 롤즈의 이 저술에 대한 독특한 반응이라고 할 수 있다. 왈쩌는 하버드대학에서 로버트 노직(Robert Nozick)과 "자본주의와 사회주의"라는 공동 강의를 맡게 된다. 이때 노직은 자유지상주의 입장에서 개인의 사유재산권을 절대적으로 존중하면서 롤즈를 비판했다. 반면 왈쩌는 사회주의 입장에서 롤즈를 비판하면서도 그 결론에 있어서는 롤즈와 마찬가지로 평등과 복지 정책을 옹호했다. 노직의 『무정부, 국가, 유토피아(*Anarchy, State, and Utopia*)』(남경희 옮김)가 롤즈에 대한 우파의 비판이라면, 왈쩌의 『정의와 다원적 평등』은 좌파의 비판을 대변하는 것이라고 할 수 있다.

이 책에서 핵심은 그의 독특한 다원적 평등(complex equality) 개념에 있다. 즉, 재산이나 권력 혹은 명예와 같이 사회적으로 중요한 특정 가치를 소유한 일부 사람들이 그 가치 이외의 다른 모든 가치까지 장악할 수 있는 상황은 결코 정의로운 상태가 아니라는 점이다. 다원적 평등 이론은 여러 가지 사회적 가치들이 서로 구별된다는 점, 따라서 그 분배 원칙 역시 서로 다를 수밖에 없다는 점에서 출발한다. 왈쩌가 볼 때, 롤즈의 평등주의는 사회적 가치들이 그 고유한 사회적 의미에 따라 구별된다는 점을 인정하지 않는 단순 평등(simple equality)이며, 이런 단순 평등 이론은 비현실적 이론이라고 비판한다.

1980년대 들어 미국 정치철학계의 핵심적 논쟁은 자유주의와 공동체주의 간의 논쟁이다. 이 논쟁에서 자유주의자들은 대체로 합리적 개인의 자율적 선택을 강조한다. 반면 공동체주의자들은 개인의 정체성의 배경이 되는 전통과 공동체를 더욱 강조한다. 이 점 때문에 공동체주의는 종종 보수주의적인 입장으로 간주된다. 그러나 왈쩌는 자신의 이론이 보수주의적으로 이해되는 것을 지극히 경계하며 그 자신은 공동체주의자가 아니라 진보적인 민주적 사회주의자로 자처한다.

이 논쟁의 출발점 역시 롤즈의 『정의론』이다. 마이클 샌델(Michael Sandel) 등 일부 공동체주의자들은 특히 롤즈의 『정의론』에서 정의의 원칙을 마련하기 위해 개인의 특수성을 배제하는 가상의 계약 조건인 원초적 입장(original position)이 개인을 전통이나 공동체와는 단절된 고립된 원자와 같이 간주하는 고전적인 자유주의적 인간관을 여전히 전제하고 있다고 비판했다.

이 논쟁의 와중에서 왈쩌는 "공동체주의는 자유주의에 대해 반대하는 것이 아니라 자유주의를 시정하는 것"이라는 독특한 입장을 개진했다. 여기서 특히 주목할 점은 왈쩌가 대부분의 자유주의자들과는 달리, 다양한 공동체들에 대해 상당한 정도의 가치를 부여했다는 점이다. 즉, 다양한 문화 공동체, 종교 공동체, 정치 공동체 등이 그 나름의 고유한 내재적 원리에 따라 작동하며, 따라서 그 공동체 각각의 다원성이 우선 존중되어야 한다는 점을 역설한 점이다.

대체로 자유주의자들은 이런 다원성에 기초한 공동체의 특수성보다는 인간의 합리적 이성에 근거한 보편성을 강조하며, 그렇기 때문에 자유주의자들의 계몽주의적 기획은 보편주의적 기획으로 간주된다. 그러나 왈쩌는 이런 보편주의적 기획을 악성 유토피아주의(bad utopianism)의 대표적인 사례로 간주한다. 어느 사회에서나 통용될 수 있는 정의 원칙은 보편성에 목을 매는 철학자들의 희망일 뿐 현실에는 존재하지 않는다는 것이다. 이 점은 이번 제1강연에서도 두드러지게 나타나고 있다.

공동체의 다양성을 무엇보다 강조하는 왈쩌가 다문화주의(multiculturalism)로 나아가는 것은 당연한 귀결이다. 인간 이성이 자유롭게 발휘되었을 때, 다원주의는 피할 수 없는 결과이며, 현대 민주사회의 영구한 특징이라 해도 과언은 아니다. 다원주의 문화에서 무엇보다 강조되어야 할 점은 차이를 차별의 근거로 간주하는 것이 아니라 차이 그 자체로 받아들이고 인정하는 것이다. 이를 위해서는, 근대 종교개혁의 와중에서 다른 교리를 신봉하는 자들에게 종교적 관용이 절실히 요구되었듯이, 이제는 나와 다른 문화권에 속하고 따라서 다른 가치관을 가진 이들에 대한 관용의 태도가 무엇보다도 절실히 요구될 수밖에 없다. 여기서 관용이란 단순히 차이를 인정하는 소극적 행위에 멈추는 것이 아니라, 나와 다른 그들 역시 인간으로서의 존엄성을 실현하기 위해 요구되는 제반 권리를 그들에게 보장하는 적극적 행위다. 즉, 그들 역시 나와 동등한 시민권을 인정받아야 할 뿐만 아니라 그들의 시민권 역시 적극적으로 존중받아야 한다는 것을 의미한다.

이런 점에서 제3회 다산기념 철학강좌에서 왈쩌 교수를 연사로 모시고 그분의 사상에 대해 직접 들을 수 있는 기회를 갖게 된 데 대해 매우 기쁘게 생각한다.

한국사회 · 윤리학회 회장 황경식

저자 서문

몇 년 전 나는 「자유주의에 대한 공동체주의적 비판」이라는 논문을 발표했다. 이 논문에서 나는 공동체주의를 가장 잘 이해할 수 있는 길은 독자적인 교설 혹은 실질적인 정치 강령이라기보다는 자유주의적 이론 및 관행에 대한 하나의 시정(corrective)으로 이해하는 것이라고 주장했다.1) 이 강좌에서 나의 원래 목적은 이런 '시정'을 발전시켜 자유주의에 더 나은 사회이론과 사회심리학을 제공할 수 있는 몇 가지 길을 제안하는 것이었다. 이 점은 여전히 나의 계획의 중요한 부분이며, 이 점에 비추어 네 차례 강연의 핵심 주제를 선택했다. 첫 번째 강연과 두 번째 강연에서 나는 우리의 공동체적 삶(our associational life)의 핵심적 사실에 대해 면밀히 살펴보고자 한다. 여기서 핵심적 사실이란 이런 공동체적인 삶의 많은 부분에 대해 자유주의적 영웅, 즉 자율적 개인이 자신의 성원권을 스스로 선택하는 것은 아니라는 점이다. 그 대신 우리 대부분은 가장 중요하다고 당연시하는 집단에 이미 속해 있는 것이다. 여기서 집단이란 특별히 문화 및 종교 공동체, 민족 및 언어 공동체를 의미한다. 그리고 이런 공동체 내에서 우리는 정체성과 품성을 계발하며, 이런

---

1) M. Walzer, "The Communitarian Critique of Liberalism", *Political Theory*, vol. 18, no. 1(February 1990), pp.6-23.

공동체의 가치관을 그에 대한 특별한 의문 없이 우리의 자녀들에게 물려주고자 한다. 두 번째 강연에서는 이와 연관하여 자율적인 개인들의 제반 숙고는 민주정치의 전모에서 아주 작은 부분을 차지할 뿐이라는 점을 논증할 것이다. 또한 나는 오히려 최근 몇 년간 자유주의 이론가들이 무시해온 사회적 갈등이 민주정치에서 더욱 큰 부분을 차지하고 있다는 점을 보여주고자 하며, 민주정치가 요구하는 제반 활동에 대해 해명해보고자 한다. (혹은 적어도 이런 활동의 목록이라도 제시해보고자 한다.) 세 번째 강연에서는, 우리의 정치적 삶에서 열정(passion)의 역할에 대해 살펴보고자 한다. 그러나 (나 역시 받아들이고 있는) 자유주의적 합당성은 우리가 열정의 역할을 이해하거나 혹은 열정이 전개되는 상이한 방식들을 형성 및 제약하는 데 도움이 되지 못한다는 우려 역시 표명할 것이다.

이것이 처음 나의 계획이었으며, 지금도 그렇기는 하다. 그러나 강연을 준비하는 과정에서 나는 점차 다른 일군의 문제들, 즉 공동체주의보다는 사회민주주의와 더욱 밀접한 문제들에 내가 골몰하고 있다는 점을 깨닫게 되었다. 자유주의에서 배제되어온 자연 공동체(involuntary association), 문화 권리(cultural rights), 사회적 갈등, 열정적인 참여(passionate engagement) 등에 주목하면서, 이런 것들이 초래하는 가장 중요한 귀결은 불평등 반대 투쟁을 더욱 어렵게 한다는 점을 깨닫게 되었다. 따라서 나는 불평등 반대 투쟁과 관련해 현재 표준적인 형태의 자유주의는 다음의 네 가지 이유 때문에 이론상 부적절할 뿐만 아니라 정치적 실천에 있어서도 무능력하다는 점을 주장하고자 한다. 그 첫 번째 이유는, 이를테면 자유주의 이론에서는 그 중요성을 거의 인정받지 못하고 있는 자연 공동체들 내부에서는 불평등이 살아남아 있다는 점이다. 이와 동시에 둘째 이유는 바로 이런 자연 공동체들이 다문화적 정치의 핵심 주역들이며, 다문화적 정치는 (많은 논란이 있기는 하지만) 현대 평등주의의 한 형태라는 점이다. 그리고 셋째, '숙고(deliberation)'라는 이름하에 자유주의 이론이 선호하는 온갖 종류의 합리적 분석과 사려 깊은 토론이, 심지어 이런 분석과 토론을 한 결과 평등주의적 결론들에 도달할 때조차도, 실제의 불평등 체험이나 불평등 반대 투쟁을 성공적으로 다룰 수 있는 경우는 드물기 때문이다. 그리고 넷째, 대부분의 자유주의자들을 매우 난처하게 만드는 일종의 감정적 열정이 없다면, 불평등을 지탱하고 있는 제반 사회구조 및 정치질서에 대해 적극적으로 반대할 수 없기 때문이다.

이상을 통해 내가 애초 목적했던 공동체주의적 시정 작업이 새로운 자유주의를 산출하는 데 기여한다는 점(혹은 기여할 수 있다는 점)이 입증된다. 이 새로운 자유주의는, 비록 기존의 표준적인 자유주의에 비해 평등주의적 특성이 강하지는 않겠지만, 기존의 자유주의를 평등주의적인 방식으로 변용하는 데 있어서는 훨씬 유용하다. 이렇게 '시정된' 자유주의는 사회학적 내용을 훨씬 풍성하게 담고 있을 뿐만 아니라 심리학적으로도 더욱 개방적인 태도를 취한다. 또한 이런 점들은 민주적 총화와 유대를 산출, 설명, 지지할 수 있는 일체의 교설에서 볼 수 있는 필수적인 특징들이다. 나의 논의는 다음과 같은 전제에서 시작한다. 즉, 우리가 이런 종류의 교설을 필요로 하며, 만일 이런 교설이 가능하기만 하다면, 이런 교설이 더 훌륭한 자유주의적 교설이라는 전제에서 논의를 시작하고자 한다. 그러나 이 전제를 이번 강좌에서 정당화하고자 하지는 않겠다.

자유주의와 자연 공동체

I.

내가 아는 사람들은 끊임없이 다양한 결사체를 형성하고 있으며, 또한 자신들이 원하는 대로 온갖 종류의 목적을 위해, 온갖 유형의 다른 사람들과 공동체를 형성할 수 있는 자유를 매우 높이 평가한다. 이런 태도는 분명 옳다. 즉, 결사의 자유는 자유주의 사회 및 민주정치의 핵심적 가치이자 기본 요건이다. 그러나 이 가치를 일반화하여, 이론적으로든 실천적으로든 모든 공동체가 자발적인 세계, 즉 오로지 자유롭게 형성된 사회적 연합체들로만 구성되는 하나의 사회적 연합을 창출하고자 하는 시도는 잘못이다. 어떤 종류의 제약도 없이 자신들의 연고를 맺고 끊는 자율적 개인이라는 이상적인 그림은 악성 유토피아의 사례다. 사회학자들이 볼 때 이런 그림은 일고의 가치도 없으며, 정치학자들이나 도덕철학자들의 관점에서 보더라도 이런 그림은 회의주의만을 부추길 뿐이다. 매우 다양한 종류의 연고가 없다면 어떤 인간 사회도 살아남을 수 없을 것이다. 그러나 서로 다른 종류의 다양한 연고가 자유를 주창하는 이들에게 어떻게 정당화될 수 있겠는가? 자유란 우리 스스로 과거에도 선택하지 않았으며 바로 지금 이 순간 역시 선택하지 않는 모든 굴레를 혁파할 것을 요구하는 것이 아닌가? 비자발적 공동체들, 이들이 산출하는 제반 정서, 나아가 이런 공동체들이 설파하는 가치관들은 자유주의 사회라는 바로 그 관념에 대한 위협이 아니겠는가?

나는 자유란 비자발적인 제반 굴레를 혁파할 수 있는 가능성 그 이상은 조금도 요구하지는 않는다는 점, 나아가 이런 혁파가 항상 좋은 것은 아니라는 점, 그리고 항상 우리가 이런 혁파를 용이하도록 해야 할 필요는 없다는 점에 대해 논하고자 한다. 다수의 소중한 성원권이 자유롭게 시작되는 것은 아니며, 구속력 있는 많은 책무들이 오로지 자발적인 합의의 산물인 것도 아니다. 또한 다수의 유쾌한 감정들과 유익한 관념들이 선택된 것은 아니지만 우리 삶 안으로 들어온다. 우리는 이런 삶에 대해서, 그리고 우리가 뿌리를 두고 있는 다양한 공동의 삶에 대해서, 우리가 단순히 개인으로서 관여하고 있는 '사회적 고안물'처럼 생각할 수도 있다. 그러나 우리는 이런 삶을 오로지 혼자만의 힘으로 만든 것처럼 생각할 수는 없다. 우리는 일군의 복합적인 제약 사항 내에서 집단에 합류하고 공동체를 형성하며, 조직하고 또한 조직된다. 이런 모습은 다양한 형태로 나타난다. 그리고 적어도 그중 일부는 소중할 뿐만 아니라 정당하다. 루소의 『사회계약론』 제1장의 유명한 구절을 새겨보자. "인간은 자유롭게 태어난다. 그러나 모든 곳에서 인간은 굴레에 갇혀 있다. … 어떻게 이런 변화가 나타났는가? 나로서는 잘 모르겠다. 이런 굴레가 어떻게 정당화될 수 있는가? 이 질문에 대해서는 내가 대답할 수 있다고 생각한다." 그러나 이 말은 그 첫마디가 이미 잘못이다. 우리는 자유롭게 태어나는 것이 아니다.

또한 자유롭게 태어난 것이 아니기 때문에, 우리는 평등하게 태어난 것도 아니다. (이 점은 더욱 명백할 것이다.) 자연 공동체는 불평등의 가장 직접적인 원인이다. 왜냐하면 이것은 사람들에게 족쇄를 채워 사회적 위계 구조의 (일련의) 특정한 지위에 고착시키기 때문이다. 자유주의적 자율성은 이렇게 약속한다. 즉, 개인들이 자신들이 원하는 지위를 선택 내지 추구하도록 해주면서 또한 그 결과 (더욱) 평등한 개인들로 구성된 자유롭고 개방적인 사회를 창출함으로써 이런 족쇄를 철폐하겠다고 약속한다. 그러나 이것은 거짓 약속이다. 다만 우리는, 현실적으로 존재하는 비자발적인 공동체들을 인정하고 이에 대한 모종의 조치를 취할 경우에만 사회적 위계 구조에 성공적으로 도전할 수 있을 뿐이다. 이를 부정하는 것은 어리석은 짓이며, 그 철폐란 불가능한 일이다. 비자발적 공동체는 사회적 실존의 영속적 특징이며, 자유를 위해 투쟁하는 이들과 마찬가지로, 평등을 위해 투쟁하는 이들 역시 어쩔 수 없이 이런 비자발적 공동체의 피조물들이다.

II.

나는 다음 네 가지 종류의 비자발적인 제약 사항들을 살펴보고자 한다. 이 제약 사항들은 모두 우리 생애의 매우 초기에 성립되며, 이런 제약 사항 때문에 우리는 어쩔 수 없이 심지어 강압적으로 특정 종류의 공동체에 들어가게 된다. 또한 자유주의 사회라고 해서 없을 수가 없는 이런 제약 사항은 공동체를 떠날 수 있는 권리까지 제한한다. 사회학자들은 첫 번째 및 두 번째 제약 사항에 대해 주목해왔다. 반면 정치학자들과 도덕철학자들은 세 번째 및 네 번째 제약 사항을 중요하게 다룬다. 그러나 내가 볼 때, 이 네 가지 제약 사항을 단일한 목록의 항목들로 간주하는 것이 유익하다.

(1) 첫 번째 제약 사항은 그 특성상 가족적이며 사회적인 것이다. 우리는 친족 집단, 민족이나 국가, 그리고 특정 사회계급의 구성원으로 태어난다. 또한 우리는 남성과 여성으로 구분된다. 그런데 (설령 우리가 우리의 인척들을 미워하고, 애국심을 감상적인 것으로 간주하고, 자신의 계급이나 성을 전혀 의식하지 않는다 할지라도) 이 네 가지 제약 사항들이 어우러져 우리가 장차 살아가면서 함께 공동체를 이룰 사람들을 결정하게 된다. 또한 우리 대부분은 유아세례, 할례, 견진성사, 바르미츠바[유대인의 성인식] 등을 통해 어릴 때 이미 이런저런 종류의 종교적 성원권을 허락받게 된다. 이런 사례들은 제반 권리와 책임을 동반하는 구체적이면서도 비자발적인 동참이며, 이렇게 동참한 결과 어린이들이

권리와 책임을 따르라는 요구를 받게 된다는 점은 분명하다. 그러나 부모의 훈육 역시 가정 외부의 종교적, 정치적 사회화 그리고 계급 및 성에 대한 일상적인 체험과 마찬가지로 훨씬 간접적으로 작동한다. 이런 것들은 특정한 성인들의 특정한 공동체들을 뒷받침하는 배경적 조건을 창출한다. 최근 몇 년간 가정의 실패에 관해 엄청나게 많은 글이 발표되고 있다. 그러나 사실 대부분의 부모들은 매우 성공적으로 자신들과 유사한 자녀들을 길러내고 있다. 그러나 이것은 불행하게도 그들 부모들의 실패를 드러내는 신호가 되기도 한다. 가령 하층 계급 부모들이 그들의 자녀들을 존경받는 주류 사회에 진입시키지 못하는 경우가 그럴 것이다. 그러나 대부분의 부모들은 자식들이 자신들의 계층에서 지나치게 멀리 벗어나지 않기를 바라며, 이런 경우 자식들을 자신들의 자식으로 인정할 수 있는 것이다. 그리고 거의 대부분의 부모들은 이런 식으로 자녀를 기른다. 물론 그들은 자신들의 친구들로부터 얼마간 도움을 얻는다.

젊은이들은 가족적 연고나 사회적 환경으로부터 탈피하거나, 성차별적인 사회의 제반 관습과 무관하게 살아갈 수도 있다. 그러나 이때 그들 대부분은 감당하려고 하지 않던 대가를 치를 수밖에 없다. 바로 그렇기 때문에 부모의 연고는 그 자녀들이 장차 갖게 될 연고를 가장 잘 보여주는 것이다. 이 점은 정당에 대한 지지와 투표 행태 등과 관련해 정치학자들이 오래전에 발견한 것이다. 미국 정치문화에서 '독립'에 대해 큰 가치를 부여하고 있음에도 불구하고, 이를테면 자녀들은 대체로 부모의 가르침을 따르고자 한다. 즉, 부모가 민주당 당원(혹은 공화당 당원)일 때 자녀 역시 민주당 당원(혹은 공화당 당원)이 되기 쉬운 것과 마찬가지로, 부모들이 독립심이 강할 때 그 자녀들 역시 대체로 독립심이 강하다.1) 종교적인 선택의 경우, 짐작하건대, 부모의 종교를 통해 자녀의 종교를 추정하는 것은 더욱 신빙성이 있을 것이다. 사실 종교의 경우, '선택'이란 말은 아마 실질적인 의미가 없는 말일 것이다. 어릴 때 고수한

---

1) A. Campbell et al., *The American Voter*(New York: Willey, 1960), pp.147-148 참조.

종교적 의례들이 결정적인 영향력을 발휘하며, 따라서 종교적 성원권은, 대부분의 사람들의 경우, 세습이라는 표현을 통해 가장 잘 서술될 수 있다. 복음으로 새로 태어나는 것과 성인세례와 같은 개신교 관행들이 이런 세습적 유형을 훼손하고자 하려는 의도에서 비롯된 것이라는 점은 명백하며, 또한 실제로도 이런 의도가 어느 정도 실현되고 있으며, 역사적으로 본다면 자발적인 공동체가 번성하는 데 기여해왔다.[2] 그러나 다시 태어난 기독교 신자 중 몇 퍼센트가 그 부모의 신체적, 영적인 자녀인가(즉, 영적으로 다시 태어난 자녀들인가)를 확인해보면 재미있는 결과가 나올 것이다.

사람들은 자신들의 정체성에 대해 이의를 제기하는 공동체보다는 이를 긍정하는 공동체에 동참하며, 그들의 정체성은 대부분 자신들의 부모 및 부모의 동료들로부터 받은 선물이다. 다시 말해, 개인들은 지난한 자아 형성 과정에 스스로 몰입함으로써 [과거로부터 전수된] 정체성으로부터 벗어날 수 있다. 가령 (고대의 성인전(聖人傳)에서 볼 수 있는 것처럼) 자신의 아버지가 섬기는 우상을 파괴한 성서의 아브라함처럼, 혹은 자신의 구원을 얻기 위해 처자식의 울음소리를 듣지 않으려고 손가락으로 귀를 막은 채 처자식으로부터 도망치는 기독교 순례자처럼(영국 개신교에 대한 고전인 번연(John Bunyan)의 『천로역정(The Pilgrim's Progress)』) 참으로 어려운 과정을 거쳐 과거의 정체성으로부터 벗어날 수 있다. 만일 이런 사람들이 없다면 사회적 변혁이란 상상조차 할 수 없을 것이다. 그러나 모든 사람이 이렇게 행동한다면, 아예 사회 자체를 상상조차 할 수 없을 것이다. 아브라함조차 자신의 사랑하는 아들 이삭에게는 이와 비슷한 반항을 하도록 허용하지는 않았다. 아버지와 달리 이삭은 야훼의 백성으로 태어났으며, (아버지와 비교해볼 때) 야훼에 대한 경배심은 약했으나, 한없이 더 믿음직했다. 또한 번연은 독자들 때문에 어쩔 수 없이 (『천로역정』 후속편에서는) 그 당시까지 전형적 형태의 여행에 기독교 신자의 처자식도 성자들의 공동체에 합류시킬 수밖에

---

2) 또한 민주정치에도 유익했다. 이 논변은 다음 글에 있다. A. D. Lindsay, *The Modern Democratic State*(London: Oxford University Press, 1943), ch. III.

없었다.3) 대부분의 부모들이 견지하고 있는 부모들의 세계에서 허용되는 유일한 일탈은, 적어도 근대사회에서는 사회적 이동, 즉 기존의 계급 구조 내에서의 상향 이동뿐이다. 그렇다 할지라도 대부분 자녀의 사회적 이동은 (상향 이동이든 하향 이동이든) 매우 완만하게 이루어진다. 지지하는 정당이나 종교적 신앙과 마찬가지로 계급적 지위 역시 몇 세대에 걸쳐 지속되는 경향이 있다. 그 부분적인 이유는 사회적 이동을 가로막는 외적 장애물들이 지속적으로 존재하기 때문인데, 그렇기 때문에 '기회의 평등'이라는 이름으로 우리는 이런 장애물들이 철폐되기를 희망할 수 있으며, 이런 희망은 설득력을 갖는 것이다. 비록 종속의 구조가 종속 그 자체를 재생산하는 경향을 가지고 있다 할지라도, 종속의 구조에 대해 도전하고 이를 변형시키는 것 역시 가능하다. 그러나 사회적 이동을 가로막는 내적 장애물 역시 존재하는데, 이것은 어린이들이 계급 및 이웃과의 제반 유대를 포기하는 것을 기피한다는 점과 연관되어 있다. 따라서 어린이들의 성향은 이미 자신들에게 주어진 사회 및 문화 내에서 그들의 공동체적 삶을 펼치고자 한다는 점이다. 이런 성향은 설사 보편적인 것은 결코 아니라 할지라도 명백하면서 광범위하게 나타난다.

이런 종류의 주어진 배경적 조건과 상반되는 방식으로 형성된 공동체들이 자발적인 공동체로 서술될 수 있다. 그러나 우리는 이런 서술이 매우 부분적이며 불완전하다는 점을 인정해둘 필요가 있다. 나의 목록에서 다음 항목을 살펴본 후에는, 이런 서술이 훨씬 더 불완전하게 보일 것이다.

(2) 두 번째 제약 사항은 공동체의 가용 형식들이 문화적으로 결정된다는 점이다. 공동체의 성원들이 서로서로를 선택할 수도 있을 것이다. 그러나 그들이 자신들의 공동체의 구조나 유형을 결정할 수 있는 경우

---

3) 아브라함에 대해서는 다음을 참조. Louise Ginzberg, *The Legends of Jews*, trans. Henrietta Szold(Philadelphia: Jewish Publication Society, 1961), I, pp.213-214. 번연이 서술하고 있는 기독교 신자들에 대해서는 다음을 참조. John Bunyan, *The Pilgrim's Progress*(New York: New American Library, 1964), p.19. (이 책 p.151부터 시작하는 제2부가 후속편이다.)

는 매우 드물다. 결혼이 그 분명한 사례다. 즉, 두 배우자의 결혼이 두 사람 마음의 진정한 만남일 수는 있으나, 그 결혼의 의미가 이렇게 만난 두 사람 마음에 의해 결정되는 것은 아니다. 결혼은 문화적 관행이다. 즉, 두 사람이 상대를 남편과 부인으로 인정하는 순간, 결혼이 함축하고 있는 제반 의미와 책임이 두 배우자에 의해 수락된다. 결혼하기 전에 두 사람이 한 여러 가지 합의와 계약은 결혼이라는 틀의 세부적인 부분에 대해서만 영향을 미칠 뿐이다. 마찬가지로 사람들은 클럽, 연맹, 조합, 정당을 결성할 수 있으며, 자유롭게 함께 모여 스스로 정관을 만들 수도 있다. 그러나 이런 공동체는 아마도 거리를 오가는 그들 동료 시민들의 공동체들과 상당히 흡사할 것이며, 정관들은 보통 표준적인 형식에 따라 작성된다.4)

　문화적 위기 및 변혁기의 창조적 개인들이 종종 많은 시행착오를 거치며 공동체의 새로운 형식들을 고안해낸다는 점은 분명하다. 그리고 구제도의 구조적 불평등에 대한 내부로부터의 비판과 변화는 가능하며, 또한 실제로도 종종 이루어지고 있다. 물론 이런 구조적 불평등들을 극복하기 위해서는 장구한 시간이 소요되며, 설사 그런 시간이 흐른 후에조차도 이러한 노력을 영도하는 결정적인 미래상이 완벽하게 실현될 가능성이 없을 수도 있다. (그리고 전혀 다른 방향으로 변화가 진행될 수도 있다.) 그러나 그 (변화의) 규범은 모방과 반복의 연속이라고 할 수 있다. 이런 연속성은 제 나름의 원칙에 따라 다양한 공동체들을 개혁하려는 노력들 때문에 주기적으로 중단되기도 한다. 원칙들은 훨씬 전에 이미 그 자체가 충성의 대상들인 것이다.5)

---

4) *Robert's Rules of Order* 참조. 이 책에서는 다른 어떤 곳에서도 찾아볼 수 없는 새로움을 찾고자 하면서 가장 급진적 공동체들에 대한 내적 논의를 하는 과정이 드러나 있다.

5) 이러한 원칙들 그 자체는 또한 반성의 대상이 되기 전에 먼저 충성의 대상이 된다. 아브라함의 이야기는 이를 통해 설명 및 정당화하고자 한 '계약으로 맺어진 국민들'이 성립하기 오래전에 이미 회자되고 있었다. 또한 번연은 실험의 세기가 끝나갈 무렵이 되어서야 비로소 "하느님이 불러 모은 회중(會衆, congregation)"에 대해 적고 있다.

마찬가지로, 결사의 능력도 자유롭게 선택된다기보다는 동경되며 모방된다. 우리가 스스로 의사 결정 과정을 거쳐 공동체를 가능하도록 할 수 있는 사회적, 정치적 기교들(skills)을 배우는 것은 아니다. 조례나 원칙들과 마찬가지로, 이런 기교들 역시 문화적으로 주어진 것이다. 즉, 이런 기교는 어떤 구체적인 노력도 하지 않은 채 이미 그것을 물려받은 일군의 부모와 연장자들에 의해 소유되고 전수된다. 나의 첫 번째 공동체는 8세의 어린이들로 구성된 '영원한 사총사'라는 명칭의 소규모 집단이었으며, 약 10개월 동안 계속되었다. 이를 통해 나는 다음 결사를 더 잘 준비할 수 있었다. 결사와 이를 가능하도록 하는 능력을 존중하는 문화에서, 해체(breakup)는 환멸이라기보다는 오히려 자극제가 된다.

그렇다면, 무엇인가 근본적인 것이 우리의 공동체 생활에 주어지는 것이다. 우리는 어떤 목적을 위해 만나서 공동의 이해관심을 발견하고, 일련의 논변에 어느 정도 동의하며, 조직을 결성한다. 우리의 조직은 다른 모든 조직들과 매우 흡사하며, 그리고 바로 이 점 때문에 우리가 무엇을 하고 있는가를 알 수 있는 것이다. 그렇기 때문에 우리가 만든 공동체가 기존 집단들에 편입되는 것이다. 물론 이때 기존 집단들은 우리의 공동체가 장차 자신들의 경쟁자가 될지 우군이 될지 여부를 재빠르게 파악하거나, 혹은 이도 저도 아니어서 우리의 공동체에 대해 아무런 관심도 두지 않기도 한다. 우리는 관습적인 기대치들을 깨닫게 되는데, 이런 기대치들은 시민사회로 들어가는 우리의 여권이다. 그러나 그렇지 않고 우리가 몰래 만나서, 위장을 한 채, 암호로 의사소통을 하며, 공적인 목적을 전혀 인정하지 않으면서 대체로 표준과는 무관하게 행동한다면, 우리는 불안과 의혹을 야기하게 된다. 아마 우리는 공동체가 전혀 아닐 것이며, 비밀집단이나 음모를 꾸미는 집단 혹은 더 나쁜 어떤 집단이 되고 말 것이다.

심지어 공동체를 결성하는 근본적으로 새로운 형식조차도 과거의 형식들을 모방하기 쉽다. 가령 동성애자들의 결혼 방식은 현대 핵가족을 모방하고 있다. 핵가족의 정착된 모형은, 이 모형에서 성을 구분하는 관습적인 제약 사항을 폐기할 수 있다면 매우 유용한 것으로 드러나게 된다. (그러나 이런 '폐기'가 얼마나 어려운가를 잊지 말라.) 이와 어느 정도 유사한 방식으로, 의회를 폐지하고자 하는 사회운동 역시 부지불식간에 정당과 유사한 조직이 되고 있다. 종파들 역시 그 자체가, 자신들은 차별성을 갖춘 교회라고 항상 주장하지만, 기성 교회와 유사한 조직으로 변모하고 있다. (이런 종파들이 실제로 차별성이 있는 경우도 종종 있다.) 이런 상황을 한번 상상해보자. 즉, 사람들이 지금까지와는 전혀 다를 뿐만 아니라 아주 이상한 방식으로 함께 모여, 확인 가능한 어떤 신호도 보내지 않으면서, 아주 자유로운 형식의 공동체를 구성하는 경우를 상상해보자. 이런 사회는 심각한 불안과 끝없는 의심 때문에 도저히 지속될 수 없을 것이다. 또한 법률과는 아무 상관없이 오로지 두 배우자에 의해서 고안된 결혼을 상상해보자. 어떤 종류의 표준적인 모형도 없고, 배우자를 결속시켜주는 어떤 의식도 없으며(이것은 오늘날 미국에서는 매우 흔한 일이다), 시가나 처가의 부모형제, 심지어 자녀들에 대해서조차 아무런 책임도 없는 결혼을 상상해보자. 배우자들은 당연히 자유롭고 '평등'할 테지만, 그들이 '결혼'을 했다고 하기는 힘들 것이다. 이때 결혼이라는 관행의 핵심은 완전히 사라지고 말 것이다. 우리는 사회적 기대치와 개인적 책임들을 안정화하는 어떤 다른 관행을 고안할 수밖에 없을 것이다. 자유 선택은 오직 문화적 기반의 제반 한계 내에서만 작동할 수 있다.

(3) 자발적 공동체에 대한 세 번째 제약 사항은 그 성격상 정치적이다. 출생과 거주를 통해 우리는 정치 공동체의 구성원이 된다. 성원권은 시대와 장소에 따라 다른 의미를 지니며, 일부 개인들의 경우(가령 새로운 국가로 간 해외 이주민), 성원권은 심사숙고를 통해 선택하는 문제가 될 수도 있다. 그러나 이것이 대부분의 사람들에게 해당되는 것은 아니다. 자유주의적 동의 이론에 대한 표준적인 비판은, 정치적 생활에 대한 다음과 같은 참으로 소박한 사실에 기초하고 있다. 즉, 이런 비판은 (참으로 불행한 경우가 아니라면) 우리가 시민으로 태어나며, 시민권에 동의하라는 초대를 받는 경우가 거의 없다는 사실에 기초하고 있는 것이다. 이런 비판에 대한 표준적인 대응은 (내가 25년 전 시민권과 의무에

대한 글에서 그렇게 했던 것처럼6) 일종의 암묵적 동의 이론에 호소하는 것이다. 이런 대답을 뒷받침하는 훌륭한 논거들이 있으나, 이 점은 현재의 논의에서는 문제의 핵심을 건드리지 못하고 있다. 여기서 핵심이란 정치 공동체는 어떤 중요한 의미에서 일종의 노동조합(a union shop)이라는 점이다. 만일 당신이 여기에 있다면, 그리고 당신이 여기에 계속해 머문다면, 당신은 그 기획 과정에 전혀 참여하지 않은 제반 제도와 질서에 편입되는 것이다.

경제 영역에 실제로 존재하는 조합들은 이와 동일한 방식으로 작동하며, 나에게는 유사한 방식으로 정당화되는 것처럼 보인다.7) 자치는, 정치 민주주의 형태를 취하건 산업 민주주의 형태를 취하건, 오직 모든 거주자/노동자가 시민일 때에만 가능하다. 그들은 투표할 것인지 말 것인지, 이런저런 정당이나 운동에 합류할 것인지 말 것인지, 정당의 간부회의나 당내의 계파를 결성할 것인지 말 것인지, 혹은 정치활동을 전적으로 회피할 것인지를 결정할 수 있다. 그러나 만일 이렇게 할 수 있는 그들의 권리가 부정당한다면, 혹은 스스로 이런 권리를 부정한다면, 민주주의는 일부 사람들에 의한 나머지 사람들에 대한 지배로 대체된다. 여하튼 대부분의 시기에는 소수에 의한 다수의 지배가 있을 수 있을 것이다. 그러나 예컨대 시민 조직을 통한 투쟁, 대중 동원, 급진적인 폭동, 선거 혁명 등 시민들의 적극적인 실천 가능성은 많은 기간 적어도 통치자에 대한 일정한 제약을 부과할 것이며, 이것은 또한 시민들이 특별한

---

6) M. Walzer, *Obligations: Essays on Disobedience, War, and Citizenship* (Cambridge, MA: Harvard University Press, 1970), 특히 다섯 번째 논문 참조. A. John Simmons, *Moral Principles and Political Obligation*(Princeton: Princeton University Press, 1979) 참조.

7) 적어도 노동조합들은 와그너 법에서 제시된 것과 같은 민주적 조건들에 종속된다는 점은 정당화된다. 와그너 법에서는, 노동조합에 대한 폐쇄가 강제당하지 않은 다수의 노동자들에 의해 동의된다. Irving Bernstein, *A Theory of the American Worker, 1933-1941: Turbulent Years*(Boston: Houghton Mifflin, 1970), pp.327-328 참조.
노동조합에 대한 이론적 옹호에 대해서는 다음을 참조. Stuart White, "Trade Unionism in a Liberal State", in Amy Gutmann ed., *Freedom of Association* (Princeton: Princeton University Press, 1988), ch. 12.

조치를 취하지 않으면서도 자신을 보존할 수 있는 가능성이기도 한 것이다. (물론 경우에 따라서는 시민들이 특별한 조치를 취해야만 한다는 점도 분명하다.) 그러나 시민들이 할 수 없는 것이 한 가지 있다. 즉, 시민들이 여기서 살거나 노동하면서 동시에 시민권의 제반 권리와 부담들(세금과 조합비 등)을 거부할 수는 없는 것이다.8)

가입을 강제하는 국가 혹은 조합에 대한 성원권은 새로운 종류의 선택과 결정을 할 수 있는 길을 연다. 이런 선택과 결정에는 적극적인 시민 혹은 조합 활동가가 될 것인가에 대한 결정도 포함된다. 강제적 성원권이 적극적인 활동(activism)의 선결 조건이 아닌 것은 명백하다. 왜냐하면 시민이 아닌 자들이나 조합이 없는 노동자들 역시 종종 정치적 참정권을 요구하거나 조합을 인정받기 위해 결사를 할 수 있기 때문이다. 그러나 여기서 명심할 점은, 참정권과 인정 확보 투쟁은 투사들이 오로지 자신들의 힘으로만 쟁취하고자 한다면 결코 쟁취할 수 없는 전투라는 점이다. 승리는 소극적인 사람들의 지지를 얻게 되며, 또한 그들에게 새로운 기회와 책임을 제공한다. 이런 소극적인 사람들을 두고 이렇게 제공된 새로운 기회와 책무에 대한 자원자라고 말하는 것은 설득력이 없다. 그러나 만일 그들이 이런 기회와 책무를 자원하기로 선택한다면, 이제 그들은 과거 활용할 수 있던 어떤 것보다도 더욱 광범위하게 효력을 발휘하는 제반 활동과 조직을 자발적으로 맡을 수 있다. 오직 이렇게 되었을 때만 완숙한 민주정치가 가능하며, 완숙한 민주정치를 가능하도록 하는 것은 모든 시민의 가입을 강제하는 성원권이다.

(4) 공동체에 대한 네 번째 제약 사항은 그 성격상 도덕적이며, 일부에서는 이런 제약 사항이 실제로는 전혀 제약이 되지 못한다고 생각할 것이다. 이 제한을 위반하는 자들은 단순히 훈계를 듣거나 비난을 받을

---

8) 여기서 한 가지 구분을 하자. 즉, 많은 정치 공동체에서는 영원히 외국인으로 거주하는 것이 가능하다. 그러나 이것 역시 제반 권리와 책무를 동반하는 고정된 지위다. 다른 곳에서 내가 이미 주장한 것처럼, 개인이 외국인 자격과 시민권 중에서 선택하도록 허용하는 것도 생각해볼 수 있을 것이다. 그러나 그 개인이 이와 동반된 제반 권리와 책무를 선택할 수는 없다. M. Walzer, "Political Alienation and Military Service", *Obligations*, ch. 5 참조.

뿐이다. 만일 도덕이 사회화 과정의 한 특징이 아니라면, 혹은 도덕이 문화적 규범으로 성문화되지 않는다면, 혹은 도덕이 국가 공무원에 의해 법적으로 강제되지도 않는다면, 도덕은 현실에서 아무 영향력도 갖지 못하는 것처럼 보인다. 그러나 이것은 잘못이다. 도덕은 위에서 제시한 세 가지 제약 사항 각각에 실제로 함축되어 있다. 다만 도덕은 이들과 분리되어 있는 것처럼 체험될 뿐이다. 개인들이 사회, 문화, 정치의 피조물로서 뿐 아니라, 옳은 일을 하고자 하는 그야말로 순진한 개인으로서 접하게 되는 것이 바로 이런 제약 사항이다. 개인들은 제약 사항의 내면적 소리를 듣는다. 즉, 이런 제약 사항은 개인들에게 그들이 (아직까지) 선택하지 않았으며 따라서 하고자 하지도 않는 이런저런 일을 해야만 한다고 말한다. 여기서 나의 목적상 가장 중요한 점은, 개인들이 이 공동체에 동참해야 하며, 사회적, 정치적 투쟁에 참여해야 한다는 점, 혹은 이 공동체를 포기하거나 이 투쟁으로부터 물러나서는 안 된다는 점을 내면의 소리를 통해 개인들이 듣게 된다는 점(혹은 그들 스스로 이렇게 말한다는 점)이다.

도덕적 제약 사항은 종종 탈퇴에 대한 제약 사항이며, 가장 흥미로운 점은 특히 비자발적 공동체로부터의 탈퇴에 대한 제약 사항이라는 점이다. 고전적 사례는 이민 갈 수 있는 권리에 대한 루소의 해명이다. 루소에 따르면, 공화국이 위험에 처하지 않았다면, 시민들은 언제든지 떠날 수 있다. 반면 곤경에 처해 있을 경우, 시민들은 남아서 자신의 동료 시민들을 도와야만 한다. (아마 억압받는 사회계급이나 소수 인종 혹은 종교의 성원들에 대해서도 똑같은 논변이 적용될 수 있겠지만, 여기서는 정치적인 경우만을 다룰 것이다.9)) 이런 구속이 이전의 정치 참여에서 비롯되는 것은 아니다. 설사 그들이 공민회에 간 일도, 투표 한 번 한 적도 전혀 없을 정도로 정치에 전혀 무관심한 시민이라고 할지라도 책무를 지게 된다. 루소의 주장에는 아무런 제한도 없다. 이 주장은 또한 전적으로 설득력이 있다. 아마 나는 공화국이 한때 호황을 누린 덕분에,

---

9) Jean-Jacques Rousseau, *The Social Contract*, Book III, ch. 18. 다음을 참조. M. Walzer, "The Obligations of Oppressed Minorities", *Obligations*, ch. 3.

혹은 동료 시민들의 활동으로부터, 혹은 공화국이 제공하는 교육을 통해, 혹은 시민이라는 훌륭한 명칭으로부터, 혹은 세계 내에서 안전한 거처를 가지고 있었다는 단순한 사실로부터 혜택을 받았을 것이다. 그리고 이제 내가 도망을 가서는 안 된다. 사실 내가 가방을 꾸릴 때 늘어놓는 여러 가지 변명, 즉 내가 날조한 긴급한 이유들을 통해, 설령 내가 이 제약 사항을 존중하지는 않을지라도, 이를 인정할 개연성은 매우 높다.

그러나 지금 현재 있는 곳에 단순히 그냥 남아 있는 것이 이런 경우 내가 해야 할 일의 전부가 아닐 수도 있다 이와 관련해 유익한 사례를 유대인 종교법에서 찾아볼 수 있다. 카할(kahal: 중세의 (준)자율적 공동체)의 구성원들은 도덕적, 종교적 범죄에 저항할 의무를 지니고 있었다. 그들은 자유롭게 공동체를 떠나 자신들에게 더욱 편리한 관행을 가지고 있는 공동체를 찾아 나설 수 있었다. 그러나 이것은 현재 자신이 속한 그 공동체 내부에서 기존 관행에 대해 공개적으로 저항하고 변화시키고자 하는 노력을 하기 전에는 불가능했다.10) 내가 생각할 때, 이 사례는 현대 민주국가 시민들에게도 똑같이 적용된다. 만일 국가가 외부로부터 공격을 받는다면, 우리는 당연히 군인이 되어 적들에 맞서 싸워야 할 의무를 지니게 될 것이다. (이 점과 관련해 매우 난해한 논변들이 있다.) 만일 국가의 가치관이 내부로부터 공격을 받는다면, 그 가치관을 수호하고자 하는 당이나 운동 혹은 캠페인에 동참할 수밖에 없을 것이다. 엄격히 말해 이런 행동은, 만일 우리가 자유롭게 다른 방식으로 행동할 수 있는 한, 자발적인 행위들일 것이다. (떠나는 것이 하나의 선택지가 될 수 있는 한, 계속 남아 있는 것 역시 자발적인 행위다.) 하지만 이렇게 행동할 때, 우리는 우리가 어떤 제약 사항 하에서 행위하고 있다고 느낄 것이다. 우리는 우리의 의무를 하고 있는 것이다. 우리의 행위는 '강요된 자유'에 대한 루소의 유명한 서술과 일치하지는 않는다. 심지어 우리는 도덕조차도 강요받지 않는다. '옳은 일을 하도록 강요하는' 상당한

---

10) 책임의 근본적 원칙은 바빌로니아어판 탈무드에서 처음으로 확립된다. Tractate Shabbat, 54b.

정도의 사회적 압력이 있을 수도 있으나, 우리는 우리 자신이 양심에 따라 행동하는 것으로 생각하며, 이것은 자유로우면서 동시에 자유롭지 못한 행위 양식이다. 왜냐하면 우리가 양심에 따라 해야 하는 옳은 것을 결정하지도 않았으며 또한 선택하지도 않았기 때문이다. 또한 우리의 암묵적 합의(이곳에서 우리가 거주하고 있다는 사실, 나날의 사회적 활동에 우리가 참여하고 있다는 사실)가 이런 급진적인 귀결을 가질 수 있다는 점에 대해 우리가 충분히 알고 있지 못하기 때문이다. 단순히 다른 사람들과 함께 살고 있다는 점 바로 이것이 도덕적 연대성(engagement)인 것이다. 이것은 우리를 예기치 못한 방식으로 결속시킨다.

물론 이런 굴레를 혁파해야 할 때가 있다. 이때 비자발적 공동체는 자발적 공동체와 다를 바가 전혀 없다. 경우에 따라서는 가령 몇 년 전 우리가 동참했던 집단에서 이탈하여 그 집단의 책임 있는 자리를 사임하고 우리의 동료 구성원들과 결별을 해야만 한다. 왜냐하면 그 집단이 우리가 헌신하고 있던 목적에 이제는 더 이상 기여하지 않거나 혹은 우리가 반대하는 목적에 기여하고 있기 때문이다. 이런 경우는 우리가 자발적으로 동참하지는 않았으나 처음부터 그 집단의 구성원이었던 집단에도 똑같이 적용된다. 그러나 이때, 두 집단에 의존하고 있는 강도나 그 내부에서 가능한 한 저항하거나 항거할 수 있는 강도에는 차이가 있다. 나는 아마 비자발적인 공동체들의 경우 훨씬 강력한 책무들이 존재한다고 생각한다. 이것은 끔찍한 잘못을 저지르고 있는 배우자보다는 그런 잘못을 저지르고 있는 부모, 자녀 혹은 형제를 설득하기 위해 더 큰 인내심으로 더 오랫동안 이야기할 수밖에 없는 것과 똑같은 이치다. 경우에 따라서 우리는 배우자와는 이혼을 할 수도 있다. 반면 부모나 자녀 혹은 형제들과 결별하는 것은 훨씬 어렵다.

III.

이제 비자발적 공동체에 대한 이런 해명을 현실성 있는 사회학적 설명이라고 가정해보자. 이것은 정치 이론 혹은 도덕 이론에 대해 어떤 귀결을 갖는가? 내가 방금 전에 주장한 것처럼 책무들이 귀결되지만 이것은 이런 사회학적 설명의 일부다. 책무들은 주어진 세계에 대한 도덕적 사실들일 뿐이다. 이렇게 주어진 것들에 대해 도전하는 것이 자유주의적 자율성의 목적인가? '만일 자유롭게 선택할 수 있는 능력이 있었다면 그래도 우리가 이런 공동체들을 선택했겠는가?'라는 질문을 제기함으로써, 우리는 출생과 사회화의 결과로써 이미 우리가 속해 있는 공동체들을 비판하고자 하는가? '합리적이며 자율적인 행위자들이라면 무엇을 하고자 하는가'에 대하여 우리가 자문을 해보아야 할 필요가 있는가? 이것은 어려운 질문이다. 왜냐하면 합리적이며 자율적인 행위자라면 역사의 여명기 이래 현존했던 인간들이 해왔던 대부분의 일들을 하고자 하지는 않을 것이라는 점은 분명해 보이기 때문이다. 그렇다면 비판의 출발점은 어디가 되어야 하는가? 문화적, 정치적 교육을 받으며 실존하고 있는 대부분의 인간들은 그들에게 이미 주어져 있는 것들 중에서 '선택할' 것이다. 심지어 반역자들이나 혁명가들조차도 주어진 세계의 아주 일부에 대해서만 반대하게 될 것이다. 상상 속에 존재하는 자유롭고 평등한 행위자들이라면 결코 선택하지 않을 모든 것에 대해 현실의 인간들이 반드시 반대해야만 하는가?

결국 주어진 세계는 적어도 그 일부 구성원에 대해서는 거의 항상 억압적이다. 만일 이상적 자유, 완벽한 자율성의 기준에 대한 준거가 전혀 없다면, 이런 억압을 우리 이외의 다른 구성원들도 인정하겠는가? 허위의식에 관한 과거의 논변은 실제로는 비자발적 공동체의 도덕 인식론에 대한 논변이다. 이것은 내가 열거한, 즉 우리가 이미 귀속되어 있는 네 가지 길(가족, 문화, 국가, 도덕적 관계)이 모두 지적인 예속으로 나아간다는 주장이다. 또한 이런 공동체들로부터 벗어나 오로지 자기 방식으로 할 때에만 이 예속에서 벗어날 수 있다는 것이다. 혹은 우리는 우리자신이 공동체로부터 벗어나 자기 방식대로 하고 있다고 상상하며, 따라서 우리가 실제로 하고 있는 것에 대해 비판적 태도를 취할 수 있다고 상상한다.

나는 이런 상상의 가치를 부정하고 싶지는 않으며 다만 다른 가치들을 마찬가지로 강조하는 것일 뿐이다. 비자발적 공동체들은 항상 억압과 저항의 여지를 안고 있으며, 사람들에게 그 공동체를 완전히 떠나기 보다는 그 공간 안에 있어야 하는 이유들을 제공한다. 이런 이유들로는 특정 민족에 대한 충성심, (그 민족과 함께 있을 때 느끼는) 편안함, 전래된 풍부한 전통, 세대적 지속성에 대한 기대 등이 포함된다. 특정 공동체 내에서 활동하겠다는 선택을 하는 사람들이 반드시 허위의식의 희생자인 것은 아니다. 또한 외부에서 비판하는 자들은 이들이 선택의 이유들을 이해하고 있다는 점을 명심해야만 한다. 충분한 정보에 기초하여 현실적인 도덕사회학이 품격 있는 사회 비평의 필수적인 선결 요건인 것이다.

이런 종류의 사회학적 이해에 깊은 관심을 가지고 있는 비평가들의 '외재적인' 비평 사례들이 많지는 않다. 나는 여기서 미국의 여성주의 정치학자인 허쉬만(Nancy Hirschmann)이 제시한 한 가지 사례만 인용하겠다. 허쉬만은 이슬람교 문화권 '내부'에 살고 있는 사람들과 '외부'에 살고 있는 사람들에 대한 해명에 기초하여 베일로 얼굴을 가리는 관행[차도르]의 매우 세세한 부분에 이르기까지 훌륭하게 분석하고 있다.11) 허쉬만은, 비록 이 베일이 처음부터 그리고 지금도 여전히 그 베일을 한 여성의 종속을 나타내는 것이기는 하지만, 어떻게 이 베일이 독립의 선언이자 저항의 상징이 될 수 있는가에 대해 서술하고 있다. 역사적으로 존재했던 결혼 형식들과 마찬가지로, 베일은 이를테면 무로부터 선택하는 자유로운 여성들에 의해 선택된 것이 결코 아닌 전래된 관행이다. 그러나 무로부터 선택되는 것은 전혀 있을 수 없다. 즉, 절대적인 출발은 결코 있을 수 없는 것이다. 현대세계에서 이슬람교 여성들을 위한 가장 중요한 대안적인 선택은, 내가 볼 때 서구 자유주의다. (만일 그들에게 말할 기회가 있다면 나는 분명 서구 자유주의를 옹호할 것이다.) 그러나 그들이 자신들을 서구 자유주의자로 인정하지 않을 수도 있으며, 만일 그들이 무로부터 선택한다면, 그들이 선택하지 않을 수 있는

---

11) Nancy J. Hirschmann, "Eastern Veiling, Western Freedom?", *The Review of Politics*, vol. 59, no. 3(Summer 1997), pp.461-488.

여러 가지 자유주의적 관행들(성과 관련된 관행들 혹은 다른 유형의 관행들)이 있다. 따라서 그들은 종종 베일의 관행 및 이 관행이 대변하고 있는 종속에 대해서 뿐만 아니라 서구의 '문화적 제국주의' 양자 모두에 대해서 동시에 투쟁한다. 또한 베일을 항상 하는 것 혹은 베일을 개량하는 것, 아니면 어쩌다 한 번씩 베일을 하는 것도 이러한 투쟁 과정에서는 당연히 중요한 선택이 될 수 있을 것이며, 이러한 투쟁은 여성들이 선택하지 않은 의미들의 세계에서 불가피하게 나타난다.

이 사례에서와 마찬가지로, 다른 많은 사례들에서도, 비자발적 공동체 내부의 불평등과 종속에 저항하는 투쟁은 개인적 도피를 통해서는 결코 승리를 쟁취할 수 없다. (물론 이렇게 도피를 노리는 개인들에게 도피할 수 있는 방법이 전혀 없는 것은 아니다.) 마찬가지로 대규모 사회 내에서의 경제적, 종교적, 인종적 불평등에 반대하는 투쟁 역시 계급이나 신념 공동체, 혹은 인종을 철폐한다고 해서 승리를 쟁취할 수는 없다. 계급 없는 사회에 대한 마르크스주의의 이상이 종종 종교와 인종에까지 일반화되고 있다. 사실 마르크스주의의 이상은 심지어 경제에 대해서조차도 올바른 이상이라고 할 수 없다. 평범한 노동자들에게는 계급 없는 사회에 대한 이데올로기적 신념보다도 노동계급의 임금, 노동조건, 정치적 영향력, 사회적 지위를 집단적으로 개선하는 것이 더 유익할 것이다. 그리고 이런 이유에서 볼 때 계급 구성원들의 연대에 기반한 책무들은 다른 계급으로 이동할 수 있는 그들의 권리보다 당연히 더 중요할 수 있다. '주어진' 모든 집단에 대해 이와 동일한 논변이 적용될 수 있다는 것은 더욱 명백하다. 즉, 집단의 인정과 그 권한 강화에 대한 요구가 철폐론자들의 요구보다 우선하며, 또한 이런 우선성을 갖게 되는 데에는 훌륭한 도덕적, 심리학적 이유들이 있다.

내가 이미 주장한 것처럼, 일반적으로 구성원 개인들은 자신들이 스스로 자유롭게 떠날 수 있다고 생각하지는 않으며, 그와 꼭 마찬가지로 그 집단이 해체되어 대규모 사회로 병합되는 것도 원하지 않는다. 그들은 평등을 위해 전통을 철폐하기보다는 더 나은 상황, 즉 더욱 평등한 배경적 조건에서 자신들이 소중히 여기는 전통을 고수하고자 한다. 또한 그들은 '자유롭게' 고유한 정체성을 형성하라는 요구를 받은 그들의 자녀들이 전통으로부터 이탈하는 것을 원하지도 않는다('자유롭게'라는 말이 마치 어린이가 가족이나 문화 혹은 국가와는 전혀 무관하게 어떤 신비스러운 지점인 무로부터 출발하는 것처럼 생각될 수도 있겠지만). 부모들은 개인적 차이뿐만 아니라 집단적 차이와도 양립 가능한 형태의 자유와 평등을 목표로 한다. 또한 이것은 오늘날 소위 '정체성의 정치'의 정당한 목표다. (물론 정당하지 못한 목표들도 있다.) 이것은 어빙 페처(Irving Fetcher)가 말하는 "인간 자신의 주거권(das recht man selbst zu bleiben)", 즉 (가령 20세기 초반 미국에서 국가가 이주민들을 '미국화시키려는' 노력들을 지원한 것처럼) 정치적 보편주의라는 미명하에서 벌어지고 있는 동화운동에 반대하는 권리로부터 귀결되는 것이다.12) 이 권리에 대한 옹호는 현대의 제반 사회적 갈등에서 중요한 역할을 하는데, 현대의 사회적 갈등에서 초점은 종종 비자발적 공동체 구성원들의 인정 요구다.

IV.

우리가 비자발적인 굴레들이 전혀 없는 개인들, 즉 계급, 종교, 인종, 성에 의해 전혀 얽매여 있지 않으면서 완벽하게 자유로운 개인들을 정말로 상상할 수 있는가? 이런 사고 실험은 현재 특별히 유익하다. 요즈음 포스트모던 이론가들은 '스스로 유행을 창조하는 것', 즉 절대적인 출발점이나 사회적 진공 상태로부터라기보다는, 우리가 듣기로는, 관습적인 사회적 형식들이 몰락하는 와중에서 진행되는 기획(enterprise)에 대해 흥분에 사로잡혀 글을 쓰고 있다. 나는 스스로 유행을 창조하는 개인들의 사회를 서술하려는 노력이 필연적으로 자기파멸적인 것이 아닌가 하는 생각이 든다. 그러나 어디서부터 이 파멸이 비롯되는지 그리고 이 파멸이 얼마나 결정적인지에 대해 정확히 알아보는 일은 흥미로운 일일 것이다. 이제 프랑스 심리학자 크리스테바(Julia Kristeva)가 묘사

---

12) Irving Fetcher, *Arbeit und Spiel*(Stuttgart, 1983), pp.146-165.

한 부류의 사람들을 그려보자. 이런 사람들은 "운명보다는 총명함으로" 자신들의 정체성과 성원권을 결정한다.13) 이들은 자신의 인생 계획에 대해 스스로 결정하며, 자신의 동료들뿐만 아니라 공동체의 형식까지 선택하며, 모든 표준적인 사회적 유형에 대해 의문을 제기하며, 자신들에게 스스로 부과하지 않은 어떤 유대도 인정하지 않는다. 그들은 자신들의 인생을 순전히 개인적인 기획이 되도록 한다. 즉, 그들은 자아의 기업가들이다.

의심의 여지없이, 이런 자아의 창출은, 가령 이를 옹호하는 미국의 정치학자 중 하나인 케이텝(George Kateb)이 인정하듯이, "불확실하며, 위험하고, 험난하다."14) 그러나 이런 기획을 가지고 있는 사람들은 이 기획을 어릴 때부터 시작하며, 시간이 흐르면서 이런 기획의 난점들에 익숙해진다. 아마 그들의 부모들은(다시 태어난 기독교 신자들이 그렇듯이, 스스로를 창조하는 인간들도 부모는 있다) 그들이 할 수밖에 없는 선택들을 위해 그들을 준비시킬 것이다. 우리는 지금 단순히 임의적인 집합이 아니라 이와 같은 사람들의 사회를 상상하고 있다는 점을 명심하자. 이와 같은 사회에서 젊은이들은 어떤 방법으로 교육받겠는가? 유약하고 의존적인 어린이들을 자유로운 개인들로 탈바꿈시키는 과정에서 정확히 어떤 일들이 개입하게 되는가?

나는 어린이들이 개인성의 가치에 대해, 즉 자율성 및 인격적 완전성(integrity)의 의미, 자유로운 선택의 기쁨, 인간관계 및 정치 참여의 위험 감수에서 오는 희열 등에 대해 교육받을 것이라고 생각한다. 그러나 이런 교훈은 "자유롭게 선택하라", "너 자신의 것을 하라"와 같은 명령만으로는 전달될 수가 없다. 아마 이런 교훈은 이야기와 같은 형식을 통해 가장 잘 전달될 것이며, 따라서 어린이들은 또한 다음과 같은 감동적인 이야기들을 듣게 될 것이다. 즉, 공동체주의적인 혹은 종교적인 맹렬

---

13) Julia Kristeva, *Nations Without Nationalism*, trans. Leon Roudiez(New York: Columbia University Press, 1993), p.35.

14) George Kateb, "Notes on Pluralism", *Social Research*, vol. 61, no. 2 (Summer 1994), p.TK.

한 반대에 저항하면서 어떻게 자유로운 개인들이 창출되었는지, 과거의 매우 원시적이며 유기체적이거나 혹은 포악한 사회 체제를 어떻게 모면 혹은 철폐할 수 있었는지에 대한 감동적인 이야기를 듣게 될 것이다. 우리는 또한 이런 이야기에 연원을 둔 축하 행사들이 성대하게 거행될 것이며 또한 비자발적 공동체에 저항한 투쟁을 기념하는 법률을 통해 매년 확인될 것이라고 가정할 수밖에 없다. 이것은 정서에 대한 훈련이다. 그러나 정신은 자유를 위해 준비되어 있어야만 하기 때문에, 아마 학생들은 자유로운 개인성을 설명하고 옹호하는 기본적인 교재들을 학습하도록 요구받게 될 것이며, 또한 자유주의적인 개인들이 저술한 고전적인 소설과 시를 읽도록 요구받게 될 것이다.

내가 볼 때, 이런 것들은 모두 필수적인 것처럼 보인다. 우리는 어린이들을 마치 들판의 야생마처럼 자유롭게 풀어줌으로써, 불확실하며 위험하며 험난한 삶은 말할 것도 없지만, 어떤 종류의 사회에 대해서도 어린이들을 전혀 준비시키지 않는다. 다른 한편, 우리에 갇힌 말의 모습은 비자발적 공동체 그 자체를 보여주는바, 이런 모습은 설사 학교가 자유에 헌신하고 있다 할지라도 바로 학교의 본질적인 모습이다. 그러나 학교교육이 필수적이라면 (그리고 필연적으로 강제적이라면) 결코 그 성공을 확신할 수 없다. 그들의 독특한 개인성을 표현할 수 있는 길을 찾는 것은 대부분의 어린이들에게는 긴장이 될 개연성이 높다. 사실 이런 어린이들은 자신들을 순응시킬 수 있는 관습적인 유형을 애타게 바랄 것이다. 그러나 원칙상으로, 그들에게 주어질 수 있는 것이라고는 개인의 인생 계획처럼 보이는 것에 대한 일반적인 해명 그 이상은 전혀 없다. 즉, 그들은 무엇이 바로 자기 자신의 인생 계획이 되어야 하는가에 대해서는 듣지 못한다. 이제 그들은 자신의 길을 어떻게 선택하게 되는가? 유행을 좇아 아주 심각한 괴벽에 휩쓸리는 일군의 성인들을 상상해보자. 상상해보건대, 그들은 엄청나게 다양한 공동체들에 들어갔다 나왔다 할 것이다. 그러나 그들 부모와 교사들이 기울인 온갖 노력 때문에 결국에는 그들이 헌신적인 유대인이나 가톨릭 신자들 혹은 강한 정체성을 가지고 있는 불가리아 사람들이나 한국인들에 비해 훨씬 더 분화되고 개인화되겠는가? 과연 그들은 대음과 같은 동료들에 대해, 즉 이미 이루어진 것은 하지 않겠다는 선택을 하는 동료들, 혼자 힘으로 스스로 자아를 창출하지는 않겠다는 선택을 하는 동료들, 모욕을 당한 친구들에게 "나는 우리 부모님의 인생 계획을 그대로 따라할 작정이야"라고 말하는 동료들에 대해 조금이라도 더 관용적인 태도를 취하겠는가?

물론 엄청난 수의 어린이들이 이런 식으로 저항하지는 않을 것이며, 따라서 시간이 흐르면서 그들은 "독립적인 심성을 가진 사람들"이 될 것이다. (이것은 미국의 사회비평가 로젠버그(Harold Rosenberg)가 1940년대와 1950년대 서구 지식인들을 묘사하며 사용한 표현이다.15)) 그들은 자신들이 증진시킬 수 있었던 여러 차이들을 그 차이들이 무엇이건 자랑스럽게 여길 것이며, 또한 자신들과 같은 타인들로 구성된 사회 내에서 편안함을 느낄 것이다. 그리고 그들은 이런 사회의 정치에 자발적으로 참여할 것이다. 그러나 만일 모든 사람이 견해를 달리하고자 하거나 국외자가 되고자 한다면 (혹은 그런 것처럼 보이고자 한다면) 도대체 정치가 어떤 식으로 이루어질 것인가에 대해 나는 전혀 확신할 수 없다. 어떤 경우이건, 분명 그들은 내외의 제반 위협, 특히 특정 집단만이 헌신하고 있는 입장이나 공통의 정체성을 주창하는 이들로부터 비롯되는 위협에 맞서 자신들의 견해 차이를 보장하는 체제를 옹호해야 할 의무가 있다고 느낄 것이다. 개인들은 자유롭게 떠날 수 있을 것이다. 그러나 개인성 자체가 공격을 받을 때는 자유롭게 떠날 수 없을 것이다.

내가 생각하건대, 이런 가설적 해명은 다음과 같은 점을 시사하고 있다. 즉, 사회화 과정과 개인성의 문화가 없다면, 그리고 그 시민들로부터 지지를 받으면서 사회화 과정과 개인성의 문화를 뒷받침하는 정치체제가 존재하지 않는다면, 자유로운 개인들의 사회란 있을 수 없을 것이라는 점이다. 다른 말로 하자면, 자유로운 개인들의 사회는 그 성원들 대부분에 대해서 비자발적인 공동체가 될 것이라는 점이다. 다른 여러 사회에 존재하는 사회적, 문화적, 정치적, 도덕적인 모든 연고들은 자유

---

15) Harold Rosenberg, *The Tradition of the New*(New York: Horizon Press, 1959), Part 4의 제목.

로운 사회에서도 역시 존재할 것이며, 이런 연고들은 일치와 간헐적인 반란을 산출하며 각양각색의 효과들을 동일하게 갖게 될 것이다. 그러나 이런 연고들의 존재 및 정당성은 이런 종류의 사회에 살고 있는 사람들 (혹은 살고 있다고 생각하는 사람들) 특히 그중에서도 일치론자들(conformists)에 의해 부정당할 가능성이 매우 높다. 그리고 이런 부정은 위험하며, 비자발적 공동체에 대한 도덕적, 사회학적 분석을 더 어렵게 만든다. 우리가 다음과 같은 점에 대해 논증을 할 수는 없을 것이다. 즉, 이런 연고들이 지나치게 견고한가 아니면 지나치게 느슨한가? 혹은 이런 연고들은 공식적인 지원, 법률적 규제, 사적인 지지, 적극적인 반대, 가벼운 무시 중 어느 것을 요구하는가? 우리는 비자발적 공동체들에 의해 산출된 불평등의 제반 형식을 이해할 수 없거나 혹은 그런 공동체 내에서 진행되고 있는 투쟁을 판단할 수 없을 것이다. (혹은 이런 투쟁에 기여하는 방향으로 참여조차 할 수 없을 것이다.) 우리는 정체성 정치의 긴장들을 인정할 수 없거나 혹은 '인정'을 위한 합당한 요구와 부당한 요구를 구별할 수도 없을 것이다. 또한 이런 모든 것들이 중요하다. 왜냐하면 비자발적 공동체의 특성은 어떤 방법으로도 결코 완벽하게 결정되어 있지 않기 때문이다. 기껏해야 그 특성은 정치적으로 (부분적으로) 수정될 수 있을 뿐이다. 그러나 우리가 이런 특성을 인정하기 전에는 수정조차 할 수 없다. 만일 완벽하게 자율적인 개인들 이외에는 아무도 전혀 존재하지 않는 곳이라면, 제약 사항과 자유, 종속과 평등에 대한 정치적 결정들은 설득력 있는 목적을 아예 갖지 못하고 말 것이다.

또한 선택되지 않은 모든 구조, 유형, 제도 및 집단화에 대해 중대한 결정을 내릴 수밖에 없는 것이 사실이다. 비자발적 공동체의 성격과 성질은 중요한 점에서 자발적 공동체의 성격과 성질에 영향을 미친다. 비자발적인 것은 역사적으로 또한 개인사적으로 선행하며, 따라서 자유롭고 평등한 사회적 삶뿐만 아니라 부자유하고 불평등한 사회적 삶에 이르기까지 모든 사회적 삶의 불가피한 배경이다. 이혼, 개종, 은퇴, 반대, 사임 등을 통해 우리가 탈출할 수 있는 상황에 있을 때 우리는 자유롭다. 우리가 비자발적 공동체 내에서의 사회적 변화를 모색하고 나아가 이런 비자발적 공동체 내의 지위를 재조정할 수 있는 길을 개척할 때 우리는 평등으로 나아간다. 그러나 대규모 탈출은 전적으로 불가능하며, 신분을 어떤 방식으로 재조정하더라도 결코 신분 자체를 철폐할 수는 없다. 우리는 선택되지 않은 채 이미 주어진 배경들을 장차 선택할 대상으로 완벽하게 전환시켜 장차 개인이 스스로 결정할 문제로 만들 수는 없다. 내가 볼 때 다음과 같은 핵심적 요지는 이미 분명하지만 이를 좀 더 명료히 언급해둘 만한 가치는 여전히 있다. 즉, 자유 선택은 비자발적 공동체에 대한 체험 및 그 체험에 대한 이해에 의존하며, 또한 평등주의 정치 역시 마찬가지다. 만일 이런 체험과 그 체험에 대한 이해가 없다면, 자유의 불확실성을 충분히 감당할 만한 힘을 지닌 강력한 개인이란 결코 존재할 수 없을 것이다. 그뿐만 아니라, 선택할 수 있는 명료하고 정합적인 대안 역시 전혀 없을 것이다. 그뿐만 아니라 자유로운 선택을 가로막는 적들을 막아줄 수 있는 정치적 보호 장치 역시 전혀 없을 것이며, 자발적 공동체를 가능하도록 하는 최소한의 신뢰조차 존재할 수 없을 것이다. 또한 구체적인 정체성과 특정한 충성심을 가진 사람들, 즉 동지와 그들의 헌신을 포괄하는 평등을 지향하는 투쟁은 있을 수 없을 것이다. 이것은 현실주의적인 혹은 지속 가능한 평등주의가 있을 수 없다는 것을 의미한다.

그러나 우리는 사회적 배경을 변경함으로써, 즉 서로 다른 시대와 장소에서 무엇이 필수적인가에 대해 논쟁하면서, 공동체적 활동에 적극적으로 참여하도록 사람들을 고무할 수도 있고, 그 조건들을 균등하도록 할 수도 있다. 가령, 이런저런 방식으로 공립학교를 개선할 수 있으며, 교과과정을 변경시킬 수 있으며, 전국의 학교에 비슷한 기준들을 부과할 수 있으며, 학교에 대한 지역의 통제권을 확립할 수 있으며, 교사들의 급료와 권한을 향상시킬 수 있다. 우리는 모든 어린이가 이런 학교에 취학하도록 요구하거나 혹은 사립학교나 종교단체의 학교를 허용하면서 그에 대해 규제할 수도 있다. 사회화는 항상 강제적이지만, 그 성격과 제반 조건은 민주적 토론에 대해 개방적이며 따라서 개혁될 수 있다. 마찬가지로 우리는 진일보한 평등을 위하여 소득과 제반 기회를 개인들

뿐만 아니라 인종 집단이나 종교 집단들에 대해 재분배할 수도 있다. 우리는 결혼에 관한 법률을 개정하여 이혼을 더욱 쉽도록 할 수도 있고 어렵도록 할 수도 있으며, 가족 수당을 지급할 수도 있으며, 전쟁미망인과 방치된 어린이들을 위해 개입할 수도 있으며, 가족 내에서 그리고 가족 외부에서의 성 역할에 대한 우리의 입장을 바꿀 수도 있다. 우리는 일부다처제나 여성 할례와 같은 특수한 공동체의 의식 및 관행을 금지시킬 수 있다. 우리는 국내에 거주하고 있는 외국인들의 제반 권리와 책임에 대해 다시 생각해볼 수 있다. 우리는 병역을 지원병제로 할 수도 있고 징집병제로 할 수도 있으며, 남성이나 여성을 병역에서 면제시킬 수도 있다. 가족, 인종, 계급, 성의 제약 사항들을 다루는 것은 대체로 민주정치가 관여하는 바이다. 다시 말하지만, 비자발적 공동체를 철폐하는 것은 가능하지 않으며, 오히려 우리가 이런 비자발적인 공동체를 강화하고자 할 때가 실제로 있는 것이다. 왜냐하면 민주적 시민권은 비자발적 공동체가 빚어내는 정체성들 중의 하나이기 때문이다. 자발적인 것과 비자발적인 것 간의 오직 하나의 정확한 균형이란 존재하지 않으며, 우리는 시대의 요청들에 부응하기 위해 그 적정 비율에 대해 타협할 수밖에 없다.

현실에서 그 타협의 결과는 단순한 균형이라기보다는 두 가지 요인의 이중적 혼합이다. 필수적인 배경은 오직 부분적으로만 비자발적이다. 왜냐하면 다양한 비자발적 공동체들에 대한 성원권에서 탈퇴하는 것이 (항상 어렵기는 하겠지만) 가능하기 때문이다. 또한 우리의 모든 정당, 운동 단체, 조합처럼 선택의 대상이 되는 공동체들은 제한된 의미에서만 자발적이다. 즉, 이러한 공동체들은 바로 그런 종류의 선택들을 자유롭게 하도록 교육받은 결과 그런 선택을 할 수 있는 능력을 갖게 된 사람들의 자유 선택을 대변하는 것이기 때문이다. (이런 사람들 중 일부는 이런 선택을 아예 하지 않음으로써 자유를 입증해 보인다.) 교육과 이를 통한 능력 신장은 이런 자유가 지속적으로 구성되고 있다는 점을 보여준다. 교육을 통해 그리고 그 결과 신장된 능력을 통해 사람들은 종종 자유를 증진시킬 것이다. 경우에 따라서는 자유의 혜택들을 더욱 공정하게 배분할 것이다. 그러나 교육을 통해 능력이 신장된다 하더라도 완벽한 자율성은 결코 산출되지 않는다. 자율성은 어떤 경우이건 참으로 소중한 자발성(voluntarism)으로 남아 있을 것이다. 내가 볼 때, 우리는 이런 자발성을, 아무런 구분도 하지 않으면서, 그냥 자유라고 불러야 할 것이다. 이것이 바로 나나 여러분과 같은 사람들이 알 수 있는 유일한 자유다.

이 강연에서 내가 서술하고자 한 것은 개인의 자유가 공동 삶의 실체들에 의해 제약된다는 점이다. 또한 나의 의도는 이런 제약 사항들을 정당화하는 것, 자유가 무엇이며 자유가 어떻게 작동하는가에 대한 과장된 탈사회적 해명들에 대한 반대 논변을 제시하는 것, 집단 내에 존재하는 사람들에 주목하는 형태의 평등을 옹호하고자 하는 것이었다. 다음 강연에서는 개별적 집단들, 전통주의적 혹은 근본주의적 공동체에 대해 면밀히 살펴보고자 한다. 종종 이런 공동체의 성원들은 [각종 연고들에] 볼모가 되어 사로잡혀 있다. 나는 이런 공동체들이 자유민주주의에 대해 제기하는 주장들, 특히 무엇보다도 자녀들의 교육을 통제하여 상당 기간 동안 바로 자신들을 재생산하고자 하는 주장을 살펴볼 것이다. 아마 자유주의자들은 할 수만 있다면 이런 주장을 부정하려 할 것이다.

정원섭 옮김

제 **2** 강연

토론 정치와 그 한계

I.

'토의 민주주의(Deliberative Democracy)'는 독일의 의사소통 행위 및 이상적 담화(ideal speech) 이론의 미국판이다. '토의 민주주의'는 철학적 논의 전개와 정당화에 있어 더 낮은 차원에 머무르고 있다는 특색을 가지며— 이 점이 바로 그러한 더 낮은 차원에 살고 있는 나 같은 사람들로 하여금 토의 민주주의에 좀 더 쉽게 접근하게 해준다— 그 옹호자들은 독일 철학자들보다 더욱 기꺼이 공공 정책 및 제도 정비 문제들에 관심을 쏟는다. 그들의 관심은 인간적인 담론의 합리적으로 확정 가능한 전제적(前提的) 가정들보다는 규범적으로 통제된 정치적 주장들(arguments)의 실천적 조직과 가능한 결과들에 집중되어 있다. 전제적 가정들은 그것들의 철학적 입지에 대한 어떠한 정교한 논증도 없이 단순히 전제되어 있다.

하지만 토의 민주주의는 명백히 정치에 관한 이론이며, 그것은 미국 자유주의의 흥미로운 발전을, 즉 권리 담론에서 결정(decision) 담론으로의 발전을 대표하고 있다. 물론 결정 담론은— 나중에 나의 논증이 보여주듯이— 법정에 대한 일정한 편향성은 그대로 유지한 채 권리 담

146

론에 다시 관심을 기울이고 있다. 그럼에도 불구하고 최근 매우 인상적일 정도로 토의 민주주의에 대한 책과 논문들이 쏟아져 나오고 있으며, 그에 관한 많은 주장들은 설득력이 있다.

그러나 미국에서 토의에 관한 이의 제기는 충분치 않았고, 토의의 콘텍스트와 필수적인 보완에 대해 고찰하려는 시도는 거의 없었다. 이 [토의 민주주의] 아이디어는 이미 상투적인 생각이 될 위험에 처해 있는 것이다.1) 그래서 나는 반론 충동을 마음껏 충족시킬 작정이며, [이를 위해 먼저] 민주주의 정치가 정당하게, 아마도 필연적으로, 수반하는 모든 비토의적(nondeliberative) 활동들을 열거하고자 한다. 나의 열거(list)가 완벽한지에 대해서는 확신할 수 없지만, 알면서도 일부러 빼놓은 것은 없다. 곧 명백해지겠지만, 나는 토의를 사유(thinking)와 동의어로 취급하지 않는다. 내가 묘사하고자 하는 활동들은 물론 생각 없는 것이거나 분별없는 것들이 아니다. 그러나 그 활동들은 또한 토의 민주주의 이론가들이 말하는 이상적인 혹은 프로그램적인 의미의 '토의적'인 것도 아니다. 이 이론가들이 말하는 이상적 의미의 토의는 동등한 이들 간의 합리적인 토론과정을 통해 결정에 도달하려는 목적을 가진 것으로서, 이때 동등한 사람들은 서로의 견해를 경청하고, 활용 가능한 자료를 참고하고, 다른 가능성들을 고찰해보고, 적절성과 타당성에 대해 논의한 후 그 나라에 가장 좋은 정책이나 그 공직에 가장 적합한 사람을 선택한다.

우리는 때때로 이와 같은 완벽한 의미의 토의를 한다. 하지만 그 외에 우리가 하는 것은 무엇인가? 민주정치의 세계에서 토의 외에 행해지는 것은 무엇인가?

이러한 물음들이 의도하는 바는 토의의 중요성을 부정하거나, 거트만

---

1) 하버마스의 의사소통 이론은 물론 방대한 비판적 문헌의 주제였고, 그중 대부분은 그 이론의 전문적인 철학적 측면에 초점을 맞춘 것들이었다. 대개 가능한 한 전문적인 논의를 피하는 미국의 저술가들은 지금까지 비판을 회피하여 왔다. 그러나 Lynn Sanders, "Against Deliberation", *Political Theory*(June, 1977)와 단지 부분적으로만 하버마스를 겨냥하고 있는 나의 논문 "Critique of Philosophical Conversation", *The Philosophical Forum*(Fall-Winter 1989-90) 참조.

자유주의를 넘어서_ 마이클 왈쩌 147

(Amy Gutmann)과 톰슨(Dennis Thompson)이 최근에 『민주주의와 의견 불일치(*Democracy and Disagreement*)』2)에서 제시한 바와 같은 토의의 요건에 관한 이론적 설명들을 비판하려는 것이 아니다. 또한 나는 앞의 두 사람이나 다른 토의 [민주주의] 이론가들이 내가 나의 답변에서 열거하는 활동들의 중요성을 부인할 것이라고— 비록 그들이 이 활동들을 나와는 다소 다르게 묘사할지는 모르겠지만— 암시하려는 것도 아니다. 왜냐하면 나는 거의 모든 경우에 있어서 (규범적이기보다는) 현실주의적이고 또한 매우 호의적인 묘사를 제시하고자 하기 때문이다. 그러나 나의 주목적은 어떻게 토의가, 나의 리스트가 명확히 보여주듯이, 전반적으로 비(非)토의적인 민주주의 정치과정에 어울리는지를 따져보려는 것이다. 그래서 거트만과 톰슨이 묘사하는 바대로의 "함께 이성적으로 논의하기(reasoning together)"의 가치를— 여기서 이성은 상호성과 공개성 및 책임성을 갖는 것으로 규정된다— 가정하되, 당분간 옆으로 밀어놓도록 하자. 정치는 이성 이외에, 종종 이성과는 긴장관계에 있는 다른 가치들을 갖고 있다. 정열, 헌신, 연대, 용기, 그리고 경쟁이 그것들이다. (이것들 모두 역시 '규정적 제한(qualification)'을 요한다.) 이 가치들은 광범위한 활동들에 구현되어 있으며, 이러한 활동 과정 중에 사람들은 때로는 "함께 이성적으로 논의해야" 하는 경우에도 처하지만, 이 활동들은 [토의가 아닌] 다른 용어들에 의해 더 잘 묘사되는 활동들이다.

나는 내가 열거한 각 항목들이 가능한 한 명확하게 토의의 이념과는 구분되도록 나의 리스트를 만들었다. 그러나 나는 어떤 종류의 근본적인 대립관계를 설정하려고 한 것은 아니며, 단지 중요한 차이점들을 강조하고자 하였다. 나중에 나는 이 모든 다른 활동들을 행하는 과정에서 우리가 토의하는, 아니면 적어도 [논리적] 주장을 하는 방식들에 대해 다룰 것이다. 나는 먼저 각 항목들을 분리한 뒤에 그것들의 다양한 착종관계들을 다룰 수밖에 없다.

---

2) Amy Gutmann and Dennis Thompson, *Democracy and Disagreement*(Cambridge, MA: Harvard University Press, 1996).

1. 정치 교육

사람들은 정치적 활동 방식(how to be political)에 대해 배워야 한다. 그중 일부는 학교에서 배운다. 민주주의 정치사(政治史)의 대강, 중대한 사건과 인물들, 연방제, 삼권분립, 선거의 구조와 시기에 대한 기초지식, 또한 아마도 적어도 희화적(戲畵的)으로나마 주요 이데올로기들에 대한 설명 등등을 학교에서 배운다. 그러나 정당, 사회운동, 노동조합, 그리고 이익단체들 역시 일종의 학교로서 그 구성원들에게 그 조직이 내세우고자 하는 이념을 가르친다. 과거 공산주의 정당들이 '선전선동(agitprop)'이라고 불렀던 것도 정치교육의 한 형태다. 토의 [민주주의] 이론가들은 이것이 나쁜 형태의 교육이며, 실제로는 이념 주입이라고 말할 것이다. 그리고 정당과 운동 조직들이 그들의 구성원들에게 이념 주입을 하고자 노력한다는 것, 즉 그들로 하여금 이념 체계(doctrine)를 받아들여서, 가능한 경우마다 그 이념을 대변하고 그 주요 신조들을 반복하게 (그렇게 하는 것이 인기가 없는 때조차도 그렇게 하게) 함으로써 이념이 주입된 각 구성원이 능동적인 이념 전달자가 되도록 만들려 한다는 것은 말 그대로 참이다. 좋고 나쁘고를 떠나서 이런 일은 정치적 현실에 있어 대단히 중요하다. 왜냐하면 대부분의 사람들의, 혹은 더 적절히 표현하자면, 정치에 종사하는 대부분의 사람들의 정치적 정체성은 이런 방식으로 형성되기 때문이다. 이것이 바로 그들이 소신을 가진 능동적 활동가가 되는 방식이다. 물론 정치적 정체성은 가정생활에 의해서도 형성된다. 소신을 가진 활동가는 유사한 소신을 가진 활동가와 결혼하고, 자식들을 기르면서 그들에게 그러한 소신을 전해주려고 노력하며, 이러한 노력은 대개 성공을 거둔다. 가족 내에서의 사회화는 정치교육의 가장 초기적인 형태로서 바로 사랑으로 이루어지는 선전선동인 것이다. 그러나 이렇게 대물림된 소신들은 가족 외부에서 발전되고 매우 다양한 공공 매체를 통해 형성된 공적 환경 속에서 반복 고취된 이념 체계들을 반영한다.

2. 조직

정치교육, 혹은 적어도 선전선동과 이념 주입의 목적 중의 하나는 사람들로 하여금 특정 조직과 일체감을 형성하고 그 조직을 위해 일하도록 하는 것이다. 그러나 조직하는 것은 그 자체로 매우 고유한 활동으로서, 이것은 사람들로 하여금 실제로 [조직에] 등록하여 구성원이 되고, 규율을 받아들이고 회비를 내며, 그들 스스로가 작성하지 않은 문건에 따라 행위하는 것을 익히도록 하는 것을 포함한다. "단결(노동조합, union)은 우리를 강하게 만든다!"는 말은 민주적 준칙이다. (이 말은 미국 좌파의 민중가요의 한 구절이기도 하다.) 이 말은 결사(結社, association)와 연합(combination)에 높은 가치를 부여하는 민주주의의 다수결주의를 반영한다. 그러나 노동조합은 군대와 마찬가지로 그 구성원들이 지도부가 명령하는 모든 행위에 대해 토의하기 위해 활동을 멈춘다면 강할 수 없다. 그래서 지도자들은 다른 모든 이들을 대신해서 토의하며, 이 과정은 정도의 차이는 있지만 공개적으로 이루어짐으로써 구성원들은 지도자들이 토의한 내용이 낳을 결과에 대해 심사숙고할 수 있고, 때로는 여기에 대해 이의를 제기할 수 있다. 그러나 조직가들은 사람들이 심사숙고하거나 토의하는 개인들로서보다는 일치단결하여 행위할 것을 설득하려고 노력한다.

3. 동원(mobilization)

대규모의 정치적 행위는 조직 이상의 것을 요구한다. 개개의 남녀들은 고무되고 도발되며, 활기가 불어넣어지고 선동되며, 무기를 들도록 명령받아야만 한다. [이 점에 있어 다음과 같은] 군사적 비유가 적절하다. 군대는 예비 부대로서 병사들이 병영에 앉아서 무기를 소제하고 이따금 훈련을 받는 비활동적인 조직일 수 있다. 그러다 전투에 참가하게 되면, 병사들은 동원되어야 한다. 이와 비슷한 것은 정치적 실생활에 있어서도 타당하다. 일반 구성원들은 적어도 어떤 특별한 활동이 지속되는 동안에는 투사(鬪士)가 되어야 한다. 이 경우 특히 맹렬한 방식의 선전선동이 필요하다. 구성원들의 관심을 획득하여 그들의 에너지를 집중시키고, 그들을 단단히 묶어 세워서, 가령 당의 선언문을 실제로 읽고 이것을 위해 주장을 펴며, 당위 시위 행렬에 참가하여 행진하고 깃발을 들고 슬로건을 외치도록 하기 위해 그러한 선전선동이 필요한 것이다. 슬로건을 외치는 대중의 이미지가 토의 민주주의자들에게는 반민주적인 정치로 비칠 것이라는 것을 나는 알고 있다. 그러나 정치의 성격은 슬로건에 달려 있으며, 슬로건은 종종 친(親)민주주의적이었다. 실제로 토의 민주주의를 위한 투쟁이라고 불릴 수 있는 것, 즉 정치적 평등과 언론 자유, 결사권과 소수자/소수민족(minorities)의 시민권 등등을 위한 투쟁은 많은 슬로건의 외침을 필요로 하였다. 대중 동원이 불필요해진 민주정치를 상상하기란 쉽지 않다. (그것이 우리의 이상이 되어야 할지에 관한 물음에 대해서 나는 나의 리스트의 마지막에서야 다루게 될 것이다.)

4. 시위

민주적 동원의 취지는 정부 관청을 습격하여 말 그대로 국가 권력을 잡는 데 있는 것이 아니라 개인 인격적 강도(personal intensity)와 수적(數的) 세력, 그리고 이념적 신념을 시위하는 데 있으며, 이 모든 것은 인민 권력에 결정적으로 중요한 것이다. 그리하여 행진이나 시위 행렬, 당 대회, 플래카드와 깃발, 참가자들의 외침, 지도자들의 웅변적 연설과 이 연설이 이끌어내고자 하는 열렬한 박수가 행해지게 된다. 여기에 조용한 토의의 공간은 없다. 왜냐하면 그러한 토의는 이 사람들의 관심이 갖는 힘과 그들의 열정적 헌신과 연대, 그리고 특정한 정치적 결과를 성취하려는 그들의 결연한 의지를 세상에 보여주지 못할 것이기 때문이다. 다시 말하건대, 목적은 시위하는 것이다. 즉, 때로는 더 일반적으로 동료 시민들에게, 때로는 더 좁게 확고히 자리 잡은 엘리트에게 메시지를 전달하는 것이다. 그 메시지는 다음과 같이 유포된다: 여기 우리가 뭉쳤다. 이것이 반드시 행해져야 한다고 우리가 믿는 것이다. 그리고 우리는 이것을 그저 무작정 믿는 것이 아니다. 이것은 여론조사를 통해 포착할 수 있는 종류의 '여론/의견'이 아니다. 이것은 우리가 오늘 생각했다가 내일 생각할 수도 있고 안 할 수도 있는 그런 것이 아니다. 우리는 승리할 때까지 끈질기게 이것을 반복해서 들고 나올 것이다. 그리고 너희가 일상적 정치 업무를 계속해서 처리하고자 한다면, 이 점에 대해서 (혹은 이 17가지 점에 대해서) 우리의 말을 듣는 것이 좋을 것이다.

물론 이 모든 것은 광신적인 방식으로 말해질 수 있다. 정치적인 결의(決意)보다는 이데올로기적 혹은 종교적 절대주의를 반영하면서 말이다. 그러나 강도(强度)와 신념을 시위하는 것이 나중의 협상을 미리부터 배제하는 것은 아니며, 양자는 배합되어 사용될 수 있고, 투표권이나 파업권, 자유결사권 같은 민주적 권리를 옹호하는 데서도 그리고 금주법이나 총포규제법 혹은 최저임금법 같은 실질적이나 논란이 된 개혁들을 옹호하는 데서도 양자는 배합되어 사용되었다.

5. 성명(서)

'성명서를 발표하는 것(making a statement)'은 시위의 목적이다. 그러나 성명서는 더욱 엄밀한 형태를 취할 수도 있다. 나는 투사들이 승인하고 되뇌는 당 선언문에 대해 이미 언급한 바 있다. [그런데] 때로는 선언서를 (마치 종교 공동체의 신앙고백 같은 것처럼) 이런저런 이데올로기적 신념을 확인하거나 어떤 현안에 대해 입장을 정하는 신조(credo) 혹은 입장 발표로 축소시킨 다음, 여기에 사람들이 서명할 것을 요청하는 것이 정치적으로 유용하다. 서명자 명단을 붙인 신조의 발표는 이 사람들의 헌신을, 자진하여 공공연하게 입장을 표명하는 그들의 태도를 세상에 알린다. 신조의 필자들은 무엇을 말할지에 대해서 토의했을 수 있다. 아니, 그것을 어떻게 말할지에 대해서 토의했을 수 있다고 하는 것이 더 있음직한 일일 것이다. 그리고 서명을 요청받은 사람들은 추정컨대 서명할 것인지 안 할 것인지에 대해서 토의했을 것이다. 그러나 신조 그 자체는 단언(assertion)의 형식을 취하며, 이것이 이에 반대하는 단언들에 의해 결과적으로 수정될 가능성은 거의 없다. 격렬한 정치적 갈등의 시기에는 신문과 잡지는 이런 종류의 성명서들로, 가령 이런 혹은 저런 정책에 찬성하거나 반대하는 입장 발표들로 가득 차게 될 것이다. 그러나 이것들 모두를 합쳐도 민주적 토의를 구성하지는 못한다. 왜냐하면 서로 다른 필자 및 서명자 집단들이 항상 주장을 펴는 것은 아니고, 그들이 주장을 펼 때에도 서로 상대방의 주장을 거의 읽지 않기 때문이다. (비록 그들이 서명자 명단을 눈여겨볼 가능성은 높더라도 말이다.)

6. 논쟁

성명(서)과 반대성명(서)은 대략 논쟁 같은 것을 가능하게 한다. 비록 우리는 통상 논쟁자들이 서로에게 직접 말하고, 신조 및 입장 발표의 형식적인 교환의 경우와 비교할 때 더 빠르고 더 자연스럽고 더 열띤 방식으로 주장을 주고받기를 기대하지만 말이다. 논쟁자들은 서로 경청해야만 한다. 그러나 이 경우 경청이 토의 과정 같은 것을 만들어내지는 않는다. 왜냐하면 그들의 목적은 그들 간의 합의에 도달하려는 것이 아니라 논쟁에서 이기는 것, 즉 다른 어떤 대안보다도 이 입장이 최선의 입장이라고 청중을 설득하려는 것이기 때문이다. (그때 청중 가운데 몇 사람은 서로 간에 토의하거나 혹은 각자의 마음속으로 여러 다른 입장들을 하나하나 따지며 토의할지도 모른다.) 논쟁은 말싸움꾼들(verbal athletes) 간의 경기이며, 목적은 승리다. 싸움의 수단은 수사적(修辭的) 기술의 훈련과 유리한 증거의 수집(그리고 불리한 증거의 은폐), 다른 논쟁자들의 신뢰도 격하, 권위자나 유명인사에의 호소 등등이다. 이 모든 것은 의회와 집회에서의 정당 간 논쟁이나 선거철에 후보자들 간의 논쟁에서 쉽게 볼 수 있다. 그러나 이것들은 순회강연(lecture circuit)과 신문 및 잡지에서도 서로 다른 입장의 대변자들이 상대의 주장에 도발되어 그 주장을 공격할 때마다 통상 사용된다. 입장이 다른 사람들은 동료로서의 참가자가 아니라 적수(敵手)다. 그들은 이미 입장을 가지고 이를 대변하는 사람들로서 설득이 가능하지 않기 때문이다. 이 경우에도 [영향력] 행사의 대상은 청중이다. 비록 청중 가운데 많은 사람들은 자기편을 응원하기 위해서 왔을 뿐이지만 말이다. 그리고 바로 이것도 유용한 정치적 활동일 수 있다.

7. 협상(bargaining)

때로 이런저런 시위나 선언문 혹은 논쟁에서 옹호되는 입장들은 토의된 것들인 경우도 있지만, 대부분의 경우 그것들은 이해관계와 일정한 소신을 갖는 개인들 간의 길고도 복잡한 협상의 산물이다. 이것은 곧 그 입장들이 최선의 입장에 대한 누군가의 생각을 반영하는 것이 아니라는 것을 의미한다. 그것들은 어느 누구도 전적으로 만족하지 못하는 타협으로서, 논리적 주장의 무게를 반영하는 것이 아니라 힘의 균형을 반영한다. 통상 협상은 서로 다른 당파들의 힘 관계가 비교, 평가되기 전에는 시작되지 않는다. 때로 협상의 목적은 [힘 관계의] 테스트 때문에 더 이상의 비용이나 피가 희생되는 것을 피하려는 데 있다. 그래서 당파들은 그들 간의 차이를 인정한 바탕 위에 타협하는 데 동의하는데, 이때 정확한 타협안은 바로 전에 이루어진 힘 관계 테스트에 의해 좌우된다.3) '균형 정당 명부(balanced tickets)'4)는 이와 똑같은 방식으로 작성된다. 그리고 민주주의에서의 정부 정책은 토의 과정의 결과라기보다는 이러한 방식의 협상 과정의 결과인 경우가 더 많다. 최선의 정책은 최대 다수의 이해관계를 수용하는 정책, 아니 더 정확히 말하자면, 정치적으로 자기들의 요구를 주장할 수 있는 바로 그 이해관계들을 수용하는 정책이다. (그런 까닭에 조직과 동원이 그렇게 중요한 것이다.) 나는 특수한 이해관계도 만족되어야만 한다는 제한조건이 주어져 있는 상황에서, 사람들이 모든 특수한 이해관계를 떠나 어떻게 공익에 이바지할 것인가에 대해 [논리적] 주장을 펴는 모습을 상상할 수 있다. 그러나 저 제한조건은 진정 엄격한 제한조건이고, 결과는 틀림없이 토의보다는 주고받

---

3) Jürgen Habermas, *Between Facts and Norms: Contributions to a Discourse Theory of Law and Democracy*, trans. William Rehg(Cambridge: Polity Press, 1996), pp.165-167에서의 협상에 대한 흥미로운 논의를 참조. 하버마스의 이 논의는 협상 과정의 윤리적 조정을 위한 프로그램으로 끝나는데, 이것은 협상을 가능한 한 토의에 가깝게 만듦으로써 힘 관계의 테스트에 의해 결정되는 결과를 피하기 위한 것이다. 이 책의 7장과 8장의 여러 곳도 참조,

4) [역주] 미국 정치에서 '균형 정당 명부(balanced tickets)'는 종교 집단이나 소수민족 등 주요 유권자 그룹의 지지 획득을 노리고 선정한 정당 공천 후보자 명부를 가리킨다.

기(give-and-take)에 더 가까울 것이다. 거트만과 톰슨은 "자기 이해관계를 내세우는(selfinterested)" 협상과 더 온당한 토의 과정을 나타내는 상호 조정(mutual accommodation)을 구분할 것을 주장한다.5) 그러나 나는 정치적 실생활에서 상호성은 항상 이해관계의 제약을 받으며 갈등의 시험 대상이 아닌가 하는 의심이 든다. 무엇이 토의를 다른 것과 확실히 구분시키는가는 배심원단이나 재판부의 예를 고찰하면 좀 더 잘 알 수 있다. 우리는 형사사건의 배심원들이나 판사들이 다음과 같이 "당신이 두 번째와 세 번째 기소 사항에 대해 내 방침대로 투표한다면 나는 첫 번째 기소 사항에 대해 당신의 뜻대로 투표하겠소"라는 식으로 서로 협상하거나 심지어는 서로의 편의를 봐주는 일이 없기를 바란다. 우리는 그들이 최선을 다해 증거를 검토, 평가해서 유죄 여부에 대해 말 그대로 참된 평결(verdict, verum dictum)을 찾아내기를 바란다. 그러나 정치가들에게는, 배심원과 판사들에게는 금지되어 있는 바로 그 방식대로 행위하는 것이 정당하게 허용될 수 있다. 사실 협상은 종종 더 나은 정치적 지혜다.

8. 로비 활동

사적인 집단들이 공무원들과 교제하기 위해 애쓰는 일은 민주주의적 환경에서건 비민주주의적 환경에서건 간에 정치에 만연된 현상이다. 민주주의의 경우 사적인 집단들은 관리들과 (단지 협상하기보다는) 논의하거나, 아니면 적어도 그들에게 논거들을 제공할 가능성이 높다. 민주적 책임을 지는 관리들은 여러 공개 토론회에서 자신들의 입장을 옹호해야만 할 것이기 때문이다. 그러나 가장 효과적인 차원의 로비 활동은 긴밀한 인간관계의 형성을 포함하며, 그것은 사회적 네트워크와 개인적 친분에 달려 있다. 유능한 로비스트는 논리적 주장에 있어 모자람이 있다면 이것을 매력과 사교성 그리고 내부자 정보(insider knowledge)로 메운다. 그리고 그의 논리적 주장은 종종 현안 문제보다는 그의 로비 대상인 관리의 정치적 미래와 관련된 것일 경우가 많을 것이다.

5) Amy Gutmann and Dennis Thompson, *Democracy and Disagreement.*

9. 캠페인(선거운동)

때때로 이 군사적 비유는 어떤 특정한 대의(大義)를 위해 조직하고, 동원하고, 시위하고 하는 등등의 활동을 전체적으로 조정하는 프로그램을 가리키는 데 사용되곤 한다. 그러나 여기서 나는 오직 유권자의 지지를 얻기 위한 민주적 추구 활동인 선거운동의 의미로만 쓰고자 한다. 선거운동은 명백히 내가 여태까지 열거한 활동들 대부분을 포함하지만, 그것은 또한 부분적으로 그것만의 고유한 특성을 갖는다. 왜냐하면 선거운동의 초점은 정당들이 강력할 때조차도 그 고유한 특성들에, 지도자들의 명망과 얼굴 그리고 이력과 프로그램에 맞추어져 있기 때문이다. 바로 이 지도자들이 선거운동의 선봉에 서서 적극적으로 동료 시민들에게 한 표를 부탁하고, 공약을 하고, 믿음직스럽게 보이도록 노력하며, 경쟁 상대가 신뢰할 만하지 않음을 시사하려고 노력하는 사람들이다. 우리는 이들이 일련의 제한 조건들, 이를테면 '공정한 운동 방식'을 규정하는 법적 혹은 도덕적 규칙들 안에서 활동하는 것을 상상할 수 있다. 비록 오늘날 실제적으로는 여론에 의해 강요된 제한 조건들 이외에는 어떠한 유효한 제한 조건도 존재하지 않지만 말이다. 공정한 선거운동의 규칙들은 어떠한 것일까? 그 규칙들은 분명 법정에서 말할 수 있는 것과 말할 수 없는 것에 관한 규칙들과는 거의 유사하지 않을 것이다. 그 이유는 다시금 우리가 정치인들과 마찬가지로 유권자들도 배심원이나 판사와 같은 사람들이 아니라고 믿는다는 데 있다.

10. 투표

시민들은 투표할 때 무엇을 해야 하는가? 분명히 그들은 서로 다른 후보자들의 주장과 정당들의 정강을 주의 깊게 들어야 한다. 그들은 이 후보자나 저 후보자가 승리했을 경우의 결과에 대해 생각해야 한다. 그들 자신만을 위해서가 아니라 그들이 속한 여러 가지의 집단과 나라 전체를 위해서도 그러해야 한다. 그렇지만 전체로서의 시민들은 가령 상원(上院)이나 대통령직에 가장 적합한 후보자에 대해 토의하는 인선(人選)위원회가 아니다. 인선위원회의 구성원들은 적합한 자격 요건에 대한 공통의 이해를 가지고, 후보자들에 대해 비당파적으로 토의한다고 (때로는 그릇되게) 추정된다는 점에서 배심원이나 판사와 유사하다. 그러나 시민들의 경우에는 이러한 추정들 중 어떠한 것도 타당하지 않다. 시민들 중 일부는 대통령직의 자격 요건은 이런저런 사안과 관련한 강인함과 헌신적 태도라고 믿는 반면, 다른 시민들은 모든 사안에 대해 타협안을 만들어낼 줄 아는 능력이 최상의 자격 요건이라고 믿을지도 모른다. 그들 중 일부는 후보자 X가 과거에 그들의 이해관계나 가치들을 옹호했었기 때문에 X의 편을 들거나, 혹은 후보자 Y가 그들과 같은 민족이나 종교 공동체, 또는 노조나 이익단체에 속한다거나 그들 자신의 정치적 이력과 유사한 이력을 가지고 있다는 이유로 Y의 편을 들지도 모른다. 다시 말하건대 확실히 우리는 유권자들이 활용 가능한 증거를 주의 깊게 고려하고 경쟁하는 후보자들과 정당들의 주장에 대해 충분한 시간을 가지고 열심히 숙고하기를 원한다. 그러나 유권자들이 자신들의 현재 이해관계나 그들이 헌신하는 장기적인 관심사 때문에 각각의 경쟁자들에게 똑같은 정도의 관심을 기울일 수 없거나 혹은 기울이고자 하지 않는다고 해서 유권자로서의 자격을 상실하는 것은 아니다. 또한 그들이 비(非)토의적인 이유에서 자신들의 집중적 관심사항이 된 사안들을 선택하는 것이 금지되어 있지도 않다. 실로 유권자들은 그들의 이해관계나 열정 혹은 헌신적 이데올로기와 관련하여 어떤 사안이든 후보자든 선택할 수 있는 권리를 가지고 있으며, 그들 중 대부분은 바로 그렇게 한다. 시민들이 토의하는 (혹은 토의하지 않는) 사안들이 대부분 비토의적인 정치과정을 통해 제기된다는 사실은 아마도 일반적 진리일 것이다. 우리로 하여금 빈곤이나 부패 혹은 착취의 '문제'가 되는 것을 다루도록 강요하는 것은 바로 열정과 이해관계의 동원을 통해서다. (앞의 '문제'들을 거론한 것은 단지 지금 동원에 대해 언급하고 있기 때문에 그런 것이다.)

11. 모금 활동

정치에 있어 돈 없이 행해질 수 있는 것은 많지 않다. 텔레비전 시대 이전에조차도 봉급과 사무실 운영, 전단과 소식지, 광고와 대량의 우편 발송, 여행과 회의장 임대 및 당 대회의 비용을 충당하기 위해 모금해야 했다. 정치적 실생활에 있어 모금 활동의 범주에 속하는 여러 다양한 활동들보다 더 일반적인 것은 없다. 미국의 경우, 역사적으로 이 활동들은 필시 참여민주주의의 가장 좋은 예를 보여준다. 그 정확한 이유는 이 활동들이 사안들의 학습이나 공개적인 주장의 개진, 혹은 연설이나 토의 위원회 참석을 포함하지 않기 때문이다. 물론 부자들에게 기부금을 청하는 일은 평범한 시민들의 일이 아니다. 그러나 소규모의 복권 판매, 기부물품 경매, 음식 바자회, 저녁식사 모임과 댄스 모임을 통한 모금 활동, 즉 이런 자리에서 [모금을 위해] "모자를 돌리는 것"은 사실 수천 명의 남녀가 관여하는 대중 활동이다. 그리고 이런 방식으로 모금된 돈이 결속의 증권과 같은 것이라는 데는 의심의 여지가 있을 수 없다. 돈을 낸 사람과 모금 활동에 참여한 사람은 단지 어떤 대의가 정의롭다고 생각할 이유만을 가지고 있는 사람보다 그 대의에 더욱 또는 더 오랫동안 충실하기 때문이다.

12. 부패

이 강력한 사정(司正) 용어는 민주정치에서 마땅히 배제되어야 할 일단의 행위들을 가리키는 것으로, 이러한 행위 가운데 노골적 뇌물 수수와 금품 강요가 가장 명백하고도 또한 아마도 가장 일반적인 부패 행위일 것이다. 이러한 행위들은 모두 합쳐 내 리스트 중 유일하게 부정적인 사례를 이루는 것으로서, 여기서 나의 관심사는 이러한 행위들의 배제를 위한 논리적 주장이다. 뇌물 수수는 분명 비토의적 활동이다. (비록 그 주인공들이 누구에게 뇌물을 줄 것인지 그리고 얼마나 줄 것인지에 대해 함께 논의했을 수도 있지만 말이다.) 그러나 더 중요한 것은 뇌물 수수가 토의를 방해하는 활동이라는 점이다. 바로 이 점 때문에 뇌물 수수는 몇몇 사회 및 정부 영역에서는 금지되어 있다. 그러나 최우선적 정치 영역인 선거정치 영역에서 뇌물 수수가 금지되는 이유는 이 점 때문이 아니다. 판사와 배심원에게 뇌물을 주는 행위는 바로 그것이 공정한 토의 과정을 반영하지 않는 결과를 낳기 때문에 그릇된 것이다. 허가와 보조금 배분을 담당하는 정부 관리에게 뇌물을 주는 행위는 적격자와 타당한 사업계획에 대한 정직한 조사를 반영하지 않는 결과를 낳기 때문이다. 그러나 유권자에게 뇌물을 주는 행위는 그것이 유권자들에게 요구되는 어떤 활동을 방해하기 때문이 아니라, 오로지 유권자 자신들의 민주적 대표성(representation)을 방해하기 때문에 그릇된 것이다. 이 경우 우리는 유권자들의 이해관계나 관심 혹은 여론에 대한 정확한 사정을 파악하지 못한다. 그러한 결과는 민주적 정통성을 결여하게 되는데, 이때 정통성 결여의 이유는 그 결과의 산출에 있어 공정한 이성이 역할을 하지 못했기 때문이 아니다. 실업의 감소를 공약하는 후보자는 이를테면 실업자들(과 그들의 친구 및 친지들 모두)의 무분별한 이해관계에 대해 호소력을 가지지만, 그의 이 호소가 정치 과정을 부패시키지는 않는다. 사실 얼마나 많은 사람들이 그 특정한 이해관계를 공유하고 있고 거기에 높은 우선권을 부여하는지를 우리가 알게 되는 것은 그 후보자의 호소가 가져온 중요하고도 전적으로 정당한 결과다. 그러나 그는 그에게 투표하도록 실업자들을 고용할 수는 없다.

13. 잡무(scut work)[6]

정치적 참여로 간주되는 많은 일들, 조직과 선거운동의 성공에 결정적으로 중요한 활동 가운데 많은 부분들은 우편 작업이나 의자들을 놓는 일, 플래카드를 준비하거나 전단을 나눠 주고 (사람들에게 서명이나 기부를 해달라고 부탁하기 위해서 혹은 집회에 참석하거나 선거에 참여하도록 권유하기 위해서) 전화를 걸거나, (앞에 열거한 것과 같은 목적을 위해서) 호별 방문을 하거나, 당 대회의 안내 테이블에 앉아 있는 일 등과 같은 어떠한 본질적인 정치적 성격도 갖지 않는 그저 지루하고 반복적인 작업이다. 이 일 중 어느 것도 많은 생각을 요하지 않는다. 비록 스스로 그런 일을 하도록 동기부여하는 것은 종종 꽤 많은 생각을 요하

---

6) 하찮은 일 혹은 의미 없는 일을 가리키는 미국 속어. 19세기 영어에서 'scut'이란 말은 "경멸할 만한 녀석, 비열한 놈"을 가리키는 말이었다.

고, 심지어 어느 정도의 총명함까지도 요하지만 말이다. 잡무는 꼭 필요하고 "누군가는 반드시 해야 하는" 것이기 때문에 어떻게 잡무가 처리되게 되는지에 대해 잠시 생각해볼 만한 가치가 있다. 여기에는 명백히 헌신성(commitment)이 주요 역할을 하지만, 이것이 경쟁 체계 내에서의 헌신성이라는 점이 중요한 것이라고 나는 생각한다. 경쟁이 주는 흥분, 승리 가능성에 대한 느낌, 패배에 대한 두려움, 이 모든 것이 사람들로 하여금 만약 그렇지 않다면 하기를 꺼렸을 일들을 떠맡도록 강제한다. 정치가 위험한 국면에 접어들기 시작할 때조차도 잡무를 수행할 사람들을 모으는 데는 어려움이 그리 많지 않다. 위험은 그 자체로 흥분시키는 요소를 가지고 있는 것이다. 물론 진정 토의적인 사람들은 비록 어느 누구도 우편 작업을 하는 사람 전부를 두들겨 패주겠다고 위협하지 않더라도 우편 작업하기를 꺼릴지도 모른다. 그들은 정책지침 문건들을 읽을 시간이 없고 경쟁적 감정 때문에 흥분되지도 않을지 모른다. 그런데도 언제나 잡무가 처리된다는 사실은 비토의적 정치활동의 호소력에 대한 가장 분명한 예증일 것이다.

14. 통치

잡무가 정치에 있어 낮은 차원의 활동이라면 통치는 높은 차원의 활동이다. 아리스토텔레스는 민주주의에서의 시민권을 "교대로 하는 통치와 피치(被治)(ruling and being ruled in turn)"로 정의하였다. 그러나 통상 높은 가치가 부여되는 것은 이 둘 중 통치이고, '피치'의 수용은 민주주의 이념에 대한 순응이다. 만약 모든 사람이 통치 경험을 가져야 한다면, 우리는 교대해야만 한다. [그러나] 실제에 있어서는 물론 일부 사람들이 오랜 기간 동안 통치하고, 다른 사람들은 줄곧 통치받는다. 민주적 통치를 비민주적 지배(domination)와 구별시키는 것은 합의를 통한 통치자들의 정통성 확보다. 그러나 그들의 통치가 정통성을 가지고 있든 가지고 있지 않든 (그리고 민주주의에도 지배는 존재한다) 통치는 대부분의 통치자들에게는 즐거운 활동이다. 아리스토텔레스는 이 즐거움의 일부가 소위 공적인 사안들 전체에 대해 큰 차원에서 이성을 행사하는 데에서 나오는 것으로 믿었던 것 같다. 이런 의미에서 통치는 토의적 활동이다. 그러나 명령의 즐거움들이 전적으로 이성적인 것은 결코 아니다. 만약 그렇다면 사람들은 통치하기 위해 그러한 열정을 가지고 노력하지 않을 것이다. 그리고 우리는 때때로 통치자들이 지나치게 심사숙고하는(토의하는, deliberate) 성향을 갖지 않기를 원한다. 셰익스피어의 희곡에 나오는 햄릿처럼 통치자들의 "생생한 혈색을 가진 결심 위에 사색의 창백한 병색이 그늘지지"7) 않기를 말이다.

II.

이것이 나의 리스트이고, 내가 처음에 "그 외에 다른 무엇(what else)?"이라고 묻지 않았더라면, 토의가 이 리스트에 한 자리를 차지하는지 아닌지에 대한 물음은 어려운 물음이 될 것이다. '토의' 역시 '조직', '동원', '시위' 등등을 포함하는 이 계열에 속하는가? 우리가 배심원이나 판사들이 하는 일을 토의 과정의 모델로 삼는다면, 아마도 속하지 않을 것이다. 물론 법정은 헌정 구조 내에 존재하는 한에 있어서는 정치제도이며, 때때로 입법권과 행정권을 행사하는 관리들과 갈등하기도 한다. 그러나 민사재판이나 형사재판이 진행 중일 때 정치적 고려는 배제되는 것으로 되어 있다. 정치적 고려를 배제하는 이유는 재판에는 단 하나의 공정한 결과가 있으며, 배심원들과 판사들은 합심하여 그것을 추구한다는 혹은 추구해야 한다는 우리의 일반적 추정에 있다. 이런 식의 추정은 단지 양자 대립적인 것이 아니라 본질적으로 그리고 영구히 갈등적인(conflictual) 정치적 실생활에서는 전혀 가능하지 않다. 말 그대로 정확히 '참된 판단(평결)(verdicts)'인 정치적 결정이란 거의 없다. 나는 때때로 우리가 X를 행하는 것이 도덕적으로 정당하며 어쩌면 절대 피할 수 없는 것이라고 주장할 수 없다고 말하는 것이 아니다. 그러나 X가 무엇인가에 대해 그리고 그것을 행해야 할 필요성에 대해 동

---

7) 『햄릿』, 제3막 제1장. "(And thus) the native hue of resolution is sicklied o'er with the pale cast of thought."

의하는 사람들조차도 어떻게 혹은 어느 시기에 혹은 어떤 대가를 치르고서 그것을 행해야 하는지에 대해서는 의견이 다를 가능성이 높다.

서로 다른 이해관계와 이념적 헌신들은 종종 화해 불가능하다는 것을 인식하기 위해 카를 슈미트(Carl Schmidt)의 정치관을 채택할 필요는 없다. 물론 갈등관계에 있는 당파들은 협상하여 해결책을 찾고 나서, 이 해결에 만족한다. 그러나 그들은 협상 과정에서 무언가를 잃었다고 느끼고, 상황이 좀 더 호전되면 언제든지 토론을 재개할 권리를 유보할 가능성이 높다. 우리는 범죄자들의 경우, 같은 범죄에 대해 재차 공소되지 않게 함으로써 그들을 보호하지만, 정치인들의 경우 이들을 같은 사안에 대해 반복해서 이의를 제기하는 것으로부터 보호하지는 않는다. 정치적 실생활에 있어서 영구적 해결은 드물다. 그 이유는 바로 우리가 문제가 되는 사안에 대한 참된 평결 같은 것에 도달할 방법을 가지고 있지 않기 때문이다. 열정은 식기 마련이며, 사라들은 한때 헌신했던 특정 이념이나 운동을 떠나게 되고, 이익단체들은 새로운 제휴 및 협력관계들을 형성하며, 세상은 변하기 마련이다. 그러나 좌파와 우파 간의 의견 대립과 같은 어떤 심각한 의견 불일치들은 대단히 끈질기게 존속하며, 국지적 형태의 종교 갈등이나 인종 갈등은 종종 그 참여자들에게는 자연스러운 것으로 여겨질 정도로 그렇게 깊이 정치문화에 각인되어 있다. 그래서 정치는 이러한 의견 불일치와 갈등으로 끊임없이 복귀하며, 이것들을 처리하고 견제하는 동시에 가능한 모든 일시적 승리들을 쟁취하기 위한 투쟁이다. 승리를 쟁취하는 민주적 방식은 다른 편보다 더 많은 사람들을 교육, 조직, 동원 … 하는 것이다. 이 '더 많음(more)'이 승리에 정통성을 부여하는 것이다. 그러나 실질적 현안 문제에 대해 좋은 논리적 주장을 할 수 있다면 [그로써] 정통성이 강화되기는 하지만, 좋은 주장을 하는 것으로 승리가 쟁취되는 경우는 드물다.

그렇지만 우리는 적어도 시작만은 할 수 있는 한 가장 좋은 주장을 제시하는 것으로 해야 하지 않을까? 토의 이론가들은 이것이 일종의 도덕적 필수사항이라고 주장한다. 그것은 우리가 다른 사람들을 우리 주장의 설득력을 간파할 수 있는 (혹은 — 비록 다음 말은 항상 더 가능성이 작은 것으로 여겨지기는 하지만— 그들 주장이 갖는 설득력을 우리에게 설득시킬 수 있는) 능력을 가진 합리적 인간이라고 인정하는 것에 이미 함의되어 있다는 것이다. 그러나 타인의 인정에는 그들을 우리와 똑같이 합리적인 개인들로 보는 방식만 있는 것이 아니라, 다른 방식도 있다. 즉, 그들을 신념과 이해관계를 갖는 집단들의 구성원들로 인정하는 방식이 그것으로, 이때 우리는 우리에게 우리의 신념과 이해관계가 의미를 갖는 만큼 그들에게도 그들의 신념과 이해관계가 똑같은 정도로 의미를 가질 것이라고 인정한다. 토의가 첫 번째 방식의 인정으로부터 귀결된다면, 협상은 두 번째 방식의 인정으로부터 귀결된다. 그리고 정치적 현실에서 더 많은 경우 적절하며, 나아가 도덕적으로도 적절한 것은 바로 이 두 번째 방식이다. 우리가 실제 존재하는 차이들을 더 잘 이해하고 '다른 편' 사람들을 더 존중하게 될수록, 우리는 우리가 필요로 하는 것이 합리적 동의가 아니라 '모두스 비벤디(modus vivendi)'[8]라는 것을 더욱더 간파하게 될 것이다.

그러나 나의 리스트에서 토의를 뺀 이유는 갈등의 영구성 때문만이 아니라, 더욱 각별하게는 불평등의 미만(彌漫, prevalence) 때문이기도 하다. 이데올로기적 왜곡이 없이 정치사를 서술한다면, 정치사는 대부분 부와 권력의 위계질서의 완만한 창출 혹은 공고화의 역사다. 사람들은 이 위계질서의 상층에 진입하기 위해 분투하며, 진입한 뒤에는 그 자리를 유지하기 위해 최선을 다해 노력한다. '지배계급'은 마르크스주의 이론이 제시하는 것보다는 그 응집성이 훨씬 작을 수 있다. 그럼에도 불구하고 그와 같은 것은 존재하며, 정도의 차이는 있지만 스스로 지배계급이라는 의식도 가지고 있고, 그 유지를 목표로 노력한다. 민중 조직과 대중 동원은 이 목표에 저항할 수 있는 유일한 방도다. 그 효과가 위계질서를 타파하는 정도에까지 이른 적은 결코 없었지만, 단지 위계질서를 흔들고, 새로운 사람들이 진입하도록 하며, 형편에 따라서는 위계질

---

8) [역주] 라틴어 그대로는 '생활양식'을 뜻하지만, 여기서는 둘 이상의 당파들이 완전한 합의 혹은 이를 통해 만든 법적 토대 없이 일시적 타협 등에 의해 공존하는 생활양식을 뜻한다.

서에 의해 정의되고 공고화된 차별화에 한계를 설정하는 정도에까지는 이른다. 그래서 민주정치는 정치사의 수정판(修正版)을 가능하게 함으로써, 이제 정치사는 불평등의 확립과 부분적 해체의 역사가 된다. 나는 이러한 역사의 끊임없는 반복을 피할 수 있는 어떠한 방도도 없다고 본다. 비록 의심의 여지없이 어떤 불평등의 확립과 체제는 다른 것들에 비해 더 나쁘고, 불평등의 해체 중 일부는 더 완전하게 실현되지만 말이다. 좀 더 구체적으로 말하자면, 나는 끊임없이 새로이 벌어지는 투쟁을 토의 과정을 통한 해체로 바꿀 수 있는 길은 없다고 본다.

물론 토의 민주주의는 평등주의적 이론이다. 토의 민주주의는 말하고 토의하는 사람들의 평등을 전제하며, 이 출발점으로부터 평등주의적 결정들을 산출하고 정당화한다. 그 과정은 최선의 조건하에서 토의하는 최선의 사상가들의 최선의 생각이 다름 아닌 현존 권력의 이해관계를 반영한다는("지배적 관념은 … 지배계급의 관념이다") 비난을 피하기 위해 신중히(deliberately) 설계되었다. 진정한 토의 과정은 참가자들이 이를테면 무지의 베일 뒤에서 토의할 것을 요구함으로써 저 강력한 이해관계들을 간단히 배제하거나, 혹은 토론에서 약하고 억압받는 집단들의 이해관계를 포함하여 모든 이해관계들이 동등하게 대변되도록 보장함으로써 이해관계들 간의 균형을 잡는다. 그러나 이 모든 것은 유토피아적 시간과 공간 안에서 이루어지는 것인 반면, 현실세계에서 토의 민주주의 이론은 [역사상] 실제적 평등주의를 확립할 수 있는 유일한 종류의 정치를 평가절하하는 것으로 보인다. 토의 민주주의 이론의 주인공들은 이미 말했다시피 평등한 사람들로서 출발한다. 하지만 그들은 그 불안정한 지위를 얻기 위해 투쟁했던 적이 없다. (그리고 그들이 그 지위를 어떻게 획득했을 것인가는 이 이론의 주제가 아니다.) 그래서 그들의 이상화된 토론은 현실에 실재하는 어떠한 정치 질서에서도 실현되거나 효력을 볼 수 있는 가능성이 없다.

우리는 그것의 실현을 목표로 삼아야 하는가? 이것이 우리의 유토피아인가? 헌신적 민주주의자들의 꿈이 정치적 갈등과 계급투쟁 그리고 인종적, 종교적 차이가 모두 순수한 토의로 대체된 세계인가? 조세프

슈워르츠(Joseph Schwartz)가 최근『정치적인 것의 영구성(The Permanence of the Political)』이라는, 자신의 논지를 제목으로 붙인 책에서 주장하였다시피, 좌익 이론가들은 종종 저러한 세계가 그들의 궁극적 목표인 양 썼다.9) 그리하여 다음과 같은 마르크스주의적 주장이 나온 것이다. 즉, 갈등은 차이와 위계질서 때문에 생기며, 일단 계급투쟁에서 승리하여 무계급사회가 확립되면, [그리하여] 차이가 초월되고 위계질서가 타파되면, 국가는 고사(枯死)할 것이고 인간의 통치는 사물의 경영에 의해 대체될 것이다. 그렇게 되면 정치의 시대는 종말을 고할 것이다. 슈워르츠가 정당하게 주장하고 있듯이, 이러한 종류의 이론들은 인간적 차이와 사회적 갈등의 다양하고도 수많은 형태들을 — 음미(吟味)는커녕 — 이해하는 데 실패하고 있음을 나타내 보인다. 정치에 대한 혐오와 정치 철폐에 대한 공상을 부추기는 것은 무엇보다도 바로 차이를 거북해 하는 태도(the uneasiness with difference)다. 그러나 정치의 철폐는 차이와 갈등을 억누르지 않고서는 이루어지기 어려울 것이며, 차이와 갈등의 억압은 고도의 강압정치를 요구할 것이다. 확신컨대, 억압은 이론가들과 그들의 동지들이 학술 세미나나 망명 지식인 공동체 혹은 정치권력과는 먼 전위당(前衛黨)들의 위원회와 같은 불완전하나 불가능하지는 않은 토의 환경에서 오랜 동안 그리고 열심히 생각해낸 이념들을 옹호하기 위해서만 기도(企圖)될 것이다. 하지만 헌신적 민주주의자들은 억압을 (혹은 억압이 아주 명백히 수반하는 불평등을) 도저히 승인할 수 없을 것이다.

III.

민주정치에서 토의는 한 자리를 차지하고 있다. 아니, 사실상 토의는 중요한 한 자리를 차지하고 있다. 그러나 그 자리가 독립적인 자리, 말

---

9) Joseph M. Schwartz, The Permanence of the Political: A Democratic Critique of the Radical Impulse to Transcend Politics(Princeton: Princeton University Press, 1995).

하자면 그 자체의 독자적인 자리는 아니라는 것이 내 생각이다. 우리는 배심원실에서 사람들이 토의 이외의 다른 것을 하지 않기를 원하는데, 이러한 배심원실과 똑같은 환경은 정치적 세계에는 존재하지 않는다. 이와 유사하게, 비록 정치가 다른 무엇보다도 더 많은 위원회 활동을 수반한다고 종종 이야기되지만, 교수 초빙을 위한 인선위원회나 그해 최고의 소설을 뽑기 위한 수상작 선정위원회와 똑같은 정치적 위원회는 존재하지 않는다. 물론 후보자를 찾아내어 상을 주는 작업은 종종 정치적 성격을 갖는다. 그러나 그런 경우 그 결과는 논란의 대상이 되기 십상이다. 이와 대조적으로, 정당이나 운동 조직의 위원회 그리고 심지어는 입법부 및 행정부의 위원회에서조차도 우리는 정치적 고려가 우세하게 관철될 것을 기대한다. 적어도 이러한 고려에 대한 호소는 정당하다. 민주적 과정에서 그러한 고려가 아무런 역할도 하지 못한다면 그 과정은 무언가 잘못된 것일 것이다. 일단의 관료들이 국민 다수가 선호하는 바에 대한 조사 기록이나 현재 다수파를 구성하고 있는 연합 집단들의 이해관계를 고려하지 않은 채 장시간 매우 진지하게 토의하고 나서 그들이 내린 결론이 올바른 실천 방향이라고 하는 경우를 상상해보자. (정확히 말해 이것은 바로 우리가 배심원들에게 기대하는 행위다.) 이 관료들이 토의를 통해 선택한 정책이 '최선의' 정책일 수 있다. 하지만 그것은 민주정부의 올바른 정책은 아닐 것이다.

민주주의는 토의를 필요로 한다. 이 말은 곧 논리적 주장의 문화를 필요로 한다는 말이다. 그리고 민주주의는 가장 좋은 주장에 대해서 적어도 원칙적으로는 (그리고 때에 따라서는 실천에 있어서도) 열려 있는 시민들의 통일체(a body of citizens)를 필요로 한다. 그러나 '[논리적으로] 주장하는 행위(arguing)'는 시민들이 행하는 다른 모든 활동들로부터 따로 분리될 수 없다. 순수한 논리적 주장, 즉 '토의 그 자체'와 같은 것은 존재하지 않으며, 맡은 작업이 순수한 토의인 사람들의 집단도 존재하지 않으며 결코 존재할 수도 없을 것이다. 그리고 정치적 실생활에서 행해지는 대부분의 논쟁에서 서로 다른 세계관, 종교적 믿음, 경제적 이해관계, 그리고 사회적 지위를 가진 사람들에게 똑같은 설득력을 갖거나 가져야만 하는 유일한 최선의 주장이란 없다. 그래서 단순히 토의적인 결과란 없으며, 오히려 논쟁의 결과는 전적(全的)인 의미에서 정치적이다.

토의의 타당한 자리는 토의에 의해 성립되거나 통제되지 않는 다른 활동들에 의존적이다. 우리는 더 엄밀한 의미에서의 정치적 활동들을 위해 마련하는 더 넓은 공간 안에 토의를 위한 장소를 마련하며, 또한 그렇게 해야 한다. 우리는 이를테면 정치교육 작업에 일정한 정도의 냉정한 성찰과 이성적 주장을 도입하려고 노력한다. 심지어 선전선동도 좋고 나쁜 수준의 차이가 있을 수 있으며, [어떤] 선전선동의 주장들이 정당이나 운동 조직이 직면한 가장 곤란한 문제, 가장 어려운 도전에 대해 정직하게 이야기하고 대처하는 것이라면 그 선전선동은 분명 더 나은 것이다. 마찬가지로 우리는 훌륭한 협상자일 뿐만 아니라 도덕적 정당성과 경제적 현실성 그리고 정치적 호소력을 가진 제안을 목표로 삼는 사려 깊은 사람들인 일단의 사람들에 의해 작성된 정당 강령을 상상할 수 있다. 우리는 사람들이 오로지 가장 성사 가능성이 없는 협상안을 밀어붙이기보다는 (자신들의 이해관계를 옹호하면서도) 다른 편의 이해관계를 이해하고 들어주려고 노력하는 협상 과정을 상상할 수 있다. 우리는 상호 경쟁하는 당파에 속하는 발언자들이 서로 경청하고 자신들의 입장을 수정할 용의가 있는 그런 의회 논쟁을 상상할 수 있다. 그리고 끝으로 우리는 후보자, 또는 정당의 정강정책, 혹은 자신들의 대표자들이 맺은 타협이나 그 주장들을 평가할 때 실제로 공익을 고려하는 시민들을 상상할 수 있다.

비록 이러한 상상들이 실현되는 경우는 아주 드물지만 그중 어느 것도 억지스럽지는 않다. 사실 현행 민주주의는 다소 낮은 수준이기는 하나 이미 논리적 주장의 문화다. 그리하여 예를 들어 충실한 잡무 종사자(scut workers)는 우편 작업을 하면서 정치에 대해 이야기하고, 그 운동 조직이 바로 이 순간에 가장 필요로 하는 일이 또 다른 대량의 우편물 발송인지에 대해 맹렬히 반대의사를 표현한다. 내가 지금까지 말한 것 가운데 어느 것도 이런 종류의 또는 '이보다 더 높은' 종류의 토론을 모독하려는 뜻으로 한 말은 아니다. 정말이지, 우리들 가운데 더 평등주의적인 사회에 대한 이념을 옹호하고자 하는 이들은 이러한 사회가 가능함을 주장하여야 하며, 그러한 사회가 어떠한 사회일지에 대한 개략적인 그림을, 할 수 있는 한 그럴듯하게 (그리고 다른 이들이 공감하고 동조할 수 있도록(inspiring)) 그려야 한다. 이것이 우리의 유토피아다. 그러나 이와 더불어 우리가 계급의 상처와 예속의 트라우마를 실제로 경험하는 (또는 이것들에 공감하는) 사람들을 동원하지 않는다면 그러한 주장과 밑그림은 나쁜 의미에서 유토피아적이 될 것이다. 즉, '아무 데도 없는 곳(nowhere)'에 대한 감상적이고 방종한 묘사들이라는 의미에서 말이다. 그리고 그러한 사람들도 공익과 평등, 그리고 평등 증진을 위한 전략에 대한 논의에 참여해야만 한다. 그러나 이러한 참여는 오직 그들이 더 실질적인(material) 정치적 작업에 참가하는 것과 나란히 그리고 함께 행해져야 한다.

다른 일들과 '나란히 그리고 함께(alongside and together with)' 하는 토의에 대한 나의 희망은 정치활동이 민주적 책임성을 갖는 활동가와 관리들에 의해 공공연하게 전적인 공개성 속에서 수행될 때 실현 가능성이 더 높을 것이다. 민주주의가 논리적 주장을 필요로 한다면, 논리적 주장의 문화는 선거, 정당 간 경쟁, 자유언론 등등과 같은 표준적인 민주제도와 관행들에 의해서 고양되고 강화된다. 시민들이 공익을 고려하도록 조장하거나 강제할 수 있을 다른 실천적 장치들(arrangements)이 존재하는가? 이것은 중요한 문제다. 제임스 피쉬킨(James Fishkin)은 최근의 여러 저서에서 이 문제를 매우 창의적으로 다룬 바 있다.10) 그러나 나는 이러한 장치들이 무엇이든 간에 그것들이 나의 리스트에 있는 활동들을 대체할 수 있거나 혹은 대체해야 한다고 생각하지 않는다. 피쉬킨은 공공 정책에 관한 핵심 사안들을 결정하거나 적어도 이에 대한 해결책을 제안하는 업무를 담당할 시민평의회(citizens' juries)를 설치할 것을 주장한다. 이러한 평의회의 구성은 통상적인 형식의 선거정치 대

---

10) 그중 가장 중요한 것은 James Fishkin, *Democracy and Deliberation: New Directions for Democratic Reform*(New Haven: Yale University Press, 1991).

신 과학적 샘플링에 의해 이루어지고, 평의회의 회합에서는 합리적 토론이 통상적인 형태의 정치적 논쟁을 대체할 것이라는 것이다. 그러나 이 예는 토의 민주주의의 핵심 문제를 떠올리게 한다. 즉, '토의 그 자체'는 데모스(demos)를 위한 활동이 아닌 것이다.11) 내 말은 일반인이 이성적 사유 능력을 가지고 있지 않다는 말이 아니다. 다만 그들이 1억, 아니 100만 혹은 10만 명만 되더라도 그들이 진정한 의미에서 '함께 이성적으로 논의하는 것(reason together)'이 가능하지 않다는 말이다. 그리고 [이러한 토의 참여 때문에] 그들로 하여금 그들이 함께 할 수 있는 일들을 외면하게 만드는 것은 큰 실수일 것이다. 그렇게 되면 이미 확립된 부와 권력의 위계질서에 대한 어떠한 효과적이고 조직적인 저항도 사라지게 될 것이기 때문이다. 이러한 외면의 정치적 결과가 무엇인지는 쉽게 예측할 수 있다. 그러한 외면은 외면한 시민들로 하여금 그들이 아마도 승리하기를 원하고 또 당연히 그 승리를 필요로 하는 싸움들에서 지게 만들 것이다.

다음 강연에서 나는 여기서는 단지 암시만 한 주장, 즉 다수의 사람들의 열정적 참여가 민주적 그리고 평등주의적 정치에 필수적이라는 주장에 대해 상론할 것이다. 자유주의 이론가들이 항상 우려하였고 그에 대해 대개는 눈살을 찌푸렸던 것이 바로 정치적 열정이다. 그리고 그들이 그럴 만한 이유가 없었던 것은 아니다. 그러나 열정 없는 정치는, 다음 강연에서 보게 되겠지만, 그것대로 위험들을, 그중에서도 특히 패배의 위험을 지니고 있다.

윤형식 옮김

---

11) 평의회의 목적이 정치 영역에서 이미 토론되고 있는 아이디어들과 제안들의 혼돈에 그들 자신의 결론을 단순히 덧붙이는 것이라면, 평의회는 '싱크탱크'와 대통령 보좌위원회가 유용한 것과 똑같은 방식으로 유용하다. 그러나 평의회가 어떤 종류든 민주적 권위를 가질 것이 요구된다면, 그리하여 표본(the sample)이 모집단(母集團, the sampled)을 대체한다면, 그런 평의회는 위험하다.

정치와 이성 그리고 열정

I.

오늘날 민족주의, 주체성 정치 그리고 종교적 근본주의에 관한 이론적 논의의 배후나 그 중심에는 감추어진 문제가 놓여 있다. 그것은 열정의 문제다. 이들 현상에 대한 반대자들은 강렬한 미사여구나 무분별한 약속 그리고 정치 영역에서 열정적인 사람들의 출현과 관련되어 있는 자신들을 향한 분노에 대해 걱정하고 있다. 이들 반대자들은 열정을 집단 동일화와 종교적 신념과 결부시키는데, 이 두 가지는 모두 자신들의 이익에 대해 합리적인 설명으로는 예측될 수 없고, 또 합리적으로 방어할 수 있는 일련의 원리에 따르지 않는 그런 방식으로 행동하도록 사람들을 유도한다.

이익은 협상될 수 있고 원리는 논의될 수 있다. 그리고 협상과 논의는 정치적 과정으로서 원리적으로나 실제적으로 이 과정에 참여하는 사람들의 행위에 한계를 부여한다. 그러나 이런 견해에 따르면 열정은 한계를 모르며, 자기 앞에 있는 모든 것을 삼켜버린다. 모순과 갈등에 직면해서 열정은 폭력적인 해결을 향해 가차 없이 압력을 가한다. 적절하게 이해된 정치, 즉 합리적이고 자유로운 해석에 따를 때의 정치란 침착한 숙고의 문제이거나 또는 지난 두 번째 강의의 주장이 부분적으로 용납된다면 상호 적응, 계산된 교환, 조절과 절충의 문제다. 이와 반대로 열정이란 항상 충동적이며 중재하기 어려운 이판사판의 문제다.

그러나 우리들 자신을 포함해서 이 세상 여러 곳에서 많은 사람들은 정치적으로 관여할 뿐만 아니라 그 일에 아주 열정적이다. 그 광경이 종종 섬뜩할 정도로 놀랍다. 나는 그 공포 또는 두려움을 부인하고 싶지 않다. 그 공포와 두려움은 단지 '협상 결렬', '논의 중단', '화난 지도자들 위원회 탈퇴'같이 자주 신문에 실리는 기삿거리 같은 것은 아니다. 또 그것은 경제적 이익이나 정치적 원리보다는 정체성(identity)과 신앙의 깃발 아래 너무도 많은 사람들이 거리 행진을 하는 것과 같은 것도 아니다. 열정은 또한 서로 죽고 죽이는 인종 간의, 종교 간의 갈등을 위해 동원되기도 하는데, 그것은 결국 '인종청소', 강간 그리고 대량학살이라는 끔찍한 잔인성으로 인도한다. 열정은 '만인에 대한 만인의 투쟁' 같은 그런 전쟁을 일으키는 데 기여하지는 않는다. 왜냐하면 홉스가 말하는 이런 전쟁은 보편적인 불신과 공포로부터 생긴 합리적인 활동이기 때문이다. 오히려 어떤 사람에 대한 어떤 사람의 전쟁, 어떤 집단에 대한 집단의 전쟁을 일으키는 데 기여하며, 그 순수한 증오심이 (전쟁을 일으키는) 살아 있는 힘의 구실을 한다.

우리는 이 모든 것을 어떻게 이해해야만 하는가? 우리가 그것을 어떻게 이해하고 있는가를 물음으로써 나는 이 글을 시작하려고 한다. 정치적 삶에 있어서 열정의 자리에 대해 우리 마음에 떠오르는 모습은 무엇인가? (말하자면 보스니아나 르완다의 모습을 보면서) 현대 자유주의 지식인들, 학자들, 사회·정치 이론가들, 언론인들 그리고 해설자들 사이에서 가장 일반적으로 떠올리는 모습은 윌리엄 버틀러 예이츠의 시 '재림(The Second Coming)'의 유명한 구절에 가장 잘 나타나 있다.[1]

만물이 떨어져 나가, 중심이 지탱할 수 없다.

---

[1] *Selected Poems of William Butler Yeats*, ed. M. L. Rosenthal(New York: Macmillan, 1962), pp.91-92.

완전한 무질서 상태가 세상에 풀어진다.
피로 흐려진 조수(潮水)가 풀어져, 사방에서
순결의 의식이 익사한다.
선한 자는 모든 신념을 잃고, 반면 악한 자는
정열적 강렬성으로 넘쳐 있다.

나는 오래전에 위에서 인용된 구절들을 처음 들었는데, 그때는 1940
년대 후반이거나 매카시(McCarthy) 선풍이 불던 1950년대 초반이었다.
내가 제대로 알기 전까지 나는 예이츠가 현대 미국의 시인이라고 상상
했다. 그가 나 자신의 시대에 대해 노래하고 있는 것처럼 보였고 그것이
곧 그의 시대였다고 생각했다. 나는 종종 시라는 것이 그와 같은 공명을
일으킬 것이라는 것에 대해 의심했다. (예이츠의 시는 프린스턴에서, 나
치로부터 망명 온 에리히 칼러(Erich Kahler)에 의해 독일어로 번역되었
으며, 그는 이런 반향을 불러일으켰다.2)) 그래서 나는 이 시를 텍스트로
이용하려고 한다. 나는 정치에서의 열정에 대해 이해하려고 노력할 것
이며, 예이츠의 시 구절이 담고 있는 의미와 충격적 감동 효과를 생각하
면서 이해할 것이다. 그러나 나는 또한 예이츠가 말하는 '선한 자'와
'악한 자'라고 부르는 사람들이 이 세상에서 실제로 출현한 것에 대해서
도 계속 주목할 것이다.

예이츠는 그런 사람들의 출현에 대한 설명을 암시하고 있으며, 또는
더 나아가서 선한 사람들에 속한다고 생각하는 우리 같은 사람들이 특
징적으로 자기비판적이라는 설명을 암시하고 있다. 우리가 바로 중심을
지탱할 수 없는 그 이유이며, 잘못은 우리 자신의 도덕적, 지적 나약함
에 있다. 우리는 우리의 이익과 원리에 대한 신념을 잃어버렸다. 그래서
우리는 다른 사람들의 "정열적인 강렬함"에 맞서서 극복할 수 없게 되
었다. 우리와 그들 사이의 구분은 분명하다. 우리는 교육받았으며, 지적
이고 자유롭고 그리고 합리적인 사람들이다. 우리들의 신념이 강할 때

---

2) William Butler Yeats, *Ausgewahlte Werke*(Zurich: Coron-Verlag, 1971),
p.135. 나는 마르티나 케셀(Martina Kessel)의 참조로부터 도움을 받았다.

사회 전체도 강하게 된다. 세상이 뜻이 통할 때, 질서가 이해되고 정의가 옹호될 때, 공동의 예의범절이 확산될 때 우리는 중심을 구성할 수 있고 모든 무질서를 억제할 수 있다. 열정은 타자와 관련되어 있으며, 중심이 붕괴되었을 때 깊은 심연으로부터 끓어오르는 "피로 흐려진 조수"와 같다. (여기서의 혼합된 은유는 예이츠의 것이 아니라 나의 것이다.) 어떤 주어진 순간에 그 바닷물을 확인하거나 또는 적어도 그것을 가리키는 일은 쉽다. 사회적 분석은 항상 더 논란거리가 되며, (예이츠의) 시는 우리가 아마 할 수는 없을지라도 그 바닷물을 되돌리는 데 필요한 신념을 우리가 불러일으켜야만 한다는 것을 암시하고 있는 것처럼 보인다. 아마도 예이츠 자신은 내가 방금 그 시 구절을 읽었던 것처럼 자신의 시 구절이 읽히기를 의도하지 않았을 것이다. 예이츠의 시를 아일랜드 정치와 예이츠 개인의 세계 역사적 신화의 문맥 안에다 놓은 이보르 윈터스(Yvor Winters)의 설득력 있는 해석에 따르면, 예이츠가 마음속으로 "악한 자"라고 표현한 사람들은 더블린의 정치가들이었다. 이들은 1916년 부활절 소요 이후 아일랜드에 민주주의 국가를 세우고 자신들이 그 우두머리를 차지하려고 시도한 사람들이다. (이 시는 1919년이나 1920년에 쓰였다.) "선한 자"라는 말은 순전히 문자적인 의미에서 오래된 영국계 아일랜드 귀족들로서 이들은 그 어려운 시기에 통제하려는 의지가 결여된 사람들이었다.3) 그러나 그 시의 핵심은 이들의 허약함을 비판하는 데 있지 않다. 왜냐하면 악한 자의 승리는 인류 역사를 형성한다고 예이츠가 믿었던 여러 가지 위대한 주기적인 변화 가운데 하나를 위해 그 길을 여는 데 필수적이기 때문이다. 시의 제목을 설명하는 마지막 구절에서 "태어나려 베들레헴 쪽으로 웅크려 걸어오고 있는 짐승"은 새로운 시대와 새로운 야만성을 알리는 표시이며, 이것으로부터 새로운 귀족정치가 탄생할 것이라 말하고 있다. 정열적인 강렬함은 그 과정을 앞으로 나가게 하기보다는(예이츠는 분명 위그당원이나 진보적 신화주의자는 아니었다) 파괴와 재생으로 향하게 했다.

---

3) Yvor Winters, *Forms of Discovery: Critical and Historical Essays on the Forms of the Short Poems in English*(Alan Swallow, 1967), pp.213-214.

시인의 의도에 대한 서술이 옳든 그르든 독자들은 저자의 의도에 얽매일 필요는 없으며, 나 또한 여기서 그렇게 되지 않을 것이다. 그것은 시가 우리에게 주는 의미가 아니다. 다시 특징적으로 말해서 우리는 시에다 도덕적이고 정치적인 의미를 부여하는데, 이것은 무엇보다도 정열적인 강렬함을 비난하고 신념의 실패에 대해 개탄하는 데 기여한다. 이것이 시의 의미이며 좀 더 낮게 말해서 내가 검증하고 비판하고자 하는 시의 효용이다.

먼저 개념들이란 거꾸로 바꿀 수 있는 것이 아니라는 점에 주목하자. 이 글에서 인용된 시는, '만약 악한 사람들이 모든 신념을 결여하고 있으며, 선한 사람들이 정열적인 강렬함으로 가득 차 있다면 그것은 좋은 일이다'를 암시하지는 않는다. 이 시에서 한편으로는 선함과 신념을, 다른 한편으로는 악함과 감정을 결합하는 것은 그러한 개념들의 표준적인 양극화된 의미에서 나온 것이다. 나는 단순하게 선한 사람이 되는 것과 신념을 가지는 것이 어울린다고 말하고 싶지는 않다. 선한 사람과 신념이 없는 것이 어울리는 경우도 있다. 회의주의, 아이러니, 의심, 마음의 비판적인 경향 등 이 모든 것들도 선한 사람을 나타내는 징표들이다. (비록 예이츠는 아마도 이런 것들을 귀족주의적 퇴폐성의 상징으로 생각했을지 모르지만.)

신념을 갖는다는 것은 훌륭한 일이나 그 신념에 대해 너무 확신하지 않는 것 역시 훌륭한 일이다. 이런 생각에 따르면, 선한 사람이란 참된 신자가 아니거나, 정통파의 일원이거나, 이념적으로 올바른 분파주의자다. 왜냐하면 정열적 강렬함이 바로 거기에 있기 때문이다. 신념 안에도 어떤 정치적 허약함은 내재되어 있는데, 왜냐하면 신념은 이성에 근거를 두고 있으며 그래서 항상 비판과 반론에 대해 개방적이기 때문이다. 도덕적 신념이 귀족들에게는 타고난 것일 수 있다. 그러나 그것은 또한 그들이 끊임없이 자신들이 해야만 하는 일에 대해 걱정할 때, 그리고 내가 다른 논문에서 인용했던 셰익스피어의 말처럼 그들의 신념이 "사색의 창백한 병색이 그늘져" 있을 때 그들의 고귀한 자질을 나타내는 한 상징이기도 하다. 그러고 나서 이번엔 우리가 리더십에 대한 그들의 능

174

력에 대해 걱정한다.

반대로 악한 사람들은, 특히 종종 그러하듯이 그들이 지식인들일 때 신념을 전혀 가지고 있지 않고 오히려 믿음, 교설, 독단 그리고 이데올로기를 가지고 있다. 이것들 모두는 그들에게 확실성을 추구하도록 하며, 그것이 투쟁적일 때 확실성 추구는 정열적이며 강렬하다. 추측건대, 악한 자의 정열적 강렬함은 고집불통이나 편견처럼 종종 비지성적이거나 반지성적인 용어들로 표현된다. 그러나 이런 용어들도 역시 교설의 산물이다. 한 집단의 구성원들은 중심을 무너뜨리고 '피로 흐려진 조수가 풀어지게 하는' 그런 방식으로 다른 집단의 구성원들을 미워하지 않을 것이다. 만약 그 두 번째 집단이 몇 가지 기원적으로나 계보학적으로 열등하다는 설명, 즉 말하자면 그 집단의 범죄에 대해 역사적인 설명을 통해 독설적인 말들로 비난받지 않는다면 그러할 것이다. 정열적인 강렬함과 무지를 연관시키는 것은 흔한 잘못이다. 사실 악한 자들은 항상 최소한 반쯤은 교육받은 사람들이다. 그들은 우리가 쁘띠부르주아지(저급한 유산자 계급)의 지적인 삶이라고 생각할 수 있는 것들을 만들어낸다. 그들은 학구적인 신념을 가지고는 있으나 회의주의자들은 아니다. 또는 달리 말해 그들은 선한 자들에 대한 소박한 겸손조차 결여하고 있는데, 선한 자들이란 자신들이 틀릴 수 있다는 것을 가슴 깊이 생각하며, 그럴 가능성에 대해 오랫동안 반성을 통해 가치의 양면성 인정과 관용의 덕목들을 획득한 그런 사람들이다.

따라서 악한 자들이 이성을 결여하고 있다는 것이 문제가 아니라 그들의 이성이 신앙과 독단에 의해 왜곡되어 있다는 것이 문제다. 반면 선한 자들의 이성은 의심 또는 겸손으로 알맞게 조절되어 있다. 정치적 결과는 예이츠가 그린 바 그것이다. 악한 자들은 자기 확실성에 대한 용기를 소유하고 있으며, 선한 자들은 기껏해야 자기 불확실성에 대한 용기를 가질 뿐이다. 이들 사이의 정치적 경쟁은 불공정하게 되어 있다.

그러나 그것이 항상 불공정한 것은 아니다. 예이츠의 시는 지금, 여기라는 우리 시대의 현재를 그리고 있으며, 그 시는 우리가 어떤 역사적 과정(그것이 반드시 예이츠가 말하는 순환은 아니지만)의 어떤 후대에 살고 있음을 암시하고 있다. '중심이 지탱할 수 없다'는 외침은 때가 늦었음에 대한 한탄이다. 그 중심이 지탱할 수 있었을 때 우리는 그것이 중심이라는 것을 알지 못했다. 나는 그 앞선 시대를 정확하게 어떻게 기술할지 모른다. 그러나 그 시대에 대한 표준적인 설명이 온전히 환상적인 것은 아니다. (앞선 시대의) 악한 자들은 무지하며, 그 무지 때문에 수동적으로 종속적이었다. (그래서 오늘날의 악한 자들보다 더 낫다.) 본능적으로 과거의 악한 자들은 자신들의 처지를 알고 있었다. (앞선 시대의) 선한 자들은 아직 의심을 통해 알맞게 조절되어 있지 못했는데, 그 이유는 신이나 자연 또는 역사에 대한 믿음 때문이 아니라 자신들에 대한 믿음 때문이었다. (따라서 안정적인 중심과 젊지만 확립된 귀족주의를 결합시키는 예이츠적인 신화 안에는 무엇인가 진실이 담겨 있다.) 그 당시 악한 자들은 겸손했으며, 선한 자들은 자심감이 있었다.

II.

이것이 바로 예이츠의 시가 일깨우거나 환기시키기 위해 사용될 수 있는 그림이다. 특히 예이츠 자신은 우파로부터 멀리 떨어져 있는데도 그의 시를 자유주의 정치 이론과 어떤 방식으로든 결합하는 것은 이상하게 보일 수 있다. 그러나 이것이 바로 내가 하고자 하는 바이다. (나는 나중에 좀 더 기본적인 자유주의적 견해로 다시 돌아올 것이다.) 비록 자유주의는 모든 사람들이 합리적인 의사 결정의 민주적인 과정에 참여할 수 있는 때를 기대하지만 그에 대한 불안과 열정에 대한 비난은 낡은 정치적, 철학적 전통에 묶이게 만든다. 이런 낡은 전통 안에서 계몽된 소수는 우글거리는 비합리적인 대중들을 불안하게 쳐다보며, 그들이 수동적이고 공손하고 정치적으로 무감각하게 되는 때를 꿈꾼다. 예이츠가 말하는 '정열적인 강렬함'은 예를 들어 데이비드 흄의 '열광주의'에 대한 비판을 생각나게 한다. 흄은 자신의 저서 『영국사』에서 17세기 개신교 분파들과 열광주의를 동일시했다.4) 흄은 이성이 감정의 노예라고

---

4) 열광주의(또한 종교에 대한 열의, 광적인 신앙 등)에 대한 비판은 대략 『영국

믿었지만 종교적 열정은 합리적인 사람이라면 거부할 것이 기대되는 그런 열정의 하나라고 말하고 있다. 이런 전통에서 볼 때 (흄은 자유주의적 해석을 암시하고 있기 때문에 유용하다) 어떠한 강력한 감정적인 헌신은 위험한 것으로 간주되며, 정신적 수양, 예술적인 성취, 그리고 우리가 도덕적 은혜라고 부를 수 있는 덕목들, 즉 군자와 학자를 위한 참된 덕목들을 허용하는 사회적 안정과 정치적 질서에 위협이 된다. 의심할 바 없이 이런 덕목들은 그 자체의 역사를 가지고 있는데, 나는 여기서 이 문제에 대해서는 추구하지 않으며, 대신 그 덕목들이 수행한 역할에 대한 논의, 즉 대중적 종교와 정치적 급진주의의 출현에 대응해서 생겨난 논의에 대해 초점을 맞추려고 한다.

"만물이 떨어져 나가, 중심이 지탱할 수 없다"라는 예이츠의 강렬한 구절은 존 단(John Donne)의 초기 시 구절을 후에 다시 읊은 것이다.[5]

> 모든 것은 조각나고 모든 일관성은 사라졌다.
> 모든 것은 단지 대신하는 것, 모든 것은 관계일 뿐이다.
> 왕자, 백성, 아버지, 아들 모든 것은 잊히는 것들일 뿐이다.

이것이 바로 "새로운 철학이 모든 것을 의심하도록 요구할 때" 따라 나오는 것이다. 비록 사회적 위계질서를 "망각"하라는 것이 과학혁명에 대해서는 아니지만 개신교 급진주의에게는 하나의 암시일 수 있을지라도, 이 시에서의 주장은 예이츠의 것보다 더 지적이다. 과학혁명과 개신교 급진주의 양자는 "소모열이 온 세상의 모든 실체를 쥐고 있다"라고 후에 그의 「첫 번째 기념일(First Anniversary)」에서 말하고 있듯이 존 단에게는 서로 결합되어 있다. 존 단은 런던의 거리에 가득한 "피로 흐

사』 50장 이전에 전반적으로 나타난다. 다음 연구를 참조. David Miller, *Philosophy and Ideology in Hume's Political Thought*(Oxford: Clarendon Press, 1981), pp.57, 103, 116-117, 151.

5) *Complete Poetry and Selected Prose of John Donne*(New York: Modern Library, 1941), pp.171-172(*An Anatomy of the World: The First Anniversary*, 1611).

자유주의를 넘어서_ 마이클 왈쩌 177

려진 조수"를 볼 수 있을 만큼 살지는 않았으나 모든 것이 떨어져 나가고 세계가 조각나는 것은 특별한 경험이다. 이것이 이 시들이 일깨우거나 환기시키기 위해 사용될 수 있는 점이다. '소모열', '열광주의' 그리고 '정열적인 강렬함'들은 평범한 다른 사람들의 (또는 그들과 유기적인 관련이 있는 지식인들의) 징표다. 이들 시에서 보통으로 이해된 말은 낮은 계급을 지시하나 그것은 나중에 쉽게 교구민, 노예화된 종족 그리고 정복된 민족들로 변환될 수 있다. "피로 흐려진 조수가 풀어지는 것"은 그러한 집단들이 반항할 때이며, "순결 의식", 즉 모든 공통의 예의 바름, 축하 그리고 종교적인 의식들 — 이들을 통해 사회적 통합력이 일어난다 — 은 홍수 속으로 익사하고 만다.

이 주장은 그 자체로 분명하게 호소하는 바가 있다. 왜냐하면 그 안에는 명백한 진실성을 담고 있기 때문이다. 청교도들의 억압, 프랑스 혁명주의자들의 위협, 스탈린주의자들의 숙청, 나치의 인종 학살, 현대 민족주의자들의 집단 학살과 추방 등은 과거나 현재는 모두 정열적으로 강렬한 사람들의 작품이었다. 그리고 그들의 정열은 악한 자의 것이었다: 독단적인 확실성, 성냄, 부러움, 분노, 고집불통 그리고 미움이 아닌가. 위에서 말한 사건들에서 온건주의자들의 실패는 최소한 그들의 자유주의적 신념과 신념의 결여(이 둘은 결국 같은 것이다) 그리고 그들의 자기의심과 무엇인가 관계가 있다는 것을 누가 의심할 수 있는가? 우리가 정치적 열정을 제거하고 마음과 정신의 더 나은 성질들, 즉 정치적 영역에서 어떻든 승리라고 말할 수 있는 합리성, 회의주의 아이러니 그리고 관용 등을 만들 수 있는 어떤 방법을 모색해야만 한다는 것이 자연스럽지 않은가?

열(heat) 대신에 빛(light)으로 바꾸어야 한다. 만약 그것이 가능하기만 하다면 그렇게 하는 것이 좋을 수 있다. 그러나 그것은 가능하지 않다. 왜 그런지를 이해하기 위해서 우리는 정치적 삶의 현실에 대해 생각해야만 한다. 사실 테러리스트와 살인자들은 종종 신념의 소유자들이다. 그들의 지적인 수준이 어떠하든(대개는 낮지만) 그들은 종종 지적인 삶을 사는 귀족주의자들로부터 배운다. 칼뱅, 루소, 마르크스 그리고 니체는 모두 제자로 인정되는 것을 싫어하는 사람들에 의해 장황하게 인용되어왔다. (이 지적인 귀족들은 열정의 호소로부터 면역된 것은 아니다.) 그리고 동시에 테러리스트나 살인자들의 정열적인 강렬함은 최소한 때때로 그들의 가장 영웅적이고 유능한 반대자들과 어울린다. 반대하는 것이 전혀 두렵지 않다면 그런 종류의 감정적인 연대성이 존재할 필요도 또 기회도 없을 것이다. 그러나 대부분의 정치가 그러하듯 쟁취하려는 목표가 높을수록 반대와 갈등, 불일치와 투쟁은 존재한다. 정치라는 것이 본질적으로 무엇인지에 대해 말하고 싶지는 않다. 나는 그 어떤 것에 대해서도 본질주의자의 정의를 내려본 적이 없다. 그러나 나는 갈등이 없는 정치를 상상할 수 없음을 인정한다. 비록 어느 누구와도 불일치란 있을 수 없다고 가장하는 중도파 정치인들을 내가 볼 때라도 그러하다. 물론 쟁취하려는 목표를 완전히 없애는 것이 아니라 낮추는 일 — 이렇게 하는 일은 좋은 일이다 — 은 가능하다. 사람의 정부를 (어떻게 관리되든 아무런 목표가 없는) '사물'들에 대한 관리로 전환할 것을 요구하는 엥겔스의 유명한 주장은 내가 볼 때 하나의 반정치적 환상으로 보인다.[6] 의심할 바 없이 관리자들은 자신들의 합리적인 신념에 잘 따르며, 그들의 관리 수행 능력은 사소한 아이러니와 자기 의심을 통해 개선될 것이 틀림없다. 그러나 정치적 행동주의자들은 좀 더 정열적으로 관여되어야만 한다. 그렇지 않다면 그들은 정치적 권력을 쟁취하기 위한 모든 투쟁력을 상실하게 될 것이다. 이것이 정치에 관한 한 일반적인 사실이다. 그러나 정치란 낡은 사회의 위계질서가 도전을 받거나, 일관성이 흔들리거나 세계가 분해될 때는 어느 시대나 특별한 힘을 지닌다. 왜냐하면 도전을 하게 하는 것은 다수의 사람들이 가지는 정열적인 강렬함이기 때문이며, 한번 도전받게 되면 '순결의 의식', '공정한 관계' 그리고 달콤한 합리성은 오직 한계적 가치만을 지닐 뿐이기 때문이다. 그들은 새로운 질서를 세우지 않을 것이며, 사람들에게 개혁과 재건을 위해 요구되는 규율을 용납하도록 유도하지 않을 것이다. 에머슨(Ralph Waldo Emerson)이 말했듯이 "열광주의 없이는 어떤 위대한 것도 결코

---

6) Friedrich Engels, *Anti-Duhring*(Chicago: Charles Kerr, 1935), p.292.

성취되지 않는다."7) 이 말은 경험적으로 증명이 가능하며, 그 증거는 압도적이다. 불행하게도 끔찍한 성취 역시 열광주의를 필요로 한다는 것도 똑같이 사실이며, 그 증거 역시 압도적이다.

이 이중적 진리는 목적적 행위로서의 정치에 내재되어 있는 위험을 나타내준다. 참으로 위험은 또 다른 이중성을 반영한다. 이성 역시 위대한 성취와 끔찍한 성취 모두에서 일정한 역할을 수행한다. 모든 정치적, 사회적 진보는 그 밖에 요구하는 것이 무엇이거나 간에 합리적인 설득을 요구한다. 무지하고 비합리적인 대중들에게 어떤 대가를 치르고서라도 합리적인 질서를 세우려는 솟구치는 야심은 또 다른 형태의 폭력과 살인을 불러일으킨다. 만약 정열적인 행동가들이 종종 철학을 인용한다면, 마찬가지로 철학자들도 정열에 휩쓸린다. 이들 집단들의 구성원들은 때때로 선한 군대에서 봉사하기도 하지만 또 때로는 그 반대편에 서기도 한다.

의심할 바 없이 정치의 위험성은 무모하게 증대될 수 있거나 또는 조심스럽게 감소될 수도 있다. 그러나 한 집단이 선한 것일 수도 있고 악한 것일 수도 있는 거대한 성취에 대한 희망을 포기하지 않는 한 그 위험성을 모두 피할 수는 없다. 이것이 바로 내가 생각하기에 신념과 열정, 이성과 열광이 근본적으로 분리되었을 때, 그리고 이 양분(兩分)이 곧 중심을 지탱하는 것과 분해의 혼돈이라는 구분에 고착되었을 때 일어나는 바로 그런 일이다. 그 결과는 위험 회피의 이데올로기이며 싫든 좋든 현 상태에 대한 수호다. 그것은 특별한 이데올로기이며 수호에 성공할 것 같지 않다. 왜냐하면 그것은 거의 당연히 충분한 영감을 제공할 수 없기 때문이며, 사람들을 행동하도록 감동시킬 수 없기 때문이다. 행동을 위해서는 단지 사물들이 과거에 존재했던 방식에 대해 슬픈 반성을 하기보다는 현재 존재하는 방식에 대한 정열적인 애착이 요구된다. 반성이란 성공을 위한 계획이라기보다는 실패에 대한 변명이다. 내 생

---

7) Ralph Waldo Emerson, "Circles", *Essays: First Series*, in *The Complete Essays and Other Writings*, ed. Brooks Atkinson(New York: The Modern Library, 1940), p.290.

각에 바로 이것이 위에서 인용된 시들이 왜 비탄조로 쓰이고 또는 읽혀야 하는지 그 이유를 설명해준다. 현 상태는 오직 회고할 때에만 옹호되며, 결국 결합력은 사라지고 사물들은 이미 떨어져나가 버렸다. 마치 정열적인 강렬함의 결과가 얼마나 끔찍한지를 보라고 말하는 것 같다. "피로 흐려진 조수"가 풀어지지 않은 것이 더 낫지 않겠는가라고 말하는 것 같다.

"피로 흐려진 조수"라는 이 구절을 나는 여러 번 반복해서 말하고 있다. 왜냐하면 이 구절은 시를 이해하는 핵심 열쇠는 아니지만(내가 열쇠를 가지고 있다고 주장하지는 않는다) 그 시가 그리고 있는 세계관을 이해하는 데는 핵심 열쇠이기 때문이다. 예이츠가 그 조수를 어떻게 상상했는지 나는 말할 수 없다. 그러나 우리가 그것을 어떻게 상상하는지 나는 알 수 있다. 그 조수는 군중을 말한다. 그리고 그 구성원들의 피가 흐려진 것이 아니라 그 피가 흐리게 만들고 있다. 그들의 피는 가라앉지 않고 위로 치솟으며, 따라서 그들은 흥분하고, 정열적이고, 그들의 적이 흘리는 피를 바라본다. 우리는 열광주의에 흠뻑 빠진 군중, 즉 성내고 분노하고 시기심 많은 대중, 종교적인 광신자들, 혈통과 영토에 근거한 민족주의자들을 상상할 수 있다. 이들 가운데 악한 자는 선동가들이 으뜸인데, 여기서 이들은 냉소적인 조종자 또는 마키아벨리의 군주가 아니라 그들이 이끄는 사람들의 열정을 충분하게 공유하는 그런 사람들로 이해된다. 이것이 정열적인 강렬함이 의미하는 바이다. 감정은 순수하며, 그렇기 때문에 그렇게 위협적인 것이다.

이제까지의 이야기는 적대적인 해석이었다. (이성의 위험성에 대해서는 아니지만) 열정의 위험성에 초점이 맞추어진 이야기였다. 이제 확고하게 세워진 사회 질서에 실제로 도전을 했던 그런 사람들에 대해 생각해보자. 조합 결성의 권리를 위해 시위를 벌였던 19세기의 노동자들, 가로등에 자신들의 몸을 묶고 경찰을 공격했던 20세기 초반 영국의 여성 운동가들, 1960년대 미국 남부에서 그리고 1970년대 북아일랜드에서 시민의 권리를 위해 행진을 벌였던 사람들, 1989년 프라하의 거리를 점령했던 '조용한' 혁명가들을 생각해보자. 이것은 분명 설득력 있는 사례들이다. 그러나 이 모든 경우들 가운데는 자신들이 보고 있는 것을 피로 흐려진 조수(군중)라고 생각하며 단지 관망만 하던 사람들이 있었음에 틀림없다. 그들은 잘못이었으며, 열정/신념의 이분법이 위의 사례들 경우에 아무런 의미를 가질 수 없다는 것을 나는 단호하게 말하고 싶을 뿐이다. 우리가 그들에게서 볼 수 있는 것은 열정에 의해 힘을 얻은 신념과 신념에 의해 억제된 열정이다. 이것은 재미있자고 하는 말이 아니라 이분법의 부정을 말하는 이야기가 아닌가? 노동자, 여성운동가, 시민권 운동가들 또는 1989년 혁명의 운동가들보다 훨씬 호소력이 못 미치는 지도자들이나 추종자들에 대해서도 똑같은 이야기가 말해질 수 있다. 진실로 이것은 사실 이야기다. 빈정대고 우유부단하고 햄릿같이 온건한 사람과 정열적이고 피에 굶주린 군중들이 역사적 기록 속에 나타난다. 그러나 선하고 악한 많은 종류의 조직된 정당들이나 운동들은 훨씬 흔한 일이다. 정치란 대부분 항상 불안정하게 결합된 신념과 열정, 이성과 열정을 소유한 사람들과 관계가 있다. 이들 사이에서 우리가 짓는 구분, 그리는 경계선, 선택하는 편들은 예이츠의 이분법에 의해 결정되는 것이 아니라 이들이 추구하는 다른 목적들, 추구하면서 택하는 다른 수단들, 그리고 그들이 서로에 대해 관계하는 다른 방식들에 의해 결정된다. 우리가 한 번 선택했을 때, 왜 우리는 정열적인 강렬함으로 가득 차 있으면서도 우리가 반대하는 사람들은 잃어버린 신념에 의해 시달리는 그런 세계를 희망해서는 안 되는가?

III.

나는 이제 정치에 있어서 열정에 대한 다른 이야기를 하고자 하는데, 그것은 훨씬 분명한 자유주의적 연관성을 가지고 있으며, 아직 완성되지는 않았지만 자유주의 이론가들이 열정들 또는 최소한 몇 가지 열정을 가지고 다룬 도덕적, 심리적 적응에 대한 것이다. 이 두 번째 이야기는 앨버트 허쉬먼(Albert Hirschman)의 『열정과 이익(*The Passion and the Interests*)』 그리고 허쉬먼이 자신의 책 끝머리에서 생각나게 한 조지프 슘페터(Joseph Schumpeter)의 제국주의 이론으로부터 암시받았다.[8] 비록 그 용어들이 여전히 극단적으로 이분법적이지만 그것들은 예증하기 위해 내가 예이츠의 시를 이용하면서 제기한 논증에서 반영된 것과는 더 다르게 사회학(또한 아마도 계급 이익)을 반영하기 위해 다시 고쳐 쓰이고 있다. 그 논증은 서로 나란히 반대되는 두 쌍의 사회적 세계를 묘사하고 있다.

신념 / 열정
귀족 / 평민
계몽된 소수 / 피로 흐려진 조수

이 대안적인 논증은 열정을 전쟁이나 전쟁 같은 행위와 연결시킴으로써, 그러고는 역사적인 정당성이 결국은 전쟁에서의 승리에 바탕을 두고 있는 귀족정치와 정확하게 연결시킴으로써 시작하고 있다. 이상적인 귀족주의자는 용기를 드러내고 명예와 영광을 추구하는 일에 헌신적이며, 이런 가치들은 군사적으로 승리하는 동안 가장 잘 실현된다. 이상적으로 귀족주의자들은 악마와 맞서서만 싸운다. 이들은 위험에 빠진 무고한 사람들을 구하며, 자신들의 조국을 방어한다. 그러나 실제로 그들의 영웅적인 충만함은 공격과 정복을 위한 전쟁으로 넘쳐흐른다. 그래서 슘페터는 귀족주의적인 가치들이 제국주의 정치의 한 근원이라고 주장하고 있다. 플라톤의 수호자들(guardians)처럼 귀족주의자들은 용감한 사람들임에 틀림없다. 다시 말해 열정적이며 전쟁터에서는 당연히 정열적으로 강렬한 사람들임에 틀림없다. 그러나 이런 강렬함이 외국과의 전쟁에만 국한되지 않는다. 비록 플라톤은 수호자들이 외국에서는 사납지만 국내에서는 부드러운 사람이었으면 하고 희망했지만 귀족주의적

---

8) Albert Hirschman, *The Passion and the Interests: Political Arguments for Capitalism before its Triumph*(Princeton: Princeton University Press, 1977). 다음을 참조. Joseph A. Schumpeter, *Imperialism and Social Classes*(New York: Kelly, 1951).

열정은 또한 시민전쟁을 일으킨다. 심지어 평화 시에도 귀족주의자들은 폭동을 일으키고, 결투를 하고, 자신들의 사회적 약자 위에 군림하려고 한다.9) 허쉬먼은 귀족정치에 대한 이런 견해를 대부분 18세기 문맥 안에서 찾았으나 이미 르네상스 시대 이탈리아의 도시국가들에서도 나타나고 있다. 마키아벨리는 자신의 작품 『로마사 논고(The Discourses)』에서 다음과 같이 말하고 있다. "만약 우리가 귀족들의 목표와 평민들의 목표를 생각한다면, 귀족들은 지배하려는 대단한 욕망을 가지고 있고 평민들은 오직 지배당하지 않고 자유를 즐기면서 살기를 원한다는 것을 우리는 보아야만 한다."10)

귀족들은 위험한 사람들이다. 아마도 귀족주의적인 사람들이 위험하다고 말해야 할 것이다. 종교적이면서 세속적인 도덕적 담론에서 열정과 여성을 보통 동일시함에도 불구하고 여성은 정치적 영역으로부터 아주 근본적으로 배제되어 있기 때문에 정치적 행위와 논증에서 정열적인 강렬함을 실현하는 일은 철저하게 남성이다. 어떤 전(前)정치적 감수성은 종종 여성에게 속한 것으로 보며, 또한 반정치적이며 파괴적인 성 욕구도 여성에게 속한 것으로 남성들은 본다. 그러나 특별하게 정치적 강렬함은 여성에게 속한 것이 아니라고 본다. 이와 대조적으로 최소한 귀족의 적대자들인 상인과 기능공의 입장에서 보면 영광을 추구하는 귀족들의 열정은 지배와 혈통에 대한 (남성적) 욕망일 뿐이다.

이 반대편의 사람은 조용하게 자신의 이익을 추구하고 시장에서 얻을 이로운 점을 계산하며, 소득과 소비를 하며, 자신의 자유를 향유하는 선한 시민이다. 그 시민은 교역과 향유를 위해서는 평화가 요구된다는 것을 잘 알고 있다. 그의 도구적 합리성은 도시 특유의 예의범절과 18세기 작가들이 말했던 "달콤한 장사"를 만들어냈다. 물론 그 시민 역시 열정을 통해 움직이지만 획득하고 향유하고자 하는 열정은 대부분 법과 질서의 통제 안에서 사람들이 행동하도록 유도한다. 허쉬먼이 검토한 그 작품에서 이 열정은 따로 떼어내어 '이익'이라는 의미로 재인식되었

---

9) Plato, *The Republic*, II, 375 참조.
10) Machiavelli, *The Discourses*, Bk. 1, ch. 5.

다. 반면 영광에 대한 열정은 옛 이름을 그대로 유지하며 억제할 수 없는 열광, 강렬함, 그리고 폭력과 같이 낡은 내포된 의미를 유지하고 있다. 허쉬먼이 말하고 있듯이 "돈을 버는 일보다 더 깨끗하게 고용될 수 있는 길이 많다"라고 말하는 새뮤얼 존슨(Samuel Johnson)의 주장은 자본주의의 사회적 결과를 과소평가하는 말이나11) 그것은 나의 두 번째 이야기의 정신을 완벽하게 포착하고 있으며 대안적인 이분법을 제시하고 있다.

전쟁 / 교역
열정 / 이익
귀족정치 / 자본가 계급

여기서 가장 중요한 것은 신념(또는 원리나 도덕적 이성)을 이익으로 자리 바꾸어놓은 일이다. 신념에 관해서는 무엇인가 고결한 것이 있는데 이것이 그 사회적 영역을 한계 짓는다. 내가 이미 암시했듯이 신념과 표준적으로 결합될 수 있는 것은 '선한' 사람들, 즉 이들이 귀족주의 엘리트이거나 지적인 엘리트이거나 간에 소수의 계몽된 사람들이다. 그러나 이익은 더욱 광범위하게 그리고 진실로 보편적으로 소유되어 있다. 우리 모두는 이익을 추구하며, 돈 버는 일에 매여 있고(또는 돈 버는 것을 생각하는 일에 매여 있고), 따라서 우리 모두는 달콤한 장사라는 도구적 합리성의 주체가 되어 있다. 만약 전적으로 신념에 의해 지배되는 정치를 상상하기가 어렵다면 이익에 의해 지배되는 정치는 (상상하기) 쉽다.12) 이것이 실제로 자유주의가 전 세계적으로 취하고 있는 형태다.

---

11) Albert Hirschman, *The Passion and the Interests*, pp.57-59. 다음에서 인용. James Boswell, *Life of Johnson*(New York: Oxford University Press, 1993), vol. I, p.567.

12) 18세기 다른 작가들과 마찬가지로 흄은 "낯선 사람을 향한 자비심" 같은 다른 열정에 대해 인지하고 시인하고 있다. 그러나 흄은, 이 열정은 "너무 약해서 획득에 대한 욕망을 견제할 수 없다"고 주장하고 있다. 이 획득에 대한 열정은 규제될 수는 있으나 대체될 수는 없다. 그것은 경제적, 정치적 삶을 추진시

치열한 형태의 결속이나 투쟁을 배제하면서도 자유주의가 그 자체로 열정과 조화를 이루는 것은 인정되고 있는 이익을 통해서다. 이익을 추구하는 개인들과 경쟁적인 이익집단들의 정치는 갈등을 허용하지만 시민전쟁까지는 하지 않는다. 그리고 이런 정치는 겉으로는 호전적인 열정을 조성하기는 해도 안으로는 한계를 뛰어넘어 제휴하는 열정을 낳기도 한다. 자유주의 저술가들은 이런 정치를 합리적이라 부름으로써 그것을 정당화하며, 실제로 그것은 종종 그러하다. 또 항상 그래야만 한다. "정확하게 이해된 자기이익"이라는 토크빌(Alexis de Tocqueville)의 옹호는 모든 낡은 장식을 가지고 이성/열정의 이분법을 단순히 다시 회복하는 것이다.13)

비록 이상적 담화나 심의 민주주의(deliberative democracy)에 대한 최근의 몇몇 옹호자들이 신념에 대해 더 우호적인 것처럼 보이지만 이익에 대한 적극적 견해는 18세기 이후 자유주의 사상의 표준적인 특징이 되어왔다. 내가 생각하기에 그들은 여전히 이익이 정열적 강렬함에 너무 가깝다고 생각하는 것 같다. 이와 대조적으로 귀족정치와 열정, 특히 폭력적인 열정과의 동일화는 훨씬 짧은 역사를 가지고 있다. 그것은 근대 초기의 계급 전쟁에서 어떤 목적에는 기여했으나, 부르주아적 자유주의의 승리는 그것이 어디에서 일어났건 재빨리 일종의 귀족주의적 변종을 만들어냈다. 귀족들은 전사 대신에 외교관이 되었고, 많은 새로운 입헌정부나 공화정권에서 외교 업무를 담당하게 되었다. 국내 사회에서 그들은 고급문화의 후견인과 고급 취향의 권위자로서 상류사회를 지배했다. 또는 이와는 달리 대중문학이나 때로는 실제 세계에서 그들은 분명 혈통에 대해서는 싫어하면서도 욕망에 의해 내몰린 퇴폐적이고 기생적이고 냉소적인 플레이보이로서 두각을 나타냈다. (플레이걸은 낮은 사회 계층에서 나왔다.) 이때 위험한 열정들은 다른 사회적 위치에

킨다. David Hume, *Moral and Political Philosophy*, ed. Henry D. Aiken (New York: Hafner, 1948), p.61(*A Treatise of Human Nature*, Bk. III, part II, ch. 2) 참조.

13) Alexis de Tocqueville, *Democracy in America*, vol. II, part II, ch. 8, ch. 9 참조.

두어져야 했다.

그러나 오래된 평민주의자의 위치는 이제 경쟁의 영토가 되었다. 왜냐하면 노동자 계급은 합리적인 이익을 추구한다는[14] 이 단순한 진리를 확립하고 따라서 정열적인 강렬함을 다른 곳에 위치시킬 것을 요구하는 것은 마르크스주의의 주요한 성취 가운데 하나이기 때문이다. 비록 마르크스는 노동자들이 그들의 자본가 압제자들에게는 위험하다는 것을 입증하고자 분명하게 희망했음에도 불구하고 그들은 사회적으로 위험하지는 않았다. 원리상, 그리고 사실상 노동자들은 세상을 자유롭게 풀어놓는 무정부 상태가 되게 하지는 않았다. 그들은 자신들만의 사회적 결합 형태를 창출하고자 했으며 자신들의 방식으로 사물들을 함께 지탱하고자 했다. 계급의식은 예나 지금이나 합리적인 수렴의 결과이며, 마르크스주의자 그리고 일반적으로 좌파주의자들은 자신들이 종교와 민족주의를 동일시하는 것은 비이성적인 형태의 열정에 반대하는 증거가 될 것이라고 주장했다. 사실 항상 그런 것은 아니지만 마르크스주의자의 이야기 속에서 종교와 민족주의를 동일시하는 사람들은 노동자 계급 안에서가 아니라 쁘띠부르주아지와 룸펜 프롤레타리아 안에서 가장 열렬한 지지자를 발견할 수 있다.

이런 주장은 최근 정체성의 정치(identity politics)에 대한 좌파 비평가들에 의해 되살아났다. 이들은 주장하기를, 계급은 합리적인 정치적 행위를 가능하게 만들어주는데, 왜냐하면 계급은 공동의 경제적 이익이라는 바탕 위에 사람들을 묶어놓지만 민족성은 출생과 혈통 그리고 이 두 가지가 만들어내는 비합리적인 열정들에 가장 깊게 의지하게 하기 때문이다. 따라서 계급투쟁에 대한 상대적인 억제는 종족분쟁과 비교된다. 계급투쟁에서 다투는 이익들은 항상 절충될 수 있다. 그러나 종족분쟁에서 다투는 이익은 열정 그 자체처럼 타협의 여지가 없다.[15] 이런

---

14) John Elster, *Making Sense of Marx*(Cambridge: Cambridge University Press, 1985) 참조.

15) 대표적인 예로 다음을 참조. Bogdan Denitch, *Ethnic Nationalism: The Tragic Death of Yugoslavia*(Minneapolis: University of Minnesota, rev. ed., 1996).

식의 구분에는 아마 무엇인가 있으며, 이런 비교에도 무엇인가 진리가 암시되어 있으나 그렇게 많지는 않다. 우리는 질투와 분노 그리고 편집증에 의해 충동되고, 숙청과 대량학살, 재판관에 의한 고문과 자의적인 감금, 수용소와 강제노동을 정당화하는 것으로 변질된 계급투쟁을 보아왔다. 그리고 민족해방과 종족과 성(gender)적인 정의를 위한 운동들이 있어왔는데, 이것은 더 큰 세계에다 합리적인 호소를 하고 그들 자신의 행동가들에게 도덕적인 압박을 가한다. 따라서 우리는 우리가 좋아하는 계급 정치와 동일성 정치의 여러 형식들과 우리가 두려워하는 형식들 사이를 더 구분해야 하며, 이익/열정의 이분법은 선/악 이분법보다 그 일을 하는 데 아마 쓸모가 덜할 것이다. 아무튼 선함과 악함에 대한 우리의 감각이 실제로 우리의 판단을 결정하는 것이다.

IV.

그러나 선과 악이 함께 들어 있는 원인들을 살펴봄으로써 만약 우리가 선한 열정과 악한 열정을 동일시한다면, 그리고 만약 우리가 그 원인들을 합리적으로 판단한다면, 우리는 여전히 이성이 우월하다는 생각과 더불어 낡은 이분법을 다시 한 번 회복시키는 것이 아닌가? 아마도 내가 여기서 완수하고자 했던 것은 우리들의 열정적인 삶을 합법적인 세계 안으로 더 들어오게 하는 일이다. 말하자면 획득에 대한 열정이 고결한 태도의 영역으로 상승된 것처럼, 이제 나는 제휴하고자 하는 열정과 투쟁적인 열정을 같은 영역으로 옮겼다. 앞의 것, 즉 늘 탐욕이라고 불렀던 획득에 대한 열정은 시장에서의 행동을 이해 가능하게 만든다. 뒤의 것, 즉 연대성과 적대감은 대부분의 정치적 행위를 설명한다.[16] 그러나 이 모든 것들은 여전히 합리화되어야만 하고, 토크빌이 말했던 것처럼 정확하게 이해되어야 하고 옳은 방향으로 자리매김되어야 한다. 이해나 방향 지시만 가지고는 그것들 스스로 아무런 도움도 제공할 수 없

---

16) Diane Rothbard Margolis, *The Fabric of Self: A Theory of Ethics and Emotions*(New Haven: Yale University Press, 1998), ch. 5 참조.

기 때문이다.

이것이 지금까지 내가 주장하고자 하는 바이다. 열정적인 강렬함은 우리가 돈을 벌 때나 우리가 아군을 선택하고 적과 싸움을 할 때에도 사회 세계 안에서 합법적인 위치를 차지하고 있다. 정치적 열정에까지 합리적인 합법성을 확대하는 것은 최근에 냉정하고 심사숙고한 절차를 구성하는 일에 너무 집착해온 자유주의 이론의 유용한 수정으로 내게 보인다. 이것은 사회적 결합이나 갈등에 대해 더 좋은 설명을 할 수 있고, 또 피할 수 없는 정치적 질문, 즉 '당신은 어느 편인가?'라는 질문에 명백하고 자의식적인 답변을 할 수 있는 방법을 열어준다.

그러나 내 생각에 낡은 이분법은 더 근본적인 거부를 초래한다. 그것은 이성과 열정이 개념적으로 구분될 수 없다는 말이 아니다. 나는 이 강의 내내 그 구분을 해왔다. 그러나 실제로는 항상 엉켜 있으며, 이런 엉킴 자체는 개념적 설명을 필요로 한다. 따라서 이성과 열정 사이의 경계선을 흐리게 하고, 어떤 열정들을 합리화하고 이성을 감동시키는 일이 나의 포부다. 우리의 느낌들은 선과 옳음에 대한 정치적 옹호 안에서뿐만 아니라 실제적인 이해 안에 함축되어 있다고 나는 생각한다. 나는 이론심리학처럼 정교하게 만드는 일 없이 이 단순한 명제를 주장하고자 한다. 우리들 느낌에 대한 오직 상식적인 견해에만 호소하는 예증을 통해 요점이 제시될 수 있다.

예를 들면 슘페터에 의해 종종 악한 열정과 동일시되는 군사적인 공격의 경우를 생각해보자. (상식심리학의 한 유용한 예다.) 그러나 공격에 대한 우리의 적대감은 공격 자체만큼 바로 열정적이다. 그 적대감의 배후에는 우리처럼 조용하고 평화롭게 자신들의 땅, 고향과 조국에서 살고 있는 사람들의 정신적 모습이 있다고 나는 믿는다. 그들은 정당한 이유도 없이 공격을 받는다. (이것이 침략에 대한 정의다.) 그들의 가족, 친구, 도시와 마을 그리고 그들의 삶의 방식은 파괴의 위협을 받았으며, 아마도 파괴되었다. 참으로 공격에 대한 우리의 합리적인 비난은 이와 같은 정신적인 모습을 고려하지 않고서는 이해될 수 없다. 사실상 합리적인 비난은 그런 모습으로부터 나온다. 비난은, 우리 자신과 더불어 안락하고 평화롭게 살고 있는 실제 사람들의 투영된 이미지에 나타난 그런 사람들과 얼마나 우리가 정서적으로 동일감을 가지는가에 달려 있다. 이런 종류의 동일감은 제휴하고자 하는 열정의 산물이며, 승리와 지배에 대한 열정이 공격 자체의 모습을 결정하는 것과 마찬가지로 제휴하고자 하는 열정은 공격에 대한 우리의 반응을 결정한다.

정열적인 강렬함은 양쪽 진영의 목표나 행동 안에서 분명하게 존재한다. 그리고 그것은 합리적인 신념으로 존재한다. 왜냐하면 공격자들은 자신들이 공격하는 그 땅에 대해 합법적인 권리가 있다고 아마 믿거나 또는 우리에게 뿐만 아니라 자신들에게도 그렇게 말하고 싶어 하기 때문이다. 그리고 폭력적인 국경 침범은 전체적인 위협을 가한다고 우리는 확실하게 믿는다. 이것이 실제 일들이 일어나고 있는 바이다. 거기에는 우리가 합리적으로 그리고 열정적으로 구분한 이성과 열정의 '선한' 결합과 '악한' 결합이 존재한다.

충분한 거리를 두고 보았을 때, 그 공격자들은 아마도 "피로 흐려진 조수"와 같다. 그들은 말하자면 살육과 약탈을 일삼는 비정규군의 습격대와 같을 것이다. 그러나 그들은 잘 훈련된 군대가 될 수도 있고 또 종종 그러하다. 이 군대 내에서 가장 중요한 것은 정복 행위에 열정적으로 집중하는 군사적 또는 정치적 지도자가 존재하는 일이다. (그들은 또한 합리적으로 집중할 수도 있다.) 사실상 정열적 강렬함은 아무런 고정된 사회적 형식을 가지고 있지 못하다. 그것은 약탈자에게나 군대 내에서 동등하게 구체화될 수 있다. 그것은 또한 아무런 고정된 사회적 기반을 가지고 있지 못하다. 한 특정한 일련의 열정들 또는 이성은 이런 시간 저런 장소에서 한 특정한 경제적 계급이나 인종적 집단과 연결될 수 있다. 그러나 그런 결합은 안정적이지 못하다. 평민주의자 또는 귀족정치와 정열적인 강렬함을 연결하거나, 자본가 계급이나 노동자 계급을 합리적인 이익과 연결시키는 모든 역사적 논증들은 그 자체로 정열적이고 이익 추구적이며, 원래적인 의미에서 이념적이다. 어떤 심리학적 안내도 도 존재하지 않는 것처럼 우리의 정치적 선택을 위해 참된 안내 역할을 제공할 어떤 사회학적 지도도 없다.

V.

우리는 여전히 선과 악을 선택해야만 한다. 정치의 세계에서 이런 도덕적 개념들이 언급하는 것은 무엇인가? 이 문제에 대한 대답을 나는 이미 최선을 다해서 했다고 생각한다. 그러나 이제 간략히 요약하고자 한다. 가장 중요하게도 정치란 정치학자들이 '정책 결정(decision-making)'이라 부르는 그런 것에 대한 것이 아니다. 물론 정치 지도자들은 결정을 내려야만 하며, 합리적으로 냉정하게 그렇게 해야만 한다고 나는 생각한다. 심지어 그것은 그렇게 전적으로 분명하지는 않다. 동정심 있는 감정을 억누르고 순전히 합리적인 현실 정책의 이름으로 행동하는 (정치) 지도자들이 범해왔던 모든 범죄들에 대해 생각해보라. 어느 경우라도 이들 지도자들이 어떤 일을 할 것을 결정할 수 있기 전에 그들은 권력을 잡아야만 한다. 추종자들은 조직화해야 하며, 어떤 특별한 종류의 정당을 결성해야 하며, 계획을 짜고 다른 정당이나 계획에 맞서서 폭넓은 지지자를 얻기 위한 운동을 해야 하며, 국가의 직책을 걸고 하는 싸움에서 이겨야만 한다. 이런 권력 투쟁은 정치적 삶의 일차적인 형태이며, 이것은 조직화되고 서로 강하게 차별을 보이는 집단들 사이의 경쟁으로 가장 잘 이해된다. 정당과 선거운동에 관해 이야기할 때 나는 민주적인 형태의 이런 경쟁에 대해 기술했는데 아마 예이츠는 싫어했을 것 같다. 민주적인 형태의 경쟁은 분명 다른 형태를 취한다. 그러나 기본적인 생각은 다음과 같다. 갈등을 일으키는 집단 없이는 정치란 전혀 있을 수 없거나 또는 우리가 정치라고 인정할 수 있는 것이란 아무것도 존재하지 않는다.

따라서 우리가 내려야만 하는 중대한 판단은 어떤 결정을 지지하느냐에 대한 것이 아니라 무슨 집단에 참여할 것인가(또는 충실할 것인가 아니면 탈퇴할 것인가)에 대한 것이다. 그 중대한 결정은 이탈리아의 작가 이그나치오 실로네(Ignazio Silone)가 "동지의 선택(the choice of comrade)"이라 부른 것이다.17) 내가 보기에 우리는 복합적이고 복잡하

---

17) Ignazio Silone, *Emergency Exit*, trans. Harvey Fergusson(New York: Harper

게 서로 관련된 일련의 기준들에 따라서 선택을 한다. 비록 최근에는 낡은 것이 되었지만 '동지'라는 말은 유용하다. 왜냐하면 이 말은 그 집단이 강한 정서적인 유대감을 가지고 있으며 우리에게 이런 성질의 유대감을 관련된 기준 안에 포함시키도록 요구하는 것을 암시하기 때문이다. 동지들의 집단에 가담하는 것은 매표소 앞에 서 있는 줄에 끼는 것과 같은 것은 아니다. 그것은 사르트르가 말하는 "연속물(series)"에 가담하는 그런 것이 아니다.18) 심지어 그것은 어떤 후보나 정책을 지지하면서 대부분 내가 알지 못하는 사람들의 이름에다 내 이름을 더하는 그런 문서에 서명하는 것과 같은 것도 아니다. 동지를 선택하는 일은 도덕적 또는 물질적인 약속뿐만 아니라 감정적인 약속을 수반한다. 의심할 바 없이 약속은 또한 이제 내가 나의 단결심을 맹세하는 그 사람들과 신념이나 이익을 공유한다는 사실에 의해 결정된다. 그러나 활동적으로 정치에 관여했던 사람은 아무도 합리적인 동의나 이익에 대한 계산이 정치적 약속의 이념을 모두 소진시킨다고 믿지 않을 것이다.

우리가 이런 종류의 집단은 선택할 만한 가치가 있다고 말할 때, 우리가 그것을 '선하다'고 부를 때, 그 말은 내가 이제까지 사용했던 용어들을 가지고 항상 분석될 수 있다. 우리가 말하려는 것은, 첫째, 그 집단의 프로그램 안에서 표현된 신념들이 합리적으로 옹호될 수 있다는 것이며, 둘째, 그 집단이 방어하는 이익은 옹호되어야만 하며, 셋째, 그 구성원들이 표현하는 공감과 애정의 느낌들은 매력적인 것으로서 우리가 공유하거나 또는 공유하고 싶은 느낌들이라는 점이다. 물론 실제 상황은 항상 더 애매하다. 집단의 프로그램은 여러 가지 요소들의 혼합물이며, 그들 중 어떤 것은 다른 것보다 더 쉽게 옹호될 수 있다. 집단이 옹호하는 이익들은 비록 적절하게 이해되었을지라도 종종 역시 옹호되어야만 하는 다른 이익들과 갈등이 생긴다. 구성원들의 느낌은 우리가 가담하고 싶지 않은 정치적 적대자를 향한 혹독한 비난 또는 미움을 포함

& Row, 1968), ch. 7.

18) R. D. Laing and D. G. Cooper, *Reason and Violence: A Decade of Sartre's Philosophy, 1950-1960*(New York: Pantheon, 1971), p.121 이하 참조.

하고 있다. 우리는 대체로 모든 일에 대해 판단해야만 하며, 그렇게 하는 과정에서 내가 방금 제안한 분석 — 사실상 아주 인위적이다 — 을 따르지 않을지도 모른다. 그 분석은 모든 우리의 판단을 결정하는 신념과 열정이 피할 수 없이 얽혀 있는 것을 놓치고 있다. 어느 경우라도 우리가 집단들을 찾지 않을 것이라는 점은 분명하다. 왜냐하면 구성원들이 오직 신념이나 이익만을 추구하고 열정은 가지고 있지 않은 그런 집단은 없기 때문이다.

이 모든 것은 내게 너무나 분명해서 이 마지막 강의 원고를 쓰는 동안 나는 신나게 새롭고 은근히 도발적인 결론에 대해 무엇을 말할 수 있을까에 대해 많은 점에서 머리를 짜내야만 했다. 그러나 타산적인 합리성 또는 원칙에 충실한 합리성과 같은 것을 '정열적인 강렬함'과 대비하거나 빛(light)을 열(heat)과 대비하는 그런 이분법은 정치적 사유에서 너무나 침투적이어서 실제로 경험하는 정치적인 일에서 어떤 것과도 일치하는 것이 없는 한 그 이분법들이 존재한다고 간단히 말하는 것으로 충분하다. 그 이분법은 이성에 반대하는 주장이 아니며, 참으로 나는 그 이분법을 만드는 일에 이유를 제시하려고 노력해왔다. 그러나 이분법은 자유주의적 합리주의에 대해서는 강력하고 중요한 교정책이 된다.

또 다른 결론이 있는데, 그것은 이 강의와 앞의 두 강의를 통해 때로는 명백하게 주장했고 또 때로는 오직 암시하거나 함축적으로 주장했던 또 다른 교정책이다. 그것은 이미 확고하게 자리 잡고 있는 권력과 부의 위계질서에 대항하는 어떤 정당이나 운동도 그 위계질서의 가장 낮은 자리에 있는 사람들의 친화적이고 전투적인 열정들을 일으키지 않고서는 결코 성공할 수 없다는 주장이다. 그 정당이나 운동이 일으키는 열정들에는 부러움, 분노 그리고 미움 등이 포함되어 있다는 것은 확실하다. 왜냐하면 이런 열정들은 계층적인 지배로부터 나오는 공통적인 결과들이기 때문이다. 이 열정들은 또한 정치적 삶에 있어서 존 단과 예이츠의 시에서 표현되거나 또는 읽을 수 있는 걱정거리들 — 이 점을 우리 모두가 공유하고 또 그럴 만한 충분한 이유가 있다고 나는 생각한다 — 을 불러일으키는 감정적인 악의 화신들이다. 그러나 부정의에 대한 분노와 연대감 역시 어떤 반위계질서적 정치에 의해 일어나는 열정들 가운데 포함된다. 이 말은 곧 우리가 걱정거리들에게 너무 빨리 항복하지 않을 충분한 이유가 있음을 의미한다. 아마도 만물이 떨어져 나가지 않을 수도 있고, 중심이 지탱할 수도 있고, 새로운 중심이 만들어질 수도 있다. 그렇게 하는 동안 사회 변화를 위해 투쟁하는 정당이나 운동에 가담하고 또 '악'한 것에 대항하는 '선'한 열정과 신념을 지지할 수 있는 길은 정열적으로 그렇게 하는 것 이외에는 다른 방법이 없다.

김용환 옮김

제 4 강연

다문화주의와 문화 권리

I.

문화공동체는 제1강연에서 제시한 의미에서의 비자발적 연합체다. 개인들은 그들의 부모에 의해서 공동체로 유입되며, 비록 그 이후에 상당한 정도의 이동이 있기는 하지만, 대부분의 사람들은 그들 조상 집단의 관행과 신념에서 멀어지기도 하고 다시 가까워지기도 하면서 그것들을 답습하여 조상 집단에 머무르게 된다. 우리는 이제 이러한 종류의 집단이 사회 전체에 대해서 주장할 수 있는 요구에 대해 검토해보려고 한다. 인정[승인]/동일성[정체성]/차이의 정치로 다양하게 명명된 정치 방식은 바로 이러한 문화적 요구들 사이의 타협이다. (이것은 적어도 그러한 정치 방식의 실제적 모습이다. 우리는 여기서 차이의 정치에 관한 고차적인 이론은 다루지 않는다.) 물론, 실제상의 타협은 단순하지 않다. 그것에는 통상적으로 오래된 불평등 때문에 생겨난 해묵은 공포와 원한이 작동하기 마련이다. 그 이유는 가장 강한 요구를 하는 집단은 특정한 종류의 소수 집단, 즉 전통주의적 혹은 근본주의적 종교와 문화와 결부된, 주변적이고, 취약하고, 가난하고, 천대받는 집단이기 때문이다. 자유주의 정치 이론가들은 (중요한 예외가 있기는 하지만) 대체로 이러한 종류의 집단에 거북해 하고, 또한 모든 종류의 '문화주의'적 정치를 혐오하는 경향이 있다. 그들은 불평등을 공동체적 방식이 아니라 오히려 계급적 불평등의 문제로 다루기를 선호한다. 그러나 어떤 불평등은 실제로 문화와 공동체에 뿌리박혀 있다. 그렇다면 계급은 결국에는, 적어도 부분적으로는, 유토피아적 개념임이 드러난다.

이러한 관점에서 우리는 다음과 같은 질문을 제기할 수 있다. 현대사회에서 많은 소수 종교와 민족에 의해서 요구된 '문화적 권리'의 의미와 기능은 무엇인가? 자유민주주의(혹은 사회민주주의)는 이러한 종류의 공동체를 어느 정도까지 수용할 수 있는가? 이러한 질문에 대한 답변은 '이러한 종류'의 공동체가 정확하게 어떠한 종류의 공동체인가 하는 점에 상당히 의존한다. 우리는 다문화주의와 민주시민의 신분을 논의하면서, 제1강연에서 시도한 것처럼, 집단적 삶의 사회학에 주의를 기울일 것이다.

물론 자유민주주의에서의 문화적 권리는 공동체를 자체적으로 구성할 수 있는 권리로 확대된다. 또한 그것은 공동체 안에서의 의식적인 행사 혹은 가정의례와 정치적 상황에서 민족의 언어를 자유롭고 공개적으로 사용할 수 있는 권리로 확대된다. 또한 공동체와 그 문화가 박물관과 기념물과 국가 달력에서 공공적으로 인정될 권리로 확대된다.1) 이러한 문화적 권리의 확대는 상대적으로 손쉬운 편이다. 비록 혹자는 국가 달력에서 문화적 중립성이 필수적이라고 주장하기는 하지만, 내가 생각하기에 중립성은 포괄적이고 동등한 개방성과 더 일관적이다. 말하자면, 모든 상이한 민족적, 종교적 공휴일들을 포함하는 포괄적인 달력은 어떤 특정한 민족 혹은 종교를 편애할 수 없다.

---

1) 내가 일반적으로 동조하고 있는 이러한 주장에 대해서는 Will Kymlicka, *Liberalism, Community, and Culture*(Oxford: Clarendon Press, 1989); Will Kymlicka, *Multicultural Citizenship*(Oxford: Clarendon Press, 1996); Charles Taylor, *Multiculturalism and "The Politics of Recognition"*(Princeton: Princeton University Press, 1992) 참조. 좀 더 광범위하고 본격적인 논의에 대해서는 Will Kymlicka ed., *The Rights of Minority Cultures*(Oxford: Oxford University Press, 1995) 참조.

그러나 문화적 권리의 핵심적 의미를 파악하는 것은 결코 용이하지 않다. 그것은 문화의 재생산과 관련되며, 이러한 재생산은 언제나 필연적으로 후세대인 자녀들에 대한 강제를 포함하게 된다. 그것은 가장 강력하게 비자발적 연합체가 지닌 비자발성에 직면하도록 강요한다. 문화적 권리의 중심적 주장은 모든 국가적, 민족적, 종교적 (혹은 그러한 문제와 관련된, 정치적 혹은 이데올로기적) 공동체는 그 자체를 재생산할 수 있는 권리를 가진다는 것이다. 혹은 적어도 그러한 재생산을 추구할 수 있는 권리, 즉 그 공동체에 속한 자신들의 자녀들을 양육하고 교육할 수 있는 권리를 가진다는 것이다. 이러한 주장은 바로 자신들의 생존 자체와 소속 집단의 미래가 위험에 처해 있다고 믿고 있는 불리하고 취약한 집단의 구성원들에 의해서 가장 열렬하게 다시 한 번 전개된다.

'문화적 재생산을 추구할 수 있는 권리'는 논란의 여지없이 쉽사리 인정될 수 있는 권리처럼 보인다. 그러나 그것은 결코 그렇지 않다. 그것이 논란의 대상이 되는 가장 중요한 이유는 현대사회에서 대부분의 사람들이 하나 이상의 공동체에 소속되어 있으므로 '문화적 재생산'은 그들 자녀들에게 하나 이상의 문화를 배우도록 요구한다는 점 때문이다. 그러나 이러한 다중적 교육은 서로 조화되지 못하고, 심지어는 모순적인 것이 될 수도 있다. 따라서 어떠한 교육이 우선적인가에 대한, 그리고 결국에는 누가 교육과정을 통제할 것인가에 대한 갈등이 있기 마련이다. 이러한 갈등은 통상적으로 개인들에게 압박을 가하게 되고, 그러한 개인들이 정치적으로 활동하게 될 때, 국가는 (어떠한 국가라도) 분열되고 마는 일이 흔하다. 일정한 형태의 공동체 — 우리는 그러한 공동체를 자유주의적 공동체라고 부를 것이다— 에서는 그러한 갈등이 성공적으로 처리될 수 있을 것이며, 또한 실제로 성공적으로 처리되어 온 것도 사실이다. 그러나 이제까지의 이러한 경험은 상황을 오도하는 그릇된 인상을 줄 수도 있다.

미국의 경우에서, 미국 시민이고 가톨릭 신도면서 이탈리아계 미국인의 집단을 예로 들어보자. 이 집단의 부모들은 교육제도의 각 단계마다 세속적 공립학교와 가톨릭계 교구학교 가운데 어려운 혹은 어려움에 봉착할 가능성이 많은 선택을 하지 않으면 안 될 것이다. 이러한 선택은 부모들의 독자적인 것이기는 하지만, 그들의 선택과 금전적 부담은 가톨릭교회의 예산 배정과 50개의 주정부와 수천의 도시와 마을 등 자치 제도의 영향을 받는다. (미국에서 학교교육은 가장 지방 분권화가 잘된 정부 기능이다.) 가톨릭 신도인 이탈리아계 미국인의 문화적 재생산이 공공 자금으로 전부 혹은 그 일부가 지원되어야만 하는가 아니면 전혀 지원되지 말아야 하는가의 문제는 논란의 여지가 많은 중대한 문제다. 만약 공공 자금이 제공된다면, 일반 시민들은 시민적인 정치와 문화가 재생산되는지를 주목하게 될 경향이 높다. (오직 시민적인 정치와 문화가 재생산될 때만 시민들은 기꺼이 조세 부담을 받아들일 것이다.) 시민들의 이러한 경향을 충족하는 통상적 방식은 주정부가 지원하는 가톨릭계 교구학교에서도 정부와 그 합법성에 관련된 특정한 교과목이 교육될 것을 요구하는 것이다. 미국에서, 주정부는 비록 가톨릭계 교구학교에 공공 자금을 지원하지 않고 다만 인허가를 한 경우에도 그러한 요구를 한다. 즉, 미국 역사와 문학 그리고 민주정치에 대한 교과목들이 교육되어야 한다는 것이다. 그렇다면, 강한 일체감을 지닌 이탈리아계와 충실한 가톨릭 신도가 그러하기를 원하는 것처럼, 일반 민주 시민들도 다음 세대에 그들의 가치와 헌신을 재생산하도록 추구하는 것은 정당화될 수 있는 사회적 관행이 아니겠는가?

물론 그렇다. 따라서 이상과 같은 상이한 재생산/교육 제도가 (다소간) 동시에 제정될 수 있도록 조정하는 것은 정당화될 수 있고 또한 대체로 충분히 가능한 일이다. 이것이 가능한 이유는 우리가 지금 고찰하고 있는 미국 시민, 가톨릭 신도, 이탈리아계 미국인들이라는 세 공동체는 각각 자유주의적 공동체인데, 이러한 공동체는 기꺼이 그 구성원들이 다중적인 충절과 소속감을 가지는 것을 허용하는 사회이기 때문이다. 미국은 일찍부터 미국 사회가 다원주의에 기초한 사회라는 점을 인정해왔고, 따라서 그 결과 시민들이 고유하고도 독특한 정체성을 가지는 것도 아울러 인정해왔다. (심지어는 이중 국적과 이중 국적이 함축하는 이중적인 애국심도 인정된다.) 따라서 '이탈리아계 미국인'은 다른 미국인과 잘 공존한다. — 또한 이탈리아계 미국인은 다른 이탈리아계 미국인들과도 역시 잘 공존한다. 이탈리아계 미국인 공동체는 아주 느슨한 구조를 가지고 있으며, 그 구성원들이 미국 정치와 미국의 일반적 사회에 다양하게 참여하는 것을 기꺼이 인정한다. 그러나 이탈리아계 미국인 공동체는 불행히도 이러한 개방적 참여의 결과를 또한 인정하지 않으면 안 된다. 즉, 이탈리아식의 삶과 공동체로부터 이탈했던 구성원들이 때때로 이탈리아계가 아닌 남편 혹은 아내를 거느리고 복귀하는 경우가 그것이다. 이와 동일하게, 미국 가톨릭계는 점진적으로 (비록 위계질서를 중시하는 특성에도 불구하고) 민주적 토론과 결정의 관행과 더 나아가서 그러한 민주적 가치까지도 자체적으로 수용해왔다. 따라서 충실한 가톨릭 신도는 민주당원도, 공화당원도, 자유주의자도, 보수주의자도, 사회주의자도, 그리고 자유방임주의의 신봉자도 될 수 있는 것이다. 그렇다면 우리가 고찰하고 있는 세 공동체는 내부적으로 다원주의화하여왔으며, 그 결과 자신의 공동체가 재생산되어야 한다는 주장은 그 공동체 구성원들 일부 혹은 전부가 원하는 동일한 (그러나 내용상 상이한) 주장들을 인정할 수밖에 없으므로 이미 제한적이다.2)

이러한 상이한 주장들은 서로 협상되어야만 하며, 또한 보통 협상될 수 있다. 이러한 협상이 일시적으로 교착 상태에 빠지거나 분노로 협상이 결렬되는 경우도 있다는 것은 쉽사리 생각할 수 있다. 1840년대 이후 가톨릭 신도 이민자들이 미국에 대량 도착한 이후 가톨릭계 교구학교의 자금 지원과 규제에 관한 협상은 흔히 이러한 경우에 직면해왔다. 그러나 가톨릭 신도들이 일단 그들의 자녀가 민주적 세속국가의 미래 시민이기도 하다는 사실을 인정하고 나자, 그리고 다른 미국인들이 일단 그들의 동료 시민 중 일부가 충실한 가톨릭 신도라는 것을 인정하고 나자, 그리고 이탈리아계 미국인들이 일단 그들의 자녀들이 비이탈리아계 미국인들과 결혼할 수도 있다는 사실을 인정하고 나자, 난문제들이 타결되었다. 이러한 타결의 실마리는 각 공동체가 그들의 구성원들에게

---

2) 미국에서의 민족적, 종교적 공동체의 특징은 M. Walzer, *What It Means to be an American*(New York: Marsilio, 1992) 참조.

완전한 충성심을 요구하는 것이 결코 효과적이 아니라는 사실을 인정했다는 점이다. 물론 각 공동체는 이러한 구성원들이 그들이 가진 대부분의 시간과 정열과 가용 재원을 그들 공동체를 위해서 사용해줄 것을 여전히 희망하고 있기는 하지만, 모든 것을 요구하지는 않는다.

사회적 집단들이 완전한 혹은 전적인 요구를 하지 않는 한, 협상의 교착 상태를 포함한 모든 협상의 결과는 자유주의적 정치의 가능성을 대변하고 있다. 부분적 충성심은 개인적 선택의 길을 열어주며, 비록 자유주의 철학자들은 이러한 선택이 숙고를 통한 것이 아니라 유전적으로 전해지는 인종적, 종교적 헌신에 의해서 어느 정도 결정되는지에 대해서 우려하고 있기는 하지만, 그들은 우리가 지금 논의하고 있는 종류의 다원주의와 화해할 수 있을 것이다. 이렇게 다원화되고 분기된 공동체들에서는 그 경계선을 넘어 사회적 자원들이 비교적 쉽게 이동할 수 있게 될 것이다. 현대 자유주의의 재분배 기획은 적어도 현재 진행 중인 가톨릭 신도인 이탈리아계 미국인들의 집단적 삶과 양립 가능하다.

그러면 이제 자유주의 철학에서는 거의 생각해볼 수도 없는 아주 근본적으로 상이한 집단적 삶을 고찰해보자. 몇 년 전 사회학자 루이스 코저(Lewis A. Coser)는 『탐욕스러운 제도들(Greedy Institutions)』이라는 책을 출간했다. 이 책에서 그는 실제로 구성원들이 제공할 수 있는 모든 것(혹은 비교적 거의 '모든 것')을 요구하는 집단과 조직에 대해서 논의하고 있다.3) 코저의 책에서 논의되는 이러한 집단의 대부분은 성인을 그들의 구성원으로 받아들인다. 한때의 공산당이 명백한 사례가 될 것이다. 그러나 사람들이 그 속에서 태어나고 양육되는 탐욕적이고 통합적인 다른 공동체들도 있다. 그러한 공동체들은 (선택하거나 수용하는 것이 아니라) 모든 것이 상세히 규정된 하나의 세계를 유전적으로 계승한다. 그러한 세계에는 고도로 발전된 위계 체제 속에 각 사람들이 차지하는 위치가 모든 점에서 가장 중요한 것으로 포함되어 있다. 즉, 남녀노소와 배운 사람과 배우지 못한 사람의 위계적 구별이 중요하다.

---

3) Lewis A. Coser, *Greedy Institutions: Patterns of Undivided Commitment*(New York: The Free Press, 1974).

이러한 공동체에서 교육의 주요 기능은 미래 성원들에게 각자의 위치에 따른 의무를 교육하는 것이다. 이러한 편협하고 배타적인 집중 방식이 문화적 재생산의 '권리'를 문젯거리로 만든다. 이것이 의미하는 것은 자유민주적 사회에 문젯거리가 된다는 것이지만, 그러나 요구가 권리라는 명칭으로 제시되는 것은 오직 자유민주적 사회에서만 그러하다. 따라서 이제 우리가 제기할 질문은 이렇다. 근본주의파[원리주의파] 혹은 극단-정통주의파 종교 집단들(이스라엘의 하레딤파, 미국의 초복음성교파), 그리고 전통주의자적인 민족 집단들(캐나다 혹은 뉴질랜드의 원주민 부족들)처럼 통합적인 공동체들은 그들 스스로를 재생산할 권리를 가지고 있는가? — 말하자면, 그러한 공동체들은 민주주의 국가의 미래 시민이기도 한 그들의 자녀들에게 그들의 삶의 방식을 전수하는 데 필요하다고 생각하는 것은 무엇이든지 할 권리가 있는가? 그리고 국가는 이러한 권리의 행사를 위한 보조금을 지원해야만 하는가?

이러한 권리가 문제가 되는 것은 다음과 같은 세 가지 이유에서다.

첫째, 이러한 집단들은 일반적으로 민주국가가 각 구성원들에게 부여한 개인적 권리를 인정하지 않고 있으므로 구성원들에게 그러한 권리를 가르치지 않으려는 경향이 많기 때문이다. 무엇보다도 그러한 집단들은 그들의 자녀들이 자유주의적인 탈퇴의 권리에 대한 전모를 모두 파악하는 것을 원하지 않는다. 탈퇴의 권리 — 떠나고, 사임하고, 퇴장하고, 그리고 배교자가 될 수 있는 권리 — 는 종교 공동체(그리고 원리적으로는 적어도 국가까지)를 포함한 모든 집단들에 모조리 적용된다.

둘째, 이러한 집단들은 대개 그들의 자녀들에게 그들의 집단에서 떠나기를 결정했을 때 이 세상에서 그들의 삶을 영위하는 데 필요한 경제적 기술을 갖추어 주지 않기 때문이다. 또한 이러한 집단들의 성인 구성원들은 풍요로운 물질적 삶을 가능케 하는 자원을 공동체 안에서 발전시키지 못해왔기 때문이다. 성인 구성원들이 제공하는 교육도 대부분의 자녀들을 전통적인 가난에 빠지도록 운명지을 뿐이다.

셋째, 이러한 집단들은 그들의 자녀들에게 민주정치의 기초가 되는 가치들을 가르칠 것 같지 않기 때문이다. 즉, 이러한 가치들은 시민의 평등성, 자유롭고 개방된 토론의 필요성, 그리고 무엇보다도 소규모의 특수한 공동체의 구성원들이 아닌 이교도, 배교자, 이단자, 외국인 등을 포함하는 공공적 혹은 일반적 선에 대한 헌신이다.4)

이제 우리가 지금까지 전개한 서술적 명제들이 정확하다고 가정해보자. 그렇다면 통합적 공동체는 사실상 그러한 방식으로 작동할 것이다. 이것이 의미하는 바는 통합적 집단의 학교들은 이 세상에서 자율적으로 행위할 수 있거나 혹은 물질적 성공에 이를 수 있는 개인들을 산출하지 못할 것이다. 그리고 그 학교들은 '타자들'을 포함한 정치적 공동체의 일반적 복지에 대해서 기꺼이 책임을 지려고 하는 시민들을 산출하지도 못할 것이다. 통합적 집단의 재생산 계획은 아마도 이러한 결과들에 달려 있는 것처럼 보인다. 그 계획은 만일 새로운 구성원들이 자율성을 추구하지 못하도록, 그리고 물질적 복지라는 형태의 행복을 추구하지 못하도록, 그리고 일반적 선을 목표하지 못하도록 교육되지 않는다면, 성공하지 못할 것이며, 또한 오래 지속되지도 못할 것이다. 그렇다면, 민주국가는 통합적 공동체의 재생산 계획이 성공하도록 원조하거나 허용해야만 할 것인가?

II.

이러한 의문에 따라서 야기되는 첫 번째 문제는 자녀들에 대한 부모의 권리가 갖는 범위다. 즉, 부모의 권리가 자녀들 스스로에 의해서 의의가 제기되는 것이 아니라, 그 자녀들이 미래에 지닐 가치와 행위 모두나 그 어느 하나에 이해관계를 가진다고 주장하는 사람들에 의해서 의의가 제기될 때의 경우다. 이러한 경우에 그러한 이해관계를 가진다고 주장하는 당사자는 국가 혹은 더 엄밀하게는 시민 연합체다. 그런데 국

---

4) 민주적 가치의 교육에 관한 필수적 내용에 대해서는 다음을 참조. Amy Gutmann, *Democratic Education*(Princeton: Princeton University Press, 1987; 여기서 논의되고 있는 문제들을 직접적으로 다루고 있는 후기가 포함된 개정판, 1999).

가 혹은 시민 연합체의 통상적인 주장은 제한적이라고 생각된다. 시민들은 부모가 가진 이해관계와 병행된 이해관계를 가지며, 어느 정도 그러한 자신들의 이해관계를 조정하게 된다. 오직 국가 자체가 통합적 공동체일 때만, 즉 국가가 자유주의 국가가 아니라 오히려 전체주의 국가일 때만 압도적인 이해관계를 지닌다고 주장할 수 있다.

일단의 시민들이 의심 많고 적대적인 부모들에게 시민 연합체가 가진 이해관계를 설명한다고 상상해보자. 그들은 어떤 말을 할 것인가? 그들은 아마도 전체주의적인 통합적 집단에서 문제시될 수 있는 첫 번째와 두 번째의 측면에 대해서 상세히 언급하고, 자녀들이 이 세상에서 자율적으로 행동하며, (자녀들이 그렇게 하기를 원한다면) 물질적 행복을 추구할 권리를 촉구할 것이다. 물론 자율성은 자유주의자들이 근본주의적인 종교 공동체의 교육 관행을 비판할 때 가장 자주 호소하는 가치다. 그러나 이러한 자율성에의 호소는 다른 사람들의 자녀들에 대해서 무엇이 최선인가를 안다는 주장을 포함하고 있다. — 이것은 옹호하기가 힘든 강한 주장이므로 우리는 이러한 주장을 제외하거나 혹은 오직 간접적으로만 접근할 것이다. 통합적 공동체에서 문제시되는 세 번째 측면에 초점을 맞추는 논변이 더 유망할 것이다. 그 이유는 이제 부모들도 그들 자신을 위해서 (그리고 그들의 자녀를 위해서) 변호할 기회가 주어지는 상황에서 논변이 전개되기 때문이다. 그러나 우리가 곧 보게 되는 것처럼, 이러한 논변의 경우에도 여전히 많은 어려움이 있으며, 그러한 어려움은 모두 만족스럽게 해결되지 못할 것이다. 여기서 시작되는 이러한 논변은 결코 종착역이 없을 수도 있다.

시민들은 부모들에게 이렇게 말할 것이다. "당신들은 다음과 같은 제한 조건하에서 당신들이 당신의 자녀들이 되기를 원하는 것이 무엇이든지 그것에 맞추어 자녀들을 양육(혹은 양육을 시도)할 수 있다. 그 제한 조건이란, 만약 당신의 자녀들이 시민이 되어야 한다면, 그리고 당신의 자녀들이 우리 시민들의 자녀들과 함께 더 큰 공동체에서의 공공적 삶에 참여해야 한다면, 그리고 국내외 정책에 관한 논쟁에 참가해야 한다면, 그리고 선거에서 투표를 해야 한다면, 당신의 자녀들은 국가의 역사,

시민권의 의미, 그리고 민주정치의 가치에 대한 어떤 것을 교육받아야만 한다는 것이다. 하나의 시민이라는 점에서 볼 때, 그들은 단순히 당신의 자녀만은 아니다. 말하자면 그들은 공화국의 자녀들이라는 것이다. 이것이 의미하는 것은 그들은 앞으로 우리의 공동적 삶의 모습에 대한 비판적 결정을 내리게 된다는 것이다. 심지어 그들은 우리의 이러한 정치 공동체의 존속에 관해서도 비판적 결정을 내리게 될 것이다. 그러므로 그들은 이러한 의무를 인식하도록 교육되어야 하며, 그럴 때 우리는 그들이 그러한 의무를 수행할 것이라는 확신을 가질 수 있다. — 왜냐하면 지금 우리의 이해관계가 걸려 있는 문제는 우리 모두에게 아주 결정적으로 중요하기 때문이다."

이것은 시민에 대한 최소주의적 입장이라고 생각된다. 이러한 입장은 시민들이 주장하는 교육의 역할이 지닌 범위에 대해서 상세히 규정하지 않고 있다는 것에 주목하라. 그런데 그 범위가 별로 넓지 않은 경우라 할지라도, 시민들은 아마도 우리가 바로 위에서 상상한 것보다 더 많은 것을 말하려고 할 것이다. 그 이유는 (자유로운 토론과 정치적 반대를 포함한) 민주시민의 권리는 우리가 방금 전에 제외하려고 했던 자율성의 권리와 중첩되기 때문이다. 따라서 만약 소규모의 특수한 집단의 자녀들이, 예를 들어 종교재판정의 징벌이나 민족 집단 연장자들의 가부장적 통제에서 벗어날 수 있는 탈퇴의 권리를 주장한다면, 이러한 권리(와 다른 권리도 역시)는 확실히 민주국가의 공직자들에 의해서 옹호될 것이다. 그 공직자들은 이렇게 말할 것이다. 모든 남자와 여자는 법 앞에 평등하며, 이러한 평등성은 소규모의 특수한 집단에 가져올 결과가 무엇이든지, 국가에 의해서 유지되고, 정부 관리에 의해서 집행되어야 한다. 무엇보다도 개인은 어떠한 민사적 처벌도 없이 그러한 집단에서 탈퇴할 수 있다. — 국가에 관련되는 한, 실로 어떠한 대가나 희생도 없다.

III.

그러나 이것은 곧바로 그러한 종류의 집단이 제기하는 두 번째 문제에 부딪치게 한다. 그 문제는 우리가 어느 정도의 범위까지 차이를 관용할 준비가 실제로 되어 있는가 하는 것이다. 관용의 자유주의 주창자들은 흔히 그들은 개인적 선택이 아주 광범위하다는 것을 인정한다면 그들은 가능한 만큼 관용적이고, 타인들이 관용하기를 원하는 만큼 관용적이라고 생각한다. 자신의 동료에게 강도질을 하거나 동료를 살인할 인생 계획이 아니라면, 실제로 상상할 수 있는 어떠한 인생 계획도 정당한 것이며, 따라서 사람들은 그들의 협동을 요구하는 어떤 인생 계획을 지원하기 위해서 거리낌 없이 연합할 자유가 있다는 것이다. 많은 인생 계획이 있는 만큼 많은 연합체들이 존재한다. 누가 더 이상을 요구할 수 있겠는가?

그러나 사실 이러한 조건의 개인적 자유 아래 사람들이 형성하는 인생 계획들은 (우리가 이미 지적한 것처럼) 서로 상당할 정도로 유사하다. 적어도 그것들은 역사적, 인류학적 기록에서 나타난 차이의 실제 범위에 상관된 유사성을 보인다. 그들의 인생 계획을 짜고, 그 계획을 개인적 삶의 목표로 삼고, 자아의 운영자인 사람들은 많은 가능한 종류의 사람들 가운데 한 종류다. 우리는 그러한 종류의 사람들이 어떠한 사람들인가를 바로 알며, 또한 당신들 대부분도 그러하리라 생각한다. 그러나 그러한 종류의 사람들은 인류 역사에서 나중에야 그 모습을 드러낸다. 그러한 사람들이 서구 사회를 지배하기 시작한 것은 불과 지난 2세기 동안이었다. 오늘날 그러한 종류의 사람들은 우리들(혹은 우리들 대부분)이며, 따라서 우리는 스스로 다음과 같은 질문을 제기해야만 한다. 우리는 자율성, 자유로운 선택, 개인적 행복의 추구가 중심적 가치가 아닌 남자와 여자들을 관용할 준비가 되어 있는가? 우리는 우리와 다른 방식으로 삶을 영위하는 사람들, 예를 들어 신이 준 소명의 멍에를 지는 사람들처럼 그들의 삶을 선택하는 것이 아니라 상속하는 남자와 여자들을 관용할 준비가 되어 있는가?

우리가 오직 개인적 자유를 신봉하는 그러한 종류의 사람들만을 관용한다면, 우리가 차이에 관용적이라고 말할 수 있겠는가? 그렇다고 한다면, 우리는 자발적인 연합체가 아닌 (물론 그들은 사실상 자발적이라고 이해하고 있는) 통합적 공동체의 구성원들이 그들의 자녀들에 대해서 이해관계를 가지고 있다고 주장하는 자유주의/민주주의 시민들에게 어떻게 말할 것인가를 상상해보자. 그들은 다음과 같이 말할 것이다. "그러나 만약 당신들이 우리를 관용하려고 한다면, 즉 당신들이 우리 자신들의 방식대로 삶을 영위하고 자녀들을 그러한 방식을 가치 있게 여기고 존속시키도록 교육할 권리를 인정한다면, 당신들은 우리가 자녀들의 교육에 대한 완전한 통제를 행사하도록 허용해야 한다. 왜냐하면 우리의 삶의 방식은 그 자체로 완벽한 하나의 통합적 전체로서, 어떤 일정한 방향으로서의 인도와 제약이 없는 순수한 개인적, 사회적 삶의 측면은 거의 없기 때문이다. 그것은 결코 손상될 수 없는 것이다. 그것은 이것 조금 저것 조금 해서 결합될 수는 없다. 아마도 많은 우리의 남자아이들은 그들의 직업적 삶의 과정에서 더 큰 세상으로 나가서 외부세계의 예절과 관습을 수용하도록 강요받을 것이다. 그러나 그럴수록 가능한 한 우리가 남자아이들의 교육을 통제하고 여자아이들의 교육과 양육을 더 완전히 통제하는 것은 더욱 중요해진다. 왜냐하면 연속성의 부담을 짊어지고 있는 것은 여자아이, 즉 딸들이기 때문이다. 그들은 아들들이 방황할 때 가정을 수호한다. 그들은 우리의 손자손녀들이 유아기 때 처음 말을 건네고 그들의 초기 성향을 결정한다. 어떠한 경우이든지, 우리는 우리 자녀들의 헌신을 이끌어내는 경쟁에서 뒤처져 있다. 왜냐하면 우리가 우리의 삶의 방식이 지닌 가치를 자녀들에게 가르치기 전에는 외부세계가 더 매혹적이고 신나 보일 것이기 때문이다. 외부세계의 물질주의는 우리의 엄격하고 간소한 스파르타적인 삶의 방식보다 더욱 유혹적이다. 그것이 주는 만족감은 더 신속하게 찾아온다. 당신들이 한 목소리로 말하는 시민으로서의 책임도 우리가 신 혹은 다른 어떤 것에 부과하는 책임보다도 부담이 작다. 우리는 각자가 자신의 삶이 계획하는 자율적인 개인들의 자발적인 연합체로서는 살아남을 수 없을 뿐이다."

이러한 종류의 집단들은 내부적으로 민주적일 수도 있고 아닐 수도 있지만, 그러한 집단들은 자신들에게 관용을 바라는 민주국가의 가치에 대해서 명백하게 적대적이다. 민주국가 혹은 민주국가의 관용 체제도 만약 하나의 단일한 통합적 집단이 지배적인 인구를 형성하고 있다면, 결코 존속할 가능성이 없을 것이다. 그럼에도 불구하고, 그러한 집단들에 대한 관용을 주장하거나 혹은 심지어는 그러한 집단들의 문화적 재생산에 대한 어느 정도의 국가 지원을 주장하는 하나의 강력한 논변이 있다. 이 논변은 오늘날 '다문화주의' 혹은 '문화다원주의'라고 명명되는 입장에 대한 근거를 마련한다. 이 논변이 주장하는 것은 다음과 같다. 첫째, 인간은 만약 고상한 삶을 영위하려고 한다면, 문화 공동체의 지원과 양육이 필요하다. 둘째, 문화 공동체는 수많은 세대에 걸친 많은 사람들의 노력과 헌신으로 생성된 고도의 복합적인 실체다. 셋째, 사람들은 그들의 공동체를 선택하는 것이 아니지만, 그럼에도 불구하고 공동체에 도덕적으로 감정적으로 강하게 결속하고 있다. 넷째, 상이한 공동체들은 하나의 단일한 척도로 서열을 매길 수 없는 가치들을 구현하고 있다. 비록 우리가 비자발적인 연합체에 대한 논의에서 이러한 주장들을 간접적으로 옹호하기는 했지만, 우리는 여기서 이러한 네 가지 주장들을 직접적으로 옹호하지는 않겠다. 여기서의 논의도 이러한 방식으로 진행될 것이다.

IV.

우리는 현대 다문화주의에 관련된 또 다른 영역의 문제를 다루기를 원한다. 인정[승인]/동일성/차이의 정치는 또한 평등주의적 정치이기도 하다. 이러한 정치는 자율적인 개인들을 창출하고 그들을 탐욕적인 공동체들로부터 분리하여 이탈시키려는 자유주의의 통상적인 노력과 대비될 수밖에 없다. 자율적인 개인들은 사회적으로 유동적이다. 그들은 경제 계층에서 상하로 이동하며, 기회의 실현을 추구하며, 시장에서 성공하거나 실패한다. 비록 우리는 그들의 기업가적 활동을 해방적이거나 영웅적인 것으로 간주할 필요는 없지만, 이러한 활동은 허용되어야 한다고 생각된다. 그들이 떠나온 공동체들은 그들의 이탈로 인하여 더욱 쇠약해질 뿐이다. 그러나 많은 구성원들은, 아마도 대부분의 구성원들은 비록 그들이 더 큰 외부세계에서 설령 '더 나아질 수 있다'고 하더라도 사실상 떠나지 않을 것이다. 우리가 이미 주장한 것처럼, 전통적 방식과 특정한 사람들과 장소에 대한 충심과 신뢰는 사람들을 단단하게 붙잡고 있을 것이다. 따라서 평등주의는 그러한 집단의 삶의 방식을 인정하고 존중함으로써, 혹은, 가능하면, 보조금을 지원함으로써 그러한 집단 전체가 빈곤과 천민적 존재에서 벗어나서 상승할 수 있도록 하는 조치를 요구한다.

그러나 어떠한 집단이라도, 어떠한 삶의 방식이라도, 그것의 실질적 특성을 무시한 채, 존중되고 지원되어야 하는가? 다문화주의 정치의 비판자들은 상대주의의 망령을 불러온다. 어떻게 우리가 전체주의적이고 위계적인 공동체를 존중하거나 지원할 수 있겠는가? 그러나 사실상 상대주의는 오직 하나의 망령에 불과하다. 존중과 지원은 언제나 대가가 따른다. 그러한 대가는 전통적 집단들이 그들의 '권리'를 주장하는 순간 곧 발견된다. 권리는 조건과 함께 부여되며, 또한 그럴 수밖에 없다. 그러나 전체주의적인 통합적 공동체 자체가 자유주의적 모형에 입각한 자발적 연합체로 변형된다는 것은 조건의 하나가 될 수 없다.

비록 민주국가의 가치가 어떤 소기의 목적을 위해서 소규모의 특수한 공동체의 가치에 비해서 우선성을 가지지만, 모든 사례에서 우선적인 것은 아니다. 그러나 국가의 정당한 목적과 시민들이 그러한 공동체의 구성원들에 대해서 할 수 있는 요구의 정확한 범위를 규정하는 것은 심지어 시민의 측면에서도 용이한 일이 아니다. 국가의 목적은 방대하며, 모든 점에서 논란의 대상이 된다. 국가는 미래 시민의 경제적 능력에 대해서 관심을 가질 만큼 어떤 이해관계가 있는가? 그들의 현대과학의 이해도에 대해서는 어떠한가? 그들의 군사훈련에 대해서는 어떠한가? 공중보건을 위한 조치의 수용도에 대해서는 어떠한가? 소년과 소녀의 동등한 기회에 대해서는 어떠한가? 민주주의와 시민의 신분과 자격에 호소하는 정치 이론가로서, 나는 이러한 모든 질문에 긍정적으로 답하고 싶은 마음이 강하다. 그러나 이러한 대답은 올바른 대답은 아니다. 왜냐하면 그것은 민주시민의 연합체를 전체주의적인 통합적 공동체와 아주 근접한 것으로 만들기 때문이다.

여기서 잠시 이러한 가능한 국가적 관심과 이익의 마지막 것을 고려해보자. 자유민주국가는 소규모의 특수한 공동체의 자녀들이 남녀평등한 동등한 자율성과 동등한 기회를 보장하는 (혹은 보장하도록 추구하는) 교육을 받아야 한다고 요구해야만 하는가?5) 아마도 이 질문은 다음과 같이 제기되는 것이 더 나을 것이다. 국가는 동등한 자율성과 동등한 기회를 위해서 그러한 공동체에 속한 자녀들의 교육을 인수해야만 하는가? 현대 자유민주주의에서 이해된 성별 평등은 급진적인 인수를 요구할 것은 의심의 여지가 없다. 그러나 그렇다면 관용은 어떻게 되는가? 그렇다면 그러한 공동체의 불가피한 저항과 그러한 공동체가 취할 것 같은 더욱더 심한 빈곤과 한계 상황으로의 퇴행은 어떻게 할 것인가? 우리는 한 집단의 사회적 위치와 그 집단의 개인 성원이 다른 개인 성원에 대해서 갖는 위치 중 어떤 것을 처리할 것인가를 선택해야만 할 것이다. 자유주의 정치 이론가들은 두 번째 문제를 중시하나, 아마도 첫 번째 문제가 우선적으로 다루어져야 할 것이다.

이러한 우선성은 자원을 그러한 공동체로 이전시키는 방식(과 아울러 그 공동체 자체의 자원을 산출하고 축적할 수 있는 방식)을 찾고, 그 공동체의 복지와 교육 제도들을 강화하는 것을 의미한다. 그러나 물론 여기에는 하나의 역설이 존재한다. 왜냐하면 이러한 자원의 이전은 오직 정치적으로만 달성될 수 있기 때문이다. 이것은 그러한 집단의 구성원들이 민주정치의 과정에 적극적으로 참여할 것을 요구한다. 따라서 이

---

5) 이러한 문제와 연관된 문제들에 대한 강한 논변은 Susan Moller Okin, "Feminism and Multiculturalism: Some Tensions", in Dan Avnon and Avner de-Shalit eds., *Liberalism and its Practice*(London: Routledge, 1999), pp.81-105 참조. 또한 Anne Phillips, "Democracy and Difference: Some Problems for Feminist Theory", in Will Kymlicka ed., *The Rights of Minority Cultures*, pp.288-299 참조.

러한 참여에 수반된 책임을 가르쳐야 한다는 논변은 매우 강한 것처럼 보인다. 민주교육은 어떠한 자원의 이전에서도 중대한 조건이 되어야만 한다는 것은 당연하다. 이것은 이전된 자원의 상당한 부분이 학교교육에 사용될 가능성이 많기 때문에 아주 명백한 것이다. 따라서 한 집단의 내부적 위계질서는 이러한 유형의 평등주의에 의해서 관용되지만, 그러나 그와 동시에 전복된다.

V.

심지어 자율성이 아니라 시민의 신분과 자격을 위하는 최소주의적인 국가 개입도 성별과 연령에 따른 위계질서에 도전할 것이다. 그러나 이러한 도전은 총체적인 것이 아니라 부분적인 것이 될 것이며, 또한 마땅히 그러해야만 할 것이다. 한 집단의 구성원을 시민으로 간주하고 그들로 하여금 정치적 과정에 참여하도록 장려하는 것의 도덕적, 정치적 결과에 대해서 좀 더 면밀하게 살펴보기로 하자.

민주국가는 남자와 여자를 동등하게 대우하여 모든 시민의 법적 평등성을 인정하며, 그들에게 선거, 공직, 선거운동과 정책토론에의 참여 등에 대한 동일한 권리를 부여한다. 그렇다면, 비록 대부분의 다양한 소규모의 특수한 공동체들은 여성에 대한 이러한 권리를 부인하고 싶겠지만, 결코 부인할 수는 없는 것이다. 물론 그러한 공동체들은 여성들에게 그러한 정치적 과정에서 그들의 아버지와 남편을 존중하며 시키는 대로 투표하도록 교육할 것이다. 그러나 그 공동체의 남성 구성원들도 매우 동일한 것을 교육받는다. 즉, 그들도 종교상의 연장자를 존중하고, 승인된 후보자들에게만 투표하도록 교육받는다. 따라서 통합적 집단이 가져올 가장 직접적인 결과는 여성의 선거권 박탈이 아니라, 민주사회에서 이질적인 사례인 직능별, 지역별 몰표가 나온다는 것이다. 기능이 잘 발휘되고 완벽한 민주주의에서는 집단의 구성원들은 선거에 대해서 보통 의견을 달리하며, 또한 당연히 의견을 달리해야만 한다. 미국의 경우에는, 예를 들어, 만약 노동조합에 가입한 노동자의 65퍼센트가 민주당에

표를 던진다면, 이것은 계층적 단합과 규율에 대한 주목할 만한 사례로 간주될 것이다. 85퍼센트의 흑인이 민주당에 표를 던진다면, 이것은 그들이 정치적 주류에서 근본적으로 소외되어 있다는 징표로 간주될 것이다. 그러나 통합적 집단들은 정치적으로 동원될 때 단일한 정당이나 후보에게 더 높은 비율로 투표할 것 같다. — 이것은 더 근본적인 소외의 징표다. 이러한 통합적 집단의 투표자들에게는 민주주의 정치의 상호 정권교체는 결코 경험의 일부분이 될 수 없을 것이다.

이러한 통합적 집단의 투표는 과연 그러해야만 하는 것일까? 몰표는 자원의 이전과 그에 따른 평등성을 제고하기 위한 정치에서 매우 유용한 것이 사실이다. 그러나 여전히 시민들은 정책토론의 모든 영역에 참여하기 위해서는 자신들이 살고 있는 나라에 대해서 충분히 알아야만 한다. 만약 그들이 선택을 할 것인가 말 것인가, 그리고 선택한다면 어느 때 할 것인가를 결정할 수 있고, 또 선택한 대로 행위하려면 그러해야 할 것이다. 그들의 동료 시민들은 이것이 가능하기 위해서 어떤 일을 할 수 있는가? 우리는 시민들이 발언권의 정도에 대해서는 상세히 규정하지 않고, 모든 미래 시민의 교육에 발언권이 있다고 주장하는 경우를 이미 생각해본 바 있다. 이러한 교육 계획은, 통합적 집단이 그 집단 내의 학교를 (물론 전적인 통제는 아니지만) 통제하도록 허용하면서도, 다양한 방식으로 달성될 수 있을 것이다.6) 국가는 어떤 교과목들이 교육되도록 요구할 수 있을 것이다. 국가는 소규모의 특수한 공동체의 학교에 그러한 과목을 가르칠 교사들을 파견할 수 있다. 국가는 고등학교 졸업 자격을 획득하기 위해서 통과해야만 하는 시험을 부과할 수 있다. 국가는 학생들로 하여금, 예를 들어 국가 병역을 위해서, 혹은 그들 공동체 외부의 세계를 일부 경험시키기 위해서, 일정한 기간 동안 특수 공동체의 학교를 떠나도록 할 수 있다. 물론 교육부 관리들은 흔히 이러한 종류의 일을 매우 고압적인 자세로 실시해 역효과를 가져온다. 그러나

---

6) 이러한 많은 다양한 가능성은 다음 문헌에 수록된 논문들에서 다루어지고 있다. Yael Tamir ed., *Democratic Education in a Multicultural State*(Oxford: Blackwell, 1995).

이러한 사실에 대한 민감성이 있고, 구체적인 시행에 대해서 타협할 준비가 되어 있다면, 교육부 관리들이 그들의 역할을 잘 수행하거나 혹은 합리적으로 대처한다고 가정하는 것이 불가능하지 않다.

국가가 무엇을 하든지 간에, 국가는 소년과 소녀들을 같은 방식으로 대우할 것이며, 따라서 국가는 적어도 성별 평등을 향한 전망을 열 것이다. 정치적 참여의 문제도 연령에 관해서 같은 방식으로 처리할 것이다. 즉, 연장자들의 권위는 서서히 잠식될 것이다. 사람들이 비밀투표를 하면 종국에는 그들이 들은 것과는 다르게 투표하는 법을 배우게 될 것이며, 다르게 투표할 수 있다면 비밀스럽게, 서로의 생각을 교환하는 방식을 알게 될 것이다. 물론 시민교육은 그러한 공동체의 삶의 방식에 직접적으로 도전하지 않는다. 교사들은 공동체의 구성원들이 그들의 신념과 관행을 스스로 선택해야만 하는 자율적인 개인이 아니라 시민으로서의 신분과 자격에 초점을 맞출 것이다. 나중에 그들의 정치적 삶의 여정에서, 이러한 시민들의 일부는 그들의 자율권을 주장할 것이다. 아마도 이러한 자율권이 많으면 많을수록 그들의 공동체는 더욱 안전하고 강력한 것이 될 것이다. 따라서 국가는 이러한 주장을 인정해야만 할 것이다. 그러나 국가는 이러한 주장을 조장할 필요는 없을 것이다.

그러한 공동체들은 자발적인 연합체가 아니다. 그러한 공동체들은 개인 구성원의 자유로운 선택에 의해서 이루어진 것은 아니다. 그러한 공동체들은 자발적인 연합체를 닮게 되거나 혹은 닮지 않을 수도 있다. 민주국가의 존재 자체가 아마도 그러한 공동체를 자발적인 것으로 견인해 갈 것이다. 그러나 여기에는 상당한 반발도 따를 것이다. 어떤 경우이든지, 당분간 종교적, 민족적 공동체는 강도 높은 공동 삶의 장으로서, 비록 그 구성원들이 선택한 것은 아니지만, 대부분의 구성원들이 가치 있는 것으로 여길 것이다. 민주주의에서 관용은 그러한 가치에 대한 인정을 포함한다. 평등주의는 동일한 인정을 요구하며, 이러한 인정의 정치적 옹호자들은 개인 성원들이 아니라 집단에 초점을 맞춘다. 다시 말하지만, 이러한 인정과 초점은 무조건적인 것은 아니다. 우리가 여기서 주장하는 바는 오직 시민의 지위와 자격에 관해서만 강제할 수 있으며, 개인적 자율성에 관해서는 그럴 수 없다. 우리는 개인들을 자유롭도록 강제해서는 안 되며, 또한 결코 그럴 수 없다.

강제는 자체는 회피될 수 없다. 시민교육은 법적으로 집행되는 필수적인 것이다. 이러한 시민교육은 종교적, 민족적 공동체의 전체주의적인 통합화를 시도하는 주장들에 도전하므로, 반대에 직면할 것은 확실하다. 시민교육의 목표는 공동체의 자녀들로 하여금 가능하면 그들 중 많은 수가 다른 정체성을 갖도록 허용하고 또 촉진하는 것이다. 시민들은 공동체의 자녀들이 현재 가진 종교적 혹은 민족적 자기이해에 부가해서 시민의 신분과 자격을 갖기 원하는 것이지 그러한 자기이해를 시민의 자격으로 대체하려는 것은 아니라고 솔직히 말할 수 있을 것이다. 그러나 여기서 사실 하나의 대체가 있다. 하나의 단일하고 불가분적인 전통주의가 근대적 삶의 특징인 분리성으로 대체되는 것이다. 만약 우리가 이러한 대체를 주장하고 적극적으로 추구한다면, 우리도 역시 관용을 포기하게 되는가?

아마 그럴 수도 있겠지만, 우리는 전통적 삶의 방식에 대한 완전한 대체와 같은 것을 주장하는 것은 아니다. 우리는 소규모의 특수한 공동체의 구성원들이 (이웃을 답습하지 말고) 그들 스스로의 인생 계획을 세우도록 교육되어야 한다고 주장하고 싶지 않다. 우리는 정통적 자유주의가 허용하는 것보다 더 관용적일 수 있다고 생각한다. 그렇다고 우리는 탐욕스러운 공동체의 반자유주의적 삶을 지지하는 것은 아니다. 따라서 우리의 논점은 결코 빠져나올 수 없는 하나의 딜레마를 둘러싸고 진행되는 셈이다.

그러나 이 딜레마를 비자발적 연합체를 통해서 생각하면 도움이 된다. 우리가 고찰하고 있는 집단은 보기 드문 강한 유형의 비자발성을 대변하고 있다. 그러나 비자발성은 결국 그 자체로 볼 때 보기 드문 것은 아니다. 비자발성을 희한한 것으로 만들려는 정치적 시도는 비정상적인 것이다. 심지어 자유주의 국가도 그 구성원의 대부분에게는 비자발적 연합체다. 따라서 우리가 자유주의 국가를 다양한 전체주의적으로 통합적인 공동체와 대비시키고, 시민을 공동체 구성원과 대비시킬 때, 우리는 그 대비 속에서 나올 수 있는 타협의 가치를 인정할 수 있어야만 한다. 그러나 우리는 여전히 시민의 입장에서 논변을 전개하고 있다. 통합적 집단은 타협의 가치를 인정하는가? 물론 통합적 집단은 실제로 타협의 가치를 인정하지 않고 있으며, 이미 그러한 집단의 부모가 설명할 수 있는 것을 상상해보았던 것처럼, 거기에는 그럴 만한 이유가 있다. 통합적 공동체는 꼭 필요한 타협, 즉 국가에 의해서 부과된 조정과 화해해왔다. 그러나 통합적 공동체는 가능하면 언제나 그러한 조정을 피하려고 한다. 그렇다면 타협 불가능자와 타협하는 것과 불관용자를 관용하는 것은 옳은 일인가?

VI.

두 가지의 합법적인 교육 사업은 이렇다. 부모는 전통적이고 통합적인 공동체를 유지 존속시킬 권리(와 아울러 그것을 시도하고 추구할 권리)를 갖는다. 시민들은 어린 남녀 아이들이 정치적 공동체의 복지에 기꺼이 책임을 질 수 있도록 교육시킬 권리(와 아울러 그것을 시도하고 추구할 권리)를 갖는다. 이것은 두 가지 권리의 공존이 문제를 어렵게 만든다. 다시 말하면, 민주주의가 문제를 어렵게 만든다.

민주적 시민은 (자율적 개인과는 달리) 하나의 포괄적 자격이며, 또한 하나의 공식적 자격으로서, 중대한 책임을 담지하고 있는 일종의 정치적 공직이다. 만약 통합적 공동체의 구성원들이 시민이 아니라면, 만약 그들의 자녀들이 미래 시민이 아니라면, 아무런 문제가 없다. 상이한 국가와 종교의 모든 구성원이 복종이 유일한 책임인 제국의 신민들로 이루어진 다국가적 혹은 다종교적 제국에서, 황제는 각 국가 혹은 종교 공동체 학교에서 수행되는 문화적 재생산을 위한 상이한 기획과 사업에 간섭할 아무런 이유가 없다. 그의 신민들에게는 훈련을 받아야 할 아무런 공동의 삶도 없다. 아마도 아무런 공동의 삶이 출현하지 않는 것이 황제에게는 이득이다. 그러나 민주주의는 입법회의와 정치 분야 등 공적 영역에서는 공동의 삶을 요구하며, 만약 이러한 공적 영역에서 전개되고 있는 일이 정당한 법률과 정책으로 결과하려면, 어떤 공동의 이해가 시민들 사이에 존재해야만 한다. 시민들은, 루소가 말한 것처럼, 스스로에게 법을 부여한다.7) 그러나 만약 그들이 속한 각 집단이 이미 완전한 헌신을 요구하는 전적으로 포괄적인 다른 법률에 속박되어 있다면, 시민들은 그렇게 하지 못한다.

혹은 오히려 이러한 집단들이, 미국의 청렴하고 검소한 삶을 영위하는 기독교의 암만파(Ammann)처럼, 전적으로 정치적 공동체의 변방 혹은 주변 지대에 살면서, 시민의 신분과 자격이 주는 어떠한 이득도 주장하지 않고 어떠한 권리도 행사하지 않는 경우가 아니라면, 시민들은 그렇게 하지 못한다. 변방화 혹은 주변화는 통합적 집단들을 대처하는 하나의 방식이다. 만약 변방화가 성공한다면, 그러한 공동체들은 (이미 법을 가지고 있다고 믿고 있으므로) 스스로에게 법을 부여하도록 요구받지 않을 것이며, 더욱 중요하게 이러한 집단들은 자신들의 법을 다른 시민들에게 부여하는 것이 허락되지 않을 것이다. 그들은, 마치 거대한 제국의 변방에서 살고 있는 것처럼, 민주국가의 한 변방에서 살아가게 될 것이다.

그러나 (비록 암만파가 비교적 물질적으로 괜찮다고는 하지만) 변방화는 불평등의 문제를 해결하지 못하며, 심지어는 그것을 본격적으로 다루지도 못한다. 대부분의 통합적인 집단들은 더 큰 정치적 공동체와 불가피하게 연루되어 있으며, 또한 흔히 그것에 경제적으로 의존하고 있다. 이러한 집단들은, 그들이 하고 있는 일에 대한 정확한 인식은 결여하고 있지만, 경제적 조치와 정치적 책략과 타산적 의사 결정을 위한 다양한 여지를 남겨놓는 방법을 발견하게 되었던 것이다. 따라서 비록 그 집단의 연장자들에 의해서 공식적으로 허용되지 않지만, 어떤 종류의 타협이 사실상 그 집단 구성원들과 시민들 사이에, 그리고 소규모 특수 집단들과 민주국가 사이에 가능하게 된다. 그러나 여전히 두 가지 입

---

7) J.-J. Rousseau, *The Social Contract*, Bk. 1, ch. viii. "우리가 우리 자신에게 규정하는 법에 대한 복종이 자유다(obedience to a law which we prescribe to ourselves is liberty)."

장들 사이의 갈등을 원리적으로 해소하는 방법을 찾기는 어려워 보인다. 원리적인 해소 방법은 두 입장들 모두 타협안을 당위적으로 수용해야 한다고 언명할 수 있음을 의미한다. 시민들이나 부모들의 주장 중 어느 한 주장을 압도적인 것으로 만드는 결정타와 같은 것은 없다. 두 입장들은 모두 정당화될 수 있으며, 서로를 용납하지 못한다. 자유민주주의 국가와 탐욕적 공동체는 오직 반목 속에서 공존할 수 있을 뿐이다. 왜냐하면 국가는 그 공동체의 구성원들에게 상당한 정도의 충성심과 헌신을 요구할 것이므로, 그 공동체는, 아마도 정당하게, 국가의 이러한 주장에 양보하는 것은 그 공동체의 종말을 향한 시작이라고 느낄 것이다. 그 종말은 완전히 통합적인 삶의 종말이며, 그 대안으로서 더 완화되고 자유주의적인 유형의 삶의 방식이 아마도 살아남을 수 있을 것이다.

우리가 고려하지 못한 다른 두 가지 가능성이 있다. 그중 하나는 탐욕적 공동체의 종말로서, 국가 권력을 사용하여 그러한 집단을 붕괴시키거나 그 사회적 관습을 자유주의화하는 것이다. 근대사회의 발전이 지닌 전반적 경향은 탐욕적 공동체의 종말의 방향으로 이행하고 있으므로, 국가 권력의 개입은 오직 최저한도만이 필요하다는 생각이 오랫동안 팽배해왔던 것이 사실이다. 그러나 이러한 생각은 이제 잘못된 것처럼 보인다. 세계 여러 곳에서 국가와 통합적 집단과의 갈등이 두드러지고 있으며, 국가 권력의 사용은 대규모적이다. 비록 화해와 조정이 양 입장에서 완전히 정당화되지 않겠지만, 어떤 형태로든지 화해와 조정이 바람직한 것처럼 보인다.

또 다른 가능성의 하나는 민주주의의 종말로서, 통합적 집단이 국가를 접수하거나 주요한 국가제도를 장악하는 경우다. (이 경우 관용된 소수가 불관용적인 다수가 될 수 있고 그렇지 않을 수도 있다. 이러한 접수가 군사적 전위대의 활동에 의할 수도 있다.) 우리가 여기서 말하고 있는 것은 오직 자유주의적 민주주의의 종말을 의미하며, 민주주의 정치의 다른 유형은 아마도, 오늘날의 이란이 그러한 것처럼, 유지될 수 있을 것이다. 우리는 이제 국가와 통합적 집단 사이의 갈등을 이러한 두 번째의 가능성이 언제나 상존하는 하나의 권력 투쟁이라고 상상해볼 수 있다. 둘 사이의 완벽한 균형 상태는 존재할 것 같지 않다. 균형은 어느 한쪽으로 쏠리게 될 것이다. 따라서 우리가 제기했던 질문은 이렇게 다시 새롭게 제시된다. (가능하다면) 우리는 어떤 방향으로 균형을 회복시켜야 할 것인가?

이제 하나의 원칙적인 입장이 가능한 것처럼 보인다. 만약 정치적 권력이 걸려 있을 때는, 우리는 전체주의적인 통합적 집단에 제동을 걸어야 한다. 이것은 본격적인 자유주의를 위한 것이 아니고, 인간적 삶의 최소주의적인 고상함을 위한 것이다. 통합적 집단의 '타자'에 대한 견해는 민주국가에서 그러한 집단 구성원들에 대한 견해보다 통상적으로 더욱 가혹하다. 이러한 민주국가와 통합적 집단 사이의 갈등은 양측의 추한 모습을 드러내지만, 자유민주적인 관용은, 비록 그것이 궁극적으로는 전체주의적인 통합적 종교와 민족을 불관용하지만, 그것은 다른 대안들이 그러한 것보다는 더 온건하고, 덜 굴욕적이고, 덜 불안감을 준다. 자유민주주의는 근본주의적 종교와 맹목적인 애국주의적 국가를 포용하여 잘 처리하여온 것이 사실이다. 비록 자유민주주의는 그 과정에서 그것들을 변형시키기는 했지만, 우리가 주장한 것처럼, 그러한 변형은 (그럴 수밖에 없는) 필수적인 것이다. 권력을 장악한 근본주의와 군사력을 갖춘 맹목적 국수주의는 포용적이기보다는 훨씬 더 배타적일 것이며, 만약 이것이 (차이의 심각성을 인정하므로) 어떤 의미에서 차이를 더욱 존중하는 것이라면, 이것은 흔히 인간의 존엄성과 생명과 신체 모두를 훨씬 덜 존중하는 것이다.

그러나 이러한 자유주의적 편향은 단순히 정치적 위기에서의 의사 결정을 위한 하나의 지침이다. 이러한 지침은 자유주의 국가와 통합적 공동체의 일상적인 공존의 문제를 해결하지도 못하고, 또 심지어 본격적으로 다루지도 못한다. 왜냐하면 일상적인 공존의 문제에는 어떤 이론적인 해결책이 존재하지 않고, 또한 일단의 원칙들로부터의 연역도 할 수 없으므로, 오직 장기적으로 불안정한 타협의 연속만이 있을 뿐이기 때문이다. 시민들의 관점에서 볼 때, 그러한 타협은 비자발적 연합체의 실상과 그것이 산출하는 가치를 인정하는 것으로부터 도출되며, 또한 더 큰 평등과 더 안락한 공존에 대한 희망으로부터 도출된다. 물론 타협은 공동체 구성원들의 불만을 자아낼 것이다. 또한 그것은 시민들도 불만스럽게 생각할 것이다. 그러나 행복의 추구는 오직 하나의 가능한 정치적 기획일 뿐이다. 행복의 추구는 정치의 필수적인 목적도 혹은 필수적인 주제도 아니다.

처음 두 강연에서 우리는 집단적 삶에 대해서는 사회학적으로 정교하고 세련된 설명 방식을 옹호하려고 노력했으며, 이어서 비자유주의적 집단들의 주장에 대해서는 복합적인 정치적 대응 방식을 제시하려고 노력했다. 이러한 두 가지 방식은 자유주의 정치 이론에서의 과장된 개인주의와 잘 대비된다. 두 번째 강연에서 우리는 자유주의의 또 다른 과장성인 민주주의적 숙고와 관련된 자율적 개인의 모습을 살펴보았다. 이것은 반사회적인 모습이라기보다는 차라리 반정치적인 모습이다. 우리는 숙고의 가치가 불평등과 사회적 갈등의 만연된 효과로 말미암아 제한된다는 것과 민주정치는 더 실질적인 관여가 필요하다는 것을 알 수 있었다.

박정순 옮김

다산기념 철학강좌 ▪ 5

문명 간의 대화

유교 인문주의의 현대적 변용에 관한 연구

2001

두유명

나성 옮김

Dialogue among Civilizations

杜維明

차례

머리말

　이 책은 수년 전 다산기념 철학강좌의 연사로 초대된 하버드대학 두유명(杜維明) 교수의 강연 원고가 다소 증보된 형태의 성과다. 출간이 늦어지게 된 연유는, 두유명 교수가 각계의 요구에 쫓기는 분이라 바쁜 탓도 있었겠지만, 그간 신변에 갖가지 애로가 있었던 이유 때문이기도 하다. 여하튼 제3기 유학을 주도하는 두유명 교수의 저서가 늦게나마 빛을 보게 된 것은 다행인 동시에 축하할 만한 일이다. 이제 유학이 좁은 동아시아의 울타리를 벗어나 인류 공영의 문화유산으로서 소임을 다하게 되는 데 이 저서가 크게 보탬이 될 것이라 생각된다. 옮긴이 나성 교수와 더불어 교정의 노고를 감수한 박사 과정 김민철 선생, 석사 과정 정훈 군에게도 깊은 감사를 드린다.

다산기념 철학강좌 운영위원회

제 1 강연

문화적 다양성 시대의 보편윤리

지역, 국가, 사회, 개인들이 상호 의존한다는 느낌이 드는 것은 부정할 수 없는 사실이다. '지구촌(global village)'[1]이라는 생각이 단지 상상으로만 가능한 것이든 아니면 실현할 수 있는 목표든 간에, 세계화의 추세로 인해 세계가 상호 연결된 공동체가 되어 엄청난 거리를 극복하고 사실상 모든 국경들을 넘나들 수 있게 되어가고 있다. 그러나 경제적 부, 권력, 영향력 및 경제적, 사회적, 문화적 재화에 대한 접근 가능성으로 인해 인간이 지금처럼 분열된 적이 없었다. 이러한 명백한 역설의 이면에는 인류의 생존을 위협할 정도로 엄청난 힘이 존재한다. 따라서 우리 일반 시민들, 그 가운데에서도 특히 미래의 민족 지도자들은 공통의 과제로서 이 고통스러운 분열을 해소하기 위해 용감하고 지적으로 그리고 효율적으로 대처하는 법을 배워야만 한다.

---

1) 이런 생각을 최초로 구성해낸 사람은 토론토대학의 마셜 맥루한(Marshall McLuhan)이다. Marshall McLuhan and Bruce R. Powers, *The Global Village: Transformation in World Life and Media in the 21st Century*(New York, 1989) 참조.

1. 인간의 현황

최근 수십 년 사이에 인류가 진화 과정에서 분리될 수 없는 일부임을 인정하게 된 것은 전례 없는 통찰이라 할 수 있다. 그러나 우리가 단순한 진화의 산물에 불과한 것은 아니다. 왜냐하면 우리 인간들은, 불행히도 많은 경우 부정적이기는 했지만, 지난 수백만 년 동안 우리 삶의 형태를 결정하는 데 도움이 되었던 것들에 영향을 미치기도 하기 때문이다. 좀 더 직접적으로 표현하자면, 우리는 이미 인간으로서 우리 자신뿐 아니라 자연환경의 진화까지도 결정하는 하나의 요소가 되어버린 것이다. 인간으로서 우리의 행위는 어머니 지구에 지대한 영향을 미친다. 사실상 우리의 행위는 자연 질서를 돌이킬 수 없는 위험에 빠뜨리고 있다.2) 유학에서는 우리가 개인으로서 집에서 사사롭게 하는 행위조차도 우리 자신에게만 의미가 있는 것이 아니라 사회, 국가, 세계 그리고 우주에까지 영향을 미친다고 생각해왔는데, 이러한 생각은 상상 속의 허구가 아니라 실제로 경험할 수 있는 현실이다.3)

우리 인간이 자연에 가하는 충격은 너무나 커서, 우리가 파괴시키고 고갈시킨 환경과 천연자원이 우리 자신의 생존에 직접적 영향을 줄 정도가 되었다. 인간이 최초로 우주비행사의 육안을 통해 우주 공간에서 푸른 지구 전체를 관찰한 것은 지금으로부터 불과 38년 전인 1968년의 일이다. 그 이후 자연의 풍요로움 덕분에 우리의 영원한 주거지가 되어줄 듯했던 지구는 과학적 탐사로 인해 토양, 광물, 석유, 물, 공기 등에서조차도 사실상 취약성을 드러내고 있다. 우리 강연의 초점은 황사, 산성비, 해양 오염 등에 맞추어지게 되겠지만,4) 삼림 및 토양 손실, 지구

---

2) 인간-우주 동형 동성적 관점에서 지구를 설명한 것으로 다음을 참조. Brian Swimme and Thomas Berry, *The Universe Story*; Thomas Berry, *The Dream of the Earth and The Great Work*.

3) 유교 인문주의의 생태주의적 함의에 관해서는 다음을 참조. Tu Weiming, "The Ecological Turn in New Confucian Humanism: Implications for China and the World", *Daedalus*, vol. 130, no. 4(Fall 2001), pp.243-264.

4) Kwak Il Chyun, "Environmental Cooperation in Northeast Asia: Yellow Dust,

온난화, 오존 문제 등도 목록에 포함될 수 있다. 북경대학의 저명한 학자 계이림(季羡林)이 예리하게 지적했듯이, 지난 세기에는 많은 경우 석유가 국가 간 분쟁의 원인이었다면, 미래에는 결국 물이 분란의 원인이 될 것이다.5)

인간이 만들어낸 자기 파멸의 도구, 그 가운데에서도 특히 대량 살상 무기 또한 마찬가지로 환경 파괴적이다. 독창적인 과학적 혁신의 결과물이기는 하지만, 이러한 장치들은 인간의 생존에 대해서도 심각한 위협이 되고 있다. 한 나라의 국방이 아무리 잘 갖추어진다 하더라도 공격 위험이 반드시 감소되는 것은 아니라는 사실을 우리는 최근에야 깨닫게 되었다. 지구상에서 가장 부유하고 최강의 군사력을 갖춘 나라에까지도 불안감이 만연해 있다. 인류의 안전은 매우 바람직한 소망이지만 쉽게 성취되지 않는다는 점으로부터 우리 모두는 자신의 통제 밖에 있는 힘의 영향을 받을 수밖에 없음을 분명히 알 수 있다. 이러한 사실은 테러의 사례에서 분명하게 드러난다. 이렇게 취약성을 공유하고 있기 때문에 국제적인 협력이 필요하게 되고, 지방, 국가, 지역, 세계의 모든 차원에서 함께 노력할 필요성이 더욱 커질 것이다.

그러나 환경 위기와 인간이 만들어낸 재난의 위험에도 불구하고 인류에게는 아직 희망과 미래가 있다. 분명 우리의 취약한 인간적 상황들은 소름 끼치는 문제들을 제기하고 또 엄청난 공포와 불안을 야기하고 있다. 그러나 17세기 계몽주의 이래, 서구의 엄청난 변화를 통해 인간 해방의 과정이 생겨났으며, 이러한 과정에서 우리가 누구이며 어떤 존재가 될 수 있는지 하는 문제가 근본적으로 재정의되었다. 일련의 놀라운 기술적 발명을 탄생시킨 과학혁명을 통해 인간의 독창성, 창조성, 생산성은 너무나도 강력해져서, 인간들은 실질적으로 우주적 변화의 공동 창조자가 되어버렸다.6) 최근 수십 년 동안에는 정보혁명으로 인해 우리

Acid Rain, Marine Pollution", in *Community Building in Northeast Asia*, 프로그램, 제3분과, 제5강연, pp.46-48.

5) 계이림 교수는 2001년 9월 11-12일 북경에서 중화인민공화국 인민자문회의의 주최 아래 열린 문명 간의 대화에 대한 국제 심포지엄의 기조연설에서 이러한 주장을 했다.

가 의사소통하고 상호 교류하며 서로 함께 살아가는 방식이 완전히 변해버렸다. 이렇게 새로 등장하고 있는 네트워크로 인해 "사해 안에서는 모든 인간이 형제자매"7)라는 고대의 이상적인 생각이 생생한 현실이 되었다.

국제 금융, 무역, 관광, 이민이 기하급수적으로 증가하면서 세계는 더욱더 상호 연결된 공동체가 되어가고 있다. 세계 전역에 걸쳐 비정부기구(NGO)가 결성되면서 국제연합(UN)보다 더 효율적인 국가 간 협력 가능성이 열리고 있다. 세계정부는 더 이상 긴 안목을 가진 극소수 정치가들의 꿈이 아니며, 무수한 자칭 세계시민들의 열망이기도 하다. 기근의 근절은 요원한 일 같지만, 가능성은 항상 존재한다. 세계화가 불평등의 경제적 해결책이라는 믿음은 다양한 반대에 부딪혔지만, 부를 생산해내는 시장을 통해 부자는 더욱 부유해지고 가난한 사람도 결국은 수혜자가 될 것이라는 신념은 아직도 강력하다.

멋진 신세계가 도래한 것은 아니다. 그러나 자연과학과 과학기술이 인류에게 부여한 혜택들을 살펴볼 때, 많은 점에서 우리가 모든 선조들보다 나은 상황에 있다는 점에 우리는 감사해야 한다. 식량, 공중 보건, 의료, 장수, 주택, 교통 등과 기타 많은 사회적, 문화적 재화들이 분명 이러한 혜택에 포함된다. 우주를 지탱해주는 미세한 힘들에 대한 힘은 물론이고, 우주(천문학), 소립자(물리학), 유전자의 응용(생명공학) 등에 대한 우리의 지식은 인류 역사상 전례가 없을 정도다. 우리가 진보하고 있음에 대해서는 논란의 여지가 없다. 사실상 자연에 대해 우리가 얻은 자료와 정보, 지식을 통해 우리는 지적으로 뿐만 아니라 미적으로도 매력적인 지구를 전체적으로 바라볼 수 있게 되었다.

인간은 결코 전지전능하지도 않고, 어디에나 존재하는 것도 아니다. 그러나 이 지구상에서 우리 인간은 어디에나 존재한다. 가장 높은 산에

---

6) 공동 창조자로서의 인간이라는 생각에 관한 토의를 위해서는 다음을 참조. Tu Weiming, *Centrality and Commonality: An Essay on Confucian Religiousness* (Albany, N.Y.: State University Press, 1989), pp.67-91.

7) 『論語』「顔淵」, "四海之內 皆兄弟也."

서부터 가장 깊은 바다에 이르기까지 인간은 자신이 사는 지구의 지리적, 생물학적 다양성을 경이롭게 관찰했으며, 토양, 광물, 물, 공기, 식물, 조류, 동물 등 우리의 생존을 유지시켜주는 이 구명정의 모든 측면들을 사실상 탐사했다. 나아가 인간의 마음은 우리를 둘러싼 우주에 반응할 수 있는 무한한 감수성을 가지고 있는 듯하다. 따라서 가장 멀리 있는 별이나 가장 미세한 먼지조차도 탐구하고 이해하며 평가하려는, 만족을 모르는 호기심을 자극한다. 인간의 능력은 너무나도 커져서, 그것을 생산적인 용도로 이용한다면 세계는 실제로 모든 피조물들을 위한 우호적 환경이 되었다. 우리는 지구의 지킴이가 될 수 있는 커다란 잠재력을 가지고 있다. 진정한 의미에서 인간이 지구의 정복자가 아니라 수호자가 될 때 인간의 번영이 가능하다.[8] 우리가 사용할 수 있는 자원은 충분하다. 인류의 생존 위기는 아마도 우리 인간으로 하여금 스스로를 구하고 우주를 책임지는 공동 창조자가 되려는 열망을 실현할 수 있는 최선의, 그리고 아마도 마지막이 될 기회를 찾을 것을 촉구하는 것인지도 모른다.

2. 지구촌의 등장

경제적 용어로 가장 간단하게 표현하자면 세계화란, "자유무역을 방해하는 장애물을 제거하고 국가 경제를 더욱 긴밀하게 통합하는 것"[9]

---

8) 창세기 1장 28절의 구절에서 우리는 인간이 신으로부터 "땅에 충만하고 **정복하라**", 그리고 "바다의 고기와 공중의 새와 땅에 움직이는 모든 생물들을 **다스리라**"는 권한을 위임받은 것 같은 인상을 받는다. 내가 '정복하라'와 '다스리라'를 강조한 것은 수십 년 동안 이 구절은 기독교 전통이 심층적인 신학적 전제의 측면에서 인간-지구 관계에 장애가 된다는 증거로서 인용되어왔다는 것을 지적하기 위해서다. Lynn White Jr., "The Historical Roots of our Ecological Crisis", *Science* 155(10 March 1967) 참조. 완전히 다른 새로운 해석을 위한 최근의 시도로서 다음을 참조. Sallie McFague, "New House Rules: Christianity, Economics, and Planetary Living", *Daedalus*, vol. 130, no. 4(Fall 2001), pp.125-140.

9) Joseph E. Stiglitz, *Globalization and its Discontents*(New York: V. W. Norton, 2002), preface, p.ix.

을 의미한다고 볼 수 있다. 이렇게 생각해보면 세계화란 불길한 것이라기보다는 긍정적인 추세다. 이는 가난한 사람을 포함하여 모든 사람을 부유하게 만들 잠재력을 가지고 있다. 스위스의 다보에서는 매년 다국적 기업의 최고 경영자들과 정치가들이 모여 세계의 핵심적 관심사를 토의하는데, 이 세계경제포럼은 분명 이러한 믿음에 기반하고 있다. 그들은 세계화가 번영의 밀물처럼 실질적으로 빈부 양자 모두를 고양시킬 수 있다는 명제에 기초하고 있는 것이다. 비록 공식적으로 선언된 내용은 아니지만, 이 포럼은 시장의 힘이 결국 빈곤을 근절하고 모든 개발도상국에게 혜택을 줄 풍요로운 사회를 가져올 것이라는 묵계(黙契)를 상징적으로 보여준다.10)

이러한 낙관론을 비판하는 사람들은, 몇몇 국가들에서 기아를 겪고 있는 사람들의 비율이 줄어들기는 했지만, 세계화가 많은 개발도상국, 그 가운데에서도 특히 빈민들에게 참혹한 결과를 초래했다는 사실을 지적한다. 나아가 자유화와 사유화의 측면에서 정의된 이른바 '워싱턴 컨센서스(Washington Consensus)'의 정책들은 세계적인 재정 위기, 특히 1997년에 발생한 아시아의 재정 위기를 효과적으로 처리하는 데 실패를 거듭해왔다. 그러나 '시장 근본주의'의 심각한 부정적 결과에도 불구하고, 재정 및 금융 시장의 자유화와 국가 기업의 사유화는 멈출 수 없는 미래의 조류인 듯하다. 자유무역의 압박이 거세지면서 세계가 상호 연결된 네트워크로 변해가는 것은 필연적인 추세다. 외관상 분명한 이런 과정을 확실히 보여주는 것은 세계무역기구(WTO)가 무역 분쟁의 주요 조정자 역할을 담당한다는 사실이다.

물론 경제적 세계화만이 전부는 아니다. 세계화가 인류 공동체에게

---

10) 다보스 컨센서스는 워싱턴 컨센서스와 달리 이념성이 덜하다. 다보스 포럼은 21세기의 주요 문제들을 탐구하기 위한 새로운 의사 일정을 만들 정도로 개방적이었던 것 같다. 최근에 와서 이 포럼은 관심의 범위를 대폭 넓혀 인간 상황의 현 상태의 이해에 중요한 주제들을 다루었다. 예를 들어, 2000년 1월에 있었던 연례 회의에서는 "가족: 문명의 핵심", "상상력: 예외적 수단, 빼어난 결과", "세계화는 모든 이를 위한 것인가?", "종교의 미래: 믿음을 넘어서?", "미래를 위한 전망들"이 토의되었다.

긍정적 영향을 미칠지 아니면 부정적 영향을 미칠지에 대한 판단은 분명 아직 미정이다. 20여 년 전만 해도 존재하던 행복감은 이제 사라져 버렸다. 대신, 최근에는 '시장 근본주의'에 대한 비판의 목소리가 드높아졌는데, 이는 강력한 이념적 편견에 의해 자극된 것임에 틀림없다. '시장', 좀 더 정확하게 말해서 '불완전한 시장'의 무차별적인 힘은 다수의 개발도상국들을 비참하게 만들었으며, 전 세계 도시 및 농촌의 수천만 빈민들에게는 너무나도 잔혹했다. 세계무역기구 자체가 조직적 항의의 목표가 되어버렸다. 시애틀에서 있었던 세계무역기구 회의 및 워싱턴과 프라하에서 있었던 국제통화기금(IMF)과 세계은행(World Bank)의 회의는 환경보호에서부터 소비자 권리 보호에 이르기까지 광범위한 세계 시민운동단체들의 연대에 의해 저지되었다. 이러한 항의에서 부각된 주제는 세계, 지역, 국가, 지방의 차원에 존재하는 불평등, 외국 차관에 대한 약속 불이행, 더욱 지속 가능한 성장을 책임지겠다던 선진 산업 국가들의 위선 등이었다.

자유무역이라는 이념의 배후에는 대개 완전한 시장(perfect market)이 그 근거로 전제되어 있지만, 그러한 것은 인류 역사상 존재한 적이 없다. 애덤 스미스는 『국부론』(1776)에서, 시장은 "보이지 않는 손"이 작동하고 있는 것처럼 스스로 효율적으로 운영된다고 주장했지만, 그러한 주장은 현대 경제학자들에 의해 크게 수정되었다. 간단히 말해, 정보가 불완전하거나 시장이 완벽하지 않다면 "경쟁적 균형은 효율적이지 못하다."[11][12]

시장이 자율적으로 작동할 수 있다는 하이에크(F. von Hayek)의 믿음은, 이론적으로는 설득력이 있을지 몰라도 구체적 경제 상황에서는 통용될 수 없다.[13] 1980년대의 홍콩이 자유방임주의의 전형적 표본이

---

11) 이 주제에 관한 탁월한 설명을 위해서는 다음을 참조. Jérôme Bindé, "Toward an Ethic of the Future", in Arjun Appadurai ed., *Globalization*(Durham: Duke University Press, 2003), pp.90-113.

12) B. Greenwald and J. E. Stiglitz, "Externalities in Economies with Imperfect Information and Incomplete Markets", *Quarterly Journal of Economics* 101(2)(May 1986), pp.229-264.

었다는 밀턴 프리드먼(Milton Friedman)의 주장은 잘못이다. 아시아의 경험에 의할 때, 정부의 간섭이 항상 경제 발전에 장애가 된다는 주장은 잘못된 것이다.

중국, 일본, 한국, 대만, 베트남, 싱가포르에서는 사회주의자와 자본주의자를 막론하고 모두가 시장이 원활하게 기능하기 위해서는 강력한 정부의 지도가 필요할 뿐만 아니라 바람직하다는 점을 당연하게 여기는데, 이는 아마도 유교 인문주의의 영향 때문일 것이다. 관료제의 비효율성, 공적 책임 소재, 투명성의 결핍과 부패에 대한 불안감이 들 수밖에 없지만, 고삐 풀린 시장을 규제하기 위해서는 책임지는 정부가 필수적이다. 분명, 정부의 역할은 구체적 상황에 따라 다르다. — 중국과 베트남은 직접 참여형, 싱가포르는 주도적 개입형, 한국은 간접적 참여형, 일본은 전략적 지도형, 대만은 수동적 권장형, 홍콩은 능동적 비개입형 등이다. 그러나 정부는 시장 실패에 대한 일차적 책임을 져야 한다.[14] 모두가 다 알고 있듯이, 국제통화기금이 요구한 자유화와 사유화를 통해 아시아의 재정 위기를 막을 수는 없었으며, 여러 가지 측면에서 볼 때 상황은 크게 악화되었다. 구소련이 경제적인 재앙을 맞게 된 것은 시장 근본주의자들의 사고 및 행동 방식 때문이라고 할 수 있다. 그들은 제도적 하부 구조에 충분한 주의를 기울이지 않은 상태에서 사실상 정부의 역할을 무시한 정책을 독단적으로 고집한 것이다.

세계화를 단순하게 경제적 측면에서만 바라보는 것은 부적절할 뿐만 아니라 기만적이기까지 하다. 세계화가 발전을 의미한다면, 경제 성장은 발전에 관해 부분적이고 많은 경우 왜곡된 이야기를 전해줄 뿐이다. 한결같은 환경, 평등한 사회, 민주적 정치를 지향하는 발전을 소망하려면 먼저 건전한 제도가 있어야 한다. 고도 산업국가들에게 넘치는 공적 책임 소재, 투명성, 책임감의 정신은 전 세계 국가들이 국제적 행위 규범

---

13) 자기 조절적 시장에 관한 그의 철학적으로 정교한 주장을 위해서는 다음을 참조. Friedrich A. von Hayek, *The Constitution of Liberty*(Routledge & Kegan Paul, 1960).

14) Tu Weiming, "Cultural Implications of the Rise of 'Confucian' East Asia", *Daedalus*, vol. 129, no. 1(Winter 2000), pp.195-218 참조.

을 지키도록 훈련하는 데 도움이 된다. 대외 원조를 취급하면서 뻔뻔스러운 위선을 자행하는 일부 초강대국들조차도 내부적으로는 기본적으로 정직하고 효율적이며 공정한 사법적 틀 속에서 운영된다. 서구로부터 유교, 힌두교, 불교, 이슬람교 등 다른 문화권까지 확산된 민주주의적 이념과 실천은 정치적 세계화의 가시적 증거다.

결국 전제적, 독재적 정부 체제 안에서 등장하는 시민사회들로부터 우리는 세계 통치가 더 이상 상상의 허구가 아니라는 의미심장한 증거를 발견할 수 있을 것이다. 중국의 상황은 적절한 예가 될 것이다. 1970년대에 개혁 정책을 실시한 이래 중앙집권적 통치는 점차 다원적 구조로 대체되었다. 중화인민공화국이 민주주의와 거리가 멀다는 것은 분명한 사실이다. 그러나 주목할 만한 번영의 수준을 달성하기 위해 최근 15년 동안 모든 중요한 분야에 능동적 참여를 촉구한 결과 사회주의적 기풍은 근본적으로 퇴조하였다. 그 결과, 전체주의적 정부는 의도적이든 그렇지 않든 간에 다른 영향의 중심들, 특히 기업, 대중매체, 학원 등과 권력을 공유할 준비가 되어 있다.

전 세계적으로 볼 때, 사실상 모든 관심 분야에서 최근에 등장한 비정부기구들은 국제 협력에 있어 전례 없는 역동성을 상징한다. 전국인민대회(全人大)를 겉으로나마 희망적으로 관측한다는 사실은 유엔의 규칙을 민주적 원리들에 좀 더 부합하도록 재편성할 시기가 성숙했다는 전체적 합의가 등장했다는 점을 보여준다.15) 코펜하겐에서 있었던 사회개발정상회의 이래 유엔 자체는 비정부기구들의 설득력을 충분히 인정해왔다.16) 유엔 사무총장은 재정, 구호, 평화 유지의 노력에서 유엔의 역량을 제고시키는 데 이러한 새로운 현상을 이용해왔다. 비정부기구들

---

15) 이 생각을 주장한 사람은 프린스턴대학과 캘리포니아대학 샌타바버라의 교수인 저명한 법학자 리처드 포크다. Richard Falk, Lester Edwin J. Ruiz and R. B. J. Walker eds., *Reforming the International: Law, Culture, Politics*(New York: Routledge, 2002) 참조.

16) 미국 대표단의 대표인 힐러리 클린턴은 이 컨퍼런스의 지구 분과에서 한 자신의 연설에서 국제기구들은 자신들의 이익을 위해 비정부기구(NGO)들의 목소리와 충고에 유의해야 한다고 분명하게 밝혔다.

은 환경, 인권, 종교 충돌, 이주, 난민 등과 같은 주요 세계적 문제들을 거론할 뿐만 아니라, 일부러 의도한 것은 아니지만 지뢰 금지 운동과 같은 관련 문제들에 관심을 갖는 독창적 방법들을 만들어냈다. 유엔은 상이한 집단들을 국제적 기구 속으로 통합하여 초국가적 단체를 만드는 데 특히 적절하다.

또 다른 주목할 만한 발전은 지역적 통합이다. 아세안(ASEAN: Association of Southeast Asian Nations)은 지역적 협력의 예를 가장 잘 보여준다. 아세안의 기저에는 존중, 타협, 대화, 총의, 화합, 상호 학습의 정신이 있다. 그러나 아세안은 관념적 선언을 하는 회의라기보다는 구체적 목표 달성이라는 실제적 목적을 위한 공동적 모험이다. 아세안 플러스 쓰리(중국, 일본, 한국)의 타당성을 타진함으로써 아시아-태평양 지역에서 아세안의 존재를 확대시키려는 최근의 시도는 긴 안목을 가진 움직임이다. 비록 동아시아의 지역적 통합은 아직 초기 단계에 있지만, 잠재력은 가시권 안에 있다. 결국, 중국, 일본, 한국, 베트남, 싱가포르는 모두 유교적 문화 지구에 속한다.[17]

일본은 문화적 정체성이라는 측면에서 예외적 경우였다고 할 수 있다. 근대 서구의 일원이 되기 위해 후쿠자와 유키치가 '탈아(脱亞)'의 노력을 기울인 이래, 일본은 심지어 G7에 합류할 정도로 예외적 성공을 거두었다. 그러나 미래를 생각해보면, 일본이 진정으로 아시아-태평양 지역에서 벗어난 듯한 위상을 유지하는 것은 불가능하다.[18] 따라서 지

---

17) 일본이 유교적 문화 지역에 포함되는지의 문제는 논란거리다. 새뮤얼 헌팅턴은 명백한 이념적 이유로 인해 일본을 유교적이라고 규정하기를 거부한다. Samuel P. Huntington, *Clashing of Civilizations and the Remaking of World Order*(New York: Simon & Schuster, 1996) 참조. 한편 로널드 잉글하트는 일본이 유교 세계의 일부라는 점을 당연시한다. Ronald Inglehart, "Culture and Democracy", in Lawrence E. Harrison and Samuel P. Huntington eds., *Culture Matter: How Values Shape Human Progress*(New York: Basic Books, 2000), p.85 참조.

18) 내 생각에 지금까지 일본이 가치 정향(定向)에서 중국적 세계의 일부라는 점을 가장 간결하게 서술한 학자는 에드윈 라이샤워다. Edwin O. Reischauer, "The Sinic World in Perspective", *Foreign Affairs*(1974), pp.341-348.

적인 측면에서 오늘날 일본이 당면한 주된 과제는 수입된 외래의 생각과 관습을 토착 전통과 융합시키는 데서 자신의 놀라운 성취를 위험에 빠뜨리지 않은 채 적절한 '귀아(歸亞)' 방법을 발견하는 것이다. 미국과의 관계는 거론할 필요도 없겠지만, 미래 일본이 한국 및 중국과 어떤 관계를 갖느냐 하는 점이 동아시아의 안전, 안정, 단결에 주요 요소가 될 것이다.

국제연합대학(United Nation University)의 글로벌 세미나(서울 분과 회의)와 특별히 관련되는 것은 한국, 중국, 일본, 몽골을 포함하는 동북아시아에서의 공동체 건립이다. 이러한 발의의 목적은 아시아-태평양 지역의 이 부분에서 도전과 기회를 모색하는 것이다. "세계화, 지역주의 및 민족국가"라는 제목의 강연에서 연세대의 문정인 교수가 주장하듯이, 세계화는 자율과 타율의 가능성을 모두 갖고 있다. 자율의 측면에서 신흥 산업국가들은 경제적 상호 의존을 자유 시장에서의 수요와 공급 결과에 기인한 기정사실로 인정한다. 인공적인 국경이 허물어짐에 따라 복합적 상호 의존의 유기적이고 기능적 네트워크가 출현했다. 한편, 타율적 세계화는 "방어적 중상주의, 패권적 지배, 공격적 쌍무주의"로 귀결할 수 있다. 아시아-태평양 경제 협력을 열린 제도로 실천할 때, 이것은 지역 통합의 형태로서 전도가 유망한 것 같다. 문 교수는 북아시아에서의 공동체 건설에서 세계화에 적대적이기보다는 그와 조화하는 열린 지역주의를 추천한다.

지역 통합의 가장 중요한 사례는 말할 것도 없이 유럽연합(EU)이다. 아직 진행형이기는 하지만, 제2차 세계대전 때 긴 안목을 가진 소수의 정치가들이 품었던 꿈이 세기가 바뀌는 시점에서 실현되고 있다는 점은 진정으로 놀랄 만하다. 진행되고 있는 과정은 유동적이고 무한하기 때문에 유럽연합이 지속될 것인지를 확실히 알기까지는 오랜 시간이 필요할 것이다. 그럼에도 최근에 나타난 조짐들은 매우 고무적이다. 유로화의 발행은 대다수의 유럽 국가들이 광범위한 문화적 함의를 갖는 하나의 경제 체제, 심지어 통합된 정체로서 나아가겠다는 강력한 의지를 상징한다. 현안인 터키의 유럽연합 가입은 유럽이 이웃 국가들에 대해 개방적 태도를 갖는 다문화적 문명으로 자신을 변모시키겠다는 결의를 시험하는 시금석이 될 것이다.

문화적 세계화는 천착하기에 더욱 어려운 주제다. 그것은 역설에 근거하고 있기 때문이다. 표면적으로 볼 때, 서구화와 현대화에 의해 추진된 세계화가 집약적 동질화의 과정이었다는 점은 놀라운 사실이다. 전세계적으로 확산되는 신속한 세계화는 눈부신 결과를 가져왔다. 이 중명백한 것은 언어적, 문화적 손실이다. 영어가 결국에는 세계를 압도할 것이라는 추측은 특히 국제적 상업 공동체에서 설득력을 갖는 것 같다. 프랑스 엘리트들은 자신의 언어가 잊혔다는 점에 심각한 염려를 하는 반면, 이탈리아의 상인들은 자신의 경제를 국제화시키는 방법으로서 학교에서 영어를 장려할 것을 촉구한다.[19] 어느 경우든, 유럽, 동아시아, 동남아시아, 남아시아, 라틴아메리카, 러시아, 그리고 이슬람 세계에서의 영어 확산은 부정할 수 없는 사실이다. 영화, 음악, 드라마, 기타 연예의 형태 및 패스트푸드와 삶의 방식들은 미국주의로서의 세계화가 전례 없는 방법으로 가속화되고 있다는 사실을 분명하게 보여준다.

분명한 점은 세계화가 단순히 미국화는 아니라는 사실이다. 세계화는 또한 워싱턴 D.C.의 연방정부를 포함한 각 주의 권위를 잠식하는 것 같다. 더욱 중요한 것은 세계화가 통치권의 의미를 복잡하게 만들며 또 국경을 변모시킨다는 점이다. 저명한 정치가들은 다국적 기업, 특히 주로 자금과 재정적 이전을 다루고 있는 기업들의 세력이 국내 및 국제적 조직들의 통치를 침해한다는 불안에 사로잡혀 있다.[20] 신생 기업들, 특히

---

19) 이러한 관심은 2003년 5월 아스펜 이탈리아(Aspen Italia)가 빌라 데스테(Villa D'Easte)에서 주최한 "지도력과 법인의 책임"이라는 세미나에서 이탈리아의 CEO들에 의해 계속 표명되었다.

20) 1995년 코펜하겐에서 열린 사회개발정상회의에서는 빈곤, 실업, 사회 해체의 문제들이 논의되었다. 이어서 열린 사회 발전을 위한 코펜하겐 세미나에서는 "모든 사람의 혜택을 위한 세계 경제"(1996), "인도적 사회를 위한 인도적 시장"(1997), "세계 공동체를 위한 정치 문화와 제도들"(1998), "사회 진보와 사회 퇴보에 대한 정의와 측정 및 감시" 등의 주제들이 토의되었다. 이 점을 가장 강력하게 주장한 사람은 캐나다 수상인 피에르 엘리엇 투르도(Pierre Elliot Trudeau)였다. 그러나 그의 1996년도 발언은 확인되지 않았고 단지 마지막 보

236

정보과학기술이 사회에 미치는 영향은 헤아릴 수 없다. 아마도 법인 문화는 지구촌의 미래 지도자들인 대학생들에게 가장 많은 영향을 미치는 세력이다.

그러나 세계화는 문화적 정체성의 욕구를 제고시킨다. 세상이 세계화될수록 뿌리를 찾는 우리의 노력은 더욱 활발해진다. 우리의 존재를 규정하는 모든 "원본적 유대(primordial ties)"는 우리가 사는 세상이 갖는 환원 불가능한 측면들이다. 민족성, 인종, 성별, 연령, 국토, 종교 등이 현재에 갖는 중요성은 역사상 다른 어떤 시기보다도 명백하다.21) 현대화로 인해 결국 문화적 차이가 사소해져버릴 것이라는 주장은 단호히 거부된다. "원본적 유대"는 선진 산업국가 및 개발도상국의 경제, 정치, 사회에서 중요한 역할을 담당한다. 어떠한 국가도 문화적 정체성의 문제를 회피할 수 없다. 에릭 에릭슨에 의해 만들어져 현재 통용되고 있는 "정체성"이라는 용어가 처음 출현한 것이 1960년대라는 사실은 주목할 가치가 있다.22) 그 이후로 정체성이라는 용어는 개인의 귀속감, 하나의 집단을 응집시키는 핵심 가치, 개인이나 공동체의 차별성을 수립하려는 자발성 그리고 어떤 조직, 직업, 학문 분야의 결정적 특성 등으로 이해되어왔다. 이렇게 광범위하게 이해되어온 "정체성"이란 용어를 우리가 어떻게 도외시할 수 있을까?

국제화와 지역화 사이의 역동적인 상호작용으로 인해 우리는 세계화를 보편화나 특수화보다는 좀 더 복잡한 맥락에서 검토하지 않으면 안된다. 지역화를 통한 국제화라는 역설, 다시 말해 세계화의 환원 불가능

고서에서의 일반적 발언으로 간주되었다. Jacque Baudot ed., *Building a World Community: Globalization and the Common Good*(Royal Danish Ministry of Foreign Affairs, June 2000) 참조.

21) 나는 "원본적 유대"에 관해 서너 차례 언급한 적이 있다. 예를 들어 다음을 참조. "The Context of Dialogue: Globalization and Diversity", in Gianni Picco ed., *Crossing the Divide*(New York: St. John's University, 2001), ch. II, pp.51-59.

22) 정체성, 더 정확히는 "정체성 위기"라는 문제는 에릭 에릭슨이 자신의 책에서 제시했다. Erik Erikson, *Young Martin Luther: A Study in Psychoanalysis and History*(New York: Norton, 1993).

한 차원으로서의 문화적 정체성을 이해하게 될 때 우리는 인간의 상황을 새롭게 조명할 수 있게 된다. "Glocal"이라는 부자연스러운 용어는 "이것이냐 저것이냐(either-or)"의 사유 방식이 갖는 불편함을 담고 있다. 이 현상을 이해하는 기본적 방법론을 바꾸기 위해서는 반드시 이러한 정신 자세의 근본적 개혁이 선행되어야 한다. 문화적 세계화의 의미를 평가하기 위해, 보스턴대학의 피터 버거 교수는 이 현상을 여러 시각에서 연구하기 위한 중요한 조직을 구성했다. 이 연구 결과를 통해, 문화적인 측면에서 볼 때 세계화에는 문화적 다양성의 시대에 반드시 높이 평가되어야 하는 수많은 형태가 있음을 잘 보여준다.23)

3. 계몽주의 정신을 넘어서: 아시아적 관점

지금까지 현대 역사에서 가장 영향력이 있는 이념은 계몽주의다. 자본주의와 사회주의는 모두 이 노력의 산물이다. 그러나 이 지면과 관련된 것은 하버마스 같은 철학자가 계몽주의에 대해 자세히 설명한 내용 자체는 아니다.24) 논의의 주제는 오히려 19세기 이래 동아시아 사상의 주류를 점거해온 계몽주의 정신이다. 최근 수십 년간, 특히 냉전이 종결된 이래 계몽주의의 한 형태인 자본주의가 승리했다는 주장이 거세게 들려왔다. 현대의 서구, 특히 미국이 미래의 조류와 관련해서 예증할 수 있는 대안은 더 이상 존재하지 않는다. 원활하게 기능하는 시장경제, 공정하고 효율적인 민주적 정체, 역동적 시민사회 등이 인간의 복지에 관한 주요한 제도적 특징들로 간주된다. 더욱 중요한 것은 아마도 자유, 합리성, 법률, 권리, 개인의 존엄과 같이 이러한 제도들을 지탱하는 가치일 것이다.

나는 이 주제에 관해 다른 곳에 기고한 적이 있는 관계로,25) 계몽주

23) Peter Berger and Samuel Huntington eds., *Many Globalization: Cultural Diversity in the Contemporary World*(Oxford/New York: Oxford University Press, 2002).

24) 하버마스의 기회에 관한 간결한 설명을 위해서는 Richard Bernstein ed., *Habermas and Modernity*(Cambridge, MA: MIT Press, 1985) 참조.

의 정신을 초월해야 할 필요성에 대해서는 단지 간략하게만 언급하겠다. 계몽주의의 유산은 이미 지구촌 어디에서나 발견할 수 있기 때문에, 이것이 인간의 번영을 위한 지침 원리로 계속 존속하기 위해서는 그 지성적 범위와 정신적 기초가 확대되고 심화되어야만 한다. 계몽주의에 기초한 진정한 통합적 시각이 보완되기 위해서는 상호 연결된 세 가지 요구 조건이 선행되어야만 한다.

(1) 중세 기독교에 대한 강력한 반작용으로 17세기 계몽주의 사상가들은 일반적으로 종교에 반감을 가졌다. 결과적으로 그들은 근대 서구를 압도한 세속적 운동을 일으켰다. 세속적 인본주의는 결코 21세기의 생동적 정신을 설명하지 못한다. 더욱 심각한 것은 "인간이 만물의 척도"이며 또 인간만이 인생이 갖는 가치와 의미의 원천이라는 자긍심에 넘치는 교만한 주장이다. 이러한 견해는 역사적 종교의 부활과 양립할 수 없을 뿐만 아니라 또한 새로운 종교의 성장에도 방해가 된다. 환경에 대한 관심이 점점 더해감에 따라 우리는 토착적인 정신적 전통의 가치를 새롭게 인식하게 되었는데, 이 새로운 인식은 계몽주의적인 인본주의를 은연중 비판한다. 인간-우주 동형 동성적 시각을 향한 움직임은 바람직하고도 필연적이다.

(2) 계몽주의는 합리성을 강조함으로써 인간의 '발전'에 주요한 공헌을 하였다. 그러나 "지식이 힘"이라는 프랜시스 베이컨의 주장에 기초하고 있기 때문에, 계몽주의 정신에서는 도구적 합리성이 두드러진 특징을 형성하고 있다. 자연과 사회에 대한 탐구, 통제, 착취, 제압에 능통한 인간의 개인적 창의성만을 강조하는 관계로 우리를 둘러싼 세계는 객관화되고 생명이 없는 사실들로 전락하고 만다. 이러한 삶으로부터 환경 파괴와 공동체 해체와 같은 중요한 부정적 결과가 생겨난다. 합리성, 특히 공감과 감정 이입을 상실한 도구적 합리성만으로는 결코 인간이 스스로를 반성하기에 충분치 않다.

---

25) Tu Weiming, "Beyond the Enlightenment Mentality", in Mary Evelyn Tucker and John Berthrong eds., *Confucianism and Ecology*(Cambridge, MA: Harvard University Center for the Study of Religion, 1998), pp.3-21.

(3) 위에서 열거한 것처럼, 근대 서구의 가치들은 보편적이거나 적어도 보편화될 수 있는 것들이다. 자유, 합리성, 법률, 권리, 개인의 존엄성이 근대적 의식의 결정적 특징이 되었음은 분명하다. 아무리 설득력 있는 논쟁일지라도 의미 있는 인간 존재에 본질적인 이러한 가치들에 맞서 싸울 수는 없을 것 같다. 시민들의 기본적 자유마저 부정하고, 대중을 통제하기 위해 비합리적 수단들을 사용하고, 법을 지키지 않고, 인권을 부정하고 또 개인의 사생활을 무시하는 정부마저도 이러한 기본적 예의를 어기고 있음을 국제사회로부터 감추기 위해서는, 많은 경우 잘못된 것일지라도 정당화의 방법을 찾아야만 한다.

복합적으로 구성된 지구촌에서 인간이 번영하기 위해서는 더욱 광범위한 본질적 가치들이 필요하다. 이러한 가치를 '아시아적 가치'라고 특징짓는 것은 오해의 가능성이 있을 수 있다. 더구나 이러한 생각이 반(反)서구 논리에 원용되기 위해 정치화될 때는 더욱 오해의 가능성이 크다. 그러나 이 가치들을 보편적 가치 또는 적어도 보편화될 수 있는 가치로 장려하는 것은 매우 중요하다. 여기에는 공감, 예의, 책임감, 공동체적 단결 등이 포함된다. 만일 우리가 빈민들의 긴요한 관심을 언명해야 한다면, 만일 우리가 세계화를 개발도상국 및 선진국 모두에게 작용하도록 만들고 싶다면, 만일 우리가 고삐 풀린 시장경제의 야수적 세력을 억제하기 원한다면, 그렇다면 우리는 서양과 동양의 모든 가치가 주입된 제도를 개발해야만 한다. 세계 질서에 존재하는 불평등한 하부구조를 바로잡을 확실한 방법은 아직 존재하지 않는다. 통전적 시각이 없이는 세계 질서를 인간화하는 작업을 시작조차 할 수 없다.

4. 문명 간의 대화

2001년 유엔 총회에서 문명 간의 대화의 해를 지정한 이래, 국제사회에서 상호작용의 새로운 패러다임은 곧 실현되는 듯했다. 불행하게도, 비극적인 9·11 사태로 인해 이러한 패러다임이 실현되기까지는 많은 시간이 더 필요한 것 같다. 더구나 테러리즘을 다루는 데 일방적인 노선을 따르기로 한 워싱턴의 처사는 세계 정치에서 새로운 사유 방식으로서 이 패러다임의 효율성에 부정적인 영향을 미쳤다. 그러나 결국에는 대립이 아닌 대화가 국제적 의사소통과 협상을 위한 규범이 될 것 같다.

문명 간의 대화를 촉진시키기 위해 유엔 사무총장이 지명한 '명사 그룹'의 일원으로서, 나는 이 생각을 개념화하고 또 실천에 옮기기 위한 국제적 공동 노력에 참여해왔다. 개인, 공동체, 국가, 지역, 세계 차원에서 대화의 양식을 인간 상호작용의 지속적 패턴으로 제시하는 것이 타당성이 있는지를 알아보기 위해 나는 더블린, 도하, 베이징 그리고 최근에는 뉴델리까지 갔다 왔다. 계몽주의 정신을 초월하자는 나의 제안에서와 마찬가지로, 이 문제는 내가 이미 다른 곳에서 다루었기 때문에[26] 여기에서는 요점만 간단히 정리하도록 하겠다.

동질화의 위력이 제아무리 강하다고 해도, 언어적, 종교적 차이점들을 포함하는 문화적 다양성은 계속 존속할 것이다. 음식, 음악, 예술, 연예 일반 등에서 혼합의 조류가 존재하는 것은 사실이지만, 상이한 전통들은 각자의 독특한 특징들을 유지할 것 같다. 전통들은 창안되고 또 재창안되는 것이 분명하지만, 이러한 변형들의 기저에 있는 역학은 다양하고 많은 경우 바뀌지 않는다. 종교의 경우는 특별히 주목할 만한 가치가 있다. 세계 3대 종교인 기독교, 이슬람교, 불교가 각각 다른 종교로 집단 개종하리라고 상상하는 것은 불가능하다. 이것은 또한 유대교, 힌두교, 자이나교, 유교, 도교, 조로아스터교에도 적용될 수 있다. 물론 모든 종교들은 자체의 내적 긴장이나 외적 압력에 따라 대대적 변화를 겪게 될 것이다. 개인이나 집단의 개종은 언제나 일어나는 것이지만, 어떤 전통이 통째로 다른 전통 속으로 흡수될 가능성은 매우 희박하다.

종교적 전통이 다양하다는 사실은 한 개인의 신앙이 아무리 강렬해도 그곳에는 반드시 전혀 다른 형태의 신앙에 따르는 사람이 있을 수 있음을 시사한다. 세계 3대 종교로 개종하는 것은 불가피하다 해도, 평화적

---

26) 좀 더 포괄적인 취급을 위해서는 G. Picco ed., *Crossing the Divide* 참조. ch. II, "Globalization and Cultural Diversity"가 여기에서의 논의와 더욱 관련될 것 같다.

공존의 중요성은 아무리 강조해도 지나치지 않다. 갈등과 알력을 최소화하기 위해서 필수적인 것은 상호 존중이다. 대화가 없으면 막강한 조직과 강력한 힘을 가진 종교는 다른 종교들을 압도하려 할 것이며, 따라서 강력하고 폭력적인 반응을 초래할 것이다. 다른 한편으로, 대화가 없다면 종교적 근본주의는 호전적 방어와 공격적 배타주의로 발전될 것이다.

좀 더 심층적인 측면에서 볼 때, 우리는 종교적 다원주의로부터 칼 야스퍼스가 말한 "기축 시대"의 의미를 재검토할 시기가 무르익었다는 예시를 읽을 수 있다. 그의 해석에 따르면, 2천 년이 넘는 시간 동안, 기원전 천 년 동안에 독립적으로 출현한 정신적 문명들, 특히 남아시아의 힌두교와 불교, 동아시아의 유교와 도교, 중동 지방의 유대교 및 그리스 철학이 세계의 종교적 분포도를 형성했다는 것이다. 1948년에 야스퍼스는 소크라테스, 공자, 부처, 예수를 세계사에서 가장 영향력이 큰 전형적 인물들로 골라냈다.27) (당대의 맥락에서 볼 때 마호메트도 당연히 추가되어야 한다.) 기축 시대 문명들은 각각 자체의 역학에 따르고 있지만, 이들은 반드시 지구와 대면하는 핵심적 문제들에 대한 반응 및 다른 문제들에 비추어 자신들을 재정의해야만 한다. 이러한 전혀 새로운 상황으로 인해 신학자 에워트 커즌스(Ewert Cousins)는 제2의 기축 시대라는 생각을 제창했다.28) 이 적절한 주장은 대화 양식에 대해 새로운 시각을 제공한다.

관용의 필요성은 분명하지만, 그것은 단지 공존을 위한 최소한의 조건일 뿐이다. 모든 종교들은 상대방의 존재를 사물의 자연적 질서로서

---

27) Karl Jaspers, The Great Philosophers(New York: Harcourt, Brace & World, 1962-c1995), in 4 volumes. 첫 번째 책에서는 "전형적 개인들: 소크라테스, 붓다, 공자, 예수. 철학 사상의 창시자들: 플라톤, 아우구스티누스, 칸트"가 논의된다.

28) Tu Weiming, "Crisis and Creativity: A Confucian Response to the Second Axial Age", in Steve L. Chase ed., *Doors of Understanding: Conversations on Global Spirituality in Honor of Ewet Cousins*(Quincy, IL: Franciscan Press, 1997), pp.401-417.

인정해야만 한다. 존경은 상호 의존과 상호 학습의 기초가 될 수 있다. 기독교도는 불교도의 참선에서 배울 수 있고 불교도는 기독교도의 사회 봉사에서 배울 수 있다. 유대인과 이슬람교도는 아브라함에 대한 신앙에서 공동의 뿌리를 공유할 수 있다. 마찬가지로, 유교인은 영적 수련의 기술을 힌두교도로부터 배울 수 있고, 힌두교도는 경세술을 유교인으로부터 배울 수 있다. 평화 문화의 기풍이 없이 종교 간의 대화가 가능하다고 믿는 것은 지나친 이상주의다. 종교적 갈등은 종교 사이에서 뿐만 아니라 단일 종교 내부에서도 발생한다. 많은 경우 종교 내부의 투쟁은 더욱 거칠고 참혹하다. 우리는 어떻게 대화가 대립과 노골적 적대감에 대한 현실적 대안이라고 생각할 수 있을까?

　문화적 다양성의 시대가 갖는 현저한 특징은 타자가 반드시 공격자, 위협, 적, 도전자, 경쟁자가 아니라는 의식이다. 잠재적으로 타자는 친구, 동업자, 동료, 합작자, 고문이 될 수 있다. 마틴 부버의 "나와 너"의 관계에 대한 책에 나타난 것처럼,29) 대화의 진정한 정신은 상호 반응성이다. 대화에 참여하는 목적은 개종시키고 설득하고 영향을 미치고 설명하려는 것이 아니라, 오히려 듣고 배우고 자신의 지성적 지평을 넓히고 자신의 자기성찰을 제고시키려는 것이다. 인간끼리의 만남에서 사실상 공동의 경험인 대화를 통하여, 우리의 자기 인식은 강화되고 타자에 대한 우리의 이해 능력은 심화된다. 제2의 기축 시대에 세계는 지수적으로 더욱 복잡해지고 정교해진다. 지혜를 얻는 전통적인 방법, 즉 듣는 것과 일대일 의사소통의 기술은 역설적으로 하나의 삶의 방식으로서 더욱 존중된다. 대화란 성취할 수 없는 이상이 아니라 일상적으로 실천하는 인간화의 학습이다.

5. 보편윤리를 향하여

　세계화는 문화적 다양성을 제고시킨다. 일부 학자들은 문화적 다양성

---

29) Martin Buber, *I and Thou*, trans. Ronald G. Smith(New York: Scribner, 2000).

이 세계화의 조류에 어울리고 또 필수적이라고 주장한다. 이러한 역설적 상황에서 우리가 감지할 수 있는 것은 만일 새로운 세계 질서가 가능하다면, 보편적으로 적용할 수 있는 가치와 규범이 반드시 필요하다는 사실이다. 주지하다시피, 철학자들은 수십 년 동안 보편윤리의 실천 가능성을 탐구해왔다. 그 공동체의 모든 구성원들이 인정하는 행동 기준 없이도 인간 공동체가 생겨날 수 있다는 것은 상상도 할 수 없다. 이러한 주장은 지금과 같은 다원적 사회에서 실행에 옮기기에는 너무 이상적일지 모르나, 보편적 관련성을 가진 윤리가 발견되어야만 한다거나 재구성되어야만 한다는 열망은 전 세계의 공적 지식인들 사이에 널리 퍼져 있다. 예를 들어, 유네스코는 보편윤리의 타당성을 검토하는 특별 그룹을 구성했다. 김여수 교수의 주도 아래 이 주제에 관해 다양한 학문 분야에서 검토하기 위해 국제 세미나와 컨퍼런스들이 소집되었다.30)

보편윤리를 위한 이러한 탐구에서 주도적인 조류는 최소한의 타협적 접근(minimalist approach)이다. 전혀 다른 신앙 체계 사이의 화해할 수 없는 갈등을 잘 알고 있기 때문에, 최소한의 타협자들은 이론과 실천에서 최소한의 공통분모를 만들기 위해 특정한 문화, 종교, 도덕을 초월할 필요성을 역설한다. 이들은 진정한 보편적 토의란 반드시 초월적 시각을 가져야 한다고 주장한다. 끝없는 이념적 논쟁에 휘말릴 위험성은 많은 경우 피할 수 없다. 결국, 강렬한 독단적 입장을 가진 두 개의 집단 사이에서 진정한 대화를 기대하는 것은 거의 불가능하다. 그러나 우리는 다른 신앙을 가진 사람들과 의사소통을 하기 위해 기본적으로 공유 가능한 기초를 찾기 위하여 우리 자신의 신앙에 대한 충성심을 중지해야만 한다. 전략적으로 볼 때 보편윤리의 본질적 특징에 대한 기술은 '엉성한' 것이 최고며, 이것만이 종교 간의 교리 분쟁의 늪에서 빠져나갈 유일한 길이다.

---

30) Yersu Kim, *Common Framework for the Global Ethics of the 21st Century* (UNESCO, 1999); 아울러 Nancy Hodes and Michael Hays eds., *The United Nations and the World's Religious Prospects for a Global Ethic*(Cambridge, MA: BOS) 참조.

최소한 타협론자들의 '엉성한' 접근 방식의 논리는 단행본들로 결실을 맺었다. 스위스의 신학자인 한스 큉은 종교 간의 맥락에서 보편윤리를 개념화하는 데 도움을 주었다. 1993년에 시카고에서 열린 세계종교회의 100주년 기념식에서 종교 지도자들은 보편윤리의 절실한 필요성에 관한 자신들의 공동 결의문을 표명하는 귀한 기회를 가졌다. 한스 큉은 모든 종교적 전통들이 인정할 수 있는 제안서의 초안을 작성하였는데 이것은 높은 지지를 받았으며, 이로써 문화 교차적 종교 협력의 새로운 장이 시작되었다. 비교 문명적 관점에서 볼 때 주목할 만한 점은 모든 주요 역사적 종교들이 새로운 인간 상황의 중요성을 인식하였다는 점이다. 교리의 차이에도 불구하고 지구에 관한 한, 인간에게는 자연과 지속 가능하고 조화로운 관계를 수립할 의무가 있다는 점을 인정한 것이다. 이 새로운 인간 상황에서 가장 분명하게 표명된 것은 환경 인식이었다. 인간 공동체(비록 상상의 공동체이긴 해도)의 복지는 종교적, 신학적 사유에서 매우 중요한 것이기 때문에, 불교에서의 피안이나 아직 실현되지 않은 신의 왕국 같은 외견상 모순적인 교리들은 지금 이 자리의 세계에서 인간의 복지 유지에 관한 우리의 공통된 관심을 전혀 저해하지 못한다. 따라서 다수의 철학자들과 신학자들은 생태, 안전, 폭력, 테러리즘, 질병이라는 중요하고도 긴급한 문제들에 의해 야기된 새로운 휴머니즘이 종교적 의식에서 없어서는 안 될 부분이 되었다는 점을 당연하게 받아들였다. 한스 큉은 보편윤리를 향한 자신의 탐구를 조심스럽게 '휴머니즘적'이라고 정의한다.

보편주의를 향한 이러한 휴머니즘적 탐구의 기초를 이루고 있는 것은 도덕적 추론에 대한 칸트의 고전적 공헌이다. 모든 합리적 존재들은 정언명령의 투명성을 이해할 수 있다고 가정한다면, 영혼의 불멸성이나 신의 존재는 이론적으로 볼 때 윤리적 사유에서 이 핵심 사상의 보편성에 본질적인 것은 아니다. 적어도 표면적으로는, 의사소통의 합리성에 관한 완벽한 논증을 수립하려는 아펠과 하버마스의 노력은 여전히 칸트의 선험 원리에 기초하고 있다. 최근에 와서 하버마스는 선험 원리란 바꿀 수 없다는 자신의 스승 겸 친구의 주장에서 떠났을 가능성도 있지만,

미국의 실용주의에 민감한 그도 모든 교양 있는 대화를 지배하는 영원한 법칙을 향한 자신의 고집으로 인해 타협할 줄 모른다. 정의를 공정함으로 정의하는 존 롤즈도 어떤 의미에서는 칸트의 영향 아래 있다. 아마도 다문화주의에 대한 비판을 의식해서 그렇겠지만, 정의론을 단지 민주적 자유주의에만 적용하는 그의 자제력을 놓고 볼 때 그의 해석적 입장은 분명히 보편주의적이다. ·

문화적 다양성의 도전에도 불구하고, 보편주의자들은 결코 일반화가 가능한 원리들의 위력을 의심하지 않는다. 세계종교에서 황금률을 확인하려는 한스 큉의 고집스러운 노력은 주목해야 할 경우다. 그는 황금률이 적극적으로 표현되든 소극적으로 표현되든 간에 유교, 유대교, 자이나교, 불교, 힌두교에서 발견될 수 있다고 주장한다.31) 나아가 그는 마이클 왈쩌가 주장하는 것처럼, 진리와 정의만을 기초 가치로 정하는 것은 기초가 되기에 충분치 않다고 주장한다.32) 오히려 인간성 그 자체에 대해서는 "최소한의 합의" 또는 "인간이 함께 생활하고 행동하기 위한 가능한 최소의 기초"라고 생각하고 있음에 분명하다.33) 결과적으로 큉은 다음과 같은 두 개의 핵심적 원리들을 보편윤리의 기초로 인정한다. "모든 인간은 인도적으로 취급되어야 한다." "네게 해주었으면 하는 대로 남에게 하라."34)

큉이 생각하는 인간성의 황금률에는 진지한 토의의 가치가 있는 미묘한 점이 포함되어 있음을 주목해야만 한다. 유교와 유대교의 소극적 황금률이나 기독교의 적극적 황금률이 그러한 선택이 항구적 함의를 갖는다는 의미에서 중요한 것인지의 여부에 관한 것이다. 소극적인 경우는 공감과 동정의 원리라고 특징지을 수 있다. 이 원리에 따르면, 남을 자신만큼 알 수 없기 때문에, 자신에게 절대적으로 좋다고 생각하는 것이

---

31) Hans Küng, *A Global Ethic for Global Politics and Economics*(New York: Oxford University Press, 1998), pp.98-99.
32) 같은 책, p.98.
33) 같은 책, pp.97-98.
34) 같은 책, p.110.

남에게는 적절하지 않을 수도 있다는 것이다. 따라서 공감과 동정에서 우리는 우리의 견해를 남에게 강요하는 것을 자제해야만 한다. 엄격한 의미에서는 소극적 황금률이 종교 간의 평화적 공존에 더욱 적합하다. 스스로 전도를 자제하는 것이 서로 다른 종교적 전통 사이에서는 좀 더 대화의 정신에 어울린다.

표면적으로 볼 때 이 소극적 원리는 너무 수동적이어서 역동적으로 통합된 공동체의 수요를 설명하기에 부적합한 것 같다. 적극적 황금률이 유기적인 사회적 유대의 역할에 더 어울리는 점은 분명하다.35) 더구나 나에게 되었으면 하는 대로 "남에게 하라"는 이상의 명령에 따라 타자의 복지를 인정하는 것에서 우리는 공동체 윤리에 아주 어울리는 이타주의를 발견한다. 개종에서 발생하는 갈등의 위험을 회피하는 것이 우리 시대에서는 아주 중대한 문제이기 때문에 우리는 먼저 전혀 다른 타자에 대한 사려와 존경의 의식을 배양해야 한다. 만일 문명 간의 평화가 종교 간의 평화에 달려 있고, 종교 간의 평화가 종교 간의 대화에 달려 있다면, 소극적 황금률은 우리에게 특히 의미 있는 것으로서 귀하게 생각하는 것을 남에게 강요함으로써 우리의 축복을 공유하라고 명령하는 황금률에 우선해야만 한다. 공동체 건설에 대한 적극적 참여를 독려하기 위해서, 우리는 반드시 그러한 황금률이 다음과 같이 적극적 명령으로 보충되도록 만들어야 한다. "인자(仁者)는 자신이 서고자 하면 남도 서게 하고, 자신이 이루고자 하면 남도 이루게 한다."36) 한편으로는 공감, 동정, 사려 깊음, 존중과 다른 한편으로는 책임감, 의무라는 두 그룹의 원리들은 한스 큉이 말하는 인간의 황금률에 상응하는 것들이다.37)

모든 사람을 인도적으로 취급하라는 칸트의 사상은 보편윤리에 대한 최소한도의 타협자적 접근의 구성 부분이다. 이 주제에 대한 시세라 복

---

35) Emile Durkheim, *The Elementary Forms of Religious Life*, trans. Carol Cosman(New York: Oxford University, 2001).

36) 『論語』「雍也」, "夫仁者, 己欲立而立人, 己欲達而達人."

37) Hans Küng, *A Global Ethic for Global Politics and Economics*, p.110.

의 철학적 저작은 이러한 계통의 사유가 갖는 설득력을 구체적으로 보여준다.38) 왈쩌의 도전에 답하면서 큉은 기초적(얇은) 도덕과 분화된(두 꺼운) 도덕의 정교한 결합을 선택한다. 그가 고안한 노력이 목적으로 삼는 것은 보편적인 윤리적 원리들이 인간 공동체의 생존, 지속, 번영을 위해 절대적으로 필요한 그러한 행동 규범들을 확인하는 것이다.

최소한의 타협주의(minimalism)를 비판하는 사람들은 자주 해체주의자나 포스트모더니스트라고 잘못 인식되는데, 그들은 보편윤리의 타당성과 실천 가능성에 대해 심각한 의문을 제기한다. 통상적으로는 그들은 최소한의 타협주의의 이론적 기초에 도전하지 않는다. 오히려 그들은 문화적 경계 저편에서의 비교 불가능성과 번역 불가능성 같은 문제들이 보편윤리의 성공 가능성을 부정하는 충분한 이유가 된다고 생각한다. 그들 중 일부는 상대주의를 불가피하고 심지어 바람직한 대안이라고 생각한다. 그들은 결단코 독단적 윤리주의자의 입장보다는 상대주의자의 입장을 선호한다. 대부분의 경우 그들은 상대주의를 목적 그 자체로 간주하지 않고 오히려 편협한 독단주의를 폭로하는 유리한 절차라고 간주한다.

상대주의적 입장이 도구적 유용성을 갖고 있는 것이 사실이지만, 사유 형식으로서의 상대주의는 보편주의에 대해 엄중하게 도전한다. 상대주의자들은 다수의 보편주의적 주장들이 일반화될 수 있을지에 대해 회의적이다. 그들은 우리가 사는 다양성의 시대에는 진리, 특히 절대적 진리의 기초가 되는 합리성이 그 자체로 문제가 있다고 강력하게 주장한다. 만일 평화의 문화가 우리의 생전에 혹시 실현될 기회가 있다면, 우리는 추상적 보편주의의 성공하지 못할 시도들을 포기해야만 한다. 타당성(reasonableness)의 관념은 개인들과 집단들 사이에서 예의를 양성하는 데 더욱 적절하다. 나아가 그들은 최소한도 타협주의의 입장이 겉보기에는 자명하지만 실제로는 문명들 간의 대화와 관련이 없는 일종의 진부함의 형식이라고 주장한다. 만일 우리가 자신을 윤리의 실천에 전

---

38) Sissela Bok, *Common Values*(Columbia, MO: University of Missouri Press, 1995).

넘하도록 만들지 않는다면, 모든 이상주의적 주장들은 빈 이야기에 불과하다. 심지어 동일한 문화, 언어, 종교의 공동체 안에서도 집단 내부의 갈등을 해소할 방법은 없다. 진실함(truthfulness)을 추구하는 것은 틀린 생각이다. 대신에 우리는 의미의 문제에 초점을 집중해야만 한다.[39]

초보적인 의미에서 볼 때, 진리와 의미 사이의 차이는 우리의 경험에 놓여 있다. 진리의 목표는 공평무사한 객관적 기준인 데 반해 의미는 개인적 지식과 뒤엉켜 있다. 의미라는 주제와 관련되는 것은 진정성(authenticity), 진실성(sincerity), 사실성(reality)이다. 의미의 추구는 우리가 획득할 만한 가치가 있는 것으로서 경험한 것을 개인적으로 체현하는 것과 관련이 있다. 미학 및 윤리학에서 획득은 특히 이해와 가치 인식에서의 성취를 의미한다. 신체의 경우를 예로 들자면, 신체는 체험적으로 파악되어야만 한다. 신체를 관찰의 대상으로 삼으려는 시도는 반드시 실패할 것이다. 사실상 우리는 신체를 소유하는 것이 아니다. 오히려 우리는 결코 완전히 객관화될 수 없는 주체이기 때문에 이 주체가 획득한 것이 되기 위해 노력한다.[40] 마찬가지로 의미는 자기이해와 자기반성을 수반한다. 특별히 의미 있는 것을 발견할 때 많은 경우 신체적 감각이 반응한다. 의미가 갖는 역사적, 문화적, 언어적 상황을 부정할 수는 없다. 의미는 항상 살아 있는 대면의 현실 속에 묻혀 있다.

의미는 관습적 지혜와 분리될 수 없다. 의미 있다는 판단은 많은 경우 뿌리 깊은 진선미 의식과 얽혀 있다. 추상적 보편주의는 의미의 조건이 아니다. '경험된 구체성(lived concreteness)'은 의미의 두드러진 특징이다. 명제를 제아무리 정교하게 구성한다고 해도 몇 줄의 명제로는 완전히 체화된 의미를 전달할 수 없다. 의미 구성(meaning construction)에는 항상 언어 외적 지시물(referent)이 존재한다. 언어는 결코 화자-작가가 의도한 의미를 완전히 포착하지 못한다. 내적 경험은 결코 타자에

---

39) 이 문제에 관해서 나는 하버드 옌칭연구소의 동료인 Huang Wansheng과의 유익한 토론에서 많은 도움을 받았음을 이 자리를 빌려 밝힌다.

40) Thomas Kasulis ed., *Self as Body in Asian Theory and Practice*(Albany: State University of New York Press, 1993); 아울러 Eliot Deutsch, *Humanity and Divinity*(Honolulu: University of Hawaii Press, 1970) 참조.

게 충분히 설명될 수 없지만, 의미는 이러한 내적 경험으로서 이해되고 파악될 수 있다. 의미를 정확하게 표명하는 구체성은 반드시 의미를 배타적으로 만든다. 그러나 지역적 지식의 형태로서의 의미가 결코 보편적 의미를 얻을 수 없다고 가정하는 것은 잘못이다. 역설적으로 들리겠지만, 아주 특정한 맥락에서 "두꺼운 기술(thick description)"41)이 보편적 매력을 갖지 말란 법은 없다.

의미는 개인의 진정성(authenticity), 진실성(sincerity), 사실성(reality)과 얽혀 있지만, 결코 주체적 영역으로만 제한되지 않는다. 의미 창조는 반드시 타자와 연결된다. 어떠한 상황에서도 의미를 마치 사적인 일인 양 개인이 홀로 창조할 수는 없다. 타자가 자아성의 결정적 특징이라는 임마누엘 레비나스의 주장은 이 문제에 호소력을 갖는다. 그는 오직 타자를 위한 삶만이 우리 자신을 진정성, 진실성, 사실성 있는 존재로 만든다고 역설한다.42)

이러한 포괄적인 자아성은 개방적이고 역동적이다. 타자성을 자아 속으로 통합함으로써 주체와 객체 또는 내외 관계는 새로운 의미를 갖는다. 긴장과 갈등에도 불구하고 상호 보완성과 공생은 자아와 타자 사이의 의미 있는 상호작용의 특징이 된다. 2001년 명사 그룹이 유엔 총회에 상정한 보고서인 『분단을 넘어서(Crossing the Divide)』에는 다음과 같은 인간 상호작용의 새로운 패러다임이 제시되어 있다. 타자가 원수, 위협, 도전자, 경쟁자로 간주될 필요는 없다. 대부분의 경우 타자는 친구, 동료, 동업자, 짝, 동료 시민, 직장 동료, 사회운동의 동지, 기념제의 참석자다.

이러한 타자의 지각은 종교 간의 대화에 적용될 수 있다. 종교는 원래 자기 폐쇄적이고 그 경계는 확고하며, 신자와 비신자를 확실하게 구

---

41) 이 '방법'에 관한 전형적인 예를 위해서는 Clifford Greetz, *Local Knowledge: Further Essays in Interpretive Anthropology*(New York: Basic Books, 2000) 참조.

42) Edwin Gantt and Richard N. Williams, *Psychology of the Other: Lévinas, Ethics, and the Practice of Psychology*(Pittsburgh, Pa.: Duquesne University Press, 2002).

별한다는 가정은 기껏해야 순진한 생각이다. 모든 종교들과 기축 시대 문명들은 거대한 강물처럼 수많은 지류들을 포용한다. 이들 각각은 자신의 정체성을 규정하는 분명한 핵심 가치들을 갖고 있지만, 이러한 가치들의 적응 가능성과 유연성으로 인해 기축 시대의 역사적 종교들은 수십 세기를 지속할 수 있다. 사실상 모든 항구적인 정신적 전통들은 동일한 성질을 가지고 있다. 자폐적인 근본주의가 그 내면적 힘을 보존할 수 있는 기간은 몇 십 년 정도일 것이다. 그러나 카리스마를 가진 지도자가 사라지게 되면 분열의 운명을 모면하기는 힘들 것이다.

최대한도 타협주의자들(maximalists)은 인간성에 관한 '얇은 기술'이란 생존, 안전, 안정에 관한 최소 조건만을 따질 때 전략적 유용성이 있다고 주장한다. 힌두교도, 유교인, 도교인, 불교도, 유대인, 기독교도, 이슬람교도가 인간인 점은 논란의 여지가 없다. 우리는 먼저 인간됨의 기초적 가치들을 수립해야만 한다. 그리고 나서야 우리는 각각의 위대한 전통들의 차별화된 가치들에 대해 자세히 말할 수 있다. 이것은 희망적 관측일지 모른다. 좀 더 현실적인 접근 방법은 각각의 전통에 대한 '두꺼운 기술'을 출발점으로 삼는 것이다. 특수한 것의 경험적 구체성을 통해 보편적인 것을 활성화시키는 이 고통스럽고 어려운 절차가 추상적 보편주의와 포괄적 특수주의 사이의 갈등이라는 딜레마에서 해방되는 유일한 길일지 모른다.

행위에 관한 이러한 구체-보편의 과정이 대화를 통해 작용할 수도 있다는 희망적 조짐이 보인다. 사실상 최근 수십 년 동안 타인의 믿음을 자신의 종교와 밀접하게 연결된 것으로 여기자는 공동 결의를 통해 종교 간의 의사소통은 매우 크게 촉진되었다. 극단적 타자와의 대면을 해방적 경험으로 간주하는 것은 아마도 지나친 이상주의일지 모르지만, 차이를 축하하는 것은 종교 간의 대화에서 더 이상 참신한 것이 아니다. 특히 주목할 만한 것은 기독교도인 존 캅(John Cobb)과 불교도인 아베 마사오 간의 장기간에 걸친 교류다. "기독교도는 불교도가 될 수 있을까? 또는 불교도는 기독교도가 될 수 있을까?"라는 질문 자체의 형식은 매우 의미심장하다. 기독교도는 더 나은 기독교도가 되기 위하여 불교도로부터 배울 수 있다(이것의 역도 성립한다).43) 종교적 실천에서 복수 종교, 심지어 다수 종교를 겸하는 것은 점점 더 정상적인 것으로 인정된다.44) 종교적 보편주의의 실현은 이제 멀지 않다.

그러나 우리가 살고 있는 문화적 다양성의 시대에 민족중심주의, 호전적 민족주의, 문화적 우월주의, 종교적 근본주의가 역사상 전례가 없는 정도로 등장하는 것을 우리는 경계와 걱정의 마음을 가지고 목격하고 있다. 우리는 어떻게 "문명의 충돌"45)을 피할 수 있으며 또 어떻게 종교 간의 평화적 공존을 마음에 그릴 수 있을까?

우리는 종교가들이 새로운 인간 환경에 비추어 자신들의 신앙을 재규정해야 함을 자각하길 바란다. 종교들 사이에는 제2의 기축 시대에서의 위기에 대한 반응이라는 문제에서 합치점이 있다. 대표적으로 몇 개만 나열하자면, 그 위기들은 천연 자원의 고갈, 환경 파괴, 대량 살상 무기에 의한 멸절, 불안정, 범죄, 마약, 질병 등이다. 긴 안목의 철학자들과 신학자들은 인류가 등장한 이래 일찍이 없었던 이러한 새로운 도전들에 대처하는 방법을 찾기 위해 가장 소중하게 생각하는 일부 교리들을 재검토하고 있다. 우리에게 긴급하게 필요한 것은 자아의 존엄, 공동체의 통합, 자연의 지속 가능성을 담보해줄 새로운 우주론과 새로운 생활 방식이다. 궁극적으로 우리는 계몽주의의 인간중심주의와 세속성을 반드시 초월하여 생명에는 목적이 있다는 것과 우리에게는 우주의 공동 창조자로서 우리의 책임을 가족, 공동체, 국가, 종교, 세계 너머로 확대시킬 의무가 있다는 것을 깨달아야만 한다. 우리가 존재하는 것은 지구와 생명의 다양성 때문이다. 우리 자신의 문화적 다양성으로 인해 우리는

---

43) Christopher Ives ed., *Divine Emptiness and Historical Fullness: A Buddhist-Jewish-Christian Conversation with Masao Abe*(Valley Forge, Pa.: Trinity Press International, 1995) 참조.

44) 예를 들어 다음을 참조. John H. Berthrong, *The Divine Deli: Religious Identity in the North American Culture Mosaic*(Maryknoll, N.Y.: Orbis Books, 1999).

45) Samuel P. Huntington, *The Clash of Civilizations and the Remaking of World Order*.

자연의 관리자가 될 수 있다.

우리 시대에 가장 중요한 윤리는 현재적 당위성과 역사적 유산을 고려하는 미래 지향적인 것이 되어야만 한다.46) 다음과 같은 아프리카의 격언은 많은 것을 시사한다: 지구는 우리의 조상들이 물려준 선물일 뿐만 아니라, 수많은 미래의 세대들이 우리에게 맡겨준 보물이기도 하다.47) 마찬가지로 중요한 것은 새로운 윤리가 마땅히 전체적이고 보편적이어야만 한다는 점이다. 이러한 맥락의 보편성은 역사적 종교로부터 추출한 것이 아니다. 오히려 이것은 독특한 당대의 인간적 조건과 대면하면서 완벽하게 실현된 정신적 전통의 결과물이다. 이 자리를 빌려 아프리카 대륙의 믿기지 않는 상황에 대해 언급해야 할 것 같다. 우리는 현재의 상황에서 빈곤, 실업, 부패, 기아, 질병, 사회적 해체가 지배하는 희망이 없는 인상을 받는다.48) 그러나 미래적인 안목으로 본다면, 아프리카는 천연 자원들과 지리적 다양성이 풍부하다는 점에 주목해야 한다.49) 치유, 인간의 상호작용, 사회적 단결, 정신적 훈련 등에서 나타난 장로들의 전통적 지혜는 말할 것도 없이, 아프리카의 언어적, 문화적 다양성은 실로 엄청나다. 아프리카의 개발 잠재력은 자연적, 비자연적 측면 모두에서 대단하기 때문에 결국에 아프리카는 인간 번영의 빛나는 본보기로 등장할 것이다.

인간 자신의 파괴적 위력은 역사상 전례가 없을 정도로 인류를 위협해오고 있다. 인류의 생존은 더 이상 당연시되지 않는다. 인간에게는 또

---

46) 이 주제에 관한 탁월한 설명을 위해서는 다음을 참조. Jérôme Bindé, "Toward an Ethic of the Future", in Arjun Appadurai ed., *Globalization*, pp.90-113.

47) 나는 이것이 상이한 형태로 표현되는 것을 여러 번 들을 기회가 있었으나 이것의 정확한 출처는 알 수 없다. 이것이 단지 아프리카 장로들의 지혜로부터 유래한다고는 하지만, 이것이 갖고 있는 교훈적 가치는 분명하다.

48) 헌팅턴에게는 "문명의 충돌"에 관한 자신의 논의와는 무관하거나 중요치 않은 것으로서 이 문제를 무시하는 것이 정당화될지 모르지만, 이처럼 중요한 대륙을 그렇게 시의적절한 주제에서 배제시킨다는 것은 장기적 관점에서 볼 때 경솔한 것 같다.

49) 아프리카는 가장 오래된 대륙으로서 케이프타운 주위의 지역에는 캐나다에 비길 만한 다양한 토양과 암석, 광물들이 있다고 한다.

한 적응력, 재생력, 창조성, 상상력 등과 같은 위대한 잠재력이 풍부하다. 우리 자신의 복지뿐만 아니라 지구의 지속적이고 회복 가능한 생명력은 인간의 행동에 달려 있다. 우리의 생존력에 관한 가장 우울한 이야기의 하나는 자기 멸절의 돌이킬 수 없는 조류를 뒤집기 위해 우리가 무엇을 해야 하는지를 점차 이해하게 되자, 하부 구조와 정신 태도가 올바른 일을 하기 위한 우리의 노력을 방해한다는 사실이다. 우리는 우리 자신의 무지와 오만의 희생물이다. 정보와 지식을 많이 동원할 수 있다고 해서 우리가 자동적으로 현명해지는 것은 아니다.

공정성의 원리에 의하면, 재화, 권력, 영향력, 지식이 많은 개인, 사회, 국가, 종교들은 지구촌의 장점을 증진시키기 위하여 지도력을 발휘하고 책임감을 질 의무가 있다. 그러나 현실에서 선진국들은 자기중심성, 이기성, 방종의 관성을 무의식적으로 보여준다. 시장 근본주의의 기풍은 정의, 공감, 예의, 의무, 공동체성 등을 공유 가치로서 양성하는 것에 방해가 된다. 1991년에 발생한 걸프전 이래, 미국의 정치적 엘리트들은 미국의 무소부재와 전능에 취해왔다. 부강(富强)은 남아 있는 유일한 초대강국 미국이 생각하는 대로의 세계 질서를 지배하고 그리고 패권적 지배가 미국의 활동 양식의 기초를 이룬다.

2001년의 9 · 11 사태 이래, 자신과 세계에 대한 미국의 지각은 큰 변화를 겪었다. 이 비극적 사건은 미국에게 깊은 자기반성과 타 문명들, 특히 이슬람 세계와의 대화라는 흔치 않은 기회를 제공해줄 수 있었다. 불행하게도 자국의 안보에만 몰두했기 때문에 미국의 행정부는 국제적 기구들을 제치고 맹방들인 프랑스와 독일을 소외시키는 일방적 행동을 선택하였다. 나아갈 길은 매우 힘들고, 미국을 지구촌의 도덕적 지도자로서 재건하는 노력은 많은 세월을 필요로 할 것이다.

초강대국이 외교 정책의 유일한 지침이 되는 자국의 이익을 초월하든 안 하든 간에, 북아메리카, 유럽연합, 동아시아라는 영향력의 세 중심을 갖는 다원적 세계는 오래 지속될 것이다. 세계화는 현대화의 직선적 발전이며, 전통과의 결별이며, 동질화의 과정이라는 주장을 근본적으로 무효화시킬 것이 확실하다. 전통들은 현대성 속에 계속 존재할 것이다. 다시 말해 현대화는 다양한 형태를 가질 것이며, 역동적 변화이기 때문에 발산하여 다양화되는 것은 물론 수렴하여 통일될 것이다.50) 바로 이런 의미에서 현재 상황을 적절하게 서술하자면 다중 현대성(multiple modernities)이 될 것이다.51) 이러한 새로운 전망은 세계라는 무대 위에서 활약하는 한 사람을 독재자가 아닌 대화자, 협상자, 중재자, 의사소통자, 대화 상대자로 만들 것이다.

세계화는 강압적 패권을 탄생시킬 수 있지만, 대화를 통해 또한 평화롭고 번영하는 공동체를 생산할 수도 있다. 문화적 다양성은 공격적 배타주의를 야기할 수 있지만, 대화를 통해 안전과 안정의 의식을 발생시킬 수도 있다. 앞에 놓인 도전은 다원주의에 뿌리가 있으며 모든 인간들에게 개방적인 보편윤리를 형성하는 것이다. 우리의 '집'을 건강하게 만들기 위하여 우리는 마땅히 인간 우주 동형 동성적 시각을 개발해야만 한다. 자신의 집에 살지 않는다면, 우리는 결코 안전하다고 느끼지 못할 것이다. 우주 질서와 연결되지 않는다면, 우리는 결코 우주의 공동 창조자로서의 우리의 역할을 완수하지 못할 것이다.

---

50) 이 흥미로운 현상의 본보기로서는 Tu Weiming ed., *Confucian Traditions in East Asia: Exploring Moral Education and Economic Culture in Japan and the Four Mini-Dragons*(Cambridge, MA: Harvard University Press, 1996)를 볼 것.

51) Shuel N. Eisenstadt and Wolfgang Schluchter, "Introduction: Paths to Early Modernities－A Comparative View", *Daedalus*, vol. 127, no. 3(Summer 1998); 또한 "Multiple Modernities", *Daedalus*, vol. 129, no. 1(Winter 2000) 참조.

제 **2** 강연

종교다원주의에 대한 유교의 인식:
세계화와 문화적 다양성

세계화와 지역화, 선진국과 개발도상국, 자본주의와 사회주의의 간극을 넘어설 때, 세계는 점점 더 상호 연결된 지구촌이 된다. 우리가 상정하고 있는 전통과 현대, 동양과 서양, 우리와 남이라는 이분법을 초월한다면, 인간의 상황이 처한 곤경을 이해하기 위한 노력을 통해 지구촌의 풍부하고 다양한 정신적 자원들을 개발할 수 있다. 적어도 우리는 "이성의 시대— 근대 서구의 계몽주의"에 중대한 공헌을 했던 위대한 종교 전통들이 전 세계적으로 사람들의 삶을 형성하는 데 심오한 의미를 갖는다는 사실을 안다. 기독교, 유대교, 이슬람교 그리고 그리스 철학은 지혜의 중요한 원천이며 앞으로도 또한 그러할 것이다. 하지만 현대 세계에서 힌두교, 자이나교, 불교, 유교, 도교 등으로 대표되는 비서구적인 삶의 방식들도 또한 그에 못지않은 역동성을 가지고 있으며, 분명 앞으로도 계속해서 번성할 것이다. 그 종교 전통의 종사자들뿐 아니라 일반 학자들도 아프리카, 신도(神道), 마오리(Maori), 폴리네시아, 아메리카 원주민, 이누이트(Inuit) 그리고 하와이 등에서 볼 수 있는 토착적인 형태의 정신세계 또한 지구촌을 위해 정신적 영감을 부여해줄 수 있는 원천임을 인정하게 되었다.

서구적 전통과 비서구적 전통 그리고 토착적 전통들은 모두 매우 복잡하며, 모호하면서도 유익한 특징들을 풍부하게 가지고 있다. 사실상 이른바 서구의 종교들(유대교, 기독교, 이슬람교)은 모두 동양에서 유래했으며, 오랜 시간에 걸친 실질적 변화의 과정을 상징적으로 보여준다. 마찬가지로 힌두교, 불교, 유교 그리고 도교의 생활 방식들은 모두 근본적 통찰력, 정교한 의례(儀禮), 사회적 제도 및 일상의 실천과 관련된 장엄한 정신세계를 펼쳐 보여주고 있다. 지구촌을 위해 사용할 수 있는 인간 공동체의 정신적 자산이 풍요롭고 다양하다는 사실을 깨닫는다면, 우리는 패권적이고 배타적인 오만함을 넘어서 다른 전통들로부터 조언과 지도 그리고 지혜를 구할 수 있게 될 것이다. 나아가 우리는 또한 종교 내부적 갈등과 종교 상호간의 갈등이 가지고 있는 위험성에 대해서도 충분히 인식하고 있다. 이러한 갈등은 향토적, 민족적 그리고 지역적 공동체들의 안정을 유지하는 데 심각한 위협이 될 것이며, 범세계적인 평화의 문화를 배양하는 데에서도 중요한 도전이 되기 때문이다. 문명 간의 대화가 필요하다는 사실은 명백하다.

1. 세계화와 인간 상황

지난 10여 년간 급속한 세계화가 이루어지면서, 이와 함께 세계화의 장단점에 대한 논쟁도 점차 가열되었다. 세계화로 인해 새로운 지식 체계들이 생겨났고, '자명한' 것으로 여겨지던 전통적인 진리들도 허위로 간주되게 되었다. 더불어 세계화 자체에 대한 신화와 오해도 생겨나게 되었다. 정보통신기술의 폭발적 성장, 시장경제의 급속한 확산, 인구 통계학적인 측면에서의 극적인 변화, 그칠 줄 모르는 전 세계적인 도시화 현상, 더욱 개방된 사회를 지향하는 추세 등에서 세계화의 힘을 느낄 수 있다. 경제적인 측면에서는 직접 투자와 금융 자금에서 사적 자본이 급격히 증가해왔으며, 전 세계적으로 관세 장벽을 완화하는 현상이 두루 확산되었다. 그리고 금융제도의 투명성에 대한 요구가 점점 더해지고 있으며, 부패에 대한 우려가 확산되고 있다.

경제적인 측면에서의 세계화에 따라 부수적으로 생겨난 이러한 현상들은 정부에 좀 더 공개적인 설명을 요구하는 엄청난 압력으로 작용했으며, 이에 따라 민주화의 새로운 가능성이 열리게 되었다. 결과적으로 민족적, 지역적, 국제적 정치에서 시민사회가 중요한 역할을 담당하게 되었는데, 이는 국가와 민족을 초월하는 비정부적 기구가 형성되었다는 사실에서 상징적으로 드러난다. "밀물이 되면 모든 배가 떠오른다"는 생각은 현실로 드러나고 있는 듯하다. 부자는 더욱 부자가 되지만, 가난한 사람들이 반드시 더욱 가난해지는 것은 아니다. 경제를 개방하고, 관세 장벽을 낮추며, 외국과의 쌍방 무역을 장려한 국가들이 새로운 세계적 환경으로 인해 혜택을 입은 것으로 보인다. 처참한 빈곤 상태를 전 세계적으로 근절하겠다는 꿈 또한 앞으로 50년 안에 실현 가능할 것 같다. 이미 지난 30년 동안 20여 개의 산업화된 나라들과 10개 이상의 개발도상국들에서 실질적으로 빈곤이 퇴치되었다. 우리는 분단과 장벽의 구세계로부터 거미줄처럼 서로 연결된 멋진 신세계로 옮겨가고 있는 것처럼 보인다.

그러나 세계 인구의 20퍼센트가 세계 소득의 75퍼센트를 차지하고, 25퍼센트는 2퍼센트 미만의 소득을 차지할 뿐이며, 31퍼센트가 문맹이고 80퍼센트가 기준 이하의 주거 환경에서 살아가고 있다. 10억 이상의 사람들이 하루에 1달러 미만의 돈에 의지해서 살고 있으며, 거의 15억에 달하는 사람들이 깨끗한 물을 사용하지 못하고 있다. 이러한 측면에서 본다면 세계의 상황은 전혀 고무적이지 않다. 더구나 가진 자와 못 가진 자 사이의 차이는 더욱 커져가고 있으며, 가족의 생활, 학교, 종교를 포함한 사회적 삶의 영역에서 상업화와 상품화가 만연하고 있다. 이로 인해 개발도상국에서는 시민적 유대가 약화되고 있으며, 선진국에서는 사회의 도덕 체계가 위협받고 있다. 문화적 정체성이 상실되고 공동체적 유대가 약화되리라는 데 대한 불안이 만연해 있다. 우리는 세계화를 통해 보장된 미래가 있는 약속의 땅에 도달할 수 있을 것인가, 아니면 그로 인해 이미 긴장에 싸인 세계에 더 많은 갈등과 모순이 생겨나게 될 것인가?

1) 서구화와 현대화로부터 세계화로

아마르티아 센(Amartya Sen)에 따르면, 세계화란 "여행, 무역, 이주 등을 포함해서 인간들이 상호 교류하는 과정이 더욱 증대되고, 천 년 이상의 기간 동안 세계가 진보하는 데 근간이 되어온 지식이 광범위하게 확산된 것이다." 그 역사적 사례로는 불교가 바나레스(Banares)로부터, 기독교가 예루살렘으로부터, 이슬람교가 메카로부터 전파된 사건을 들 수 있다. 세계화는 상업적, 외교적, 군사적 제국 건설에서도 또한 목격되었다. 사실 근대 이전에 선교사, 상인, 군인, 외교관 사이에서 문명 간의 교류가 이루어짐으로써 산업혁명이나 정보혁명이 등장하기 오래전에 이미 원초적인 형태의 세계화가 이루어지는 데 기여하였다. 15세기에는 해양에서의 탐험이 이루어짐으로써 세계를 하나의 '체제'로 만드는 데 크게 공헌하였다. 뒤돌아보면, 후에 학자들이 '서구화'라고 묘사한 현상은 주로 식민주의와 제국주의라고 하는 특징을 가진 것이었다. 서유럽은 많은 부분에서 인문 지리학을 재구성하도록 해왔으며, 지구촌에 지울 수 없는 흔적을 남겼다.

1950년대 미국에서 형성된 현대화론에서 주장하는 바에 따르면, 근대 서구에서 시작된 '현대화' 과정은 그 변화의 잠재력에서 사실상 '세계적'인 것이었다고 한다. '서구화'라고 하는 공간적인 관념에서 '현대화'라고 하는 시간적 개념으로 변화했다는 사실은 커다란 의미를 가진다. 산업화와 같은 발전이 서구에서 처음 생겨나기는 했지만, 그것은 또한 계속해서 일본적, 러시아적, 중국적, 터키적, 인도적, 이란적인 것이 되었기 때문에, 단순히 '서구적인 것'이라고 생각해서는 안 된다는 점을 시사하기 때문이다. '시간적 현대화'라고 하는 지리적인 측면과는 무관한 관념이 세계적인 변화 과정으로서의 '서구화'가 가지고 있는 중요한 특징을 좀 더 잘 포착하는 것처럼 보였던 까닭은 바로 이 때문이었다.

하지만 현대화론에는 발전(development)은 필연적으로 진보(progress)와 동일한 방향으로 진행되며, 결국 세계는 단 하나의 문명으로 수렴될 것이라고 하는 가정이 은연중에 깔려 있다. 미국으로 대표되는 선진국들이 선도적인 역할을 담당하고 있었기 때문에, 현대화는 본질적으로 서구화, 그 가운데에서도 특히 미국화와 동일한 것으로 간주되었다. 피상적으로 볼 때, 이러한 설명 방식이 커다란 설득력을 가지는 이유는, 이론가들이 규정하고 있듯이, 현대성의 특징이나 현대화의 성과가 단순히 서구나 미국에 의해서 창조된 것이 아니기 때문이다. 세계의 나머지 나라들 또한 그러한 현대적인 특징이나 성과를 이상적인 것으로 생각한다. 시장경제, 민주적 정치 체제, 시민사회, 개인주의는 분명 보편적인 열망이다.

최근 수십 년간 발생한 사건들을 보면, 경쟁 시장이 경제 발전의 주된 원동력이었다는 점을 분명히 알 수 있다. 또한 민주화가 광범위하게 확산되었고, 역동적인 시민사회가 정치적인 과정에 적극적으로 참여하는 것을 장려하고 있으며, 사회적 결속을 위해서는 반드시 개인의 존엄성을 존중해야 한다는 사실도 또한 이 사건들을 통해 알 수 있다. 몇몇 학자들이 "세계에는 더 이상 이념적 분열이 존재하지 않는다. 자본주의가 승리했고, 시장경제와 민주정치는 미래의 조류이며, 우리가 알고 있는 '역사'는 막을 내렸다"고 주장하게 된 것은 아마도 이러한 발전적인 모습들 때문이었을 것이다.

그러나 하나의 문명이 경험한 현대화가 나머지 세계의 귀감이 될 것이라는 행복감에 가득 찬 기대는 오래 가지 못했다. 새뮤얼 헌팅턴(Samuel Huntington)이 문명의 충돌이 도래할 것이라고 경고하면서 의도한 바는 아마도, "상충하는 세계관과 가치 체계가 존재하는 한, 아무리 강력하고 부유한 나라라 할지라도 자신의 특정한 방식을 다른 나라에 강요할 수 없다"는 점을 보여주려 한 것이다. 21세기에서 국제 안보에 가장 심각한 위협이 되는 것은 경제나 정치가 아니라 문화적인 것이다. 얼핏 보면, '문명 충돌'론은 프랜시스 후쿠야마(Francis Fukuyama)가 주창한 '역사의 종말'보다 더 설득력이 있는 듯하다. 문명 충돌론에서는, 중요한 것은 문화이며, 종교 간의 차이를 적절하게 다루어야 한다는 점을 인정하고 있기 때문이다. 그러나 불행히도 그 이면에 깔려 있는 전제는 여전히 '서양과 그 나머지 세계'라고 하는 구분과, 결국은 서구적인 것이 승리할 것이라는 전제 아래에서 행동해나가야 할 길에 대한 권유다.

문명 간의 충돌이 임박하였다는 경고를 보면, 문명 간의 대화는 단지 바람직한 것일 뿐만 아니라 필수불가결한 것이다. 시장경제, 민주적 정치 체제, 시민사회, 개인주의 등과 같은 현대화에 대한 가장 긍정적인 정의(定義)에 대해서조차도 그 타당성에 대해서는 논의의 여지가 남아 있다. 자유 시장에서는 통제의 문제가 생겨난다. 민주주의는 현실적으로 다양한 형태를 취할 수 있다. 시민사회의 형태는 문화마다 다르다. 존엄이 반드시 개인주의라고 하는 원칙에 기반해야만 하는가 하는 문제에 대해서는 대답하기 쉽지 않다. 현대화는 서구화도 아니고 미국화도 아니다. '우리와 그들'이라고 하는 구분에서처럼, '서양과 그 나머지 세계'라고 구분할 경우 범하게 되는 오류는 '모 아니면 도' 식의 태도를 극복하려고도 하지 않고 극복할 수도 없다는 것이다. 세계화를 위해서는 다른 식으로 생각하지 않으면 안 된다.

서구화와 현대화가 세계화의 전례임은 분명하다. 그러나 변화 속도와 개념적 전환의 깊이라는 측면에서 본다면 엄청난 차이가 있다. 경제 발전의 가장 중요한 원동력인 정보기술은 정치, 사회, 문화에 광범위한 영향을 끼쳐왔다. '지식 경제(knowledge economy)'를 통해 가난한 나라들이 넘어서기 힘들어 보이는 발전 단계를 뛰어넘어 비약할 것이라는 희망은 아직 실현되지 않았지만, 전 세계적으로 모든 단계에서의 정보 교환이 크게 증가하였다. 마찬가지로 경제 교류와 소득 분배에서 여전히 지리적인 여건이 커다란 문제가 되고 있지만, 새로운 정보통신기술은 국제적 소득 불균형을 크게 변화시킬 만한 잠재력을 가지고 있다. 우리 시대에 당연시되고 있는 원칙은, "세계 지도에서 부와 권력 그리고 영향력을 보여주는 선은 게임의 법칙 그 자체가 끊임없이 개정되어야만 하는 그 마땅한 방식에 의거해서 다시 그려질 수 있다"는 것이다. 특히 주목해야 하는 것은 해방과 파괴의 잠재력을 동시에 가진 세계화 기술들이 등장하고 있다는 사실이다. 로봇과 컴퓨터를 통해 인간 게놈(genome)을 배열하고, 약품을 고안해내며, 신소재를 제조하고, 동식물의 유전자 구조를 변화시킬 수 있을 뿐 아니라, 인간을 복제해내는 일까지도 가능하다. 따라서 소수 집단이 더욱 커다란 사회에 심각한 긍정적, 부정적 영향을 줄 수 있는 권력을 가지게 된다.

개념적인 측면에서 볼 때 세계화는 획일화 과정이 아니다. 최소한 현 상황에서 볼 때 나머지 세계가 결국은 단일한 발전 모델을 따르는 방향으로 '수렴'될 것이라고 하는 생각은 복잡한 세계화 추세를 설명하기에는 지나치게 단순하다. 환경 파괴, 질병, 약물 남용, 범죄 등이 과학, 기술, 무역, 금융, 관광, 이주(移住)만큼 철저하게 국제적인 현상이 되었음은 분명하다. 세계는 전례 없이 상호 연결되었으며 상호 의존적이 되었다. 그러나 이제 등장하고 있는 지구촌은, 단일한 패턴에 따라 형성되지 않는다는 사실은 말할 것도 없고, 하나로 통합되고 있는 것도 아니며, 오히려 다양성이라고 하는 특징에 의해 규정된다.

2) 지역적 인식, 원초적 유대 그리고 정체성

이러한 다양성이 생겨나게 된 중요한 이유 중 하나는 세계화가 '지역적'인 의식, 감수성, 정서, 열정 등을 강조하기 때문이다. '원초적 유대'에 강하게 집착하는 현상이 직접적으로 세계화 조류에 의해 생겨난 것은 아니겠지만, 그러한 조류에 의해 생겨난 의도하지 않았던 결과일 것이다. 현재 인간이 처한 상황을 설명하는 데 인종, 성별, 언어, 지역, 계층, 연령, 종교의 측면을 무시할 수는 없다. 인종 차별로 인해 다양한 인종으로 구성된 사회의 결속이 위협받고 있다. 이 문제를 적절히 다루지 않으면 강대국이라도 분열을 맞게 될 수 있을 것이다. '성적인 평등'은 보편적인 호소력을 가지고 있다. 성적 평등을 주장하는 강력한 여성운동으로부터 자유로울 수 있는 사회는 없다. 개발도상국뿐 아니라 선진국에서도 언어적 갈등만 없었다면 안정되었을 공동체들이 언어적 갈등으로 인해 분열되어왔다. 주권을 위한 투쟁은 전 세계적인 현상이다. 원하는 모든 국가가 가입한다면 UN 회원국은 몇 배로 늘어날 것이다. 이른바 '남북문제'는 국제적, 지역적, 국가적, 향토적인 모든 차원에 걸쳐 있다. 개발도상국에서는 도시와 농촌 격차가 점점 커지고 있다. 모든 선진국에서는 도시의 빈곤이라고 하는 중요한 문제에 직면해 있다. 세대 간격이 더욱 좁아져서 이제는 더 이상 과거와 같이 한 세대를 30년이라고 정의할 수 없게 되었다. 이에 따라 생겨나는 세대 차로 인해 세대 간의 갈등이 더욱 심각해졌다. 형제자매 간의 균열은 많은 경우 세대 차가나는 음악, 영화, 게임, 컴퓨터로 인한 생활 방식에서 생겨난다. 종교적 갈등은 믿음이 다른 집단 사이에서 뿐만 아니라 같은 믿음을 가지고 있지만 전통이 다른 집단 사이에서도 발생한다. 종교 내적인 분쟁이 서로 다른 종교 사이의 분쟁보다 더 폭력적인 경우도 적지 않다.

간단히 말해서 우리로 하여금 구체적인 인간이 될 수 있도록 해주는 '원초적 유대'라고 하는 다루기 쉽지 않아 보이는 조건에 관한 문제가, 세계화로 인해 잠식되어 없어져버리기는커녕 최근 몇 십 년간 더욱 두드러지게 제기되어왔다.

세계화로 인해 국가의 권위가 잠식되고 주권과 국적의 의미가 바뀔지도 모른다. 하지만 세계화로 인해 정체성은 더욱 중요한 의미를 가진다. 우리가 사는 세계가 더 세계화될수록, 자신의 정체를 확인하려는 노력은 더욱 활기차게 전개된다.

세계시민이 되기 위해 원초적 유대를 포기해야 한다는 것은 참으로 비현실적인 생각이다. 원초적 유대가 반드시 세계시민의 정신에 장애가 된다고 생각한다면 이는 현명하지 못한 판단이다. 이미 알고 있듯이 우리가 가지고 있는 강렬한 느낌, 고원한 열망, 계속적으로 가지게 되는 꿈 등은 많은 경우 특정한 집단 및 장소와 연관되어 있으며, 모국어를 통해 표현되고, 시대와 믿음을 같이 하는 사람들을 그 대상으로 삼는다. 또한 성적(性的)이고 계급적인 요소가 자기 자신을 정의하는 데 가장 두드러진 특징이 된다. 우리는 원초적 유대에 깊이 뿌리박고 있으며, 이로 인해 우리의 일상생활이 의미를 가지게 된다. 의식적인 선택을 통해 완전히 다른 사람이 될 수는 없는 것과 마찬가지로, 이러한 유대도 자의적으로 없애버릴 수 있는 것이 아니다.

세계화가 패권적인 세력으로 작용해서 개인과 집단, 국가의 영혼이 파괴되어버릴 것이라고 하는 두려움을 심각하게 경험하고, 또 실제로 그러한 모습을 생생하게 보여주는 사람들이 점점 더 많아지고 있다. (예를 들어, 1999년 12월에는 미국 시애틀에서 WTO에 반대하는 폭동이 발생했고, 2000년 1월 스위스 다보스에서는 세계경제포럼에 반대하는 항의가 있었다.) 그러므로 우리는 세계화 과정에서 원초적 유대가 존재한다는 사실을 진지하게 받아들일 필요가 있다. 이 유대를 단순한 수동적 제약으로 뿐만 아니라 그로부터 힘을 얻을 수 있는 자원으로 다룰 때만 지역적 연계에 굳은 기반을 두고 세계적 조류에 적극적으로 참여하는 가운데 생겨나는 인간 상호 간의 유익한 교류의 혜택을 받을 수 있을 것이다.

현실적으로 보면, 원초적 유대는 부동의 실체도 아니고 정적인 구조를 가진 것도 아니다. 분명 우리는 인종적이고 성적인 특징을 가지고 태어나며, 연령 집단, 출생지, 제1언어, 국가 경제의 발전 단계, 믿음 공동체 등은 우리가 선택할 수 있는 사항이 아니다. 하지만 민족성과 성적 역할은 학습을 통해 얻어지는 후천적인 것이다. 더구나 민족적 긍지를 자각하고 의식하며, 성적인 평등을 요구하는 것은 교육의 결과다. 인종차별과 성적 불평등에 의해 생겨난 정서와 격정이 자기 개인적으로 보기에 아무리 강렬하고 자연스러운 것이라고 하더라도, 이것은 사회화의 결과이며 의도적인 배양을 필요로 하는 것이다. 이는 연령, 지역, 언어, 계층, 신념에서도 마찬가지다. 이 모두는 다양한 상황 아래에서 문화적으로 형성된 사회적 현실이며 그 정도 또한 다양하다. 이런 면에서 본다면 각각의 원초적 유대는 유동적이고 역동적인 과정을 상징한다. 흐르는 냇물처럼 그것 또한 다양한 방향으로 돌려놓을 수 있는 것이다.

원초적 유대로 인해 새롭게 부상하는 지구촌이 생동감 있는 색깔과 풍부한 구조를 가질 수 있는 반면에, 이로 인해 취약한 세계 질서와 인간의 안전에 심각한 문제가 제기되기도 한다. 국제주의(international-ism)라고 하는 세계국가주의적인 정신에서 출발한 UN은 언제 폭발할지 모르는 공동체적 감정으로 가득 찬 정체성의 문제를 다루어야만 한다. 인종에 대한 선입관, 성적 편견, 연령에 따른 차별, 종교적 편협성, 문화적 배타성, 외국인 혐오증, 증오감에 기인한 범죄 및 폭력이 전 세계적으로 두루 퍼져 있다. 이러한 문제점에 비추어볼 때, 어떻게 해야만 세계화를 통해 모두가 한 인류 가족이라고 하는 의미를 잃지 않은 상태에서, 개인적 정체성이라고 하는 느낌을 증진시킬 수 있는가 하는 문제에 대해 심도 있는 이해가 절대적으로 필요하다.

세계화로 인해 국가와 문명들은 서로 더 가까워졌다. 문명들이 수렴되는 과정에서 무수히 많은 근본적인 공통의 가치와 더 많은 유사성이 발견되었다. … 세계화가 발전되어나감에 따라, 문명들이 자신만의 독특한 특성을 잃지 않은 상태에서 발전해나갈 수 있는 공간이 더 넓어질 것이다(宋健).

많은 경우 경제적 세계화의 척도는 총 성장, 생산성, 자본 투자의 수익 등이다. 빈곤의 근절, 고용, 건강, 기대 수명, 교육, 사회보장, 인권, 정보와 통신의 이용 가능성 등과 같은 다른 지표들은 생활의 질을 개선하는 데 필수적인 것들이다. 자신이 단순한 주식 투자자가 아니라 결정권자라고 생각할 때, 점점 더 많은 관계망 속에 속해 있는 사람들이 이렇게 모든 것을 포괄할 수 있는 잠재력을 가진 과정에 참여할 수 있게 될 것이다. 우리가 시장경제의 직접적인 수혜자가 아닐 수도 있지만, 우리 모두는 이 지구의 삶의 질을 유지하는 데 결정권을 가지고 있는 것이다.

세계적인 경제기구들을 통해 삶의 질이 향상될 수 있음은 부정할 수 없다. 예를 들어, 사회적 형평성을 강하게 선호하는 정부는 농업과 산업 생산성을 높이기 위해 WTO에 가입하거나, 빈곤을 줄이기 위해 세계은행의 차관을 사용하고자 할 수 있을 것이다. 분명, 경쟁 시장에는 승자와 패자가 있고 어떤 한순간에 특정 지역의 문화적, 언어적 영향력이 주도권을 쥐는 현상은 피할 수 없을지도 모른다. 그러나 의도적이든 아니든 간에 세계화가 패권적 지배 세력이 부상하는 것으로 받아들여진다면 국제적 안정에 도움이 되지 못할 것이다. 세계화는 획일화가 아니기 때문에 상상 속의 것이든 실재적인 것이든 간에 패권주의는 세계 평화의 문화를 배양하는 데 장애가 된다. 문명 간의 대화는 세계화를 통해 이러한 뜻하지 않은 부정적 결과가 생겨나지 않도록 하기 위한 것이다.

3) 상호 학습으로서의 대화

일상적인 인간의 경험을 통해 우리는 진실한 대화란 신중한 교육을 필요로 하는 기술이라는 점을 안다. 지성적, 심리적, 정신적인 준비가 잘 되어 있지 않다면, 우리는 진지한 대화에 깊이 참여할 수 있는 입장에 서 있지 못한 것이다. 사실, 우리가 진정한 대화의 기쁨을 즐길 수 있는 것은 참된 친구나 유사한 마음을 가진 사람들뿐이다.

서로 전혀 알지 못하는 이방인들이 어떻게 문화적인 단절을 뛰어넘어서 진실한 대화에 참여할 수 있겠는가? 더군다나 '상대방'을 나와는 근본적으로 다른 사람, 가르침만을 주려는 사람, 적 등으로 받아들인다면 말이다. 그러한 상황에서 진실한 대화가 가능할 뿐 아니라 실현 가능한 것이라고 믿는 것은 너무나 단순한 생각인 듯하다. 개인적, 지역적, 국가적 그리고 문명 상호 간의 차원에서 대화 관계를 통해 얻을 수 있는 혜택을 모두 실현해내는 데에는 분명 몇 년 혹은 몇 세대가 걸릴 수도 있다. 현재로서 우리는 단지 세계가 처한 상황에 대한 전환점으로서 최소한의 조건들만을 제시할 뿐이다.

환경을 유지하고 미래의 세대에게 삶의 전망을 주는 데 대해 우리는 관심을 가지고 있고 또 염려하고 있기 때문에, 다급함이 생겨나지 않을 수 없다. 우리는 보편적인 공통의 관심사에 대해 새로운 수호자의 위치가 필요함을 굳게 믿는다. 우리는 문명 간의 대화를 통해 물질적, 도덕적, 미적, 정신적 복지를 증진시킬 수 있는 세계화의 긍정적인 힘을 촉진시키고, 현재의 경제 개발 조류로 인해 기본권을 보장받지 못한 사람들, 불이익을 당하는 사람들, 소외된 사람들, 침묵을 강요당한 사람들에게 특별한 관심을 가질 수 있기를 바란다. 또한 문명 간의 대화를 통해 개인적인 지식, 집단의 결속, 스스로에 대한 이해, 개인적인 정체성과 공동체적인 정체성을 건전하게 추구하는 자세가 확산되기를 바란다.

우리는 다양한 종교 간의 대화로부터 서로의 차이점을 관대하게 받아들이는 태도야말로 의미 있는 대화를 위한 필수적인 전제조건임을 알게 되었다. 하지만 단순한 관용만으로는 '우물 안 개구리'의 편협한 견해를 넘어서기에 너무 수동적이다. 다른 사람이 존재하고 있다는 사실을 절실하게 깨달아야만 실질적인 의사소통이 시작될 수 있다. 잠재적인 대화의 상대자로서 다른 사람이 존재하고 있다는 사실을 깨닫는다면, 우리가 공존한다는 부인할 수 없는 사실을 받아들일 수밖에 없다. 이를 통해, 다른 사람의 역할(믿음, 태도, 행동)이 우리와 관련된 의미 있는 것이라는 사실을 인정하게 된다. 다시 말해서, 우리 두 사람이 서로 만나서 분열된 긴장 상태를 해결하거나 공동 과업에 착수할 수 있는 교차점이 존재하게 되는 것이다. 양자가 상호 존중의 태도를 가지고 서로를 마주 대할 수 있을 만큼 충분한 신뢰를 쌓을 수 있게 된다면 만남이 가능하게 된다. 오직 그러한 상황에서만 생산적인 대화가 시작될 수 있다. 대화를 통해 우리는 서로를 준거로 삼는 정신 속에서 상대방으로부터 배운다는 것의 가치를 올바로 평가할 수 있게 된다. 그를 통해 양자 모두의 지평을 넓힐 수 있는 근거가 되기 때문에, 심지어는 서로간의 차이를 찬양하는 것조차도 가능하다.

이렇게 생각한다면 대화란 상대방을 설득하거나 전향시키기 위한 전략이 아니다. 대화란 가치를 공유하고 새로운 삶의 의미를 함께 창조해 냄으로써 상호간의 이해를 발전시키기 위한 것이다. 문명 간의 대화에 접근해가기 위해서는 자신의 생각을 선전하고, 자신의 믿음을 받아들이도록 설득하며, 자신의 의견에 대해 인정받고자 하고, 자신이 소중히 여기는 것이 참이라는 사실에 대한 동의를 얻기 위해서 자신의 행동 방향을 평가하며, 자신이 마음 깊숙이 가지고 있는 신념을 정당화하고자 하는 이러한 모든 욕구를 보류시켜야 한다. 그 대신, 자신이 알지 못하는 것을 배우고, 다른 목소리를 들으며, 다양한 시각에 대해 스스로를 개방하고, 자신이 가진 전제에 대해 반성하며, 서로의 통찰력을 공유하고, 암묵적으로 동의할 수 있는 영역을 찾아내며, 인간의 번영을 위한 최선의 실천 방안을 탐구해내는 것을 목적으로 삼아야 한다.

2. 다양성과 공동체

우리는 역사적인 우연성이나 변화하는 환경뿐 아니라 피부색, 인종, 언어, 교육적 배경, 문화적 유산, 종교 집단의 차이 등도 누구나 공통적으로 가지고 있는 인간성의 가치를 경감시킬 수 없다는 점을 항상 끊임없이 상기해야 한다. 우리의 유전자를 보면, 우리 인간들이 대개 동일한 구성 성분으로 이루어져 있다는 사실을 분명히 알 수 있다. 동료 인간들뿐만 아니라 다른 동물, 식물, 나무와 돌을 포함하는 천지 만물까지도 일체를 형성하고 있다는 생각은 상호 연관성이라고 하는 시적인 의미뿐 아니라 우주적인 전망까지도 드러내 보여준다. 몇몇 학자들이 주장하는 것처럼 우리 모두가 아프리카에 근원을 두고 있는 것은 아닐지라도, 우리 조상들을 추적해 올라가보면 동일한 하나의 근원에까지 이를 수 있다. 지구는 우리 조상들이 물려준 것일 뿐 아니라 후손들이 우리에게 맡긴 것이라고 하는 아프리카의 속담은, 우리가 이 지구상에서 함께 살아왔으며 앞으로도 그렇게 살아갈 것이라고 하는 부인할 수 없는 사실을 잘 보여준다.

우리는 우리가 공통의 인간성을 가지고 있다는 사실은 긍정하지만, 얼굴 없는 추상적인 보편주의는 경계한다. 우리는 다양성이 인간의 번영에 필수적인 요소임을 절실히 깨닫고 있다. 지구가 생명력을 유지하기 위해서는 다양한 생물체들이 반드시 필요한 것처럼, 인간들의 공동체를 규정하는 특징은 문화적, 언어적 다양성임을 우리는 알고 있다. 하지만 그 차이를 받아들이는 방식이 사회적으로 도출되거나 문화적으로 구성된 것이라면 이는 개인 대 개인, 집단 대 집단, 다수 대 소수가 반목하도록 하는 데 이용된다. 그 결과로 나타나는 차별로 인해 투쟁, 폭력, 기본권에 대한 체계적인 침해 등이 생겨나게 된다. 다양성은 찬양되어야 하지만, 민족중심주의적인 혹은 다른 형태의 배타적 우월주의는 비난받아야 한다.

얼굴 없는 보편주의와 민족중심적인 우월주의 사이에는 넓은 공간이 열려 있다. 이 영역이 바로 문명 상호 간의 대화가 가능한 장소다. 위대한 윤리적, 종교적 전통들을 통해 우리 세계의 정신적인 모습이 수천 년 동안 그려졌다. 인종적, 언어적, 종교적, 문화적 단절을 가로지르는 대화야말로 인류 역사의 가장 중요한 특징이었다. 이렇게 단절된 부분들 간 혹은 그 부분 안에 긴장과 갈등이 있었음에도 불구하고, 이러한 간극을 가로질러 더 많은 접촉과 상호 교류를 지향하는 전반적인 추세는 결코 약화되지 않았다. 역사적으로 보면 모든 위대한 윤리적, 종교적 전통들은 다른 신념의 체계와 믿음을 가진 공동체들과 조우해왔다. 사실 그 위대한 전통들이 가진 생명력은 많은 경우 이러한 만남의 결과로 생겨난 것이었다. 타자에게 배움으로써 그 전통의 지평은 크게 확대되었다. 예를 들어, 기독교 신학은 그리스 철학의 혜택을 받았고, 이슬람교 사상은 페르시아 문학에서 영감을 얻었으며, 중국 지성사는 1세기 불교의 도래와 더불어 인도적 사유에 의해 풍요로워지게 되었다.

그럼에도 불구하고 타자에 대한 공포로 인해 갈등도 생겨났으며 그 투쟁이 길어지기도 했다. 종교 간의 전쟁은 역사 전반에 걸쳐 공통적으로 등장한다. 인도의 전통에 의해 중국의 문화 세계가 변화되어 대승불교를 도입하고, 자신의 문명에 동화시키고 통합시킨 것과 같은 사례에서처럼, 두 개의 중요한 문명이 평화적으로 상호 교류를 한 예는 드물다. 인류 가족을 위한 평화의 문화를 배양하기 위해서는 종교 간의 조화가 반드시 필요하기 때문에 종교 간의 대화는 문명 간의 대화에서 가장 중요한 부분이다. 최근 수십 년간의 세계화로 인해 종교 간 대화 밀도가 크게 증가되었다. 신흥 종교를 포함하는 모든 종교들이 '공통의 공적 선(common public good)'을 증진시키기 위한 일치된 목적을 받아들일 수 있는 기회가 왔다는 것은 인류 역사에 전례가 없는 사건이다.

지구촌이 도래하지 않았다면 '공통의 공적 선'이라는 생각은 불가능했을 것이다. 상상 속 현실로서의 지구촌은 공동체가 아니다. 이상적으로 생각할 때 '공동체'라고 하는 말은 사람들이 함께 살아가면서 사회적인 기풍과 실행 가능한 시민 윤리를 공유하고, 공통의 선에 헌신하는 일치된 입장을 가지는 것을 암시한다. 하지만 그러한 일치된 목적이 있다고 하더라도, 다양성과 차이로 인해 다른 사람의 근본적인 자유와 권리에 침해가 되지만 않는다면, 다양한 생활 방식과 신념이 허용된다. 현재 지구촌 안에서 진정한 의미의 공동체가 실현되고 있는 것은 아니라고 할지라도, 이러한 발전 방향에 우호적인 세계적, 지역적 추세가 계속적으로 가속화되고, 그에 적합한 전통적, 현대적 관습들이 계속 확산되어 나가기를 바란다.

과거를 뒤돌아보고 자손들이 살아갈 바람직한 미래에 대해 깊이 생각해본다면, "어떻게 하면 부상하고 있는 지구촌에서 다른 전통을 존중하면서도 자신의 전통에는 충실한 책임감 있는 삶을 통해 다양성을 포괄할 수 있을까?"라는 문제가 마음속에 크게 다가올 것이다. 진정으로 다양성을 수용하기 위해서는 참된 관용을 넘어서서 상호 존중으로, 그리고 결국에는 서로를 찬양하는 태도로 긍정해주는 방향으로 나아가지 않으면 안 된다. 종교적, 문화적, 인종적, 민족적인 맥락에서 볼 때 무지와 오만은 틀에 박힌 태도, 편견, 증오, 폭력의 주된 원인이다. 신체적 안전, 경제적인 여건의 유지, 정치적 안정을 통해서 사회적 통합을 위한 맥락은 제공되겠지만, 진정한 공동체적인 삶이 가능하기 위해서는 우리가 분단을 가로질러 서로에 대한 책임감과 존경심을 가지고 행동할 의향을 가져야만 한다. 대화를 통해, 다른 사람들이 가지고 있는 전혀 다른 특성을 올바로 평가하는 방법을 배우고, 사람들과 문화들 간의 멋진 결합으로서의 다양성에 의해 자신에 대한 앎이 더욱 풍요로워질 수 있다는 사실을 이해할 수 있게 된다. 대화를 통해 모두의 진정한 공동체를 향한 노력이 증진될 수 있을 것이다.

문명 간의 대화는 인간의 문명이 다수 존재한다는 것을 전제로 한다. 대화는 평등과 구별을 인정한다. 평등이 없다면, 의사소통을 위한 공통의 기반이 존재할 수 없을 것이다. 구별이 없다면 대화할 필요가 없을 것이다. 평등은 문명 상호간 대화의 기반을 확립해주고, 구분은 그러한 공동의 과업을 바람직하고, 필요하고 가치 있고 의미 있는 것으로 만들어준다. 대화에 헌신하는 교량 건설자로서, 우리의 다양한 전통 속에 인류 가족의 구성원(남자, 여자, 어린이)인 우리들을 함께 묶어주는 공통의 가치가 있다는 사실을 인정한다. 이러한 가치가 상호 연결되어 있는 것임을 탐구하고자 하는 노력을 함께 함으로써, 우리는 다양성이야말로 공개적이고 역동적인 공동체를 형성하는 데 힘을 실어주는 요소라는 사실을 알 수 있게 된다. 다양한 문명의 조우에 대한 경험, 분단의 장벽을 부수려는 공동의 결의, 계속해서 반복되는 사회적 관심사를 이해하고 처리하려는 헌신적인 노력을 통해, 우리는 책임 있는 공동체를 선포하는 데 극도로 중요한 가치들을 확인할 수 있었다.

3. 공통적 가치

세계적 공동체가 부상하게 된 유례없는 사건으로 인해 우리는 보편적 상황에 대한 새로운 이해를 구하지 않으면 안 되게 되었다. 엄청나게 다양한 문화 가운데 있기는 하지만, 우리는 공동의 운명을 가진 인간이라고 하는 한 가족이다. 세계가 점점 상호 의존적이 되어감에 따라 우리 스스로가 지역적 공동체뿐 아니라 지구촌 전체와도 밀접하게 연관되어 있음을 깨달아야만 한다. 우리는 자신이 속한 나라 각각의 운명을 맡아 쥐고 있을 뿐 아니라 향토적, 국가적, 지역적, 세계적인 것들이 떼려야 뗄 수 없을 정도로 밀접하게 연결되어 있는 '하나의 세계'의 운명을 맡아 쥐고 있기도 하다. 공통의 가치에 대한 견해를 공유함으로써 문명 간의 대화에 필요한 윤리적 기초를 제공하고, 또 지속적으로 유지할 수 있을 것이다. 우리는 현대의 복잡한 생활양식으로 인해 중요한 가치들 간에 긴장이 생겨날 수 있다는 점을 알고 있다. 다양성을 통일성과 조화시킨다는 것은 매우 어려운 과제다. 사적인 이익과 공공의 선 사이의 갈등은 해결할 수 없는 것처럼 보일지도 모른다. 많은 경우 단기적 소득과 장기적 이익 사이의 선택은 쉽지 않다. 하지만 지구촌이 서로 의존하고 있다는 점을 새롭게 느끼는 일은 현재 진행 중인 전 세계적인 평화의 문화를 배양하려는 공동의 노력에 필수적이다.

십계명에서 불교, 자이나교, 유교, 힌두교를 비롯한 다른 많은 전적에 이르기까지, 가장 계속적으로 거부되어온 것은 폭력과 기만이다. 이는 고문이나 절도와 같은 해악을 가능하게 하기 때문이다. 또한 폭력과 기만, 배반 등에 대한 이와 같은 금령(禁令)은 어느 사회, 어느 법체계에서나 낯설지 않다. 이러한 금령들은 『이집트 사자(死者)의 서』, 『아이슬란드의 에다』, 『바가바드기타』같이 다양한 작품들 속에서 표현되어왔다 (Sissela Bok, *Common Values*, 1995).

우리는 개인의 자유를 보호해야 하고, 기본권을 보장해야 하며, 누구나 모든 사람들이 동등한 가치를 가지고 있다는 사실을 인정하고 그를 존중해야만 한다는 점을 처음부터 분명히 밝혀둔다. 이것들은 시장경제, 민주정치, 시민사회의 근간을 이루는 현대 서구의 계몽주의적 가치들이다. 이러한 가치들 중 어떤 것도 현재의 사회에서 완전히 실현되고 있는 곳은 없지만, 이것은 인간의 보편적 열망이다. 참으로 자유와 권리, 인간의 존엄은 보편적 호소력을 가진다.

하지만 개인의 자유, 기본권, 모든 인간의 동등한 가치 등의 문제와 더불어 "공동체의 생존이 달린 가치가 무엇인가?" 하는 문제는 우리에게 반성을 시작해보아야 하는 충분한 논제를 제공한다. 의무감의 배양과 개인적 자유의 보장은 사회 해체의 위험 없이도, 인간의 정신을 고양시키는 방향으로 함께 나아갈 수 있다. 사람들의 책임감을 고무하는 것과 기본권을 보장하는 일도, 사회적 응집력을 위협하는 일 없이 서로를 보완함으로써 사람들에게 사유와 행동을 위한 더욱 안전한 공간을 제공할 수 있다. 우리 모두가 서로에게 책임감 있게 행동해야 한다는 요건과, 모든 인간이 동등한 가치를 가지고 있다는 사실에 대한 인정과 존중을 통해, 자신과 사회의 관계에 대한 균형 잡힌 접근이 가능하게 될 것이다. 윌리엄 제임스(William James)는 다음과 같이 말한다.

개인적인 충동이 없다면 공동체는 활기를 잃어버리게 된다. 공동체에 대한 공감이 없다면 개인적 충동은 시들어버리고 만다.

자신과 사회 사이의 호혜적인 상호작용은 우리 시대에서 새로운 의미를 가진다. 우리는 이 의미를 개인적, 향토적, 국가적, 지역적, 세계적인 맥락에서 검토할 필요가 있다. 우리는 또한 개인적 이해라고 하는 분열을 초월하기 위해서는 개인적이고 향토적인 관심사뿐 아니라 국가적이고 지역적인 관심사까지도 넘어서야 한다는 사실도 알고 있다. 이 중요한 역사적인 순간에 우리는 이해할 수 없는 보편적 힘에 의해 너무나 쉽게 압도되어버리고, 통제할 수 없는 인종적, 종교적 분쟁에 의해 너무나 쉽게 무기력해져버린다. 그래서 마치 우리는 두 가지 극단적인 형태의 파괴, 다시 말해서 지배와 해체라고 하는 난관에서 벗어날 수 없는 것처럼 보인다. 하지만 그럼에도 불구하고 우리는 대화하는 지구촌의 도래와 더불어, 실질적인 의사소통과 상호 연관이라고 하는 의미에서의 '인간 가족(human family)'에 대해 처음으로 이야기할 수 있기를 바란다. 우리는 세계화에 무시무시한 측면들이 있음을 강조하고자 한다. 예를 들면, 세계화로 인해 패권주의와 독점주의가 생겨날지도 모른다. 하지만 그렇다고 해서 그것이 불가피한 것은 아니다. 유사하게, 정체성의 확립을 추구하는 정책에는 완고함과 배타주의의 위험이 있기는 하지만, 정체성을 추구하는 것은 고귀한 소명이며, 우리 자신과 우리의 아이들에게 교육적인 경험이기도 하다.

우리는 한편으로 얼굴 없는 보편주의, 권위주의적 통제, 독점적인 행태를 거부하며, 다른 한편으로는 완고한 민족중심주의, 종교적 배타주의, 문화우월주의를 배제할 것이다. 우리는 '세계화'와 '진실한 정체성의 추구'에 포함된 긍정적인 힘을 통해 미덕의 순환(virtuous circle)을 창조하여 다가올 시기에 인간의 정신을 고양시킬 수 있다고 믿는다. 다양성을 찬양하고 공동체를 증진시켜주는 건전한 세계화는 합류(confluence)의 문제, 다시 말해서 풍요롭고 다양한 인류의 유산을 서로 배우고 인정하는 문제다. 이를 통해 문명 간의 수평적이고 상호적인 관계가 성립될 수 있을 것이며, 진정한 대화도 가능해지게 될 것이다. 그러한 대화적인 형식에서 각각의 문명에서 퍼져 나오는 메아리가 다른 문명을 일깨우고, 고무하고, 그에 영감을 불어넣어 줄 것이다. 그 결과로 생겨나게 되는 공감에 기반한 공명은 서로 다른 문화와 시대를 연결해주는 진정한 범세계적인 조화다. 이러한 공통의 가치를 충분히 인정한다면, 문명 간의 대화를 촉진하는 데 도움이 될 것이다. 그리고 그러한 대화는 보편윤리의 실현 가능성을 크게 높여줄 것이다.

1) 인간다움(仁)

("남이 너에게 해주기를 바라는 대로 남에게 해주어라"와 같은) 적극적인 형태로 표현되든 아니면 ("남이 너에게 하지 않기를 바라는 일을 남에게 하지 말라"와 같이) 소극적인 형태로 표현되든 간에, 실질적으로 모든 위대한 윤리적, 종교적 전통에서는 황금률을 공유하고 있다. 1993년 세계종교회의에서는 떠오르는 보편윤리의 기본 원칙으로 이 황금률을 지목하였다. 우리는 황금률에 함축된 것처럼 자기 자신에 대한 이해 속에서 다른 사람을 인식하고 인정하고 받아들이고 찬양한다면, 우리가 좀 더 인도적이 되는 데 도움이 되리라고 믿는다.

'인도적'(혹은 좀 더 직접적으로 말해서 '인간적')이 되기를 배우는 것은 동서를 막론하고 모든 고전적 교육의 결정적인 특징이다. 이 점은 현대 세계에서 심오한 문제를 제기해준다. 우리는 인간의 역사에서 가장 야수와 같은 시기를 넘어서고 있기 때문이다. 포괄적이고 전체론적인 측면에서 받아들인다면, '인간다움'이라고 하는 생각은 모든 상황에 있는 모든 사람들에게 적용될 수 있다. 인간의 존엄성을 침해해서는 안 된다는 신념을 천명하는 데에서 인종, 언어, 성별, 지역, 계급, 신념의 장벽을 넘어서야 하는 반면에, 우리는 또한 모든 개인들을 인간적으로 대하는 법을 배울 필요가 있다. 그가 늙고 가난한 백인 남성이든 중국 상인이든, 유대교의 랍비든 이슬람교의 뮬라든, 범죄자든 젊고 부유한 흑인 여성이든 간에 말이다. 이를 위해서는 서로간의 차이를 인간다움

의 확장에서 위협적인 요소가 아니라 기회로 보는 능력이 필요하다. 종
교적, 문화적, 인종적, 민족적인 맥락에서 틀에 박힌 생각, 편견, 증오,
폭력을 거부하는 능력을 배우기 위해서는 호혜성(恕)이라고 하는 가치
가 반드시 필요하다. 호혜성은 인류의 모든 정신적 전통이 공유하고 있
는 황금률에서 없어서는 안 되는 부분이다. 우리는 그 중요성을 강조해
야만 한다.

인간은 흔히 합리적 동물이라고 정의되어왔다. 자기의 이해관계를 알
고, 자유 시장에서 자신의 이익을 극대화하며, 비교적인 이익을 계산할
수 있는 능력을 가지고 있다는 사실은 인간이 도구적 합리성을 이용할
수 있다는 점을 보여준다. 합리성 혹은 좀 더 적절한 표현으로 사려 분
별력은 인간 상호간의 관계, 지식의 획득, 사회 정치적인 참여를 위해서
도 없어서는 안 된다. 하지만 '인도적'이라고 하는 것은 공감, 교감, 연
민까지도 포함한다. 인간다움이라고 하는 가치가 합리성만으로 실현될
수 있는 것은 아니다. 구체적인 사람을 인도적으로 대하는 능력은 합리
적 선택의 결과가 아니라 감수성, 신념, 헌신, 정감의 결과다.

우리와 가까이 있는 사람들에게 애정과 친밀감을 느끼는 것은 인간이
공통적으로 가지고 있는 가장 자연스러운 경험 가운데 하나다. 우리는
사랑하는 사람의 고통을 차마 눈뜨고 보지 못한다. 이러한 동정심은 많
은 경우 자신의 아이, 배우자, 부모, 가까운 친척, 친한 친구 등으로 제
한되어버린다. 우리가 가지고 있는 이러한 개인적인 느낌을 좋아하는
사람, 관심을 가진 사람, 잘 모르는 사람 그리고 심지어는 전혀 모르는
사람이나 그 이상까지 확장한다면, 우리가 상호 연결되어 있다는 느낌
은 크게 증강될 것이다. 우리는 천인합일이라고 하는 고원한 이상을 결
코 실현할 수 없을지도 모른다. 하지만 모든 인간을 형제자매로 대해야
한다는 도덕적 가르침을 이루고자 열망한다면, 우리는 끊임없이 확장되
는 의미 있는 관계망과의 조화로운 관계를 확립하기 위해 노력하게 될
것이다. 문명 간의 대화는 타자에 대한 이러한 기본적 정서에 기반하고
있는 것이다.

2) 의로움(義)

　인간다움(仁)이 동료 인간들과의 의미 있는 관계 형성을 도와준다면, 의로움(義)은 이 가치를 구체적인 행동으로 옮기는 실천적인 방법이다. 인(仁)한 세계는 항상 의롭다. 성적 불평등과 인종 차별은 의롭지 못하다. 소득, 부, 특권, 재화와 정보 및 교육에 대한 접근 기회 등에서 큰 차이가 나는 경우 또한 의롭지 못하다. 가진 자와 그렇지 못한 자 사이의 틈이 더욱 벌어지는 것은 세계화에서 의도하지 않았던 부정적인 결과이기 때문에, 우리는 특히 인류 가족에서 소외되고 불이익을 받고 있고 침묵하고 있는 개인과 집단에게 관심을 가진다. 그들은 우리의 집중적인 관심과 지속적인 지원을 받을 만하기 때문이다. 한 개인, 집단, 국가, 지역이 더 커다란 힘과 영향력을 가지게 될수록, 그 개인이나 집단은 인류의 복지를 증진할 의무를 그만큼 더 가지게 된다고 우리는 믿는다. 개인이나 집단에게 자의적인 평등주의의 원칙을 강요하는 것은 실제로 가능하지도 않고 의로운 것도 아니다. 하지만 세계화의 수혜자들이 그들이 가지고 있는 재원을 세계와 더욱 균등하게 공유해야 한다고 요구하는 것은 그 자체로 의로워 보인다. 의로움이란 공공 정책이 약자에게 이익을 주는 방향성을 가져야 함을 의미한다. 소외되고, 권리를 누리지 못하고, 불이익을 당하고 있고, 침묵하고 있는 사람들에게 힘을 줄 수 있는 방법을 생각해내는 것은 인간다운(仁) 것일 뿐만 아니라 의로운(義) 것이기도 하다.

　공정으로서의 정의는 더 높은 행동 기준을 요구한다. 빈곤의 근절은 떠오르는 지구촌에서 가장 두드러진 의로운 대의명분이다. 어떻게 하면 가난한 사람들이 빈곤을 벗어날 수 있는 능력을 가질 수 있도록 도움을 줄 수 있을까? 어떻게 하면 여성들을 교육시켜서 인구 밀집과 경제적 빈곤의 악순환을 깨뜨릴 수 있을까? 어떻게 하면 북반구의 지도자들과 다른 곳에 있는 경제적으로 성공한 국가들로 하여금 가난에 찌든 지역을 돕는 것이 곧 자기 국가의 이익과 불가분의 관계에 있다고 여길 수 있도록 장려할 수 있을까? 어떻게 하면 전 세계의 사람들이 "빈곤은 어느 곳에 있든 보편적으로 관심을 가져야 할 문제다"라고 생각하는 의식을 가지도록 호소할 수 있을까? 이러한 질문들은 향토적, 국가적, 지역적, 세계적 차원에서 제기되어야만 한다.

1995년에 코펜하겐에서 열린 사회개발정상회의에서 아프리카와 미개발 국가들의 개발을 촉진시키기로 한 서약은 현실적인 상호 의존적 모델이 아니면 실현 불가능한 것이다. 민족적, 문화적, 언어적, 종교적 다양성을 보편적 자산으로 생각한다면, 아프리카를 단지 에이즈, 빈곤, 실업, 사회 해체의 대륙으로만 규정해서는 안 된다. 아프리카 또한 인류의 정신적 전통과 조상들의 지혜가 축적된 보고(寶庫)라는 점을 인정해야만 한다. 남아프리카공화국 케이프타운 주변에 있는 작은 지역의 지리적, 생물학적 다양성(그 풍요로움에서 캐나다의 광대한 면적과 비견된다고 여겨진다)으로 상징되는 아프리카적 정신은, 사회 발전을 세계의 공동 과업으로 여기는 변화된 정신 자세를 만들어가기 위한 영감을 얻을 수 있는 근원이 되어야 한다. 아프리카의 운명은 비아프리카인들에게도 중요하다. 인간의 번영에 대한 전체론적 의식이 없다면 복지는 말할 것도 없고 지구촌 전체에서 적절한 안전성을 확보할 수조차 없기 때문이다.

아프리카에 관심의 초점을 맞추어야 한다고 주장한다고 해서 그것이 단순히 낭만주의나 감상주의에 불과한 것은 아니다. 공감, 교감, 연민을 통해 고통에 빠진 형제자매와의 유대를 형성해야 함을 알 수 있듯이, 우리는 의로움을 통해 한 대륙은 물론이고 세계의 한 구석이라도 심각한 위험에 빠진다면 우리의 복지도 위협받게 되리라는 사실을 인정할 수 있게 된다. 제한된 단기적인 합리적 계산을 통해서는 아프리카의 문제가 다른 지역의 자기 이익과 직접적인 관계가 있음을 파악하지 못할 수도 있다. 하지만 지구촌에서 상호 의존이라는 것은 생활 속의 사실이 되어왔기 때문에, 세계의 실제적인 한 부분을 무시한다면 결국에는 인간의 안전에 해가 될 것임을 우리는 상식을 통해 알고 있다. 사실 우리들 중 어느 한 사람이라도 학대한다면 전체로서 인류의 신성함은 감소되어 버리고 만다.

문명 간의 대화는 포괄적이다. 이는 지구촌의 모든 구성원들을 열린 마음으로 초대하는 것이다. 공평무사함에 기반한 의로움을 통해 의지를 가진 사람이면 누구나 차별을 받지 않고 대화에 참여할 수 있도록 보장해줄 수 있을 것이다. 나아가 공정에 기반한 의로움을 통해 주변부로 소외된 사람들을 적극적으로 포괄함으로써 더욱 광범위한 참여를 장려할 수 있을 것이다. 기본적 생존이라고 하는 현실적인 심각한 문제 때문에 대화를 아무 소득도 없는 활동이나 없어도 되는 사치품 정도로 여기는 사람들이야말로 현재 진행 중인 대화에 참여함으로써 누구보다 이익을 얻을 수 있다. 사실 공정한 태도의 상호 교환(예를 들어 이야기를 함께 하는 것)에 적극적으로 참여함으로써, 소외된 사람들의 비참한 현실에 무감각해진 사람들의 행동, 태도, 신념을 개선시키는 데 도움이 될 수 있다. 동시에 시급한 문제들에 관한 원인과 해결책을 새롭게 조명해볼 수 있다. 많은 경우 정치 지도자들에게서의 부정의(투명성, 공개적인 설명 가능성, 페어플레이 등의 결여)가 경제적, 사회적 위기의 주된 원인이 된다. 이러한 문제들도 비교 문화적인 견지에서 더욱 분명하게 규명하고 더욱 효율적으로 관리할 수 있을 것이다.

3) 예의(禮)

법치는 질서 유지에 필수적이다. 시장경제에서 투명성, 민주정치에서 공개적 설명 가능성 그리고 시민사회에서 공정한 절차에 대한 요구는 법치가 없다면 안전과 훌륭한 통치 그리고 권리의 보호를 보장하기 어렵다는 점을 강하게 시사한다. 하지만 질서의 최소 조건으로서의 법 그 자체만으로는 공공 정신이나 의무감이 생겨날 수 없다. 공공의 화합 속에서 충족된 삶을 추구하는 사람이라면 반드시 시민 윤리를 배양해야만 한다. 다양한 전통이 세계인들의 사유와 행동을 인도하고 있기 때문에, 예의 없이 합법성만 가지고는 공공 정신을 고취시킬 수 없다. 시민 윤리가 결여된 채 법체계만이 있다면 과다하게 송사만 남발되는 상황으로 빠져들기 쉽다.

예의는 법치를 보완해주며, 법체계에 도덕적 기반을 제공해준다. 예의는 동료 시민들을 대하는 적절한 방식이다. 보편적 추세의 긍정적 측면은 패권주의의 확산 없이 의사소통과 상호 연결을 증진시켜준다는 것이다. 이러한 측면이 '계속 확장되어가는 상호 연결된 공동체'의 탄생에 도움을 줄 수 있다면, 예의는 그러한 과정을 지탱해주는 관건이다. 예의가 없다면 진정한 대화는 불가능하다. 예의는 문화 상호간의 의사소통에 필수불가결하다. 시민 윤리를 배양하기 위해서는 판단을 멈추고, 우리가 가지고 있는 전제들을 비판적으로 검토하며, 미리 결론을 내리지 않은 상태에서 상대방이 말하는 내용을 올바로 평가하고, 관련된 사항들에 대해 더욱 깊이 탐구해 들어가며, 상호 교류의 의미에 대해 반성해보려는 자세가 필요하다.

우리는 인간다움(仁)을 통해 다른 사람과의 호혜적인 관계를 확립할수 있고, 의로움(義)을 통해 그러한 다른 사람에 대한 인도적인 감정이행위로 옮겨지도록 할 수 있다. 그리고 예의(禮)는 인간 상호간의 의사소통에서 적절한 형식을 제공해준다. 예의가 없다면 경쟁은 정복이라고 하는 야만적인 일이 되어버릴 것이고, 적대적인 체계 속에서의 긴장 관계는 곧바로 권력을 향한 적대적인 투쟁으로 변해버리고 말 것이다. 법 그 자체만으로는 그것을 따라야 하는 동기를 부여하지 못한다. 법은 처벌에 대한 불안감에서 폭력을 억제시켜주는 기능을 할 수 있을 뿐이다. 이와는 달리, 조화로운 사회가 순조롭게 기능하기 위해서는 반드시 예의를 함양해야 한다. 우리가 새롭게 등장하는 문화를 포함해서, 모든 문화 간의 수평적 관계를 통해 상호간의 학습이 더 수월해지는 보편적 시민사회를 마음속에 그릴 때, 평화의 문화가 자라가게 되는 것이다.

4) 지혜(智)

지혜는 전체적인 이해, 자신에 대한 깊이 있는 앎, 장기적인 관점, 실천적 감각 그리고 훌륭한 판단 등을 암시한다. 번뜩이는 영감이 세계가 처한 상황의 한 측면을 밝혀줄 수 있을지는 모르지만, 인간의 상황을 포괄적으로 이해하기 위해서는 계속적인 교육이 필요하다. 학습에 대한 단편적인 접근으로는 충분치 못하다. 공동체적이면서도 비판적인 성격의 경험적 자기 인식의 일종인 '인격적 지식'은 겸손함을 동기로 하는 지속적인 노력에 의해서만 배양될 수 있다. 장기적인 이익을 희생시켜 가면서 단기적인 이득만을 추구한다면, 약삭빠르다고 할 수 있을지는 몰라도 지혜롭다고 할 수는 없다. 장기적인 견지에서 생각하는 것이 지혜로운 것이기는 하지만, 지혜는 결코 사변적인 사유에 불과한 것이 아니라 언제나 구체적인 결과를 산출해내는 것이다. 판단을 내리는 데 다양한 요소들을 고려하는 능력이 바로 지혜를 가지고 있다는 신호다. 건전한 대화에는 선입견을 갖지 않을 필요가 있기는 하지만, 이렇게 미리 판단을 내리지 않는 태도가 곧 훌륭한 판단을 결여하고 있음을 의미하지는 않는다. 현명한 사람들의 판단은 신중하고 균형이 잡혀 있다. 그것은 독선적인 양극단을 넘어서는 중도(中道)인 것이다.

과학기술의 진보로 인해 우리의 지평은 엄청나게 넓어졌으며 주변 세계에 대한 인식도 심화되었다. 그래서 많은 사람들은 위대한 종교적, 철학적 전통들이 우리의 교육과 무관하다고 느낀다. 분명 세계화로 인해 우리가 이용하고 소비할 수 있는 자료, 정보, 지식은 엄청나게 확대되었다. 하지만 이로 인해 유서 깊은 학습 방법, 그 가운데에서도 특히 지혜를 획득하는 전통적인 방법이 크게 손상을 입은 것도 사실이다. 자료와 정보, 정보와 지식, 지식과 지혜를 혼동해서는 안 된다. 단지 어떻게 해서 정보와 지식을 얻을 것인가가 아니라 지혜롭게 되는 법을 배울 필요가 있다. 실제 현실에서 우리가 배울 수 없는 것에는 특히 세 가지가 있다. 첫째는 귀 기울여 듣는 기술이다. 귀 기울여 듣는 것은 보는 것보다 더 많은 인내와 받아들이려는 자세가 필요하다. 인내가 없다면 그 속에 담긴 미묘한 의미는 고사하고, 전달하려는 메시지조차도 파악할 수 없을 것이다. 받아들이려는 자세가 없다면 말하는 내용은 알아듣는다 하더라도 그 메시지가 우리 마음 깊숙한 곳에 담기지 않게 될 것이다. 심층적으로 귀 기울여 듣는 자세를 통해 우리는 진정으로 다른 사람을 만나게 된다. 원주민들은 우리에게 서로의 목소리뿐 아니라 자연의 목소리를 듣는 방법까지도 가르쳐줄 수 있다. 오직 심층적으로 귀 기울여 듣는 자세를 통해서만, 귀를 통해서 전달되는 내용을 이해할 수 있을 것이다.

둘째는 서로 마주보고 이야기하는 것이다. 이것은 가장 흔하고 단순한 이야기 방법이지만, 가장 어렵고 가치 있는 것이기도 하다. 전화나 그보다 훨씬 정교한 전자 장치를 통해서 대화를 하더라도, 서로 마주보고 이야기하는 것을 대신할 수는 없다. 이러한 종류의 의사소통에는 상대방이 필요하다. 서로 마주보고 이야기하는 것은 인간에게 가장 지속적으로 이어져온 상호작용 방식이며, 결국에는 가치를 전달하는 가장 참된 방법이기도 하다. 그러한 방법이 뒷전으로 밀려나버린다면 우리가 현명해질 수 있는 가능성은 거의 없다. 귀 기울여 듣는 기술과 서로 마주보고 이야기하는 것은 세 번째에 다가가는 데 없어서는 안 된다. 이 세 번째도 또한 현실을 통해서는 배울 수 없는 것으로, 그것은 바로 조상들의 축적된 지혜다. 현대 세계에서는 너무나 많은 자료, 정보, 지식에 노출되기 때문에 지혜를 배워야 할 필요성이 어느 때보다도 절실하다. 위대한 종교적, 철학적 전통을 통해 우리는 어떻게 해서 완전한 인간성을 갖출 수 있는가를 배울 수 있다. 조상들의 누적된 지혜를 통해 그 사회의 본보기가 되는 사유와 행동을 체화한 삶을 살아가는 방법을 알 수 있다. 말을 통해서가 아닌 본보기에 의한 가르침을 통해야만, 완전한 인간성을 갖출 수 있는 법을 배울 수 있다. 우리의 삶을 살 만한 것으로 만들어주는 정신적 자원으로부터 스스로를 단절시켜서는 안 된다. 우리는 사회에서 완전한 인간성을 성취하는 방식을 가장 감동적으로 보여준 사람들을 본받는다. 단지 두뇌를 통해서만 그렇게 하는 것이 아니라 마음으로 그리고 심지어는 온몸으로 본받는 것이다. 이런 형태의 체화된 학습은 시뮬레이션만으로는 이루어질 수 없다. 주지하다시피 언어, 역사, 문학, 고전, 철학, 종교, 문화 인류학과 같은 인문과학 교육의 주제들을 통해 우리는 지혜를 얻는 데 도움을 받는다. 이러한 주제들은 결코 구닥다리가 아니다.

완전한 인간성을 성취하는 법을 배우는 것은 지식의 습득이나 기술의

·내면화보다는 인격 형성과 관련이 있다. 현대 세계에서 잘 살아가기 위해서는 기술적 능력뿐 아니라 문화적 능력도 필요하다. 인격적인 성장을 위해서는 인지적인 지성뿐 아니라 윤리적인 지성도 없어서는 안 된다. 윤리적 지성이 없다면 사회의 도덕적인 구조가 손상되어버릴 것이다. 충분한 물질적 조건뿐 아니라 정신적인 이상과 훈련 또한 인간 공동체의 복지에 극도로 중요하다. 문화적 능력 또한 매우 바람직하다. 읽고 쓰는 능력, 역사의식, 문학적 기호, 고전에 대한 기본 지식 등이 없더라도 시민에게 기대되는 기본치 정도의 생활을 할 수는 있겠지만, 국가의 시민 생활에 참여하는 일은 어려워지게 될 것이다. 윤리적 지성은 사회의 결속을 위해 필요하다. 정신적 이상과 훈련은 한가한 계층들에게나 해당하는 없어도 되는 사치품이 아니다. 그것은 정신적 삶에서 없어서는 안 되는 부분이며, 이를 통해 문화는 특정한 성격과 다른 문화와는 구분되는 기풍을 갖게 되는 것이다.

5) 신뢰(信)

지혜를 통해 문명 간 대화의 내용이 심화될 수 있는 반면, 그 대화를 지속적이게끔 해주는 가치는 신뢰다. 그것은 진정한 의사소통의 중추다. 신뢰가 없다면 의미 있는 대화를 촉진시킬 수 있는 방법은 거의 없다. 신뢰는 맹목적인 것이 아니다. 그것은 다른 사람과의 의사소통에 참여하기 위한 합리적인 선택이다. 그것은 불안의 심리를 초월하기 위한 최소한의 조건이다. 우리 스스로가 부과한 껍질을 깨고 나와서 미지의 도전에 과감히 맞서지 않는다면 이기주의, 연고주의, 편협한 지역주의, 민족 중심주의를 결코 넘어설 수 없을 것이다. 신뢰가 없다면 서로 다른 문화 사이의 공동 노력은 거의 불가능해질 것이고, 평화의 문화가 성장하는 데도 장애가 될 것이다. 신뢰는 공동체가 계속적으로 확장될 수 있다는 데에 대한 강한 믿음이다. 그것은 상호 존중과 이해의 원천이다. 신뢰를 통해 우리는 다른 사람을 목적을 위한 수단이 아닌 목적 그 자체로 받아들일 수 있다.

신뢰를 가진다고 해서 건전함을 유지할 수 있을 만한 회의적인 태도나 비판적인 정신과 저촉되는 것은 아니다. 하지만 그렇다고 해서 다른 사람에게 적대적이거나 실제적 사태에 냉소적인 것도 결코 아니다. 세계에 긴장과 갈등이 있다고 하더라도, 신뢰를 통해 흔히 전혀 다르다고 생각되는 사람들과의 공통점과 공유 가능성을 추구하려는 의사를 가질 수 있게 된다. 신뢰는 통상적으로 적으로 간주되는 이방인과 함께 공동의 사업에 참여하고자 하는 용기다. 신뢰를 통해 우리는 다른 사람들도 완결성을 가지고 있다는 사실을 존중하게 되며, 이러한 태도를 원칙이자 출발점으로 삼을 수 있게 된다. 남을 신뢰하는 사람은 실망할 수도 있고 때로는 속임을 당할 수도 있다. 하지만 그러한 아픈 경험이 있다고 해서 그 사람이 가족, 사회, 국가 안에서 그리고 그 너머에서 계속적으로 의사소통을 하려는 강한 의지를 포기하지는 않는다. 신뢰는 약속을 지키고 자신의 행위를 완수하는 것과 관련되지만, 올바름(rightness)이라고 하는 더 상위 원리의 지배를 받는다. 예를 들어 마약 중독자에게 돈을 빌려주는 경우에서처럼 약속을 지키는 것이 한 사람의 전반적인 행복에 해가 된다면 약속을 어기는 것이 올바른 것이다. 예를 들어 환경에 유해한 발전소 건설의 경우에서처럼, 이미 시작된 행위가 예기치 못한 피해를 일으킬 가능성이 높다면 그 행위를 중단하는 것이 옳다.

　올바름과 마찬가지로 신뢰도 의로움(justice)과 밀접하게 연관되어 있다. 다른 사람의 완결성에 대해 신뢰를 가진다는 것은 공정하고 존중하는 자세를 가지는 것이다. 사업상 거래를 할 때나 계약에 동의를 하는 데에서는 반드시 신뢰가 필요하다는 점은 분명하다. 하지만 개인 상호 간의 의사소통이나 문명 상호간의 의사소통에서 신뢰는 훨씬 더 중요하다. 법적인 행위를 취함으로써 사업상의 부정이나 계약 위반을 바로잡을 수는 있지만, 신뢰가 없어서 개인이나 문명 상호간의 대화 가능성이 사라져버린다면 모든 것을 잃게 된다. 공정해야 한다는 의식을 통해 신뢰의 정신이 생겨날 수 있다. 신뢰가 있다면 의로움을 실천에 옮기기 쉽다. 마찬가지로 인도적인 사람은 남을 신뢰하고 그 자신도 신뢰할 만하다. 공감과 연민이 동기가 되기 때문에 인도적인 사람은 개인이나 문명 상호간에 계속적으로 확장되는 관계를 확립한다. 신뢰는 이러한 관계 속에서 은연중에 드러나는 것이다. 신뢰가 있다면 법적인 제재는 단순히 예방 대책일 뿐이다. 사람들과 문화들 사이의 상호 교류가 좋은 신뢰관계 속에서 이루어진다면, 그 과정에 예의가 충만하게 되고 상호 학습의 태도가 보장될 것이다. 문명 간의 대화에 대한 믿음을 가진다면, 우리 자신의 전통으로부터 뿐만 아니라 전 인류 공동체의 축적된 지혜로부터 배울 수 있는 것이다.

위에서 자세히 설명한 인의예지신(仁義禮智信)이라고 하는 다섯 가지 가치는 포괄적이라기보다는 선택적인 것이다. 문명 간의 대화가 효과적이고 풍요로운 것이 되기 위해서는 반드시 이러한 가치에 따라 행동해야 한다. 이러한 가치는 또한 대화라고 하는 실제적인 과정을 통해 배양될 수 있다. 그 가치들은 다양한 맥락과 역사적 상황 속에서도 모든 정신적 전통에 의해 표현되어온 공통의 가치들이다. 이러한 가치들은 본보기, 담화의 공유, 종교적 설교, 윤리적 가르침 그리고 무엇보다도 대화를 통해 배울 수 있다.

이상의 논의는 두 가지 명제로 단순히 도식화해볼 수 있다. (1) 세계화로 인해 다양성을 무시하고 패권에 대해 오만한 태도를 취하는 얼굴 없는 보편주의가 생겨날 수도 있다. 하지만 그로 인해 진정한 의미의 지구촌이 생겨날 수도 있다. (2) 정체성을 추구하다 보면 완고한 민족중심주의와 배타적 폭력성을 가진 치명적인 분열상을 초래할 수도 있다. 하지만 그로 인해 세계적인 차원에서의 의사소통과 진정으로 다양성을 존중하는 태도가 생겨날 수도 있다. 문명 간의 대화는 평화의 문화를 개발하는 데 우리가 가진 최고의 희망이다. 그것이 바람직한 이유는 얼굴 없는 보편주의와 치명적인 분열상이 등장하는 것을 막을 수 있기 때문이다. 그것이 반드시 필요한 이유는, 우리의 불안과 우려가 무엇인지를 이해하고 이 지구를 공유하고 있는 우리 모두의 삶의 질을 높이는 방법을 제시해주기 때문이다.

제 3 강연

계몽주의 정신을 넘어서

현대 서구의 등장 이면에는 인류 역사에서 가장 역동적이고 변화적인 이념으로서 계몽주의 정신이 자리 잡고 있다.[1] 현대를 특징짓는 사실상의 모든 주요 관심 영역들— 과학 및 기술과학, 산업 자본, 시장경제, 민주적 정체, 매스컴, 연구 대학, 민과 군의 관료제도, 전문 기구— 은 이 정신의 산물이거나 이것과 얽혀 있다. 나아가 우리가 현대 의식을 규정하는 것으로 귀하게 생각하는 것들— 자유, 평등, 인권, 개인의 존엄, 사생활의 존중, 민주주의, 법률의 정당한 절차 등— 은 구조적으로는

---

1) 나는 이 자리를 빌려 나의 구두 발제를 논문으로 전환시키도록 도움을 준 메리 에블린 터커(Mary Evelyn Tucker)와 존 버스롱(John Berthrong)에게 감사를 표하고 싶다. 아울러 나의 세 편의 기발표 논문들의 자료가 이 논문에서 사용되었음을 밝혀둔다. 그 논문들과 출처는 각각 다음과 같다. "Beyond the Enlightenment Mentality", in Mary Evelyn Tucker and John A. Grim eds., *Worldviews and Ecology: Religion, Philosophy, and the Environment* (Maryknoll, N.Y.: Orbis Books, 1994), pp.19-28; "Global Community as Lived Reality: Exploring Spiritual Resources for Social Development", in *Social Policy and Social Progress: A Review Published by the United Nations, Special Issue on the Social Summit*, Copenhagen, 6-11 March 1995(New York: United Nations Publications, 1996), pp.39-51; "Beyond Enlightenment Mentality: A Confucian Perspective on Ethics, Migration, and Global Stewardship", *International Migration Review* 30(Spring 1996), pp.58-75.

아니더라도 발생적으로 계몽주의 정신과 분리될 수 없다. 18세기 이래 현대 서구의 등장을 계기로 관심의 영역과 그 종속적 가치에서 번영이 이루어져왔다. 이것들은 우리의 생활세계에 동력과 의미를 부여해주었다. 우리는 도구적 합리성을 통하여 세계의 주요 문제들을 해결할 수 있고, 또 주로 경제적 의미이지만, 발전은 전체로서의 인간 공동체를 위하여 바람직하고 필연적이라는 점을 당연시한다.

우리는 계몽주의 정신에 너무 익숙해져 있어 그 일반적인 이념적 공격성에 일리가 있다고 생각한다. 자본주의와 사회주의가 모두 현대적 정신 상태의 근간이 되는 다음과 같은 공격적 인간중심주의에 찬동하는 것은 자명한 사실이다. 인간은 만물의 척도일 뿐만 아니라 경제적 복지, 정치적 안정, 사회적 발전을 위한 역량의 유일한 원천이다. 현대 서양 학계의 일부 탁월한 지성들은 발전, 이성, 개인주의에 대한 계몽주의적 믿음을 공격해왔지만, 이것은 여전히 전 세계의 지성적, 정신적 지도자들에게 영감의 표준으로 남아 있다. 생태 과학을 포함하는 모든 국제적 기획에서 인간의 상황이 개선될 수 있다는 것과 세계의 문제를 해결하기 위해서는 합리적 수단을 발견하는 것이 바람직하다는 것, 그리고 개인으로서의 인간의 존엄은 마땅히 존중되어야 한다는 명제들에 찬동하지 않는다는 것은 상상할 수 없다. 현대의 정치 문화에서 가장 영향력 있는 도덕적 담론에서는 계몽주의를 여전히 인간의 각성, 세계적 변화를 위한 인간의 잠재력의 발견, 만물의 척도와 주인이 되기 위한 인간 욕망의 실현으로 이해하고 있다. 개발도상국들 및 고도 개발국들의 소수 통치 계층과 문화적 엘리트들은 수십 년 동안 이러한 이해를 의심의 여지가 없는 전제로 받아들였다.

계몽주의 정신을 공정하게 이해하기 위해서는 현대 서구의 어두운 측면에 대한 솔직한 논의도 필요하다. 발전을 향한 고삐 풀린 과학기술을 상징하는 '풀려난 프로메테우스'가 산업혁명 초기 양상에는 인간 독창성의 탁월한 성취를 상징했는지도 모르겠다. 낭만주의 운동의 열정적 반응과 '인간 과학' 창시자들의 통찰력 있는 비판에도 불구하고, 개발, 지식, 정복, 지배를 향한 파우스트적 추진력에 힘입은 계몽주의 정신은 현대 서구의 지배적 이념으로서 존속해왔다. 이제 계몽주의 정신은 아시아에서 발전을 위한 의심의 여지없는 이론적 근거로 철저하게 신봉되고 있다.

그러나 계몽주의 정신을 현실적으로 평가할 때, 우리는 현대 서구에서 '이성의 시대'와는 어울리지 않는 많은 측면들을 발견할 수 있다. 현대 서구의 패권적 담론의 맥락에서, 발전은 불평등, 이유, 자기이익, 개인적 탐욕을 수반할 수 있다. 차와 집을 소유하고, 공정한 임금을 받으며, 사생활, 종교, 표현, 여행의 자유를 즐기는 아메리칸 드림은 일상생활적 수요라는 미국적 의미에서는 타당할지 모르지만, 세계적 관점에서 볼 때 현대적 필수품으로 수출되기에는 전혀 적절치 않다. 현재 많은 사람들은 이것이 상당수 미국인들의 몽상에 불과함을 인정하고 있다. 생태적 문제들과 모든 차원에서의 공동체의 해체에 깊은 관심을 가진 사람들이 시급하게 해결해야 하는 과제는 현대 서구의 소수 지배층과 문화적 엘리트들이 계몽주의 유산을 재고하는 정신적인 공동 작업에 확실하게 참여하도록 만드는 것이다. 그러나 우리가 처한 상황은 다음과 같은 면에서 역설적이다. 의도적인 것은 아니지만, 계몽주의의 유산으로 인해 생명 유지를 위한 체계에 여러 가지 부정적 결과들이 생겨났으며, 이러한 점에 비추어볼 때 계몽주의에 내재된 논리를 무비판적으로 수용할 수는 없다. 그러나 다른 한편으로 계몽주의에는 너무 많은 모호성이 내포되어 있음에도 불구하고, 그것이 현재와 미래에서 우리의 지적 자기정체성과 관련되어 있음을 부인할 수도 없다. 탈출구는 쉽게 발견되지 않는다. 우리에게 주어진 것은 "이것이냐 저것이냐"의 선택이 아니다. 계몽주의 정신과는 별개면서 독립적인 전혀 다른 윤리나 새로운 가치 체계가 가능하다는 생각은 현실적이지도 않고 신빙성도 없다. 이러한 생각 자체는 심지어 냉소적이거나 혹평하는 것으로 보일 수도 있다. 계몽주의 기획이 세계관으로서 갖는 잠재력을 전체적인 인간 상황을 위해 충분히 실현시키기 위해 이것의 범위를 넓혀주고, 그 도덕적 감수성을 심화시키며, 그리고 필요하다면 그 내재적 문제점들을 창조적으로 변화시켜줄 정신적 자원을 개발할 필요가 있다.

이 정신적 공동 모험의 핵심은 공동체라는 생각 자체가 계몽주의적 기획에 눈에 띄게 결여되어 있음을 인식하는 것이며, 지구 공동체라는 생각도 예외는 아니다. 프랑스 혁명의 3대 핵심적인 가치 중에서 공동체와 기능적으로 같은 의미를 갖는 우애(fraternity)는 현대 서구의 경제적, 정치적, 사회적 사상에서 거의 주목을 받지 못했다. 불평등에 대한 관용, 자기이익에 대한 맹신, 공격적 이기주의에 대한 긍정은 발전, 이성, 개인주의의 샘물을 오염시켜버렸다. 관심을 가진 지식인들은 '지구촌' 형성을 위한 보편적 의도를 표명해야 될 필요성과 일상생활에서 경험하는 조각난 세계와 인류 전체를 위한 가상적 공동체 사이를 연결해야 될 필요성이 절실하다는 점에 점점 더 인식을 함께해가고 있다. 이를 위해서는 최소한, 제아무리 광범위하게 정의된 것이라고 하더라도, 자기이익의 원리를 다음과 같은 새로운 황금률로 교체해야만 한다. "남이 너에게 하지 않기를 바라는 일을 남에게 하지 말라."2) 이 새로운 황금률은 소극적 표현이기 때문에, 여기에는 다음과 같은 적극적 원리가 첨가되어야 한다. "자신이 서고자 하면 남도 서게 하라."3) 반성적 정신을 가진 공동체적인 비판적 자기의식에 입각한 포괄적 의미의 공동체는 윤리적, 종교적 목표일 뿐만 아니라 철학적 이상이기도 하다.

이러한 단순한 이상이 오늘날 우리의 삶의 방식을 채우는 문화적 복합체의 역사성에 분명하게 근거하도록 만들기 위해 필수적인 것은 적어도 세 종류의 정신적 자원을 동원하는 일이다. 첫 번째는 현대 서구의 윤리적, 종교적 전통, 그 가운데에서도 특히 그리스 철학, 유대교 및 기독교와 관계가 있다. 이것들이 계몽주의 정신의 탄생에 도움을 주었다는 바로 그 사실 때문에 전형적인 서구 가치들의 교차 평가(transvaluation)를 위한 새로운 공적 영역을 창조하기 위해서는 이 가치들과 현대 서구의 등장의 관계를 재검토하는 일이 시급하다. 지구의 신성함, 존재의 연속성, 인간 공동체와 자연 사이의 유익한 상호작용, 인간과 절대자 사이의 상호성과 같은 최고의 가치들이 철학, 종교, 신학에서 이것들에

---

2) 『論語』「顔淵」, "己所不欲 勿施於人."
3) 『論語』「雍也」, "己欲立而立人."

합당한 주목을 받기 위해서는 물질/정신, 몸/마음, 성/속, 인간/자연, 창조자/피조물의 배타적 이분법이 초월되어야만 한다.

충분하지는 않지만, 계몽주의 정신에 필수적인 자원을 마련해준 것은 합리성을 강조한 그리스 철학, 땅을 '지배'하는 인간이라는 성경의 이미지, 그리고 개신교의 근로 윤리다. 그러나 현대 서구의 등장이 가져다준 의도하지 않은 부정적 결과들이 헬라의 시민 개념, 유대교의 계약 개념, 기독교의 친교 개념에 함축된 공동체 의식을 해쳤기 때문에, 계몽주의 정신과 매우 복잡하고 긴장된 관계를 유지했던 이러한 위대한 전통들이 하루바삐 해야 할 일은 계몽주의 기획에 내재하는 인간중심주의를 비판하는 일이다. 권리를 소유하고, 이익에 동기를 둔 합리적 경제 동물이라는 개인 관념에 대한 비판으로서 공동체 윤리가 등장한 사실은 아리스토텔레스, 바울, 아브라함의 윤리, 또는 공화국적 윤리가 북미에서 현재의 도덕적 자기성찰과 관련이 있다는 점을 의미한다. 사회적 교류에서 '의사소통적 합리성'을 강조하여 합리적 담론의 범위를 넓히려는 위르겐 하버마스의 시도는 계몽주의 전통을 살찌우게 하기 위해 새로운 개념적 장치를 개발하려는 주요한 지성적 노력을 대변한다.4)

두 번째 종류의 정신적 자원은 비서구적 기축 시대 문명에서 유래하는데, 여기에는 힌두교, 자이나교, 불교, 유교, 도교, 이슬람교가 포함된다. 역사적으로 볼 때 이슬람교는 문예혁명에 대한 공헌으로 인해 현대 서구의 본질적인 지적 유산으로서 간주되어야만 한다. 최근에 특히 북미와 서유럽의 대중매체에서는 이슬람을 극단적 타자로 치부하는데, 이러한 행태는 역사적으로는 불건전하고 문화적으로는 둔감한 것이다. 사실상 이것은 현대 서구의 자체적 이익은 물론 자신에 대한 이해를 심각하게 손상시켰다. 이슬람과 이러한 비서구적 윤리적, 종교적 전통들은 세계관, 의례, 제도, 교육의 형태, 인간관계의 패턴에서 정교하며 실천 가능한 자원들을 제공해준다. 이것들은 서유럽과 북미가 실례로 보여준

---

4) Jürgen Habermas, "What is Universal Pragmatics?", in Thomas McCarthy trans., *Communication and the Evolution of Society*(Boston: Beacon Press, 1979), pp.1-168.

계몽주의 정신의 연속과 대안 모두가 될 수 있는 삶의 방식의 개발에 도움을 줄 수 있다. 산업화된 동아시아가 발전시킨 유교 문화의 영향을 받은 현대 문명은 적대성, 개인주의, 이기성 등의 측면에서 훨씬 폐해가 덜하다. 이 지역이 제2차 세계대전 이래 경제적, 정치적으로 세계에서 가장 역동적인 지역이 되었던 것은 시장경제와 정부의 지도력, 민주적 정체와 능력 본위 제도, 개인적 창의성과 집단 본위성이 공존했기 때문이다. 산업의 동아시아의 등장에 미친 유교 윤리의 공헌의 중요성은 힌두교, 자이나교, 불교, 이슬람교 형태의 현대성에 관한 가능성을 활짝 열어놓았다.

일본, 한국, 중국, 홍콩, 대만, 싱가포르, 베트남을 포함하는 유교 아시아의 서구화는 이 지역의 정신적 상황을 영원히 바꿔놓을 수도 있었지만, 대승불교, 도교, 신도, 무속, 기타 민속 종교들과 같은 토착적 자원들은 새로운 종합에서 다시 떠오르고 자신의 존재를 알릴 수 있는 탄성을 가지고 있다. 여기에 나타난 경고는 한 세기 이상 현대 서구의 제국주의 및 식민주의 지배에 의해 수모와 좌절을 당한 뒤에 등장한 산업화된 동아시아가 계몽주의 유산의 도구적 합리성을 강력하게 상징한다는 점이다. 일본과 네 마리의 용의 정신 상태는 중상주의, 상업주의, 국제적 경쟁성을 그 특징으로 한다. 중국은 발전을 향한 이와 동일한 전략을 선택했고 따라서 1979년의 개혁 개방 이래 동일한 정신 상태를 보여주었다. 이러한 국가들이 좀 더 인간적이고 지속될 수 있는 공동체를 개발할 가능성은 과장되어서도 안 되고 손상되어서도 안 된다.

세 번째 종류의 정신적 자원은 아메리칸 인디안, 하와이의 마오리족 및 수많은 부족의 토착적 종교 전통들과 같은 원시 전통들이다. 이것들이 가진 물리적 역량과 미학적 우아함은 인간의 삶이 신석기시대 이래 한결같았다는 점을 보여주었다. 실제적 삶을 위한 함의는 광범위하다. 이것들이 보여주는 인간 번영에 관한 양식은 마음이 빚어낸 허구가 아니라 현대에서 경험된 현실이다.

원시적 전통들의 두드러진 특징은 문화적 뿌리에 대한 심층적 체험이다. 각각의 토착적인 종교 전통들은 지각의 방법, 사유 방식, 삶의 형식,

태도, 세계관 등을 상징하는 구체적 장소에 새겨 있다. 계몽주의 정신이 의도하지 않았던 재난적 결과들을 감안할 때, 현대적인 정신 자세는 토착적인 종교 전통들로부터 분명히 배울 것이 있다. 토착민들은 구체적인 지역에 뿌리를 두고 있기 때문에 그들은 자연적으로 자신들의 환경에 대해 친밀하고도 자세한 지식을 갖고 있다. 따라서 그들에게 인간의 주거지와 자연 사이의 구분은 약화된다. 존재에 관한 이러한 모델로부터 우리는 인간적 세계와 전체적 우주 사이에서 바람직하고 필수적인 조건은 상호성과 호혜성이라는 점을 읽을 수 있다. 그렇다면 우리가 그들로부터 배울 수 있는 것은 새로운 지각의 방법, 새로운 사유 방식, 새로운 삶의 형식, 새로운 태도, 새로운 세계관이다. 토착민들의 관점에 근거한 계몽주의 정신과 여기에서 파생된 현대적 정신 자세에 대한 비판은 많은 생각거리를 제공할 수 있을 것이다.

이와 마찬가지로 토착적 삶의 방식이 갖는 또 한 가지 중요한 측면은 일상적인 인간의 상호작용에서의 유대 의례다. 친족관계의 끈끈함, 인간 상호 의사소통의 풍부함, 주변의 자연 세계와 문화 세계에 대한 자세하고 미묘한 가치 인식, 조상들과의 체험적인 연결성은 민족성, 성별, 언어, 국토, 믿음에 근거한 공동체와 관계가 있다. 원본적 유대들은 그들의 존재와 행위의 구성 요소다. 휴스턴 스미스(Huston Smith)의 설명에 의하면, 그들이 구체적으로 증거하는 것의 특징은, 동기에서는 통제보다는 참여이고, 인식론에서는 경험주의적 파악보다는 감정 이입적 이해이며, 세계관에서는 자연에 대한 지배보다 초월적인 것에 대한 존경, 인간 경험에서는 소외보다 완수다. 우리가 소중하게 생각하는 사유 방법들 가운데 일부는 지혜보다는 지식을 역량으로 간주하고, 영혼에 미치는 잠식적 영향에도 불구하고 물질적 발전의 바람직함을 역설하며, 생명 유지 체계를 파괴하는 대가를 치르면서도 자연에 대한 인간 중심적 조작을 정당화한다. 이러한 사유의 건전성, 나아가 그 정상성에 대해 회의를 갖기 시작할 때 토착적 관점들이 영감의 원천으로 등장한다.

물론 내가 '원시적 의식'에 대한 낭만적 집착이나 향수적 정서를 제의하는 것은 아니지만, 나는 원초성에 대한 주장들이 많은 경우 인정의 정치(politics of recognition)에 의해 조정되는 현대주의자의 문화적 건조물이라는 점을 잘 알고 있다. 오히려 나는 계몽주의 정신의 수혜자 겸 희생자로서 진정으로 보편적 의미의 지구 공동체의 발전을 위해 위에서 말한 아직도 존재하는 세 가지 종류의 정신적 자원들을 가지고 우리의 공동 유산을 풍부하게 만들며 변화시키고 재조정함으로써 이것에 대해 충성심을 보일 것을 제안한다. 프랑스 혁명에 구체화된 세 가지 위대한 계몽주의의 가치 중에서 박애(fraternity)는 이어지는 두 세기에서 가장 작은 관심을 끌었던 것 같다. 최근에 다시 제시된 공동체의 문제에는 명백히 모순된 두 세력이 합류할 조짐을 보이는데, 이 세력이란 20세기 후반 우리가 살고 있는 정보시대에서 가상적 현실과 상상적 공동체를 모두 겸하는 지구촌이라는 세력과, 가족에서부터 민족에 이르는 모든 차원에서 보이는 인간 통합의 해체와 개조라는 세력이다.

우리가 계몽주의 기획 자체의 핵심으로부터 네 번째 종류의 정신적 자원을 개발하기 시작했다고 말하더라도 뻔뻔스러운 것은 아닐 것이다. 종교 지도자들과 윤리 교사들이 꿈꾸는 '창조적 구역(creative zone)'을 향한 첫걸음은 고립된 투쟁이 아닌 공동체적 행위로서의 훈련된 반성이다. 이 새로운 공동의 비판적 자기인식의 실례들을 꼽자면 전통에 대한 페미니스트의 비판, 환경에 대한 관심, 종교적 다원주의의 설득 등을 들수 있다. 계몽주의 정신이 갖는 합리성, 자유, 평등성, 인권, 분배정의와의 관계를 해체하거나 포기하지 않은 채, 이 정신을 초월하기 위해서는 상징(signifier)으로서의 현대성과 과정으로서의 현대화에 대한 철저한 재검토가 필요하다.

이 재검토의 근간을 이루는 것은 현대성 속의 전통이라는 흥미로운 문제다. 전통과 현대성을 두 개의 어울릴 수 없는 삶의 형식으로 생각하는 이분법적 사고는 베버적 의미로 정의된 '합리화'가 지각된 결과로서의 현대화와, 사유의 영속적 양식, 즉 문화적 자기이해의 현저한 특징인 전통 사이의 지속적 상호작용 — 토크빌(Alexis de Tocqueville)은 이를 "마음의 관성(habits of the heart)"이라고 표현했다 — 이라는, 한층 더 뉘앙스가 있는 검토로 대체되어야 할 것이다.

현대성 속의 전통은 단순히 현대적 의식 속에 수동적으로 축적된 역사적 침전물이 아니며, 또한 기능적 의미에서 발전의 단일한 궤적에 의해 손상당하는 금지적 요소들도 아니다. 반대로, 전통은 어떤 주어진 사회 속에서 현대성의 특정한 윤곽을 형성하는 소극성과 적극성을 모두 겸비한 힘이다. 따라서 현대화 과정에 대한 우리의 토의에서 전통을 잔여적 범주로 격하시킨다면, 우리는 관념적 순진성과 방법론적 오류에 빠지게 될 것이다. 우리가 현대화를 서구화의 동질적 통합 과정이 아니라 고도로 분화된 문화적 현상으로 인식하는 데 현대성 속의 전통을 검토하는 일은 매우 중요하다.

시장경제, 민주적 정체, 개인주의를 현대성과 불가분의 관계에 있는 세 가지 차원이라고 생각한 탤컷 파슨스(Talcott Parsons)의 의견은 옳았을지 모른다.5) 냉전 이후에 출범한 새로운 세계 질서에서 시장화, 민주화, 개인주의는 새로운 지구촌의 두드러진 특징들이다. 사회주의의 붕괴가 주는 인상은 계획경제보다는 시장경제, 독재 정체보다는 민주 정체, 집단주의적 삶의 방식보다는 개인주의적 삶의 방식이 미래의 조류를 상징한다는 사실이다. 다국적 기업, 정보 고속도로, 기술과학에 입각한 자연과학, 매스컴, 현저한 소비를 특징으로 하는 고도 자본주의만이 지배하는 인간 발전의 한 단계인 '역사의 종말'을 믿든 안 믿든 간에, 우리는 세계화의 세력이 다양한 네트워크를 통해 문자 그대로 지구를 유선 담론 공동체로 변모시키고 있다는 사실을 잘 인식해야만 한다. 수천 마일이나 떨어진 친구들과는 자주 대화를 할 수 있음에도 불구하고, 우리는 이웃, 동료, 친척들에 대해서는 자주 이방인 같은 느낌을 받는다.

지구촌이 진정한 집이 아닌 가상적 현실로 등장하는 것은 결코 인간의 번영에 적합한 일이 아니다. 유교의 고전적 이상인 '대동(大同)'과는 반대로, 지구촌이 보여주고 있는 모습은 첨예한 차이, 극심한 차별화, 철저한 경계, 시끄러운 불화, 공공연한 차별이다. 상호 연결된 생태적, 재정적, 상업적, 무역적, 전자적 체계 속으로 압축된 세계가 부, 영향,

---

5) Talcott Parsons, "Evolutionary Universals in Sociology", in *Sociological Theory and Modern Society*(New York: The Free Press, 1967), pp.490-520.

권력에서 지금처럼 분열된 적은 일찍이 없었다. 우리가 상상했던, 심지어 예상했던 지구촌은 결코 축하할 거리가 못 된다.

인류 역사상 일찍이 부자와 빈민, 권력자와 주변인, 발언자와 침묵자, 국내자와 국외자, 지식인과 비지식인, 관계자와 소외자 사이의 대비가 이렇게 두드러진 적은 없었다. 체제의 수혜자들인 부자, 권력자, 발언자, 국내자, 지식인, 관계자는 무수한 초국가적 네트워크를 형성하여 지배를 향한 자신들의 전진에 거리, 민족적 경계, 문화적 다양성, 종교적 배타주의, 국가의 주권을 무의미한 것으로 만들어버린다. 다른 한편, 같은 이웃에 사는 주민들은 정보, 사상, 동산(動産), 비물질적 재화(명예 등)로부터 철저하게 차단되어 있다. 같은 선거구에 살면서도 날카롭게 대립하는 정치 이념, 사회 규범, 세계관에 찬동하는 주민들이 있을지도 모른다. 또한 이들은 시간과 공간 같은 인간 존재의 기본적 범주들을 비교가 안 되는 방식으로 경험하는지도 모른다. 가진 자와 못 가진 자 사이의 인간 경험의 모든 차원에서의 심각한 대립은 경험적 데이터를 통해 쉽게 입증될 수 있다. 대중매체에 의한 대량 소비의 찬양이 상대적 박탈감을 극도로 강화시킨다. 불만, 불안, 좌절의 분위기는 경제적으로 가장 앞선 국가들에도 팽배해 있다.

만일 자연과학, 과학기술, 의사소통, 무역, 재정, 오락, 여행, 관광, 이주, 질병 등과 같이 제2차 세계대전 이래 지구 공동체에 막대한 영향을 행사해왔던 강력한 조류들에만 전적으로 초점을 고정시킨다면, 우리는 인간 상황이 새로 등장하는 세계적 세력에 의해 물려받은 역사적, 문화적 실천과는 아무런 관련 없이 새로운 구조를 가질 정도로 세계가 변했다고 믿는 오류에 빠질 수도 있을 것이다. 20세기의 가장 중요한 세기말적 반성 중의 하나는 세계화가 동질화를 의미하는 것이 아니며, 현대화는 국가의 안과 밖 모두에서 경제적, 정치적, 사회적, 문화적, 종교적 갈등들을 강화시키며 동시에 약화시켰다는 사실을 인정한 것이다. 내적으로 방어적인 문화적 정체성과 외적으로 공격적인 종교적 배타성을 건설하는 데에 민족성, 언어, 성별, 국토, 계층, 믿음과 같은 강력한 세력을 가진 원초적 유대들이 등장하게 됨에 따라, 실제적 정신을 소유한 세계의 사상가들은 이 시대의 정신을 이해하기 위해 새로운 개념적 자원들을 개발하지 않으면 안 되었다. 세계정세에 대한 최정예 분석가들의 일부가 포함되는 국제주의자들은 일상적으로 원초적 유대들의 지속적인 역량을 지구화의 필연적 과정에 대한 편협한 반응이라고 폄하하는데, 이것은 단순한 행태이고 현명치 못한 것이다. 우리가 보스니아, 아프리카, 스리랑카, 인도에서 목도하는 것은 세계적 통합과는 배치되는 '국소화'다. 우리는 미국에서의 종족, 캐나다에서의 언어, 세계 3대 유일신교에서의 종교적 근본주의가 갖는 폭발적인 잠재력에 대해서 잘 알고 있다. 따라서 우리는 뿌리 찾기가 세계적 현상이라는 점을 충분히 인정하는 법을 마땅히 배워야 한다.

요즈음 우리가 지구 공동체에서 경험하는 것은 세계화와 지역화라는, 상충하며 심지어 모순적인 세력들이다. 세계화의 정신 때문에 탄생하게 된 유엔은 이제 위에서 원초적 유대라고 설명된 모든 뿌리를 가진 문제를 반드시 다루어야만 한다. 국제화가 자연과학, 과학기술, 의사소통, 무역, 재정, 오락, 여행, 관광, 이주, 질병 등에서 전례 없는 비율과 정도로 발전하고 있는 것은 사실이지만, 겉으로 드러난 것과 감춰진 공동체적 감정의 확산도와 깊이는 도구적 합리성, 개인적 자유, 계산된 자기 이익, 물질적 발전, 권리 의식과 같은 계몽주의 가치들에 의해 쉽사리 변화되지 않는다. 인간의 연결성이 갖는 탄력과 폭발적 위력을 좀 더 정확하게 인정할 수 있는 것은 모든 형태의 타협, 분배적 정의, 공감, 예의, 의무 의식, 개인의 존엄, 본유적 가치의 의식, 도덕적 수양에서 요구되는 합리성에 배려를 할 수 있는 윤리다.

유교적 관점에서 인간은 단순히 합리적 존재, 정치적 동물, 도구 사용자, 언어 조작자가 아니다. 유학자들은 단순한 환원주의적 모델을 의도적으로 거부하는 것 같다. 그들은 다섯 개의 통합적 시각을 통해 인간을 정의한다.

1. 인간은 지각이 있는 존재다. 따라서 인간들 자체 안에서 뿐만 아니라 다른 동물, 식물, 산, 강 등 실로 자연 전체와 내적 공명을 할 능력이

있다.

2. 인간은 사회적 동물이다. 고립되었을 때 인간은 동물의 왕국의 다른 구성원들과 비교해서 연약하지만, 조직되어 사회를 구성할 때 생존뿐만 아니라 번영을 위한 내적 역량을 갖는다. 상호작용의 다양한 네트워크 속에서 구체적으로 보이는 인간의 연결성은 인간의 생존과 번영을 위해 필수적이다. 우리의 사회성은 우리의 정체성을 규정한다.

3. 인간은 정치적 동물이다. 이것은 인간의 연결성이 생물학적 본성과 사회적 필연성에 의해 사회 계급, 신분, 권위의 측면에서 차별화된다는 의미다. 유학자들은 인위적으로 건조된 경계의 유연성을 강조하면서도, '기계적' 단결과는 전혀 다른 '유기적' 단결에서 '차이'의 중요성을 인정한다. 따라서 인간 사회 안에서 공정성의 원리가 갖는 중심성 및 분배적 정의의 실천이 갖는 우선성도 인정된다.

4. 인간은 또한 역사적 존재다. 따라서 집단적 기억, 문화적 기억, 문화적 전통, 의례적 실천, '마음의 관성'을 공유한다.

5. 인간은 형이상학적 존재다. 따라서 단순히 인간 중심적 측면에서 정의된 열망이 아니라 천명에 계속 반응하고 또 천명으로부터 항상 영감을 받으려는 궁극적 관심의 특징이 있는 최고의 열망을 갖는다.

유교의 도는 학습, 즉 인간화의 학습이다. 유교적 정신에서 인간화의 학습은 공동체적 행위와 하늘에 대한 대화적 반응 모두로서의 자기 변화의 끊임없는 과정에 자신을 끌어들이는 것이다. 이것에는 자아, 공동체, 자연, 초월성이라는 네 개의 분리할 수 없는 차원이 관계된다. 학습의 목적은 항상 자신을 위한 것으로 이해되는데, 자아는 결코 고립적 존재가 아니라 오히려 관계의 중심이다. 관계의 중심이 되는 자아는 폐쇄된 정태적 구조가 아니라 역동적인 개방적 체계다. 따라서 인간 기획에서 결정적 특징이며 최고의 가치는 자아와 공동체 사이의 상호성, 인류와 자연 사이의 조화, 하늘과의 지속적 의사소통이다.[6]

---

6) Thomé H. Fang, "The Spirit of Life", in *The Chinese View of Life: The Philosophy of Comprehensive Harmony*(Taipei: Linking Publishing, 1980),

유학자들이 철학적 인간학의 발전에서 출발점으로 삼는 것은 지금 여기에 존재하는 살아 있는 구체적 인간이기 때문에, 그들은 인간 상황의 깊이 새겨 있음과 뿌리박고 있음을 인정한다. 따라서 유교적 기획에 본질적인 민족성, 성별, 언어, 국토, 계층, 기본적인 정신적 정향 같은 이른바 원초적 유대들의 깊은 의미는 문화적 다양성을 귀하게 생각하는 데 있다. 많은 경우 유학자들은 자신의 길을 신심지학(身心之學)이나 성명지학(性命之學)이라고 이해한다. 우리들 각자는 특정한 상황과 결부된 고유한 인격이 될 운명을 타고났다는 점이 인정된다. 우리는 독특하고 특별한 인간으로 정의되지만, 동시에 우리 모두는 각각 자기 수양, 자기 개발, 자기 성취의 본질적인 가능성을 갖고 있다. 상황성이라는 운명과 뿌리를 필수적인 구조적 한계로서 갖고 있음에도 불구하고, 우리는 인간화의 학습 과정에서 무한한 자기 변화의 가능성을 부여받았다. 따라서 우리는 본질적으로 자유로운 존재다. 관계의 중심으로서의 우리 자신에 대한 책임 속에 구체화된 자유는 우리 자신의 가치를 창조한다. 이것만으로도 존경받을 자격이 있고 또 존경을 요구한다.

벤저민 슈워츠는 자신의 『중국 고대 사상의 세계』의 결론 부분에서 오경의 정신을 논의하면서 신유학의 중심 문제에 대해 다음과 같이 언급한다.

결국 근본의 문제는 공자와 맹자가 그것을 찾았던 곳, 즉 인간의 마음에서 찾아야만 했다. … 자신을 성실하게 만들고, 자신을 성실하게 만든 후에 이 초월적 능력을 인간 사회의 구조 안에서 도를 실현하는 데까지 확장시키는 능력을 소유한 것은 단지 인간의 마음뿐이다. 이러한 관점에서 보았을 때, 이것은 『사서』의 핵심적 복음이다. 심층적 차원에서 『사서』는 또한 초윤리적 도교 및 불교 신비주의의 목하 진행되고 있는 도전에 직면한 개인의 초월적인 윤리적 능력에 대한 존재론적 근거를 지시한다.[7]

pp.71-93.

7) Benjamin I. Schwartz, *The World of Thought in Ancient China*(Cambridge, MA: Harvard University Press, 1985), p.406.

신유학적 기획이 그 존재론적 정초를 마음에 대한 학습에 두었기 때문에 중국의 제국 시대 후기, 베트남의 전근대 시기, 한국의 조선시대, 일본의 도쿠가와 시대의 유교 지성인들은 국가와 가족 사이에 문화적 공간을 만들 수 있었다. 따라서 그들은 결코 집을 떠나지 않고도 공동체의 일에 능동적으로 참여할 수 있었다. 다시 말해 향촌, 지역, 국가의 정치에 깊이 관여했음에도 그들은 자신을 세계에 맞추지 않았다. 따라서 막스 베버가 평가한 유교적 삶의 방향 설정은 정곡을 찌르지 못했다. 그들의 사회적 활동을 지탱했던 정신적 자원의 원천은 자신의 일에 힘쓰는 것이었으며, 이 정신적 자원에는 자신의 수양, 남에게 선함을 가르치기, 역사에서 친구 찾기, 성인의 모방, 문화적 규범의 설정, 천명의 해석, 도의 전파, 세계를 도덕적 공동체로 변화시키기가 포함된다.

우리가 초강대국에 의해 부과된 배타적 이분법(자본주의와 사회주의) 대신에 새로운 세계 질서의 문제에 직면함에 따라, 우리는 "역사의 종말",[8] "문명의 충돌",[9] "태평양 세기"와 같은 손쉬운 일반화를 만들어내고 싶은 충동을 받는다. 더욱 힘들고, 장기적으로 볼 때 더욱 의미 있는 탐구의 노선은 인간화의 학습에서 다음과 같이 진정으로 근본적인 문제들을 언급하는 것이다. 우리는 고립적 개인들인가, 아니면 관계의 중심으로서 사는가? 도덕적 자기 지식은 인격적 성장에 필수적인가? 사회는 구성원 사이에서 기초적 의무감과 책임감을 발전시키지 않고도 번영하거나 지속할 수 있을까? 우리의 다원적 사회는 공유 가치들과 인간 이해의 공동적 근거를 의도적으로 양성시켜야만 할까? 우리가 사는 지구의 취약성을 자세하게 알고, '위험에 처한 유(類)'로서 우리 자신의 운명에 대해 점차 걱정하게 될 때, 우리는 어떠한 정신적 질문들을 결정

---

8) 프랜시스 후쿠야마가 사용하는 이 표현은 냉전 종료와 함께 자본주의의 승리는 필연적으로 지구적 사고의 동질화로 귀결했다는 잘못된 인상을 주었을지 모른다. 후쿠야마는 최근 동아시아의 지성적 자원에 의지해 '신뢰'라는 관념을 강조했는데, 이것은 공유 가능한 가치들에 관한 한 서구가 결코 담론을 독점할 수 없다는 사실을 분명하게 시사한다.

9) Samuel P. Huntington, "The Clash of Civilizations?", *Foreign Affairs* 72, no. 3(Summer 1993), pp.22-49.

적으로 물어야 하는가?10)

아편전쟁(1840-1842) 이래 중국은 많은 대학살을 견뎌왔다. 1949년 이전에는 제국주의가 주범이었으나, 중화인민공화국 건국 이후로는 잘못된 지도자와 정책들이 마땅히 책임을 져야만 한다. 수백만의 중국인이 사망했지만 이웃 국가들에 미친 영향은 심각하지 않았으며 일반적으로 바깥 세계는 실제로 발생한 것을 망각했다. 1979년 이래 중국은 신속하게 세계 경제 체제의 필수적 부분이 되어왔다. 중국 경제의 30퍼센트 이상이 국제 무역과 연계되어 있다. 자연적 경제 지역들이 홍콩과 천주(泉州), 복건성과 대만, 산동성과 한국 사이에 출현했다. 일본, 유럽, 미국 및 홍콩과 대만의 투자는 사실상 중국의 모든 지역에 존재한다. 홍콩의 중국 귀속, 양안(兩岸) 사이의 갈등, 화교 공동체 내부 및 이들과 중국 본토 사이의 경제적, 문화적 교류, 동아시아에서의 지역 간의 의사소통, 아세안(ASEAN)의 정치적, 경제적 통합, 아시아-태평양 지역의 부상 등은 우리의 위축되는 세계 공동체에 실질적인 영향을 미칠 것이다.

유교 담론을 재활성화시키면 동아시아 지식인들 사이에서 매우 수요가 큰 공동체적이며 비판적인 자기의식을 형성하는 데에 공헌할 것이다. 우리는 역사의 종말을 목격하는 것이 아니라 세계사가 시작하는 바로 그 시점에 있는지도 모른다. 그리고 비교 문화적 관점에서 볼 때, 이 새로운 시작은 반드시 문명의 충돌보다는 대화를 그 출발점으로 삼아야만 한다. 민족성, 언어, 국토, 종교에 뿌리를 둔 문명 충돌의 위험을 알게 됨으로써, 우리는 대화가 필요하다는 점을 강렬하게 깨닫는다. 우리는 인간 복지의 윤리적, 정신적 차원들을 강조하는 지속 가능한 대안적 모델을 반드시 찾아야만 한다.

도구적 합리성과 사적인 이익에 의해 조성된 정신 자세는 더 일찍이 극복되었어야 했다. 지배의 정치가 사라짐에 따라 우리는 의사소통, 망화(網化), 협상, 상호작용, 영역의 공유, 공조의 시대가 시작됨을 목격한

---

10) 이러한 질문들은 하버드대학의 핵심 교과 프로그램의 '도덕적 추론' 부분에서 개설된 나의 과목, "유교 인문주의: 자기 수양과 도덕적 공동체"에서 제기되는 중요한 문제들이다.

다. 중국인, 일본인, 한국인, 베트남인들이 세계의 다른 지역으로 이민을 감에 따라, 자기 수양, 가족의 응집성, 사회적 단결, 인정(仁政), 우주적 평화라는 유교 정신으로 충만한 동아시아의 지식인들이 책임감의 윤리를 명확히 표명하게 되면, 세계의 경영은 새로운 의미를 갖게 될 것이다.

우리는 사실상 유교가 지각하는 인간의 존엄성에 근거한 인간의 번영을 자아, 가족, 공동체, 사회, 국가, 세계, 우주라는 일련의 동심원을 통해 그려볼 수 있다. 우리는 먼저 개방적이며 창조적으로 변화하는 자아인 진정한 개인적 정체성을 찾는 일을 시작해야 하는데, 이 작업은 역설적으로 사욕과 이기주의를 극복하는 우리의 능력 위에 기초해야만 한다. 우리는 가족의 응집력을 소중히 생각한다. 이렇게 하기 위해 우리는 족벌주의를 초월해야 한다. 우리는 공동체적 단결을 귀하게 생각하지만, 이것의 진정한 가치를 실현하기 위해서는 편협성을 초월해야만 한다. 우리가 종족중심주의와 배타적 문화주의를 극복한다면, 사회적 통합은 우리를 풍성하게 만들 것이다. 국민적 통합은 우리의 목표이지만, 진정한 애국자가 되기 위해서는 마땅히 공격적 민족주의를 초월해야만 한다. 인간의 번영은 우리를 고무시키지만, 우리는 인간중심주의에 갇히지 않도록 노력해야만 한다. 왜냐하면, 인간성의 완전한 의미는 인간 중심적이기보다는 인간-우주 동형 동성적이기 때문이다. 1995년 3월에 말라야대학이 주최한 이슬람교와 유교 간의 대화에 관한 국제 심포지엄에서, 말레이시아의 부수상인 안와르 이브라힘(Anwar Ibrahim)은 휴스턴 스미스의 책 『세계의 종교들』에서 다음과 같이 인용했다.

감정 이입적 관심의 중심이 자아에서 가족으로 바뀌면, 사욕이 극복된다. 가족에서 공동체로 바뀌면 족벌주의가 극복된다. 공동체에서 국가로 바뀌면 편협주의가 극복되고, 모든 인간에게로 바뀌면 배타적 민족주의가 배격된다.[11]

---

11) 유교적 기획과 특별히 관련성을 갖는 휴스턴 스미스의 이 주장은 유교 인문주의에서 자아 초월의 의미에 관한 나의 논의에 근거하고 있음을 밝혀두고 싶

여기에 우리는 다음과 같은 내용까지도 첨가할 수 있다. 천인합일로
바뀌면 계몽주의 정신의 특징인 인본주의의 세속적 휴머니즘이 극복된
다. 우리는 인간-우주 동형 동성론에서 진정으로 자아와 공동체 사이의
의사소통, 인류와 자연 사이의 조화, 인간과 하늘 사이의 상호성을 발견
하게 된다. 인간화의 학습에 관한 이러한 통합적이며 포괄적인 시각은
보편윤리에 관한 새로운 담론의 좋은 출발점이 될 수 있다.

우리는 신유학자인 왕양명의 심학에서 인간-우주 동형 동성적 시각을
통해 인간중심주의를 간결하게 배격한 구체적인 경우를 발견할 수 있
다. 그가 『대학문(大學問)』에서 말하는 바를 빠짐없이 살펴보자.

대인은 천지만물을 한 몸으로 여긴다. 그는 세상을 한 가족으로 여기
고, 국가를 한 인간으로 여긴다. … 대인이 천지만물과 한 몸을 이룰 수
있는 것은 그가 의도적으로 그렇게 하기를 원해서가 아니라, 그렇게 하
는 것이 그의 마음의 인(仁)에 자연스럽기 때문이다. 천지만물과 한 몸
을 이루는 것이 어찌 대인에게만 옳은 것이겠는가. 소인의 마음도 이와
다르지 않다. 단지 그가 스스로 작게 만드는 것이다. 따라서 어린아이가
우물에 빠지려는 것을 보면, 그는 반드시 두려워하며 측은한 마음을 느
낀다. 이것은 그의 인이 어린아이와 한 몸을 이룸을 보여준다. 어린아이
는 같은 사람이기 때문에 그렇다고도 할 수 있다. 새와 동물들의 슬피
우는 소리와 두려워하는 모습을 보더라도, 그는 반드시 차마 하지 못하
는 마음을 느낀다. 이것은 그의 인이 조수와 한 몸을 이룸을 보여준다.
조수는 사람처럼 지각을 가졌기 때문에 그렇다고도 할 수도 있다. 식물
이 꺾이고 잘라진 모습을 보면, 그는 반드시 불쌍한 마음을 느낀다. 이
것은 그의 인이 식물과 한 몸을 이룸을 보여준다. 식물은 사람과 같은
생의를 가졌기 때문에 그렇다고도 할 수도 있다. 기와와 돌이 부서진 모
습을 보면, 그는 반드시 아까운 마음을 느낀다. 이것은 그의 인이 기와
와 돌과 한 몸을 이룸을 보여준다. 이것은 소인의 마음조차도 반드시 만

다. 인간-우주 동형 동성론에 관한 나의 논의를 충분히 이해한다면, 인간중심
주의를 초월해야 할 필요가 있음을 알게 될 것이다. Huston Smith, *The
World's Religions*(San Francisco: Harper San Francisco, 1991), pp.183, 193,
195.

물과 한 몸을 이루는 인을 가짐을 의미한다. 이러한 마음은 하늘이 부여해준 본성에 뿌리가 있기 때문에 자연적으로 영명하며 밝은 것이다. 따라서 이것은 명덕이라고 불린다.[12]

유학자들이 자신을 충분히 실현하기 위해서는 책임 있는 가장, 능력 있는 사회사업가, 양심적인 정치가가 되는 것만으로는 충분치 않다. 사회 정치적 영역에서 제아무리 성공하더라도 하늘과 관련이 없으면 그의 인간성은 완전히 발현될 수 없다. 유교에서 최고의 이상은 천인합일인데, 이것은 인간을 인간학적 의미뿐만 아니라 우주론적 의미로도 정의한 것이다. 『중용』에서는 인간이 실현하는 진정한 최고의 경지는 삼재(三才)의 특징을 갖는다고 말한다.[13]

그러나 하늘은 말을 하지 않고도 그 자체로는 인간을 위대하게 만들수 없기 때문에(이 사실은 비록 하늘이 무소부재하고 전지할지는 몰라도 전능하지는 않다는 것을 암시한다), 우리가 천명을 이해하기 위해서는 우리의 마음에 내재하는 옳음과 원리를 충분히 인식해야만 한다. 이기주의, 족벌주의, 편협주의, 종족중심주의, 배타적 민족주의를 초월하는 우리의 능력은 인간중심주의에까지 연장되어야만 한다. 우리 자신을 하늘의 동반자에 합당한 존재로 만들기 위해서, 우리는 우리 마음속에 있는 옳음과 원리를 찬란하게 빛나도록 만드는 그 조용한 빛과 항상 관련을 가져야만 한다. 만일 인류라는 제약을 초월하지 못하면, 우리는 기

---

12) "大人者, 以天地萬物爲一體者也. 其視天下猶一家, 中國猶一人焉. … 大人之能以天地萬物爲一體也, 非意之也, 其心之仁本若是. 其與天地萬物而爲一也, 豈惟大人. 雖小人之心亦莫不然. 彼顧自小之耳. 是故見孺子之入井, 而必有怵惕惻隱之心焉. 是其仁之與孺子而爲一體也. 孺子猶同類者也. 見鳥獸之哀鳴觫, 而必有不忍之心焉. 是其仁之與鳥獸爲一體也. 鳥獸有知覺者也. 見草木之摧折而必有憫恤之心焉. 是其仁之與草木而爲一體也. 草木猶有生意者也. 見瓦石之毀壞而必有顧惜之心焉. 是其仁之與瓦石而爲一體也. 是其一體之仁也, 雖小人之心亦必有之. 是乃根於天命之性, 而自然靈昭不昧者也. 是故謂之明德."
13) 『中庸』 제22장. 이 생각을 유교의 '도덕적 형이상학'의 관점에서 논의한 것이 나의 책 *Centrality and Commonality: An Essay on Chung-yung*(Honolulu: The University Press of Hawaii, 1976)이다. 특히 pp.100-141 참조.

껏해야 인간을 만물의 척도라고 주장하는 배타적이고 세속적인 휴머니즘만을 희망할 수 있을 뿐이다. 이와는 대조적으로 유교 인문주의는 포괄적이며, '인간-우주 동형 동성적' 이상에 근거하고 있다. 완전히 실현되어 전체를 포괄할 때, 인간은 "천지만물과 한 몸을 이룬다." 자기실현은 궁극적으로 최고의 변화이며, 이 과정은 가족, 공동체, 국가, 세계, 우주를 우리의 감수성 속에 구체화시킬 수 있도록 만든다.

유교의 인간-우주 동형 동성적 세계관이 갖는 생태학적 의미는 암시적이어서 좀 더 명백하게 다듬어질 필요가 있다. 한편으로 유교의 삼재인 천지인에는 풍부한 철학적 자원이 존재한다. 다른 한편으로는 좀 더 포괄적인 환경 윤리를 발전시키기 위한 무수한 도덕적 자원들이 존재한다. 여기에는 문헌적 참고, 의례적 실천, 사회 규범, 정치적 정책들이 포함된다. 고전 시대로부터 유학자들은 자연과 조화하고, 자연의 적절한 한계와 경계를 수용하는 일에 관심을 가졌다. 이러한 관심은 덕을 쌓는 다양한 형태 속에 구현되었는데, 덕을 쌓는 일은 개인적인 것과 우주적인 것을 겸하는 것으로 간주되었다. 이 관심은 또한 자기 수양의 과정을 기술하는 데 쓰였던 생물학적 이미지를 포함했다. 인간과 우주 사이의 심오하고 다양한 상호작용을 실현하는 것이 유교의 주된 목표다. 다시 말해, 이 실현은 중요한 정신적 의미를 갖는 이상이며, 동시에 요즘의 생태학적 위기에 대처하는 실천적 의미도 갖는다. 이러한 기획 자체는 인간을 자연 세계의 리듬과 한계 안에 재정착시키는 데에서 유교 전통의 풍부한 자원들을 실현하기 위한 청사진을 우리에게 그려준다.

제 **4** 강연

유교와 자유주의

유교와 자유주의가 자동적으로 연결되는 주제는 아니다. 우리는 자유 사상에 의한 유교의 현대적 변화를 먼저 검토해야만 한다. 아울러 우리는 유교가 회피해야 할 자유주의의 문제점들을 인식할 필요가 있다. 우리의 목적은 비판적이며 반성적인 평등주의의 관점에서 자유주의와 유교를 다른 사상의 학파들과 함께 검토하는 것이다. 우리는 유교가 근대와 당대의 사회에서 겪었던 비판들에 대해 잘 알고 있다. 일부 유교의 약점들은 너무 적나라하게 들추어졌다. 그러나 서구의 자유주의 철학도 문제점을 안고 있으며, 따라서 자유주의가 당대 중국 사회가 처한 문제점들에 대해 실제적인 만병통치약이 될 수 없다는 점을 알 필요가 있다.

1. 생태

비트겐슈타인은, 죽지 않는다면 결코 인간 생명의 가치를 알 수 없고 지구를 떠나지 않는다면 결코 지구의 가치를 알 수 없다고 말한 적이 있다. 물론 죽은 후에는 인간 생명의 가치를 안다는 것이 불가능하지만, 1969년에 아폴로호가 달 탐사를 위해 지구를 떠남으로써 지구의 가치를 아는 일은 가능해졌다. 이것은 또한 우리의 생활환경 및 인류가 사용할 수 있는 자원의 양에 대한 좀 더 포괄적인 이해를 가능케 했다. 예를 들어, 대기의 두께는 단지 300마일이며 오존층을 갖고 있다는 사실을 알게 되었다. 이것은 단지 1960년대부터 알게 된 것이다. 이후로 우리가 알게 된 사실은 우리가 개발할 수 있는 자연적 자원이 무한하지 않다는 것이다. 이것은 오늘날 누구도 피할 수 없는 중요한 문제다. 불행하게도 자유주의 전통에는 이 문제에 대해 필수적인 지성적 관심이 결여되어 있다. 철학자 로크 이래 자유주의의 중심적 관심은 인권이었다. 따라서 자유주의는 인권 문제를 다루는 풍부한 자원들은 개발했지만, 본질적으로 자연 정복을 출발점으로 하는 인간 중심적 입장이다. 이런 점에서 하버마스, 롤즈, 노직 같은 당대에 영향력을 가진 자유주의 사상가들조차 예외 없이 이 강력한 방향 설정을 가지고 있다. 이러한 인간중심주의는 계몽주의 정신과 밀접한 관계를 가지고 있으며, 자유주의는 이 계몽주의 정신의 소산이다. 이러한 당대의 자유주의 사상가들은 정의의 문제에 특별한 관심을 가져왔으며, 정의에 관한 중요한 이론들을 개발했다. 그러나 그들이 깨닫지 못한 것은 모든 생물에게 정말로 영향을 미치는 것은 생태와 환경이기 때문에 생태의 정의가 가장 중요한 문제라는 점이다.

생태 문제에 대한 유교의 이해를 알아보기 위해서는 17세기의 철학자 왕간(王艮)에게로 돌아가야 할 것 같다. 그는 인간이 화생(化生)의 과정을 통해 태어났다고 생각한다면 하늘과 땅은 우리의 부모이고, 형생(形生)으로 태어났다고 생각해도 우리의 부모는 하늘과 땅이라고 말했다. 그가 말한 것은 인간의 탄생을 둘러싼 진화와 창조라는 모순적 주장들이 맞서는 오늘날 여전히 가치가 있다. 이 두 이론이 공존하는 이유는 이 둘이 모두 인간 삶의 목적성을 암시하기 때문이다. 이것들은 인간의 출현을 단순한 우연성으로 이해할 수 없다는 생각을 강화시킨다. 순자(荀子)에 의하면, 모든 것에는 기(氣)가 있지만 오직 식물에만 생명이 있고, 오직 동물에만 지각이 있으나, 오직 인간만이 의(義)를 가지고 있다.[1] 이러한 진화적 관점은 당대의 생물학적 추론에 의해서도 상당한

---

1) 『荀子』「王制」, "水火有氣而無生, 草木有生而無知, 禽獸有知而無義. 人有氣

설득력을 갖는다.

인간의 생명에는 목적이 있는가? 이 질문은 유학자들이 오랫동안 관심을 가졌던 것이다. 존재에는 식물에서 동물, 인간으로 이어지는 오랫동안 계속되는 연쇄 고리가 있다. 이 연쇄의 일부인 인간이 마지막으로 등장한 것을 두고 유교에서는 "하늘은 낳고 인간은 완성한다(天生人成)"고 말한다. 우리를 낳는 것은 하늘이지만, 우리 자신을 재창조하는 것은 인간 자신이다. 이런 의미에서 우리는 하늘과 함께하는 공동 창조자이며, 따라서 우리가 하는 것에 대해 책임을 진다. 다시 말해, 우리는 모든 것의 원인을 자동적으로 신에게 돌릴 수 없다. 신유학자 장재(張載)는 다음과 같이 말했다. "하늘은 나의 아버지요 대지는 나의 어머니이며, 나와 같은 미물도 그 가운데 적절한 자리를 가지고 있다. 따라서 나는 우주를 가득 채운 것을 내 몸으로 여기고 우주를 다스리는 것을 본성이라고 생각한다. 모든 사람들은 나의 형제자매요 모든 사물들은 나의 동료다."2) 그가 말하고자 했던 것은 우리가 인간으로 우리의 환경과 친밀한 관계를 유지해야 한다는 것이다. 이 생각은 또 다른 신유학자 정호(程顥)의 사상과 일치한다. 정호는 인(仁)을 "천지만물과 한 몸을 이루는 것"이라고 정의했다.3) 이러한 이유들로 해서 나는 유교와 생태에 관한 나의 논문에서 계몽주의 정신을 초월해야 한다고 주장했던 것이다.4)

1980년대에 나는 몸에 대한 논문을 한 편 썼는데, 거기에서 나는 현대 철학이 "나는 생각한다. 고로 존재한다"는 데카르트적 합리주의를 초월해야 한다고 주장했다. 이러한 합리주의는 더 이상 막스 베버가 말한 근대사회의 위대한 역학이 아니다. 오히려 이것은 우리를 곤경에 빠

　　有生有知, 亦且有義. 故崔爲天下貴也."

2) 張載, 『西銘』.

3) 程顥, 『二程遺書』.

4) Tu Weiming, "Beyond the Enlightenment Mentality", in Mary Evelyn Tucker and John Berthrong eds., *Confucianism and Ecology*(Cambridge, MA: Harvard University Center for the Study of Religion, 1998).

지게 했다. 왜 우리는 몸과 마음, 인간과 자연, 주체와 객체 사이를 이렇게 날카롭게 구별해야만 하는가? 몸은 정신을 결여한 물질의 덩어리에 불과한가? 몸에는 전혀 정신성이 없는가? 현재 하버드대학에서는 기(氣)에 대한 연구 기획이 진행되고 있다. 이것의 초점은 몸과 마음 모두에 있다. 몸과 마음을 통합적으로 보는 것은 인간에 관한 중국의 통전적 관념의 특징이다. 다행스럽게도 그러한 생각에 찬성하는 사람들이 점점 늘어나고 있다. 인간은 감정을 갖고 있기 때문에, "나는 생각한다. 고로 존재한다" 대신에 "나는 느낀다. 고로 존재한다"고 말해야 할 것 같다. 나의 관심은 언제나 '체지(體知)'였는데,5) 이제 페미니스트, 포스트모더니스트, 심지어 의료 과학자들까지도 모두 '몸'의 문제에 관심을 가지고 있다.

자아란 무엇인가? 포스트모더니스트들은 자아에 관해 건조보다는 해체에 더욱 관심이 있기 때문에, 이 질문은 가끔 철 지난 질문으로 간주된다. 그러나 나는 프랑스 철학자 하도(F. Hadot)를 상기시키고 싶다. 그는 『삶의 방식으로서의 철학(Philosophy as a Way of Life)』(1995)에서 푸코를 진지하게 비판했고 또 이 책은 그에게 심각한 영향을 미쳤다.6)

푸코가 후기에 보인 자아 사랑에 대한 강조는 그가 이 비판에 반응을 보인 증거다. 푸코는 후기 인생에서 생각만으로는 안 된다는 것을 믿기 시작했다. 중요한 것은 실천을 통해 자신의 몸을 수양하는 것이다. 그러나 그리스, 유대교, 힌두교, 기독교, 유교 전통들과는 다소 친숙하지 않았기 때문에, 그는 몸 수양의 의미를 충분히 파악할 수 없었다. 최근에 나는 상당한 시간을 할애하여 유종주(劉宗周)를 연구하였는데, 내가 발견한 것은 그가 자아, 몸, 영혼, 정신에 대해 매우 깊은 이해를 갖고 있다는 사실이다. 어떤 점들에서 이른바 포스트모더니스트들은 몸에 대해

---

5) Tu Weiming, "On the Embodies Knowledge in Confucian Thought: The Implications of Moral Knowledge", in Shuxian Liu(劉述先) ed., *Essays on Confucian Ethics*(Singapore: Institute of East Asian Philosophies, 1986).

6) Pierre Hadot, *Philosophy as a Way of Life: Spiritual Exercises from Socrates to Foucault*(Malden, MA: Blackwell, 1995).

모호한 이해만을 갖고 있기 때문에, 그들은 유종주와 같은 학자들과 대화를 나눌 자격조차도 없을 것 같다.

인간을 공동 창조자라고 부를 때, 여기에 암시되는 것은 인간이 창조와 존재에 일부 책임이 있다는 점이다. 만일 어떤 것에 대해 실수를 한다면, 우리는 그에 대해 책임을 져야 하며 그 책임을 신이나 타인에게 돌릴 수는 없다. 이 과정에서 체지(체화된 지식)는 매우 중요하다. 다시 말해, 우리가 무엇에 대해 생각할 때 그것을 이해하기 위해 오직 뇌에만 의존할 수는 없다. 우리의 몸, 가슴, 영혼, 정신 모두가 관계되어야만 한다. 장자(莊子)는 우리가 단순히 귀를 통해 들을 수는 없으며, 기 또는 정신과 함께 우리의 마음을 통해 들어야 한다고 주장했다.[7] 경험론자들이 주장하는 것은 모든 것이 감각적 지각을 통해 우리에게 입력된다는 것이다. 그런데 우리는 여기에도 종합적 역량이 작용한다는 점을 이해하게 되었다. 감각적 지각만으로는 부족하다. 그렇다고 신비주의에 대해 말하려는 것은 아니다. 자기 수양이 된 사람은 그렇지 않은 사람과는 다른 이해에 도달할 수 있다. 이 논점을 수용하게 되면, 우리는 표면적인 단순한 과학주의를 초월하게 된다. 많은 위대한 과학자들의 주장을 종합하면 그들이 시인들과의 대화로부터 깊은 영감을 받았다는 것이다. 그러한 영감으로부터 그들은 자연의 정체에 대해 단순한 과학적 이해를 초월하는 매우 다른 이해를 가질 수 있었다.

2. 자유와 인권

개인의 자유와 인권은 자유주의가 표방하는 두 개의 중심적 이상이다. 최근의 사유에서 현대성은 개인의 자유와 분리될 수 없을 것처럼 보이는데, 개인의 자유는 다시 합리성, 권리, 법률제도와 연결되며, 이 모든 것은 계몽주의가 창시한 것이다. 서세동점(西勢東漸)의 사상이 지배했던 1919년의 5·4운동 초기에 개인의 자유와 인권은 가장 영향력 있

---

7) 『莊子』「人間世」, "無聽之以耳, 而聽之以心, 無聽之以心, 而聽之以氣, 聽止於耳, 心止於符. 氣也者, 虛而待物者也."

는 두 개의 사상이었다. 5·4운동가들은 후기에 가서야 자연과학과 민주주의를 주창하였다. 민주주의는 제도의 개혁과 건립에 사용된 사상이었지만, 계몽주의가 그토록 총애한 합리적 도구성의 최고의 현시로서의 자연과학은 국가와 군대의 부강에 쓰일 예정이었다. 돌이켜보면, 초기에 주창된 개인의 자유와 인권이라는 이상이 사실상 더 중요한 것이라고 생각할 수 있을지 모르겠다. 이것들은 더욱 이상적인 가치들을 가지고 있었으며, 그리고 권력을 잡으려는 사람들이 기회주의적으로 조작할 가능성이 좀 더 적었다.

자유는 인권과 뗄 수 없으며, 이 둘은 모두 민주주의 및 자연과학과 어울릴 수 있다. 그러나 자유는 중심적인 사상이다. 자유의 관념은 시장경제, 민주정치, 시민사회를 뒷받침한다. 이것은 당대 서구 사회의 기초로 봉사해온 개인의 자율, 선택, 존엄성, 권리와 같은 관념들을 강조한다. 가톨릭, 이슬람교, 유대교, 유교, 불교, 도교를 포함하는 모든 세계의 위대한 종교적 전통들은 이 문제를 다루어야 하고, 또 이 관념에 비추어 자신들을 적응시켜야 한다고 나는 생각한다. 이러한 적응은 이러한 전통들이 좀 더 민주적이고 개방적이며 다원적으로 되도록 도와 일부 현대적 기제들, 특히 자연과학과 합리성의 가치들이 이들 안에서 작용할 수 있도록 만들어줄 것이다.

이러한 맥락에서 보았을 때 유교에는 자신을 현대화시키는 것 외에 다른 선택이 없다. 사실상 유교는 주로 계몽주의가 대변하는 휴머니즘의 이상에 함축된 비판으로 인해 일부분에서 이미 적응을 하였다. 이러한 현대 관념들과 친구가 되고 또 이것들을 수용할 수 있는 한, 유교는 계속 번영할 수 있고 현대사회와 관련성을 가질 수 있다. 그러나 만일 이러한 관념들에 장애물에 불과한 것이 된다면 유교는 잊힐 것이다. 그러나 동시에, 만일 정의, 공감, 책임, 공동체와 같이 똑같이 보편적인 다른 관념들이 자유 및 이와 연계된 현대의 관념들에 보충되지 않는다면, 우리는 현대의 곤경에서 벗어날 수 없다.

유교는 자유주의와 조화할 수 있을 뿐만 아니라 긴 전통과 실천에 근거한 자체의 역량을 갖고 있다. 내가 보기에 유교가 제시한 이상적 인격

은 전통적인 봉건 사회나 현대 전제적 사회에서보다는 민주주의와 시장
경제라는 사회 환경 속에서 시민사회가 더욱 발전한 당대의 민주사회에
서 그 전도가 더욱 유망한 것 같다. 더구나 현대적 변화, 즉 계몽주의의
가치들을 다소 수용하고 일부 내부적 조정을 거친 후에 유교는 계몽주
의 정신을 비판하고, 현대적 문제들을 다루는 독특한 정신적 자원들을
제공하는 데에 사용될 수 있다. 한편에서는 유교가 현대사회의 일원이
되기 위해 자기 변화를 겪어야 하지만, 다른 한편에서는 자기 변화된 유
교에서 우리는 자유주의에 원인이 있는 현대적 곤경으로부터 우리를 구
해줄 자원들을 발견해야만 하다. 이것이 현대 유교를 둘러싼 역설이다.

선진 유학(BC 221년 이전)이 현대 세계에서 인권이라는 세계적 문제
를 언급하기 위해 우리에게 무엇을 제공할 수 있는지를 검토하는 것은
매우 중요하다. 싱가포르 정부는 기업의 지도자, 노동자, 지식인, 다양한
사회 조직의 대표자들과의 오랜 상의 끝에 사회의 원활한 운영을 위해
필수적인 것으로서 다음과 같은 다섯 가지 원리를 제시했다. (1) 공동체
와 국가는 개인보다 상위다. (2) 가족은 가장 근본적이고 중요한 사회의
단위다. (3) 공동체와 국가는 개인들을 존중해야 한다. (4) 협의는 갈등
과 분쟁을 해결하는 기초 수단이다. (5) 화합은 모든 다양한 종교들과
문화들 속에서 마땅히 유지되어야 한다. 싱가포르 당국의 주장에도 불
구하고 사실상 첫 번째 원리는 유교 정신에 위배된다. 권력의 총애에서
밀려나자 실망감에 빠져 자살한 3세기의 관리 굴원(屈原)의 예에서 보
듯이, 비록 한 개인이 전 세계에 이익을 줄 수 없게 되더라도 그는 여전
히 자신 속에 선(善)을 유지해야만 한다. 다시 말해, 그는 자신에게 진실
해야 한다는 것이다. 도덕적으로 자율적이며 사회적 네트워크의 중심이
되는 개인은 그 자신의 행위들에 대해 책임을 면제받을 수 없다. 만일
우리가 개인적 행위에 대한 자유와 책임감의 이러한 측면을 무시하고
개인의 사회적 역할과 책임만을 지나치게 강조한다면, 가장 초기 형태
의 유학적 사유인 선진 유학에서 개인의 자율 및 비판적 정신을 지지하
는 다수의 중요한 자원들이 상실될 것이다.

선진 유학에서 개인의 권리 행사를 지배하는 근본적 원리는, 자신이

서고자 하면 남도 서게 하고, 자신이 이루고자 하면 남도 이루게 하는 것이다.8) 이것이 의미하는 것은 권력과 영향력이 있으며 상이한 자원들을 통제하고 사용할 수 있는 지위에 있는 사람은 전 세계를 위해 더욱 큰 책임을 져야 한다는 것이다. 통치자들은 백성들에게 자신이 원하는 것을 강요할 권리가 없다. 백성들은 통치자들에게 자신들의 근본적 안전, 생활의 기본적 수요, 자기 발전을 위한 조건들을 요구할 권리가 있다. 유교적 전통에서 주변인, 약자들은 자신들의 기본적 욕구를 충족시켜달라고 요구할 더 큰 권리가 있다. 통치자들은 백성들의 권리를 보호하고 그들의 욕구를 만족시켜야 한다. 이것이 바로 인정(仁政)과 패도(覇道) 사이의 중요한 차이다. 사회적 행위, 정의 원리의 실천, 사회적 규범의 준수, 인간관계 중 어떤 것을 하는 경우든 유교는 통치자들에게 더 엄격한 것을 요구한다. 많은 권력과 높은 지위가 있기 때문에 자신에게는 더 엄격할 것과 남들에게는 좀 더 관대할 것이 그들에게 요구된다.

이런 관점에서 나는 유교 전통에서 민(民)은 수동적 관념을 상징한다는 드 베리와 벤저민 슈워츠의 생각에 동의한다. 그들은 유대교 전통과의 비교를 시도하는데, 거기에서는 백성들이 신과 계약을 체결했기 때문에, 그들은 더욱 능동적이었고 비록 신으로부터라고 해도 자신들이 원하는 것을 요구할 수 있는 더 좋은 입장에 있었다. 그들이 보기에, 중국의 전통에서는 백성들을 아무것도 모르는, 따라서 단지 보호되어야만 하는 갓 태어난 어린이(赤子)로 기술하는 경향이 있다. 그러나 그들이 보지 못한 것은 백성들의 보호가 유교 정치철학의 일부이며, 유교 정치철학은 통치자의 경외감과 천명에 대한 두려움을 전제로 하기 때문에, 천명은 백성들이 통치자를 취급하는 방식에 불과하다는 점이다. 물은 배를 뜨게 할 수 있지만 뒤집을 수도 있는 것처럼, 백성은 정부를 유지시킬 수도 있고 전복시킬 수도 있다. 바로 이런 의미에서 천명은 정부가 어떻게 될 것인지를 결정한다. 맹자의 전통에서, 민(民)은 통치자에 의해 조정되는 피동적 요소가 결단코 아니다.

어떤 왕이 맹자에게 다음과 같이 말했다. 자신은 백성들을 잘 대해주

---

8) 『論語』「雍也」, "己欲立而立人, 己欲達而達人."

었으나 백성들은 그를 존경도 하지 않고 인간적으로 대해주지도 않는다. 전쟁에서 그의 모든 병사들이 죽었으나 백성들은 그를 위해 싸우지도 않았고 모두 도망갔다. 이에 대한 맹자의 대답은 다음과 같다. 왕의 불만은 전혀 이치에 닿지 않는다. 그의 백성들이 전쟁에서 도망친 이유는 그가 백성들에게 너무 잔인했기 때문이다. 만일 그가 그들에게 친절했고 인정(仁政)을 베풀었다면 그들은 도망치지 않았을 것이다.9)

헤겔 또한 중국의 역사에 대해 매우 일방적인 견해를 가졌다. 그가 생각하기에, 중국에서는 오직 황제만이 진정한 의미의 자유인 자기 의식적인 자유를 가졌다 모종삼(牟宗三)은 이에 기본적으로 동의했다. 내가 보기에, 중국 황제들은 최소한의 자유를 가지고 있었다. 그 이유는 의례(禮) 때문이었다. 의례는 고위자들을 통제하기 위해 사용된 것들이다. 의례는 서민들에게까지 미치지 않는다.10) 다시 말해, 우리는 이른바 프랑스 사회학자 부르디외(P. Bourdieu)가 말하는 "통제의 상징적 체계"를 일반 백성들에게 적용할 수 없다. 이들에게는 평화와 번영이 가장 중요한 일들이다. 어떤 사람들은 "마음으로 노동하는 사람들은 남을 다스리고, 몸으로 노동하는 사람들은 남의 다스림을 받는다"는 맹자의 말에 의문을 제기한다.11) 그들은 이 주장이 맹자가 일반 백성을 무시했다는 것을 시사한다고 생각한다. 그러나 맹자의 이 주장을 좀 더 자세히 검토하면, 우리는 맹자가 한 말이 마음으로 노동하는 사람이 몸으로 노동하는 사람을 다스려야 한다는 뜻이 아니라는 점을 깨닫게 된다. 현대적 용어를 사용하자면, 이것은 서비스 분야와 생산 분야 사이의 분업을 의미한다. 서비스 분야에 있는 사람들(지식인 및 관리들)은 생산에 직접적으로 참여하지 않지만, 그들이 없으면 사회 질서가 유지될 수 없기 때문에 그들은 필요하다. 더구나 우리가 깨달아야 할 점은 여기에서 맹자는 생산에 참여하지 않는 지성인들을 위한 공간을 마련하기에 힘쓰고 있다는 사실이다. 그들의 일은 의미의 세계를 창조하는 것이다. 그들은 단지 정

---

9) 『孟子』「梁惠王上」.
10) 『禮記』「曲禮上」, "禮不下庶民."
11) 『孟子』「滕文公上」, "勞心者治人, 勞力者治于人."

부를 위한 싱크탱크가 아니다. 왜냐하면, 이들은 독립적인 개성과 정신을 가지고 있기 때문이다. 이와 비슷한 상황으로서, 번지(樊遲)는 한때 공자에게 식물을 기르는 법에 대해 물었다. 번지가 떠난 후에, 공자는 번지가 소인이라고 말했다. 따라서 공자가 농부를 소인으로 무시했다는 결론을 간혹 내리기도 했다. 그러나 만일 지성인의 직업을 잘 이해한다면, 공자가 의도했던 것은 그런 것이 아니라는 점을 쉽게 알 수 있다. 번지가 물은 것은 식물의 재배법인데 이것은 공자의 직업이 아니다. 번지는 그것을 식물을 경작하는 사람에게 물었어야 했다. 따라서 공자는 여기에서 농부가 아니라 번지만을 소인으로 간주했다. 왜냐하면, 공자와 함께 공부한 것이 그토록 오래되었건만 번지는 아직 공자의 직업이 무엇인지조차 몰랐기 때문이다.12)

3. 도덕과 제도

도덕적 가치들과 정치적 제도 사이에는 매우 복잡한 반사적 평형성이 존재한다. 만일 유교가 많은 사람들이 주장하는 것처럼 단순한 자기 수양을 위한 도덕적 체계일 뿐 제도적 조치, 변화, 창조의 문제와 아무 관련이 없다면, 유교가 자체로서 발전할 여지는 진실로 매우 제한적일 것이다. 그러나 내가 아는 유교는 중국 사회의 다양한 제도적 틀 속에 퍼져 있다. 따라서 만일 중국 사회, 중국의 시민사회, 중국에서의 정치적 민주주의의 작용, 중국의 독특한 시장경제 등에 대해 알고자 한다면, 먼저 유교의 가치들과 이러한 가치들로부터 발전된 다양한 제도적 조치들을 이해할 필요가 있다. 물론 이들 중 일부는 건강한 반면 부패한 것들도 존재한다.

예를 들어, 오늘날 많은 사람들은 유교에 의해 창조된 자본주의의 형태에 대해 말한다. 어떤 사람들은 이 자본주의를 관계적 자본주의라고 부르는 반면에, 다른 사람들은 여성적 자본주의라고 부른다. 다 적절한

---

12) 『論語』「子路」, "樊遲請學稼. 子曰, 吾不如老農 … 樊遲出. 子曰, 小人哉, 樊遲也."

것은 못 되지만, 둘 다 이 형태의 자본주의가 서구 자본주의와는 완전히 다른 인간관계에 기초한 매우 상이한 제도적 조치를 대변한다는 점을 나타낸다. 서구 자본주의는 자기중심적 인간관계에 기초한 반면, 이 새로운 자본주의는 동일한 가족, 동일한 부족, 동일한 종족 집단, 동창, 동일한 사회 집단의 구성원들 사이의 인간관계 위에서 만들어졌다. 이러한 유교적 형태의 자본주의가 갖는 장점들 중의 하나는 거래 비용이 낮다는 것과 효율성이 높다는 점이다. 왜냐하면, 모든 것이 신용에 기초하기 때문이다. 단점들 중의 하나는 투명성과 공정한 경쟁의 결핍이다. 여기에서 장점과 단점은 서로 얽혀 있으며, 이것들은 역사적으로 동아시아 문명에 의해 일반적으로 그리고 유교에 의해 특수하게 대변되던 도덕 및 사회적 가치들과 연결되어 있다. 이런 이유로 인해 이 형태의 자본주의에 대한 선택의 시기가 매우 중요하다.

우리가 바라는 것은 신뢰에 기초한 이러한 관계적 자본주의가 또한 설명 가능성, 투명성, 법치 등 서구 자본주의에서 요구되는 기본적 요구 조건을 만족시키는 것이다. 그렇지 않으면, 유교 자본주의가 아무리 효율적이더라도 그 결과는 심각할 것이다. 동시에, 만일 이 요구 조건들을 만족시킬 수 있다면 전혀 새로운 제도적 조치들이 등장할 수 있을 것이다. 만일 서구의 헌법이 정부의 권력 및 물질적, 인적 자원들을 사용하는 데 정부 지도자들의 권력을 제한하는 조정의 기제를 상징한다면, 의례에 관한 유교의 관념이 이론적으로 동일한 역할을 수행할 수 있다. 유교의 의례가 수행하는 심오한 역할에 관해서는 아직 정확한 이해에 도달하지 못했으며, 대신 그 역할에 대해 자주 적극적으로보다는 부정적으로 생각하는 경향이 있다. 우리는 의례가 사회 질서의 유지, 관료 제도의 통제, 권력자의 절대적 권력의 제한에서 중요한 역할을 수행한다는 점을 자주 망각한다. 중요한 것은 의식주의(ritualism)가 아니라 의례들의 가치 및 이 가치들을 인간관계에 구체화시키고 또 인간관계 위에 정초시키는 방법이다.

그렇다면 유교의 건전한 측면들을 부패한 측면들로부터 분리시킬 수 있는가? 조셉 레벤슨(Joseph Levenson)은 중국의 정치제도와 유교의 인문적 가치들은 분리될 수 없다고 믿는다. 지난 백 년 동안 중국에서 전반적 서구화를 주창한 사람들도 다음과 같은 견해를 견지했다. 중국에서 제도들의 운영과 인문주의적 가치들은 분리될 수 없기 때문에, 서구에 대한 학습의 시기는 찍어서 선택할 수 없다. 호적(胡適)은 그러한 완전 서구화의 형태를 '완전 현대화'로 간주했다. 중국의 마르크스주의자들과 자유주의자들도 부패한 가치들이 유교 전통들로부터 분리될 수 없는 까닭에 제도를 개혁하기 위해서는 이 전통을 포기해야 한다는 것에 찬동했다. 이것과 극단을 이루는 다른 편에는 서구 최고의 도구적 합리성과 유교 합리주의적 가치를 쉽게 제휴시킬 수 있다는 생각이 포진하고 있다. 이 두 접근 방법은 모두 단순하고 실천이 불가능하다.

만일 중국사에서 유교 전통의 복잡한 역사를 진정으로 이해하려 한다면, 우리는 정치 문화의 모든 영역들에서 그 부정적 측면들을 먼저 이해해야만 한다. 선진 시대에 이미 영광스러운 시기를 경험했던 유구한 유교 전통이 어떻게 해서 결국에는 문제투성이로 끝을 맺게 되었는가? 이러한 명백한 문제점들 중의 하나는 삼강(三綱)인데, 이에 따르면 신하는 군주를 따라야 하고, 아들은 아버지를 따라야 하며, 부인은 남편을 따라야만 한다.13) 현대적 관점에서 볼 때 이러한 삼강은 절대 받아들일 수 없다. 이것들은 포기되어야 한다. 그러나 인의예지신(仁義禮智信)이라는 다섯 가지 항상적 가치인 오상(五常)의 경우는 다르다. 이것들은 유학자들이 사람들에게 사람이 되기 위해서 신분을 막론하고 따를 것을 요구하는 것들이다. 당대의 사회에서 이러한 다섯 가지 가치들은 아직도 타당한 도덕 원리들일 뿐만 아니라 극도로 요구되는 것들이다. 마찬가지로 다섯 가지 기본적인 상호관계인 오륜(五倫)14) 또한 아직도 타당성을 갖는다.

따라서 나는 유교에는 정도(政道)만 있지 치도(治道)는 없다는 모종삼의 견해에 동의하지 않는다. 유교에는 법치의 관념은 없지만 헌법적 기능을 갖는 의례의 전통은 존재한다. 다시 말해, 의례는 인간의 행위를

---

13) "君爲臣綱 父爲子綱 夫爲婦綱."
14) "君臣有義 父子有親 夫婦有別 長幼有序 朋友有信."

조직하고 지시하며 판결한다. 사회의 도덕성, 정부의 합법성 및 정부 관원들의 공정성, 해명 가능성, 공공사업에 대한 관심성 등의 여부를 판단하는 것은 그들의 행위가 의례에 부합하는지의 여부를 주목하는 것이다. 나는 동중서(董仲舒)의 '천인감응'도 사실상 권력의 질 및 적법성과 연결된다고 생각한다. 조정과 통제의 기제로서의 의례는 사실상 공적인 것이고 객관적인 것이다. 『상서(尙書)』에는 '천명'이라는 관념이 보인다. 이것은 고대 중국에서 주(周) 왕조의 권력을 강화하는 데 쓰였던 관념이라는 것이 우리의 일반적인 생각이다. 그러나 자세히 살펴보면, 천명의 증거는 사실상 백성들이 정부를 받아들임으로써 표현되었다. 다시말해, 백성들은 정부에 충성을 바쳤던 것이다. 정부의 합법성은 정부의 시정(施政) 및 성취와 전적으로 연결된다. 만일 일반 백성들이 정부를 받아들일 수 없으면 전복시키는 것이 '천명'이다.

기축 시대 문명의 위대한 전통들과 그들의 정치적 현실 사이에는 항상 긴장이 존재한다. 이러한 전통들 중 다수는 우리의 세속적 세계를 초월하는 이상 세계를 궁극적 관심으로서 창조했다. 그런 뒤에 이 이상 세계는 현실 세계의 사회 제도들을 변혁시키는 데에 가장 중요한 자원들이 되었다. 그러한 것이 초월이 하는 기능이다. 유교는 이러한 모든 전통들 중에서 독특한데, 그 이유는 유교의 중심은 이 세상에 있고 그 목적이 세상을 바꾸는 것(轉世)이지 세상이 개인을 바꾸도록(世轉) 만드는 것이 아니기 때문이다.15) 유교는 이 세상에 속하면서도 세속 세계의 초월을 목적으로 한다.

여기에서 많은 학자들은 유교에 대해 오해를 한다. 예를 들어, 막스 베버가 오해한 것은 세속 세계의 권력 구조, 유교가 이상으로 하는 대동 세계를 위해 이 세계에서 운용되는 게임의 법칙 및 유교의 이상이 발전시키기를 원하는 제도적 질서였다. 또한 베버는 유교가 이 세상에 속하기 때문에 정치적 현실을 통해 표현된 게임의 법칙들만을 수용할 수 있으며, 이 세상을 변화시키려는 이상을 발전시킬 수 없다고 믿었다. 그는 유교가 이러한 게임의 법칙을 인정하기 때문에, 유교는 이 세계에 존재

---

15) 이 표현은 명대 철학자 안원(顔元)의 것이다.

하는 세속적 정치 현실 속에서만 작용할 수 있다고 느꼈다. 왜냐하면, 유교에는 현실 세계를 초월하도록 인도하는 초월적 지시점이 없기 때문이다. 다시 말해, 그는 유교에는 초월이 결여되었기 때문에 유교는 일상의 현실 세계와 타협해야만 한다고 느꼈다.

유교의 도덕적 방향 설정이 이 세계를 향하는 것은 분명한 사실이지만, 그 목적은 이 세계를 변화시키는 데에 있다. 유교의 초월적 역량의 원천은 다양한 자원을 갖고 있는 인문주의적 이상이다. 세계의 변화라는 유교의 이상을 많은 학자들이 보지 못한 관계로 공자는 역사상 계속적으로 불공정한 비판의 대상이 되어왔다. 예를 들어, 비판자들은 이 세계를 변화시키는 유교의 전제조건은 사회의 권력 구조 속에서 높은 지위를 차지하는 것이라고 주장했다. 공자의 역할은 관심이 없는 왕들에게 충고를 하는 것이었기 때문에, 그는 실질적으로 지성적 작업에만 몰두했다. 이것은 공자가 한 일과 가르친 것을 근본적으로 오해하는 것이다. 상이한 게임의 법칙을 가지고 있었던 관계로 그는 완전히 다른 세계를 탐구할 수 있었다. 예를 들어, 군주의 조건에서 자하(子夏)는 나이(齒), 지위(位), 덕(德)을 꼽았지만, 군주들은 덕으로부터 다스려야 한다는 것이 공자의 견해였다. 마찬가지로, 유교가 양성한 지성계는 지위(사회적 요인)나 나이(자연적 요인)가 아니라 덕(도덕적 요인)에 근거한 집단이었다.

최근에 곽점(郭店)에서 발굴된 자료들 중 "자사가 노목공(魯穆公)을 만나다"라는 제목의 부분에는 충성스러운 재상이란 군주를 비판할 수 있는 사람이라는 언급이 보인다. 그 이유는 진정한 이상을 가진 사람은 군주를 비판할 수 있기 때문이다. 이것은 유교의 확신이다. 현재 시행되는 게임의 법칙에 맞추고 그것을 수용하는 것은 유교의 도덕 및 정치적 이상에 위배되는 것이다. 기축 시대의 다른 모든 문명들과 마찬가지로, 유교는 이 세상을 변화시키는 이상을 가지고 있다. 다른 전통들보다 독특한 점은 피안에 또 하나의 세계를 건설하지 않는다는 점이다. 유교의 궁극적 관심은 우리가 사는 이 세계를 변화시키는 것이다. 공자, 맹자를 거쳐 한대의 동중서에 이르는 발전을 통해, 유교는 상당한 영향을 행사했고, 따라서 당시의 정치적 현실과 매우 복잡한 관계를 발전시켰다. 유교는 수많은 정치적 체제들을 위한 중요한 지성적 자원의 역할을 담당했다. 유교는 중국 문화의 소산이며, 유교 없는 중국 문화는 상상도 할 수 없다. 오직 이러한 관점에서만 우리는 흔히 보이는 정치화된 유교 및 정치적 현실의 세계를 변화시키는 유교의 이상에 대해 논할 수 있다.

이런 관점에서 동중서가 대표하는 유교의 정신과 공손홍(公孫弘)과 숙손동(叔孫同)에 의해 대변되는 정치화된 유교의 차이를 강조하는 것이 중요하다고 생각된다. 공손홍과 숙손동은 높은 지위를 차지하거나 정치적 영향력을 행사하기 위하여 자신들의 이상을 기존의 게임 법칙에 따라 기꺼이 왜곡시키려는 정치가들이었다. 이와는 대조적으로, 동중서는 한대의 정치 체제를 위한 본질적 정신을 발전시키기 위해 유교의 경전들과 우주론을 사용하는 것을 목적으로 삼았다. 그는 군주를 알현하기 위해 자신의 원리를 희생시키는 일은 하지 않았다. 여기에서 우리는 정치적 현상(現狀)을 바꾸기 위해 유교의 가치를 사용하는 것과 정치적 지위와 경제적 혜택을 얻기 위해 유교의 관념을 사용하는 것 사이에는, 비록 양자가 모두 복잡한 유교적 문화 체제 및 그 이상들과 관련되어 있지만, 분명한 차이가 있음을 알 수 있다.

따라서 복잡한 정치적 유교의 역사를 검토하는 것은 매우 중요한 일이다. 만일 이것을 이해하지 못한다면, 만일 유교 문화와 아무런 관련이 없는 일단의 이상들을 사용하려 한다면, 만일 우리의 전통문화와의 관계를 단절시키려 한다면, 우리의 미래는 암울할 것이다. 만일 우리가 민주주의를 단순한 제도적 구조가 아닌 삶의 방식 또는 정신 상태로 이해한다면, 민주주의는 중국에서 적절하게 기능하기 위해 유교와의 내성적 평등 속에서 유지되어야만 한다. MIT대학의 루시안 파이(Lucian Pye) 교수는 유교 민주주의는 자기모순이라고 주장했다. 그러나 대만과 한국의 경우에서 분명한 사실은 유교 민주주의가 가능할 뿐만 아니라 유교의 깊은 영향을 받은 사회들은 자신만의 독특한 민주주의의 모델을 개발할 수 있으며 보편적 가치에 대한 지역적 경험들을 제공해줄 수 있다는 점이다.

4. 합리성과 감정

자유의 전통에서 도구적 합리성은 이제 의사소통적 합리성에 의해 보완되었으나 아직도 충분하지는 않다. 아직 개발되지 않은 합리성의 권역들이 많이 남아 있다. 예를 들어, 공감도 일종의 합리성이다. 그러나 이것은 매우 복잡한 과정이다. 어떻게 공감에 대한 이해의 폭을 넓힐 수 있을까? 왜 우리는 이것을 넓히려고 하는가? 왜 우리는 부모를 사랑하는 것에서 출발해서 남을 인도적으로 대하는 것으로, 그리고 만물을 사랑하는 것으로 나아가야 하는가? 왜 우리는 묵자(墨子)의 겸애를 채택하지 못하는가? 묵자의 겸애사상은 현실의 실천에서는 매우 문제가 많은 것으로 드러났다. 이 원리에 따르기 위해서는, 이방인을 가족의 일원으로 간주하는 것이 아니라 가족의 일원들을 이방인으로 취급해야만 했다.

우리는 또한 자연과 가치에 대한 흄의 견해를 언급할 수 있는데, 이것은 나중에 무어(G. E. Moore)에 의하여 "자연주의적 오류"라고 이름 붙여졌다. 자연이 가치를 생산할 수 있는가? 유교도 사실과 가치를 분명하게 구분하지 못한다고 자주 비난을 당한다. 그러나 이제는 사실과 가치의 이분법 자체에 문제가 있는 것같이 보인다. 엄정한 의미의 순수 현대 자연과학에서 대상의 관찰은 이론이나 가치 중 어떤 하나로부터 독립적일 수 없다. 이론의 한계에 대해 깨달으면 깨달을수록 우리는 자신의 시야를 그만큼 확장시킬 수 있다. 이와는 반대로, 가치에 대해 중립적이라고 생각하면 생각할수록 과학적 발견을 할 가능성은 그만큼 줄어든다. 만일 자신의 연구에는 어떠한 이론이나 가치도 전제되지 않는다고 믿는 사람이 있다면, 그는 자신의 연구가 이론에 의존한다고 인정하는 사람보다 분명히 오만한 사람이다. 이런 사람은 대진(戴震)에 의해 언급된 사람들과 유사한데, 그는 모든 다른 사람들은 의견을 진술하고 있는 반면에, 자신들만이 진리를 말하고 있다고 생각하는 사람들을 비판했다. 다시 말해 그러한 사람은, 다른 사람들은 역사의 일부 파편들만을 과장할 수 있는 데 반해, 자신들만이 역사적 사실들을 발견할 수 있다고 주장하는 사람들과 비슷한 경우다.

중요한 문제는 다음과 같은 것이다. 우리가 우리의 본원(本源)에 대해서 질문할 때 우리는 조심스러운 추론의 과정을 통하여 일부 가치들을 발견하려는 것인가? 아니면 바로 이 과정은 단지 특정한 일단의 가치들에 의해 이미 결정된 문제의 표현일 뿐인가? 나는 우리가 제기하는 바로 그 질문을 유도하고 영향을 미치는 가치들이 항상 존재한다고 믿는다. 어떤 종류의 가치들인가? 이것들은 생명, 끊임없는 생명 창조 활동, 우주의 조화로운 변화, 평화에 관한 가치들이다. 이러한 가치들은 자유, 평등, 정의와 같은 계몽주의 가치들과 어울릴 수 있는 가치들이지만, 계몽주의가 탐구하지 않은 것들이다.

이러한 가치들 중 아마도 가장 중요한 것은 공감, 즉 감정 이입 또는 자비다. 이러한 가치들이 칸트의 철학에서 논의된다는 것은 상상도 할 수 없는 일이다. 왜냐하면, 칸트가 흥미를 가지고 있던 것은 모든 감정의 요소들 속에 분명하게 포함되어 있는 정언명령이기 때문이다. 칸트는 자신이 흄의 문제를 해결했다고 믿었으나 오늘날 많은 사람들은 흄으로 복귀했으며, 그들 중 일부, 예를 들어 하버드대학의 심리학자인 제롬 케이건(Jerome Kagan) 같은 사람은 유교에 흥미를 갖게 되었다. 왜냐하면, 진정한 윤리적 추론은 도구적 합리성이 아닌 공감에 근거한다고 믿는 것이 유교이기 때문이다.

칸트의 철학이 매우 강력해졌고 또 주도적인 일단의 이론이 되었기 때문에, 자유 전통 속에 사는 사람들은 원하든 원하지 않든 간에 칸트에 의한 흄의 해체와 대면해야만 한다. 이와는 대조적으로, 송명 신유학에서 맹자의 성선설은 언제나 철학적 사유의 주류였으며, 그 중요성을 의심한 사람은 아무도 없었다. 아무도 맹자가 예로 든 우물에 빠지려는 아이의 경우나 그 가치를, 단지 이 예가 특정한 상황 속에서의 개인의 감정에 기초하고 있고 따라서 칸트에 의해 제기된 보편성이 결여되었다는 점을 이유로 들어 불신하려 하지 않았다. 미국의 일부 중국학 학자들을 포함하는 다수의 사람들은 이 경우가 독특한 유교 자산들 중의 하나인 것을 알지 못했다. 예를 들어, 도널드 먼로(Donald Munro)는 비록 지금은 아니지만 한때 송명 신유학과 현대성의 정신 사이에는 어떤 차이가 있다고 믿었다. 심지어 채드 한센(Chad Hansen)은 한자 '정(情)'이 선진 시기에는 감정이 아니라 정형(情形)이나 정황(情況)에서처럼 사태 (affairs)를 의미했다고 주장하기까지 했다. 그러나 최근 곽점(郭店)에서 발굴된 죽간(竹簡)은 이것이 명백한 오류라는 것을 보여주었다. 한센에 게 이러한 견해를 전해준 그레이엄(A. C. Graham)도 이정(二程)에 관한 자신의 책에서 이정이 "사실(what is)"과 "당위(what ought to be)"를 구 분하지 못했다고 비난했다.16) 그러나 뒤에 와서 그는 중국 철학이 기여 한 독특한 공헌들 중의 하나가 바로 이러한 구분을 거부한 점이라는 사 실을 깨달았다.

유교 전통은 금욕주의를 반대하지만, 동시에 쾌락주의는 아니다. 유 교의 근본적 전제는 모든 사람이 동일한 심성(heart)을 가지고 있고, 모 든 심성은 동일한 원리에 따른다는 것이다. 따라서 모든 사람은 일상적 삶의 과정에서 이성과 감정에 따라 진정한 자아를 드러낼 수 있다. 유교 가 원하는 중심적인 것들 중의 하나는 일상생활의 과정에서 바로 이러 한 최고의 가치들을 드러내는 것이다. 『중용』에서 공자는 다음과 같이 말했다. "아들이 나에게 해주기를 바라는 효도로써 아버지를 섬기는 것 을 나는 하지 못했고, 신하가 나에게 해주기를 바라는 충성으로써 군주 를 섬기는 것을 나는 하지 못했으며, 동생이 나에게 해주기를 바라는 사 랑으로써 형을 섬기는 것을 나는 하지 못했으며, 친구가 나에게 해주기 를 바라는 신뢰로써 그에게 먼저 베푸는 것을 나는 하지 못했다."17) 벤 저민 슈워츠를 포함하는 많은 사람들은 일상생활에서 그러한 가치들을 실천하는 것이 공자에게 그리 힘든 일은 아니기 때문에 공자는 여기에 서 겸손하고 온건하다고 믿었다. 나는 여기에 동의하지 않는다. 공자는 이 진술에서 실존적 상황들, 특히 중요한 윤리적 의미를 가진 상황들의 현실을 매우 진지하게 인정하고 있다. 일상의 삶에서 완벽한 인간관계 에 도달하는 것은 매우 힘든 일이다. 매 순간 극도로 조심을 하는 경우

---

16) A. C. Graham, *Two Chinese Philosophers*(La Salle: Open Court, 1992).
17) 『中庸』 제13장, "所求乎子, 以事父, 未能也; 所求乎臣, 以事君, 未能也; 所求 乎弟, 以事兄, 未能也; 所求乎朋友, 先施之, 未能也."

에만 최고의 도덕적 가치들은 일상의 인간관계 속에서 현시될 수 있다. 그리스 문화나 기독교와는 달리 유교는 정신적 세계, 신성, 초월적 세계에서의 영웅적 가치 등을 추구하지 않는다. 막스 베버는 이 점을 이해하지 못했으며 따라서 유교가 단순히 세계에 적응한다고 이해했다.

유교가 기여한 위대한 공헌은 우리의 가장 친근한 감정에서 끌어낸 것으로서 공적 가치의 의식을 개발한 것이다. 이런 의미에서 가족은 국가 및 정부와 전혀 관련이 없는 사적 권역의 일부로서 간주되어서는 안 된다. 이러한 관계가 정치화된 유교에 의해 소외되어버려서 효자는 가족 안에서 마치 정부의 충신이 되는 것과 같은 훈련을 받았던 것이 사실이다. 바로 이것이 소외의 형태인데, 왜냐하면 이것은 가족 윤리를 바로 국가에 적용시키며, 비판적 사유의 능력이 결여된 인간을 창조하기 때문이다. 가족은 사람을 훈련하고 인간화를 학습하는 곳으로 간주되어야 한다. 이러한 관점에서, 유교는 노예가 되는 자유와 같은 다양한 자유들을 존중해야 한다는 노직(R. Nozick)의 자유주의적 입장을 수용할 수 없다. 우리는 우리가 사랑하는 사람들이 노예가 되려는 선택을 허용할 수 없다. 우리가 그것을 허용하지 않는 까닭은 그 선택이 그들에게 해를 끼치지 않게 하기 위해서다. 오히려 우리는 그들이 진정한 인격을 발전시킬 수 있도록 필요한 조건들을 만들어주어야만 한다.

5. 현대성과 다원주의

종교 및 문화적 다원주의도 중요한 문제다. 서구가 과거의 유물인 배타적 유럽중심주의를 포기해야 한다는 것은 이제 일반적인 생각이다. 이 문제에 관한 자유주의적 입장을 표명한 이는 하버마스다. 나는 그에게 문화에 대한 비교 연구를 하지 않고도 보편적으로 타당한 담론을 개발할 수 있다고 생각하느냐고 물은 적이 있다. 하버마스는 내가 말하는 이른바 계몽주의의 자만심 또는 이성의 자만심을 가지고 있다. 그가 생각하기에, 힌두 문화와 중국 문화는 개발을 위한 기초적 단계나 그들의 문화적 추론의 측면에서 철학적으로 정교한 문화에 아직 못 미쳤기 때문에 관심을 기울일 필요가 없다는 것이다. 그러나 힌두와 중국 전통들에도 계몽주의가 있다는 사실을 우리는 잊어서는 안 된다. 이것은 현대성에 대한 막스 베버의 견해와 기축 시대 문명들에 대한 칼 야스퍼스의 개념을 화해시키는 것과 연결되어 있다.

현대성의 관념은 서구화, 현대화, 세계화와 같이 상호 연결되어 있으면서도 강력한 일부 다른 관념들과 결부되어 있다. 여기에서 현대화는 단순한 서구화보다 광범위한 의미를 가지며, 세계화는 단순한 현대화보다 더 광범위한 의미를 가진다. 다른 문명들에게는 서구 문화와 제휴하는 것 외에 달리 자신들을 현대화시킬 방법이 없다고 생각한다면, 다른 문화들의 자원들에 의존하여 현대성과 자유주의의 문제들을 다루는 것은 불가능해진다. 하물며 이러한 문화들이 아직 전현대적 단계에 처해 있다고 결론을 내린다면, 이 기획은 더더욱 불가능해진다. 우리가 타파해야 될 그러한 배타적이고 제한적인 이분법의 형태에는 다음의 세 가지가 있다. 첫 번째는 전통과 현대성 사이의 이분법이다. 나는 「동아시아 현대성 속의 유교 전통」이라는 논문에서, 전통에서 현대성으로 이전하는 것이 아니라 전통은 사실상 현대성의 일부라는 주장을 폈다.18) 현대성이 전통의 소멸을 의미한다는 생각은 잘못이다. 전통은 현대화에서 지극히 중요한 역할을 수행하며, 이 사실은 현대성이 영국, 프랑스, 독일, 미국에서 상이하게 표현되는 이유를 설명해준다. 두 번째는 세계화와 지역화 사이의 이분법이다. 여기에서 우리에게 주어진 것은 양자택일(either-or)이 아니라 겸전(both-and)의 문제다. 세계화와 지역화는 비모순적일 뿐만 아니라 또한 상호 보완적인 것이다. 세 번째는 서구와 비서구 사이의 이분법이다. 새뮤얼 헌팅턴은 서구 문화와 비서구 문화 사이에는 피할 수 없는 갈등이 있으며, 서구의 자유민주주의만이 진정한 현대성을 대변한다고 믿는다. 그러나 유교 문화나 이슬람 문화 같은 기타 문화들이 존재하는데, 이것들은 자유민주주의의 수많은 주민들과 모

---

18) Tu Weiming ed., *Confucian Traditions in East Asian Modernity: Moral Education and Economic Culture in Japan and the Four Mini-Dragons* (Cambridge, MA: Harvard University Press, 1996).

순되지 않을 뿐만 아니라 그들로 하여금 현대성이 가져온 문제들을 다룰 수 있게 만드는 풍부한 자원들을 갖고 있다.

자유, 법, 인권, 합리성과 같은 계몽주의 가치들을 중심으로 하는 서구식의 현대성은 보편적 가치를 갖고 있는가? 그리고 모든 기타 문명들은 자신들을 현대성의 위력에 적응시켜야만 하는가? 서구화뿐만 아니라 현대화와 세계화도 현대 서구 문명들을 압도하는 외견상의 능력을 수반했다. 현대성이 의존했던 서구 문명의 자원들은 기독교와 초기 그리스 문화를 막론하고 현대성과 본질적인 유사성이 있는 반면에, 비서구적 전통들은 유교, 도교, 힌두교, 이슬람교를 막론하고 그러한 유사성이 없다고 간혹 얘기된다. 따라서 현대화는 서구 가치들의 대규모적인 점증적 수용을 암시하는 동질화의 형태라고 생각되어왔다.

그러나 현대화가 사람들과 문화들에 대한 이런 종류의 단순한 보편적 동질화가 아니라는 사실은 점점 더 분명해졌다. 물론 일정 정도의 동질화는 우리의 세계에서 발생했으나 동시에 상당한 양의 다기화(多岐化)도 존재했다. 따라서 나는 여기에서 '다원적 현대성'이라는 관념을 제기하고 싶다. 지역적 지식에는 모든 종류가 다 존재하며, 지역적 지식의 이러한 일부 양식들은 자체의 보편적 가치들을 갖고 있다. 현재 보편화된 다수의 가치들이 원래 서구, 특히 서유럽과 미국에서 유래했다는 것은 사실이다. 그러나 이 일이 있기 전에는 그것들도 원래 지역적 지식이었다. 전근대적 문명이 하나만 있었던 것이 아니라 다수의 두드러진 문명들이 있었다는 점을 인정한다면, 우리가 현대성의 시대에 진입하고 있을 때 이런 모든 상이한 전근대적 문명들은 새로운 활력을 보여주고 있었다는 점을 우리는 이해할 수 있다. 이러한 관점을 가지고 우리는 어쩌면 전적으로 잊혔을 수도 있는 현대성을 위한 다양한 지성적 자원들을 발굴할 수 있다.

따라서 내가 보기에 모든 기축 시대 문명들의 위대한 전통들은 그 기초에 보편화될 수 있는 지역적 전통들을 갖고 있는 것 같다. 유교가 제3기의 발전을 할 수 있을지의 여부를 질문할 때, 사실상 우리는 유교가 중국과 동아시아 문명을 넘어서 세계 문명의 일원이 될 수 있을지의 여부를 묻고 있는 것이다. 유학자들의 대를 잇는 작업 끝에 유교의 보편화는 좋은 출발을 이루었고, 현재 유교는 밝은 미래를 맞고 있다. 고전적인 기축 시대 문명들 외에도, 계몽주의 이래 발전된 사회주의, 자유주의, 무정부주의와 같은 다수의 이념들은 모두 이른바 보편화된 지역 문화들로 변해버렸다. 따라서 이들 모두는 이들이 속한 문화에 관계없이 동일한 현대적 곤경에 처해 있으며, 이들 모두는 이 곤경에 상응하는 적응을 강요받고 있다. 일부는 잘해나가겠지만, 일부는 심각한 어려움에 봉착할 수도 있다. 다시 말해, 일부는 재빠르게 적응하는 반면에 일부는 느릴 수 있다. 서구 문화 및 당대 중국의 지식인들 중 가장 명민한 사람들의 양쪽 진영 모두에서 공격을 받은 유교는 아마도 단 하나의 결점까지 확대경으로 검토된 가장 철저하게 파헤쳐진 기축 문명의 철학 체계일지 모른다. 만일 유교가 극심한 비판을 겪은 뒤에도 그 생명력을 되찾을 수만 있다면, 유교를 전통적인 유교 사회 속에서 노정했던 문제점들과 분리시켜야 한다는 점은 명백해진다. 내가 걱정하는 것은 사람들이 과열된 유교 비판을 통해 유교의 통찰력을 보지 못하고 그 풍부한 자원들을 간과하는 것이다. 모든 기축 문명들 중에서 유교를 독특하게 만드는 것은 그것의 내재적 초월이다. 초월적 세계를 이 세계 너머에 만드는 다른 전통들과는 대조적으로, 유교는 현세적이며 동시에 세계 변화적이다. 세계와 갖는 밀접한 관계는 자주 결점으로 간주되었다. 그러나 바로 이 특징이 유교가 현대적 도전에 적절하게 대응하도록 만드는 중요한 자원으로 바뀔 가능성은 매우 높다고 생각된다.

모든 기축 문화들이 현대사회의 시기에 진입할 때 대면하게 되는 또 다른 도전은 페미니즘의 문제들이다. 만일 이러한 도전에 적절하게 대응하지 못한다면 기축 문화의 사회들 중 어떤 것도 번성할 수 없다. 가톨릭은 세계에서 가장 큰 종교이지만, 성별, 인구, 가족, 재생산과 같은 문제들에 의해 제기된 검증을 통과하지 못한다면 그 영향력은 줄어들 수 있고 줄어들어야만 한다. 이런 점에서 페미니즘의 도전에 대처하기 위해 오래된 문제점들을 던져버리는 데에서 유교로서는 문제 될 것이 거의 없다. 내가 보기에 페미니즘이 포기하라고 도전하는데도 유교가 포기할 수 없는 문제는 단 하나도 없다. 여성은 성인과 현자가 될 수 있는가? 여성은 유교의 이상들을 현시하고 개발하는 것을 돕는 스승이 될 수 있는가? 여성은 가정과 직장에서 평등해야 하는가? 우리는 공감, 관계, 정의, 예의와 같은 여성에 의해 더 잘 대변되는 가치들에 관심을 가져야 하는가? 전통적으로 유대교, 가톨릭, 이슬람교, 심지어 불교까지도 모두 이러한 질문들이 제기하는 문제를 겪었다. 그러나 유교로서는 이러한 모든 질문들에 대해 긍정적 대답을 하는 데에 아무런 문제가 없다.

다원주의는 현대성의 또 다른 특징이다. 이와 관련해서, "자신이 서고자 하면 남도 서게 하고, 자신이 이루고자 하면 남도 이루게 하라", "남이 너에게 하지 않기를 바라는 일을 남에게 하지 말라" 같은 근본적인 유교의 원리들은 우리의 보편윤리의 일부가 되었다.19) 다원주의가 강조하는 것은 다른 문화에 대한 인정, 수용, 존중이다. 이것이 함축하는 것은 나에게 최선인 것이 반드시 남에게도 최선은 아니기 때문에, 우리는 자신의 의지를 남에게 강요하지 말아야 한다는 것이다.

이런 의미에서 유교에는 문화와 종교의 다원성이 조성한 도전들에 대응하기 위해 우리가 의존할 수 있는 자원들이 풍부하다. 지금까지 다루었던 것들로부터 우리는 유교가 자유주의와 다음과 같은 매우 중요한 것을 공유한다는 점을 볼 수 있다. 즉, 철저한 토의와 의문으로부터 면제된 전제, 믿음, 교리란 아무것도 없다. 유교는 가장 엄밀한 의미의 종교적 교리를 갖고 있지 않다. 부자 관계, 성선설, 성악설, 자기 수양을 포함하는 모든 문제들에 대한 토의는 유교에서 열려 있다. 이런 의미에서 유교는 이슬람교나 기독교와는 진정으로 전혀 다르다. 왜냐하면, 이들은 모두 일단의 특정한 교리를 갖고 있기 때문이다.

따라서 유교는 다원주의를 포용할 수 있다는 것이 나의 결론이다. "천 리 길도 한 걸음부터"라는 속담이 있다. 우리의 첫걸음은 현재 우리가 처한 곳에서 시작해야 한다. 그러나 여정을 끝내고 뒤돌아볼 때, 여정의 시발점은 단지 현재의 위치로 올 수 있었던 많은 장소들 중의 하나에 불과하다는 것을 깨닫게 될 것이다. 더구나 이전 여정의 종착점인

---

19) 『論語』「雍也」, "己欲立而立人, 己欲達而達人."; 「顏淵」, "己所不欲 勿施於人."

현재의 위치를 또 다른 여정의 출발점으로 삼는다면, 초기 시발점이 될 수 있는 곳은 더욱 많아질 것이다. 이것이 내가 말하는 유교의 폭이다. 공자는 유교 사상의 대표자였다. 그가 유교의 최고 전형은 결코 아니었다. 이런 종류의 사유는 다른 종교 전통들에서는 상상할 수도 없는 일이다. 더구나 그는 유교 사상의 창시자가 아니다. 예수보다 더 기독교적이고, 부처보다 더 불교적이며, 모하메드보다 더 이슬람적인 인물을 우리는 상상할 수 없다. 그러나 유교 전통에서는 초기 황제들인 요(堯), 순(舜), 우(禹), 문(文), 무(武)와 심지어 주공(周公)까지도 공자보다 위대한 인물들로 간주된다. 게다가 공자는 "전하는 일은 하지만 새로 짓지는 않는다"고 말했다.[20] 그는 위대한 전통의 종합자일지언정 창시자는 아니다.

따라서 유교가 관용의 관념이 포함되는 다른 사상가들과 전통들의 자연스러운 기여를 수용하는 것은 가능하기도 하고 심지어 필수적이기까지 하다. 그렇다면 양주(楊朱)학파와 묵가에 대한 맹자의 비판을 어떻게 이해해야 할까? 문화적으로 종교적으로 다원화된 사회에서 유교는 길은 달라도 목적지는 하나이며, 다른 길들은 서로 공존할 수 있다고 믿는다. 동시에 이것은 결코 선과 악의 구분을 모호하게 하지 않는다. 관용은 결코 침묵하는 것이 아니다. 이것은 논쟁과 비판을 피할 수 없다는 점을 인정한다. 맹자가 보기에, 남을 자신의 부모로 간주하라는 묵가의 가르침에 따르게 되면, 그 결과는 실제로 자신의 부모를 남과 같이 취급하게 된다는 것이다. 양주학파는 극단적인 개인주의를 주장하는데 이것은 공동체에 방해가 된다. 이러한 맥락에서 맹자에게 중요한 것은 일부 다른 사상의 학파에 대해 반대 논리를 펴는 것이었다. 마찬가지로 기독교적 가치에 따르면, 선을 선으로 갚는 것은 순리이지만 악도 선으로 갚아야만 한다. 공자가 보기에 이것은 선인과 악인을 구별하는 것과 같다. 이와는 반대로, 공자는 선한 것에는 덕으로 보답하고 악에 대해서는 정의로 반응할 것을 제안했다. 그의 대응은 선과 악 모두를 인정하며 양자 사이를 구분했다.

---

20) 『論語』「述而」, "述而不作."

페미니즘의 비평에 대한 유학의 반응

페미니즘의 비평에 대해 유학이 할 수 있는 답변을 그려보는 데에서 나는 먼저 페미니스트들의 비평이 매우 다양하고 복잡했다는 사실을 지적하고 싶다. 페미니즘은 최근 수십 년간 가장 매력적이고 영향력 있는 지적 조류 중의 하나였다. 페미니스트들의 담론은 몇 가지 중요한 국면을 거쳐왔으며, 그에 따라 미세하게 다른 의미를 가져왔다. 북미권에서는 페미니즘으로 인해 기본적 사유 범주에 중요한 변화가 생겼으며, 가정, 직장, 학교, 교회, 클럽 같은 인간 존재의 근본 단위가 재구성되었다. 좀 더 깊이 있는 측면에서 보자면, 페미니즘은 또한 사회적 역할, 인간 관계, 권위, 권력 등에 대한 우리의 이해 방식에 엄청난 영향을 끼쳐왔다. 물론 페미니즘 운동이 지속적으로 존재하고 있다는 사실을 가장 분명하게 보여주는 것은 언어 사용법, 에티켓, 이성 간의 상호관계, 성행위 등을 포함하는 사회적 관습의 영역이다. 하지만 결국 이 운동의 가장 의미 있는 유산은 태도와 신념의 측면에서도 유례없는 변화를 가져왔다는 사실이 될 것이다. 이 답변에서는 페미니즘의 최근 발전 양상을 주요 전거로 삼고 있지만, 역사적으로 볼 때 유학 전통에 대한 페미니즘의 비판은 19세기 말에 시작되었으며, 지금까지도 그 기세가 전혀 누그러지지 않고 있다는 사실을 나는 충분히 의식하고 있다.

여성이 주로 아버지와 남편의 역할로 규정된 가부장적 권위에 대항해서 투쟁하고 그로부터 해방된 이야기는 잘 알려져 있다. 군주, 아버지, 남편의 독재적 권력을 강조하는 유학의 '삼강(三綱)' 이념은 1919년 5·4운동 이래로 호된 공격을 받아왔다. 자유와 권리로 대표되는 현대 서구의 계몽주의적 가치가 전해지면서, 충효(忠孝)와 같이 '삼강'과 연관된 사회 규범들은 억압적이고 시대에 뒤떨어진 봉건적 관습이라고 비난받았다. 유학에 대해 이와 같은 우상 타파적인 공격을 하게 된 이면에는 "가족, 사회, 정치에서 실행되던 유교 윤리는 독립, 자율, 인간의 존엄이라고 하는 계몽된 현대적 가치와 정반대되는 것"이라는 신념이 깔려 있었다.

제국적 정치 체제, 계층적 사회 질서, 가부장적 가족의 해체는 봉건 윤리로서의 유학이 더 이상 제 기능을 발휘하지 못하게 되었음을 분명히 보여준다. 실제로 현대의 동아시아 지성인들 가운데 '삼강'이라고 하는 미사여구적인 표현을 옹호하고자 했던 사람은 거의 없다. 유학적 가르침을 지지했던 대표적인 인물들 중에서 군주, 아버지, 남편의 독재적 권력을 지지하고자 했던 사람은 거의 없다. 예를 들어, 강유위(康有爲, 1858-1927)는 불평등을 유교적 입장에서 정당화시킬 수 있다고는 결코 생각하지 않았다. 그는, 맹자의 정신에 입각한 입헌군주제를 중심으로 지지하기는 했지만, 군주는 공개적으로 설명할 수 있어야 하고, 법치는 투명하게 시행되어야 하며, 성적인 평등을 유지해야 한다고 주장했다. 고홍명(辜鴻銘, 1857-1928)은 심지어 일부다처제를 옹호하는 주장을 하는 가운데에서도 남성의 지배를 사회적 관습으로 받아들일 만하다는 언급은 전혀 하지 않고 있다. 많은 경우, 사람들이 전통적인 제도와 관습을 뒷받침해주는 것으로 마음속에 떠올리게 되는 유학적 가치는 인의예지신(仁義禮智信)이라고 하는 오상(五常)이다.

서구의 자유민주주의에서 유학을 비판한 데 대해 대응하기 시작한 초기 단계에서는, 여성 해방을 주창했던 사람들과 유학 전통의 인문주의적 가치를 부활시키고자 했던 사람들 사이에 합일점이 있었다. 그리고 그것은 참으로 서로가 공감하는 상태에서 나온 공통적인 반응이었다.

이들 공동의 적은 국가 및 지역의 권력자들이었다. 그 권력자들은 유학적 가치를 정치적이고 사회적인 통제 장치로 이용함으로써 현상을 유지하고자 했기 때문이다. 하지만 자유주의적 태도를 가진 서구화론자들과 급진적 혁명론자들이 보기에, 유교 부활론자들은 기껏해야 문화 보수주의자들로, 자기도 모르게 정치적, 사회적 기풍 속에 존재하는 봉건주의적 요소를 지지함으로써 중국 사회가 야만적인 과거와 분명하게 절연하는 것을 방해하고 있는 사람들일 뿐이었다.

중국 페미니스트들의 관심이 서구화론자들이나 혁명론자들과 모순되었던 것은 아니지만, 페미니스트들의 관심사는 사회정의에 더 깊이 뿌리를 두고 있었다. 그들의 마음과 영혼은 오직 생존을 위해 도움이 필요했던 압박받는 사람들, 그 가운데에서도 특히 여성과 어린이들 편에 서 있었다. 페미니즘의 두드러진 특징은 자신을 소외된 사람들과 동일시하면서, 만민 평등의 원리에 대한 강한 신념을 가지고 있다는 점이다. 결과적으로 페미니스트들이 일종의 문화 비판으로 제기한 전통에 대한 비판은, 서구화론자들이나 혁명론자들이 마음속에 그리고 있던 정치적 의제보다 더 포괄적이고 철저한 것이었으며 지금도 또한 그러하다. 많은 경우, 서구화론자들이나 혁명론자들이 목표로 한 것은 '현대화'라고 하는 측면에서 정의할 수 있다. 하지만 페미니스트들의 투쟁은 현대화를 추구하는 것에 그치는 것이 아니다. 그럼에도 불구하고 유학적 전통에 대한 페미니스트들의 비판은 현대화에 대한 담론과 서로 맞물려왔다. 최근에, 그중에서도 특히 문학에서는 페미니스트들의 현대적 담론은 대개 서구적인 것과 결탁하고 있다. 대중들의 마음속에는 기독교를 믿는 서구 사회가 선교 사업을 통해 동아시아의 여성들이 전족(纏足), 축첩 제도, 가정 폭력, 아버지와 남편의 학대, 성적 노예화 등의 유교적 '굴레'로부터 해방되는 것을 도왔다는 인상이 백 년 이상이 지난 지금도 확고하게 새겨져 있다. 중국이나 일본, 한국 혹은 베트남 여성은 오직 '신세계(New World)'로의 이민을 통해서만 독립적이고 자율적이며 존엄성을 가진 개인으로서 자신의 참된 정체성을 찾을 수 있다는 생각은 지금도 미국의 아시아계 문학에서 반복되고 있는 주제다.

유학 전통이 농업에 기반한 경제, 가부장적 정치 체제, 가족 중심적 사회와 불가분의 관계를 맺고 있다면, 산업화, 민주주의, 시민사회가 도래할 경우 유학이 역동적으로 변화하는 세력으로 살아남을 수 있는 가능성은 저절로 사라지게 될 것이다. 근대 서구의 의식을 반영하는 페미니스트들의 비판은 오직 근대 서구의 계몽주의적 가치들에 대해서만 호소력을 가질 수 있을 뿐이다. 하지만 제2차 세계대전 이래 동아시아에서 유학 인문주의가 부활했다는 사실은 싱가포르나 홍콩과 같이 고도로 산업화된 사회도 그 유교적 뿌리를 포기할 필요가 없으며, 일본이나 대만 같은 유교 사회도 완전한 민주화가 가능하고, 한국의 경우에서처럼 — 이는 중국의 경우에도 어느 정도는 해당한다— 역동적인 시민사회를 발전시키는 데 유학적 자원이 동원될 수 있다는 사실들을 강력하게 시사한다.

망상(網狀) 자본주의(network capitalism)나 유교 민주주의(Confucian democracy)와 같은 신조어들이 논란의 대상이 되고 있는 정확한 이유는 유교 윤리가 자본주의와 민주주의의 정신에 장애가 된다는 뿌리 깊은 인상 때문이다. 1980년대의 행복이 그리 오래가지 못하기는 했지만, 일본과 네 마리의 작은 용의 경제적 '기적'은 분명 "개신교 윤리와 달리 유교 윤리는 산업적 자본주의와 양립할 수 없다"는 베버의 주장을 반박하는 것이었다. 1997년의 금융 위기는 현대 경제에서 유교 윤리가 완전히 실패적임을 입증하는 것이라는 주장 또한 무분별의 소치였다. 유학에서 교육과 실력 사회를 강조한다는 점은 훈련된 노동력을 양성하고 사회를 안정시키는 데 도움이 된다는 이유로 찬양된 반면, 일치된 의견을 형성해내기를 선호하고 집단정신을 강조하는 측면은 부패와 연고주의를 조장하며, 투명성과 공개적 설명 능력을 결여하게 된 원인으로 비난받았다. 이 모든 경우들에서 유학이 관련되어 있다고 가정되고 있다. 긍정적이든 부정적이든 동아시아의 경제, 정치, 사회를 해석하는 데 유학의 중요성을 무시할 수는 없다.

하지만 현대화론자들의 담론을 넘어서는 페미니스트들의 비판은 더욱 강력한 도전이다. 분명 몇몇 동아시아 사회들은 완전히 현대화되었다. 현대성의 중요한 특징이 역동적 시장경제, 지속 가능한 민주정치, 생동감 있는 시민사회 등이라면, 동아시아 산업국가들과 일부 사회주의 국가는 현대적이라고 할 수 있다. 동아시아가 현대화에서 서구로부터 깊은 영향을 받아오기는 했지만, 동아시아적인 삶의 형태는 서유럽이나 북미와는 크게 다르다. 나는 동아시아의 현대적인 모습이 가지는 뚜렷한 특징을 유학적인 측면에서 다음과 같이 설명한 바 있다.

1. 시장경제에서 정부의 지도력은 필요할 뿐 아니라 바람직하다.
2. 사회 결속을 위한 최소한의 요건으로 법이 없어서는 안 되지만, 법이 상호관계에 관한 '인도적인 의례(humane rites)'에 의해 보완되지 않는다면 '유기적 결속'은 불가능하다.
3. 사회의 기본 단위인 가족은 기본적인 가치가 전파되기 시작하는 출발점이다.
4. 시민사회가 번성하는 이유는 그것이 가족보다는 상위에 있고 국가보다는 하위에 있는 자율적인 영역이기 때문이 아니다. 그 내적인 힘은 가족과 국가 사이에서 역동적으로 상호작용을 한다는 사실에 의거한다.
5. 교육은 사회의 시민 종교가 되어야 한다.
6. 수신(修身)은 제가(齊家), 치국(治國), 평천하(平天下)의 뿌리다.

현대 동아시아의 유교적 요소들은 아직도 기본적인 남성 지배적 방향에서 스스로 해방되지 못한 성차별적인 것인가? 그렇다는 대답이 나온다면, 페미니스트들의 비판은 전통 유학뿐 아니라 현대적으로 변화된 유학에까지 적용되어야만 한다.

마저리 울프(Margery Wolf)와 같은 일부 페미니스트들이 주장하는 바에 따르면, 유학에서 말하는 "자기 수양(修身)을 통해 인간답게 되는 것을 배운다"고 하는 이상은 남성 지향적인 것이다. 이들에 따르면, 군자, 선비, 현인, 성인(聖人)이 본보기를 보여준 '인간의 번영'[1]이라고 하

---

1) [역주] 이 말은 인류의 번영을 의미하는 것이 아니라, 아리스토텔레스적인 의미에서 한 개인이 자신의 인간성을 완전히 실현하는 것을 의미하는 듯하다.

는 이상은 너무나도 '남성적인' 성질들과 관련된 것이어서, 이렇게 분명하게 성적으로 구별되어 있는 행위 과정을 여성이 본받을 수 있으리라고는 상상조차 하기 힘들다. 이 문제는 공직을 수행하는 역할과 밀접하게 연관되어 있다. 주지하다시피, 탕일개(湯一介, 현 북경대 철학과 교수)와 같이 자유주의적이고 민주주의적인 일부 학자들도, "전체 인구의 극소수만이 그렇게 반드시 필요하지도 않은 사치스러운 행위에 종사할 만한 여력을 가지고 있기 때문에, 유학의 자기 수양은 엘리트주의적인 것이다"라고 주장한다. 하지만 유학적 견지에서 본다면, 자기 수양은 인간답게 되는 법을 배우는 필수불가결한 방법이다. 자기 수양은 학자뿐 아니라 농부나 기술자, 상인에게도 적용 가능한 것이다. 진실로 남녀노소를 불문하고 모든 사람들은 그들이 처한 독특한 환경에 적합한 삶을 살기 위해서는 인격적인 체험을 통해 배워야만 한다. 자기 수양은 성적인 구별이 있는 것도 아니고 엘리트주의적인 것도 아니다. 『대학』에서 말하고 있는 것처럼, 우리 모두는 "천자(天子)에서부터 서민에 이르기까지 모두 수신(修身)을 근본으로 삼아야 한다."

의식적이든 무의식적이든 간에 특별대우가 행해진다면, 시민 종교로서의 교육은 성차별적인 것일 수도 있다. 하지만 현재 동아시아에서는 남녀 모두가 손쉽게 보편적인 교육을 받을 수 있다. 여성들은 대학 입시에서 남성만큼 혹은 그 이상으로 잘해왔다. 대학을 나온 여성들이 계속 증가하고 있기 때문에 실질적으로 사회에 진출하는 여성의 숫자도 증가할 것이다. 여성들도 군자, 선비, 현인, 성인이라고 하는 이상을 아주 훌륭하게 실현해낼 수 있다. 마찬가지로, 시민 지배 사회도 반드시 성차별적인 것은 아니다. 공적인 분야에서 일하고자 하는 여성들에게는 일할 수 있는 기회가 잘 제공될 수 있는 것이다.

가족 문제는 좀 더 복잡하다. 현대적인 맥락 속에서 자기 수양과 교육이라고 하는 유학의 이상이, 그 역사적인 배경을 넘어서서 평등에 대한 자유민주주의적 요구뿐 아니라 페미니스트들의 생각과도 전혀 상충되지 않을 수 있게 된다면, 유학적 가족 관념도 내적 정체성을 잃지 않

뒷부분에서 페미니스트들이 말하는 동일한 어구도 같은 의미다.

으면서 유사한 변화를 겪게 될 수 있을까?

「유교와 생태여성주의에 대한 단상」에서, 이혜려(李惠麗)는 다음과 같이 주장한다.

유교는 응집력 있는 정치 체제를 수립하는 데 기여했다. 많은 부분 이 러한 응집력 있는 정치 체제의 초석이 되는 것은 가부장적인 가족 체계이며, 성적인 역할을 정교하게 구분하는 체계는 그러한 가부장적인 구조를 유지하는 데 있어서 필수불가결한 것이다. 『예기』에 나오는 유명한 구절은 중국 여성의 종속적인 지위를 분명히 보여준다. "여자는 남자를 따르고 그에게 순종한다. 어려서는 아버지와 오빠를 따르고, 결혼하고 나면 남편을 따르며, 남편이 죽고 나면 자식을 따른다."

제국적 체제로 대표되는 응집력 있는 정치 체제가 해체됨에 따라 이 러한 가부장적 가족의 정치적 유용성도 아울러 사라졌다. 이는 유교적 가족 관념도 구닥다리가 되어버렸음을 의미하는가? 여성들이 더 이상 아버지, 오빠, 남편 그리고 아들을 따르지 않는다고 하더라도 '유교적' 가족은 여전히 존재하는가? 유교적 가족 관념은 가부장적 가족이 초석으로 여겨지는 옛날의 정치 체제와 불가분의 관계에 있는 것이 아니다.

'삼강'이 없더라도 유교적 가족에서는 여전히 부모와 자식 간의 애정, 형제간의 순서 의식, 부부간의 진정한 협력을 강조할 수 있다. 실제로 삼강에 군주와 신하 사이의 의로움(義)과 친구들 사이의 신뢰(信)가 포함되는 오륜(五倫)은 모두 상호성에 근거하고 있다. 핵가족으로부터 국제 조직에 이르기까지 모든 단계에서 사회 해체가 생겨남에 따라 유학적인 가족 관념의 중요성이 광범위하게 인정받고 있다.

연령, 성별, 권위, 신분, 위계질서에 의해 구분되는 가족 내의 상호관계는 인간답게 되는 적절한 방법을 배울 수 있는 풍부한 구조의 환경을 제공한다. 상호관계에 있어서 일방적이 아니라 쌍방 간에 소통하는 호혜성의 원리(恕)는 모든 형태의 가족 내적인 인간관계를 규정한다. 인간들이 거주하는 원초적 환경에 있어서, 가장 심각한 간극을 낳을 수 있는 잠재성을 지닌 연령과 성별이라고 하는 두 가지 요소도 '인간적 배려'라고 하는 친밀한 감정의 부단한 흐름 속으로 포섭되게 된다.

냉철한 페미니스트들에게 가족에 대한 이러한 서술은 너무나도 낭만적이고 감상적인 것으로 보일 것이다. 어쨌든 가족에 대한 생각 자체가 너무나도 근본적으로 변해왔기 때문에 가족에 대한 추상적 논의는 의미가 없다. 1995년의 유엔 사회개발정상회의에서는 '가정을 꾸리는 자'를 이성애자, 독신자, 게이, 레즈비언, 양성애자라고 하는 다섯 가지로 규정할 수 있도록 허용했다. 하지만 그럼에도 불구하고 가정은 사회의 기본 단위이며 세대 간에 가치가 전승되는 곳이라는 점에 대해서는 사실상 의견의 일치를 보였다.

유학에서의 시민사회는 가족보다는 상위에 그리고 국가보다는 하위에 있는 영역이 아니라, 가족과 국가가 끊임없이 상호작용하는 확장 가능한 공간이다. 현대 자유주의적 사고의 특징은 사적인 영역과 공적인 영역을 첨예하게 구분한다는 점인데, 위에서 말한 유학적 시민사회의 관념을 통해 이러한 문제점을 교정하는 데 도움이 될 수 있을 것이다. 페미니스트들의 입장에서 보더라도 유학적인 접근법이 "집안에서 사생활을 하는 가운데 발생하는 일이라고 해서 단지 개인적인 의미만 가지고 있는 것이 아니라 사회적이고 정치적인 의미도 가지고 있다"고 하는 그들의 신념과 더 잘 들어맞는다고 생각할 수도 있을 것이다. 이와 유비해서 말하자면, 유학에서 '예의(禮)'와 '시장경제에서 정부의 책임'을 강조하는 측면도 좀 더 인도적이고 정당한 사회를 만들고자 하는 페미니스트들의 문제의식과 양립 가능한 것이다.

유교와 페미니즘 양자 모두는 근대 서구의 계몽주의적인 태도를 그 내용으로 하는 현대화 담론을 반영하는 것이자 동시에 그에 대한 비판이라고 생각할 수 있다. 새로운 비판 정신이 유학의 남성 지배에 대한 '현대주의적 입장을 가진 페미니스트들'의 비판을 대체해왔다고 말해도 큰 잘못은 아닐 것이다. 전면적인 서구화를 주장하는 사람들이나 급진적인 혁명론자들의 철저한 우상 타파적인 태도에서처럼, 유학을 여성

혐오의 전통으로 여겨 전면적으로 거부하는 태도는 서유럽과 북미의 계몽주의적 가치들을 보편화시키는 것으로서의 현대화가 반드시 필요할 뿐만 아니라 바람직한 것이기도 하다는 가정에 기반하고 있다. 페미니스트들은 더 이상 현대화론자가 아니다. 현대화에 관한 담론의 내적인 논리를 자세히 살펴보기 시작함에 따라, 페미니스트들은 인간의 번영2)에 대한 그들의 희망이 많은 경우 계몽주의적 태도와는 잘 들어맞지 않는다는 사실을 발견하게 되었다. 유교 전통에 내재하는 인문주의적 통찰력은 페미니스트들이 계몽주의적 유산의 장점뿐 아니라 약점을 이해하는 데에서도 도움이 될 수 있다. 유학적 인문주의는 또한 페미니스트들의 세계관을 풍요롭게 해줄 수 있다. 하지만 유학의 우주론과 윤리는 많은 경우에 페미니즘의 사유 방식과 상반된다. 페미니즘의 이러한 새로운 비판을 더욱 충분하게 이해하고자 한다면, 잠시 논의의 방향을 다른 곳으로 돌려보는 것이 좋겠다.

유교적인 전통에 뿌리를 두고 있는 '동아시아적 현대성'의 특징을 살펴보면, '직선적 발전과 획일화 과정으로서의 현대화'라고 하는 생각에 대해 진지하게 문제가 제기되고 있음을 알 수 있다. 또한 "현대화가 문화적으로 다양한 형태를 띨 수 있다면, 현대성이 다수 존재할 가능성이 있다고 생각하지 못할 이유가 무엇인가?"라고 하는 결정적인 문제도 제기된다. 동아시아적 현대화는 현대화가 반드시 서구화를 의미하는 것은 아니며, 비서구적인 모든 사회가 결국 서구적인 모델로 수렴되지는 않을 것이라는 사실을 보여준다. '서구화로서의 현대화'를 거부한다고 해서 일종의 역방향 수렴이 일어나고 있다는 말은 아니다. '미국의 시대'와 마찬가지로, '태평양의 시대'라고 하는 생각은 희망 사항일 뿐이다. 오히려 동아시아적 현대성은 동남아시아적 현대성, 남아시아적 현대성, 라틴아메리카적 현대성, 동유럽적 현대성, 이슬람적 현대성, 아프리카적 현대성 등도 진정으로 가능하다는 사실을 암시해주는 것이다. 전통과 현대의 이분법을 넘어선다면, 현대성 속에도 전통이 계속 존재하고 있다는 사실을 당연한 것으로 여기게 될 것이다. 나아가 현대화 과정을 형

---

2) [역주] 위의 역주 1)을 참조할 것.

성하는 데에서 전통이 적극적인 역할을 담당할 수도 있다. 이러한 사실에 비추어보면, 유학적 전통이 동아시아의 현대화 과정에 지대한 영향을 미쳤다는 사실에 대해서는 의문의 여지가 없다. 한 걸음 더 나아가 현대성에 대한 유학의 비판을 살펴보기로 하자.

서구적 현대화론에 대한 비판이자 대안으로서 유학적 인문주의가 등장하게 되자, 철학적인 정신을 가진 일단의 학자들이 유학과 페미니즘 사이의 연계 가능성을 흥미진진하게 연구할 수 있게 되었다. 유가 윤리가 실질적으로 프로테스탄트 윤리와 동일한 기능으로 1970-80년대 동아시아 산업국가들의 자본주의 정신에 기여했든 그렇지 않든 간에, 동아시아 사업가들의 심리적 기질 속에는 분명 유가 윤리적인 요소가 존재하고 있었다. 그물망과 같은 유교적 인간관계가 1990년대 말에 아시아의 경제 위기를 불러온 부패와 연고주의의 원인이었든 그렇지 않든 간에, 촘촘하게 짜인 인간 상호간의 관계는 동아시아 사회만이 가지고 있는 중요한 특징이다. 유학이 현대적으로 어떤 의미가 있는가 하는 문제는 외부로부터 부과된 이질적 요소인 유학이 현대화 과정과 어떤 인과적인 관계를 가지고 있다고 생각되는가 하는 데 달린 문제가 아니다. 가장 중요한 문제는 오히려 그 결과가 좋든 나쁘든 간에, 유학적인 심리적 기질을 통해 어떻게 하면 동아시아적인 형태의 현대성을 형성해갈 수 있는가 하는 것이다. 페미니즘이 그 초기 단계에서 가지고 있던 현대주의적 국면을 넘어서고 있기 때문에, 유학적 전통에 대한 페미니즘의 비판도 근본적으로 달라져버린 상황을 다루는 것이어야만 하는데, 지난 40여 년간 현대 서구의 지적(知的) 지평에 중요한 변화가 생겨났기 때문에 이러한 작업이 가능하게 되었다.

1965년에 미국 예술 과학 아카데미(American Academy of Arts and Science)의 '2000년 위원회'가 당시 진행 중이던 연구를 출판했는데, 이 책은 환경에 대한 인식, 페미니즘적인 감수성, 종교다원주의, 보편윤리라는 중요한 네 가지 사유의 흐름에 거의 주목하지 않았다. 그러나 내가 생각하기에 이 네 가지야말로 이후 35년간의 지적인 경향을 대략적으로 보여주는 것이었다. '2000년 위원회'가 이렇게 중요한 표적을 놓쳐버린

주된 이유는 그에 참여한 학자들이 너무나도 현대화에 관한 담론에 물들어 있어서, 다른 방식으로는 생각할 수가 없었기 때문이다.

뒤돌아보면, 근대 서구의 계몽주의적 태도에 기반한 현대화 담론이 심각한 문제점을 가지게 된 중요한 원인들을 밝혀내는 것은 그리 어렵지 않다. 탁월한 통찰력과 지적인 역동성이 있기는 했지만, 정신적 영역과 자연의 지배를 거부하는 생각이 계몽주의 운동의 가치 지향에서 핵심에 자리 잡고 있었다. 생명과 마음에 대해 이런 식으로 정신 및 자연과 동떨어진 접근법을 선택하게 되자, 인간 번영의 범위가 엄청나게 좁아져버렸다. 계몽주의적인 유산이 다양하고 풍부하기는 하지만(일부 학자들은 계몽주의적인 과업이 아직 완수된 것이 아니라는 믿음을 강하게 가지고 있다), 그 공격적인 과학만능주의, 인간중심주의, 유럽중심주의, 도구적 합리주의, 고립된 개인주의는 1990년대에 등장하기 시작한 '지구촌'이라고 하는 주된 조류와 양립할 수 없는 것이다.

시대정신을 반영해서, 통합적이고 포괄적이면서도 '다양성'과 '서로 다른 정체성'에 대해 우호적인 새로운 인문주의적 전망을 가져야만 한다. 분명 자유와 인권 같은 계몽주의적 가치들은 보편적 가치로 주창되어온 것들이다. 유학자들과 페미니스트들이 사회정의의 중요성도 강조하는 접근법을 더 선호하기는 하지만, 그들도 사회가 문명화되기 위해서는 반드시 그러한 가치들이 증진되어야 한다는 점에서는 자유주의적 민주주의자들과 의견을 같이한다. 하지만 빈곤, 폭력, 마약, 환경 파괴, 사회 해체, 인류 안전 같은 문제가 포함되지 않는다면, 사회주의적인 것이든 자본주의적인 것이든 현대론자들의 이념은 그 설득력을 잃게 될 것이다.

공격적인 과학만능주의를 약화시키고 인간중심주의를 넘어설 수 있는 인문주의적인 전망이 있다면, 이는 생태여성주의자들(ecofeminists)에게 호소력을 가질 수 있을 것이다. 유럽중심주의, 도구적 합리주의, 고립된 개인주의를 넘어설 수 있는 인문주의적 시각이 있다면, 이는 모든 페미니스트들에게 호소력을 지닐 것이다. 유학은 그러한 인문주의적 전망을 제공할 수 있을까? 일부 학자들, 그 가운데에서도 특히 헨리 로즈몬트(Henry Rosemont Jr.)는 고전 유학의 자아관과 현대 페미니즘의 자아관 사이에서 철학적으로 의미 있는 유사한 요소들을 발견할 수 있으며, 이는 서로에게 준거가 될 만한 공통적 기반의 역할을 해줄 수 있다고 믿는다. 인간을 역할과 가치를 담지한 사람으로 보고, 윤리적이든 인식론적이든 간에 언제나 인간이 가치를 가지고 있다고 간주하는 것이 바로 그것이다. 이것이 바로 초기 유학의 '인간 상호간의 개별주의(interpersonal particularism)'와 대부분의 현대 페미니즘에서 표방하고 있는 것이다.

그러나 테리 우(Terry Woo)는 「유교와 페미니즘」이라는 논문에서, 유교는 그 핵심적 가치들에서 페미니즘과 상충된다는 결론을 내린다.

> 유교의 지배적 원리는 의무이지 선택이 아니다. 따라서 개인이 가족을 가질 것인지 여부를 선택하는 것은 아니다. 가족을 가지는 것은 의무이다. 게다가, 유학자들은 여성과 남성을 개인이 아닌 타고난 상호 보완적 존재로 생각하며, 이들의 관계는 다른 모든 관계의 근원으로 간주된다. 가족이 거기에서 시작되며, 가족은 사회의 기초이기 때문이다. 나아가, 권리와 정의를 위한 투쟁보다 수신을 강조한다는 점에서도 유학은 페미니즘과는 다르다.

테리 우는 페미니즘이 자유주의적인 의제라고 가정하고 있는 반면, 로즈몬트는 '권리를 담지하고 자율적인 선택을 하는 개인'이라고 하는 자아에 대한 자유주의적 입장을 비판하고 있기 때문에 문제는 복잡해진다.

표면적으로 보면, 테리 우의 주장은 현대주의적인 반면, 로즈몬트의 해석은 현대성에 대한 자유주적이고 민주주의적인 견해를 비판하고 있는 듯하다. 페미니즘은 이미 현대주의적인 국면을 넘어서서 현대 서구의 계몽주적 태도에 대해 비판적인 입장을 취해왔다는 나의 가정이 옳다면, "우리의 역할, 공동체적 의례, 관습, 전통을 모두 포기"해서도 안 되며, "점차 원자화되어가는 인간의 삶, 공동체와 공통 목적의 상실, 사회 조직의 분열" — 이것들은 전체주의적 정부보다 인간의 복지에 더 큰 위협이 된다— 이 지속되도록 해서도 안 된다는 로즈몬트의 주장은 페미니스트들 사이에서 공감을 불러일으킬 수도 있을 것이다. 사실, 테리 우도 유학과 페미니즘 간에 유사한 합일점이 존재한다는 점에 대해 언급하고 있다.

사람들이 점점 더 자신의 책임보다는 권리를 주장하고, 다양한 의견이 존재하는 세계에 있어, 유학은 인(仁, 인간다움)이라고 하는 가장 소박한 격언을 통해 현명한 출발점을 제공하고 있는 듯하다. 유학에서는 자신을 이해하고, 자신의 잘못을 바로잡고, 그 다음으로 개인적인 책임을 가질 것을 강조하고 나서야 비로소 다른 사람들을 훈계하고 비난하는 외적인 과정을 강조한다. 결국, 외관상 엄격한 위계질서가 있기는 하지만, 유학에서는 내심 교육에 있어서의 평등과 변화의 원리를 소중히 여긴다. 학습에 대한 평등한 기회와 개방적이고 유연한 태도라고 하는 이 두 가지 원리는 페미니즘과 상충하는 것이 아니다. 오히려 이것이야말로 두 철학적 입장이 함께 만나서 서로를 강화시킬 수 있는 장소인 것이다.

로즈몬트가 직접적으로 그리고 테리 우가 은연중에 말하고 있는 것처럼, 외관상 유학과 페미니즘 사이에 분명히 존재하는 모순은 그들이 인간의 상황에 대해 관심을 공유하고 있다는 사실에 의해 완화될 수 있다. 사실, 이 두 전통은 모두 우리의 생존과 번영에 필수적인 위대한 관계, 다시 말해서 자아와 자아, 자아와 공동체, 인류와 자연, 인심(人心)과 천도(天道) (혹은 인간과 초월자) 사이의 관계를 다시 확립하고자 하는 인문주의적 욕구에 대해 민감하게 반응한다.

자유주의적 페미니스트는 인권, 선택의 자유, 자율, 인간의 존엄을 지지하고, 급진적 페미니스트는 계속해서 재생산되는 차별을 완전히 근절해야 한다고 주장하며, 마르크스적 페미니스트는 현존하는 정치적, 경제적, 사회적, 문화적 구조를 철저히 개혁할 것을 주장하지만, 이들 모두는 책임과 분배적 정의라는 가치를 크게 증진시키고자 하는 공통점을 가지고 있다. 몇몇 페미니스트들에게는 예의(禮義)와 공동체라는 관념이 지나치게 보수적인 것으로 보일 수도 있지만, 자아를 고립된 개인으로서가 아니라 관계의 중심으로 파악하는 유학적 입장은 다양한 분파의 페미니스트들에 의해 광범위하게 받아들여지고 있다.

좀 더 깊이 있는 측면에서 보면, "평범한 인간적인 존재로서, 어떻게 하면 더 의미 있는 삶을 살 수 있을 것인가?"라는 실존적인 문제는 페미니즘과 유학 사이의 의사소통을 위한 진정한 기반을 제공해줄 것이다. 계몽주의적 패러다임에 대해 페미니즘이 제기한 문제를 '배타적인 이분법적 사고방식으로부터 포괄적인 상호 보완적 행동 양식으로의 변화'라고 설명한다면 일견 지나치게 단순한 것처럼 보일지도 모른다. 분명, 남성적/여성적, 배타적/포괄적, 이분법적/상호 보완적, 사유/행동 등의 과도한 이분법적 비교를 통해서는, 남성/여성, 합리적/직관적, 개인주의적/공동체적, 인지적/감정적, 강한/약한, 단단한/부드러운, 독립적/의존적, 보편적/특수적, 추상적/구체적, 관념적/ 실제적 등과 같은 관습적 견해의 경우에서와 마찬가지로, 인식론적인 측면과 윤리학적인 측면에서 페미니즘적 전환의 심오한 의미를 거의 포착할 수 없을 것이다. 그러나 계몽주의 정신의 특징인 마음/육체, 정신/물질, 주체/객체, 선천성/후천성, 신성/ 범속, 창조자/피조물의 배타적 이분법이 페미니즘의 관점에서 볼 때 더 이상 타당하지 않다는 점은 부인할 수 없다. 결과적으로 '구체적 상황에서의 자아'를 특별히 강조하는 '체화된 사유(embodied thinking)'가 바로 철학을 하는 새로운 방법이 된다.

현재의 시공 속에 살아 있는 인간을 사유와 행동의 출발점으로 삼아야 한다는 유학의 주장은 페미니즘과 유교 사이의 유익한 대화를 위한 가교 역할을 할 수 있을 것 같다. 현재의 시공 속에 존재하는 구체적 인간에게 초점을 맞춘다면, 객관성과 이성 그리고 정신에 특권을 부여하는 추상적 보편주의는 구체적 특수주의(concrete particularism)에 의해 대체되어야만 할 것이다. 구체적 상황 속의 자아는 특정한 맥락과 역사성을 가지고 있다. 자기만의 독특함이 있는 것이다. 구체적인 특수성을 가지는 개인의 독특함이란 필연적으로 특정한 성별, 인종, 연령, 언어, 계층, 믿음 등과 관련된 것임에 틀림없다. 아울러 그 자신만의 신체적,

생화학적, 신경심리적, 정신적 특수성을 가진 현재의 몸은 결코 어떤 다른 상황에서도 반복되거나 재생될 수 없다. 어떻게 하면 60억이 넘는 이 지구상의 독특한 자아들이 평화롭게 함께 살아갈 수 있을까?

우리는 먼저 우리 자신으로부터 시작해야 한다. 추상적인 측면에서 보면, 우리 자신을 고립된 개인으로 생각할 수 있지만, 현실적으로 우리의 정체성을 규정하는 것은 아버지, 어머니, 딸, 아들, 선생, 학생, 동료, 후원자, 고객, 고용주, 고용인 등과 같은 인간 상호간의 관계다. 유학에서는 부자, 형제, 부부와 같은 가족관계를 일차적인 것으로 간주한다. 마르크스주의적, 사회주의적, 자유주의적, 여성 동성애적 입장의 페미니즘 및 여타 형태의 페미니즘에서는 이와 달리 생각할 수도 있을 것이다. 그러나 자신의 실존적 상황이 인간관계라고 하는 측면에서 규정된다는 점을 인식한다면, 곧바로 주관성, 감정, 신체의 중요성을 인정하게 될 것이다.

'자신을 위한 공부(爲己之學)'인 유학의 학문은 지식을 습득하거나 기술을 내면화시키는 것에 불과한 것이 아니다. 유학에서의 학문이란 일차적으로 인격을 형성하는 것이다. '예악사어서수(禮樂射御書數)'라는 육예(六藝) 속에 무인적인 기상도 포함되어 있기는 하지만, 유가적인 교육에서 초점을 두고 있는 것은 인간다움(仁)을 수양하는 것이다. 인간다움이란 배려하고 배양하는 것을 의미한다. 여기에는 자신에 대해 정직하고 남에 대해서는 사려 깊게 대해줄 것이 요구된다. 가장 중요한 덕목인 인간다움은 다른 모든 덕목을 관통하고 있으며, 그 모든 덕목이 하나의 통합된 인생철학이 될 수 있도록 해준다. 인간다움이라고 하는 배려와 배양의 덕에 의해 지식은 지혜(智), 강직함은 의로움(義), 용감함은 용기(勇), 상황에 대한 적절한 태도는 예의(禮), 약속을 이행하는 것은 신뢰(信)라는 덕목으로 바뀌게 된다.

이상적으로 말해서 이러한 포괄적인 인문주의적 견지에서는 어떤 인간도 대상으로 취급되지 않는다. 실로 인간적인 관심이라고 하는 궤도 밖에 있는 것은 아무것도 없다. 저 멀리 떨어져 있는 별이나 한 장의 풀잎도 '주체들 간의 교감(the communion of the subjects)'을 구성하는 극도로 중요한 한 부분이다. 자연은 단순히 '대상들의 집합'으로 여겨지지 않는다. 이렇게 모든 것을 포괄하는 인문주의적 세계관은 '주체적'일 뿐만 아니라 '정서적(emotional)'인 것이기도 하다. 이는 자아가 관계의 중심이라고 하는 의식에 기반하고 있다. 타자의 존재 가치를 올바로 평가하기 시작할 때, 우리의 자의식은 다른 사람들의 다양한 자아를 포괄하여 더욱 확장된 자아라는 관념을 형성하게 된다. 결과적으로, 끊임없이 확장되는 관계의 그물망이 우리를 구성하는 일부분이 되는 것이다.

이러한 상호 연관성이 그 초기 단계에서 부모나 자신의 보호자와 같이 가까운 사람에 대한 정서적 애착의 형태를 띠는 것은 당연한 일이다. 보편적 사유의 주요한 맹점은 인간의 존재에서 이렇게 환원할 수 없는 애정적인 차원이 있다고 하는 점을 이해하지 못한다는 것이다. 자신에게 가까운 사람에 대한 정서적 애착은 내적 성장의 원천으로, 우리는 이를 인격적 성장의 근원으로 삼아야만 한다. 자식, 부모, 배우자, 친구와 같이 자신이 사랑하는 사람들의 고통을 눈뜨고 보지 못하는 마음은 동정심의 근원이다. 이것을 적절히 배양하여 외부로 확장할 수 있다면, 우리의 인간다움이 확장될 뿐만 아니라 전 세계적으로도 인간다움을 풍요롭게 할 수 있을 것이다.

인간다운 사람(仁者)은 "천지만물과 일체가 된다"고 하는 신유학자들의 주장은 유기적인 사회에 대한 낭만주의적인 생각이 아니다. 그것은 바로 "관심과 배양을 통해 한 개인이라고 하는 보잘것없는 존재도 모든 인간을 형제자매로, 그리고 만물을 동료로 간주할 수 있다"는 신념이다. 특정한 맥락과 역사성을 가지고 있기는 하지만, 구체적인 삶을 살고 있는 사람도 자신이 처한 상황을 넘어서서 모든 우주를 자신의 인(仁) 속에 포용할 수 있는 것이다.

엄밀히 말해서 이러한 '체화된' 사유가 객관성, 이성, 정신과 정반대되는 것은 아니며, 추상적 보편주의에서 제시하고자 하는 통찰력을 수용할 수 있다. 주체성은 일반화가 가능하고, 정서는 합리적인 것일 수 있으며, 신체는 정신을 진실하게 표현해야 하기 때문이다. 구체적 상황속의 자아가 반드시 개인의 독립, 자율, 존엄과 양립 불가능한 것도 아니다. 권리를 주장하고 자유로운 선택을 하는 합리적인 사람이 사회적 역할과 인간 상호간의 관계를 거부하지는 않을 것이기 때문이다. 포괄적 인문주의가 가지고 있는 진정한 힘은 추상적 보편주의와 구체적 개별주의와 같이 외관상 모순되어 보이는 두 가지 지평을 융합할 수 있다는 데 있다. '유학적 페미니즘'이 가능하다면 이도 그러할 것이다.

우리는 아직 이러한 가상의 대화에 함축된 의미를 통해 생각해보는 초기 단계에 있다. 현 단계에서 '유학적 페미니즘'이라는 과업이 가능한 것인가를 논한다는 것은 아마도 시기상조일 것이다. 이러한 시점에서 유학자들에게 시급한 과제는 널리 배우고(博學), 부지런히 탐구하며(審問), 신중하게 생각하고(愼思), 분명하게 구분하며(明辨), 성실하게 실천해서(篤行), 다음과 같은 문제들을 이해하고 처리할 수 있도록 하는 것이다.

(1) 음양 모델에 기반한 유학적 우주론을 통해 성적(性的) 본질주의(gender essentialism)를 넘어설 수 있을까? 아니면, 유학적 우주론은 음양 모델이라고 하는 성적 한계로부터 해방되어야만 하는 것인가?

(2) 유학적인 역할 체계는 반드시 성적 구별에 근거해야만 하는가? 아니면, 유학자들이 인간 상호관계가 가지는 중심적인 위상과 '성적인 구별을 하지 않음'이라고 하는 이상을 결합시킨 윤리를 발전시키는 것이 좋을 것인가?

(3) 이상적인 유교적 가족에서, 남성적인 계보를 통해 인정되고 있는 '연속성'이라는 의미를 잃지 않고도 가부장적인 관습을 거부할 수 있을 것인가? 여성적인 계보가 족보 속에 완전히 통합되도록 하기 위해서 어떤 장치가 마련될 수 있을까?

(4) 자아 수양, 가정이라고 하는 영역, 직장, 교육, 지도층, 정치, 권위, 권력에 대한 유가적 관념과 그러한 영역에서의 실천 행위 모두가 성차별을 넘어설 수 있기는 하지만, 동아시아적 유교 사회의 심리적 기질 속에는 남성 지향적인 태도가 뿌리 깊다. 일본, 한국, 대만, 홍콩, 싱가포르, 중국, 베트남, 북한 그리고 전 세계에 퍼져 있는 동아시아인들에게 페미니즘에 관한 담론이 좀 더 광범위하게 확산될 수 있도록 힘을 실어

주기 위해 이론적이고 실천적인 측면에서 어떠한 노력이 필요할 것인가?

결론적으로, 여전히 지속적으로 존재하는 역사적 유산에도 불구하고, 전략적인 측면에서 유학은 21세기의 진정한 의미의 보편적 인문주의가 될 수 있는 좋은 위치에 서 있다는 사실을 언급해야만 한다. 비교 문명적인 견지에서 볼 때, 유학에는 '페미니즘과의 유익한 대화를 통한 창조적 자기변화'에 배치되는 어떠한 이념적, 지적, 이론적, 실천적, 제도적 제약도 없다는 장점이 있다. 유학 전통이 묵가, 도가, 법가, 불교, 이슬람교, 기독교, 서양 과학, 자유민주주의, 사회주의, 자본주의와의 상호작용을 통해 엄청난 혜택을 입은 것처럼, 페미니즘으로부터 배우는 과정을 통해서도 스스로에 대한 이해를 크게 향상시킬 수 있을 것이다. 하지만 유학적 인문주의가 모든 종류의 윤리적, 종교적 도전들에 개방적인 태도를 가진 통시적이고, 문화 교차적이며 여러 학문 분야와 관련된 현상이라는 점에 대해서는 거의 의심의 여지가 없지만, 유학이 페미니즘의 비판에 대해서는 애당초 적극적으로 대응할 수 없는 것은 아닌가 하는 강한 의심은 여전히 남는다. 증자(曾子)가 말했듯이, 인(仁)을 실현하는 것이 유자(儒者)의 진정한 과제라고 한다면, "그 임무는 무겁고 갈 길은 멀다."[3] 해야 할 일은 아직도 산적해 있다!

---

3) 『論語』「泰伯」, "任重而道遠."

제 6 강연

현대 유교 인문주의의 생태주의적 전환

지난 25년 동안 문화적 중국에서는 하나의 흥미로운 현상이 발생했다. 대만, 중국 본토, 홍콩에 거주하는 세 명의 주도적 유교 사상가들은 진정으로 보편적 중국 문화인 유교 전통이 지구 공동체에 제공할 수 있는 가장 의미 있는 공헌은 "천인합일(天人合一)" 사상이라는 결론을 각각 내렸다. 대만의 전목(錢穆, 1895-1990)은 자신이 이해한 이러한 교훈의 특징을 인심(人心)과 천도(天道)의 상호성이라고 부른다.[1] 홍콩의 당군의(唐君毅, 1909-1978)는 "내재적 초월"을 강조하는데, 그는 이로써 우리의 본성은 하늘이 부여한 것이기 때문에 마음에 대한 이해를 통해 우리는 천명(天命)을 파악할 수 있다는 것을 의미한다. 따라서 하늘의 초월성은 인간 전체의 공동체적 자각 및 비판적 자각 속에 내재한다.[2] 같은 방식으로, 북경의 풍우란(馮友蘭, 1895-1990)은 자신이 이전에 가졌던 마르크스주의적 투쟁 개념이라고 하는 입장을 거부하고, 인간 세계 안에서 뿐만 아니라 인간과 자연의 관계 속에서 조화의 가치를

---

1) 錢穆의 최후의 논문 「中國文化對人類未來可有的貢獻」을 참조. 처음에는 『聯合報』(1990년 9월 26일자)에 투고 기사로 실렸으나 나중에는 그의 부인 胡美琦의 장문의 주석과 함께 『中國文化』 vol. 4(1991/8), pp.93-96에 게재됨.

2) 이에 대한 더 자세한 논의를 위해서는 唐君毅, 『生命存在與心靈境界』(臺北: 學生書局, 1977), pp.872-888 참조.

강조했다.3) 이들 세 사람이 자신들의 최종적 입장을 천명한 것은 인생 말년의 일이기 때문에, 천지의 합일은 중국에서 원로들의 지혜를 상징 한다. 나는 이러한 당대 신유교의 생태주의적 전환이 중국과 세계에 대 해 심오한 의미를 지닌다고 주장하고 싶다.

1. 생태주의적 전환

전목은 이 새로운 자각이 자신의 사유에서 주요한 돌파구의 성격을 갖는다고 주장했다. 천인합일론은 이미 오래된 것이라는 이유를 들어 자신의 부인과 제자들이 이러한 통찰의 참신성에 대한 회의를 제기하 자, 이미 아흔 줄에 들어선 전목은 자신의 이해 방식이 관습적인 지혜를 되뇌는 것이 아니라 자신이 몸소 터득한 철저히 독창적이고 완전히 새 로운 깨달음이라고 힘주어 대답했다.4) 문화 역사가인 전목은 중국의 정 치사상과 제도들에 대해 합리적 인문주의적 시각을 개진한다는 동정적 평가로 유명한 인물이다. 비록 자유주의 사상가들로부터 전통적 전제주 의의 변호자라는 비판을 받았지만, 그는 고대 중국의 철학 연표, 중국 근 300년 지성사 및 주희(朱熹, 1130-1200) 사상에 대한 학문적 공헌으 로 많은 비판적 찬사를 받았다. 그러나 유교 형이상학에 대해 결코 강렬 한 흥미를 보인 적이 없기 때문에, 그가 이렇게 인심과 천도의 상호성이 라고 하는 생각에 매료되었다는 점과 중국만이 이러한 사상으로 세계에 기여할 수 있다고 주장했다는 사실은 중국 문화계에서 상당한 관심을 끌었다.5)

한편, 당군의는 자신의 견해를 비교 문화의 관점에서 제시했다. 그는 유학의 자기수양을 그리스, 기독교, 불교의 정신적 수련과 비교하여,

---

3) 馮友蘭, 『中國現代哲學史』(廣州: 廣東人民出版社, 1999), pp.251-254.

4) 胡美琪의 주석, 주 1)을 참조.

5) 예를 들어, 北京大의 季羨林, 中國社會科學院의 李愼之, 復旦大의 蔡尙思를 위시해 다른 중진 학자들이 錢穆의 논문에 열정적인 반응을 보였다. 이에 대 한 나 자신의 단문은 『中國文化』 vol. 10(1994/8), pp.218-219에 나옴.

"하늘에 대한 깊은 존경심과의 연결선상에서 세계에 대해 헌신함으로써 현대 세계에서 인류 번영에 대해 기여한 것은 유학뿐"이라는 결론을 내렸다. 대지, 몸, 가족, 공동체에 뿌리를 둔 유교의 세계관은 결코 단순히 "세계에 적응"하거나,6) 현상(現狀)에 굴복하거나, 인간이 가지고 있는 물리적, 생물학적, 사회적, 정치적 제약이라는 조건을 수동적으로 받아들이는 것에 불과한 것이 아니다. 오히려 이것은 초월적 시각에 의해 드러나는 책임의 윤리에 의해 명령받은 것이다. 우리는 대지, 몸, 가족, 공동체를 떠나거나 초월함으로써가 아니라 그 속에서 활동함으로써 '신령스러운(spiritual)' 존재가 될 수 있다. 사실상 우리의 일상생활은 단지 세속적인 것에 불과한 것이 아니라 우주적 명령에 대한 반응이다. 우리에게 우주적 변화라고 하는 위대한 사업에 동참하도록 명령하는 천명이 우리의 본성 속에 내재하기 때문에, 우리는 하늘의 동반자인 것이다. 당군의의 생생한 묘사에 따르면, 인간의 궁극적 의미는 천덕(天德)이 우리를 통해 흐르도록 하는 데 달려 있는 것이다. 따라서 세속적 인본주의의 정신을 재구성하고자 하는 그의 기획은 인간-우주 동형 동성적 관점에 기반하고 있다.7)

풍우란이 자신의 초기 입장에서 근본적인 전환을 했다는 사실은 "투쟁 및 인간의 자연 정복 능력"에 대한 모택동(毛澤東)의 사상을 은연중에 비판하고 있는 것이다. 그가 장재(張載, 1020-1077)의 "조화의 철학"으로 복귀했다는 사실은 그가 마르크스주의적인 단계에서 벗어나 1949년 중화인민공화국 건립 이전에 그가 가지고 있던 유교 사상을 다시 제시했다는 점을 의미한다. 장재는 「서명(西銘)」의 서두에서 다음과 같이 말한다.

하늘은 나의 아버지요 대지는 나의 어머니이며, 나와 같은 미물도 그 가운데 적절한 자리를 가지고 있다. 따라서 나는 우주를 가득 채운 것을

---

6) Max Weber, *The Religion of China: Confucianism and Taoism*, trans. Hans H. Gerth(Glencoe, IL: Free Press, 1951), p.235.
7) 唐君毅, 『生命存在與心靈境界』, pp.833-930.

내 몸으로 여기고 우주를 다스리는 것을 본성이라고 생각한다. 모든 사람들은 나의 형제자매요 모든 사물들은 나의 동료다.[8]

"천지만물과 한 몸을 이룬다"는 사상은 천인합일의 주제에 근거한 변주곡이다. 따라서 풍우란은 인간 자아실현의 최고 단계를 "천지정신"의 구현이라고 규정한다.[9]

표면상으로 볼 때 전목, 당군의, 풍우란의 생태주의적 전환은 중국 고전과 신유학의 유산이 가지고 있는 정신적 자산을 회복함으로써 현대 유교 인문주의가 가지고 있는 '지역적인 지식(local knowledge)'에 보편적 의미를 부여하고자 하는 시도였다. 자신들의 최종적 입장을 공표하기 위해 유학 사상을 채택하는 이들의 노력은 개성 있는 스타일의 철학을 하기 위한 개인적인 선택에 불과해 보인다. 하지만 그들은 자신들의 소중한 전통에 '떠오르는 지구촌'을 위한 메시지가 있음을 확신했음이 분명하다. 그들은 이 메시지를 자신들이 알고 있는 가장 적절한 방식으로 전달한 것이다. 그들이 예언자적 음성을 사용했다는 사실은 그들의 유학적 메시지가 중국인들뿐 아니라 인류 공동체 전체를 대상으로 삼는다는 것을 시사한다. 그들의 바람이 단지 자신들의 선조를 찬양하는 데 그치는 것이 아니라, 미래 세대들의 행복에도 관심이 있다는 사실을 보여주는 것이었다.

그들이 생태주의적 문제에 봉착했을 당시의 문화적 중국의 사회적 기풍은 무엇인가? 그들은 자신들의 궁극적 입장에 생태주의적 의미가 함축되어 있다는 사실을 의식조차 하지 못하고 있었던 것은 아닌가?

분명 대만과 홍콩 그리고 후에는 중국 본토까지도 모두 정신없는 서구식 현대화의 행진에 휩싸였다. 중국 문화에서 가장 강력한 이념은 현대화였다. 산업화라고 하는 멋진 신세계는 농업에 기반한 중국의 전통경제, 가족 중심의 사회 구조 그리고 가부장적 정부에 대해 매우 심각한 도전을 가해서, 그것이 우세를 점함에 따라 유학은 더 이상 현대 세계의

---

8) 張載, 「西銘」.
9) 馮友蘭, 『新原人』, 『貞元六書』 vol. 2, pp.626-649.

중요한 관심사와는 아무 관련이 없다는 사실이 확증될 운명에 처하게 되었다.10) 아마도 전목, 당군의, 풍우란은 막스 베버(Max Weber)를 비롯한 사람들이 계몽된 근대사회에서 낙후된 것으로 오랫동안 비판해왔던 일종의 "보편적 형제 관계" 또는 "만물합일"에 대해 향수를 느꼈을 것이다. 낭만적 감정의 흔적들이 이들의 글에서 발견된다. 그러나 비록 잃어버린 세상을 동경은 했지만, 이들은 전통 속에서 새로운 생명력과 설득력을 발견했다. 우리는 전목이 왜 외견상 구닥다리에 불과한 사상에 매료되었는가를 이해할 수 있다. 이러한 지적 창조성의 새로운 의미를 제대로 평가하기 위해서는 이들의 사상을 형성했던 광범위한 역사적 맥락의 성격을 상기해볼 필요가 있다.

2. 전체론적인 유학적 인문주의

근대 서구의 영향이 미치기 전 유교 인문주의는 동아시아의 정치 이념, 사회 윤리, 가족 가치를 규정짓는 특징이었다. 동아시아의 교육받은 엘리트들은 모두 유교 경전으로 훈련되었기 때문에, 세 사람의 당대 사상가들이 "유학만이 인류 공동체에 할 수 있는 공헌"이라고 주장한 것은 사실상 전근대적인 시기에 중국, 베트남, 한국, 일본의 대중들뿐 아니라 학자와 관료들도 공유하고 있던 정신적 방향이었다. 물론 이들이 공유하고 있던 정신적 지향성이 가지고 있는 두드러진 특징들이 무엇이었는가에 대해 자세히 설명하는 것은 간단한 일이 아니다. 지역적, 계층적, 성별적, 인종적 차이로 인해 그 해석에 대한 갈등이 생겨났으며, 이는 세계의 주요 종교들(힌두교, 불교, 유대교, 기독교, 이슬람교)에서 발견되는 모습과 다르지 않다. 『대학』의 첫 장에 나오는 '8조목'에서 유교 인문주의의 목적을 어렴풋이 들여다볼 수 있다.

옛날에 명덕을 천하에 밝히고자 하는 사람은 먼저 자신의 나라를 다

---

10) Joseph Levenson, *Confucian China and Its Modern Fate: A Trilogy* (Berkeley: University of California Press, 1968).

스렸고, 나라를 다스리고자 하는 사람은 먼저 자신의 집안을 다스렸고, 집안을 다스리고자 하는 사람은 먼저 자신의 몸을 닦았고, 몸을 닦고자 하는 사람은 먼저 자신의 마음을 바로잡았고, 마음을 바로잡고자 하는 사람은 먼저 자신의 의지를 성실하게 했고, 의지를 성실하게 하고자 하는 사람은 먼저 자신의 지식을 정밀하게 했는데, 지식의 정밀화는 사물의 연구에 달려 있다. 사물을 연구한 후에야 지식이 정밀해지고, 지식이 정밀해진 후에야 의지가 성실해지며, 의지가 성실해진 후에야 마음이 바로잡히고, 마음이 바로잡힌 후에야 몸이 닦이며, 몸이 닦인 후에야 집안이 다스려지며, 집안이 다스려진 후에야 나라가 다스려지며, 나라가 다스려진 후에야 천하가 평화롭게 된다. 따라서 천자로부터 서민에 이르기까지 모두 예외 없이 수신을 근본으로 삼아야만 한다.[11]

이 구절을 직접적으로 언급하면서, 드 베리(de Bary)는 다음과 같이 말했다. "전통적으로 중국 및 유교 문화는 땅에 살면서 땅과 자신들을 보양하는 정착 공동체를 대상으로 한다. 이러한 자연적이고 유기적인 과정이야말로 유교의 자기수양에 대한 모든 유비와 은유의 원천이다."[12] 그는 미국의 유교/기독교적 농부시인 웬델 베리(Wendell Berry)가 『흔들리는 미국(Unsettling America)』에서 유교적 견해를 피력했다고 주장한다.

중심이 되는 것은 가정과 가족이며, 먼저 우리 노력의 본거지(home base)로서 가정 — 단순히 자아나 가족이 아닌 — 을 확립해주지 않는 환경에 대해서는 어떠한 행위를 하고자 하는 희망도 가질 수 없다.
만일 우리가 더 커다란 세계에 살아야만 하는 이유가 생태학적 문제들을 전 세계적 차원에서만 다룰 수 있다는 것 때문이라 하더라도, 지역적으로 작은 영역의 가정과 국가(국내적이건 혹은 국제적이건 간에) 사

---

11) 『大學』.

12) William Theodore de Bary, "Think Globally, Act Locally, and the Contested Ground Between", in Mary Evelyn Tucker and John Berthrong eds., *Confucianism and Ecology*(Cambridge, MA: Harvard Center for the Study of World Religions, 1998), p.32.

이의 하부 구조도 또한 매우 중요하다. 그러나 가정이 없다면 상부 구조는 말할 것도 없고 이 하부 구조조차도 의지할 곳이 없다. 이것이 웬델 베리의 메시지이며 또한 유교 및 중국 역사의 교훈이기도 하다.13)

수신에서 세계 평화까지를 포괄하는 인류 번영에 관한 이러한 과제의 기저에는 우주에서 인간의 적절한 위치가 어디인가에 대한 전반적 시각을 필요로 하는 세계관이 놓여 있다. 이런 의미에서 가정의 관념은 지역적 공동체 너머로 확대된다. 이렇게 생각할 때, 인간은 환경보호의 책임을 가지고 우주적 과정에 능동적으로 참여하는 존재다.『중용(中庸)』의 주장은 이러한 우주론적 사유의 핵심을 간명하게 포착하고 있다.

오직 지극히 성실한 사람만이 자신의 본성을 실현할 수 있다. 만일 자신의 본성을 실현할 수 있다면, 그는 인간의 본성을 실현할 수 있다. 만일 인간의 본성을 실현할 수 있다면, 그는 사물의 본성을 실현할 수 있다. 만일 사물의 본성을 실현할 수 있다면, 그는 천지의 변화와 양육의 과정에 참여할 수 있다. 만일 천지의 변화와 양육의 과정에 참여할 수 있다면, 그는 천지와 함께 삼재(三才)를 이룰 수 있다.14)

천지인이 이렇게 상호 관련되어 있다는 생각은 중국 문화에서 한 세기 이상의 기간 동안 시대착오적이고 부적절한 것으로 여겨져 뒷전으로 밀려났지만, 세 명의 당대 사상가들이 '천인합일'이라는 교훈이 갖는 핵심성을 강조하는 데에서 염두에 두고 있었던 것은 바로 이 생각이었음이 분명하다. 이러한 유교의 핵심적 교훈을 다시 발견했다는 사실에 흥분한다는 것에서 우리는 이미 얼마나 많은 것을 잃었고 또 여전히 의미 있는 요소들을 되살리는 것이 얼마나 어려운 일인가를 새삼 깨닫게 된다. 그렇다면 그간 실제로 무슨 일들이 발생했던가?

---

13) 같은 책, pp.32-33.

14)『中庸』제22장. Tu Weiming, *Centrality and Commonality: An Essay on Confucian Religiousness*(Albany: State University of New York Press, 1989), p.77 참조.

3. 유학적 인문주의의 세속화

1839년 아편전쟁 이후의 유교 중국의 운명에 관한 자료들은 잘 정리되어 있지만, 유교 인문주의가 겪은 현대적 전환에 대해서는 아직도 논의될 것들이 많이 남아 있다. 아편전쟁과 1949년의 중화인민공화국 건국 사이에, 중국 사회는 매 10년마다 적어도 한 차례의 다음과 같은 파괴적 사건들을 겪었다. 태평천국의 난, 불평등 조약, 서구의 침략, 1895년의 중일전쟁, 의화단 사건, 1911년의 신해혁명, 군벌들 간의 상잔(相殘), 일본의 침략, 국공상쟁(國共相爭) 등이다. 1949년부터 1979년 개혁 개방 정책이 실시될 때까지, 중국 사회는 중요한 것만 열거하더라도 대략 5년마다 한국전쟁, 대약진 운동, 집산화 운동, 문화혁명 등 심각하게 혼란스러운 정치 운동을 경험해야만 했다.

현대 중국의 불안한 모습에 대한 가장 정치적이고 이념화된 형태의 설명은 주로 서구 제국주의로 인한 중국의 쇠망과, 엄청난 역경에 대항하여 독립을 쟁취하기 위해 투쟁한 중국 인민들의 이야기로 구성된다. 이것은 현대화를 향한 중국의 순탄치 못한 여정에 관한 이야기다. 마르크스-레닌주의의 도입, 중국 공산당의 등장, 혁명 지도자로서 모택동의 부상 등은 이러한 설명에서 빠뜨려서는 안 될 부분들이다. 유교 인문주의에서 가장 중요한 사건을 한 가지만 꼽는다면 1919년에 발생한 5·4운동이라고 하는 지적 소요다. 5·4운동의 한 측면인 유교에 대한 우상타파적 공격은 다음과 같은 단순한 공리주의적 용어로 설명되었다: 민족을 구하기 위해 '봉건적 과거'를 초월하여 현대의 서양으로부터 배우지 않으면 안 된다. 유교의 가치를 판단하는 유일한 기준은 서구적 가치들로 규정된 현대화와 양립할 수 있느냐는 것이었다. 유교 인문주의를 세속적 인본주의로 재구성한 것이 바로 현대주의적 전환이었다. 분명 생태주의적 관심은 이러한 논의 사항에 포함되지 않았다.

일부 학자들은 민족적 위기에 대한 5·4운동의 접근 방식에 역설이 내재함을 인식했다. 지식인들이 유교 전통을 전면적으로 거부하고 오직 문명국가로서 중국의 복지에만 철저한 관심을 가지게 되자, 그들은 새로운 문화적 정체성을 발견하고 수세기 동안 중국의 정치와 사회를 규정했던 사상의 흐름을 거부하지 않을 수 없었다.15) 일단의 교양 있는 지식인들이 중국인의 정체성에 대한 새로운 시각의 형성을 위해 묵가, 법가, 도가 및 민간 종교 등과 같은 비유교적 전통의 풍부한 자원을 이용하고자 노력하기도 했지만, 학자 공동체에서는 현대화와 서구화를 동일시하는 경향을 가지고 있었다. 결과적으로 유교 인문주의는 그 설득력의 상당 부분을 상실했다. 중국이 독립국가로 떠오르기 위해서는 '봉건적 과거'를 탈피하려는 용기가 필수적이라고 생각되었다. 아이러니하게도 중국의 지적 엘리트들이 유교 인문주의를 거부하고 근대 서구의 계몽주의적 가치를 채택하는 데 동기를 부여해주는 원동력이 된 것은 민족주의였다. 전면적인 서구화는 극단적 표어에 불과했지만, 중국인들이 인식한 서구 부강의 원천은 그들에게 행동 지침이 되었다.

자연과학과 민주주의는 중국을 현대 국가로 변화시키는 데 가장 유효한 서구적 처방이라고 광범위하게 인식되었다. 중국의 지식인들이 이러한 생각을 받아들이게 된 것은 진리나 개인의 존엄성을 추구하기 위한 것이 아니었다. 오히려 중국을 부강하게 만들고자 하는 목적과 열정으로 인해, 과학주의와 대중주의(populism)가 국가 건설의 수단으로 승격된 것이었다. 이는 물적, 인적 자원을 대량으로 이용하기 위한 기술이었으며, 많은 사람들은 중국이 통일국가로 다시 한 번 비상하기 위해서는 이러한 기술이 필요하다고 생각했던 것이다. 전반적인 정신적 기풍을 형성한 것은 유물론, 진보주의, 공리주의, 도구주의였다. 일차적으로 생존을 위한 이념으로서 계몽주의적 정신이 채택되었는데, 이는 세속적 인본주의의 형태를 띠고 있었다.

'봉건적 과거'의 그늘 아래에서 5·4운동 세대의 현대 유학자(New Confucian)들은 현대 정신에 모순된다고 생각되는 유교의 관습들을 엄

---

15) 林毓生, *The Crisis of Chinese Consciousness: Radical Antitraditionalism in the May Fourth Era*(Madison: University of Wisconsin Press, 1979); Vera Schwarcz, *The Chinese Enlightenment: Intellectuals and the Legacy of the May Fourth Movement of 1919* 참조.

격하게 비판하였다. 이른바 삼강의 권위를 주장하던 유교 이념은 폐기되었다. 대신, 상호간의 권유에 기반한 오륜이 새로운 맥락 속에서 비판적으로 분석되었다. 서로를 구분해야 할 필요는 명백했지만, 계급 질서, 신분, 성별, 연령에 기초한 사회 윤리는 그 정당성이 면밀하게 검토되었다. 심지어 가족의 가치들도 철저하게 재검토되었다. "가족은 항상 전반적인 자아 발전에 적합하다"는 순박한 신념에 대해 심각한 의문이 제기되었다. 연령, 성별, 신분에 기초한 자의적 권위는 거부되었다. 심지어 경전 속의 것이라 할지라도 전제주의, 남성우월주의, 계급 구조적 통제 장치를 상기시키는 모든 주장은 비난되었다. 현대 유학자들을 포함한 중국의 지성인들이 유교 유산을 해체시키는 데 동원된 가혹함은 중국 지성사에서 전례가 없는 것이었다.

그러나 '현대화로서의 서구화'에 사로잡혀 있던 5·4운동 세대의 정점에서조차 가장 독창적인 정신을 가진 일부 현대 유학자들은 이미 계몽주의적 과업에 내재하는 세계관과 윤리에 대해 회의를 제기하기 시작했다. 이들의 견해는 유교의 생태주의적 전환에 심오한 의미를 지닌다. 웅십력(熊十力, 1883-1968)은 불교 유식(唯識) 철학의 기본적 사유를 비판적으로 분석함으로써 유교 형이상학을 재구성했다. 그는 '대화(大化)'라는 유교적 관념은 인간의 의지를 자연에 강요하는 것이 아니라 우주적 과정에 인간이 참여한다는 생각에 기반한 것이라고 주장한다. 나아가 그는 부단히 진화하는 종(種)으로서의 인류는 자연과 별개로 창조된 것이 아니라 생생(生生)이라는 근원적 힘에서 필수불가결한 일부분으로서 등장한다고 말한다. 인간에게 창조성을 부여해준 생명력은 산, 바다, 대지를 존재하게 해준 것과 동일한 에너지다. 우리 인간과 하늘, 대지, 만물은 친족 관계에 있다. 그의 철학은 『역경』에 기초하고 있기 때문에, 자연과의 합일의 윤리는 그의 도덕적 관념론에서 큰 비중을 차지한다.16)

양수명(梁漱溟, 1893-1988)은 유교의 생명 지향성을 자연에 대한 공격과 자연으로부터의 분리 사이의 균형이라고 특징짓는다. 민족의 생존

---

16) 熊十力, 『新唯識論』(臺北: 廣文書局, 1962), vol. 1, 제4장, pp.49-92.

을 위한 경쟁력을 높이기 위해 중국이 서구로부터 배워야 한다는 점은 인정하지만, 결국에는 "인도적 부정의 정신(Indian spirit of renuncia-tion)"이 득세할 것이라고 그는 예언했다.17) 그는 아마도 생애 말년 토인비가 윤리적으로 권고한 사항을 예견한 것인지도 모른다.

토인비에 의하면, 20세기에 인간이 과학기술에 도취됨으로써 환경에 대한 해독을 가져왔으며, 인간이 스스로를 파멸할 가능성을 초래했다. 그는 현재의 위기에 대한 어떤 해결책도 자기통제가 없이는 소용없다고 믿는다. 그러나 자기 스스로를 극복하는 일이 극단적인 자기탐닉이나 극단적인 금욕주의에 의해서 성취될 수는 없다. 21세기의 사람들은 중도, 즉 절제의 길을 걷는 법을 배워야만 한다.18)

양수명은 자기 자신의 철학을 발전시키지는 않았지만, 그의 비교 문명적 탐구로 인해 서구화가 중국 지성의 무대를 지배하고 있던 상황에서 유교를 재평가하고 재소생시키려는 강력한 조류가 생겨나게 되었다. 그러나 현대화의 궤적은 너무나 강렬했기 때문에 유교 인문주의도 완전히 재구성되었다.

비인간 중심적 윤리를 지지하는 것조차 웅십력과 양수명 모두에게 불가능했을 지경이니 친환경적 윤리는 말할 필요도 없었다. 유교가 중국의 현대적 전환에 적절한가를 결정하는 게임의 법칙은 너무나 현저하게 변해버렸기 때문에, 유교적 사유를 그 자체로 제시하려는 시도는 상아탑의 소수 학자 집단을 제외하고는 대체로 무시되었다. 구국 정신이라는 제한 때문에 동원될 수 있는 현대 서구 사상은 매우 적었다. 심지어 자유와 인권이라는 가치조차도 합리적 계산이 제한된 관계로 건국이라는 목표에 직접적이거나 긴박한 것이 아니라고 간주되었기 때문에 그 위상이 유동적이었다. 자연과학과 민주주의가 승리하게 된 것도 서구적 가치를 진정으로 좋아해서라기보다는 공리주의적 고려의 결과였다.

---

17) 梁漱溟, 『東西文化及其哲學』(臺北: 文學出版社, 1979), pp.200-201.
18) Daisaku Ikeda, *A New Humanism*(New York: Weatherhill, 1996), p.120.

좀 더 심층적으로 볼 때 만일 중국의 현대화 과업이 "공정(公正), 참여(參與), 항상(恒常), 평화(平和)"[19]라는 민주사회의 건설 이념을 따랐다면, 중국인들이 발전에 대한 전반적인 입장을 정립하는 데 유익한 영향을 미쳤을 것이다. 다시 말해, "윤리적, 사회적, 환경적 당위로서의 빈곤의 근절",[20] 인간의 번영 및 물질적 발전의 향상, "모두의 권리를 차별 없이 보호하여, 이를 자연적이고 사회적인 환경에까지 확장시킴으로써 인간의 존엄, 신체적 건강, 정신적 복지에 도움이 되도록 하는 것",[21] "지속 가능한 발전의 전제조건으로써 성적 평등과 형평을 인정하는 것",[22] 마지막으로 "누구나 교육, 의료, 경제의 기회의 혜택을 받을 수 있도록 보장하는 것"[23] 등이 국민적 토론의 의제로 상정되었을 것이다. 경제적 평등, 사회적 양심 및 정치적 책임에 대한 유교의 의미는 이러한 중차대한 문제들에 대한 논쟁과 대화에 적합하며 또 의미 있는 것일 수 있었다. 우리가 유학적 인문주의의 세속화에 지불한 대가는 매우 커다란 것이었다. 자아실현을 향한 자신의 고유한 자원에 완전히 등을 돌리게 됨에 따라, 중국은 자신의 영혼과 장기적인 자기이익에 방해가 되는 행동의 역정을 선택했다.

4. 현대화 이념으로서의 유교의 부활

제2차 세계대전 이후 일차적으로 동아시아의 산업국가에서 그리고 좀 더 최근에는 동아시아의 사회주의 국가에서 유교가 부활했다는 사실은 표면적으로 볼 때 전통이 성공적으로 현대화되었음을 암시하는 것 같다. 실제로 일부 가장 뛰어난 유교 사상가들은 유교 전통을 농업적 사유 양식으로부터 산업 사회와 세계 사회에 적합한 양식으로 변화시키는

---

19) The Earth Charter. www.earthcharter.org.
20) 같은 곳.
21) 같은 곳.
22) 같은 곳.
23) 같은 곳.

데에 기여했다. 지난 50여 년간 중국이 중요한 격동을 치르는 동안, 인접 국가들은 불리한 영향을 받지 않았다. 더구나 동아시아의 산업국가들(일본과 네 마리의 용)은 혁혁한 경제 성장을 성취했다. 오랫동안 유교는 세 마리의 용, 즉 대만, 한국, 싱가포르에서 국가적 지원을 받았다. 네 번째 용 홍콩은 영국의 통치 아래 대체적으로 서구 자본주의 발전 양식을 따랐다. 동아시아의 산업국가에서 정치 이념으로서 살아남은 유교는 자신의 "봉건적 과거"를 초월해서 동아시아적 현대성을 형성하는 생명력 있는 전통이 된 듯하다.24)

　모택동 사상의 영향 아래에 있던 중국은 유교 이론과 관습에 대해 공공연하게 적대적인 태도를 보였다. 그러나 성향의 관성(habits of the heart)으로서 드러나는 유교적 이상은 삶의 모든 부분에 퍼져 있었으며, 이러한 현상은 특히 인민공화국의 노동자, 농민, 군인에게서 두드러졌다. 최근 동아시아의 산업국가에 자극을 받은 동아시아의 사회주의 국가들(중국, 베트남, 북한)은 자신들의 유교적 뿌리에 대해 더욱 적극적인 태도를 취했다. 북한은 '위대한 지도자'의 인격과 가족적 가치의 숭배를 위해 유교 이념을 철저히 정치화시켰다. 베트남은 자신의 유교 문화 자산을 회복하기 시작했다. 현재 중국 정부는 적극적으로 유교 윤리를 드높이고 있다. 하지만 이렇게 부활한 유교의 도(道)는 불행하게도 고작해야 지리멸렬한 은총이었다.

　동아시아 사회주의 국가에서 출현한 유교 윤리는 현대화 기풍의 영향으로 인해 많은 경우 계몽주의 정신을 비판하기보다는 그 정당성을 인정하는 것이었다. 도구적 합리성을 행동 방식으로 여기는 계몽주의의 지침들은 사회공학에 의해 손쉽게 통제 장치로써 흡수될 수 있다. 과학주의는 삶의 기본적 방향이며, 종교는 낙후성과 동일시된다. 이러한 합리주의적, 과학주의적 기풍은 철저하게 인간 중심적이다. 성공적 국가 건설을 위해서는 경제 자본을 축적하고, 기술적 역량을 향상시키며, 인

---

24) Tu Weiming ed., *Confucian Traditions in East Asian Modernity: Moral Education and Economic Culture in Japan and the Four Mini-Dragons* (Cambridge, MA: Harvard University Press, 1996) 참조.

지적 지성의 수준을 높이고, 물질적 조건을 개선해야만 한다. 반면에, 사회적 자본, 문화적 역량, 윤리적 지성, 정신적 가치, 생태 윤리 등이 장기적인 중요성을 가지고 있다는 사실에 대해서는 거의 주목하지 않는다. 문제 자체를 잘 규정하기보다는 기술적인 해결을 훨씬 선호하며, 모든 분야에서 기술 관료적인 정신 자세가 영향력을 행사하고 있다는 사실은 많은 경우 수량화될 수 없는 문제들이 전적으로 무시되거나 적절하게 이해되지 못하고 있음을 의미한다. 결과적으로, 생태와 종교에 대한 심각한 오해가 생겨나게 되었다. 양자강의 삼협(三峽)에 있는 거대한 수력 발전 계획이 그 명백한 예다. 유교를 단순한 세속적 인본주의로 장려한다면 불행한 일이다. 왜냐하면 유교가 갖고 있는 진정한 통합적 세계관과 보편윤리의 발전을 위한 풍부한 자산을 이용하지 못하고, 대신에 인류 발전을 위한 광범위한 논의보다는 편협한 의미의 발전 개념만이 강조될 것이기 때문이다.

유교 인문주의는 세속적 인본주의가 아니다. 인간-우주 동형 동성적 관점을 갖는 유교는 인간중심주의를 인류의 빈약한 사상으로 간주하고 단호히 거부한다. 유교는 자아실현의 여정을 우리가 현재 이 세계에 존재하는 구체적 인간이라는 사실을 인정하는 데에서 출발해야 한다고 주장한다. 세계에 대한 이와 같은 적극적인 태도를 통해 자연과 사회 환경이 인간과 불가분의 차원에 있다는 올바른 평가를 내릴 수 있는 측면도 있지만, 반면에 본질적으로 현상을 합리적인 것으로 받아들이게 만들 수 있는 소지 또한 있다. 재구성된 유교의 가치들이 지배를 새롭게 권위주의적으로 정당화하는 데 남용될 위험성이 바로 그 경우다.

아시아적(유교적) 가치는 경제적 성장, 정치적 안정, 사회적 결속에서 긍정적인 요인으로 적극 장려되어왔다. 자기수양, 의무 의식, 근면, 검소, 조직화, 협력, 합의 조성, 조화 등이 유교의 경제 및 정치 문화가 가지고 있는 가장 현저한 특징이다. 중국 역사상 이와 같이 중요한 시점에서 오직 자유나 권리 및 개인적 자율보다는 이러한 가치들이 국가 건설에 더욱 절실할 수도 있을 것이다. 미사여구적인 인권에 대한 하나의 비판으로서 아시아적 가치를 논의하는 것 자체가 인간중심주의, 사회공학,

진보주의, 과학주의, 도구적 합리주의를 장려했던 계몽주의 정신을 반영한다. 재건된 유교 인문주의가 현대화에 관한 담론 속으로 통합되는 한, 그 속에 담긴 인간-우주 동형 동성적 통찰력은 상실되고, 이를 통해 "자연을 존중하고 모든 생명체에 대해서도 동정적인 전체론적, 비인간 중심적, 평등주의적, 생태 친화적 세계관"25)을 진작시킬 수 있는 가능성 또한 줄어들게 된다.

5. 포괄적 감수성, 공감, 교감으로서의 인간성

전목, 당군의, 풍우란이 제안한 것은 새로운 지평, 즉 유교 인문주의를 새롭게 제시하는 것이다. 이들의 사상이 계몽주의 정신을 진지하게 비판하며 은연중에 현대성의 담론까지도 비판하고 있는지 여부와 관계없이, 이들이 제시한 새로운 지평은 공격적 인간중심주의와 도구적 합리성을 초월하는 것이었다. 나아가 이들은 "이것이냐 저것이냐"의 사유 방식을 초월함으로써 포괄적 인문주의의 관점을 제시하였다.

계몽주의의 직접적 소산인 현대적 의식은 배타적 이원론— 정신/물질, 심(心)/신(身), 성(聖)/속(俗), 주체/객체 — 을 특징으로 하는데, 이는 유교가 선호하는 상호 연관된 대대적(待對的)26) 구조 속에서의 '미묘한 중도(中道)(nuanced between)'27)와는 완전히 대비된다. 유교적 전통에서 뿌리/가지, 표면/이면, 전/후, 상/하, 시작/끝, 부분/전체, 내/외와 같은 범주들은 상호작용, 상호 변화, 상호 의존, 상호성을 보여주기 위해 사용된다. 이러한 관점에서 보면, 대지와 인간의 관계는 유기적으로 얽혀

---

25) Donald K. Swearer, "Principles and Poetry, Places and Stories : The Resources of Buddhist Ecology"(*Daedalus*), p.2.

26) [역주] 이는 서로 대립적인 관계에 있으면서 동시에 상호 의존적인 관계에 있는 것을 가리키는 말이다. 좀 더 적절한 번역어가 없어서 일단 통용되고 있는 용어를 사용한다.

27) 나는 이 생각을 벤저민 슈워츠로부터 얻었다. 그의 논문, "The Limits of Tradition versus Modernity: The Case of the Chinese Intellectuals"는 특히 관련성이 높다. Benjamin Schwartz, *China and Other Matters*(Cambridge, MA: Harvard University Press, 1996), pp.45-64 참조.

있다. 대지는 '외재'하는 물질적 대상이 아니라 우리의 진정한 가정 (home)이다. 정신적인 자아실현을 성취하기 위해서 인간은 미학적, 윤리적, 종교적인 의미에서 자연의 관리자, 보호자가 되어야만 한다.

우리는 어떻게 "대지와 그곳에서 살고 있는 온갖 형태의 생명체를 존중하고", "이해와 연민, 애정을 가지고 생명 공동체를 돌볼 수 있으며", "현재와 미래의 세대를 위해 대지의 풍요로움과 아름다움을 잘 보존할 수 있는가?"[28] 먼저 우리는 대지가 비속한 물질, 비영혼적 대상, 비정신적 물체에 불과하다는 견해를 초월해야만 한다. 오히려 대지와 우리들은 친족 관계에 있다. 왜냐하면 우리는 우주적 변화에서 필수불가결한 부분들인 돌, 식물, 동물 등을 구성하고 있는 것과 동일한 기(氣, vital energy)에서 진화한 것이기 때문이다. 주위의 것들에 눈을 뜰 때, 우리는 자연의 풍요로움과 창조성에 대해 존경과 경외감을 가지고 살게 된다.

지금 우리 앞에 있는 저 하늘은 단지 밝게 빛나는 덩어리일 뿐이지만, 그것이 끝없이 확장되면 해, 달, 별이 모두 거기에 매달려 있고 만물이 그에 덮여 있다. 우리 앞에 있는 대지는 한 줌 흙에 불과하지만, 그 광대함과 깊이에 있어서는 화악(華嶽)[29]을 싣고도 무겁다고 여기지 않고, 강과 바닷물을 거두어들이면서도 새는 일이 없고, 또 만물을 싣고 있다. 이제 우리 앞에 있는 저 산은 주먹만 한 돌에 불과하지만, 그 크기가 광대함에 이르게 되면 초목이 그 안에서 자라고 새와 동물들이 그 안에서 살며 숨겨진 보물들(광물들)이 그 안에서 발견된다. 우리 앞에 있는 저 물은 한 숟가락의 액체일 뿐이지만, 측량할 수 없을 정도로 깊어짐에 이르게 되면 큰 자라와 악어, 이무기와 용, 물고기와 자라가 그 안에서 생겨나고 재화가 그 안에서 증식된다.[30]

자연이 보여주는 이러한 웅장한 풍요로움과 창조성은 쉽게 찾아볼 수

---

28) The Earth Charter.
29) [역주] 중국 섬서성에 있는 화산(華山)을 가리킨다.
30) 『中庸』 제26장.

있다. 그러나 자신에 대한 심층적 통찰이 있어야만 우리는 자연 속에서 우리의 위치와 자연과 교감할 수 있는 능력을 획득할 수 있다.

"우리의 가정인 지구는 살아 있으며" 역동적으로 진화하고 있다는 사실을 인정할 때, 우리는 "지구의 생명력, 다양성, 아름다움"을 "우리에게 맡겨진 신성한 것"으로서 보호하려는 마음이 들게 된다.[31] 그러나 건전한 인간과 지구의 관계를 확립하기 위한 기반으로서 보편적인 안전 장치를 확립할 수 있는 우리의 능력은 오늘날 세계에서 지배적인 발전 양상으로 인해 심각한 손상을 입어왔다. 경제적으로 계량적인 발전이 있었지만, 부정, 불평등, 빈곤, 폭력은 여전히 세계에 만연해 있다. 거대한 인구의 부담을 안고 있는 중국은 자국의 소비재 자원이 감소하고 있다는 점에 대해 특히 우려하고 있다. 중국은 어떻게 해야만 지역 공동체에서 기본적으로 필요로 하는 것을 무시하지 않은 채 세계 공동체의 책임 있는 구성원이 될 수 있을까?

중국은 현대화를 추구하면서 자유, 합리성, 법치, 인권, 개인의 존엄성 등과 같은 계몽주의적 가치를 포용해야 할 필요를 느끼고 있다. 그러나 중국은 분배적 정의, 공감, 예의 바름, 책임감, 인간관계 등과 같은 유교 윤리의 가장 중요한 특징들을 강화시키기 위해 자신의 고유한 자원들을 발굴해야만 한다. 그렇지 않으면, 중국이 문명 간의 대화에 참여하여 "세계적 시민사회"[32]의 가능성을 탐구하는 데 적극적으로 동참하기는 힘들게 될 것이다. 도구적 합리성과 인간중심주의에 의해 좌우되는 행위와 태도 및 신념에 대해 근본적인 변화를 보여야만, 비로소 중국은 "떠오르는 세계 공동체에 윤리적 기초를 제공하기 위해 기본적 가치에 대한 공유된 관점을"[33] 마련하는 데 긍정적인 공헌을 할 수 있을 것이다. 중국이 건전한 환경 윤리를 발전시키기 위해서는 평화의 문화를 양성하고 사회 경제적 정의를 증진시키는 일이 매우 중요하다.

엄격히 말해 전목, 당군의, 풍우란은 생태주의 사상가가 아니다. 그러

---

31) The Earth Charter.
32) 같은 곳.
33) 같은 곳.

나 인간과 지구의 관계에 커다란 의미가 있는 윤리적, 종교적인 함의를 가진 문화적 메시지가 유교 인문주의 전통의 정신에 뿌리를 둔 중국 문명에 대한 그들의 관심 속에 은연중에 드러나고 있다. 구체적으로 말해서, 그들에 따르면 인간만이 가지고 있는 특징은 감수성, 공감, 교감이다. 애정과 관심을 가지고 우주에 있는 모든 존재들에 대해 연민을 가질 수 있는 능력이야말로 인간만의 독특한 특징인 것이다. 전목은 중국이 하나의 문명으로 장기간 존속하기 위해서는 정체(政體)와 사회 사이에서 섬세한 균형과 평형을 유지하는 온건한 힘의 일종인 이러한 온화한 태도의 접근법이 반드시 필요하다고 믿었다.[34] 당군의는 중국 철학의 핵심적 가치들에 대해 탐구하면서, 오로지 합리성에만 관심을 갖지 말고 유교에서처럼 따뜻한 마음과 명철한 지성을 수반하는 인간성에 초점을 맞추었더라면 포괄적인 인문주의적 시각을 발전시키는 데 좀 더 도움이 되었을 것이라고 주장했다.[35] 풍우란은 인간의 책임이라고 하는 유교적 이상을 장재(張載)가 네 구절로 명쾌하게 표현한 것에 특히 매료되었다.

천지를 위해 마음을 세우고
모든 백성들을 위해 명(命)을 세우며
옛 성인들의 단절된 학문을 전승하고
만세를 위해 태평을 연다.[36]

인간이 시공 속에서 다른 존재와 구분되는 특징은 천지의 마음, 모든 백성들의 명(命), 성인의 학문, 영원한 보편적 평화다. 풍우란의 설명에 의하면 "천지의 마음"은 인간이 가진 최고의 열망을 상징한다.[37]

분명 중국을 평화의 문화라고 간주하는 신화는 철저히 해체되었으며, 중국화가 곧 문화 변용과 도덕화를 시사한다는 생각도 학계에서 열띤

---

34) 錢穆, 『從中國歷史來看中國民族性及中國文化』(香港: 中文大學, 1979).

35) 唐君毅, 『中華文化與當今世界』(臺北: 學生書局, 1975), pp.865-929.

36) 馮友蘭, 『中國現代哲學史』, pp.245-249.

37) 같은 곳.

반론의 대상이 되었다. 지속적으로 이어져온 가장 오래된 문명의 하나인 중국은 최근세사에서 사상과 제도의 측면에서 대부분의 다른 문명들보다 더욱 극적인 단절을 경험해왔다. 그러나 현대 중국 지식인들의 담론에서 지배적인 것은 역사의식이 아니라 집단적 건망증이다. '중국' 하면 장수, 안정, 인내, 심지어는 변함없는 영속성의 이미지를 떠올리게 될지도 모른다. 그러나 실제로 중국은 끊임없이 변화하고 재형성되고 재조정되는 불안한 모습을 보인다. 하지만 그럼에도 불구하고 당군의가 주목했듯이, 현대 유교가 당대의 문제들에 대한 대응책으로 인문주의 정신을 재건한 것은 중국의 과거를 신화화하려는 것이 아니라 미래 중국의 가능성을 그려보기 위한 노력이다.38) 인간에게 포괄적 감수성, 동정심, 교감의 능력이 있다는 이들의 믿음은 단순히 유학만의 이상이 아니라 지구 공동체를 위한 도덕적 명령이기도 한 것이다.

왕양명(王陽明, 1472-1529)은 「대학문(大學問)」에서 이러한 생각에 대한 명쾌하고 간결한 해석을 신유학적 사유 전통 안에서 제시한다.

> 대인(大人)은 천지만물을 일체로 여긴다. 그는 천하를 한 집안으로 여기고, 국가를 한 사람으로 여긴다. 대상들 사이에 간극이 있는 것으로 여기고, 자신과 남을 구분하는 사람들은 소인(小人)인 것이다. 대인이 천지만물을 일체로 여길 수 있는 것은 그가 일부러 그렇게 하고자 했기 때문이 아니라, 그렇게 하는 것이 그 마음속의 인(仁)한 본성과 자연스럽게 합치하기 때문이다.39)

대인이 민감하게 우주와 일체감을 느낄 수 이유가 "마음의 인(仁)한 본성" 때문이라고 강조함으로써, 왕양명은 천지만물과 공감할 수 있는 능력이 인간만의 특징이라는 존재론적 주장을 한 것이다. 심지어 보통 사람들조차도 외견상 고원해 보이는 이러한 이상을 달성할 수 있다. 인간의 마음40)에는 이러한 무한한 감수성이 내재하기 때문에 우리는 풀잎

---

38) 唐君毅, 『人文精神之重建』.

39) 王陽明, 「大學問」.

40) 중국어의 '心'이라는 말은 인지적인 측면과 정서적인 측면 모두를 포괄하기

한 장에서부터 무수히 멀리 떨어진 별에 이르기까지 우주 속의 모든 존재에 대해 감응할 수 있다. 대인은 이러한 상호 연관성에 대해 지극히 포괄적인 감각을 가지고 있기 때문에, 그에게 만물과의 감응은 의도적으로 행위를 통해서 이루어지는 것이 아니다. 나아가 우리가 이러한 것을 이루지 못하는 이유는 우리에게 부여된 본성을 소홀히 했기 때문이다. 이것이 사실임을 입증하기 위해 왕양명은 일련의 구체적 실례를 제공한다.

어린아이가 우물에 빠지려는 것을 보면 누구나 깜짝 놀라 측은히 여기는 마음이 생기지 않을 수 없다. 이를 통해 우리가 가지고 있는 인(仁)이 그 아이와 일체가 되었음을 알 수 있다. 아이는 자기와 동류이기 때문이라고 말할 수도 있다. 그렇다면 새와 짐승이 도살되려고 할 때 가엾게 울거나 공포에 질린 표정을 짓는 것을 보면 그들의 고통은 "차마 눈뜨고 보지 못하는" 마음이 생기지 않을 수 없다. 이를 통해 우리의 인이 조수(鳥獸)와 일체가 되었음을 알 수 있다. 조수도 우리처럼 지각이 있는 존재이기 때문이라고 말할 수도 있다. 그러나 식물이 꺾여 있는 것을 보더라도 연민의 감정이 생기지 않을 수 없다. 이를 통해 우리의 인이 식물과 일체가 되었음을 알 수 있다. 식물도 우리처럼 생명이 있는 존재이기 때문이라고 말할 수도 있다. 하지만 우리는 심지어 벽돌이 깨진 것을 보더라도 유감스러운 마음을 느끼지 않을 수 없다. 이를 통해 우리의 인이 벽돌과 일체가 되었음을 알 수 있는 것이다.[41]

이러한 예들을 보면 '일체를 이루는 것'이 분명 합일에 관한 낭만적인 생각이 아니라 내적인 상호 연관성에 대한 고도로 차별화된 감각임을 알 수 있다. 그러나 마음이 가진 무한한 감수성으로서 '일체를 이루는 것'은 하늘이 부여한 우리의 본성 안에 그 뿌리가 있다.

나아가 왕양명은 인간의 조건을 현실적으로 이해하기 위해서는 우리

때문에 많은 경우에 'heart' 또는 'heart-and-mind'라고 번역한다.

[41] 王陽明, 「大學問」. 왕양명은 소인(小人)의 마음도 만물과 일체(一體)를 이룰 수 있다는 것을 보여주려 했기 때문에, 그는 본문에서 '우리'보다는 '그'라는 단어를 사용한다.

가 다른 사람이나 사물들과 의미 있는 관계를 맺지 못하는 까닭에 대해서도 설명해야 한다고 말한다.

(우리의 마음이) 욕망에 의해 자극되고 이기심에 의해 가려지며, 이익에 대한 탐욕과 해를 입을 것에 대한 두려움에 압도되고, 분노에 의해 안정을 잃게 되면, 우리는 사물을 파괴하고 우리와 같은 사람을 죽일 것이며, 못하는 일이 없게 될 것이다. 극단적인 경우 우리 자신의 형제를 죽이는 지경에 이를 것이며, 일체를 형성하는 인(仁)이 완전히 사라지게 될 것이다.42)

여기에 나타난 생태주의적 함의는 명백하다. 우리는 다른 사람들 및 우주와 의미 있는 관계를 맺음으로써 우주 속에서 위대한 조화를 창조해내거나 욕망, 이기심, 탐욕, 두려움, 분노로 인해 우리의 가정에서 가장 친밀한 관계를 파괴하거나 둘 중의 한 가지를 할 수 있을 뿐이다.

우주적 질서의 공동 창조자인 인간이 자기 자신뿐만 아니라 천지와 만물에 대해서도 책임이 있다는 굳은 믿음 때문에 위에서 말하는 도덕적 선택에 관한 생각은 오해의 소지가 있을 정도로 단순하게 보인다. 우리가 자아 중심적인 사고를 초월하면 할수록 자아를 실현할 수 있는 능력이 그만큼 커지게 된다. 우리는 우리의 고유한 가정인 세계에 근거하고 있다. 대지, 몸, 가족, 공동체를 벗어나서 정신적 안식처를 만들 수는 없다. 우리는 이와 같은 것들 속에 뿌리를 두고 있다. 그 속에 뿌리를 두고 있기 때문에 우리는 어린아이, 금수, 초목, 벽돌 등과 일체를 이룰 수 있다. 그 속에 뿌리를 두고 있다는 사실이야말로 우리가 다른 존재들과 민감하게 일체감을 느낄 수 있는 이유인 것이다. 사욕을 넘어 끊임없이 확장되는 관계망 속으로 나아갈 때, 우리는 인(仁)이라고 하는 잠재력을 완전히 실현할 수 있다. 우리의 자아실현이란 이기적인 사사로운 것이 아니라 인격적이며 공동체적인 것이기 때문이다.

하늘의 동반자인 우리에게는 개인적으로 뿐만 아니라 다른 사람들과

---

42) 같은 곳.

공동으로 신성한 사명이 맡겨져 있다. 허버트 핑가렛(Herbert Fingarette)이 적절하게 표현했듯이, 우리의 사명은 "신성으로서의 범속 (the secular as sacred)"을 실현하는 것이다.43) 진실로 이것은 "우리의 대지와 몸, 가족 그리고 공동체를 변화시켜서 창조적 생명력 혹은 더 간단히 말해서 창조성 그 자체인 천덕(天德)의 발현과 일치하도록 만드는 것이다."44) 외부 세계를 단순히 "대상들이 모여 있는 곳"에서 "주체들이 교섭하는 장소"로 바라보는 관점의 변화는 대지의 고귀함, 몸의 신성함, 가족의 거룩함 그리고 공동체의 성스러움을 인정하는 일에서 시작된다.45) 인간에 대한 이러한 통전적 시각은 하늘과 인간의 본성이 상호 감응할 수 있다는 생각에서 출발해야 한다. '합일'이라는 생각은 결코 정적(靜的)인 관계가 아니라 항상 새로워지는 역동적인 관계를 성취하는 것을 의미한다.

현대에 살고 있는 우리는 우리의 가정을 심각하게 오염시켜왔고, 재생 불가능한 가용 자원을 실질적으로 고갈시켜왔으며, 수많은 종류의 생명체들을 위험에 빠뜨리고 멸종시켜왔고, 우리 자신의 존재조차도 심각하게 위협하고 있다는 사실을 뼈저리게 깨닫고 있다. 분명 우리는 인간과 지구의 관계를 다시 생각할 필요가 있다. 실제로 경제 성장과 빈곤의 근절을 가장 우선적인 것으로 생각하는 모든 개발도상국들은 현대화 이념에 의해 지배되는 개발 전략으로 인해 환경에 대한 관심을 도외시해왔다. 발전만을 긍정적 선으로 간주하는 생각과 태도는 생태계가 점점 파괴되는 것에 대한 두려움을 압도해버린다. 환경 위기의 긴박함은 많은 경우에 뒷전으로 밀려나버리고 만다.

인간이 처한 조건에 대한 가장 우울한 이야기 대본 중의 하나는 "계

---

43) Herbert Fingarette, *Confucius: the Secular as Sacred*(New York: Harper & Row, 1972).

44) Tu Weiming, "Crisis and Creativity: A Confucian Response to the Second Axial Age", in Steven L. Chase ed., *Doors of Understanding: Conversations on Global Spirituality in Honor of Ewert Cousins*(Quincy, IL: Franciscan Press, 1997), p.414.

45) Thomas Berry.

속 악화되어만 가는 환경오염으로 인해 인류의 자생력이 심각하게 위협받는 상황을 막기 위해 무엇을 해야 할지 점점 더 분명히 알면서도, 구조적, 정신적, 개념적 이유와 그 외의 다른 이유들로 인해 우리는 점점 돌아올 수 없는 다리 저편을 향해 나아가고 있다"는 것이다. 발전이 자기파괴적인 궤도를 따르고 있음을 알게 하기 위해 과학, 경제, 정치, 문화, 종교의 측면에서 도움을 준 사람들의 입장에서 본다면, 그 모든 노력과 열정에도 불구하고 여전히 그들의 경고가 시류를 뒤집을 만한 충분한 영향력을 발휘하지 못하고 있다는 사실을 깨닫는 것은 고통스러운 일임에 틀림없다. 다 알다시피 유교 인문주의가 부활하게 된 원인은 그것이 표방하는 근로 윤리 때문인바, 이러한 윤리는 발전의 필수불가결의 조건이다. 이러한 점에 비추어볼 때, 천인합일의 교훈을 주창하는 것은 시류를 거스르는 철학적 입장이다. 이는 진정 과거에 대한 향수를 느끼면서 그에 집착하는 것이라기보다는 미래에 대한 새로운 전망으로서 제기된 문화 비판인 것이다.

6. 인간-우주 동형 동성론을 이상으로 하는 유교 인문주의

전목, 당군의, 풍우란은 유교 인문주의가 비교문화학에서 자리매김할 수 있는 잠재력을 간파했다. 문명 간 대화의 상대자로서 유학은 다른 종교 공동체들에게, 그리고 지구촌 전체에게 어떤 메시지를 줄 수 있을까? 간단히 말해서, 인간-우주 동형 동성적 시각을 가진 유교가 종교와 생태에 관한 대화를 심화시킬 수 있을까? 더 자세히 말해서, 유교에서 말하는 자기수양의 철학이 새로운 가족 가치, 사회 윤리, 정치 원리, 생태 의식을 고무시켜 중국 문화가 지구 공동체에 대한 책임감을 가지도록 하는 데 도움을 줌으로써 중국 자신의 이익뿐 아니라 세계 국가의 발전에도 기여할 수 있을까? 유교 사상가들은 정신적 자원을 더욱 풍요롭게 하고 계몽주의적 기획의 범위를 더욱 확장시킴으로써 종교와 생태까지도 포괄시킬 수 있을까?

천인합일의 이상에는 자아, 공동체, 자연, 하늘이라는 인간의 조건에 관한 네 가지 불가분의 차원이 함축되어 있다. 각각의 요소가 갖는 완전한 독자성은 다른 요소들의 완전한 통합에 방해가 되는 것이 아니라 오히려 그것을 증진시키게 된다. 자아는 이 관계들의 중심으로서 가족에서부터 지구촌 그리고 그 너머에 이르기까지 다양하게 이해될 수 있는 공동체와의 상호작용을 통해 자신의 정체성을 확립한다. 인류와 자연 간의 지속적이고 조화로운 관계는 단순히 추상적 이상에 불과한 것이 아니라 실제적 삶을 위한 구체적 지침이다. 인심과 천도 사이의 상응은 인류의 번영을 위해 나아가야 할 궁극적인 길이다. 현대 유교에서 제시하는 생태학적 전망의 핵심은 다음의 네 가지 중요한 특징을 갖는다.

1) 자아와 공동체 간의 유익한 상호작용

드 베리가 말했듯이, "단순히 자아와 가족이 아니라 우선적으로 가정을 우리 노력의 모기지로서 확립하지 않는 환경에 대해서 우리들은 어떠한 것도 희망할 수 없다."46) 가정 공동체는 '지구촌'과 그 너머로 확장되어야만 하기 때문에, 공동체와 유익한 상호작용을 하는 자아는 자기중심주의와 애향심은 물론 민족주의와 인간중심주의마저도 초월해야 한다.

실천적인 윤리적 용어로 표현하자면, 토인비의 "자기정복(self-mastery)"을 연상케 하는 유교의 수신(修身)이 이러한 통전적인 인문주의적 시각이 성립하는 데 절대적으로 필요하다. 좀 더 구체적으로 말하면 이 시각은 대지, 몸, 가족, 공동체에 근거하고 있음을 언제나 주목하면서 끊임없이 자기를 초월해가는 과정을 의미한다. 수신을 통해 인간의 마음은 "자기 자신에서 시작해서 가족, 공동체, 국가 그리고 궁극적으로는 모든 인류에까지 계속적으로 퍼져나가는 동심원 속에서 점점 확장된다."47)

---

46) "Think Globally and Act Locally."
47) Huston Smith, *The World's Religions*(San Francisco: Harper San Francisco, 1999), p.182.

자신이 교감하는 중심축을 자신에서 가족으로 전환함으로써 이기심을 극복하게 된다. 그 축이 가족에서 공동체로 옮겨가게 되면 혈연중심주의를 넘어설 수 있게 된다. 그 축이 공동체에서 국가로 옮겨가게 되면 편협한 지역주의를 넘어서게 되고, 다시 모든 인류에게 확장되면 맹목적인 자국우선주의에 제동을 걸 수 있게 된다.48)

"완성된 인간이 되려는 노력은 이기주의, 혈연중심주의, 편협한 지역주의, 자민족 우월주의, 맹목적 자국우선주의를 순차적으로 넘어서야 하지만", 이것이 "고립된 자족적 인본주의"에 그쳐서는 안 된다.49)

2) 인류와 자연 간의 지속적이고 조화로운 관계

세속적 인본주의는 스스로에게 부과한 한계를 문제점으로 갖고 있다. 이러한 영향 아래에서, 우리는 환경을 지배하고 정복하려는 집착에 사로잡혀 중요한 생태적인 문제들에 대해 전혀 자폐아가 되어버렸다.50) 이렇게 인간을 바라보는 관점에서 정신적이고 본성적인 부분을 제외시켜버림으로써 인간의 본성에 내재하는 미적, 윤리적, 종교적 의미가 심각하게 손상되어버렸다.51) 결과적으로 종교나 생태에 대해서는 전혀 관심이 없는 오만하고 공격적인 인간중심주의가 명시적으로 표현되지는 않고 있지만, 과학주의, 물질주의의 세계관을 지배하게 되었다. 현대 담론의 영향을 받은 현대 유학자들은 자연과학과 과학기술 및 평등 사회 구현의 가장 확실한 방법인 민주주의의 장려를 통해 물질적 조건들을 개선하는 데에 깊은 관심을 가지고 있다. 그러나 그들은 경세술(經世術)

---

48) 같은 곳.
49) 같은 책, pp.186-187.
50) Thomas Berry, *The Dream of the Earth*(Sierra Club Books, 1990); *The Universe Story: From the Primordial Flaring Forth to the Ecozoic Era: A Celebration of the Unfolding of the Cosmos*(Harper San Francisco, 1994) 참조.
51) Anthony Giddens, *Modernity and Self-Identity: Self and Society in the Late Modern Age*(Stanford, CA: Stanford University Press, 1991), pp.144-180.

을 통한 건국에만 사로잡혀 있기 때문에 그들이 표방하는 포괄적 인문주의의 정신적, 자연주의적 차원들은 도외시되었다. 따라서 유교의 세계관을 편협하고 또 편협하게 만드는 세속적 인본주의로 축소시킨 현대화 담론을 교정하기 위해서는 생태주의적 관점이 우리에게 절실하다. 현대화주의자들은 유교를 원용하여 독재적 정치 체제를 합리화시키는 데에 남용해왔다. 유교적 세계관이 통전적인 인간-우주 동형 동성적 시각을 말살시키는 사회공학, 도구적 합리성, 직선적 발전, 경제 발전, 기술 관료적 경영을 강조하는 위험을 회피하는 길은 오직 종교적이고 자연주의적 차원을 현대 유교 속으로 통합하는 것이다.

인류가 지속적으로 존속하기 위해서는 원리와 실천 모든 면에서 자연과의 관계를 재구성하는 것이 중요하다. 유교가 창조적으로 거듭나기 위해서는 모든 것을 희생하고 경제적 발전만을 추구하려는 현대화 지상주의적 태도로부터 스스로 벗어나고, 권위주의적 정치와의 관계를 재검토해야만 한다. 인간과 지구 사이에 지속적이고 조화로운 의사소통을 촉진하는 것이야말로 유교가 자신의 근원지에서 일탈하는 것이 아니라 자신의 본거지로 되돌아가는 것이다. 실로 유학자들이 혁신을 성취하는 최선의 방법은 옛것에 다시 생명력을 불어넣어 현대적 서구 세계의 영향 아래에서 세속적 인본주의로 일탈한 것이 영원한 탈선이 안 되도록 하는 것이다.

3) 인심(人心)과 천도(天道) 사이의 감응

1990년 모스크바에서 열린 지구 포럼에서 과학자들은 인간과 지구의 관계를 새로운 관점에서 그려보도록 종교적, 정신적 지도자들에게 호소했다.

과학자로서 우리 중 다수는 우주 앞에서 심오한 경외감과 존경심을 체험한 적이 있습니다. 우리가 생각하기로, 무언가를 신성하게 여긴다면 그것을 대할 때 배려와 존중의 태도를 가질 가능성이 높을 것입니다. 우리는 우리의 가정인 지구도 또한 신성하다고 생각해야만 합니다. 환경을 보호하고 소중히 가꾸려는 노력은 환경을 신성하게 바라보는 견해와 결합될 필요가 있는 것입니다.[52]

생태학적인 문제로 인해 모든 종교적 전통이 지구에 관한 자신들의 전제를 재검토하지 않을 수 없게 된 점은 분명하다. 제한적인 조정만으로 각각의 전통이 생태학적 차원을 수용하려는 것은 충분치 않다. 진정으로 필요한 것은 다름이 아니라 자연을 신성하게 바라보는 것이다. 그러기 위해서는 우리에게 주어진 지구가 소중하다는 사실을 요건으로 삼아 우리가 기본적으로 가지고 있는 종교적인 믿음을 재구성할 필요가 있을 것이다. 과학자들이 호소한 내용 속에 은연중 드러난 사실은 신과 인간 사이의 전반적인 관계 설정에서 자연을 한 가지 새로운 요소로 추가하는 새로운 종교적 신념이 반드시 필요하다는 점이다.

현대 유학자들에게 가장 중요한 문제는 자연과의 조화에서 정신적 차원을 강조하는 것이다. 진영첩(陳榮捷)은 그 유명한 『중국철학자료집 (*Source Book in Chinese Philosophy*)』에서 다음과 같이 주장한다.

만일 한마디로 전체 중국 철학사의 특징을 설명할 수 있다면, 그것은 '인문주의'일 것이다. 하지만 이는 절대자(Supreme Power)를 부인하거나 무시하는 것이 아니라, 천인(天人)의 합일을 주장하는 인문주의다. 이런 의미에서 볼 때, 인문주의는 여명기로부터 중국 사상사를 지배해왔다.[53]

"천인의 합일을 주장하는 인문주의"는 세속적이거나 인간 중심적인 것이 아니다. 이것은 우리가 대지, 몸, 가족, 공동체에 뿌리를 두고 있다는 점을 충분히 인정하는 반면에, 우리가 우주적 질서와 조화를 이루고 있다는 사실은 결코 부정하지 않는다. 대지, 몸, 가족, 공동체와 관계를

---

52) Mary Evelyn Tucker, "The Emerging Alliance of Religion and Ecology", in Steven L. Chase ed., *Doors of Understanding*, p.111에서 인용.
53) Wing-tsit Chan trans., *A Source Book of Chinese Philosophy*, p.3.

맺고 있는 우리의 존재에 초월적 의미를 부여하는 것은 단순히 유교의 고원한 이상만이 아니라 유교의 기본적 관행이다. 유교 사상, 도가적 의례, 민간 신앙의 영향 아래에 있던 전통 시대의 중국에서, 왕궁, 수도, 문묘, 조실, 관사, 학교, 사저 등은 풍수의 원리에 따라 설계되었다. 풍수지리에 근거한 이러한 원리들은 인간의 행복 증진을 위해 조작될 수도 있지만, 자연과의 친화력을 증진시킴으로써 인간의 설계를 환경과 조화시키기도 한다.

유학자들은 하늘이 우리 인간에게 본성을 부여해주었으며, 자기 자신에 대한 앎을 통해 천도에 접근할 수 있다고 믿는다. 또한 그들은 천명을 이해하기 위해서는 끊임없는 수신을 해야 한다고 믿는다. 정적(靜的)인 존재가 아니라 끊임없는 변화의 과정인 자연은 우리가 하늘의 역동성을 이해하기 위한 영감을 얻을 수 있는 원천이다. 『주역』의 건괘(乾卦)가 상징하는 것처럼, 하늘의 생명력과 창조성은 끊임이 없고, 하늘은 항상 원기 왕성한 진행의 과정에 있다. 인간이 여기에서 얻을 수 있는 교훈은 명백하다. 우리는 "스스로를 강화시키는 끊임없는 노력(自强不息)"[54]을 통해 끊임없이 지속되는 하늘의 생명력과 창조성을 본받는다. 우리의 삶에 목적과 의미를 주는 궁극적인 존재에게 화답하고자 하는 열망을 가질 때, "우주 앞에서의 경외감과 존경심"이 고취된다. 창조론자의 관점에서 보든 진화론자의 관점에서 보든 간에 우리가 존재하기 위해서는 천지만물의 도움을 받지 않을 수 없다.

맹자는 하늘에 대한 인간의 이러한 태도를 "스스로를 알고 하늘을 섬기며, 확고한 신념으로 목적을 추구하는 것"이라는 말로 간략하고도 분명하게 표현했다.

자신의 마음을 완전하게 실현한다면 자신의 본성을 이해하게 될 것이다. 자신의 본성을 안다면 하늘을 알게 될 것이다. 마음을 보존하고 본성을 함양함으로써 하늘을 섬기는 것이다. 요절을 하든 천수를 다하든 간에, 그가 확고한 신념을 가지고 목적을 추구하는 데에는 변함이 없다.

---

54) 『周易』「乾卦」.

그가 자신의 올바른 운명에 굳건히 설 수 있는 것은 바로 완성된 인격을 가지고 자신에게 닥치는 일을 기다림으로써 가능한 것이다.[55]

자아실현은 궁극적으로 하늘을 알고 섬기는 데 달려 있다. 인심과 천도의 상호성은 자연과의 조화로운 관계를 통해 이루어진다. 이러한 상호성은 인간의 의지를 하늘에 강요하고, 자연에 대한 정의 욕망을 갖는 것과는 전혀 다른 것이다.

7. 지구적 시각에서 본 유교의 생태주의적 전환

공교롭게도 진영첩이 전목, 당군의, 풍우란의 생태주의적 전환과 매우 유사한 정신으로 인문주의에 대한 비상한 주장을 제기했을 당시, 중국 특히 본토의 문화적 기풍은 세속적 인본주의가 압도하고 있었다. 1972년 열린 스톡홀름 환경회의에서 중국 대표단은 조약의 전문(前文)에 서명하기를 거부하면서, 경제 성장에 제한을 두고 과학기술의 진보를 한정하는 매개 변수를 조절하자는 제안을 승인하지 않았다. 발전에 대한 집착과 인간의 기술에 대한 확고한 믿음은 그들로 하여금 환경 문제를 망각하게 만들었다.[56]

상황은 상당히 호전되어왔으나 과학만능주의와 물질만능주의 기풍은 지속되었다. 1979년의 개혁 개방 정책 이래 중국 정부는 세계화 전략의 일환으로 시장 구조를 철저하게 포용하면서 개발 국가로의 변신을 시도해왔다. 언뜻 보기에 현재 중국인들의 사고방식을 특징짓는 것은 상업주의, 중상주의, 국제적 경쟁력인 듯하다. 떠오르는 경제, 정치, 군사 대국으로서 중국은 새로운 세계 질서를 창조하는 데 가장 중요한 구성원 가운데 하나다. 개혁 개방이 있기 전에 중국은 현대화를 향한 기나긴 여정에서 많은 고난을 견뎌내야 했다. 그러나 수십 년간 자의 반 타의 반

---

55) 『孟子』「盡心章句上」.
56) [역주] 1973년의 스톡홀름 회의 직후, 저우언라이(周恩來)의 직접적인 격려 아래 중국 환경보호운동이 사실상 시작되었다.

의 고립 상태가 유지되었기 때문에 중국이 내적으로 겪어온 참상들은 인접국 혹은 아시아-태평양 지역 전반의 안보와 안정에 커다란 영향을 줄 수 없었다. 하지만 이제는 상황이 전혀 다르다. 중국의 경제와 정치는 세계에서 매우 중요한 부분이기 때문에, "중국은 어디로?"라고 하는 지역적이고 국가적인 문제는 인접 지역과 세계 전체에 심오한 의미를 가지게 되었다. 사회주의든 유교든 간에 세속적 인본주의가 계속해서 중국의 지배 이념이 된다면, 환경은 말할 것도 없고 중국 문화와 세계 전체에 엄청난 악영향을 끼치게 될 것이다.

이런 점에서 대안적 전망으로서의 생태주의적 전환은 특별한 의미를 갖는다. 이를 지속시키고 또 결국 정책 형성에 반영시키기 위해서 무엇보다 필요한 것은 지식인들이 대중적 정신을 갖는 것이다. 중국 문화에서 대중적 공간이 등장하게 되었다는 사실은 어렴풋하나마 희망의 징조를 보여준다. 중국 문화권 전반에서 완전히 성숙한 시민사회는 오직 대만과 홍콩에서만 찾아볼 수 있지만, 인민공화국에서는 몇몇 사회 분야의 대중적 지식인들 사이에 수평적인 의사소통이 이루어짐으로써 중국 현대사에서 전례 없는 새로운 역동성이 생겨나게 되었다. '대중적 지식인'에 대해 "정치적 관심, 사회적 참여 의식, 문화적인 감수성, 종교적 조화성, 생태적인 양심 등을 갖춘 사람들"이라고 정의한다면, 이런 사람들의 모습과 목소리는 이미 정치 현장에서 쉽게 보고 들을 수 있다. 사실, 강단, 정부, 대중매체, 사업, 사회 활동 등의 분야에서 활동하는 대중적 지식인들은 문명국가로서 중국의 부상과 관련한 중대한 문화적인 메시지를 전달할 수 있는 힘을 갖고 있다.

중국은 150년이 넘는 세월 동안 피해를 당했다. 피해자이기에 중국의 최고 관심사는 생존이었다. 하지만 이제 중국은 더 이상 피해자가 아니라 떠오르는 세력이다. 중국이 세계 공동체에 참여할 때 중국의 지도자들에게 지침이 될 것은 어떤 종류의 철학일까? 보복을 선택하는 것은 불가능하고, 세력을 공유하는 것으로는 책임 있는 성원이 되도록 중국을 장려하기에 충분한 호소력을 발휘할 수 없다면, 중국이 새로운 정체성을 확립하도록 자극을 줄 수 있는 것은 무엇일까? 중국의 열망이 실현되기 위해서는 주로 중국보다 불행한 나라들의 비참한 상황이 지속되어야만 한다는 조건이 달려 있다면 중국은 이를 마음 편히 받아들일 수 있을까? 중국은 세계를 좀 더 공정하고 인도적으로 만들려는 국제적인 노력에 동참할 수 있을까? 이론과 실천의 두 가지 측면 모두에서 패권주의적이지 않은 새로운 세계 질서를 촉진시키는 데 중국이 적극적인 역할을 담당하게 될 것인가? 오직 부강에 의해서만 발전을 규정하는 태도를 중국은 어떻게 넘어설 수 있을까?

어려운 첫걸음은 바로 중국이 현대화를 추구하는 데 참고해야 할 준거 틀을 넓히는 것이다. 지금까지 중국은 (북미와 서유럽 같은) 현대 서구 사회에 사로잡혀 있었기 때문에, 자신이 본래부터 가지고 있던 많은 자원에 눈을 뜨지 못했었다. 비록 커다란 성공을 거두지는 못했지만, 나는 중국 지식인들이 미래의 발전에서 사회적이고 문화적인 측면에서의 인도를 준거로 삼아야 한다고 주창해왔다. 분명 중국은 인도가 경제정책, 정치 현안, 사회 관습 등에서 보여준 부정적인 사례들— 호전적인 힌두교 민족주의의 등장과 공동체 사이의 갈등이 그 명백한 실례다— 을 답습하지 않고 잘해나갈 수 있을 것이다. 하지만 수백만의 영어 구사 지식인, 관료, 사업가, 사회 활동가를 포함하는 가장 많은 인구를 가진 민주주의 국가 인도는 중국의 자기반성에 매우 많은 점을 시사해준다. 현재 상황에서 볼 때 인도의 가장 소중한 자산은 풍요롭게 잘 짜인 정신적 자산을 가지고 있다는 점이다. 정신적인 측면에서 인도는 문명 수출국이다. 비록 중국이 서양을 배워야 한다고 강력하게 주장했지만, 1923년 양수명은 결국 인도적인 삶의 방식이 지배하게 될 것이라고 예언했다.[57) 전통에 대한 중국의 우상 파괴적인 공격은 인도가 자신의 정신적 뿌리를 끊임없이 재확인하고 있다는 사실과 선명하게 대조된다. 중국의 지식인들은 인도의 경험에서 어떠한 교훈을 얻을 수 있을까?

중국이 인도의 사회와 문화를 자신의 준거로 진지하게 받아들인다면, 고유의 대승불교적 유산의 가치를 제대로 평가하기 시작하게 될 것이다. 중국 문명의 인도화에 대한 호적(胡適)의 반성에서 생생하게 표현되

---

57) 梁漱溟, 『東西文化及其哲學』, pp.199-201.

어 있듯이, 반종교적인 인본주의는 많은 부분 변화를 겪을 수 있다.[58] 이미 대만과 홍콩 그리고 세계 각지의 화교 문화권에서는 인문주의적 불교가 가장 강력한 종교운동이 되었다.[59] 경제 문화, 사회 윤리, 정치 행태 그리고 무엇보다도 환경 윤리에 대해 이 운동은 상당한 영향을 미쳐왔다. 대승불교가 중국에서 중요한 정신적 세력을 가진 존재로 다시 부상한다면, 도교는 다시 번성할 기회를 가지게 될 것이고, 세속적 인본주의가 아닌 천인합일을 주장하는 유교 인문주의도 번영하게 될 것이다.

티베트는 그 정신적 근원을 인도에 두고 있기 때문에, 중국인들이 자신의 준거로 인도를 받아들이게 된다면 중국 정권과 지식인 엘리트들은 티베트를 하나의 문화로서 더 정당하게 평가할 수 있을 것이다. 힌두교, 자이나교, 시크교, 대승불교가 인간의 정신을 현대적으로 표현한 것임을 중국 정부가 인정한다면, 종교적 자원으로서 티베트가 갖는 의미를 좀 더 깊게 이해할 수 있게 될 것이다. 또한 이른바 티베트 문제를 단순히 국가적 통일을 위협하는 정치적인 문제로만 취급하지 않는 바람직한 결과를 낳게 될 것이다. 결과적으로 중국의 한족과 (티베트뿐 아니라 위구르, 몽골 등과 같은) 다른 소수민족들 사이에 존재하는 종교적 의미가 담긴 민족 갈등도 문화적으로 더 세심하고 윤리적인 지성을 잃지 않는 방식으로 다루어질 수 있을 것이다. 이런 식의 가치 지향을 가질 때 얻을 수 있는 부수적인 이익으로는 새로운 종교에 대한 더 나은 평가가

---

58) 중국 문화의 인도화에 대한 胡適의 태도는 다음의 진술 속에 분명하게 보인다. "현대 자연과학과 과학기술 및 새로운 사회과학과 역사과학이라는 새로운 도움을 통해, 우리는 2천 년에 걸친 인도의 문화적 지배로부터의 신속한 해방을 성취할 수 있다는 것을 확신한다." 胡適, "The Indianization of China", in *Independence, Convergence, and Borrowing in Institutions, Thought and Art; Harvard Tercentenary Publications*(Cambridge, MA: Harvard University Press, 1937), pp.247.

59) 대만에서 인문주의 불교 운동의 실례를 위해서는 Stuart Chandler, *Creating a Pureland on Earth: the Fo-kuang Buddhist Perspective on Modernization and Globalization*(Ph.D. dissertation, Committee on the Study of Religion, Harvard University, 2000).

이루어질 것이며, 그 종교들이 사회적 결속에 기여할 수 있는 가능성에 대해 더 나은 인식을 가지게 될 것이라는 점을 들 수 있다. 새로운 중국의 문화적 정체성을 형성하는 데 종교가 강력한 영향력을 미칠 것이라는 점을 생각한다면, 국가 건설에 대한 사회 구성주의적(social constructivist) 접근 방식에서 근본적인 변화는 불가피한 것이다. 중국 당국과 지식인 엘리트들이 정신적인 문제를 더 잘 수용하게 된다면, 자신들의 고유한 전통에 대해 좀 더 감사하는 태도를 가지게 될 것이다. 결과적으로 그들은 생태학적인 관심사에 대해 더욱 민감해질 것이다.

하지만 중국이 현대화 정책에서 그 준거의 틀을 확대시켜 인도에서 실험했던 비서구적인 경험들을 포괄할 수 있다 하더라도, 중국이 국제 사회에 더욱 적극적으로 기여하고 책임 있는 구성원으로서 참여하는 문제는 일차적으로 서구, 그 가운데에서도 특히 미국과의 상호작용에 달려 있다. 코피 아난(Kofi Annan) 유엔 사무총장이 주창해온 '평화의 문화'를 배양한다는 견지에서 본다면, 아마도 중미 관계는 오늘날 세계에서 유일하고도 가장 중요한 쌍무 관계라고 할 수 있을 것이다. 불행히도 중국은 미국에 집착하고, 미국은 중국을 무시하는 불균형으로 인해 그러한 관계는 극도로 복잡하고 어려운 것이 되어버렸다. 1989년의 천안문 사태 이래, 미국의 대중매체들은 많은 경우 중국을 깡패 국가로 묘사해왔다. 인권, 종교적 자유, 티베트, 대만, 무역 등의 문제로 인해 극좌파로부터 우파 기독교인들에 이르기까지 중국을 비난의 표적으로 삼아왔다. 미국 정치에서 이런 식의 연대가 이루어지는 일은 흔치 않기 때문에, 일반 대중의 시각에서 볼 때 국제사회의 책임 있는 구성원으로서 중국의 이미지는 심각한 손상을 입게 되었다. 그러나 미국은 중국의 현대화에 대해 대안적 모델을 제시할 수 있는 특별한 입장에 서 있다.

환경을 다루는 미국과 중국 과학자들 사이의 협력은 우호적이고 생산적이었다는 사실을 밝혀둘 필요가 있다. 그러나 현실적으로 볼 때 과학적 교류라고 하는 이런 식의 의례적이고 엄격하게 제한된 협력이 중차대한 이념적 문제들까지도 논의에 포함시키는 방향으로 쉽사리 확대될 수는 없다. 하지만 장기적인 견지에서 볼 때 지구 온난화와 같은 환경 파괴의 문제를 다루는 국제적 과업에 중국의 적극적 참가를 유도하는 것이 극도로 중요하다는 점은 명백해 보인다.[60]

좀 더 광범위한 시각에서 볼 때, 인권에 관심을 가진 국제사회에서는 중국의 지도자들이 정치적 이견, 종교 숭배, 언론 자유, 소수의 문화적 의견 등과 같은 국내 문제들을 다루는 방식을 심각하게 받아들일 것이며, 이는 다시 미국의 대중이 중국을 받아들일 수 있는가 하는 문제에 커다란 영향을 미칠 것이다. 반면에 중국인의 견지에서 본다면, 미국은 유일한 초강대국으로서 세계의 상황을 개선하는 데 적극적이고 건설적인 역할을 할 의무를 져야만 한다. 세계 인구의 5퍼센트에 불과한 미국이 전 세계 온실가스의 22퍼센트를 배출[61]한다는 점과, 미국인들의 평균 생활수준이 대다수 중국인들의 상상을 초월하는 것이라는 사실을 감안할 때, 공정성과 분배정의의 문제가 반드시 제기되어야 한다. 미국이 자국의 이익을 외교 정책의 지도 원리이자 국제적 공동체의 복지에 역행하는 행동 구실로 삼고 있는 것에 대해 중국이 비판하는 것이 놀랄 일은 아니다. 이러한 행동은 미국이 국제사회에서 도덕적 지도력을 행사할 의도가 없음을 보여주는 명백한 징조다.

비록 그렇다 하더라도, 인권, 무역, 교육, 과학기술뿐 아니라 종교와 생태에 관한 생산적인 대화에 기반한 중미 관계는 가능하고 바람직할 뿐 아니라 반드시 필요한 것이기도 하다. 중국의 경우, 사회진화론적 경쟁성은 인류의 번영이라고 하는 한층 더 광범위한 이상에 의해 대체되어야 할 것이다. 중국이 자신의 준거 틀을 넓히는 것은 불가피해 보이며, 만약 그렇게 된다면 중국은 직선적 발전이라는 협소한 궤적 속에서가 아니라 점점 더 상호 의존적이 되어가는 다원주의적 세계 속에서 자신의 올바른 자리를 찾게 될 것이다. 인도뿐 아니라 동남아, 중남미, 중동, 아프리카 등과 같은 다른 비서구적 사회들도 중국이 지적이고 정신

---

60) 마이클 맥엘로이는 미래에 지구상의 이산화탄소 배출의 통제는 "대부분 중국, 인도, 인도네시아 같은 대규모 개발도상국들에서 발생하는 것에 달려 있다"고 주장한다. Michael B. McElroy, "Perspectives on Environmental Change: Basis for Action", *Daedalus*, p.16.

61) 같은 곳.

적인 측면에서 자기 스스로를 규정해나가는 과정과 무관하지 않게 될 것이다. 미국도 분명 가르침을 주는 문명에서 배움을 받는 문화로 변화할 필요가 있다. 거대한 이민 사회로서 미국 문화는 수세기 동안 유럽에 대해 활발한 배움의 태도를 견지해왔다. 제2차 세계대전이 끝난 이래로, 동아시아의 유교 국가들에 대한 스승으로서 미국의 자화상은 대중들의 의식 속에 너무나 깊이 각인되었기 때문에, 듀이(J. Dewey)와 그의 제자인 호적 및 풍우란의 관계에서와 같은 사제 관계가 당연한 것으로 승인되어왔다. 이제 서로를 배우고 정당하게 평가하는 새로운 균형 관계에서 함께 일할 때가 왔다.

1995년에 코펜하겐에서 열린 사회개발정상회의에서는 인류 공동체의 결속을 심각하게 위협하는 세 가지 요소로 빈곤, 실업, 사회의 해체를 들었다. 세계화로 인해 지역화의 필요성이 더욱 높아졌다. 우리의 공동체가 하나의 '촌락'으로 압축되어가고 있음에도 불구하고 통합은커녕 차이, 구분, 공공연한 차별이 노골적으로 드러나고 있다.62) 남반구가 북반구의 환경운동을 올바르게 이해하기 위해서는 생태주의적 당위성과 발전의 당위성 사이의 모순이 해결되어야만 한다. 남반구가 기본적으로 물질적인 의미에서의 발전만을 생존의 필수 조건으로 간주한다면, 북반구에서 대안적 생활양식으로 주창하는 '격조 높은 소박함(elegant simplicity)'은 설득력을 가질 수 없다. 개발도상국으로서 중국은 남반구적 사고방식에 철저히 익숙해져왔다. 중국이 자신의 책임감을 국가 건설에만 한정시키지 않을 때, 중국은 전 세계적 환경 문제에서 건설적인 동반자가 될 수 있다. 북반구, 그 가운데에서도 특히 미국이 도덕적인 지도력을 보여준다면, 중국이 이것을 따르는 데 고무적인 영향을 줄 수 있을 것이다. 선진국들의 격려와 호혜적인 존중 없이 중국이 독자적으로 그러한 노선을 택할 가능성은 없는 듯하다. 사실 제한된 범위이기는 하지

---

62) Tu Weiming, "Global Community as Lived Reality: Exploring Social Resources for Development", in *Social Polity & Social Progress*, Special Issue on the Social Summit, Copenhagen, 6-12, March 1995(New York: United Nations, 1996), pp.47-48.

만, 중국과 미국뿐 아니라 다른 한편으로는 중국과 유럽연합 사이에서 인권, 무역, 과학기술뿐 아니라 종교, 생태 등에 관한 호혜적인 대화가 이미 시작되었다.

현재 중국의 정치적 기풍을 고려할 때 종교는 특히 민감한 문제다. 그러나 정부, 강단, 사업, 대중매체 등에서 활동하고 있는 대중적 지식인들은 종교가 생기 넘치는 사회적 추진력이라는 사실을 광범위하게 인정하고 있다. 중국의 개발 정책을 결정하는 데 종교가 적극적인 역할을 수행할 것인가 여부는 중국의 새로운 문화적 정체성을 평가하는 데 가장 중요한 지표 가운데 하나다. 건전한 환경 윤리가 가능하려면, 중국 지식인들이 세속적 인본주의에 기반한 민족주의를 넘어서야만 한다. 더 넓은 맥락에서 볼 때 환경오염에 대한 공동의 보조를 표명함에 종교적, 정신적 지도자들이 전 세계적으로 의미 있는 역할을 하기 위해서는 그들 스스로가 반드시 대중적 지식인의 역할을 담당해야만 한다. 2000년 9월에 유엔에서 열린 밀레니엄 정상회의에서 분명히 볼 수 있듯이, 종교적, 정신적 지도자들이 자신들의 믿음을 공유하는 공동체를 넘어서서 대중적 지식인으로서 세계적인 문제에 이해와 관심을 보이지 못한다면, 그들이 던진 메시지는 오해되거나 왜곡되거나 무시될 것이다. 서로를 인정하고 자신들의 주장을 개진해야 할 필요가 있음에도 불구하고, 자신의 정체성만을 확립하고자 하는 정책은 인간의 생존과 번영을 위한 보편윤리를 신장시키는 데 장애가 될 것이다.

윌리엄 벤들리(William Vendley)가 주장하듯이, 종교적, 정신적 지도자들은 자신들의 일차적인 신념의 목소리 외에도 갈등으로 점철된 우리들의 다원주의적 사회 속에서 평화 문화를 양성하는 의무를 촉진하는 부차적 목소리(내가 보기에 이것은 전 세계의 보편적 목소리로 부상할 수 있다)를 발전시켜야만 한다.[63] 현대 유학자들은 책임 있는 학자가 갖추어야 할 기본적인 문화 역량으로서 자신들의 부차적 목소리를 발전시켜왔다. 사실상 이들에게 일차적 목소리는 이차적 목소리와 하나로 통합되었기 때문에 양자는 구별이 어렵게 되었다. 대중적 지식인의 역할

---

63) William Vendley.

을 떠맡는 것이 유학자의 결정적 특징이라는 사실에서 우리는 '유학적'이라는 용어가 왜 종교 간의 대화에서 기독교도, 불교도, 이슬람교도들의 정치적 관심, 사회적 책임, 문화적 감수성을 설명하는 형용사가 되었는지를 이해할 수 있다. 따라서 유학적이라는 수식어가 붙는 기독교도, 불교도, 이슬람교도들은 대중적 지식인의 역할을 담당하는 것을 열망해야만 한다. 성직자로서 아직 실현되지 않은 천국만을 목표로 한다면 그는 유학자가 되기를 포기하는 것이며, 이것은 피안에만 전적으로 매달리는 승려나 영혼의 정화에만 몰두하는 수피도 마찬가지다. 하지만 인문주의적 불교도는 말할 것도 없이, 사회적인 헌신에 매진하는 기독교도나 이슬람교도는 유학자라고 불릴 수 있다.

8. 새로운 세계관과 보편윤리를 향하여

현대 유교의 생태주의적 전환은 지속적인 인간과 지구의 관계라고 하는 불가분의 측면이 인간 공동체의 모든 구성원들이 수신을 통해 조화로운 사회와 관대한 정부를 만드는 것임을 분명히 보여준다. 동시에 유학자들의 주장에 따르면, 조화로운 인간관계를 확립하고 가족 윤리를 형성하며 대중의 요구에 부응하는 책임 있는 정부를 수립하는 데 가장 본질적인 것은 변화하는 자연의 패턴과 조화를 이루는 것이다. 메리 에블린 터커(Mary Evelyn Tucker)는 다음과 같이 주장한다.

유학의 천지인 삼재가 완전히 성취되기 위해서는 그 각각의 영역들 사이에 간극이 없으면서도 역동적인 상호 교차가 있어야만 한다. 자연의 무수한 변화와 조화를 이루지 못한다면, 인간의 사회와 정부는 그 존립을 위협받게 될 것이다.[64]

사회적, 정치적 질서에는 각 개인의 수신이 필수적이기 때문에, 대중

---

64) Mary Evelyn Tucker, "The Emerging Alliance of Religion and Ecology", in Steven L. Chase ed., *Doors of Understanding*, p.120.

적 지식인은 엘리트주의자가 아니라 생활세계의 일상적인 일에 적극적으로 참여하는 사람이다. 철학자, 예언자, 성직자, 승려, 구루(guru)[65]보다도 관심을 가진 학자를 지향하는 유교의 이상이 이런 대중적 지식인을 위한 가장 적절한 모델이 될 것 같다. 유학자들이 건전한 세계관과 건강한 생태 윤리를 육성하기 위해서는 자연과의 조화로운 관계에 대한 열망과 정의로운 사회의 건설을 위한 집중적인 노력이 결합될 필요가 있다는 사실을 우리에게 일깨워준다.

중국의 정치 지도자들은 "관용, 비폭력, 평화를 증진시킬" 수 있는 유리한 위치를 점유하고 있다.[66] 중국의 인민들은 대승불교와 도교 및 포괄적인 유교 인문주의의 영향으로 인해 "모든 생명체를 존중과 배려의 마음으로 다룰" 마음의 자세를 갖고 있다.[67] 강단 공동체에서 일하는 대중적 지식인들 중 "지속적인 생활 방식에 필요한 지식, 가치, 기술을 공교육과 평생교육에 통합시켜야 한다는" 바람을 강력하게 표현한 이들의 수는 점점 더 증가하고 있다.[68] 중요한 과제는 모든 차원에서 민주화를 이루는 것이며, 이는 최고위층에서 더욱 투명하고 설명 가능한 통치를 하는 것으로부터 시작해야 한다. 모든 사람이 정의의 혜택을 받을 수 있도록 하는 가장 정당한 방법은 법에 의한 통치(rule by law)가 아니라 법의 통치(rule of law)라는 사실이 광범위하게 인정되고 있기 때문에, "의사 결정에의 포괄적인 참여"[69]라는 이상이 이제 불가능한 것만은 아니다.

현대 유학자들은 국가 건설이라는 대의명분에 따라 현대화를 향해 나아가는 과정 속에서 그들이 사용하는 일차적인 언어가 근본적으로 재구

---

65) [역주] 힌두교의 교사.
66) The Earth Charter.
67) 같은 곳.
68) 같은 곳. 현재 중국의 대학연구소에서는 환경에 초점을 맞춘 100개 이상의 프로그램들이 개발되었다. 이 프로그램의 대다수는 주로 기술공학의 문제들에 관심을 가지고 있으나, 그중 극소수는 환경보호에 대한 다중 학제간 접근 방식 속에 사회과학과 인문학의 방법론을 통합시켰다.
69) 같은 곳.

성되었기 때문에, 그것이 더 이상 신념을 표현하는 언어가 아닌 도구적 합리성, 경제적 효율, 정치적 편의, 사회공학의 언어라는 사실을 충분히 인정했다. 그들은 현재 현대화의 불쾌함으로부터 벗어나고 있다. 그들이 새롭게 제시하는 유교의 인간-우주 동형 동성적인 관점은 그들 자신의 창조적 변환을 거쳐 새로운 세계관과 새로운 윤리의 탄생을 위한 영감을 제공하는 원천이 될 것이다. 현대 유교의 생태주의적 전환은 중국의 정신적 자기규정을 위해 매우 중요한 의미를 가진다. 왜냐하면 이러한 전환은 중국이 자신의 본거지로 돌아가서 자신의 영혼을 재발견하도록 자극할 것이며, 이러한 자극은 나아가 지구 공동체의 지속 가능한 미래를 위해서도 유익할 것이기 때문이다.

위기와 창조성: 제2의 기축 시대에 대한 유교의 반응

칼 야스퍼스의 원래 생각 속에 함축된 기축 시대의 주요 정신적 자원들이 21세기에서 인간 공동체를 위해 영감의 지속적 원천이 되는 것을 멈춘다는 것을 상상하는 일은 우리에게 불가능하다.[1] 세 가지의 아브라함의 종교(유대교, 기독교, 이슬람교), 남아시아 전통들, 특히 힌두교, 불교, 자이나교 및 중국 전통들인 유교, 도교는 인간 정신의 결정적 특징들로서 미래에도 계속 번성할 것으로 보인다. 그러나 "세계의 종교"[2] 또는 "우리의 종교들"[3]을 이런 친숙한 방식으로만 설명하게 되면, 현재의 인간 상황을 단지 부분적으로만 이해하게 된다. 현재 세계를 지배하는 이념은 종교가 아니라 계몽주의 정신으로 충만한 현대화다. 사회주의와 자본주의는 모두 현대화주의자의 발전 기풍에 찬동한다. 자연과학, 과학기술, 시장경제, 민주 정체, 개인주의의 측면에서 정의된 보편적 의식의 등장은 한 걸음 더 나아가 세계가 기축 시대 종교적 가르침과는

1) Karl Jaspers, "Die Achsenzeit", in *Vom Ursprung und Ziel des Geschichte* (Zurich: Artenis Verlag, 1949), ch. 1.
2) Huston Smith, *The World's Religions*(San Francisco: Harper San Francisco, 1991).
3) Alvind Sharma ed., *Our Religions*(San Francisco: Harper San Francisco, 1993).

정반대되는 가치들에 의해 지배되고 있는 것 같은 인상을 준다.

　제2의 기축 시대에서 중심적 문제들의 하나는 세속 세계를 참신하고 포괄적이며 보편적인 종교적 의식 속에 통합시키는 것이다. 이러한 새로운 통합이 발생하기 위한 필수적 조건은 신앙 공동체 사이, 교단과 외계 사이 그리고 모든 생각할 수 있는 문화적 경계들을 초월해서 의사소통이 가능해지는 것이다. 호혜적인 대화와 교훈적인 담화가 종교 간의 교류에서의 적대적 대립을 대체하는 것은 피할 수 없는 일이다. 현대성의 윤리적, 종교적 차원들을 강조하며, 서구 현대주의를 대안적 모델과의 관계에서 인간 정신의 중심으로부터 재정의하는 것이야말로 우리에게 주어진 더욱 도전적인 과제다. 이 특정한 시점에서 비옥한 모호성으로 가득 찬 유교 동아시아의 경우는 특별한 주목을 받을 가치가 있다. 유교 동아시아는 제2의 기축 시대에서 종교적 상황의 복잡성을 설명해주는 좋은 본보기가 될 수 있을 것이다.

　우리의 상상된 '지구촌'에서 의사소통, 시장, 재정, 무역에서의 통합을 향한 초대형화의 추세는 우리의 일상적 존재에서 통일보다는 첨예한 차이, 차별화, 차별을 생산한다. 강력한 세계화의 위력에도 불구하고 세계의 분화는 민족, 언어, 나이, 성별, 국토, 계층, 종교의 경계를 따라 강화되었다. 현대화는 동질화를 수반한다는 가설은 시대에 뒤떨어진 것이다. 인종적 긴장, 언어적 대립, 동일성의 정치, 주권 투쟁, 세대 차이, 성별 문제, 빈곤, 실업, 사회 분화, 종교 내부의 갈등, 종교 간 갈등 등은 단순한 개발도상국(제3세계)의 문제가 아니라 미국, 캐나다, 벨기에, 영국, 프랑스와 같은 고도 산업사회(제1세계)의 두드러진 특징들이다.

　그러나 비교 문명적 관점에서 기독교적, 이슬람교적, 유교적, 불교적, 힌두교적이라는 말은 세계 지도의 패턴을 설명하는 데 아직도 형용사로 사용되고 있다. 불행하게도 지구촌에서 현재의 사태를 해석하기 위해 정치학자들에 의해 채용될 때, 이것들은 "충돌"4)의 잠재적 및 실제적 윤곽을 지적하는 데에 사용된다. 결과적으로 문화적 다양성은 축하할

---

4) Samuel P. Huntington, *The Clash of Civilizations and the Remaking of World Order*(New York: Simon & Schuster, 1966), pp.207-245.

대상이 아니라 평화를 위협하는 중대한 원인이다. 냉전의 종결은 미국의 방식이 끝내 승리하리라고 강력하게 믿는 사람들에게 잠깐의 위안거리를 제공했는지 몰라도, '미국 지배 아래의 평화'가 가져다준 행복감은 단명했다. 심지어 아메리칸 드림은 국외에서는 아니더라도 적어도 국내에서만은 실현할 수 있다는 소중한 희망조차 회의에 빠졌다. 이보다 더 큰 회의는 물론 제2차 세계대전 이래 미국의 지도층에 구체화된 다음과 같은 이념이 한물간 것이라는 점이다. 우리의 국가적 자기이익은 '자유세계'에도 좋을 뿐만 아니라 전체 인간에게도 유익하다. 미국의 성취는 나머지 세계를 위한 열망이어야 하고 미국의 현재는 인류의 미래라는 믿음은 더 이상 설득력이 없다. 심지어 싱가포르와 같은 도시국가조차 미국의 법률제도, 인종관계, 안보의식, 도시문화에 대해 도전적 질문들을 제시할 정도가 되었다. 싱가포르는 실제로 거듭해서 미국의 언론은 터무니없게도 언론의 자유와 자율적인 통제 기제를 희생시켜 청렴과 안전을 얻었다고 비난하여 미국의 자유언론을 자극시켰다. 초강대국의 지성인들이 동남아시아의 가장 작은 국가들 중의 하나에 대응할 필요를 느꼈다는 사실은 의미심장하다.5)

아메리칸 드림은 실현되지 않을 수도 있고, 미국의 이념도 유지되지 못할 수 있다. 이러한 걱정은 "인류가 생존할 수 있을까?"라는 인간의 상황에 대한 가장 심각한 위협의 중대성과 비교할 때 아무 문젯거리가 되지 않는다. 지난 세대에서 항공 우주와 관련된 자연과학 및 과학기술의 놀라운 성취 덕분에 이러한 단순한 깨달음이 태어나게 되었고, 우주인의 일반적 응시에 의해 심각성을 자각하게 되었다. 인류 역사상 최초로 우리는 지구에 대한 초월적 시각을 획득하게 되었다. 생명의 의미는 생명의 바깥에 있는 사람들만이 이해할 수 있다는 비트겐슈타인의 격언은 아직 실현되지 않았지만, 인간에 대한 지구의 중요성을 지지하기 위하여 지구를 벗어나는 데 성공하였다. 우리에게 알려진 수백만의 은하계 중에서 우리의 집 지구만큼 좋은 곳은 없다. 전 세계에서 반성적 정

---

5) 싱가포르의 관점을 보려면 다음을 참조. Beng-Huat Chua, *Communitarian Ideology and Democracy in Singapore*(London: Routledge, 1995).

신의 소유자들은 윤리적, 종교적 함의로 가득 찬 이 놀라운 자각을 통해 진정한 겸손을 경험하였다.

푸른 행성의 눈부신 아름다움으로 상징되는 생명선(生命船)의 이미지는 인간의 의식 속에 매우 깊게 각인되어서 무궁한 에너지 자원, 정복을 위한 무한한 경계, 물질적 발전의 무한한 능력이라는 이전의 수사(修辭)는 설득력을 잃고 말았다. 점차 정교해지는 측량 기술의 도움을 받아, 우리는 재생 불가능한 연료의 총량뿐만 아니라 지구를 둘러싼 대기의 두께와 취약성에 대해 생생한 정보를 획득하였다. 합리적인 상식에 근거하여 간단하게 계산만 하더라도 미국의 꿈이 아니라 미국의 현실에 의해 예증된 삶의 형태는 지속될 수 없다는 점과 만일 이러한 형태의 삶이 나머지 세계로 수출된다면 생태 체계의 건강성은 크게 약화될 것이라는 점은 쉽게 알 수 있다.

끔찍한 이야기 중의 하나는, 우리의 지식이 확대되면 우리는 인류가 생존하기 위하여 밟아야 되는 필수적인 단계를 정확하게 알게 되지만, 지구촌의 하부 구조는 현대주의적 기획의 무력감과 단견에 너무 확고하게 자리 잡고 있기 때문에 우리는 자기파멸을 향한 공동체적 행진을 멈출 능력이 없다는 것을 점점 더 분명하게 보게 된다는 것이다. 사정은 간단하지 않다. 과다한 소송, 개인주의, 불신, 사리, 권리 의식에 오염된 사회가 새로운 보편윤리를 위한 도덕적 지도력을 제공할 수 없다는 것을 인식하는 데에 많은 자기반성이 필요한 것은 아니다. 만일 이것이 단지 인간 상황에 대한 진단적 판단이라면, 제2의 기축 시대의 등장은 결코 신나는 일이 아니다.

문제의 심각성을 감안할 때 현대 유교는 어떻게 반응해야 할까? 우리는 응당 '현대 유교'를 출발점으로 지명하는 데에 함축된 비대칭성에 주목해야 한다. 위에서 언급된 기축 시대 문명들 중에서 현대 시기에서 유교만큼 심각하고 철저하게 고통을 당한 정신적 전통은 없다. 계몽주의 정신으로 충만한 현대 서구의 멈추지 않는 행진이 세계를 뒤덮었을 때, 모든 종교적 전통들에서 생존성의 문제가 제기된 데 반해, 1960년대에 압도적인 수의 동아시아와 북미의 지성사가들은 중국 유교의 운명이 정해졌다고 생각했다. 유교라는 말은 종종 '봉건적 과거'의 인상을 환기시키기 때문에, 유교에 '현대적'이라는 형용사를 붙이는 것은 어울리지 않는 것 같다. 더구나 매우 다양한 문화적 형태를 가졌기 때문에 어떤 특정한 지리적 위치로 그 성격을 규정하기가 곤란한 세계 3대 종교(기독교, 이슬람교, 불교)와는 달리, 유교 전통의 특징은 줄곧 동아시아, 특히 중국이었다. 유교가 도대체 현대 서구, 특히 미국과 관련성이 있을지는 두고 보아야 한다.

따라서 '현대 유교적' 반응을 알아보기 위해서는 유추적으로 상상할 수밖에 없다. 시작부터 이것은 전통과 현대성이라는 외견상 어울리지 않는 두 사상적 조류의 가능한 합류에 근거하고 있다.6) 우리가 가정하는 것은 다양한 유교 전통들이 현대 동아시아에 존재할 뿐만 아니라, 이것들은 동아시아의 현대성을 상이한 형태로 규정했다는 것이다. 동아시아 현대성은 그 생명 본위성에서 명백한 유교적 성격을 갖고 있는 관계로 서구의 현대주의와는 다르다. 만일 과정으로서의 현대화가 이미 동아시아의 문화적 형태를 띠었다면, 현대화가 일반화될 수 있는 가능성과 이것이 다원적인 문화 형태를 띨 수 있는 잠재력은 서로 조화할 수 있다. 따라서 현대화가 계속해서 놀랍도록 참신한 문화적 형태를 띨 수 있다는 것은 생각할 수 있는 일이다. 현대 유교가 한 반응의 두드러진 특징은 현재의 참담한 인간 상황에 대한 주된 책임이 있는 서구 현대주의의 실제적 대안을 개발할 수 있는지를 탐구한 것이다. 그러나 나의 접근 태도는 현대 서구에 대한 단순한 유교적 비판은 아니다. 반대로, 나의 논지는 유교 인문주의가 현대적으로 전환하기 위해서는 먼저 현대 유교가 인간의 위기에 대해 창조적으로 반응해야 한다는 것이다.

유교 전통은 19세기 중엽 현대 서구가 동아시아에 미친 영향으로 인해 거의 사망했다고 생각되었기 때문에, 이것이 중국, 한국, 베트남, 일본의 사회에 '심정의 관성'으로서 계속 존재한다는 사실은 인류학자, 사

---

6) Tu Weiming ed., *Confucian Traditions in East Asian Modernity: Moral Education and Economic Culture in Japan and the Four Mini-Dragons* (Cambridge, MA: Harvard University Press, 1996).

회학자, 정치학자, 지성사가, 동양철학자, 비교종교가들에게는 흥미롭고 논란거리가 되는 연구 주제가 되어왔다. 이 연구 주제는 간혹 적실성이 없는 것으로 무시되기도 했다. 통계에 의하면 세계에서 전형적 유교 사회의 특징을 갖고 있다고 거론되는 한국에서는 단지 78만 명만이 유교인인 것으로 알려졌다. 그러나 정부 차원에서 유교를 종교로 인정하지 않는 싱가포르에서는 100만이 넘는 화교들이 자신들을 유교인이라고 주장한다. 또 한 가지 주목할 만한 사실은 전체 인구의 30퍼센트를 차지하는 한국의 기독교인들은 조상 숭배와 같은 유교 의례를 여전히 실천하고 있다는 점이다. 더구나 라이샤워(Edwin O. Reischauer) 교수가 적절하게 지적하고 있듯이, 대다수의 일본인들은 자신들이 불교와 신도를 모두 믿고 있다고 주장하지만, 이들 중 누구도 자신들이 유교 윤리를 실천하고 있다는 사실을 부인하지 않는다.7) 중국 본토, 홍콩, 마카오, 대만, 싱가포르 및 전 세계의 화교들을 포괄하는 중국 문화권의 경우는 매우 흥미롭다. 그러나 동아시아가 규범과 행위 모든 측면에서 공산주의자, 자본주의자가 되거나 서구화되어 영어를 구사할지라도, 그들의 기본적인 사회 조직은 여전히 유교적 삶의 방식을 따르고 있다고 생각하는 것이 온당하다.

유교는 정치 이념, 지성적 담론, 상업 윤리, 가족 가치 및 1960년대 이래 동아시아 자본주의와 사회주의 국가의 저항 논리 등 여러 가지 형태로 부활했는데, 이 부활에는 많은 요소들이 결합되어 있다. 민족성, 언어, 문화적 민족주의, 생명 본위와 같은 원초적 유대들에 뿌리박은 긴장과 갈등에도 불구하고, 동아시아의 전반적인 패턴은 서구의 계몽주의 정신과는 완전히 다른 가치들에 기초한 통합이다. 동아시아의 지성들은 지난 1세기 이상 서구의 학습에 몰두했던 것이 사실이다. 일본의 경우 사무라이 지식 관료들은 자연과학, 과학기술, 제조업, 정치제도 등 서구의 우수한 지식을 네덜란드, 영국, 프랑스, 독일로부터 배웠으며, 최근에는 미국으로부터 수입했다. 중국의 학자 관료, 한국의 양반, 베트남의

---

7) Edwin O. Reischauer and Marius B. Jansen, *The Japanese Today*(Cambridge: Harvard University Press, 1995), pp.20-24.

지식인들도 비슷한 방식으로 자신들의 현대적 사회를 건설하기 위한 지식을 서구로부터 얻었다. 그들이 열정을 바쳤던 서구화는 근본적, 포괄적이며 심지어 대량적이었기 때문에, 그들은 이러한 서구화를 통해 자신들의 경제, 정치, 사회를 직접적 경험을 통해 그들이 우월한 행위 양식이라고 지각했던 것에 따라 완전히 변환시킬 수 있었다. 이런 식의 적극성을 갖고 서구와 동일화하려는 것과 자신의 세계를 서구의 모델에 따라 근본적으로 개조하는 작업에 이렇게 능동적으로 참여하는 것은 인류 역사상 전례가 없는 것이다. 그러나 대량적인 문화적 흡수를 위하여 자신들의 풍부한 정신적 자산들을 뒷전으로 미루려는 동아시아의 의도적인 노력 때문에 서구로부터 배운 것을 다시 고치기 위해 오히려 타고난 패턴에 호소해야 될 필요성이 높아져버렸다. 제2차 세계대전이 끝난 후 이러한 창조적 적응의 모델은 새로운 종합을 만들어내는 데 정신적 자산들이 자리매김하는 것을 전략적으로 도왔다.

유교 전통은 봉건적 과거의 유산으로서 뒷전으로 밀려나 황제국으로서 중국의 제도와는 영원히 단절되어버렸지만, 유교 전통은 새로운 형태의 농업 기반적 경제, 가족 중심적 사회 구조, 가부장적 정체에 그 토대를 유지해왔다. 유교의 정치 이념은 일본과 네 마리의 용 같은 개발 국가들에서 작용해왔다. 아울러 유교의 정치 이념은 중국, 북한, 베트남의 정치적 과정 속에서도 명백히 드러난다. 동아시아에서 자본주의와 사회주의 사이의 경계가 불확실해짐에 따라 이 양자 사이에 두드러진 문화적 공통분모는 명백한 유교적 특성을 갖고 있다. 동아시아와 중국 문화에서 경제 문화, 가족 가치, 상업 윤리는 또한 유교적 모습을 갖고 있다. 이러한 현상들을 사후약방문 식의 정당화라고 설명하는 것은 경박한 생각이다. 이러한 유교적 성격을 지적하는 것이 때늦은 궁리에 불과하다는 점에 동의한다 하더라도, 동아시아 경제, 정치, 사회에서 등장하는 유교 자본주의(네트워크 자본주의), 유교적 민주주의(연성 권위주의), 유교적 집단정신은 동아시아 현대성에서 유교 전통이 갖고 있는 변화적 잠재력을 시사한다.

유교 전통의 영향 아래에 있는 동아시아 현대성은 특별히 다음과 같은 여섯 가지의 대안적 모델을 제시한다.

(1) 시장경제에서 정부의 지도력은 필수적일 뿐만 아니라 바람직하다. 정부는 필요악이며 시장은 그 자체로 사회 질서의 '보이지 않는 손'을 제공할 수 있다는 교의는 동서양을 막론하고 현대적 경험과 배치된다. 사회적 수요에 반응하고, 백성의 복지를 책임지고, 사회 전체에 대해 책무를 다하는 정부는 질서의 창조와 유지를 위해 매우 중요하다.

(2) 법률은 사회적 안정의 최소한의 요구 조건으로서 필수적이지만, '유기적 단결'은 인간적인 교류 의례를 보완할 때만 가능하다. 문명적인 행동 양식은 강요에 의해서는 결코 그 의미가 전달되지 않는다. 영감의 표준으로서의 본보기의 가르침은 자발적 참여를 불러온다.

(3) 사회의 기초 단위로서의 가족은 핵심 가치들을 전파하는 장소다. 나이, 성별, 권위, 신분, 계급 질서에 의해 구별된 가족 안에서의 관계는 인간화의 적절한 방법을 배울 수 있는 풍부한 자연환경을 제공한다. 인간적 상호작용의 2차선 도로로서의 상호성(恕)의 원리는 가족 안에서 모든 인간관계의 형식을 규정한다. 인간 주거의 원초적인 환경에서 잠재성의 면에서 볼 때 가장 심각한 두 가지 형태의 간극인 나이와 성별은 인간적 보살핌이라는 친밀한 정서의 끊임없는 흐름 속에 놓인다.

(4) 시민사회가 번성하는 이유는 이것이 가족보다 상위에 있는, 그리고 국가를 넘어서는 자율 지역이기 때문은 아니다. 시민사회의 내적 역량은 가족과 국가 간의 역동적인 상호작용에서 나온다. 축소된 국가로서의 가족의 이미지와 확대된 가족으로서의 국가의 이상이 의미하는 것은 가족의 안정이 정치의 본체에 결정적으로 중요하고 국가가 수행하는 하나의 중요한 기능은 가족의 유기적 단결을 보장한다는 점이다. 시민사회는 가족과 국가 사이의 풍성한 결합을 허용하는 다양한 형태의 중재적인 문화적 제도들을 제공한다. 사적인 것과 공적인 것 사이의 역동적인 상호작용이 있게 되면 시민사회는 인간 번영을 위한 다양하고 풍부한 자원들을 제공할 수 있다.

(5) 교육이 응당 수행해야 되는 것은 사회에서 시민 종교의 역할이다. 교육의 주된 목적은 인격 형성이다. 전인의 양성을 의도하는 학교는 윤

리적 및 인식적 지성을 강조해야만 한다. 학교가 마땅히 가르쳐야 하는 것은 의사소통을 통한 '사회적 자본'을 축적하는 기술이다. 지식과 기술의 습득 외에도, 학교는 문화적 능력의 개발과 정신적 가치의 인식에 적합해야만 한다.

(6) 수신은 제가, 치국, 평천하의 뿌리이기 때문에, 특정한 사회에서 삶의 질은 그 구성원들의 수신의 수준에 의존한다. 수신을 인간 번영의 필수 조건으로서 장려하는 사회가 소중히 생각하는 것은 덕성 중심의 정치적 지도력, 자아실현의 공동체적 방식으로서의 상호 권면, 인간화의 학습을 위한 적절한 기지로서의 가족의 가치, 인간 상호작용의 정상적 패턴으로서의 예의, 인격 형성으로서의 교육이다.[8]

이와 같은 사회적 이상들이 동아시아에서 완전히 실현되었다고 주장하는 것은 얼토당토않은 말이다. 사실상 동아시아는 종종 유교적 현대성이 나타낸다고 가정하는 두드러진 특징들과는 정반대의 것을 보여준다. 수십 년 동안 제국주의와 식민주의에 의해 수모를 당했던 동아시아의 등장에서 우리는 적어도 그 표면에서 착취, 중상주의, 소비주의, 물질주의, 탐욕, 이기주의, 야수적 경쟁성 같은 서구 현대성의 가장 부정적 측면들을 발견한다. 그럼에도 불구하고 서구 아닌 곳에서 현대화된 첫 번째 지역인 '유교적' 동아시아의 등장은 광범위한 문화적 함의를 갖고 있다. 계몽주의 정신으로 충만한 현대 서구는 전 세계적 규모의 사회적 변화를 위한 원동력을 최초로 제공했다. 서유럽과 북미에서 현대화 과정을 촉진했던 역사적 이유들이 반드시 현대성의 구조적 요소들은 아니다. 도구적 합리성, 자유, 권리 의식, 법의 적절한 과정, 사생활, 개인주의와 같은 계몽주의 가치들은 모두 보편화될 수 있는 현대적 가치들임에 분명하다. 그러나 유교적 본보기에서 볼 수 있듯이, 공감, 분배정의, 의무 의식, 의례, 공공 정신, 집단 본위와 같은 '아시아적 가치들'도 일반화될 수 있는 현대의 가치들이다. 계몽주의 가치들이 반드시 동아

---

8) Tu Weiming, "A Confucian Perspective on the Rise of Industrial East Asia", 1687th Stated Meeting Report, *Bulletin of the American Academy of Arts and Sciences*, XCLII: 1(October 1988), pp.32-50.

시아의 현대성 속으로 통합되어야 하는 것과 마찬가지로, 아시아적 가치들은 미국식의 삶의 방식을 위한 비판적이고 시의적절한 참고 사항이 될 수 있을 것이다.

유교적 현대성이 현대화란 본질적으로 서구화나 미국화라는 주장을 강력하게 부정한다면, 이것은 태평양 시대의 등장이 예시하는 동아시아의 부상이 새로운 패러다임에 의한 옛 패러다임의 교체를 상징하는 것일까? 이에 대한 대답은 아마도 긍정일 것 같다. 그러나 서유럽과 북미가 아시아에서 새로운 지침을 구해야 할 시기가 무르익었다는 식의 일종의 관념은 현명치 못한 것 같다. 서구, 특히 미국에서 문명을 배울 뿐만 아니라 가르치는 입장으로 자신을 전환시켜야 할 필요는 명백하며, 동아시아의 현대성이 의미하는 것은 대안적 일원론이 아닌 다원론이다. 유교적 동아시아가 철저하게 서구화되지 않은 채 현대화에 성공했다는 사실은 현대화가 상이한 문화적 형태를 띨 수 있다는 점을 시사한다. 따라서 동남아시아가 서구화되거나 동아시아화되지 않고도 그 자체로 현대화될 수 있다는 생각은 충분히 가능하다. 유교적 동아시아가 태국, 말레이시아, 인도네시아에게 현대화의 영감을 제공했다는 바로 이 사실은 불교, 이슬람교, 힌두교의 형태를 갖는 현대성도 가능할 수 있다는 점을 의미한다. 라틴아메리카, 중앙아시아, 아프리카 및 전 세계의 토착적 전통들 모두 서구 현대주의에 대한 자체적 대안들을 개발한 잠재력이 있다는 점을 의심할 이유는 없다.

이 시점에서 잠시 멈춰 지금까지 이야기된 것을 정리할 필요가 있다. 다원주의를 열렬히 지지한 결과 우리는 너무 일찍 깔끔한 결론에 도달했는지도 모른다. 이것은 일종의 역사적 필연성이기 때문에 발생할 확률이 높다고 말하는 것은 생각이 짧은 사람들의 희망적 관측일 것이다. 완강한 정신의 현실주의자만이 이러한 이야기가 발생할 가능성을 알 수 있는 것은 아니다. 만일 '제1세계'가 개발의 특권을 강조한다면, 만일 산업화된 동아시아가 가속화된 성장과 함께 앞서 나간다면, 만일 중국이 모든 수를 써서 '4대 현대화'에 매진한다면, 2050년경에 세계는 어떤 모습을 하고 있을까? 동아시아의 현대성이 하나의 약속일까, 아니면 악

몽일까? 우리는 이 점이 궁금하다.

지난 반세기 동안 세계 역사상 가장 활력적인 경제로 성장한 동아시아의 등장은 광범위한 지정학적 함의를 지닌다. 미국의 보호를 받던 충직한 학생의 신분에서 미국의 경제적 패권에 대한 가장 강력한 도전자로 성장한 일본의 변신으로 인해 우리는 진지하게 "태양을 우러러볼 (looking at the sun)"[9] 필요를 느낀다. 1979년 이래 실시된 '개혁 개방' 정책으로 인해 중국은 매우 빠른 속도로 거대한 발전 장치가 되었다. 1989년의 천안문 사태는 북경 당국의 야수적인 포악성을 전 세계에 각인시켰다. 베를린 장벽의 붕괴와 구소련의 해체는 전제주의적 실험으로서의 국제 공산주의가 끝났다는 신호탄이 되었지만, 동아시아의 사회주의(중국, 북한, 베트남)는 명목상이 아닌 현실에서 자신들을 재창조하는 과정에 있는 것 같다. 서구 및 전 세계적 연결망 속에 있는 수천 명의 정치적 반대자들이 티베트의 독립을 지지하는 가운데 미국의 대중매체는 중국의 극단적 타자성을 일종의 위협으로 부각시켰다. 중국이 한 세기가 넘는 세월 동안 서구의 제국주의자들에게 수모를 당했기 때문에 세계 질서를 재조정하려는 주된 동기는 복수심일지 모른다는 추측은 자명한 사실인 것 같다. 베트남 전쟁은 말할 것도 없이, 제2차 세계대전과 한국전쟁의 무대였던 태평양에 관한 추억들은 황색 공포(Yellow Peril)[10]의 신화가 재현될 수 있다는 신빙성을 더해준다. 부유한 중국인들이 동남아시아, 대만, 홍콩 등지에서 북미, 호주, 뉴질랜드로 이민을 오게 됨에 따라 지구 공동체의 권력 관계를 재조정하려는 중국인들의 음모가 있다는 위기의식이 더욱 높아지게 되었다.

민족적 자긍심, 민족주의적 정서, 외국인 혐오감은 중국어 출판물들에서 공공연하게 표현된다. 중국에서 지식인들과 정부 선전물에는 특히 미국 정부를 향한 결연한 저항의 소리가 있는 것도 사실이다. 2000년

---

9) James Fallows, *Looking at the Sun: The Rise of the New East Asian Economic and Political System*(New York: Vantage, 1995).

10) [역주] 이 표현은 미국의 대륙 횡단 철도 공사 때 값싼 양질의 중국 노동자들이 유입됨으로 해서 백인들이 실직하게 된 사건에서 유래한 것으로서, 황색 인종에 대한 백인종의 두려움을 강조한 말이다.

올림픽을 주최하려는 중국의 노력에 대한 미국의 방해 공작, 유엔의 인권 헌장을 사용한 미국의 중국에 대한 비판, WTO에 가입하려는 중국에 대한 미국의 추가 조건들의 부과, 무역 불균형에 대한 논란 그리고 가장 심각한 것으로, 대만해협에서의 미국 개입은 모두 악화일로의 중미 관계에 심각한 영향을 끼쳤다.

1839년 아편전쟁 이래 중국은 수많은 대학살을 겪었다. 1949년 중화인민공화국의 건국 이전에서 이 모든 것의 책임은 제국주의에 있었다. 공교롭게도 무고한 중국인들에 가장 잔혹한 행위를 자행한 외국의 세력은 일본이었는데, 일본은 서구의 지배를 넘어서기 위한 수단으로서 고집스럽게 서구화를 시도한 결과 완전한 제국주의적 세력으로 자신을 변모시켰으며 자신과 이웃 국가들에게 참혹한 결과를 초래했다. 중국 공산당이 집권한 초기 30년 동안, 정치적 지도층 및 잘못된 정책들의 중대한 결함들로 인해 생명, 자산, 제도, 가치의 파괴를 가져왔다. 수백만의 인민들이 사망했으나 이웃 국가들에는 전혀 영향을 미치지 않았다. 국제 공동체, 특히 서반구의 공동체들은 중국에서 발생했던 것을 완전히 망각했다. 외부적인 것이든 내부적인 것이든 간에, 중국의 고립과 이에 따른 국제 사태에의 불참은 당연시되었다. 30퍼센트의 중국 경제가 국제 무역과 연결되어 있고, 관광, 유학, 교환 학생, 학술 교류가 빈번해지며, 거대한 외국 투자를 끌어들이는 특별 경제 지역이 지정되고, 광동에서 블라디보스토크에 이르는 자연 경제 지역이 출현함에 따라, 중국은 동아시아, 아시아-태평양 지역, 지구 공동체의 일원이 되었다. '개혁개방 정책'이 국내적으로 미친 영향은 막대하다. 그중의 하나는 130만 명으로 추산되는 인민들의 국내 이주가 주로 서부 내륙에서 해안 지역으로 이미 발생했다는 사실이다.

지구 공동체 속으로 통합되려는 중국의 적극적인 행위는 어떠한 문화적 메시지를 담고 있는가? 명백한 사실은 현대 서구의 패권적 담론으로서 계몽주의 정신으로 가득 찬 국제적인 게임의 법칙은 설명적 모델이 되기에는 적절치 않다는 점이다. 만일 중국 또는 유교적 동아시아가 자신의 장기적 이익을 정당화시키는 데에 필요한 모든 모델은 도구적 및 합리적 계산에 근거하며 사회 진화론적 경쟁성에 동기가 있는 국가적 자기 이익이라는 점을 지지하게 된다면, 그 결과는 지구 공동체에 엄청난 영향을 미치게 된다. 대안의 모색은 가장 소중하게 생각된 일부 가치들에 대한 반성에서 시작해야만 할 것 같다. 인간 상황의 심각성을 감안할 때 인간은 법의 지배를 받는 시장에서의 이윤을 극대화시키기 위해 자기이해에 따라 움직이는 기본적으로 합리적 동물이라는 주장을 우리는 어떻게 생각해야 할까? 도구적 합리성, 자기이해, 이윤, 시장, 법은 서구 현대성과 뗄 수 없는 차원들이며, 나머지 세계에 의해 자신들의 현대화 노력의 기준으로서 광범위하게 인정되고 있다는 사실은 말할 필요도 없다. 사실상 서구에서 정부 관료, 언론인, 지식인, 기업 대표, 사회 사업가들은 이러한 것들이 개발도상국에서의 현대화 작업을 판단하는 가치적 척도라고 생각한다. 이러한 정신 자세의 부적절성은 통용성에만 있는 것이 아니다. 통용된다 하더라도 얼마나 지속될 것이고, 결국에는 인간의 번영을 위해 사실상 어떤 모델을 수반할 것인지에서 모두 부적절하다.

동아시아의 현대성은 다음과 같은 것들을 보여준다. 법률적 틀은 지속적인 사회적 질서를 위해 필요하며, 계획경제보다는 시장이 생산성을 높이는 더 좋은 방법이며, 이윤이 사람들의 근로정신을 유발하며, 사리(私利)는 정치적 참여를 위한 중요한 자극제가 되며, 합리성은 문명사회의 수립을 위해 필수적이다. 유교 인문주의의 영향을 받은 동아시아의 경험은 동아시아 현대성의 형태가 현재 미국에서 발견되는 것보다 적대성, 개인주의, 소송(訴訟), 자기이해에서 정도가 덜한 더욱 현실적이고 바람직한 현대성의 형태라는 점을 보여준다. 물론 주의해야 할 점은 동아시아 사회가 권위주의, 족벌주의, 의례주의, 남성 본위, 계급 구조를 뛰어넘지 못하는 어려움 또한 그 원인이 유교적 유산에 있다는 사실이다. 분명한 점은 자기실현이라는 유교 관념은 과거의 제국주의적 체제나 당대의 사회주의적 체제보다는 현대의 자유민주주의적 사회에서 실현될 가능성이 더 높을 것 같다는 사실이다.

미국은 자기성찰을 위해 동아시아 현대성의 문화적 메시지에 주의를 기울이는 것이 좋다. 반(反)법률적 논쟁이 과대한 송사를 줄일 수 있는 것은 아니다. 입헌 제도에 기초한 법률적 틀은 미국 시민 종교의 고귀한 유산이다. 그러나 인간관계의 생각할 수 있는 모든 영역까지 침투한 법률 절차는 기껏해야 절반의 축복이다. 사실상 법률 절차는 미국 사회에서 체면과 예의의 원천을 근본적으로 오염시켰기 때문에 미국 시민은 평균적으로 동아시아의 법률 전문가보다도 더 법률에 익숙한 것 같다. 법률 외적으로 의사소통, 타협, 조정, 합의 구성 등을 해야 될 필요성을 극복하는 길은 인간 상호작용에서 우리가 선호하는 형식인 의례의 가치를 충분히 인식하는 법을 배우는 것이다. 예를 들어 미국 사회에는 학교와 가정에서의 매너를 가르치는 것과 같은 의례에 대한 요구가 사실상 과다할 정도로 많지만, 법률 절차에 실제 효과가 있는 교정 작용으로서 의례 실천의 정신을 양성하기 위해서는 가정에서 국가에 이르는 모든 공동체적 차원에서의 국가적 노력이 필요하다.

마찬가지로 시장이 갖고 있는 해방적 잠재력을 찬양하기 전에 우리는 분배적 정의의 원리를 담보하기 위해 정부가 그 책임을 다했는지를 먼저 따져야 한다. 동아시아에서는 정부의 역할과 관련해서 여당과 야당 사이에 보여주는 갈등으로 인해 사회의 도덕성을 조성하는 데 정치적 지도층이 갖는 능력이 인정되지 못한다. 동아시아에게서 성공의 비결은 가장 능력 있는 인재들을 공무원으로 뽑을 수 있는 정부의 능력이다. 다 알다시피 동아시아의 정부들은 교육에 깊게 관련되어 있다. 사실상 동아시아에서 가장 좋은 고등 교육 기관들은 모두 국립대학이다. 영재 교육에 대한 이러한 열정이 관료주의적 능력 본위 제도의 근간을 이룬다. 동아시아에서 정치 경제에 안정성을 제공한 것은 학자 관료들의 명성일 것이다. 일본과 한국의 경우 선출된 고위 공직에 부패가 만연해 있음에도, 정치적 수사학을 구성하는 언어는 이(利)보다는 의(義), 사리(私利)보다는 공의(公義)다. 일부 경우들에서 위선이 보이기도 하지만, 언론, 지식 공동체, 전체적 공무원이 정치적 과정의 오류들을 시정하는 데 갖고 있는 상징적 힘은 거대하다. 심지어 정치제도 자체가 고위 공직자의 자녀들과 같은 특권층에 의한 부패를 장려하는 중국에서조차도 이 문제를 다루는 실제적 메커니즘과 이념적 정당화 작업은 여전히 정부의 손에 달려 있다.

여기에서 우리가 배울 수 있는 것은 법률, 시장, 이윤, 사리(私利)는 그 자체로 인간 번영의 기획을 구성할 수 없다는 것이다. 위대한 문명이 지속되기 위해서는 일상적 삶이라는 구체적 현실에 뿌리박은 좀 더 의미 있는 사상과 실천들이 요구된다. 막스 베버가 서구 현대주의의 결정적 특징으로 이해한 도구적 합리성은 인간 상황의 문제성들을 다루기에는 적절치 않은 수단이다. "의사소통적 합리성"을 도입하여 계몽주의 정신을 확장시키려는 하버마스의 거대한 구상은 의미가 있지만, 그는 마르크스, 베버, 파슨스로 이어지는 지성적 계보에 의존함으로써 자신의 노력을 현대 서구의 세속적 휴머니즘에 가두어놓고 말았다.11) 하버마스가 포스트모더니스트들이 그를 비판하는 유럽중심주의는 말할 것도 없이 어떻게 인간중심주의를 추월할 수 있을지는 부분적으로 인간의 정신성을 다루는 그의 능력과 열의에 달려 있다.

에워트 커즌스(Ewert Cousins)가 말하는 제2 기축 시대가 기초로 하는 것은 인류의 생존 가능성이라는 위기를 다루는 데 인간 공동체의 모든 정신적 자원들을 되찾는 방법으로서 문명들 간의 대화가 갖는 중요성이다.12) 철저하게 세간적인 유교는 생명이 인간 정신성의 원천이 되는 마지막 장소다. 사실상 볼테르와 같은 18세기 사상가들에게 유교의 생명 본위 사상이 매력을 끌었던 것은 바로 신적인 권위가 인정(仁政)에 개입하는 것을 거부하는 유교의 특성 때문이었다. 2천 년이 넘는 세월 동안 유교 사상의 주류에서 신(神) 담론은 심지어 거부할 기회조차 주어지지 않았기 때문에, 계몽주의 휴머니즘처럼 유교 인문주의는 인간중심주의를 면치 못할 것 같다.

나는 다른 곳에서 유교 인문주의는 인간론적이며 동시에 우주론적이기 때문에 유교의 생명 본위를 설명하는 적절한 표현은 인간-우주 동형

---

11) Jürgen Habermas, *The Theory of Communicative Action*, trans. Thomas McCarthy(Boston: Beacon, 1984).

12) Ewert Cousins, *Christ of the 21st Century*(Rockport, MA: Element, 1992).

동성론이라고 주장했다.13) 구체적으로 생활하는 인간으로서 유교인은 우리가 지금 여기에 있는 세계에 뿌리를 내리고 있고, 이러한 삶의 사실은 본질적으로 위안적이라고 가정한다. 이 토착성으로 인해 우리는 우리의 조건적 존재성을 우리의 인간성과 뗄 수 없는 차원으로서 인정할 수 있다. 우리는 본성상 생물학적, 생리적, 육체적, 공동체적 존재다. 우리가 대지, 몸, 가족, 공동체를 떠나거나 초월하는 것이 '정신성'의 조건은 아니다. 우주적 과정의 공동 창조자라는 본성은 우리를 정신적 존재로 만든다. 우리는 하늘의 동료이며, 개인 및 공동체의 차원에서 우리에게는 대지, 몸, 가족, 공동체를 변화시켜 생명 자체인 하늘의 내면적인 덕을 발산하는 주체로 만드는 신성한 임무가 주어져 있다.

인간-우주 동형 동성적으로 정의된 인간의 본성에는 지구의 신성함, 육체의 거룩함, 가족의 지복(至福), 공동체의 신성성이 암호로 기록되어 있다. 해, 달, 별, 동물, 나무, 돌과 같은 모든 물질은 생명 에너지인 기(氣)의 특수 형태이기 때문에, 모든 물질에는 정신이 깃들어 있다. 따라서 인간과 모든 다른 형태의 존재 사이에는 동족 관계가 성립한다. 본성의 완전한 실현을 의도하는 수신은 다름 아닌 우리의 대지, 몸, 가족, 공동체라는 현실들을 우주 과정의 공동 창조자로서의 전 포괄적인 우리 자신으로 변화시키는 것이다. 그 방법은 민족성, 성별, 나이, 국토, 계급, 신앙과 같은 우리의 명백한 제한성들을 자기실현의 도구로 전환시키는 것이다. 이 임무는 매우 힘들다. 왜냐하면, 관성, 제한, 자기기만이 이 임무를 방해할 수 있기 때문이다. 존재론적인 우리의 현실적 모습과 실존적인 우리의 당위적 존재 사이의 간극은 완전히 메워질 수 없다. 더욱이, 하늘은 무소부재하고 전지할지는 몰라도 전능하지는 못하다. 과거에도 그랬듯이 인간 쪽의 계약은 오직 인간에 의해서 완수되어야 한다. 하늘의 내면적 진실은 더욱 심화되는 자기 지식을 통해서 발견될 수 있지만, 하늘의 신성한 개입은 기대할 수 없다. 우리는 우리 자신, 같은 인간들, 우리를 둘러싼 세계에 대해 우리가 저지른 행동에 모든 책임을 져야

---

13) Tu Weiming, *Centrality and Commonality: An Essay on Confucian Religiousness*(Albany: New York State University Press, 1989), epilogue.

만 한다. 우주 과정의 공동 창조자로서의 우리의 본성의 결과는 우리의
파괴적 능력이다.

최근 10여 년 동안 우리는 경험을 통해 다음과 같은 사실에 대한 분
명한 자각에 이르렀다. 우리는 우리의 집을 심각하게 오염시켰으며, 우
리가 사용하는 갱신 불가능한 에너지를 고갈시켰으며, 우리가 합리적으
로 생각한다면 얻고자 하게 될 인간의 창조적 이상에 훨씬 근접한 무수
한 문명들을 파괴시켰으며, 마지막으로 수천에 달하는 인간 공동체들을
소홀히 하여 극도의 빈곤에 빠지도록 만들었다. 결론적으로 우리는 자
신이 가지고 있는 파괴력을 충분히 행사했으며, 자기파멸을 향한 불안
한 행진을 시작했다. 우리에게 위안이 되는 것은 유교인들 자신이 지금
까지 이러한 비인간화 과정의 희생물이었다는 것에 대한 깨달음이 아니
라 하나의 상상 속 대안이 우리를 기다리고 있다는 사실이다.

유교인들에게 자기 운명의 주인이 되도록 만들어준 조류를 바꾸기 위
한 최소한의 요구 조건은 동아시아의 등장이라는 문화적 메시지에 내재
하는 책임의 윤리가 존재한다는 공동체적이며 비판적인 자기의식의 등
장이다. 국제적 영역에서 사리(私利)는 제아무리 광범위하게 정의된다
하더라도 다음과 같이 소극적으로 표현된 황금률의 제한을 받아야만 할
것이다. "남이 너에게 하지 않기를 바라는 일을 남에게 하지 말라."14)
『논어』에서 두드러진 이 원리는 '서(恕)'(상호성)의 덕에 의해 운용된다.
타자를 타자의 측면에서 이해하는 능력은 차이를 존중하는 것이다. 더
구나 이 능력은 우리 자신의 인간성을 확대시키고 심화시켜 결국에는
창조적 포괄성으로 변한다. '서'는 단순히 수동적으로 자신의 한계를 인
정하는 것이 아니라 어려움에 처한 사람들의 심정을 능동적으로 헤아리
는 것이다. 따라서 이 황금률은 다음과 같이 적극적인 의미로 보완되어
야 한다. "자신이 서고자 하면 남도 서게 하고, 자신이 이루고자 하면
남도 이루게 하라."15) 공동체적 참여가 갖는 포괄적인 의미의 기초는
대부분의 경우들에서 인간의 번영은 호혜적이며, 심지어 명백한 제로섬

---

14) 『論語』「顔淵」, "己所不欲 勿施於人."
15) 『論語』「雍也」, "己欲立而立人, 己欲達而達人."

의 상황에서도 의사소통, 협상, 합의 조성을 위한 공간은 여전히 존재한다는 주장이다.

유교의 공동체적이며 비판적인 자기의식은 인도를 하나의 준거 사회로 받아들일 때 문화적 정교성의 새로운 차원에 도달할 수 있다. 중화세계에 사는 유교인들이 인도의 지식인들을 자신들의 문화적 선택에 대한 정신적 도전으로 진지하게 인정한다면, 유교인들은 자신들의 토착적인 정신적 전통, 특히 대승불교와 도교를 되찾기에 좋은 입장에 놓일 것이다. 이 결과, 전적으로 부강에 의해 정의된 세계 질서를 바라보는 이들의 시각은 변하게 될 것이다. 중국인의 현대주의적 정신 자세에 대한 이러한 개혁이 가져올 수 있는 적극적인 결과는 티베트를 국가적 통합에 대한 정치적 위협이 아니라 정신적 자원으로 인정하는 것이다. 수적으로는 6천만 명을 넘고 영토적으로는 중국 대륙의 3분의 2를 차지하는 중국 소수민족들에 대한 다문화적이고 다원 종교적 시각을 채택한다면, 중국의 자기이해를 위한 개념적 장치들과 상징적 자원들은 매우 풍부해질 것이다.

1995년에 말레이시아에서 시작된 이슬람과 유교의 대화가 유교인들에게 제공해준 것은 기타 기축 시대 문명들과의 대면에서 유교적 보편성의 가능성을 탐구하는 귀한 기회였다.16) 인도네시아의 경우 유교는 정당한 종교의 하나이고, 동아시아와 전 세계의 중국 공동체들에게 종교로서의 유교가 존재하는 것은 사실이다. 그러나 유교는 엄밀한 의미의 종교는 아니기 때문에, 우리는 종종 '유교적 기독교인', '유교적 불교인', '유교적 무슬림'과 같은 정신적인 자기정의나 학문적 호칭과 마주치게 된다. 유교인은 문명들 간의 대화에서 어떠한 역할을 수행할 수 있는가? 유교인들은 동정적인 제삼자로서 종교 간의 대화를 촉진할 수 있는가? 유교 사상가들이 이 세계에 뿌리가 있다는 사실과 현상의 변화에 대한 열정을 포기하지 않은 채 계몽주의 기획의 정신적 자원들을 풍부하게 할 가능성은 얼마나 되는가? 유교의 생활 본위적 입장은 "세계에 대한 적응"17)으로 완전히 오인되어왔다. 그러나 세계의 위기를 보면서

---

16) 말라야대학이 주최한 국제 심포지엄이 3월 13-15일 쿠알라룸푸르에서 열렸다.

우리가 이로부터 도피할 수는 없다. 동아시아의 특별한 상황들에 토착적인 유교적 책임성의 윤리는 지구 공동체로 확장되어야 한다. 비록 작은 발걸음이라도 올바른 방향이라면 이것은 우리가 동원할 수 있는 모든 창조적 에너지를 기울일 만한 가치가 있다는 것을 깨닫는 데에는 위기의식과 겸손한 마음이 필요하다.

나성 옮김

---

17) Max Weber, *The Religion of China: Confucianism and Taoism*, trans. Hans H. Gerth(Glencoe, IL: Free Press, 1951), p.235.

다산기념 철학강좌 ■ 9

공동체주의와 공공성

2005

마이클 샌델

강준호 · 구영모 · 김선욱 · 김은희 · 박상혁 · 최경석   옮김

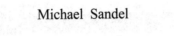
Michael Sandel

차례

407

역자 서문

미국 하버드대학 정치학과(Department of Government)의 마이클 샌델(Michael Sandel) 교수가 한국철학회의 다산기념 철학강좌 초청 연사로 2005년 9월 4일부터 네 차례의 강연을 하고 돌아갔다. 명경의료재단과 한국언론재단의 지원으로 이루어진 이 행사는 철학계에 널리 알려진 세계적 석학을 초청하여 그의 사상적 진수를 배우기 위해 연례적으로 이루어지는 행사로서, 샌델 교수는 그 아홉 번째 강사가 되었다.

한국의 학계에서 그의 이름은 흔히 '샌들 혹은 샌덜'로 옮겨졌지만, 이번 방문을 통해 그의 이름이 '샌델'임을 확실하게 알게 되었으니, 앞으로 그의 이름은 원래의 이름대로 좀 더 분명하게 표기될 것이다. 사실 이러한 명사들을 초빙함으로써 얻게 되는 이익은 이처럼 정확한 이름을 아는 것이라기보다는 이들 사상가들의 정확한 입장을 알게 되는 것이다. 샌델 교수는 흔히 공동체주의자라고 알려져 있지만, 이번 방한을 통해 알게 된 것은 왜 자신과 같은 공동체주의자들이 스스로를 공동체주의자라고 부르지 않는지, 그리고 한국인의 관점에서 공동체주의자라고 말하기보다는 차라리 스스로를 자유주의자라고 부르는 편이 더 낫다고 생각하는지 등이다.

자유주의와 공동체주의 논쟁이란 지난 20세기 말에 치열한 논쟁을 벌인 현대의 정치철학 또는 사회윤리학 이론의 전선을 일컫는 말이다. 자유주의의 태두로는 1971년에 『정의론(A Theory of Justice)』을 쓴 존 롤즈를 들 수 있으며, 그의 사상을 잇는 수많은 사상가들이 여기에 포함되지만, 롤즈를 비판하면서도 절차주의적 정의관을 받아들이는 칼-오토 아펠이나 위르겐 하버마스, 세일라 벤하비브 같은 사상가도 자유주의적 진영에 들어간다. 이들 사상가들의 공통적 특징은 정의 개념에 천착하며, 선(the good) 개념보다는 옳음(the right)의 우선성을 인정하는 데 있다. 한편, 공동체주의의 진영에는 네 명의 주요 사상가가 포진하고 있는데 찰스 테일러, 마이클 왈쩌, 알레스데어 매킨타이어, 그리고 이번에 초청을 받은 마이클 샌델이 그들이다. 이 가운데 테일러와 매킨타이어는 70대이고 왈쩌는 60대로 노령에 속하지만 샌델은 50대 중반이니, 앞으로도 많은 업적들을 통해 자신의 사상을 널리 펼 인물로 생각된다.

샌델은 옥스퍼드대학에서 박사 학위를 받았는데, 이때 찰스 테일러가 그의 박사 학위 논문의 외부 심사자로 활동하면서 논문을 지도했다. 이때의 논문이 이미 롤즈 이론에 대한 비판을 그 핵심으로 하고 있었고, 논문의 내용은 테일러 사상의 기본 노선을 따라갔다. 다만 샌델은 정치학과 소속이고 자신의 사상을 정책적 차원과 연계해서 발전시키기를 원하는 반면, 노령의 테일러는 이제 자신의 사상을 좀 더 형이상학적인 방향으로 전개시켜간다는 점에서 차이가 난다고 할 수 있다.

이들 네 명의 사상가들이 모두 자신을 공동체주의자로 표방하지 않는 이유는 공동체주의가 서구에서는 수구적인 사상으로 간주된다는 데 있다. 특정 시간에 특정 공간에서 존재했던 공동체의 전통과 관습을 보수적으로 인정하고 이를 존중해야 한다는 입장이 공동체주의라고 흔히 알려져 있다. 그런 점에서는 이들 사상가들은 공동체주의자가 아니다. 이들은 공동체의 전통과 관습을 맹목적으로 수용할 것을 주장하지 않고 비판적으로 접근할 것을 요구한다. 정당화되는 전통만이 지킬 가치가 있는 것으로 간주될 수 있다는 것이다. 이런 점은 자유주의자들의 입장과 다를 것이 없다.

자유주의의 입장도 마찬가지로 오해되기 쉽다. 개인의 무제한적 자유의 옹호를 주장하는 입장을 자유방임주의라 하는데, 많은 미국의 개인주의자들이 주장하는 것이다. 로버트 노직이 이러한 사상을 주장한 대표적 사상가였다. 롤즈로 대표되는 자유주의는 개인의 평등한 자유의 권리를 옹호하면서도 평등 또한 마찬가지로 강조한다. 예컨대 극단적 자유주의 사상가들은 노예제를 옹호할 수도 있지만, 롤즈는 아무리 많은 사회적 이익이 창출된다고 해도 노예제는 옹호될 수가 없다고 주장하는 점에서 칸트적인 인간 존중의 사상을 따르는 자유주의자다.

그렇다면 샌델의 입장은 어느 정도로 자유주의자이고 어느 정도로 공동체주의자인지가 의문이 되지 않을 수 없다. 샌델이 자유주의를 공격 대상으로 삼은 것은 그의 사회가 자유주의적 정치 질서를 갖고 있기 때문이다. 그는 자유주의적 민주주의가 가진 문제점을 지적하면서 이를 고쳐나갈 방법은 그가 '공화주의'라고 이름을 붙인 공동체주의적 방식을 통하는 것뿐이라고 설파한다. 샌델이 비판하는 자유주의는 비단 미국뿐 아니라 우리 한국의 현재의 정치 질서도 표방한 입장이다. 개인이나 집단, 공동체가 스스로 생각하는 무엇이 좋은가에 대한 관념, 즉 선 관념은 공정성을 강조하는 정의의 원칙을 설정하는 데 배제되어야 하며, 누구든 불편부당한 관점에 서서 먼저 절차를 확정하고 그 절차에 따라 구체적이고 실질적인 문제를 처리하게 되면 그 결과는 정당화될 수 있는 것이라고 하는 것이 자유주의적 절차주의의 신념이다. 그런데 이러한 합의를 도출하는 과정에서 개인의 특수성이 전적으로 배제됨으로써 결국은 구성원들 사이에 또는 정체성 집단들 사이에서 불만이 발생하게 되고, 결국은 자유주의적 정치 질서가 추구했던 좋은 사회는 요원하게 된다는 것이 샌델의 비판의 핵심이다.

샌델은 따라서 개인의 도덕적이고 종교적인 신념을 정치적 담론의 현장으로 가져올 것을 주장한다. 이를 표현하는 말이 정의의 우선성에 대한 비판과 선의 우선성 주장이라는 것이다. 한국 사회에서는 이것에 대한 좀 더 우회적 적용이 요구된다. 우리 한국 사회는 전통이 강하게 요구되고, 또한 관습과 인습이 정의의 구현을 방해하는 부작용이 더 많은 사회다. 그럼에도 우리는 정치 체제를 자유주의적으로 구축했다. 따라서 샌델의 이론은 전통과 자유주의적 한계의 중간의 위치에 우리를 서도록 요구하며, 자유주의적 정치 질서가 더 이상 자명하지 않다는 것을 우리에게 가르쳐준다.

전체의 서론에 해당하는 제1강연에서 샌델은 정치와 인간 삶의 가치들 간의 관계를 핵심적으로 다룬다. 자유주의적 입장은 정치가 인간 삶의 가치들을 논하는 도덕, 종교, 철학으로부터 분리되어야 한다고 주장하지만, 샌델은 이런 분리가 가능하지도 않고 바람직하지도 않다고 공격한다. 샌델은 최종적으로 공동체적 가치를 육성하는 정치, 가치에 관한 종교적, 도덕적 입장이 공적 토론 과정에서 적극적 역할을 하는 그런 정치를 목표로 한다. 이런 공화주의적 정치 공동체를 지지하기 위해 그는 우선 자유주의 정치철학의 무능력과 한계를 지적한다.

우선 자유주의는 자유를 지켜내는 데에서 공화주의보다 무능력하다. 자유주의적 자유란, 경쟁하는 가치들 사이에서 독립적으로 선택할 수 있는 자유를 의미하지만 공화주의가 보장하는 자유는 함께 자치하는 것이다. 그것은 공동선에 대해 동료 시민과 토론하고 공동체의 운명을 같이 모색하는 것을 의미한다. 이것은 선택의 자유와 타인의 권리 존중 이상의 것을 필요로 한다. 반면, 자유주의는 자치를 유지할 수 있는 시민적 자원을 갖고 있지 않으며 공적 생활에서 무기력할 뿐이다.

다음으로, 자유주의는 자신이 처한 상황과 맥락에 앞서 존재하는 독립적인 자아상을 그려내고 있다. 이것을 무연고적 자아(unencumbered self)라고 한다. 이런 자아관에 입각하면, 우리는 많은 도덕적 딜레마 상황과 도덕적 경험을 설명할 수 없게 된다. 이런 자아관에 입각한 자유주의는 가령, 평소에 미국연방을 지지해왔던 미국 남부 출신의 장교가 남북전쟁이 터진 이후 고향을 지켜야 할지 연방의 편을 들어야 할지 고민했던 상황을 도덕적 딜레마 상황이라고 설명해내지 못하며, 다만 도덕과 감정의 대치 상황으로 파악할 수밖에 없게 된다. 우리는 애착 관계에 의한 연대 의무도 도덕적 의무로 받아들이고 있지만 무연고적 자아상을 갖고 있는 자유주의적 입장은 그런 도덕적 현실을 부정할 수밖에 없다. 그리고 그들은 평등주의적 자유주의자들이 지지하는 공적 부조 정책이 암묵적으로 전제한 공동체의 경계가 설정된 이유에 대해 평등한 존중이 나 인간으로서의 인간 존중의 의무라는 개념만으로 설명해낼 수 없다.

그리고 자유주의자들은 이런 칸트적인 무연고적 자아관이 정치적 자유주의의 근거는 아니라고 응수한다. 그들은 공적 합의를 지향하는 공적 토론의 장에 특정한 도덕적, 종교적 입장이 개입될 수 없다는 중립주의를 표방한다. 하지만 샌델은 현대 미국의 낙태 논쟁을 예로 들어, 이런 중립적 토론 공간을 비판한다. 공적 토론의 장에서 특정한 도덕적, 종교적 입장을 덮어두는 것이 과연 합당한가 하는 문제는 그곳에 제시된 특정한 도덕적, 종교적 입장이 참인지 여부가 밝혀져야 해결된다. 예를 들어, 만약 수태 시점이 인간 생명의 시작이라는 가톨릭교회의 입장이 맞는 것으로 밝혀질 경우, 그 문제에 대해 중립을 유지하는 상황이 초래할 대가가, 특정한 입장이라도 받아들이는 상황이 초래할 대가보다 훨씬 크다. 낙태권 주장은 저변에 깔린 도덕적, 종교적 논쟁에 관해 중립적일 수 없으며, 중립적일 수 있다고 해도 바람직하지 않다. 정치적 합의를 위해 도덕적, 종교적 입장을 배제하는 것은 정치적 논의를 빈약하게 하고 시민적 자원을 침식하는 결과를 가져올 수도 있기 때문이다.

제2강연에서 샌델은 '자유'와 '자치'의 관계에 대한 자유주의 전통과 공화주의 전통의 대립된 입장들을 고찰하면서, 한편으로 자유를 자치적 공동체에 대한 시민들의 정치적 참여의 한 결과로 인식하는 공화주의 전통에 대한 기존의 비판들을 논박하고, 다른 한편으로 자유를 궁극적으로 나 자신의 이해 관심이나 목적을 추구할 평등한 기회에 놓여 있는 것으로 인식하는 자유주의적 시민상을 비판한다.

오늘날 미국의 정치철학적 담론을 지배하는 자유주의적 사조에 따르면, 한 개인의 자유는 자신이 선택하지 않은 도덕적, 시민적 속박들로부터 억압받지 않는 것이며, 좋은 삶이 어떤 삶인지에 대한 개념을 스스로 선택하는 역량에 달려 있다. 따라서 국가는 좋은 삶에 대한 경쟁적 관념들에 대하여, 그리고 시민들의 공공 생활에 대하여 철저히 중립적인 태도를 취하는 것이 바람직한 것처럼 여겨진다. 그러나 샌델은 자유주의 전통이 전제하는 "자유롭게 선택하는 독립적 자아"라는 시민상은 지나치게 추상적이라고 비판한다. 현대사회에서 모든 개인은 — 나의 가족이나 내가 살고 있는 작은 마을로부터 내가 소속된 정치 집단이나 국가 그리고 그 국가가 편입되어 있는 세계 경제 시장에 이르기까지 — 다양한 공동체들에 소속되어, 그 공동체들로부터 때로는 중첩되고 때로는 상충되는 요구들을 받는 복잡다단한 존재다. 막연하게 자유로운 개인이라는 관념은 그 정체성이 부분적으로 시민적 책임에 의해 규정되는 현실적 시민, 그리고 충성이나 단결의 의무처럼 우리가 공통적으로 인정하는 광범위한 도덕적, 정치적 책무들을 설명할 수 없다. 우리는 스스로 선택하지 않은 목적들에 의하여, 예컨대 가족, 국가, 문화, 전통의 일원이라는 정체성들에 의하여 상이한 요구들을 부여받는다.

우리가 스스로를 자유롭게 선택하는 독립적 자아라고 생각하더라도, 우리는 우리의 이해와 통제를 허용하지 않는 몰개인적인 거대한 정치적, 경제적 권력 구조들에 의해 지배되는 세계와 직면한다. 자유주의 이론은 우리가 이러한 상황과 맞서 싸워나갈 장비들을 제공하지 않는다. 현대인들의 엄청나게 비대해진 경제생활의 규모를 한마디로 표현한다면 그것은 '세계화'다. 경제의 세계화는 그것을 운용할 능력을 가진 초국가적 통치 기구들의 필요성을 시사한다. 그러나 그렇게 거대하고 한 개인으로부터 소원한 정치 기구들이 과연 민주주의적 권위가 궁극적으로 의존하는 '귀속 의식'과 '충성심'을 산출할 수 있을지에 대하여 샌델은 회의적이다.

물론, 초국가적 정치 기구들 없이 세계 경제를 운용할 수 없으며, 더욱 포괄적인 시민적 정체성을 배양하지 않고는 이러한 기구들을 유지할 수 없다. 그러나 이러한 세계주의적 관점은 우리가 열망하는 정치적 정체성을 제공할 공적 철학으로서 적합하지 않다. 그러한 정체성을 발견할 가장 희망적인 대안은 인류 연대에 바탕을 둔 단일 세계 공동체가 아니라, 오히려 다수의 공동체들과 정치 집단들로 주권이 두루 분산되는 것이다. 상이한 형태의 정치적 연합들이 한 개인의 삶의 상이한 영역들을 지배할 것이고, 그리고 그의 정체성의 상이한 측면들에 관여할 것이다. 우리 시대에 요구되는 시민적 덕성은 바로 이렇게 다양한 정체성들이 요구하는 다양한 책무들 속에서 자신의 길을 헤치고 나갈 능력과 다수의 충성들이 일으키는 긴장들을 짊어지고 살아갈 능력이다.

제3강연은 시장이 모든 것을 해결하는 장치가 아니며, 도덕적으로 볼 때 분명한 한계가 있다는 점을 지적하는 데 초점을 맞춘다. 현대의 두드러진 경향은 공적인 삶의 영역, 예를 들어 병역이나 투표 등의 영역에 시장 논리가 확산되고 있다는 것이다. 병역의 상업화란 병역이 여러 직업들 중의 하나처럼 시장의 논리에 따라 할당되는 것이고, 투표의 상업화란 국민들의 사적인 이익에 호소해서 표를 얻는 것을 말한다. 이익집단 다원주의 정치 이론을 견지하는 이론가들은 이런 공적 영역의 상업화에 찬성한다. 이 이론에 따르면 현재의 배경 조건이 어떠하든 자유는 사람들이 시장에서 하는 자발적인 교환으로 이루어진다는 것이다. 따라서 이들 이론가들에 따르면 공적 영역의 상업화에는 문제가 없다. 이익집단 다원주의를 지지하는 이론가들은 자유지상주의적 철학자들과 정치 이론가, 경제학의 합리적 선택 이론가, '법과 경제' 운동의 지지자 등을 들 수 있다. 이 이론이 견지하는 시민 개념은 시민들이 자신들의 이익에 따라 투표하는 자유를 갖는 사람들이라는 것이다.

자유주의적 동의 이론가들은 이익집단 다원주의 정치 이론가들이 찬성하는 공적 영역의 상업화에 반대한다. 자유주의적 동의 이론가들에 따르면, 자유란 배경 조건이 공정한 상태에서 행위자들이 자발적인 동의에 따라 행동하는 것이다. 자유주의적 동의 이론가들에 따르면, 시장에서 하는 자발적인 교환이 얼핏 보기에는 계약자들의 진정한 동의에 근거한 것 같지만, 시장에서의 거래를 위한 배경 조건이 불공정하기 때문에 교환이 진정한 동의에 기초하지 않는다는 것이다. 따라서 시장 논리의 결과로 나타난 것이 불공정하다는 것이다. 따라서 이들은 현재 진행되고 있는 공적 영역의 상업화에 반대한다. 하지만 이들이 공적 영역의 상업화에 근본적으로 반대하는 것은 아니다. 이들은 공적인 삶의 상업화의 문제가 시장이 작동하는 배경 조건들을 조정함으로써 해결될 수 있다고 생각한다. 즉, 만일 사람들이 사고파는 선택이 불공정한 거래 조건에 의해서 잘못되지 않고 진정으로 자발적일 수 있게 사회가 조직될 수 있다면 이들은 상업화에 반대할 이유가 없다는 것이다. 자유주의적 동의 이론가들의 시민 개념은 관용과 타인의 권리 존중을 강조한다. 그리고 자유주의적 시민 개념은 어떤 종류의 시민적 덕목의 양성을 허용한다. 하지만 그것이 허용하는 것은 관용과 상호 존중의 덕목같이 자유주의 원리에 필요한 것들일 뿐이다.

공화주의자인 샌델은 공적 영역의 상업화에 대해서 근본적으로 반대한다. 샌델에 따르면 이익집단 다원주의의 입장은 말할 것도 없고 자유주의적 동의 이론가들의 입장도 우리 일반 시민들이 가지고 있는 직관과 상충한다. 우리는 시장 거래의 배후 조건이 공정하다 하더라도 병역과 투표가 시장 논리에 따라 작동하는 것에 반대하거나 최소한 거부감을 갖게 된다. 그리고 이와 같은 우리의 거부감은 우리가 공화주의적 시민 개념을 암묵적으로 견지하고 있기 때문에 발생한다. 공화주의적 시민 개념에 의하면 자유롭다는 것은 자치에 공동으로 참여한다는 것이다. 이것은 선거에서 투표하고 자신의 선호나 이익을 등록한다는 문제 이상의 것이다. 공화주의적 시민관에서 자유롭다는 것은 공동체의 운명을 다스리는 힘을 형성하는 데 참여한다는 것이다. 하지만 그러기 위해서 그리고 그것을 잘하기 위해서 시민들이 시민적 덕목을 소유하게 되는 것이 꼭 필요하다. 공화주의적 시민 개념은 넓은 영역의 시민의 덕목들을 배양하고자 하는데, 이 덕목들은 위기에 처한 공동체와의 도덕적 유대, 동료 시민들에 대한 의무감, 공동선을 위해 사익을 희생하는 정신, 그리고 공동의 목적과 목표에 대해서 잘 숙고하는 능력 등을 포함한다.

마지막에 해당하는 제4강연은 줄기세포 연구와 인간 복제 문제를 중심으로 유전공학의 문제점을 점검하는 데 목적을 두고 있다. 샌델은 줄기세포 연구, 인간 복제 및 유전공학의 윤리를 다루는 데 독특한 접근 방법을 취한다. 그는 기존의 논의 방식이 위 주제들과 관련된 좀 더 근본적인 문제를 다루지 않았다고 지적한다. 그는 생명을 어떻게 이해해야 하는지, 타고난 재능을 어떻게 받아들여야 하는지 답함으로써 위 주제들에 대한 자신의 입장을 피력한다. 또한 인간 복제, 유전공학, 유전적 개량의 배후에 도사리고 있는 인간의 욕망을 질타한다.

샌델은 복제를 통한 배아 줄기세포 연구를 반대하면서 '잉여' 배아를 사용하는 연구를 찬성하는 입장이 잘못된 것임을 지적한다. 연구를 위해 생산된 배아에 대한 연구와 시험관 수정으로 생긴 잉여 배아에 대한 연구는 도덕적으로 동등하다고 샌델은 주장한다. 따라서 이 두 연구의 존폐는 동일하게 취급되어야 한다. 이 두 연구의 존폐와 직결된 배아의 도덕적 지위에 대해 샌델은, 배아가 우리가 원하는 대로 사용 가능한 사물도 아니라고 하며, 그렇다고 배아가 완전한 사람과 동등한 도덕적 지위를 지닌다고 여기지도 않는다. 배아는 존중되어야 할 존재이지만 그렇다고 이것이 인간이 추구하는 목적을 위해 사용될 수 없음을 의미하는 것은 아니라고 말한다. 따라서 줄기세포 연구를 위한 배아 연구는 복제 배아든 잉여 배아든 연구를 금지하기보다 인간 생명의 시작이 지닌 신비에 적절한 도덕적 제한을 구체화한 법규를 만들고 그 통제 아래에서 연구가 진행되도록 허용해야 한다고 주장한다.

하지만 샌델은 인간 복제에 반대한다. 인간 복제는 유전공학을 이용해 자녀의 특질을 선택하고자 하는 것으로 아이를 소유나 우리 의지의 기획 또는 행복의 수단으로 이해하기에 문제점이 있다고 지적한다. 특히 인간의 양육 관행 속에 바로 동일한 문제점이 있다는 것이다. 생명이란 우리가 존중해야 하고 사용 대상으로는 제한해야 하는 은총으로 인식해야 한다고 샌델은 역설한다. 맞춤 아이들을 만들어내는 인간 복제는 은총으로서의 생명에 대한 존경심을 상실했음을 보이는 것이며 인간의 오만을 드러내는 것이라고 지적한다.

유전적 개량과 유전공학의 주된 문제점은 이것이 인간의 노력을 저해하고 인간이 해야 할 역할을 침해한다는 데 있다. 더 심각한 위험은 유전적 개량과 유전공학이 인간 본성을 포함한 자연을 재제작하여 인간의 목적에 기여하도록 하고 우리의 욕망을 충족시키고자 하는 프로메테우스적 열망이라는 점이다. 즉, 문제는 통제에 대한 인간의 욕구라고 샌델은 지적한다.

샌델은 재능 역시 은총으로 주어진 것임을 깨닫는 것이 중요하다고 역설한다. 우리는 재능이 하나의 은총이라고 여길 때 그 재능에 대한 보상이 그런 재능을 받지 못한 사람들과 공유해야 할 의무를 지닌다고 여기게 된다. 운명의 우연적 본성에 민감하면 할수록 우리는 우리 운명을 다른 사람들과 공유해야만 하는 이유를 더 갖게 될 것이다. 그래서 사람들은 다양한 질병이 그들에게 닥칠지 말지, 혹은 언제 닥칠지 모르기 때문에 위험에 공동으로 대처하는 연대를 드러낸다. 샌델은 유전공학과 유전적 개량으로 드러난 통제의 욕구는 '우연에 내맡겨짐'으로부터 배울 수 있는 겸양과 연대를 상실하게 할 것이라고 우려한다.

늘 그렇듯이 다산기념 철학강좌의 기획과 진행 그리고 그 결과물로서 이 책의 편집과 번역은 공동 노력의 산물이다. 이 강좌가 가능할 수 있도록 명경재단 이사장인 서울대 황경식 교수님이 재정적, 정신적 지원을 아끼지 않으신 것과 다산기념 철학강좌 운영위원회 위원장 연세대 박정순 교수님이 혼신의 노력을 쏟았던 사실, 그리고 윤은주 박사가 기울인 행정적 노력과 이 책의 편집과 관련된 수고를 특별히 기록해두고자 한다. 역자 가운데 박사 과정 중인 김은희 선생은 제1강연, 강준호 박사는 제2강연, 박상혁 교수는 제3강연, 구영모 교수와 최경석 교수는 제4강연을 번역하였고, 김선욱 교수는 샌델의 서문을 번역하고 책 전체의 번역 용어의 통일성을 기하는 작업을 하였으며, 역자 서문을 썼다.

이 책에 수록된 강연 순서는 샌델 교수가 처음에 보내준 논문 순서에 따른 것이다. 2005년 9월에 있었던 샌델 교수의 강연은 청중의 특성을 고려하여 제3강연(서울대), 제4강연(프레스센터), 제1강연(경북대), 제2강연(전북대)의 순서로 이루어졌으나, 이 책에서는 처음 순서대로 정리하였다. 샌델의 서문을 기다리며 이 책을 준비하는 사이 제10회 다산기념 철학강좌가 피터 싱어 교수를 모시고 2007년 봄에 진행되었다. 그동안 10회에 걸쳐 이 일에 직접 관여했던 사람들은 이 강좌를 통해 정말로 많은 것을 배울 수 있었다. 앞으로도 이 강좌가 지속적으로 운영되어 한국의 철학계를 발전시키는 중요한 토대가 되기를 바라마지 않는다.

2007년 10월
옮긴이를 대표하여 김선욱

저자 서문

제9회 다산기념 철학강좌를 위해 한국으로 여행하게 된 것은 영광 이
상의 일이었다. 그것은 기억할 만한 지적 모험이었고, 이를 통해 많은
것 — 철학과 한국 철학자들의 생명력과 따뜻함, 그리고 동서양의 사상
적 전통 간의 대화가 주는 풍성한 이득 — 을 배웠다. 그렇다고 나의 강
연이 서양 정치철학을 대표하여 한국에서 이루어진 것이라고 말하려는
것은 아니지만, 나를 초청한 이들은 중요한 동양 철학을 그 응답으로 내
게 가르쳐주었다. 시장에서 이루어지는 물건의 교환과는 달리 지적 교
환은 거래라기보다는 나눔에 더 가깝다. 시장의 상인과는 달리 문명권
을 넘어 생각을 교환하는 이들은 자신의 상품을 어떤 다른 것에 대한
보답으로 포기하지 않는다. 그들은 자신이 소유한 것을 여전히 지니고
있게 되며, 심지어 새로운 통찰과 관점을 얻기도 한다.

서울대학교에 있는 호암교수회관에서 환영 만찬을 하던 순간부터 일
주일 후 내가 공항에서 떠날 수 있도록 제공한 교통편 안에서까지 나의
한국인 동료들은 내게 연속적이고 도전적이며 그침 없는 철학적 대화로
대접해주었다. 그들이 이사야 벌린과 존 롤즈부터 한나 아렌트와 위르
겐 하버마스, 찰스 테일러에 이르기까지, 영미권뿐 아니라 대륙권 모두

를 아우르는 현대 서양 정치철학의 논쟁점들에 아주 정통해 있다는 것
은 처음부터 명백했다. 그들은 특히 자유주의자들과 공동체주의자들의
논쟁에 관심이 있었다.

여하튼 나의 모든 강연들은 선에 대해 옳음의 우선성을 주장하며, 정
부로 하여금 그의 시민들이 신봉하고 있는 도덕적, 종교적 신념들에 대
해 중립적이기를 요구하는 유형의 자유주의에 대한 나의 반대를 반영하
고 있었다. 나는 정의와 권리에 대한 논쟁을 실질적인 도덕적, 종교적
관념들로부터 분리하는 것이 항상 가능하지는 않다는 것을 주장했다.
그리고 그러한 것이 가능한 경우라 하더라도 반드시 바람직한 것은 아
니라고 주장했다. 강연을 진행하면서 나는 자유주의적 중립성을 견지하
는 공공 철학이 구성원들의 의무와 연대에 대해 적절히 고려하지 못하
고 있으며 인간적, 사회적 관계에서 시장이 영향을 미치는 영역을 지나
치게 많이 허용하고, 자치(self-government)에 대한 의미 있는 참여를 위
해 필요한 시민적 덕성을 배양하는 데 실패하고 있으며, 또 도덕적, 정
신적 공명을 상실한 빈곤한 공적 담론으로 이끌고 간다는 점을 보여주
려 애썼다.

현대 정치철학에서는 나의 견해에 종종 '공동체주의적'이라는 딱지가
붙는다. 이 딱지는 어느 정도는 맞다. 이는 내가 자유주의적 개인주의를
비판한다는 점에서는 옳다. 적어도 사회적 연대를 침식시키고 우리를
공공선에서 멀어지게 하는, 자유에 대한 소비주의적 이해로 자유주의적
개인주의가 나아간다는 점에서는 말이다. 하지만 나는 공동체주의자라
는 딱지에 대해 항상 불편하게 느껴왔다. 그 이유는 그 표현이 종종 내
가 거부하는 견해를 가리키는 데 사용되기 때문이다. 그 견해란 다수의
가치(혹은 편견)가 항상 지배적이어야 한다거나, 정의란 어느 특정한 시
대에 어느 특정한 사회에서 우연히 지배적이었던 관습과 관행에 의해
정의되어야 한다는 것을 말한다.

혹자는 현대 영미 정치철학에 등장한 공동체주의적 사유가 유교의 윤
리적 사고와 유사하다고 생각하고 있다. 나는 유교 윤리에 대해 원하는
만큼의 지식을 갖고 있지는 않지만, 혹자는 이 두 사상이 친족관계와 공

동체 그리고 덕의 함양 등을 강조한다는 점에서 연관성을 찾고 있는 것 같다. 이러한 유사성에도 불구하고 아니 오히려 그러한 유사성 때문에, 놀랍게도 내가 만난 많은 한국인 철학자들이 공동체주의적 관점에 대해 아주 비판적이었으며, 자유주의적 개인주의를 열정적으로 옹호하였다. 예컨대, 매 강연마다 있었던 토론 시간이 끝날 때마다 서울대학교의 저명한 철학 교수인 내 친구 황경식 교수는 자유주의적 정치철학에 대해 웅변적으로 변호를 하면서 그에 대한 나의 비판에 반박하였다.

황 교수와 다른 한국의 철학자들의 말을 들으면서 나는 철학적 토론이 형성된 정치적, 문화적 배경의 중요성을 이해하게 되었다. 전통과 공동체, 권위를 중요시하는 한국 사회에서는 자유주의적 개인주의가 기운을 북돋우는 것이요, 힘을 주는 해방적 이상이요, 진보적 개혁을 위한 유망한 자원이라는 것을 나는 깨달았다. 자유주의적 정치철학에 대한 나 자신의 도전은, 자유주의적 개인주의가 너무나 친숙해서, 대부분의 공적 담론에서 지배적 힘을 가진 정통적인, 그리고 인식하지 못하는 사이에 이루어지는 출발점으로 역할을 하게 된 사회에서 형성된 것이었다. 미국의 정치 토론에서 주된 대안은 자유 시장(예컨대 경제학자 밀턴 프리드먼과 자유방임적 철학자 로버트 노직이 주장한), 방임적 자유주의 그리고 개인의 권리와 좋은 삶에 대한 중립성의 존중을 전제로 한 복지국가에 의해 시장의 힘이 길들여지는 (존 롤즈에 의해 가장 잘 설명된) 좀 더 평등주의적인 자유주의다. 과도한 개인주의와 소비주의에 이미 둘러싸인 사회를 배경으로, 공동체와 연대 그리고 시민의 참여를 더욱 강하게 강조하는 공공 철학은, 좀 더 민주적인 공적 삶을 위한 최상의 희망인 것 같았다.

내 여행이 끝날 즈음에 나는 황 교수의 도전에 대해, 우리의 철학적 차이가 무엇이든 간에 그와 나는 한 가지 공통점을 갖고 있다고 주장하면서 응답했다. 그것은 곧, 우리 둘 다 철학자로서, 우리 사회의 지배적인 경향성들을 거슬러서 배우고 있다는 것이었다. 그에게 이것은, 공동체적이며 위계 질서적 전통과 결부된 유형의 권위와 어리석어 보이는 관습으로 인지된 것에 대한 대안으로 자유주의적 개인주의를 포용했다는 것을 의미한다. 내게 이것은, 고도로 유동적이며 시장에 이끌리는 개인주의적 사회에 공동체와 연대라는 자원을 새롭게 북돋우려고 노력하는 것을 의미한다. 우리 모두는, 우리들 각자의 사회에서 자유롭고 민주적 삶의 방식에 장애를 만들어내는 마음의 습관들에 도전하는 철학적 자원들을 추구하고 있었다는 것이다.

철학적 토론의 문화적 배경을 언급할 때 나는 철학적 차이가 단지 상대적이라는 것, 즉 이러저러한 사회적 상황의 산물이라는 것을 주장하려는 것은 아니다. 만일 그렇다면, 문화권을 넘어선 진정한 철학적 토론은 불가능하게 될 것이고, 철학은 사회학(혹은 이 점에서는 자서전)과 구별되지 않게 될 것이다. 내가 한국에서 가졌던 생동감 넘치는 철학적 토론들은 철학적 주장을 풍성하고 정교하게 만들 수 있는 것이지, 그것을 불필요하거나 불가능하게 만들지는 않는다.

나는 서울대학교와 경북대학교 그리고 전북대학교의 교수들과 학생들께, 그리고 한국철학회 회장이신 이태수 교수께, 그토록 따뜻한 지적 환대를 베풀어준 것에 대해 깊이 감사한다. 또한 새로운 것을 나와 함께 발견해가며 한국 여행의 동반자가 되어준, 당시 대학교 2학년이었던 내 아들 애덤에 대한 감사도 여기에 기록해두고 싶다. 끝으로 애덤과 나의 방문 기간 내내 동반해준 동료들인, (내게 자유주의의 덕을 상기시켜주었을 뿐 아니라 내가 감기에 걸리지 않도록 예방해준 놀라운 한국 차의 경이를 소개해주었던) 황경식 교수, (이번 강좌의 운영위원회 위원장이자, 내가 오랫동안 기억하게 될 유머와 환대 그리고 직접 노래까지 불러준) 박정순 교수, (전주에서 서울까지의 길었던 자동차 여행을 하는 동안 사려 깊은 철학적 인터뷰를 진행하였으며, 긴 여행과 강연의 힘든 일정을 감당할 수 있도록 내게 활력을 제공한, 한국의 홍삼 음료를 소개해준) 김선욱 교수, (한국 사회의 정신적 종교적 측면의 일부를 내가 이해할 수 있도록 도와준) 박상혁 박사, (학부 학생으로서, 교수들의 다소 엄격한 감독 아래 자동차를 운전하였을 뿐 아니라, 강연 시간과 이후의 시간에 아주 통찰력 있는 질문들을 하였던) 정훈 군 등께 특별한 유대감과 감사의 빚을 느낀다.

개인적으로 또 지적으로 베풀어준 이 모든 친절에 대해 나는 깊이 감사한다. 이토록 지속적이고 고무적인 일련의 철학적 만남이 주는 기쁨을 누렸던 적은 거의 없었던 것 같다.

2007년 8월
마이클 J. 샌델

제 **1** 강연

자유주의와 무연고적 자아

이번 강연에서 다룰 주제는 정치와 인간적 가치들 간의 관계다. 도덕적이고 정신적인 문제들로부터 정치를 분리해내는 것이 과연 가능한가? 그리고 가능하다면 그것이 바람직한가? 논증하기에 앞서 나의 대답을 말하자면 그렇지 않다는 것이다. 도덕적이고 정신적인 문제들로부터 정치를 분리해내는 것은 가능하지도 않고 바람직하지도 않다. 우리는 민주적 시민들이 공적 영역에 들어왔을 때 그들이 자신의 도덕적 신념들을 제쳐놓아야 한다고 요구해서는 안 된다. 다원주의적 사회 안에서 사람들은 서로가 도덕적이고 종교적인 문제들에 대해 불일치한다는 사실을 인정해야 한다. 그들은 이런 다원주의를 존중해야 한다. 하지만 이런 불일치를 회피함으로써 그렇게 하는 것이 아니라 공적인 토론을 활성화시킴으로써 그렇게 해야 한다. 필요하다면, 어려운 도덕적 문제에 대해서도 기꺼이 공적인 토론을 해야 한다.

자유주의적 자유와 공화주의적 자유[1]

내가 제시하는 논증은 요즘 영향력 있는 형태의 자유주의 정치 이론

---

1) 이 절은 Michael Sandel, *Democracy's Discontent*(Harvard University Press,

과는 잘 들어맞지 않는다. 이러한 자유주의적 정치 이론에 따르면, 정부는 시민들이 지지하는 도덕적이고 종교적인 견해들에 대해 중립적이어야 한다. 사람들은 최선의 삶이 무엇이냐에 대해 불일치하기 때문에, 정부는 어떤 특정한 가치관도 법적으로 지지해서는 안 된다. 그 대신, 정부는 시민 각자가 자신의 가치와 목표를 선택할 수 있도록, 그들을 자유롭고 독립적인 자아로 존중하는 권리 체계를 제공해야 한다.2) 이런 자유주의는 특정한 인생 목표들보다는 공정한 절차가 우선한다고 주장하기 때문에, 그런 자유주의가 말하는 공적 생활은 절차적 공화정이라고 불릴 수 있을 것이다.3)

자유주의 정치 이론의 한 형태로서 주도적 정치철학을 기술할 때, 자유주의의 세 가지 의미를 구별하는 것이 중요하다. 미국 정치에 대해 말할 때 일반적으로 자유주의는 보수주의의 반대다. 자유주의는 좀 더 관대한 복지국가와 좀 더 많은 정도의 사회적, 경제적 평등을 반기는 사람들의 입장이다.4) 반대로, 유럽 정치 담론에서 자유주의는 사회주의의 반대이고 자유방임주의적, 자유시장적 경향을 나타낸다. 하지만 정치 이론의 역사에서 자유주의는 좀 더 광범한 다른 의미를 가진다. 역사적 의미에서 자유주의는 관용을 강조하고 개인적 권리에 대한 존중을 강조하는 사상의 한 전통으로 나타난다. 그 전통은 존 로크, 임마누엘 칸트, 그리고 존 스튜어트 밀에서부터 존 롤즈에까지 이르는 전통이다.

1996), ch. 1로부터 가져온 것이다.

2) 다음을 참조. John Rawls, *A Theory of Justice*(Cambridge, MA: Harvard University Press, 1971); Ronald Dworkin, "Liberalism", in Stuart Hampshire ed., *Public and Private Morality*(Cambridge, MA: Harvard University Press, 1978), pp.114-143; Ronald Dworkin, *Taking Rights Seriously*(Cambridge, MA: Harvard University Press, 1977); Robert Nozick, *Anarchy, State, and Utopia*(New York: Basic Books, 1977); Bruce Ackerman, *Social Justice in the Liberal State*(New Haven: Yale University Press, 1980).

3) "절차적 공화정(procedural republic)"이라는 말은 주디스 슈클라(Judith N. Shklar)가 나에게 제안한 말이다.

4) 현대 미국 정치에서 사용되는 "자유주의적(liberal)"이란 말의 의미에 관해서는 다음을 참조. Ronald D. Rotunda, *The Politics of Language*(Iowa City: Iowa University Press, 1986).

이 강연에서 내가 제시하는 바는, 현대 자유주의는 관용을 강조하고 권리를 존중한다는 면에서는 옳지만, 자유는 다름 아닌 우리 자신의 가치와 목표를 선택하는 능력이며 따라서 정부는 경합하는 가치관들 사이에서 중립적이어야 한다는 점을 주장한다는 면에서 틀렸다는 점이다. 자유주의적 자유관에 대한 하나의 대안으로서 나는 공화주의적 정치 이론의 한 형태를 옹호한다.

공화주의 이론의 중심 생각에 따르면, 자유는 함께하는 자치(sharing in self-government)에 달려 있다. 이런 생각이 그 자체로 자유주의적 자유와 비일관적인 것은 아니다. 정치 참여는 사람들이 자신의 목표로서 추구하기로 선택한 생활 방식 중 하나일 수 있다. 하지만 공화주의적 정치 이론에 따르면, 자치(self-rule)를 공유하는 것은 그 이상의 어떤 것을 포함한다. 그것은 공동선에 대해 동료 시민들과 숙고하는 것(deliberating)을 의미하고 정치 공동체의 운명을 모색하는 데에 기여한다는 것을 의미한다. 하지만 공동선에 대해 토론을 잘하기 위해서는, 각자가 자신의 목표를 잘 선택하고 타인에게도 그런 똑같은 권리를 인정해줄 수 있는 능력 외의 더 많은 것이 필요하다. 이를 위해서는 공공 사안에 대한 지식, 소속감, 사회 전체에 대한 관심, 나와 운명을 같이하는 공동체와의 도덕적 연결이 필요하다. 따라서 자기 통치를 공유하기 위해서는 시민들이 어떤 특정한 성품 혹은 시민적인 덕을 이미 갖고 있거나 아니면 습득해야 한다. 하지만 이 점은 공화주의적 정치가 시민들이 지지하는 가치와 목적들에 대해 중립적일 수 없다는 점을 의미한다. 자유주의적 자유관과 달리 공화주의적 자유관은 형성적 정치(a formative politics), 즉 자기 통치에 필요한 성품들을 시민들 안에 길러내는 정치를 요구한다.

자유주의적 자유관과 공화주의적 자유관은 모두 미국의 정치적 경험 안에 존재해왔지만, 그 정도와 상대적 중요성을 바꿔가며 존재해왔다. 크게 말하자면, 공화주의는 미국 초기 역사에서 지배적이었고 자유주의는 후기 역사에서 지배적이었다. 최근 몇 십 년간 우리 정치의 시민적 측면 혹은 형성적 측면은 자유롭고 독립적인 자아, 자신이 선택한 적 없는 도덕적 혹은 시민적 유대에 연고되어 있지 않은 자아로서 개인을 생각하는 자유주의에게 자리를 빼앗겼다.

이런 전환은 현재 우리의 정치적 곤경 상태에 대한 통찰을 준다. 왜냐하면 그런 전환은 호소력이 있긴 하지만, 자유주의적 자유관은 자기 통치를 유지시킬 만한 시민적 자원들을 갖고 있지 않기 때문이다. 이런 결함으로 인해 자유주의적 자유관은 우리 공적 생활에 해로운 무기력함에 대해 적절하게 논의할 능력이 없다. 우리 삶이 따르고 있는 그런 자유주의적 공공 철학은 자신이 약속한 자유를 지켜낼 수 없다. 왜냐하면 그것은 자유를 위해 필요한 공동체 의식과 시민 참여 의식을 불러일으키지 못하기 때문이다.

나는 공화주의 정치 이론이 그 나름의 위험성을 전혀 갖고 있지 않다고 제안하는 것이 아니다. 미국 역사에서 공화주의 전통이 노예제, 공적 영역으로부터의 여성의 배제, 재산에 따른 선거권, 이민자에 대한 텃세 등과 함께해왔다는 것을 인정한다. 더 나아가 공화주의 전통은 때때로 그런 관행들을 옹호하는 입장을 제시하기도 했다.

하지만, 그런 어두운 모든 일화들에도 불구하고, 공동체와 자치에 역점을 둔 공화주의 전통은 우리의 빈약해진 시민 생활에 대한 하나의 교정책으로 제안될 수도 있다. 자치로서의 공화주의적 자유관을 떠올려보면, 우리는 우리가 어떤 식으로 물어야 하는지 잊어버렸던 문제들을 잘 제기할 수 있을지도 모른다. 어떤 경제적 제도가 자치에 적절할까? 어떤 식으로 우리의 정치적 담론은 사람들을 공적 영역으로 불러들이는 도덕적, 종교적 신념들을 제쳐놓는 것이 아니라 그것을 관련시킬 수 있을까? 그리고 다원주의적 사회의 공적 생활은 어떻게 해서 시민 참여에 필요한 확장적 자기 이해(expansive self-understanding)를 시민들 속에 육성시킬 수 있을까?

이런 질문들은 오늘날 세계의 많은 민주주의 사회들 속에서 그 중요성을 더해가고 있다. 하지만 자유주의적 자유관을 중심으로 조직된 정치는 이런 문제들을 공적 논쟁의 중심에 놓지 않는 경향이 많다.

428

중립성에 대한 열망

정부가 가치 있는 삶의 문제에서 중립적이어야 한다는 생각은 현대 정치사상의 특징이다. 고대 정치 이론에 따르면, 정치의 목적은 시민의 덕, 즉 도덕적 탁월성을 길러내는 것이다. 아리스토텔레스의 저작에 따르면, 모든 결사체(association)들은 어떤 가치를 향해 있고 폴리스, 즉 정치적 결사체는 가장 고귀하고 가장 포괄적인 가치를 향해 있다. "진정으로 명실상부한 어떤 폴리스도 가치 있음(goodness)을 장려한다는 목적에 집중되어 있어야 한다. 그렇지 않다면, 하나의 정치적 결사체는 단순한 동맹 관계로 귀착되며, 이것이 다른 형태의 동맹들과 다른 점은 공간상으로 다르다는 것뿐이다. 즉, 동맹 관계에 있는 성원들은 서로 멀리 떨어져서 산다는 것뿐이다. 그리고 또한 폴리스가 그런 목적에 집중되어 있지 않다면, 법률은 단지 계약(covenant) — 혹은 (소피스트인 리코프론의 문구에서 나오는) '서로서로에 대항하는 인간들의 권리에 대한 보증인' — 이 된다. 폴리스의 성원들을 가치 있고 정의롭게 만들어 줄 생활의 규칙이 되지 못한 채 (마땅히 그렇게 되어야 하는데) 말이다."5)

아리스토텔레스에 따르면, 정치적 공동체는 "공동 장소에 거주하기 위한, 혹은 상호 부정의를 막고 교환을 원활하게 하기 위한 결사체" 그 이상의 것이다. 이런 것들이 정치적 공동체에서 필요조건들이기는 하지만, 그런 요소들이 그 공동체의 목적 혹은 궁극적 정당화라고 할 수는 없다. "폴리스의 궁극적 형태와 목적은 가치 있는 삶이며, 사회적 삶의 제도들은 그 목표에 대한 수단이다." 우리가 우리의 본성을 깨닫고 최상의 목표를 성취해나갈 수 있기 위해서는 정치적 결사체의 참여자가 되어야만 한다.6)

이런 고대의 생각들과 달리, 자유주의 정치 이론은 정치적 생활을 최

---

5) Aristotle, *The Politics*, trans. Ernest Barker(London: Oxford University Press, 1946), Book III, ch. 9, p.119.

6) 같은 책, pp.119-120.

상의 인간적 목표와 관련된 것 혹은 시민의 도덕적 탁월성과 관련된 것으로 바라보지 않는다. 자유주의 정치 이론은 가치 있는 삶에 대한 특정한 입장을 육성하기보다는 관용, 공정한 절차, 개인적 권리에 대한 존중을 주장한다. 이런 것들은 자신의 뜻대로 가치를 선택할 사람들의 자유를 존중하는 가치들이다. 하지만 이것은 어려운 문제를 일으킨다. 자유주의 이념이 최상의 인간적 가치의 이름으로 옹호될 수 없다면, 그들의 도덕적 토대는 과연 무엇이란 말인가?

공리주의 대 칸트적 자유주의[7]

최근의 정치철학에서는 주로 두 대안이 제시되어왔다. 하나는 공리주의이고 하나는 칸트주의다. 존 스튜어트 밀을 따르는 공리주의 입장은 일반적 복지를 극대화한다는 명분으로 자유주의 원칙들을 옹호했다. 국가는 하나의 삶의 방식을 선호하여 그 방식을 시민들에게 부과해서는 안 된다. 시민들 자신의 이익을 위해서라고 해도 말이다. 왜냐하면 그렇게 되면 장기적으로 보아 인간 행복의 총량이 줄어들 것이기 때문이다. 때로 사람들이 잘못된 선택을 할지라도 그들 스스로 선택하는 것이 더 좋다.

밀은 『자유론』에서 이렇게 말한다. "자유라고 불릴 만한 유일한 자유는, 우리가 타인의 자유를 빼앗거나 그것을 지키려는 타인의 노력을 방해하려고 하지 않는 한, 우리 자신의 방식대로 우리 자신이 생각하는 가치를 추구하는 자유다." 그리고 그는 자신의 논증이 어떤 추상적인 권리 개념에도 의거하지 않고 오직 최대 다수의 최대 행복 원칙에만 의거하고 있다는 점을 덧붙여 말했다. "나는 효용을 모든 윤리적 문제의 궁극적인 토대라고 본다. 하지만 그것은 가장 광범한 의미의 효용이어야 하는데, 그것은 진보하는 존재로서의 인간이 지니는 영구적 이익에 근거하는 것이다."[8]

---

7) 이 절은 Michael Sandel, *Liberalism and Its Critics*(Oxford: Basil Blackwell, 1984)의 서문 pp.1-11로부터 가져온 것이다.

도덕철학의 일반적인 교설로서의 공리주의에 맞서는 많은 반론들이 등장해왔다. 어떤 반론은 효용 개념을 문제시하였고, 모든 인간적 가치들이 원칙상 공통적인 척도를 갖는다는 전제를 문제시하였다. 다른 어떤 반론에서는 공리주의자가 모든 가치를 선호와 욕망에 환원시킴으로써 가치의 질적인 특징을 인정하지 못하고, 고급한 욕망을 저급한 욕망으로부터 구별하지 못했다고 공격하였다. 하지만 최근 대부분의 논쟁은 개인적 권리에 대한 존중을 포함하고 있는 자유주의 원칙들을 위한 설득력 있는 토대를 공리주의가 과연 제공할 수 있을지의 문제에 집중되어왔다.9)

언뜻 보기에, 공리주의는 자유주의적 목적에 잘 들어맞는 것처럼 보인다. 전체 행복을 최대화하려고 하기 위해서는 사람들의 가치가 판단되어야만 하는 것은 아니다. 단지 그 가치들을 총합하기만 하면 된다. 그리고 그 가치들에 대해 판단을 하지 않고서 선호들의 총합을 계산하려는 생각은 관용적인 정신과 민주주의적인 정신까지도 나타내주고 있다. 사람들이 투표하러 갈 때, 우리는 그들이 누구인지에 상관없이 그들의 표를 계산에 넣는다.

하지만 공리주의적 계산은 그것이 처음에 보였던 것처럼 그렇게 늘 자유주의적인 것이 아니다. 로마인들이 콜로세움에 모여 매우 환호하면서 사자가 기독교인을 잡아먹는 광경을 본다면, 그 로마인들의 전체 쾌락은 기독교인의 고통을 분명 능가할 것이다. 비록 그 고통이 강렬하다고 해도 말이다. 혹은 어떤 큰 다수 집단이 어떤 작은 종교 집단을 혐오하면서 그 종교가 금지되기를 바란다면, 선호량의 균형에 따라 관용이 아니라 박해가 옹호될 것이다. 공리주의자들은 종종 그런 작은 집단을 지금 존중하는 것이 결국에는 장기적인 효용에 기여할 것이라고 하면서 개인적 권리를 지지한다. 하지만 이런 계산은 가변적이고 우연적이다.

---

8) John Stuart Mill, *On Liberty*(1859), ch. 1.

9) 공리주의에 대한 찬반 논변들의 예시는 다음을 참조. Amartya Sen and Bernard Williams eds., *Utilitarianism and Beyond*(Cambridge: Cambridge University Press, 1982).

그런 공리주의적 계산은 어떤 이들의 가치보다 우위에 다른 어떤 이들의 가치를 놓지 않겠다는 자유주의자들의 약속을 거의 보장할 수 없다.

공리주의에 대한 반론은 칸트가 가장 강력하게 제기하였다. 칸트는 효용과 같은 경험적 원칙들이 도덕적 토대로 기능하기에 부적합하다고 주장했다. 자유와 권리에 대해 전적으로 도구주의적 옹호를 하는 것은 권리를 침해 가능한 것으로 만들 뿐 아니라 인간의 본질적 존엄성도 존중하지 못하게 한다. 공리주의적 계산은 존중받을 만한 가치가 있는 목적 그 자체로 인간을 대우하기보다 타인들의 행복에 대한 수단으로 대우한다.10)

현대 자유주의자들은, 공리주의는 개인들 간의 구별을 심각하게 고려하지 못했다는 주장으로써 칸트의 논증을 확장시킨다. 일반적 복지를 우선적으로 극대화하는 과정에서 공리주의는 사회를 한 사람인 양 생각한다. 공리주의는 많고 다양한 우리의 욕망들을 하나의 욕망 체계인 것처럼 생각한다. 공리주의는 사람들 간의 만족의 분배 상태에 대해서는 무관심하다. 그것이 전체 만족 총량에 영향을 끼치는 경우를 제외하면 말이다. 이런 공리주의는 우리의 복수성과 구별성을 존중하지 못한다. 공리주의는 만인의 행복을 위해 어떤 이의 행복을 수단으로서 이용하고, 그 때문에 각자를 목적 자체로서 존중하지 못하게 된다.

현대적 칸트주의의 견해에서 어떤 권리들은 아주 근본적이어서 일반적 복지도 그것을 능가할 수 없다. 존 롤즈가 『정의론』에서 말했듯이, "개인 각자는 사회 전체의 복지에 의해서도 능가될 수 없는 정의에 기초한 불가침해성을 지닌다. 정의가 보장한 권리들은 정치적 협상 혹은 사회적 이익 계산에 영향 받지 않는다."11)

---

10) 다음을 참조. Immanuel Kant, *Groundwork of the Metaphysics of Morals* (1785), trans. H. J. Paton(New York: Harper and Row, 1956); I. Kant, *Critique of Practical Reason*(1788), trans. L. W. Beck(Indianapolis: Bobbs-Merrill, 1956); I. Kant, "On the Common Saying: 'This May Be True in Theory, But It Does Not Apply in Practice'", in Hans Reiss ed., *Kant's Political Writings*(Cambridge: Cambridge University Press, 1970), pp.61-92.

11) John Rawls, *A Theory of Justice*, pp.3-4.

그래서 칸트적 자유주의자는 공리주의적 고려 사항들에 의거하지 않는 권리론을 필요로 한다. 더 나아가 칸트적 자유주의자는 어떤 특정한 가치관에도 의존하지 않는 입장, 그리고 어떤 삶의 방식이 다른 것보다 우월하다고 전제하지 않는 입장을 필요로 한다. 목표들 사이에서 중립적인 정당화만이 자유주의적 해결 방식을 유지시킬 수 있다. 자유주의적 해결 방식이란 어떤 특정한 목표를 옹호하지 않는 것 혹은 하나의 각광받는 삶의 방식을 시민들에게 부과하지 않는 것이다. 하지만 이것은 어떤 종류의 정당화가 될 수 있을까? 가치 있는 삶에 대한 어떤 상을 그려내지 않고서, 그리고 어떤 가치를 다른 가치보다 더 지지하지 않고서, 특정한 자유와 권리들을 근본적인 것으로서 확신하는 것이 어떻게 가능할까?

칸트적 자유주의자가 제안한 해결 방식은 '옳음'과 '좋음'을 구분하는 것이다. 즉, 한쪽에는 기본권과 기본적 자유의 체계가 있고, 다른 한쪽에는 사람들이 그 체계 안에서 추구하기로 선택할 만한 가치관들이 있는데 그 양자를 구분하는 것이다. 그 주장에 따르면, 국가가 공정한 체계를 지지하는 것과 어떤 특정한 목표를 공인하는 것은 별개의 문제다. 가령, 사람들이 자신의 견해를 자유롭게 형성하고 자신의 목표를 자유롭게 선택할 수 있도록 자유 언론에 대한 권리를 지켜내는 것은, 정치 토론에 투신한 삶이 공공적 사안과 관련 없는 삶보다 본질적으로 더 가치 있다는 근거에서 그런 권리들을 지지하거나 자유 언론이 일반적인 복지를 증가시킬 것이라는 근거에서 그런 권리들을 지지하는 것과는 별개의 문제다. 첫 번째 방식의 옹호만이 칸트적 견해에 쓰일 만한 옹호다. 그것은 중립적인 틀이라는 이념에 의거해 있다.

이때 여러 목표들에 대한 중립 체제를 유지하려는 입장은 일종의 가치로 보일 수 있다. — 이런 의미에서 칸트적 자유주의는 상대주의가 아니다. 하지만 그 가치는 선망되는 삶의 방식이나 가치관을 공인하는 것에 대한 거부를 의미한다. 그렇다면 칸트적 자유주의자에게서 옳음은 좋음보다 우선하는데, 그것은 다음의 두 가지 의미에서 그러하다. 첫째, 개인적 권리(옳음)는 일반적인 가치(좋음)를 위해서 희생될 수 없다. 둘째, 이런 권리를 명시하는 정의 원칙은 가치 있는 삶에 대한 어떤 특정한 입장을 전제로 할 수 없다. 권리(옳음)를 정당화하는 것은 그것이 일반적 복지를 극대화한다거나 가치(좋음)를 증진시킨다는 점에 있지 않다. 그보다는 그것이 개인과 집단들이 자신의 가치와 목표를 선택할 수 있는 공정한 체계 틀을 구성한다는 점에 있다. 이때 개인과 집단들이 선택할 수 있는 가치는 타인들에게도 똑같이 마련된 자유에 모순되지 않는 것이어야 한다.

좋음에 대한 옳음의 우선성 주장은 중립성 이념을 개인적 권리의 우월성에 연결시킨다. 칸트적 자유주의에서 권리는 "개인들이 쥐고 있는 으뜸 패처럼 기능한다." 그 권리로 인해 개인들은, 선호되는 하나의 가치관을 시민들에게 부과하여 결과적으로 가치관 선택의 자유를 존중하지 못하게 되는 정책으로부터 보호받는다. 그 정책이 민주적으로 시행된 것이어도 말이다.12)

물론, 자유주의 윤리의 주창자들은 어떤 권리가 근본적인지, 중립성 이념이 어떤 정치제도를 필요로 하는지에 대해 일치를 이루지 못하고 있다는 비난을 받고 있다. 평등주의적 자유주의자들은 복지국가를 지지하고 어떤 사회 경제적 권리 — 복지권, 교육권, 의료보장권 등 — 를 함께 갖춘 시민적 자유의 체제를 반기고 있다. 그들은 자신의 목표를 추구하는 개인들의 역량을 존중하려면 존엄한 삶에 대한 최소적 선결 요건들을 정부가 보장해주어야 한다고 주장한다. (현대 정치에서 보통 보수주의로 불리는) 자유지상주의적 자유주의자들은 시장경제를 옹호하고, 재분배 정책이 사람들의 권리를 침해한다고 주장한다. 그들은 사람들을 존중하려면 각자에게 각자가 이룬 노동의 결실을 보장해주어야 한다고 주장하며, 그래서 사적 소유권을 위한 엄정한 체제와 연결된 시민적 자유의 체계를 반긴다. 평등주의적이든 자유지상주의적이든, 칸트적 자유주의는 우리들이 각자의 목표와 이해 관심, 가치관을 지닌, 분리되고 개별적인 사람들이라는 주장으로부터 시작한다. 그 입장은 자유로운 도덕적 행위자로서의 우리 자신의 역량을 실현시키는 권리 체계를 추구한

---

12) Ronald Dworkin, "Liberalism", p.136.

다. 이때 자유는 타인들에게도 똑같이 마련된 자유에 모순되지 않는 것이어야 한다.

자유주의적 자아

공리주의에 대한 칸트적 반론은 그에 대조적인 인간관, 즉 도덕적 행위자의 의미를 생각하는 데에 대조적인 입장으로부터 그 힘의 많은 부분을 얻고 있다. 공리주의자들이 우리의 많은 욕망들을 하나의 단일한 욕망 체계로 넣어 섞어버리는 반면에, 칸트적 자유주의자들은 인간의 분리성을 주장한다. 공리주의적 자아가 단순히 욕망의 총합으로 규정되는 반면에, 칸트적 자아는 어느 순간 우연히 가지는 욕망과 목표들과는 독립적으로 취사선택하는 자아다. 칸트는 자율적 의지를 갖고 행위할 능력을 인간에게 부여함으로써 이런 생각을 표현하고 있다. 이와 유사하게, 현대 자유주의자들은 자신의 목적과 목표에 선행하고 그것에 독립적인 자아 개념에 의거해 있다.

좋음에 대한 옳음의 우선성 주장 그리고 그것에 기여하는 인간관으로 인해, 칸트적 자유주의는 공리주의에 반대될 뿐 아니라 우리가 선택하지 않은 목표 — 가령 자연 혹은 신이 부여한 목표 또는 가족, 민족, 문화, 전통의 성원으로서의 정체성이 부여한 목표 — 를 성취할 의무가 있는 존재로서 우리를 바라보는 모든 입장에 반대된다. 가족, 민족, 문화, 전통의 성원으로서의 정체성과 같은 연고 깊은 정체성은 자유주의적 인간관과 상충되는데, 왜냐하면 자유주의적 인간관은 선행되는 도덕적 연대에 속박되지 않고 자기 목표를 스스로 선택할 수 있는 자유롭고 독립적인 자아로서 인간을 바라보기 때문이다. 자유주의적 인간관은 중립 체제로서의 국가라는 이념 속에서 표현되는 관점이다. 칸트적 자유주의자에게 우리가 중립 체제, 즉 경쟁하는 가치와 목적들 사이에서 선택하길 거부할 권리 체계를 필요로 하는 엄밀한 이유는 우리가 자유롭게 선택하는 독립적인 자아라는 점 때문이다. 자유주의적 자아에게서 우선적으로 문제가 되는 것, 우리 인격에 가장 핵심적인 것은 우리가 선택하는 목적들이 아니라 그것을 선택하는 우리의 능력이다. "우리의 목적들이 우리의 본성을 드러내주는 주요한 요소는 아니다." 그보다 우리의 본성을 드러내주는 것은 바로, 우리가 우리의 목적들로부터 벗어나 생각할 경우 동의하게 될 권리 체계다. "왜냐하면 자아는 자아가 확신한 목적들에 선행해 있기 때문이다. 우세한 목적조차도 수많은 가능성들 가운데에서 선택되어야만 한다."13)

자유주의 윤리는 그 입장을 활력 있게 하는 자아상에 호소함으로써 그 도덕적 힘의 많은 부분을 얻는다. 이 입장은 적어도 두 가지 원천에 호소한다. 첫째, 자아가 스스로 선택하지 않은 목적과 애착 관계들에 연루되지 않은 자유롭고 독립적인 자아라는 자아관은 강력한 자유화 (liberating)의 시각을 제공한다. 관습과 전통, 상속된 지위에서 오는 제재가 없고, 선택 이전에 존재한 도덕적 연대에 의해 구속되지도 않은 자유주의적 자아는 주권자로서 설정되어 있고, 자신을 제약하는 의무들의 창조자로서 존재한다. 여건들의 단순한 총합이라는 의미 이상으로, 우리는 "스스로 창조하고, 만들고, 선택하는" 존재로서의 인간이라는 의미에서 인격의 존엄성을 행사할 수 있게 된다.14) 우리는 우리가 추구하는 목적들의 단순한 도구가 아니라 행위자(agents)다. 우리는 "타당성 주장의 자기 기원적 원천(self-originating sources of valid claims)"이다.15)

자유주의적 자아관이 호소하는 두 번째 원천은 그것이 평등한 존중을 함축한다는 점에 있다. 하나의 인격은 그 인격이 수행한 역할, 지켜온 관습, 확신해온 신앙, 그 이상의 것이라는 생각은 삶의 우연적 요소들과는 무관하게 존중의 토대를 제공한다. 자유주의적 정의는 인종, 종교, 민족, 성별과 같은 사람들 간의 차이에 대해 주목하고 있지 않다. 왜냐하면 자유주의적 자아관에서 이런 특징들은 우리의 정체성을 우선적으로 규정하지 않기 때문이다. 그런 특징들은 자아의 핵심 구조가 아니라

---

13) John Rawls, *A Theory of Justice*, p.560.

14) George Kateb, "Democratic Individuality and the Claims of Politics", *Political Theory*, 12(August 1984), p.343.

15) John Rawls, "Kantian Constructivism in Moral Theory", *Journal of Philosophy*, 77(Summer 1980), p.543.

단순한 속성들이며, 국가가 주목하지 말아야 할 것들이다. "우리의 사회적 위치와 계급, 우리의 성별과 인종은 도덕적 견지에서 이뤄지는 심의과정에 영향을 끼쳐서는 안 된다."16) 이런 우연적 요소들이 일단 우리인격의 측면들이라기보다 우리 여건의 산물들로 파악된다면, 그런 요소들로 인해 생겨났던 편견과 차별의 익숙한 근거들이 사라지게 된다.

그리고 자유주의적 정의관에 따르면, 우리가 제시하는 덕들 혹은 우리가 지지하는 가치들도 중요하지 않게 된다. "저것보다는 이것을 우리의 가치관으로 가진다는 점은 도덕적 관점과 관련이 없다. 가치관을 형성할 때, 우리는 몇몇 우연성에 의해 영향을 받는다. 그 우연성은 마치우리의 성, 계급에 대한 지식이 배제될 때 제거되는 우연성과 같다."17) 자유주의의 여러 입장들은 서로 다른 점을 가지고 있긴 하지만, 자유지상주의적 자유주의와 평등주의적 자유주의는 사람들의 권리는 그들의업적 혹은 덕 혹은 도덕적 응분에 기반해서는 안 된다는 점에 동의한다. 왜냐하면 사람들을 덕스럽게 만들거나 도덕적으로 응분의 가치가 있게만드는 성질들은 "도덕적 관점에서 볼 때 자의적인" 요소들에 의거해있기 때문이다.18) 따라서 자유주의 국가는 차별하지 않는다. 모든 자유주의 정책 또는 법률은 어떤 사람 혹은 삶의 방식이 본질적으로 다른이 혹은 다른 삶의 방식보다 더 덕스럽다고 전제해서는 안 된다. 자유주의 정책은 인간을 인간으로서 존중하고 그들이 선택하는 삶을 영위할수 있는 그들의 평등한 권리를 보장한다.

칸트적 자유주의에 대한 비판

칸트적 자유주의자들은 이렇게 옳음의 우선성을 주장함으로써 하나

---

16) John Rawls, "Fairness to Goodness", *Philosophical Review*, 84(October 1985), p.537.

17) 같은 곳.

18) John Rawls, *A Theory of Justice*, pp.310-315. 또한 다음도 참조. Friedrich A. Hayek, *The Constitution of Liberty*(Chicago: University of Chicago Press, 1960), ch. 7; Robert Nozick, *Anarchy, State, and Utopia*, pp.155-160.

의 가치관에 대한 공인을 피해가고 있다. 그런데 여기서 옳음의 우선성은 목적에 선행해 있는 자아라는 자아관에 입각해 있다. 이런 자아관은 어느 정도로 그럴듯할까? 그런 자아관이 지니는 강력한 호소력에도 불구하고, 무연고적 자아상은 결함 있는 것이다. 그것은 우리의 도덕적 경험을 설명해내지 못한다. 왜냐하면 그것은 우리가 공통적으로 인정하고, 심지어 높이 평가하는 어떤 도덕적, 정치적 책무들을 설명해낼 수 없기 때문이다. 이런 책무들은 연대의 책무, 종교적 의무 그리고 선택과는 무관한 이유들에 의해 우리에게 요구되는 다른 도덕적 연대를 포함하고 있다. 우리가 선택한 적 없는 도덕적 연대에 의해서는 결코 구속되지 않는 자유롭고 독립적인 자아로서 우리 자신을 이해한다면 위에 나열한 책무들은 설명하기 어려운 것이 된다.

우리가 우리 자신을 연고 있는 자아, 즉 어떤 기획과 입장들에 이미 몸담은 자아로 파악하지 않는다면, 우리는 우리의 도덕적, 정치적 경험에 필수불가결한 이런 측면들을 이해할 수 없다.

자유주의적 견해에 따른 제한된 책무관을 살펴보자. 롤즈에 따르면, 책무들은 두 가지 방식 중 하나의 방식으로만 나타날 수 있다. 우리가 인간 자체에 대해 가지는 "자연적 의무"로서 혹은 우리가 동의하여 발생시킨 자발적 책무들로서 말이다. 자연적 의무는 우리가 인간으로서의 인간에게 지우는 의무인데, 가령 정의롭게 대할 것, 잔학 행위를 하지 말 것 등이 있다. 이와는 다른 책무, 즉 우리가 특정인들에 대해 갖는 책무는 모두 동의에 기반해 있으며 우리가 한 합의에 의해서만 발생한다. 그 합의가 암묵적인 것이든 명시적인 것이든 말이다.19)

무연고적 자아로 간주된 상태에서 우리는 모든 이들의 존엄성을 존중해야만 하지만, 이를 넘어서면 우리는 우리가 책임지기로 동의한 것들에만 책임을 진다. 자유주의적 정의에 따르면 우리는 사람들의 권리(중립 체제가 규정한 것으로서의 권리)를 존중해야 하지만, 우리가 그들의 선을 증진할 필요는 없다. 우리가 타인의 선에 관심을 가져야 하는지 아닌지의 문제는 우리가 그렇게 하기로 동의했는지 여부, 그리고 누구와

_____

19) John Rawls, *A Theory of Justice*, pp.108-117.

동의했는지 여부, 그리고 어떤 조건에서 동의했는지 여부에 달려 있다.

이런 관점으로부터 나오는 한 가지 놀라운 결과는 "엄밀히 말해서, 시민들에게 일반적으로 지워질 정치적 책무는 없다"는 점이다. 공직에 있는 사람은 정치적 책무(즉, 선출되었을 경우 그 나라를 위해 일해야 할 책무)가 있을지언정, 보통 시민들은 그런 책무를 갖지 않는다. "행위를 구속하는 필수 요건들이 무엇인지, 그것을 수행해온 사람이 누구인지 분명하지 않다."20) 따라서 평균적인 시민들은 그들의 동료 시민들에 대해, 부정의를 저지르지 말라는 보편적이고 자연적인 의무 외에 특별한 어떤 책무를 가지지 않는다.

보편적으로 부여되는 의무 혹은 자발적으로 발생하는 책무라는 견지에서 모든 책무를 해석하려는 자유주의적 시도는 우리가 공통적으로 인정하는 시민적 책무, 그리고 다른 도덕적, 정치적 연대를 설명하기 어렵게 만든다. 그것은 위와 같은 충성과 책임을 포착해내지 못한다. 충성과 책임의 도덕적 힘은 부분적으로는 다음과 같은 사실에 놓여 있다. 즉, 그런 충성과 책임을 지키고 산다는 것은 우리 자신을 특정한 사람으로서, 즉 이 가족, 이 도시, 이 나라, 이 민족의 성원으로서, 이 역사의 담지자로서, 이 공화국의 시민으로서 이해하는 일과 떨어질 수 없다. 이런 충성은 내가 일정 거리를 두고 우연히 취하는 가치 그 이상의 것일 수 있다. 그런 충성에서 귀결되는 도덕적 책임은 내가 자발적으로 발생시킨 책무 그리고 내가 인간 자체에 대해 갖는 "자연적 의무"를 넘어선 것일 수도 있다.21)

내가 살고 있는 특정한 공동체로부터 흘러나온 특정한 책임 중 어떤 것은 연대의 책무처럼, 동료 성원들에 대해 내가 갖게 되는 것이다. 어떤 다른 책임의 경우, 나는 내 공동체와 도덕적으로 관련 있는 역사를 가진 다른 공동체의 성원에게 그 책임을 갖는다. 가령, 독일이 유대인에 대해 갖는 도덕적 부담, 백인 미국인이 흑인 미국인에게 갖는 도덕적 부

---

20) 같은 책, p.114.

21) 다음을 참조. Michael Sandel, *Liberalism and the Limits of Justice*(Cambridge: Cambridge University Press, 1982), pp.179-183.

담, 혹은 영국과 프랑스가 예전의 식민지였던 나라에게 갖는 도덕적 부담이 그 예다.22) 그 책무가 대내적인 것으로 보이든, 대외적인 것으로 보이든, 멤버십에서 오는 책무는 우리가 선택 이전에 존재하는 도덕적 연대를 담당해낼 수 있다는 점을 전제하고 있다. 우리가 그런 존재인 한, 우리 멤버십의 의미는 계약주의적 견지에서 재설명될 수 없다.

때때로 자유주의적 관점을 옹호하기 위해 다음과 같은 주장이 제기된다. 즉, 아무리 심리적으로 강력하게 자리 잡았다고 해도 동의에 근거하지 않은 충성(loyalties)과 충실(allegiances)은 감정의 문제이지 도덕의 문제가 아니며, 그런 것들은 무연고적 자아에게 쓸모없는 책무를 제시하지 못한다. 하지만 연대의 책무와, 그것으로부터 귀결되는 두텁게 구성된 연고 깊은 자아를 인정하지 않고서는 우리에게 익숙한 도덕적, 정치적 딜레마들을 이해하기 어렵다.

미국 시민전쟁에서 남부 연합군을 이끌었던 유명한 장군 로버트 리의 경우를 살펴보자. 시민전쟁의 전날 밤, 로버트 리는 연방군의 장교로 일하고 있었다. 그는 버지니아 주 출신의 남부인이었지만 분리를 반대했고, 사실상 그것은 반역 행위로 간주되었다. 하지만 전쟁의 위협이 다가왔을 때 리 장군은 버지니아 주에 대한 그의 책무가 연방에 대한 그의 책무에 우선하며 노예에 반대한다는 그의 공식적 입장에 우선한다고 결론을 내렸다. 그는 다음과 같이 말했다. "연방에 대해 헌신하는 마음은 있지만 나는 내 친지, 내 아이들, 내 고향을 향해 공격할 마음을 먹을 수 없었습니다. … 만약 연방이 와해된다면, 그리고 정부가 전복된다면, 나는 내가 태어난 주로 돌아가 나의 인민들과 고통을 나눌 것입니다. 내 고향을 지키는 경우가 아니라면, 나는 다시는 칼을 빼지 않을 것입니다."23)

---

22) Alasdair MacIntyre, *After Virtue*(Notre Dame: University of Notre Dame Press, 1981), pp.204-206.

23) 리 장군 이야기는 다음에서 인용하였다. Douglas Southall Freeman, *R. E. Lee* (New York: Charles Scribner's Sons, 1934), pp.443, 421. 리 장군에 대한 논의에 대해서 다음의 책도 참조하라. Morton Grodzins, *The Loyal and the Disloyal* (Chicago: University of Chicago Press, 1965), pp.142-143; Judith N.

우리는 그가 한 선택을 인정하지 않더라도 그가 처한 곤경의 참담함을 이해할 수 있다. 하지만 우리는 그가 반대하는 명분으로 가게 됨에도 불구하고 그의 인민들 편에 설 것을 요청하는 부름이 단순히 감정적 의미가 아닌 도덕적 의미의 주장이라는 점, 이 도덕적 의미는 다른 의무와 책무에 견주어 균형을 이룰 정도로 무게감이 있다는 점을 인정하지 않고서는 그가 처한 딜레마를 도덕적 딜레마로서 이해할 수 없다. 그것을 인정하지 못하면 리 장군의 곤경은 진정한 도덕적 딜레마가 전혀 아니게 되며, 그것은 단지 한쪽의 도덕성과 다른 한쪽의 단순한 감정 혹은 편견이 상충하는 상황이 된다.

리 장군의 곤경을 단지 심리적으로만 해석하게 되면, 우리는 우리가 리 장군과 같은 사람들에게 공감할 뿐 아니라 종종 그런 사람들을 존경한다는 사실을 놓치게 된다. 여기서 이 존경은 반드시 그가 내린 선택 때문에 존경한다는 의미가 아니라, 그의 숙고가 반영하는 성품 때문에 그를 존경한다는 의미다. 여기서 말하는 그 성품은 한 사람의 삶의 여건을 반성적으로 해석된 상황 속의 존재로 보는 경향이다. 나를 어떤 특수한 삶에 연루시키는 역사가 요구하는 것은 바로 이런 성품이다. 이때 나는 특수한 삶에 연루되지만 그 특수성을 자각하고 있으며, 좀 더 넓은 지평과 다른 삶의 방식에 대해서도 깨어 있다. 하지만 이것은 자기 자신을 무연고적 자아, 즉 발생시키기로 선택한 책무에 의해서만 구속받는 자아로 생각하려는 사람들에게는 없는 성품이다.

리 장군의 예가 말해주듯이 자유주의적 인간관은 너무 얄팍해서 우리가 공통적으로 인정하는 도덕적, 정치적 책무, 가령 연대의 책무와 같은 것들의 모든 범위를 설명해내지 못한다. 그런 인간관이 지니는 설득력은 이 점 때문에 공격받는다. 그뿐 아니라 그것은 현대 복지국가의 시민들에게 기대되는 덜 강한 공동 책무를 지지하기에도 너무 약할 수 있다. 리 장관의 경우에서처럼 비극적인 영웅적 딜레마를 이해하는 것뿐 아니라 많은 자유주의자들이 옹호하는 권리를 존속시키기 위해서라도 더 강

Shklar, *Ordinary Voices*(Cambridge, MA: Harvard University Press, 1984), p.160.

한 공동체관이 필요할 수도 있다.

자유지상주의적 자유주의자들은 시민들에게 거의 요구를 하지 않는 반면, 좀 더 관대한 형태의 자유주의 윤리는 다양한 공적 부조와 재분배 정책을 지지한다. 평등주의적 자유주의자들은 시민적, 정치적 권리뿐 아니라 사회적, 경제적 권리도 옹호하며, 따라서 동료 시민들이 서로 깊이 연루될 것을 요구한다. 그들은 개인의 "복수성과 구분성"을 주장하지만 또한 그들은 우리가 "서로의 운명을 공유해야 한다"고 요구하며, 자연적 재능을 "공동 자산"으로 간주하라고 요구한다.24)

공유의 윤리로서의 자유주의는 운의 자의성을 강조하고 평등한 자유의 의미 있는 행사를 위해 필요한 물질적인 선결 조건들의 중요성을 강조한다. "피할 수 없는 여건에 놓인(necessitous) 사람은 자유로운 사람이 아니기 때문에", 그리고 어떤 경우든 성공을 가능케 하는 자산과 재능은 "도덕적 견지에서 자의적"이기 때문에, 평등주의적 자유주의자는 부자들에게 세금을 매겨 가난한 자들이 존엄을 갖는 삶의 선결 조건들을 가질 수 있도록 돕는다. 이렇게 복지국가를 향한 자유주의적 요구는 공동선에 대한 한 이론 혹은 공동 책무에 관한 강한 개념에 의존해 있지 않고, 그 대신 우리가 우리의 이해 관심과 목적들로부터 멀리 떨어져 있을 경우 존중하기로 동의할 만한 권리들에 의존해 있다.

공적 부조를 향한 자유주의적 요구는 강한 공동 연대를 끌어들이지 않는 조건에 잘 들어맞고 이 때문에 그 입장은 호소력을 갖기도 한다. 하지만 그럼에도 불구하고 그것은 재분배 정책이 어떤 사람을 다른 사람의 목적에 대한 수단으로 사용하며, 따라서 자유주의가 우선적으로 보장하려 하는 개인의 "복수성과 구분성"을 침해한다고 주장하는 자유지상주의자들의 반론에 대해 취약하다.25) 계약론적 공동체관만을 고수한다면, 자유지상주의적 반론에 대응할 방도가 묘연해진다. 만약 내가 공유해줘야만 하는 운명의 사람들이 도덕적으로 말해 진정으로 내 정체성과 연결되어 있는 삶에 참여한 동료가 아닌 타인이라면, 공유의 윤리

---

24) John Rawls, *A Theory of Justice*, pp.101-102.

25) 다음을 참조하라. Robert Nozick, *Anarchy, State, and Utopia*, p.228.

로서의 자유주의는 공리주의가 직면했던 것과 같은 반론에 노출되어 있는 것으로 보인다. 나에게 내려진 그 요구는 내가 동일시하는 공동체가 부여한 요구가 아니라, 내가 공유할 수도 있고 하지 않을 수도 있는 목적을 지닌, 자의적으로 규정된 집단성이 부여한 요구다.

만약 평등주의적 자유주의자가 사회적, 경제적 권리는 사람들에 대한 동등한 존중의 차원에서 필요하다고 대답한다고 해도, 왜 이 사람들, 즉 어쩌다 내 나라에 살게 된 이 사람들이 타인들은 가지지 못한 내 배려에 대해 요구를 할 수 있는가라는 문제는 여전히 남는다. 시민권 (citizenship)에서 나오는 상호 책임이란 것을 인간으로서의 인간에 대한 존중의 개념에 연결시킨다면, 복지 정책에 관한 도덕적 요구는 외국 원조에 대한 도덕적 요구와 같은 차원에 놓이게 된다. — 외국 원조, 이것은 우리가 다른 것은 거의 공유하지 않아도 공통적으로 인간임을 공유하기 때문에 발생하는 의무다. 이런 인간관을 고려해볼 때 자유주의 나름의 공유의 윤리가 전제하지 않을 수 없는 관심의 특정 경계를 자유주의가 어떻게 옹호해낼 수 있을지는 불분명하다.

평등주의적 자유주의가 요구하는 바이지만 그들의 어법으로는 제시하기 힘든 것은, 공유가 이루어질 적절한 공동체를 규정하는 방식, 그 참여자를 상호 빚진 자 혹은 같이 시작하기로 도덕적으로 약속한 자로 보는 방식이다. 자유주의적 사회적, 경제적 권리는 공통적으로 추구하는 것이 있는 공동생활을 표현하거나 발전시키는 것으로서 정당화될 수 없기 때문에, 공동 관심의 토대와 경계는 옹호되기 어려워진다. 왜냐하면 우리가 보아왔듯이, 그 공유를 제쳐놓기도 하고 설정해놓기도 할 강한 공동체관 혹은 강한 시민관은 엄밀히 말해서 자유주의적 자아를 부정하는 생각이기 때문이다.

그런 생각이 함축하는 도덕적 연고성과 선행적 책무들은 옳음의 우선성 개념을 근본적으로 흔들 것이다.

최소주의적 자유주의

우리가 자유롭게 선택하는 무연고적 자아, 즉 칸트적 자유주의자가 생각하는 그런 자아가 아니라면, 그 점으로부터 정부가 시민들의 덕을 함양시켜야 한다는 결론이 나오게 될까? 어떤 정치철학자들은 중립성에 대한 요구는 칸트적 인간관과는 별개의 문제라고 주장한다. 그들의 주장에 따르면, 자유주의를 요구한다는 것은 정치적인 의미에서 그런 것이지 철학적이거나 형이상학적인 의미에서 그런 것이 아니라는 것이며, 따라서 자유주의를 주장하는 것은 자아 본성에 관해 의견 분분한 주장들에 의거해 있지 않다는 것이다. 좋음에 대한 옳음의 우선성은 칸트적 도덕철학을 정치철학에 적용한 것이 아니라, 현대 민주적 사회에 살고 있는 사람들이 대개 좋음에 관해 불일치하고 있다는 친숙한 사실에 대한 실천적 대응이다. 중립성에 대한 이런 옹호는 칸트적 인간관에 의거해 있지 않고, 그보다는 "철학적으로 말하자면, 그 표면에 머물고 있기" 때문에, 자유주의는 최소주의적 자유주의로 기술될 수 있다.26)

최소주의적 자유주의자는 우리가 종종 선택과 무관하게 존재하는 도덕적, 종교적 책무들이 제시하는 요구를 받는다는 점을 인정한다. 하지만 그들은 우리가 공적 영역에 들어올 때, 이런 책무들을 옆에 제쳐놓고 들어와야 하며, 정치와 법에 대해 토론할 때 우리가 지닌 도덕적이고 종교적인 신념을 덮어두어야 한다고 주장한다. 개인적 삶에서 우리는 우리 자신을 "어떤 특정한 종교적, 철학적, 도덕적 신념과는 별개로, 혹은 계속 지속되는 특정한 충성심과 애착과는 별개로" 본다는 생각은 도저

---

26) 내가 여기에서 최소주의적 자유주의라고 기술한 입장은 롤즈의 최근 저서에서 제시되는 것이다. John Rawls, *Political Liberalism*(New York: Columbia University Press, 1993). 그리고 그의 논문, "Justice as Fairness: Political not Metaphysical", *Philosophy & Public Affairs*, 14(1985), pp.223-251에서도 제시되었다. 약간 다른 형태에서, 그 입장은 다음의 책에서도 제시되었다. Richard Rorty, "The Priority of Democracy to Philosophy", in Merrill D. Peterson and Robert C. Vaughan eds., *The Virginia Statute for Religious Freedom*(Cambridge: Cambridge University Press, 1988). 인용 어구는 다음 논문에서 나온 것이다. John Rawls, "Justice and Fairness", p.230.

히 할 수 없다고 여길지도 모른다. 하지만 우리는 우리의 개인적인 정체성과 정치적인 정체성 사이에 구분을 두어야 한다. 우리가 사적으로 어떤 식으로 연루되어 있다 해도, 그리고 아무리 도덕적, 종교적 확신에 따른다 해도, 우리는 공적인 영역에서는 우리의 연고를 덮어두고 공적 자아로서, 즉 어떤 특정한 충성이나 가치관에도 독립적인 자아로서 바라보아야 한다.27)

시민으로서의 정체성과 개인적인 정체성을 분리해야 한다는 주장은 불 보듯 뻔한 도전을 불러일으킨다. 우리의 정치적 정체성은 왜 우리가 개인적 삶에서 확신하는 도덕적, 종교적 신념을 표출해서는 안 되는가? 정의와 권리를 토론하는 데에 우리는 왜 우리 삶의 (정치적 영역 외에) 나머지 부분을 이끄는 도덕적 판단을 제쳐놓아야만 하는가? 최소주의적 자유주의자들은 시민적 정체성과 개인적 정체성을 분리하는 것은 현대 민주적 생활에 관한 중요한 사실을 존중한다는 의미라고 대답한다. 전통적 사회에서 사람들은 자신의 도덕적, 종교적 이념의 상 속에서 정치적 생활을 그려내려고 했다. 하지만 현대 민주적 사회는 도덕적, 종교적 이념의 다원성을 그 특징으로 한다. 더 나아가 이 다원주의는 합당하기까지 하다. 이 다원주의는 품위 있고 지적인 사람들이 합당한 반성을 거친 이후에도 가치 있는 삶의 본질에 대해 다른 입장에 이를 수 있다는 사실을 여전히 반영한다. 합당한 다원주의라는 사실 아래에서 우리는 하나의 가치관을 다른 가치관보다 우월하다고 공인하지 않고서 정의와 권리에 관한 문제들을 결정해야 한다. 이런 식으로 해야만 우리는 상호 존중에 기반한 사회적 협력이라는 정치적 가치를 확실히 지킬 수 있다.28)

최소주의적 자유주의는 자아 본성론에 대한 논쟁을 포함하는 정치적 논쟁으로부터 자유주의적 원칙들을 분리하려고 한다. 자유주의는 "하나의 정의관을 진리의 차원에서 제시하는 것이 아니라" 민주 사회에서의 정치적 합의를 위한 토대로 기능할 것으로서 제시하고 있다. 그것은

---

27) John Rawls, *Political Liberalism*, p.31, pp.29-35.
28) 같은 책, pp.xxvi-xxviii.

"철학에 대한 민주주의의 우선성"을 주장한다. 그것은 정치적 정의관을 제시하는 것이지 형이상적 혹은 철학적 정의관을 제시하는 것이 아니다.29)

최소주의적 자유주의 입장은 정치를 철학으로부터 분리해내자는 생각, 즉 정치 관련 영역에서 도덕적, 종교적 문제를 덮어두자는 생각이 지니는 논리적 힘에 의거해 있다. 하지만 이것은 다음과 같은 질문을 야기한다. 사회 협력과 상호 존중을 보장하기 위한 실천적 이해 관심이 실질적인 도덕적, 종교적 견해에서 제기될 수 있는 어떤 강력한 도덕적 이해 관심마저도 모두 격파할 정도로 그렇게 강력한 이유는 무엇인가? 실제적인 것의 우선성(the priority of the practical)을 주장하는 한 방식은, 그 실제적인 것이 덮어둔 도덕적, 종교적 입장이 참일 수도 있다는 점을 부정하는 것이다. 하지만 이것 역시 엄밀히 말해서 최소주의적 자유주의가 피하려고 하는 의견 분분한 형이상학적 주장의 한 종류다. 따라서 만약 자유주의자들이 그러한 어떤 가치관들은 참일 수도 있다는 것을 인정해야 한다면, 그때는 다음과 같은 문제가 남게 된다. 어떤 도덕적, 종교적 교설도 사회 협력에 위한 현실적 이해 관심을 도덕적으로 능가할 정도로 강력한 이해 관심을 발생시키지 못한다고 누가 보장할 수 있는가?

최소주의적 자유주의에 대한 비판: 임신 중절 논쟁

최소주의적 자유주의는 이 문제에 대해 설득력 있는 대답을 제시하지 못한다. 왜냐하면 관용, 사회 협력, 상호 존중과 같은 정치적 가치들의 중요성을 인정한다 해도, 실질적인 도덕적, 종교적 교설로부터 제기될 수 있는 경쟁적 가치들을 제쳐놓는 것이 언제나 합당하지는 않기 때문이다. 적어도 중대한 도덕적 문제들이 관련된 경우, 정치적 합의를 위해서 도덕적, 종교적 논쟁들을 덮어두는 것이 합당한지 여부는 각 입장이

---

29) John Rawls, "Justice as Fairness", p.230; Richard Rorty, "Priority of Democracy", p.257.

주장하는 도덕적, 종교적 교설 중 어떤 것이 진리인지에 대한 문제에 달려 있기 때문이다. 최소주의적 자유주의는 관용에 대한 요구를 관용되는 관행들의 도덕적 가치에 관한 어떤 판단으로부터도 분리해내고 싶어 한다. 하지만 이런 분리가 언제나 옹호될 만한 것은 아니다. 우리는 문제가 되는 관행에 대한 도덕적 판단을 거치지 않고서는 문제의 사안에 대해서 관용이 정당화될 수 있을지 없을지 결정할 수 없다. 가령, 임신 중절의 권리에 대한 현대적 논쟁을 살펴보자.

임신 중절의 도덕적 허용에 관한 강한 불일치가 있는 상황에서는 도덕적, 종교적 논점을 덮어두는 — 즉, 그런 논점들에서 중립적인 — 정치적 해결을 추구하려는 주장이 특히나 강력해 보일 것이다. 하지만 정치적 목적 때문에 문제가 되는 도덕적, 종교적 교설들을 덮어두는 것이 합당한지의 여부는 보통 그 교설들 중 어떤 것이 참이냐의 문제에 달려 있다. 만약 가톨릭 교리가 참이라면, 즉 적절한 도덕적 의미에서의 인간 생명이 수태 시기에 시작한다면, 인간 생명의 시작점에 대한 도덕 신학적 문제를 덮어두는 일은 경쟁적인 도덕적, 종교적 전제들 위에 하나의 입장을 갖는 일보다 훨씬 합당하지 못하게 된다. 관련된 도덕적 의미에서 태아가 아기와 다른 존재라고 우리가 확신하면 할수록 우리는 태아의 도덕적 지위에 대한 논쟁을 제쳐두는 정치적 정의관을 지지하는 데에 더욱 확신 있게 된다.

현대의 임신 중절 논쟁이 반영하듯이, 정치적 정의관도 역시 그것이 덮어둘 법한 논쟁거리들에 대해 하나의 입장을 전제하고 있다. 왜냐하면 임신 중절 논쟁은 인간 생명의 시작점에 관한 논쟁일 뿐 아니라 정치적 목적을 위해 그 문제로부터 물러나는 일이 얼마나 합당한지에 관한 논쟁이기도 하기 때문이다. 임신 중절 반대론자는 도덕적 용어를 정치적 용어로 바꾸는 일에 대해 반대하는데, 왜냐하면 그들은 그들 견해의 많은 부분이 이런 식의 전환을 통해 소실될 것이라는 점을 알기 때문이다. 최소주의적 자유주의가 제공한 중립적 영역은 종교적 신념들보다는 그런 신념의 반대자들에게 더 유리하기 마련이다. 임신 중절 옹호자들에게는 각 입장들이 거의 비교 불가능하다는 점이 중요하다. 임신 중절이 도덕적으로 허용 가능하다고 믿는 것과, 정치적 문제로서 여성들이 스스로 도덕적 문제를 자유롭게 결정해야 한다는 점에 동의하는 것 사이에는 거의 차이가 없다. 임신 중절이 그른 것일 경우 정치적 합의가 치를 도덕적 대가는 그것이 허용 가능한 것일 경우 치러질 대가보다 훨씬 크다. 사람들이 주장하는 도덕적, 종교적 견해들을 덮어두는 것이 얼마나 합당한지의 문제는 이런 견해들 중 어떤 것이 좀 더 맞는 주장인지의 여부에 부분적으로 달려 있다.

최소주의적 자유주의는 이렇게 대응할 수도 있을 것이다. 즉, 관용이라는 정치적 가치와 여성에 대한 평등한 시민권이라는 정치적 가치는 여성이 임신 중절할 것인지 여부를 스스로 자유롭게 선택할 수 있어야 한다는 결론에 대해 충분한 근거가 된다. 정부는 인간 생명의 시작점에 대한 도덕적이고 종교적인 논쟁에 어느 한 편을 들어서는 안 된다. 하지만 태아의 도덕적 지위에 관해 가톨릭교회가 옳다면, 즉 임신 중절이 도덕적으로 살인에 해당한다면, 관용과 여성의 평등권이라는 정치적 가치, 그것이 얼마나 중요하든지 간에 그런 가치들이 왜 반드시 우세해야 하는지는 불분명하게 된다. 가톨릭교회가 참이라면, 정치적 가치에 대한 최소주의적 자유주의의 주장은 정의로운 전쟁론의 한 사례가 되어야만 한다. 사람들은 매해 (미국에서만) 100만 명의 시민 살해라는 비용을 치르면서까지 왜 이런 가치들이 우세해야 하는지를 보여야 할 것이다.

물론 인간 생명의 시작점에 관한 도덕 신학적 문제를 덮어둘 수 없음을 제시한다는 것은 임신 중절권에 대한 반대 논증이 아니다. 그것은 다만 임신 중절권 주장이 그 저변에 깔린 도덕적, 종교적 논쟁에 관해 중립적일 수 없다는 점을 보일 뿐이다. 그런 논쟁은 문제가 되고 있는 실질적인 도덕적, 종교적 교설을 피해가기보다는 그것에 관련해야 한다. 자유주의자는 종종 이런 관련을 거부하는데, 왜냐하면 그것은 좋음에 대한 옳음의 우선성을 깨뜨리기 때문이다. 하지만 임신 중절권 논쟁은 이런 옳음의 우선성이 유지될 수 없다는 점을 보여준다. 임신 중절을 할 것인지 여부를 스스로를 위해 결정할 수 있는 여성의 권리를 존중하자는 주장은 비교적 이른 시기의 발달 단계에 있는 태아를 유산하는 것과 아이를 죽이는 것 사이에 적절한 도덕적 차이가 존재한다는 점을 보이는 것에 달려 있다.

임신 중절 논쟁은 정치적 정의관이 종종 그것이 덮어두려고 하는 도덕적, 종교적 문제들에 대해 하나의 대답을 전제할 수밖에 없다는 점을 보여준다. 적어도 중대한 도덕적 문제가 제기된 상황에서 정치와 법을 실질적인 도덕적 판단으로부터 떨어뜨려놓는 것은 가능하지 않다. 하지만 우리의 도덕적, 종교적 신념을 들먹이지 않고서 정치적 논쟁을 하는 것이 가능하다고 할지라도 그것이 늘 바람직한 것은 아닐 수도 있다. 정치적 합의를 위해서 도덕적, 종교적 논증을 공적 영역에서 몰아내려는 노력은 정치적 담론을 빈약하게 만들고 자치에 필요한 도덕적, 시민적 자원을 갉아먹는 결과를 낳을 수도 있다.

* * *

이 강연에서, 나는 자유주의의 한 형태에 대해 반론했다. 그 자유주의는 자유롭게 선택하는 무연고적 자아에 대한 존중이라는 명분 아래 그리고 많은 도덕적, 종교적 신념들이 경쟁해 있는 상황에서의 사회 협력을 위해서, 국가가 가치 있는 삶의 문제에 대해 중립적이어야 한다고 주장한다. 그 입장과는 달리 나는 정부는 자치를 공유하기 위해 갖춰야 할 품성을 시민들 안에 육성해야 한다고 제안했다. 이것은 공화주의적 자유관을 가리킨다. 하지만 과연 공화주의적 전통은 현대의 민주 사회를 특징짓는 다원주의와 양립 가능할까? 그리고 어떤 정치적 정체성들이 지구촌 시대의 시민적 기획에 필요할까? 나는 공화주의적 전통에 대한 이런 도전들을 제2강연에서 논의할 것이다.

김은희 옮김

세계화 시대의 정치적 정체성

자유와 자치[1]

공화주의 정치 이론은 적어도 두 가지 점에서 절차적 공화정의 자유
주의와 대조된다. 첫 번째는 옳음과 선(좋음)의 관계에 관련되어 있고,
두 번째는 자유와 자치의 관계에 관련되어 있다. 선 개념들에 대해 중립
적인 원칙들에 따라 권리들을 정의하는 대신에, 공화주의 이론은 좋은
사회에 대한 특정한 관념 — 자치적 공화정 — 에 비추어 권리들을 해석
한다. 그래서 옳음이 좋음에 우선한다는 자유주의의 주장과 대조적으로,
공화주의는 공공선의 정치를 지지한다. 그러나 그것이 지지하는 공공선
은 개인적 선호들의 결집이라는 공리주의적 개념과는 일치하지 않는다.
공리주의와는 달리 공화주의 이론은 그것들이 무엇이든 사람들의 현재
적 선호들을 받아들여 만족시키려고 시도하지 않는다. 대신에 그것은
자치의 공공선에 필수적인 시민들의 인격적 자질들을 배양하고자 한다.
일정한 성향들, 애착들, 관여들이 자치의 실현에 본질적인 만큼, 공화주
의 정치는 도덕적 인격(성품)을 단순히 사적인 것이 아니라 공적인 관심

---

1) 이 절은 Michael Sandel, *Democracy's Discontent*(Harvard University Press, 1996), pp.25-27로부터 가져온 것이다.

사로 간주한다. 이러한 의미에서 그것은 그저 시민들의 이해 관심이 아니라 정체성에 주의를 기울인다.

자유주의 전통과 공화주의 전통의 두 번째 차이는 그것들이 자유와 자치를 연관시키는 방법에 놓여 있다. 자유주의 견해에 의하면, 자유는 민주주의에 반대하여 자치에 대한 하나의 제약으로서 정의된다. 내가 일정한 대다수의 의사 결정들로부터 나의 면책을 보장하는 권리들의 담지자인 한에서 나는 자유롭다. 공화주의 견해에 의하면 자유는 자치의 한 결과로서 이해된다. 내가 그 자체의 운명을 지배하는 정치 공동체의 일원이며, 그것의 직무들을 관장하는 의사 결정 참여자인 한에서 나는 자유롭다.

요점을 달리 표현하자면, 공화주의자는 자유를 자치와 그것을 뒷받침하는 시민적 덕성들(civic virtues)에 내적으로 연결된 것으로 본다. 공화주의적 자유는 어떤 일정한 형태의 공공 생활을 요구하는데, 그것은 다시 시민적 덕성의 수양에 의존한다. 공화주의의 일부 형태들은 자유의 자치에 대한 의존성을 다른 형태들보다 더 강하게 해석한다. 아리스토텔레스로 거슬러 올라가면, 강한 형태의 공화주의 이념은 시민적 덕성과 정치적 참여를 자유에 내재하는 것으로 본다. 정치적 존재라는 우리의 본성을 생각한다면, 오직 공공선에 대하여 숙고하고 자유 도시나 공화국의 공공 생활에 참여하는 우리의 역량을 발휘하는 한에서만 우리는 자유롭다.2) 좀 더 온건한 형태의 공화주의 이념은 시민적 덕성과 공무를 자유에 도구적인 것으로 본다. 우리 자신의 목적들을 추구할 자유조차도 우리의 정치 공동체의 자유를 보존함에 의존하고, 이것은 다시 공공선을 우리의 사적 이해 관심들 위에 올려놓으려는 자발성에 의존한다.3)

---

2) Aristotle, *The Politics*, trans. Ernest Barker(London: Oxford University Press, 1946), Book I and III. '강한' 공화주의 견해의 현대적 진술에 대해서는 다음을 참조. Hannah Arendt, *The Human Condition*(Chicago: University of Chicago Press, 1958).

3) Niccolo Machiavelli, *The Discourses*, ed. Bernard Crick, trans. Leslie J. Walker(Harmondsworth: Penguin Books, 1970) 참조. 이와 관련하여 Quentin

대조적으로 자유주의 개념에 의하면 자유는 내적이 아니라 오직 부수적으로 자치에 관련된다. 자유가 나 자신의 이해 관심들과 목적들을 추구할 기회에 놓여 있는 경우에, 자유는 민주주의 정치와 일치할 수도 있고 일치하지 않을 수도 있다. 자유주의 전통의 선도적 옹호자인 이사야 벌린(Isaiah Berlin)은 "이러한 의미의 자유는 어떤 종류의 독재 정치나 적어도 자치의 부재와 양립 불가능하지 않다'고 적는다. 민주 정체는 계몽 전제 군주가 원칙적으로 존중할 수 있었던 개인의 권리들을 침해할 수도 있다. 자유는 "민주주의 혹은 자치와 논리적으로 연결되지 않으며… 개인적 자유와 민주적인 통치 사이에는 아무런 필연적 연관이 없다."4)

17세기에 저술 활동을 하면서, 토머스 홉스(Thomas Hobbes)는 유사한 근거에서 자유와 자치를 관련짓는 고전적 견해를 거부했다. 홉스는 "연방의 자유"와 "개개인들의 자유"를 혼동한 고대인들을 비웃었다. 아테네와 로마가 자유 연방들이었을 수는 있지만, 이 사실은 거기에 살았던 개인들의 자유에 대해 아무것도 말해주지 않는다. 홉스는 "한 특정한 사람이" 군주국보다는 연방에서 "더 많은 자유를 가지리라고" 추론할 수는 없다고 역설한다. 왜냐하면 자유는 "그 연방의 공무로부터의 면책에" 놓여 있기 때문에 그것은 어떤 특정한 통치 형태에도 의존하지 않는다. "한 연방이 군주제든 민주제든, 자유는 여전히 동일하다."5)

자유에 대한 대조적인 설명으로 인하여, 두 전통들은 상이한 질문을 제기함으로써 정치제도들을 평가한다. 자유주의자는 정부가 그 시민들을 어떻게 대우해야 할 것인가를 묻는 것으로 시작하여,6) 개인들이 자

Skinner, "The Paradoxes of Political Liberty", in *The Tanner Lectures on Human Values*(Cambridge: Cambridge University Press, 1985), pp.227-250에서 마키아벨리에 대한 명료한 논의를 참조.

4) Isaiah Berlin, "Two Conceptions of Liberty", in *Four Essays on Liberty* (London: Oxford University Press, 1969), pp.129-130.

5) Thomas Hobbes, *Leviathan*(1651), ed. C. B. Macpherson(Harmondsworth: Penguin Books, 1968), part II, ch. 21, p.266.

6) Ronald Dworkin, "Liberalism", in Stuart Hampshire ed., *Public and Private Morality*(Cambridge: Cambridge University Press, 1978), p.127. "정부가 그

신의 다양한 이해 관심들과 목적들을 추구할 때 그들을 공평하게 대우하는 정의의 원칙들을 탐구한다. 공화주의자는 어떻게 시민들이 자치를 실행할 수 있는지를 묻는 것으로 시작하여, 뜻있는 자치의 실행을 도모할 정치 형태들과 사회적 조건들을 탐구한다.

결국 각 전통은 상대 전통의 잠재적 결함을 조명한다. 자유주의의 입장에서 보면, 공화주의의 자치에 대한 강조는 개인의 권리들을 다수의 폭정에 공격당하기 쉽도록 내버려둔다. 또한 자유는 시민적 덕성에 달려 있다는 공화주의의 주장은 국가로 하여금 강제와 억압으로의 길을 열지도 모르는 그 시민들의 성품에 이해관계를 갖도록 한다. 이와 반대로 공화주의의 입장에서 보면, 시민들을 자치적 행위자들이 아니라 얼마나 공평하든 우선 처우의 대상들로서 간주하는 것은 처음부터 어떤 일정한 권한의 박탈(disempowerment)이나 기능의 상실을 용인하는 것이다. 만일 자유가 그 정체성의 일부가 시민적 책임들에 의하여 규정되는 시민들을 요구한다면, 중립적인 국가의 공공 생활은 자유로운 개인으로서의 우리의 기능을 보장하기보다는 침식할지도 모른다.

공화주의적 자유: 난제들과 위험들[7]

시민적 자유의 맥을 소생시키려는 어떠한 시도도 두 가지의 심각한 반론에 직면하지 않을 수 없다. 첫째는 공화주의 이상들을 부활시키는 것이 가능한지를 의심한다. 둘째는 그것이 바람직한지를 의심한다. 첫번째 반론은 현대 세계의 규모와 복잡성을 고려한다면 공화주의 전통이 착상한 바대로의 자치를 열망하는 것은 비현실적이라고 주장한다. 아리스토텔레스의 폴리스(polis)로부터 토머스 제퍼슨(Thomas Jefferson)의

시민들을 평등한 자들로 대우한다는 것은 무엇을 뜻하는가? 내가 생각하기에 그것은 정부가 그 모든 시민들을 자유롭거나 독립적이거나 평등한 존엄성을 가진 것으로 대우한다는 것이 무슨 뜻인가라는 물음과 동일한 물음이다. 어떤 경우든, 적어도 칸트 이후의 정치 이론에서 중심적인 물음이었다."

7) 이 절과 뒤따르는 절들은 Michael Sandel, *Democracy's Discontent*(Harvard University Press, 1996), pp.317-323, 338-351에서 발췌한 것이다.

농경 사회 이상에 이르기까지, 시민적 자유관은 그들의 생활 여건이 여가와 교육을 제공하고, 그리고 공적인 관심사를 충분히 숙고하는 공통적 특성을 제공할 수 있었던 사람들이 거주하는, 충분히 자급자족적인 작고 한정된 장소들에서 그 근거지를 발견했다. 그러나 오늘날 우리는 그러한 식으로 살지 않는다. 반대로 우리는 다양성으로 충만하고 격동하는 북아메리카 대륙의 사회에 살고 있다. 또한 이 거대한 사회조차도 자급자족적이지 못하며 세계 경제(global economy)에 편입되어 있는데, 그 안에서 돈, 상품, 정보, 영상의 격렬한 흐름은 훨씬 더 작은 이웃들인 국가들을 거의 괘념치 않는다. 이와 같은 조건들 아래에서 과연 어떻게 시민적 자유의 맥이 확립될 수 있겠는가?

두 번째 반론은 공화주의 이상을 부활시키는 것이 가능하더라도 그렇게 하는 것이 바람직하지 않을 것이라고 논한다. 최근 수십 년 동안 우리 전통의 시민적 명맥이 자유주의 공공 철학에게 길을 양보했다는 사실을 반드시 유감스러워할 까닭은 없다. 모든 것들을 고려한다면, 그것은 더 나은 것을 위한 변화를 뜻할 수도 있다. 공화주의 전통에 대한 비판가들은 절차적 공화정은 공동체와 자치의 일정한 손실을 가져온다고 인정할지도 모르지만, 여전히 이것은 절차적 공화정이 가능하게 만드는 관용(toleration)과 개개인의 선택을 위하여 지불할 가치가 있는 대가라고 역설할 수도 있다.

이 반론의 바탕에는 전통적으로 이해된 공화주의 정치 이론에 대한 두 가지 상호 연관된 우려가 놓여 있다. 첫 번째는 그것이 배타적이라는 것이고, 두 번째는 그것이 강제적이라는 것이다. 두 우려들은 모두 공화주의적 시민에 대한 특별한 요구 사항들로부터 일어난다. 만일 자치에의 참여가 공공선에 대하여 충분히 숙고할 역량을 요구한다면, 시민들은 일정한 인격적 탁월성들과 전체에 대한 판단과 염려를 소유해야 한다. 하지만 이것은 시민권이 무차별적으로 부여될 수 없다는 것을 함축한다. 그것은 관련 덕성들을 소유하거나 그것들을 습득할 수 있는 사람들에게 한정될 것임에 틀림없다.

일부 공화주의 이론가들은 시민적 덕성을 갖출 역량은 일정한 부류의 태생과 신분에 일치할 것이라고 추정해왔다. 예를 들어, 아리스토텔레스는 여자, 노예, 거주 외국인들은 그들의 본성이나 역할이 그들로 하여금 적절한 탁월성을 갖추지 못하게 할 것이므로 시민권을 받을 자격이 없다고 간주했다. 19세기의 미국에서도 선거를 위한 재산 자격의 옹호자들, 남부의 노예제도 옹호자들, 이민자 시민권 부여에 대한 토착민 반대자들에 의하여 비슷한 논증들이 제안되었다.[8] 이 모든 사람들이 시민권에 대한 공화주의적 관념들을 무자산자들이나 아프리카계 미국 흑인들이나 가톨릭 이민자들의 집단은 그 본성이나 신분이나 신념 때문에 좋은 시민이 요구하는 덕성들을 갖출 역량이 없다는 심층적 가정과 연결시켰다.

그러나 덕성을 갖출 역량은 고쳐질 수 없고 미리 고정된 역할이나 정체성에 엮여 있다는 가정은 공화주의 정치 이론에 내재된 것이 아니며, 모든 공화주의자들이 그 가정을 포용하지도 않았다. 일부 공화주의자들은 좋은 시민은 발견되는 것이 아니라 만들어지는 것이라고 논하고, 공화주의 정치의 인격 형성적 계획(formative project)에 기대를 걸었다. 이것은 특히 계몽 운동과 함께 일어났던 민주주의 형태의 공화주의적 사고에 해당된다. 고정된 역할과 시민의 역량들에 대한 가정이 무너질 때, 배타성을 인정하는 공화주의 정치의 경향도 무너지게 된다.

---

8) 자유 부동산 보유권 투표에 대한 공화주의자들의 찬반 논증들에 관해서는, Merrill D. Peterson ed., *Democracy, Liberty, and Property*(Indianapolis: Bobbs-Merrill, 1966), pp.377-408에 나오는 1829-1830년 버지니아 집회에서의 토론들을 참조. 또한 Chilton Williamson, *American Suffrage: From Property to Democracy, 1760-1860*(Princeton: Princeton University Press, 1960) 참조. 노예제도 옹호자들에 관해서는, James Henry Hammond, " 'Mud-Sill' Speech"(1858), and Josiah Nott, "Types of Mankind"(1854), Eric L. McKitrick ed., *Slavery Defended: The Views of the Old South*(Englewood Cliffs, N.J.: Prentice-Hall, 1963), pp.121-138 참조. 또한 Kenneth S. Greenberg, *Masters and Statesmen: The Political Culture of American Slavery*(Baltimore: Johns Hopkins University Press, 1985), pp.3-22, 85-106 참조. 이민자의 시민권에 대한 반대에 관해서는, Tyler Anbinder, *Nativism and Slavery: The Northern Know Nothings and the Politics of the 1850s* (New York: Oxford University Press, 1992), pp.118-126 참조.

하지만 배타의 경향이 물러날 때 강제의 위험은 더 크게 느껴지게 된다. 공화주의 정치가 걸리기 쉬운 두 가지 병리 중에서 현대 민주주의 체제는 두 번째 것을 경험할 가능성이 높다. 공화주의적 시민의 요구사항들을 가정한다면, 시민 자격의 경계가 넓어질수록 덕성을 배양할 임무는 더 벅차질 것이기 때문이다. 아리스토텔레스의 폴리스에서 인격 형성적 임무는 공공 생활과 본성적인 시민적 자질을 공유하는 소규모 집단의 사람들 가운데서 덕성을 배양하는 것이었다. 하지만 공화주의적 사고가 민주적이 될 때 그리고 시민이 될 개인들의 본성적 자질을 더 이상 가정할 수 없을 때, 인격 형성적 계획은 더욱 주춤하게 된다. 막대한 수의 여러 종류의 사람들 가운데서 공통적 시민 의식을 세우는 임무는 한층 더 힘든 형태의 영혼 관리 기술(soulcraft)을 요청한다. 이것은 공화주의 정치를 위한 대가를 높이며 강제의 위험을 증대시킨다.

이러한 위험은 민주적 공화정에 필수적인 인격 형성적 사업에 대한 루소(Jean-Jacques Rousseau)의 설명에서 어렴풋이 알 수 있다. 창설자 혹은 위대한 입법자의 임무는 "인간 본성을 변화시키는 것, 즉 각 개인을 어떤 의미로 이 개인에게 그의 생명과 존재를 부여하는 더 커다란 전체의 일부로 변형시키는 것"과 다름없다고 루소는 적는다. 그 입법자는 그 개인을 전체로서의 공동체에 의존하도록 만들기 위하여, "그 개인 자신의 힘(권력)을 부정하지 않을 수 없다." 각 개인의 개별적 의지가 "활기를 잃고 말살될수록", 그가 일반 의지(general will)를 포용할 가능성은 더 높아진다. "그리하여 만일 각 시민은 아무것도 아니며, 다른 모든 시민들과 협동으로 행하는 것을 제외하고는 아무것도 행할 수 없다면, 우리는 그 입법자가 가능한 절정의 완전성을 성취했다고 말할 수 있다."9)

영혼 관리 기술의 강제적 측면을 미국 공화주의자들이 몰랐던 것은 결코 아니다. 예를 들어, 독립선언서 서명자인 벤저민 러시(Benjamin Rush)는 "사람들을 공화주의적 기계들로 개조하고", 각 시민에게 "그는

---

9) Jean-Jacques Rousseau, *On the Social Contract*(1726), trans. and ed. Donald A. Cress(Indianapolis: Hackett, 1983), Book 2, ch. 7, p.39.

그 자신에게 속한 것이 아니라 공유 재산이라고" 가르치려 했다.[10] 그러나 시민 교육은 그렇게 가혹한 형태를 취할 필요가 없다. 실천에서 성공적인 공화주의적 영혼 관리 기술은 좀 더 온화한 성질의 지도 교육을 필요로 한다. 예를 들어, 19세기 미국인들의 생활을 특징지었던 시민 정치경제학은 공통성뿐 아니라 공공선에 대하여 충분히 숙고하는 독립성과 판단력의 배양도 추구했다. 그것은 강제가 아니라 설득과 길들이기의 미묘한 혼합에 의하여, 토크빌(Alexis de Tocqueville)이 "사회의 그 자체에 향한 느리고 조용한 작용"이라고 불렀던 것에 의하여 이루어졌다.[11]

루소의 공화주의 운동을 토크빌이 기술하는 시민적 관행들부터 구별하는 것은 토크빌 시대의 분산되고 특수화된 미국인들의 공공 생활의 특징과 이러한 특수화가 허락했던 간접적 양식의 인격 형성이다. 부조화를 참을 수 없는 루소의 공화주의 이상은 시민들로 하여금 일종의 형언할 수 없는 투명성 혹은 즉각적 상호 대면의 상태에 서도록 하여 개인들 사이의 거리를 허물려고 시도한다. 일반 의지가 우세한 경우에, 시민들은 "스스로를 한 단일한 통일체로 생각하게 되며", 정치적 논쟁은 필요하지 않다. "처음 [새로운 법을] 제안하는 사람은 그저 모든 사람이 이미 느끼고 있었던 바를 말할 뿐이다." 그리고 그 법의 통과를 보장하기 위한 "술책이나 웅변은 문제 되지 않는다." 일반 의지의 획일적 성격을 생각해보면, 최선의 숙고는 무언의 만장일치가 낳는다. "집회들에서 조화가 더 충만할수록, 말하자면 의견들이 만장일치에 더 가까워질수록, 일반 의지는 더욱 지배적이게 된다. 그러나 오랜 논쟁들, 의견 차이들, 소동들은 사적 이해 관심들의 우세와 국가 몰락의 조짐이 된다." 공공선은 경쟁하는 해석들을 인정하지 않기 때문에, 의견 불일치는 부패, 즉

---

10) Benjamin Rush, "A Plan for the Establishment of Public Schools and the Diffusion of Knowledge in Pennsylvania(1786)", in Frederick Rudolph ed., *Essays on Education in the Early Republic*(Cambridge, MA: Harvard University Press, 1965), pp.9, 14, 17.

11) Alexis de Tocqueville, *Democracy in America*(1835), ed. Phillips Bradley, trans. Henry Reeve(New York: Alfred A. Knopf, 1945), vol. I, p.416.

공공선을 저버림을 나타낸다.12)

루소의 정치학을 강제를 용인하는 방향으로 기울어지게 한 것은 인격 형성적 의욕이 아니라 공공선은 획일적이고 논란의 여지가 없다는 바로 이 가정이다. 또한 그것은 공화주의 정치에 필수불가결한 가정이다. 시민 정치경제학에 대한 미국의 경험이 시사하는 것처럼, 시민적 자유관은 의견 불일치를 불필요한 것으로 만들지 않는다. 그것은 정치적 논쟁을 초월하는 것이 아니라 그것을 수행하는 방법을 제공한다.

루소의 획일적인 시각과는 달리 토크빌이 기술하는 공화주의 정치는 합의에 의해 성립된 것이라기보다는 불만이 많아 소란스러운 것이다. 그것은 구별(분화)을 경멸하지 않는다. 개인들 사이의 공간을 와해하는 대신에, 그것은 이 공간을 다양한 역량을 가진 사람들을 모으는, 그들을 분리하기도 하고 연결시키기도 하는 정치 기구들로 채운다.13) 이 정치 기구들은 지방 정부들, 학교들, 종파들 그리고 민주적 공화정이 요구하는 "심성"과 "습성"을 형성하는 덕성 배양의 직업들을 포함한다. 그것들의 더 특수한 목적들이 무엇이든, 이 시민 교육의 대행자들은 공적인 일들에 주목하는 습관을 주입한다. 그럼에도 그 대행자들의 다수성이 주어진다면 그것들은 공공 생활이 하나의 분화되지 않은 전체로 용해되는 것을 막는다.14)

---

12) J.-J. Rousseau, *On the Social Contract*, Book 4, ch. 1-2, pp.79-81. 또한 Book 2, ch. 3, p.32 참조. "만약 충분히 정보를 가진 대중이 숙고할 때, 그 시민들이 서로 소통하지 않는다면, 항상 일반 의지가 결과로서 일어날 것이다."

13) 공공 영역에 대한 한나 아렌트의 설명도 이러한 특징을 강조한다. "대중 사회를 이다지도 지탱하기 어렵게 만드는 것은 거기에 포함된 사람들의 수가 아니다. 적어도 그 수가 일차적인 것이 아니라, 그들 가운데 있는 세계가 그들을 함께 모으고 그들을 서로 연관시키고 분리시키는 힘을 잃어버렸다는 사실이다." Hannah Arendt, *The Human Condition*(Chicago: University of Chicago Press, 1958), pp.52-53.

14) Alexis de Tocqueville, *Democracy in America*, vol. I, ch. 17, p.299, 대체로 ch. 5, pp.66-68과 ch. 17, pp.299-325 참조. 자유가 특수하고 정체성을 형성하는 시민사회의 대행자들에 의해 분화되거나 뚜렷이 구별되는 공공 생활을 요구한다는 이 착상은 G. W. F. Hegel, *Philosophy of Right*(1821), trans. T. M. Knox(London: Oxford University Press, 1952)에서 핵심적이다.

그래서 시민적 자유의 맥은 필연적으로 배타적이거나 강제적인 것은 아니다. 그것은 때때로 민주주의적이고 다원론적으로 표현될 수 있다. 이러한 만큼 공화주의 정치 이론에 대한 자유주의자의 반론들은 자리를 잘못 잡고 있다. 그러나 자유주의자의 염려는 분명 간단히 처리될 수 없는 하나의 통찰을 포함하고 있다. 공화주의 정치는 모험적인 정치, 즉 보장이 없는 정치다. 그리고 그것이 동반하는 위험들은 인격 형성적 계획에도 내재한다. 정치 공동체로 하여금 그 시민들의 인격에 이해관계를 가지게 하는 것은 나쁜 공동체들이 나쁜 인격들을 형성할 수 있다는 가능성을 시인하는 것이다. 권력의 분산과 시민 조직의 다양한 장소들은 이러한 위험들을 줄일 수는 있지만 제거할 수는 없다. 이것이 공화주의 정치에 대한 자유주의자의 불평 속에 있는 진실이다.

인격 형성적 계획을 회피하려는 시도

이러한 불평을 어떻게 이해할지는 그 대안들에 달려 있다. 만일 시민들의 인격에 주의를 기울이지 않고도 자유를 확보하는 방법 혹은 좋은 삶에 대한 한 관념을 지지하지 않고도 권리들을 규정할 방법이 있다면, 인격 형성적 계획에 대한 자유주의자의 반론은 결정적일 수도 있다. 그런데 그러한 방법이 있는가? 자유주의 정치 이론은 그러한 방법이 있다고 주장한다. 주의주의(voluntarism) 자유관은 공화주의 정치의 위험들을 최종적으로 잠재울 수 있다고 약속한다. 만일 자유가 자치의 실행으로부터 분리되고, 대신에 개인들이 자신의 목적들을 선택할 수 있는 역량으로 이해될 수 있다면, 시민적 덕성을 형성하는 그 어려운 임무는 마침내 필요가 없어진다. 또는 적어도 관용과 타인에 대한 존중을 함양하는 언뜻 보기에 더욱 단순한 임무로 좁혀지게 된다.

주의주의 자유관에 따르면, 국가 관리 기술(statecraft)은 한정된 영역을 제외하면 더 이상 영혼 관리 기술을 필요로 하지 않는다. 자유를 자유롭게 선택하는 자아의 권리들에 대한 존중과 결합하는 것은 어떻게 자치의 습관들을 형성할 것인가에 대한 낡은 논의들을 억누를 것이다.

일단 자유가 인격 형성적 계획으로부터 유리되면, 칸트의 유명한 말처럼, "하나의 국가를 세우는 문제는 악마들의 종족에 의해서도 해결될 수 있다." "왜냐하면 그러한 임무는 인간의 도덕적 향상을 포함하지 않기 때문이다."15)

그러나 자유를 인격 형성적 계획으로부터 유리시키려는 자유주의자의 시도는 그 자체의 문제들, 즉 절차적 공화정의 이론과 실천 모두에서 발견될 수 있는 문제들에 직면한다. 철학적 난제는 선택에 선행하는 도덕적 혹은 시민적 속박들에 의해 방해받지 않는, 자유롭게 선택하는 독립적 자아들이라는 자유주의적 시민 개념에 놓여 있다. 이러한 시각은 충성(loyalty)이나 결속의 책무들처럼 우리가 공통적으로 인정하는 광범위한 도덕적, 정치적 책무들을 설명할 수 없다. 우리는 오직 우리가 그 자체로 선택하는 목적들과 역할들에 의해서만 구속된다고 역설함으로써, 자유주의적 시민관은 우리는 언제고 우리가 선택하지 않은 목적들에 의하여, 예를 들어 자연이나 신에 의해 주어진 목적들에 의하여 혹은 가족이나 국민이나 문화나 전통의 일원이라는 우리의 정체성에 의하여 요구를 받는다는 것을 부정한다.

일부 자유주의자들은 우리가 이러한 책무들에 의하여 구속될 수도 있다는 것을 인정하지만, 그것들이 사적인 생활에만 적용되고 정치에는 아무런 관계가 없다고 주장한다. 그러나 이것은 한층 더 어려운 문제를 제기한다. 왜 시민이라는 우리의 정체성을 더욱 넓게 이해된 인격들이라는 우리의 정체성으로부터 분리하기를 고집하는가? 왜 정치적 숙고는 인간의 최고의 목적에 대한 우리의 최상의 이해를 반영해선 안 되는가? 내가 제3강연에서 제시하겠지만 정의와 권리에 대한 어떤 논변들은 우리가 수용하든지 수용하지 않든지, 불가피하게 좋은 삶에 대한 특수한 관념들을 끌어들인다.

절차적 자유주의 이론의 문제점들은 그것이 고무하는 실천에서 두드러진다. 지난 반세기에 걸쳐서 미국의 정치는 인격 형성적 의욕을 단념

---

15) Immanuel Kant, "Perpetual Peace"(1795), Hans Reiss ed., *Kant's Political Writings*(Cambridge: Cambridge University Press, 1970), pp.112-113.

시키고 좋은 삶에 대한 경쟁적 관념들에 대해 정부는 중립적이어야 한다고 주장하는 형태의 자유주의를 구체화하기에 이르렀다. 절차적 공화정은 자유를 자치와 그것을 뒷받침하는 덕성들에 결합하기보다는, 개인들이 그들 자신의 목적들을 선택하고 추구할 수 있으며 그 목적들에 대해 중립적인 태도를 취하는 권리 구조를 추구한다.

그러나 오늘날 미국의 공공 생활을 둘러싼 불만은 이러한 해결책의 부적당함을 예시한다. 너무 완전하게 도덕과 종교를 괄호로 묶으려는 정치는 곧 그 자신의 각성을 초래하게 된다. 정치적 담론이 도덕적 공명을 결여하는 경우에, 좀 더 풍부한 의미를 가진 공공 생활에 대한 동경은 바람직하지 않은 방식으로 표출된다. 일부 기독교 보수 집단들은 노출된 공동 광장을 편협하고 불관용적인 설교들로 덮으려고 시도한다. 근본주의자들(fundamentalists)은 자유주의자들이 발을 들여놓기 두려워하는 곳으로 뛰어든다. 또한 그 각성은 더욱 세속적인 형태들을 취한다. 공적인 문제들의 도덕적 중요성을 다루는 정치적 안건도 없는 채로, 공무원의 사적 악행들에 주의가 집중된다. 정치적 담화는 점점 타블로이드판 신문, 토크쇼 그리고 마침내는 주요 매스컴에 의해 공급된 스캔들과 선정적이고 자백적인 내용들에 의해 선점된다. 현대 자유주의 공공 철학이 이러한 경향들에 전적인 책임이 있다고 말할 수는 없다. 그러나 정치적 담화에 대한 그것의 시각은 민주주의적 삶의 도덕적 활력을 담아내기에는 너무 빈약하다. 그것은 불관용과 오도된 도덕주의로의 길을 여는 도덕적 공허를 창출한다.

실질적인 도덕적 담화를 결여하는 정치적 안건은 절차적 공화정의 공공 철학이 드러내는 한 징후다. 또 하나의 징후는 지배력의 상실이다. 주의주의 자유관의 승리는 점점 커지는 박탈감과 동시에 일어났다. 최근 수십 년간 권리들의 확장에도 불구하고 미국인들은 좌절 속에서 자신의 삶을 지배하는 힘들에 대한 통제력을 상실하고 있다는 사실을 발견한다. 이것은 부분적으로 세계 경제에서의 고용 불안정과 연관이 있지만, 또한 우리가 가지고 살아가는 자아상을 반영한다. 자유주의의 자아상과 현대의 사회적, 경제적 생활의 현실적인 구성은 예리하게 충돌하고 있다. 우리가 자유롭게 선택하는 독립된 자아라고 생각하고 행동하는 때조차도, 우리는 우리의 이해와 통제를 허용하지 않는 몰개인적인 힘의 구조들에 의해 지배되는 세계와 직면한다. 주의주의 자유관은 우리가 이러한 상황과 싸워나갈 장비가 거의 없는 상태로 남겨둔다. 비록 우리는 우리가 선택하지 않은 정체성의 무거운 짐으로부터 해방되었을지도 모르지만, 비록 우리는 복지국가가 보장하는 범위의 권리들에 대한 자격을 얻었을지도 모르지만, 자력으로 세계와 맞서게 되었을 때 우리는 완전히 압도되어버린 우리 자신을 발견하게 된다.

자치와 공동체의 침식에 대처하는 유력한 정치적 안건을 내놓을 수 없음은 우리의 공공 생활에 내재하는 빈곤한 시민관과 자유관을 반영한다. 우리가 당면한 곤경은 자유는 자치와 그것을 뒷받침하는 덕성들로부터 유리될 수 없다는, 결국 인격 형성적 계획이 필수불가결하다는 공화주의적 주장에 힘을 실어준다. 절차적 공화정은 자치가 요구하는 도덕적, 시민적 참여를 낳을 수 없으므로, 그것이 약속하는 자유를 확보할 수 없다는 것이 드러난다.

만약 현대 자유주의의 공공 철학이 민주주의의 불만에 응하지 못한다면, 어떻게 공화주의적 주제들에 대하여 새롭게 일어나는 관심이 우리의 상황과 싸워나갈 더 나은 장비들을 제공할 수 있는지에 대한 물음이 남는다. 공화주의적 의미에서의 자치가 현대의 상황들 아래에서도 과연 가능한 것일까? 만약 그렇다면 그것은 어떠한 경제적, 정치적 장치들을 요구할 것이며, 그것들을 뒷받침하기 위하여 어떤 인격적 자질들이 필요할 것인가?

세계화된 정치와 특수한 정체성들

자치의 역량을 갖춘 시민의 형성에 대한 공화주의적 관심을 부활시키려고 시도했던 정치조차도 주춤하게 만드는 장애물에 직면할 것이다. 이 장애물은 현대의 경제생활이 조직화된 엄청난 규모와 그것을 운용하기 위해 필요한 민주적인 정치적 권위를 구성하는 어려움이다. 이 어려움은 현실적으로 두 가지의 연결된 난제를 내포하고 있다. 하나는 세계 경제를 운용할 역량이 있는 정치 기구들을 고안하는 것이다. 다른 하나는 그 기관들을 지탱하는 데 필요한 시민적 정체성을 배양하는 것, 즉 그것들에게 그것들이 요구하는 도덕적 권위를 제공하는 것이다. 이 난제들이 모두 만족될 수 있다는 것은 당연하지 않다.

자본과 상품, 정보와 영상, 오염 물질과 사람들이 유례가 없이 손쉽게 국경선을 가로질러 유통되는 세계에서, 정치는 초국가적(transnational) 형태를, 만약 이대로 지속된다면 세계화된 형태까지도 취해야 할 것이다. 그렇지 않으면 경제력들은 민주적으로 재가된 정치적 권력에 의해 억제되지 않은 채로 움직일 것이다. 전통적으로 자치의 수단이었던 민족국가들(nation-states)은 점차 시민들의 판단과 가치가 그들의 운명을 지배하는 경제력에 영향을 주도록 할 수 없다는 것을 발견할 것이다. 세계 경제에 직면한 민족국가의 권한 박탈은 미국 정치뿐 아니라 전 세계의 다른 민주 정체들을 괴롭히는 불만의 한 원천일 수도 있다.

하지만 만약 경제의 세계화라는 성격이 초국가적인 형태의 통치의 필요성을 시사한다면, 여전히 그러한 정치 장치들이 민주적 권위가 궁극적으로 의존하는 귀속 의식과 충성심을― 도덕적, 시민적 문화를― 산출할 수 있는지가 보여야 한다. 사실 그것들이 그렇게 할 수 있다는 것을 의심할 이유가 있다. 전쟁과 같은 특수한 순간들을 제외하고 민족국가들조차도 자치가 요구하는 공동체감과 시민적 참여를 일으키는 것은 어렵다는 것을 발견한다. 국가들보다 더 방대하고 의존할 만한 문화적 전통들과 역사적 기억들이 더 적은 정치적 연합체들은 공통성 배양의 임무가 더더욱 힘들다는 것을 알 수 있다.

초국가적인 통치에서 가장 성공적인 실험들 중의 하나인 유럽공동체(EC)조차도 지금까지는 그것의 경제적, 정치적 통합의 메커니즘을 지원하기에 충분한, 하나의 공통된 유럽인의 정체성을 배양하는 데 실패해 왔다. 한층 더 나아간 유럽의 통합을 옹호하는 사람들은 선출된 대표들이 아니라 전문 위원들과 공무원들이 대부분의 공동체 업무들을 수행할 때 일어나는 "민주주의의 결손"에 대하여 염려한다. 셜리 윌리엄스

(Shirley Williams)는 그렇게 "엷어진 정치적 무대는 정치의 생혈을 구성하는 분노, 정렬, 참여, 당파성을" 획득하지 못한다고 관찰한다. 그것은 "시민들의 유럽"이 아니라 "사업가의 유럽"을 향해 나아간다.16) 전 체코 대통령 바츨라프 하벨(Vaclav Havel)은 공유하는 도덕적 목적의 부재를 강조한다. "오늘날의 유럽은 에토스를 결여한다. … 유럽에는 통합의 의도나 목적을 가진 진정한 일체화가 없다." 그는 "유럽 통합의 정신과 에토스가 성장할 수 있는 덕성들을 배양할" 범유럽적인 기구들을 요청한다.17)

세계 경제에서 자치의 난제는 어떤 면에서 20세기 초반 수십 년간 미국 정치가 직면했던 곤경과 닮아 있다. 지금처럼 그 당시에도 경제생활과 사람들이 자신의 정체성을 이해하는 상황들 사이에는 간극 혹은 적합성의 결여, 즉 많은 사람들이 방향 상실과 권한 박탈로 경험했던 간극이 있었다. 자신들의 위치를 작은 공동체들로부터 확인하는 데 오랫동안 익숙해져 있던 미국인들은 갑작스레 전국적인 규모의 경제에 맞닥뜨린 자신들을 발견했다. 정치 기구들은 뒤처져서 대륙적인 사회생활에 부적합했다. 지금처럼 그 당시에도 새로운 형태의 상업과 통신이 친숙한 정치적 경계선들을 가로질러 확산되었으며, 멀리 떨어진 사람들 사이에 상호 의존적인 네트워크를 창출하였다. 그러나 새로운 상호 의존성은 새로운 의미의 공동체를 동반하지 않았다. 사회개혁가 제인 애덤스(Jane Addams)가 관찰했던 것처럼, "상호 의존이라는 단지 기계적인 사실은 아무 의미도 없다."18)

오늘날 애덤스의 통찰이 덜 적절한 것은 아니다. 그녀의 시대에 철도,

---

16) Shirley Williams, "Sovereignty and Accountability in the European Community", in Robert O. Keohane and Stanley Hoffmann eds., *The New European Community*(Boulder: Westview Press, 1991), pp.155-176.

17) Vaclav Havel, "Address to the General Assembly of the Council on Europe, Vienna, October 9, 1993", in Paul Wilson trans., *New York Review of Books*, 40(November 18, 1993), p.3.

18) Jane Addams, *Democracy and Social Ethics*(New York: Macmillan, 1907), pp.210-211.

전신, 전국 시장들이 반드시 이웃이나 동료 시민이나 공동 사업 참여자가 아니고도 멀리 떨어진 사람들을 연결하는 도구들이었던 것처럼, 우리 시대에는 위성방송, CNN, 사이버 공간, 세계시장들이 그러한 도구들이다. 통신과 상호 의존의 네트워크들을 지지할 만한 가치가 있는 공공 생활로 전환하는 것은 도덕적, 정치적 문제이지 기술적 문제가 아니다.

그들의 곤경과 우리의 곤경 사이의 유사성을 가정한다면, 그들이 추구했던 해결책을 상기해보는 것은 교훈적이다. 민주적 통치에 반항할 우려를 보여주는 경제에 직면하여, 시어도어 루즈벨트(Theodore Roosevelt)로부터 프랭클린 루즈벨트(Franklin Delano Roosevelt)에 이르는 진보주의자들은 정부 권력의 증대를 추구했다. 그들은 만약 민주주의가 살아남으려면 경제력의 집중은 비슷한 정치권력의 집중과 결합해야 한다고 결론지었다. 그러나 이것은 정부의 중앙 집권화 이상을 포함했다. 그것은 또한 정치의 전국화(全國化)를 요구했다. 정치 공동체의 기본 형태가 전국적인 규모로 탈바꿈해야 했다. 오직 이러한 식으로 그들은 사회적, 경제적 생활의 규모와 사람들이 자신의 정체성을 이해하는 상황들 사이의 간극을 완화시킬 수 있었다. 오직 강력한 의미의 국가 공동체만이 근대적 산업 질서의 광범위한 난제들을 도덕적, 정치적으로 떠맡을 수 있었다.

그들의 해결책의 논리가 우리 시대로 확장될 수 있다는 생각은 유혹적이다. 만약 한 국가 경제를 다루는 방법이 정부를 강화하고 국민 의식을 배양하는 것이었다면, 아마도 세계적 경제를 다루는 방법은 세계적 관리(global governance)를 강화하고 세계적 혹은 세계주의적 시민이라는 대응 의식을 배양하는 일일 것이다.

국제적 성향의 개혁가들은 이미 이러한 충동을 분명하게 표출하기 시작했다. 1995년 세계 각국으로부터 온 28명의 관리들의 집단인 세계적 관리위원회는 국제기구들을 강화할 필요성을 강조하는 보고서를 출판했다. 그들은 세계적 상호 의존은 강력한 기술력과 경제력에 의해 추진되어 성장하고 있다고 관찰했다. 그러나 세계의 정치 조직들은 보조를 맞추지 못해왔다. 위원회는 경제적, 환경적 쟁점들을 다룰 새로운 국제기구, 궁극적으로 세계의 국민들에 의해 선출될 수 있는 "국민의회", 세계적 관리의 활동들에 자금을 조달할 국제 조세 기구, 그리고 국제재판소에 더욱 큰 권위를 요청했다. 이 계획에 적당한 윤리를 배양할 필요성에 주의를 기울이면서 위원회는 또한 "세계시민을 육성하고", "세계적 시민 윤리의 광범위한 수용"을 고무하고, "경제적 거래와 향상된 통신 기관들에 기반을 두는 세계적 이웃 관계를 하나의 보편적인 도덕적 공동체로" 변형하려는 노력을 요구했다.[19]

1990년대의 다른 주석가들은 국제적인 환경, 인권, 여성 운동들에서 세계시장과 미디어의 힘에 대항하는 평형추로 사용될 수 있는 "세계적 시민사회"의 출현을 발견했다. 정치학자 리처드 포크(Richard Falk)에 따르면, 그러한 운동들은 "세계적 혹은 종족적 연대에 전제된" 하나의 새로운 "세계시민"에 대한 기대를 내포하고 있다. 그는 "이러한 세계시민의 정신은 거의 완전하게 비영역화된다"고 관찰한다. 그것은 도시든 국가든 특정한 정치 공동체에 대한 충성과는 무관하며, 대신에 "단일 세계 공동체(one-world community)"의 이상을 열망한다.[20] 유사한 생각에서 철학자 너스바움(Martha C. Nussbaum)은 세계시민을 길러낼 시민 교육을 주장한다. 민족적 정체성은 "도덕적으로 무관한 특징"이므로, 학생들에게 그들이 전 세계인들의 공동체에 우선적으로 충성해야 한다고 가르쳐야 한다.[21]

세계시민주의적 이상은 우리가 공유하는 인간애를 적절히 강조하고, 그것으로부터 나오는 도덕적 결과들에 우리의 주의를 향하도록 한다. 그것은 인종적, 민족적 정체성들이 추락할 수 있는, 편협하고 때로는 살

19) *Our Global Neighborhood: The Report of the Commission on Global Governance*(New York: Oxford University Press, 1995), pp.154, 257, 303-304, 5, 46-49, 336.

20) Richard Falk, "The Making of Global Citizenship", in Jeremy Brecher, John Brown Childs, and Jill Cutler eds., *Global Vision: Beyond the New World Order*(Boston: South End Press, 1993), pp.39-50.

21) Martha C. Nussbaum, "Patriotism and Cosmopolitanism", *Boston Review* (October/November 1994), p.3.

인적인 쇼비니즘(chauvinism)에 대한 개선책을 제공한다. 그것은 부유한 국가들에게 인류에 대한 그들의 책무가 영해의 경계선에서 끝나지 않는다는 것을 깨닫도록 한다. 그것은 우리에 대한 지구의 유용성을 초월하여 지구를 보살필 이유들도 제시할 수 있다. 이 모든 것은, 특히 정치 생활의 세계화 양상은 국가들을 초월하는 충성의 형태들을 요구하기 때문에, 세계주의 이상을 하나의 매력적인 윤리로 만든다.

이러한 장점들에도 불구하고 세계주의 이상은 도덕적 이상으로도 우리 시대에 자치를 위한 공공 철학으로도 결함을 갖는다. 보편적 정체성들은 항상 특수한 정체성들에 우선한다는 관념은 오랜 다채로운 이력을 가지고 있다. 칸트는 도덕성을 개개인의 특징들로부터 독립된 합리적 존재들로서의 개인들에 대한 존중과 결합시켰으며, 그리고 마르크스(Karl Marx)는 인간의 자기 종족과의 연대를 최상의 연대로 간주했다. 아마도 도덕적 이상으로서 세계주의적 윤리의 가장 명료한 진술은 계몽주의 철학자 몽테스키외(Montesquieu)가 제공한 다음과 같은 진술일 것이다. "만약 내가 어떤 것이 나에게는 유용하지만 내 가족에게 해가 된다는 것을 알았다면, 나는 내 영혼으로부터 그것을 거부할 것이다. 만약 내가 어떤 것이 내 가족에게는 유용하지만 내 국가에는 그렇지 않다는 것을 알았다면, 나는 그것을 잊어버리려고 노력할 것이다. 만약 내가 어떤 것이 내 국가에는 유용하지만 유럽에는 해가 되거나, 유럽에는 유용하지만 인류에게는 해가 된다는 것은 알았다면, 나는 그것을 범죄라고 간주할 것이다. … [왜냐하면] 나는 한 프랑스인이기 이전에 한 인간이기 때문이며, 혹은 차라리… 내가 그저 우연히 한 프랑스인이기 이전에 필연적으로 한 인간이기 때문이다."[22]

만약 우리의 포괄적인 충성들이 좀 더 지엽적인 충성들에 항상 우선될 수 있다면, 친구와 이방인 사이의 구별은 이상적으로 극복될 수 있을 것이다. 친구들의 복지에 대한 우리의 특별한 관심은 일종의 편견, 말하자면 보편적인 인간 관심사로부터 우리의 일정한 거리일 것이다. 몽테

---

22) Montesquieu, *Mes pensées, in Oeuvres complètes*, ed. Rober Chaillois(Paris: Gallimard, 1949), nos. 10, 11, pp.980-981.

스키외는 이러한 결론 때문에 주춤하지 않는다. 그는 "진정으로 유덕한 사람은 그 자신의 친구에게와 마찬가지로 빠르게 가장 먼 이방인을 도우러 올 것이다"라고 적는다. "만약 인간들이 완전하게 유덕하다면, 그들은 친구가 없을 것이다."23)

사람들이 너무나 유덕하여 친구를 가지지 않고 오직 우정에 대한 보편적 성향만을 가지는 세계를 상상하기란 어렵다. 문제는 단순히 그러한 세계를 이루는 것이 어렵다는 것이 아니라 그것을 인간 세계로 인정하는 것이 어렵다는 것이다. 인류애는 고귀한 감성이지만 대부분의 시간 동안 우리는 더 작은 연대들에 의해 살아간다. 이것은 도덕적 공감의 범위에 대한 어떤 한계들을 반영할 수도 있다. 더 중요한 것은, 이것은 우리가 인류를 일반적으로가 아니라 그 특수한 표현들을 통하여 사랑하도록 배운다는 것을 반영한다.

독일 낭만주의 철학자 헤르더(J. G. Herder)는 언어적, 문화적, 민족적 정체성의 차이들을 우리 인간성의 독특한 표현들로 긍정한 최초의 인물들 중 하나다. 그는 전적으로 추상적으로 인류에 헌신하는 세계주의적 시민을 비웃었다. "자기 자신과 자신의 아내와 자녀를 말없이 기꺼이 사랑하고, 자기 부족의 선을 위하여 적당하게 일하는 야만인이 한 인간의 그림자보다, 모든 자기 동료 그림자들에 대한 사랑에 도취되어 오직 환영만을 사랑하는 세련된 세계시민보다 더 참된 존재"다. 그는 실제로 이방인을 자신의 초라한 오두막으로 환영하는 것은 그 야만인이라고 적는다. "다른 한편으로 쓸모없는 세계주의자의 충만한 가슴은 누구에게도 은신처를 제공하지 않는다."24) 또한 찰스 디킨스(Charles Dickens)는 해외 자선 활동들에 종사하면서 자신의 자녀들은 비참하게 방치한 『황폐한 집』의 인물, 젤리비 부인에 대한 기술에서 어떤 상황에도 놓여 있지 않은 세계주의자의 어리석음을 묘사했다. 그녀는 "아름다운 눈을 가

---

23) 같은 책, no. 604, pp.1129-1130.

24) Johann Gottfried Herder, *Ideas for a Philosophy of History of Mankind* (1791), F. M. Bernard trans. and ed., *J. G. Herder on Social and Political Culture*(Cambridge: Cambridge University Press, 1969), p.309.

진" 여자지만, "그것은 너무 멀리 바라보려는 기묘한 습관을 갖고 있었다. 마치… 그것은 아프리카보다 더 가까운 것도 아무것도 볼 수 없는 것처럼 말이다"라고 적는다.25)

이웃들로부터 국가들에 이르기까지 우리를 세계 속에 위치시키는 특수한 공동체들을 도덕적으로 관련된 것으로 긍정하는 것은, 우리가 동료 인간들인 개인들에게 아무것도 빚진 것이 없다고 주장하는 것은 아니다. 최상의 상태에서 지역적 연대들은 그것들 자체를 초월하여 우리의 공통적 인간성의 지평을 포함하는, 도덕적 관심의 더 넓은 지평들을 향하여 몸짓한다. 세계주의적 윤리는 우리가 전체로서의 인류에게 일정한 책무들을 가지고 있다고 주장하는 데에서가 아니라 차라리 우리가 거주하는 더 포괄적인 공동체들이 더 지역적인 공동체들에 항상 우선해야 한다고 주장하는 데에서 잘못된 것이다.

우리들 대부분은 자신이 언제나 일부는 중첩되고 일부는 경합하는, 광범위의 상이한 공동체들로부터 요구를 받는다는 사실을 알게 된다. 책무들이 충돌할 때 미리 최종적으로 어느 것이 우세할지 결정할 방법은 없다. 한 개인의 정체성들— 부모나 직업인, 어떤 신념의 추종자나 어떤 주장의 열성적 지지자, 자기 국가의 시민이나 세계시민이라는 정체성들— 중에서 어느 것이 정당하게 관계된 것인지를 결정하는 것은 문제가 되는 쟁점에 따라 달라지는 도덕적 반성과 정치적 숙고의 문제다. 최선의 숙고는 요구들의 내용, 그것들의 상대적인 도덕적 무게 그리고 참여자들이 자기들 삶의 의미에 대해 이해하게 되는 이야기들(narratives) 속에서 그것들의 역할에 주의를 기울일 것이다. 몽테스키외와 반대로, 그 요구들은 단순히 그것들을 제기하는 공동체의 크기와 영역에 따라 순서를 따질 수 없다. 실천적으로 매우 유용한 일반적 원칙도 책무들의 우열을 미리 결정할 순 없지만, 그럼에도 도덕적, 정치적 딜레마들에 대한 일부 반응들은 다른 반응들보다 더 낫다. — 더 훌륭하거나 가치 있거나 적절하다. 만약 그렇지 않다면 숙고 자체에 아무런 의미도

---

25) Charles Dickens, *Bleak House*(1853)(Oxford: Oxford University Press, 1978), ch. 4, p.36.

부담도 없을 것이다.

세계주의적 윤리의 도덕적 결함은 그것의 정치적 결함과 연결되어 있다. 왜냐하면 세계 경제가 더 보편적 형태의 정치적 정체성을 요구하는 때에도 특수자들의 매력이 거듭 주장되기 때문이다. 국가들이 세계적 관리의 새로운 기구들에 동의하는 때에도 국가들은 인종적, 종교적, 언어적 집단들로부터 제기되는 다양한 형태의 정치적 승인과 자결권에 대한 요구들에 직면한다. 이 요구들은 부분적으로 소비에트연합처럼 한때 그것들을 억누르던 제국들의 붕괴에 의해 촉발된다. 그러나 공동체적 정체성들의 공개적 표현에 대한 증대하는 열망은 또한 점차 거대하고 소원한 힘들에 의해 지배되는 세계 속에서 사람들의 위치를 정해줄 수 있는 정치적 정체성들에 대한 열망을 반영할 수도 있다.

한때 민족국가는 이러한 열망에 부응하겠다고, 즉 정체성과 자치 사이의 연결 고리를 제공하겠다고 약속했다. 적어도 이론적으로 각 국가는 공통된 역사나 언어나 전통에 의해 규정된 한 민족의 집합적 정체성을 표현하는, 어느 정도 자급자족적인 정치적, 경제적 단위였다. 민족국가는 그 주권의 행사가 그 시민들의 집합적 정체성을 표현한다는 근거에서 그 시민들의 충성을 요구했다.

그러나 현대 세계에서 이러한 주장은 그 힘을 잃어가고 있다. 국가의 주권은 국경선을 가로지르는 자본, 상품, 정보의 유동성, 세계 금융 시장들의 통합, 산업 생산의 초국가적 성격에 의해 위에서부터 침식된다. 동시에 국가의 주권은 국가보다 작은 집단들에서 다시 살아나는 자율과 자치에 대한 열망들에 의해 아래로부터 도전받는다. 국가들의 실제적 주권이 희미해지면서 그것들은 점점 그 시민들의 충성에 대한 지배력을 상실한다. 세계 경제가 통합되는 경향들과 집단 정체성들이 파편화되는 경향들에 의해 둘러싸이면서, 민족국가들은 점점 정체성과 자치를 연결할 수 없게 된다. 가장 강력한 국가들조차 세계 경제의 명령을 피해 달아날 수 없다. 가장 작은 국가들조차도 그들 가운데 살고 있는 다른 집단들을 억압하지 않고 어떤 하나의 인종적 혹은 민족적 혹은 종교적 집단의 자치 단체적 정체성으로 완전하게 표현되기에는 너무나 이질적으로 구성되어 있다.

우리는 초국가적 정치 기구들 없이 세계 경제를 운용할 수 없으며, 우리는 더 넓은 시민적 정체성들을 배양하지 않고 그 기구들을 지탱하리라고 기대할 수 없다. 이것이 세계주의적 관점에 있는 진리의 요소다. 인권협약, 세계환경협정, 그리고 무역, 금융, 경제 개발을 관리하는 세계 조직들은, 공개적인 지원을 얻기 위하여 우리가 공유하는 세계의 운명에 대한 더욱 커다란 의미에서의 참여를 고무하는 데 의존할 기구들의 사례다.

그러나 세계주의적 시각은 우리가 단순히 주권과 시민권을 위쪽으로 밀어올림으로써 자치를 회복할 수 있다고 제안하는 데에서 그릇된 것이다. 자치에의 희망은 주권의 재배치가 아니라 그것을 분산시킴에 있다. 주권 국가에 대한 가장 희망적인 대안은 인류의 연대에 바탕을 둔 단일 세계 공동체가 아니라, 그 속에서 주권이 두루 분산되는— 일부는 국가보다 더 넓거나 일부는 국가보다 덜 넓은— 다수의 공동체들과 정치 집단들이다. 민족국가가 사라져야 할 필요가 없으며, 다만 그것이 주권의 유일한 보유고이고 정치적 충성의 첫 번째 대상이라는 주장만 양보하면 된다. 정치적 연합의 상이한 형태들이 생활의 상이한 영역들을 지배할 것이며, 우리 정체성의 상이한 측면들에 관여할 것이다. 오직 주권을 위쪽으로 그리고 아래쪽으로 분산시키는 정권만이 세계시장의 힘들에 맞서는 데 필요한 힘과 그 시민들의 반성적 충성을 고취하기를 기대하는 공공 생활에 요구되는 분화를 결합할 수 있다.

만약 국가가 최소한의 공통성 이상을 불러일으킬 수 없다면, 세계 공동체가 적어도 그 자체만으로 더 잘할 것 같지는 않다. 국가들을 초월하여 뻗어가는 민주주의적 정치를 위한 더 그럴듯한 토대는 우리가 거주하는 더 특수한 공동체들 속에서 자양분을 얻어 새롭게 부활하는 시민 생활이다. 세계화 시대의 이웃의 정치(the politics of neighborhoods)는 덜 중요한 것이 아니라 더 중요한 것이다. 사람들은 거대하고 소원한 존재자들에게, 얼마나 중요하든 그 기구들이 참여자들의 정체성을 반영하는 정치적 장치들과 연결되지 않는다면, 충성을 맹세하지 않을 것이다.

주권 국가와 주권 자아를 넘어서

우리의 삶의 형체를 이루는 세계적 매스컴들과 시장들은 경계와 소속을 초월한 세계로 우리를 손짓한다. 그러나 이러한 힘들을 지배하거나 적어도 그것들과 경쟁하는 데 필요한 시민적 자원은 세계 속에 우리의 위치를 정하고 우리의 생활에 도덕적 특수성을 부여하는 장소들과 이야기들, 기억들과 의미들, 사건들과 정체성들 속에서 아직 발견되어야 한다.

우리가 가지고 살아가는 공공 철학은 우리로 하여금 이러한 집착들을 괄호로 묶어두도록, 정치적 목적에서 그것들을 제쳐두도록, 그것들에 대한 언급이 없이 정치적 논쟁들을 수행하도록 명한다. 정치적 담화로부터 도덕적, 종교적 논쟁을 추방해버린 절차적 공화정은 빈곤한 시민 생활을 향해 나아간다. 또한 그것은 자치에 대한 열망에 부응하지 못한다. 그것의 자유롭고 독립적인, 자신이 선택하지 않은 도덕적 혹은 시민적 속박들에 의해 방해받지 않는 자아들로서의 시민상은 우리에게 자치를 위한 장비들을 제공하는 공공 정신을 떠받칠 수 없다.

아리스토텔레스의 폴리스 시대 이후로 공화주의 전통은 자치를 어떤 특정한 장소에 뿌리를 두고 그 장소에 충성하는 시민들에 의해 수행되는 활동과 그 활동이 구현하는 삶의 방식으로 보았다. 하지만 오늘날의 자치는 이웃들로부터 국가들로, 전체로서의 세계에 이르는, 복수의 설정들 속에서 역할을 다하는 정치를 요구한다. 그러한 정치는 복수의 상황들 속에 놓인 자아로서 생각하고 행동할 수 있는 시민들을 요구한다. 우리 시대의 특징적인 시민적 덕성은 우리에게 요구되는 때로는 중첩되고 때로는 충돌하는 책무들 속에서 자신의 길을 뚫고 나아가는 능력, 그리고 다수의 충성들이 일으키는 긴장들을 짊어지고 살아가는 능력이다. 이 능력을 지탱하는 것은 어려운데, 개인들 속에서보다는 개인들 사이에서 다원성을 가지고 살아가는 것이 더 쉽기 때문이다.

공화주의 전통은, 모든 덕성에는 특징적인 형태의 타락이나 부패가 대응한다는 사실을 우리에게 상기시킨다. 시민적 덕성이 현대적 자아들의 복잡한 정체성들을 함께 유지하는 데 놓여 있는 경우에 그것은 두 종류의 타락에 빠지기 쉽다. 첫째는 근본주의로의 경향, 즉 분할된 주권과 복수의 연고를 가진 자아들에 연계된 애매성을 견딜 수 없는 사람들의 반응이다. 현대 정치가 주권 국가들과 주권 자아들을 의문시하는 만큼, 애매성을 떨어버리고 국경을 유지하고 내부자와 외부자의 차별을 강화하고 "우리의 문화를 되찾고 우리의 조국을 되찾는", 그리고 거칠게 "우리의 주권을 회복하는" 정치를 기대하는 사람들부터의 반발들을 유발시킬 가능성이 있다.26)

복수의 연고를 가진 시민들이 빠지기 쉬운 두 번째 타락은 무정형의, 변화무쌍한, 내력이 없는 자아들로, 즉 자신의 정체성의 다양한 가닥들을 정합적인 전체로 엮을 능력이 없는 자아들로 흘러가는 것이다. 정치 공동체는 이야기들에 의존하는데, 그것들에 의하여 사람들은 자신의 상황을 이해하고 그들이 공유하는 공공 생활을 해석한다. 최상의 상태에서 정치적 숙고는 경합하는 정책들에 대한 것일 뿐 아니라 공동체의 성격에 대한, 즉 그것의 의지와 목적에 대한 다양한 해석들에 대한 것이다. 시민권의 원천들과 장소들을 증식시키는 정치는 해석적 계획을 복잡하게 만든다. 시민 생활의 이야기적인 자원들이 — 핵심 문구들 (soundbites), 활자화된 의사 사실들(factoids), 우리의 미디어로 충만한 문화의 분절된 이미지들이 입증하는 것처럼 — 이미 남용된 시점에서, 우리의 삶을 정돈할 이야기들을 말하는 것은 점점 어려워지고 있다. 개인적으로 그리고 집합적으로 우리는 파편화되고 이야기가 없는 상태로 미끄러져 들어가는 자신을 발견하게 될 위험이 점점 커지고 있다. 이야기 능력의 상실은 인간 주체의 궁극적인 권한의 박탈에 이를 것이다. 왜냐하면 이야기가 없이는 현재와 과거 사이에 연속성이 없으며, 따라서 책임이 없으며, 따라서 우리 자신을 지배하기 위하여 함께 행동할 가능

---

26) 인용된 문구들은 Patrick J. Buchanan, *Speech to Republican National Convention*(August 12, 1992)와 Richard L. Berke, "A Conservative Sure His Time Has Come", *New York Times*(May 30, 1995), p.A1에서 인용된 뷰캐넌의 말에서 나온 것이다.

성이 없기 때문이다.

인간은 이야기하는 존재이기 때문에 이야기의 부재(storylessness)로 흘러감에 반항하지 않을 수 없다. 그러나 그 반항들이 유익한 형태를 취할 것이라는 보장은 없다. 일부 사람들은 이야기에 굶주려 고백적 토크쇼, 유명 인사들의 스캔들, 선정적인 재판의 공허하고 대리 만족적인 내용에 빠질 것이다. 다른 사람들은 근본주의에서 은신처를 구할 것이다. 그 대신에 우리 시대의 희망은 우리의 상황을 이해하고 민주주의가 의존하는 시민 생활을 복구하려는 신념과 자제를 불러일으킬 수 있는 사람들에게 달려 있다.

강준호 옮김

돈으로 살 수 없는 것: 시장의 도덕적 한계 *

I. 상품화, 상업화, 사유화

튜터에게 팁을 주기

내가 대학원생으로 옥스퍼드의 밸리올 칼리지에 처음 도착했을 때, 크리스토퍼 힐(Christopher Hill) 학장님이 나를 환영하면서 자신이 대학원생 때 겪었던 얘기를 해주었다. 그가 옥스퍼드에서 튜터(개인 교수)를 할 때 고학년 학생 중 한 명은 의무감이 강하지만 어떤 면에서 생색을 내기 좋아했는데, 학기 말에 그에게 팁으로 5파운드를 주었다는 것이다.

내가 생각하기에 힐 학장님 말씀의 요점은 시대가 변했다는 것이다. 그 당시에 학생은 선생님께 팁을 줄 수 없었다는 것이다. (힐 학장님이 말하기 전에 나에게 그 생각이 떠올랐다는 것은 아니다.) 하지만 그 애

---

* 이 강연은 내가 옥스퍼드대학 브라세노즈 칼리지에서 발표한 인간 가치에 관한 태너 강연에 기초하고 있다. 그 강연은 Grethe B. Peterson ed., *The Tanner Lectures on Human Values*, vol. 21(The University of Utah Press, 2000), pp.87-132에 실려 있다.

기는 흥미로운 질문을 제기한다. 왜 튜터에게 팁을 주면 안 되는가? 튜터에게 팁을 주는 것이 무엇이 잘못된 것인가? 만일 튜터가 경제학자라면 아마 아무것도 잘못된 것이 없다고 생각할지도 모른다. 사실 많은 경제학자들이나, 경제학자들은 아니지만 경제적 사유 방식을 취하는 사람들에 의하면, 돈은 가치 있는 것을 할당하거나 감사를 표현하는 데 언제나 좋은 방식이다.

크리스토퍼 힐 학장님이 튜터에게 팁을 주는 것에 반대하는 것은 교육에 대해 돈으로 지불하는 것을 모욕으로, 교육에 대해 적절한 존경심을 가지고 있지 않은 것으로 보기 때문이다. 하지만 모든 사람이 돈과 교육을 이런 식으로 보지 않는다. 한 예로 애덤 스미스는 그렇게 보지 않았다. 그는 시장 원리에 따라 대학 교수들에게 보수를 주는 것이 문제가 있다고 보지 않았다. 스미스는 강의를 수강한 학생들의 숫자에 따라 그 강의를 담당한 교수에게 보수를 지불해야 한다고 생각했다. 스미스에 따르면, 대학이 교수들에게 고정된 보수를 지급하는 것은 교수들의 게으름을 장려하는 것이고, 특히 대학이 자치적인 경우에 더욱더 그렇다는 것이다. 그런 조건 아래에서 대학 교수들은 "서로에게 매우 관대하고, 각 교수가 자신의 의무를 소홀히 해도 되는 한 그의 동료가 그의 의무를 소홀히 해도 된다고 동의하기" 쉬우리라는 것이다.[1]

크리스토퍼 힐 학장님과 애덤 스미스가 돈과 교육에 관해서 가지고 있는 서로 다른 두 가지 견해는 내가 이 강연에서 다루고자 하는 문제, 즉 돈으로 살 수 없는 것이 있는가라는 문제를 제기한다. 내 대답은 슬프게도 점점 더 적어지고 있다는 것이다. 오늘날 시장과 비슷한 관행들은 삶의 거의 모든 영역으로 그 범위를 확장하고 있다.

책을 고려해보자. 서점의 책을 전시하는 창에 전시된 책이나 서점 앞의 전시용 탁자에 놓여 있는 책들은 서점의 누군가가— 서점의 주인이나 지배인 또는 구매자가— 그 책들이 미래의 독자에게 특별히 흥미가 있거나 중요하다고 생각했기 때문에 거기에 진열해놓았다. 하지만 오늘

---

1) Adam Smith, *An Inquiry into the Nature and Causes of the Wealth of Nations* (1776).

날에는 점점 더 그렇지 않다. 이제 출판사들은 서점, 특히 대형 서점들에 그들의 책을 전시용 창이나 눈에 잘 띄는 곳에 전시해달라고 많은 돈을 지불한다. 미국의 많은 서점에서 표지가 정면으로 전시되어 있는 책들, 그리고 책꽂이에 꽂혀 있는 책들까지도 출판사가 서점에 전시해달라고 돈을 지불한 책들이다. 프레첼, 감자 칩 그리고 시리얼을 만드는 회사들이 자신들의 상품을 잘 보이는 진열 칸에 진열해달라고 슈퍼마켓에 돈을 지불하는 것은 이미 오래전부터 계속되어온 일이다. 오늘날 강력한 슈퍼마켓 식 서점의 등장으로 인해 책들은 시리얼과 같은 방식으로 팔린다.[2]

이것에 무언가 잘못된 것이 있는가? 많은 저술가들이 그렇게 한다고 하는데, 당신이나 내가 서점에 들어가서 우리가 쓴 책을 찾는다고 가정해보자. 그리고 우리의 소중한 책들이 서점 뒤편의 눈에 잘 안 띄는 낮은 칸에 진열되어 있는 것을 발견한다고 해보자. 당신이나 내가 서점 주인에게 그 책을 진열장에 전시하도록 뇌물을 주고 매수한다고 상상해보자. 당신이나 내가 그렇게 하는 것이 매수하는 것이라면 대형 출판사가 힐러리 클린턴 같은 유명한 저자들의 책의 판매를 증가시키기 위해 그렇게 하는 것은 매수하는 것이 아닌가?

두 번째 예로 감옥을 생각해보자. 전통적으로 범죄자들을 감금하는 것은 정부의 영역이었지만, 지금은 이윤이 많이 남는 급속히 성장하는 사업이다. 1980년대 중반부터 점점 더 많은 정부들이 재소자들을 감금하는 역할을 영리 목적의 사설 회사들에게 넘기고 있다. 미국에서 사설 감옥 사업은 10억 달러 상당의 사업이다. 27개의 주 정부와 연방 정부가 미국교정회사(Corrections Corporation of America) 같은 사설 회사들과 재소자들을 수용하는 계약을 맺었다. 이런 경향이 시작된 1980년대 중반에 겨우 천 명 정도의 재소자들이 사설 감옥에 수용되어 있었다. 하지만 현재에는 8만 5천 명이 넘는 재소자들이 영리 목적의 사설 감옥에서 형기를 치르고 있다. 이런 경향은 영국, 호주, 뉴질랜드, 캐나다,

---

2) Mary B. W. Tabor, "In Bookstore Chains, Display Space is for Sale", *The New York Times*(January 15, 1996), p.A1.

프랑스, 네덜란드, 남아프리카공화국으로 확산되어왔다.3)

세 번째 예로 전통적으로 시장 논리가 지배하지 않던 영역에서 상표화, 시장화, 상업적 광고화의 경향이 증대하는 것을 고려해보자. 전통적으로 상표 바꾸기는 생산된 제품의 진부한 이미지를 바꿀 필요가 있는 회사들이 사용한 방법이었다. 하지만 오늘날 블레어 정부는 영국을 "세계의 박물관이 아니라 세계의 개척자로서" 영국의 "상표를 바꾸려" 노력하고 있다. 미국의 한 언론이 표현한 것처럼, 영국관광청(The British Travel Authority)의 "Cool Britannia(멋진 영국)"라는 새로운 슬로건이 "Rule Britannia(영국의 규칙)"를 대체하고 있다.4)

영국이 자국의 이미지(상표)를 바꾸려는 노력은 현대에 드문 일이 아니라 일반적인 일이다.5) 정부뿐 아니라 대학들도 자신의 상표를 허가하는 사업에 뛰어들었다. 1980년대 말에 하버드대학은 하버드 교명의 상업적 이용을 감시하기 위하여 상표를 허가하는 사무실을 설치했다. 그 사무실의 일 중의 하나는 허가받지 않은 사용자들에게 단호한 조치를 취하는 것이다. 이렇게 허가를 받지 않고 하버드의 상표를 사용한 예로 한국의 양계 회사가 있다. 이 양계 회사는 학사모를 쓴 그림과 이 계란을 먹으면 당신도 하버드대학에 다니는 학생처럼 똑똑해질 것이라는 문구가 인쇄된 계란 상자에 담긴 '하버드' 계란을 팔았다.6) 상표를 허가하는 사업에 뛰어든 하버드대학의 변명은 상표를 보호하기 위해서는 상표를 사용해야 한다는 것이다. 그래서 하버드는 상표를 사용하고 있다. 하버드는 일본에서 하버드의 이름이 들어가 있는 옷과 장신구에 상표 사용을 허가했다. 이 상품들은 굉장히 인기가 있어서 일본의 상표 사용료

---

3) Nzong Xiong, "Private Prisons: A Question of Savings", *The New York Times*(July 13, 1997).

4) Warren Hoge, "London Journal; Blair's 'Rebranded' Britain is No Museum", *The New York Times*(November 12, 1997).

5) 이 문단과 다음 문단은 내가 쓴 다음의 글에서 가져온 것이다. Michael Sandel, "Branded", *The New Republic*(January 19, 1998), pp.10-11.

6) "Harvard Eggs? Protecting the Name", *Harvard Magazine*(January-February 1998), p.72.

로 하버드가 벌어들이는 돈은 1년에 55만 달러나 된다. 경쟁이 없지는 않다. 프린스턴대학 역시 일본에서 생산 라인을 시작했다.[7]

이런 세 가지 경우들— 책의 상품화, 감옥의 사설화, 정부와 대학의 상업화— 은 우리 시대의 가장 강력한 사회적, 정치적 경향들 중의 하나, 즉 이전에는 시장과 시장 지향적인 사고방식이 미치지 못한다고 생각되었던 영역들에 이들이 확장되는 경향을 예증하고 있다.

나는 전체적으로 볼 때 이런 경향이 나쁜 일이고 따라서 반대해야 할 발전이라고 논변할 것이다. 그것이 왜 나쁜지를 설명하면서 나는 시장 평가와 교환 범위를 확장하는 것에 반대하는 두 가지 반론을 구별하고자 한다. 두 가지 반론은 시장의 도덕적 한계에 관한 논변에 자주 등장한다. 이 두 가지 논변들은 자주 섞여 나타나는데 그것들을 구별하는 것이 중요하다.

두 가지 반론: 강제와 타락

첫 번째 반론은 강제로부터의 논변(argument from coercion)이다. 이 논변은 사람들이 심한 불평등이나 경제적으로 심하게 곤궁한 조건에서 어떤 것을 사고팔 때 부정의가 발생할 수 있다는 것을 지적한다. 이 반론에 따르면 열렬한 시장 옹호자들이 주장하는 것처럼 시장 교환이 반드시 자발적이지 않다는 것이다. 농부가 자신의 굶주린 가족을 먹이기 위해 그의 신장이나 각막 같은 장기를 팔겠다고 동의할 수 있지만, 그의 동의는 진정한 의미에서 자발적인 것이 아니라 사실상 그가 처한 상황의 필요성에 의해서 강제된 것이다.

두 번째 논변은 타락으로부터의 논변(argument from corruption)이다. 이 논변은 시장 평가와 교환이 가치나 관행(practice)의 격을 떨어뜨린다는 것을 강조한다. 이 반론에 따르면 어떤 도덕적, 시민적 가치들을 매매하는 것은 그것들의 가치를 감소시키거나 타락시킨다는 것이다. 그 가치들을 매매하는 거래 조건을 공정하게 한다 하더라도 타락으로부터

7) 같은 글, p.73.

의 논변에 응답할 수 없다. 만일 인간 신체 부위의 판매가 내재적으로 격을 떨어뜨리는 것이라면 인간 신체의 신성 불가침성을 위반하는 것, 한 예로 신장의 판매는 부자나 가난한 사람 모두에게 잘못된 것이다. 이 반론은 장기 판매가 심한 가난에 의해 강제되지 않는 경우에도 타당할 것이다.

두 가지 반론은 상이한 도덕적 이상에 의지하고 있다. 강제로부터의 논변은 동의의 이상에, 좀 더 정확하게 말하면 공정한 배경 조건 아래에서 수행된 동의의 이상에 기초하고 있다. 그 반론은 엄격히 말하자면 시장 자체에 대한 반론이 아니라 시장의 배경 조건이 강제적인 거래 조건을 만들 만큼 심하게 불평등하다는 것에 대한 반론이다. 따라서 강제로부터의 논변은 그 배경 조건이 공정한 사회에서 어떤 가치들의 상품화에 반대하는 논거를 제공하지는 않는다.

타락으로부터의 논변은 다르다. 그것은 동의가 아니라 시장에 의한 가치 평가와 교환이 격을 떨어뜨리는 가치들의 도덕적 중요성에 호소한다. 타락으로부터의 논변은 시장 교환이 일어나는 배경 조건을 고침으로써 응답될 수 없다는 의미에서 내재적이다. 그것은 평등한 조건과 불평등한 조건 모두에 적용된다.

매춘에 대해서 두 가지 표준적인 반론을 고려해보자. 어떤 사람들은 매춘이 진짜 자발적으로 행해지는 경우가 거의 없다는 근거에서 매춘에 반대한다. 이 논변에 따르면 섹스를 위해 몸을 파는 사람들은 전형적으로 가난이나 마약 중독 같은 불행한 삶의 조건에 의해서 강제된다는 것이다. 다른 사람들은 매춘이 본질적으로 격을 떨어뜨리는 행위, 즉 인간 섹슈얼리티의 도덕적 가치를 타락시키기 때문에 반대한다. 격을 떨어뜨린다는 반론은 자발적 동의가 아니라는 것에 의존하지 않는다. 이 반론은 가난과 절망이 없는 사회에서, 부유한 사람이 매춘을 좋아하고 자유롭게 매춘을 선택한 경우에도 매춘을 비난할 것이다.

나의 요점은 매춘에 찬성하거나 반대하는 것이 아니라 두 가지 반론의 차이를 설명하고 두 번째 반론이 첫 번째 반론으로 환원될 수 없다는 것을 설명하는 것이다. 타락에 대한 걱정은 단지 공정한 배경 조건을 확립함으로써 해결될 수 있는 것이 아니다. 권력과 부의 차이가 부정의하지 않은 사회에서도 돈으로 살 수 없는 것이 있다.

이 강연의 나머지에서 나는 두 번째 반론이 첫 번째 반론과 다르다고 논변할 것이다. 그리고 나는 두 번째 반론이 첫 번째 반론보다 더 근본적이라는 것을 보여주려고 한다. 나는 여러 가지 예들을 고려할 것이다. 하지만 이 예들을 고려하기 전에 나는 중요한 제한이 있음을 강조하고 싶다. 비록 어떤 특정한 가치가 매매되어서는 안 된다는 것을 보여준다 하더라도 그 가치의 판매가 법적으로 금지되어야 하는지는 더 고려해보아야 할 문제다. 어떤 가치의 상품화가 도덕적으로 반대되어야 하지만 모든 것을 고려했을 때 그것의 상품화가 법적으로 금지되어서는 안 되는 경우도 있을 것이다. 어떤 가치를 법적으로 금지하는 데 드는 도덕적, 실천적인 비용이 그 가치를 법적으로 금지하는 데서 생기는 좋은 점을 훨씬 능가할 수 있다. 그리고 그것을 하지 않도록 권유하는 다른 좋은 방법이 있을 수도 있다. 나의 질문은 어떤 형태의 상품화가 법적으로 제한되어야 하는지가 아니라, 어떤 형태의 상품화가 도덕적으로 반대할 만한지 하는 것이다. 어떤 가치를 상품화하는 것의 도덕적 지위는 그것의 법적 허용 여부를 결정하는 데 사용되는 여러 가지 고려들 중의 하나로 이해되어야 한다.

대리모의 경우

나는 이제 상업적 대리모라는 논쟁적인 예를 고려할 것이다. '대리모' 계약은 자신들의 아기를 임신하거나 낳을 수 없는 부부와 수수료를 대가로 아버지의 정액으로 수정하고 출산 후에 그 아기를 포기하는 여성을 포함한다.

어떤 사람들은 상업적 대리모가 반대할 만한 상업화라고 논변한다. 그런 주장을 어떻게 평가할 수 있을까? 상업화에 관한 많은 논변은 유비에 의해 진행된다. 대리모 계약에 반대하는 사람들은 대리모 계약이 도덕적으로 아기를 판매하는 것과 같다고 주장한다. 상업적 대리모는 아기를 포기하는 대가로 돈(대리모 시장에서 일반적으로 만 달러)을 받는다.

상업적 대리모의 옹호자들은 이 유비를 반대하거나 양쪽의 실천을 옹호해야 한다. 유비 관계를 반대하는 사람들은 상업적 대리모는 아기를 파는 것보다 정자를 파는 것에 더 가깝다고 주장한다. 대리모가 수수료를 받고 임신하기로 동의할 때 그녀는 이미 존재하는 아기를 파는 것이 아니라 다른 부부가 그녀의 출산(재생산) 능력을 사용하도록 허용하는 것이다. 이 논변은 만일 남자가 자신의 재생산 능력을 파는 것이 도덕적으로 허용된다면 왜 여자가 자신의 재생산 능력을 파는 것이 도덕적으로 허용되지 말아야 하는가 하고 묻는다.

나는 이 두 가지 유비 논변 모두를 고려하고자 한다. 각각의 유비가 상업적 대리모의 도덕적 지위를 밝히는 데 도움을 줄 수 있다. 하지만 유비에 의한 추론의 경우에 자주 그렇듯이 우리의 도덕적인 출발점인 직관들이 그대로 유지될 수 없다는 것을 발견하게 될지 모른다. 대리모의 도덕적 지위에 대한 고찰이 우리가 처음에 아기 판매와 정자 판매에 관해 가졌던 견해를 바꾸도록 할 수도 있다.

어떤 경우에 아기 판매는 사실상 계약 임신보다 나을 수도 있다. 『뉴욕타임스』가 몇 년 전에 보도한 다음과 같은 실화를 고려해보자. 토머스 힉스 박사(Thomas J. Hicks)는 조지아 주 작은 마을의 시골 의사였다. 부업으로 그는 아기를 파는 비밀 사업을 했다. 현재 오하이오에 사는 서른두 살의 제인 블라시오(Jane Blasio)는 판매된 아기들 중 한 명이었다. 1965년에 그녀를 입양한 부모는 오하이오 주의 에이크론에서 여덟 시간을 운전하고 가서 힉스 박사에게 천 달러를 지불하고 새로운 아기를 데리고 집으로 돌아왔다. 이 판매 가격에는 구매자를 친부모로 기재한 가짜 출생증명서도 포함되어 있었다.[8]

---

8) 힉스 박사에 관한 얘기는 릭 브래그에 의해 기사화되었다. Rick Bragg, "Town Secret is Uncovered in Birth Quest", *The New York Times*(August 23, 1997), pp.A1, A7. 이 다음의 논의는 내가 쓴 다음의 글에서 가져온 것이다. Michael Sandel, "Baby Bazaar", *The New Republic*(October 20, 1997), p.25.

제인 블라시오는 자신의 생모를 알기 위해서 여러 해 후에 출생증명 서들을 면밀히 조사하다가 힉스 박사의 부업에 관해 알게 되었다. 힉스 박사는 1972년에 사망했는데, 1951년과 1964년 사이에 200여 명의 아기들을 팔았다는 것이 판명되었다.

아기 판매는 보통은 존경받을 만한 사업이 아니지만 힉스 박사의 사업은 그 결점을 도덕적으로 보완하는 면이 있다. 아기 없는 부부들만이 그의 고객은 아니었다. 조지아 주의 차타누가에서 애틀랜타까지 임신한 처녀들이 조지아 북부의 산악 지역에 있는 그의 병원으로 왔다. 당시 임신 중절은 불법이었는데 힉스 박사는 임신 중절을 시술하는 것으로 알려져 있었다. 때때로 그는 임신한 처녀들에게 임신을 계속해서 아기를 낳도록 설득했고, 그래서 아기 없는 구매자들의 수요에 맞추어 아기들을 공급할 수 있었다.

힉스 박사의 행위는 도덕적으로 복잡해서 그의 행위를 비난하는 것은 쉽지 않다. 힉스 박사의 경우에는 도덕적 좋음(임신 중절을 하지 않은 것과 원하지 않던 아기를 사랑하는 부모에게 입양시켜준 것)이 도덕적인 나쁨(아기를 판매하는 것)을 능가한다고 주장할 수도 있을 것이다. 어쨌든 힉스 박사의 아기 암시장을 현대의 상업적 대리모와 비교해보자.

힉스 박사의 소박한 사업에 비교할 때 미국에서만 4천만 달러 규모인 상업적 대리모는 큰 사업이다. 전문적인 아기 중개업자는 아기를 원하는 부부들과 수수료를 받고 인공수정을 통해 아기를 낳아줄 뜻이 있는 여성들을 모집하는 광고를 한다. 중개인은 대리모에게 일반적으로 의료비용과 만 달러를 지불한다는 내용을 담은 계약서를 작성한다. 대리모는 아버지의 정액으로 인공수정하고, 임신을 끝까지 계속해서 아기를 낳고, 아기를 양도하고, 어머니로서의 모든 권리를 양도하는 것에 동의한다. 중개인은 1만 5천 달러의 수수료를 받기 때문에 아기 한 명 당 가격은 2만 5천 달러 이상이다.

모든 상업적 계약같이 대리모 계약은 양측에 이익을 보장한다고 약속한다. 불임인 부부는 아버지의 유전적 형질을 가진 아기를 가질 수 있고 그들의 자식으로 키울 수 있다. 한편, 대리모는 9개월의 일로 만 달러를 벌 수 있으며 감사하는 부부에게 생명의 선물을 줄 수 있다.

하지만 계약 임신이 언제나 그렇게 행복하게 끝나지는 않는다. 때때로 대리모는 마음을 바꿔서 아기를 양도하지 않고 자신이 키우기를 원한다. 그것이 뉴저지 주에서 법정 소송이 일어난 유명한 '아기 M 사건 (Baby M case)'이다.[9)]

대리모로 아기를 낳은 화이트헤드(Whitehead)는 그녀에게 돈을 지불한 스턴(Stern) 씨 부부에게 아기를 양도하지 않고 아기를 데리고 플로리다 주로 도망갔다. 뉴저지의 하급 법원은 계약이 유효하다고 판결했다. 계약은 계약이고 생모가 단순히 마음을 바꾸었다는 이유로 그녀가 계약을 파기할 권리는 없다는 것이다. 하지만 뉴저지 대법원은 하급 법원의 판결을 파기하고 계약이 유효하지 않다고 판결했다. 대법원은 스턴 씨에게 아기양육권을 주었다. 하지만 스턴 부인의 아기 입양을 무효화하고 화이트헤드 부인을 법적인 어머니로 선언하고 방문권을 부여했다.[10)]

각각의 법원은 어떤 근거에서 그들의 판결을 정당화했을까? 하급 법원은 스턴 씨가 화이트헤드 부인과 계약하면서 아기를 산 것이 아니라 — 그가 정자를 기여했다 — 단지 보수를 받고 용역을 수행하는 여성을 고용한 것이라고 주장했다. 하지만 내가 보기에 이 정당화는 적절치 않아 보인다. 이런 부자연스러운 구별은 그 계약이 화이트헤드 부인에게 아기를 낳을 뿐 아니라 어머니로서의 권리를 포기할 것을 요구한다는 사실을 간과하고 있다. 실제로 계약은 제품 보증도 포함하고 있다. 만일 아기가 비정상으로 태어난다면 스턴 부부는 금전적 지원을 제공할 의무는 있지만 아기를 데려갈 필요는 없다.

뉴저지 대법원은 계약을 무효로 하고 상업적 대리모를 아기 판매에 비유했다. "이것은 아기를 판매하는 것이거나 최소한 아기에 대한 어머

---

9) In re Baby M, 271, New Jersey Superior Court, 313, 1987.
10) Matter of Baby M, 537, *Atlantic Reporter*, 2nd Series(New Jersey, 1988), p.1227.

니의 권리를 판매하는 것이다. 죄를 경감시키는 유일한 요소는 구매자 중의 한 사람이 아버지라는 것이다."11) 하지만 만일 계약 임신이 도덕적으로 아기 매매와 같은 것이라면 아기 매매에 대한 우리의 거부감이 잘 정당화되는 것인지 하는 문제가 남는다. 사람들이 자신들의 선택에 의해서 아기를 매매하는 게 무엇이 잘못된 것인가?

이 질문에 대해서 두 가지 가능한 답변이 있는데, 이 답변들은 상업화 일반에 대한 두 가지 반론으로 우리를 다시 돌아가게 한다. 한 답변은 동의의 행위에서 강제나 다른 결함에 관해 우려하는 반면, 다른 답변은 임신, 육아와 부모의 역할과 관련된 도덕적 가치와 사회적 규범의 타락에 대해서 걱정한다.

대리모와 아기 매매를 동의의 이름으로 반대하는 사람들은, 보수를 받고 아기를 임신하는 것이 표면적으로 보이는 것처럼 자발적이 아니라는 것이다. 이들은 대리모가 충분한 정보에 근거한 동의를 하지 않기 때문에 대리모 계약은 진정으로 자발적이지 않다고 주장한다. 대리모가 임신 기간 동안 아기에게 갖게 될 유대의 강도를 사전에 알 수 없기 때문에 아기가 태어난 후에 대리모에게 계약을 지키라고 요구하는 것은 공정치 않다는 것이다.

'아기 M 사건'에서 스턴 부부의 변호사들은 화이트헤드 부인이 이미 자신의 아기들을 가져보았기 때문에 그녀의 동의가 충분한 정보에 근거한 동의였다고 주장했다. 하지만 이전의 임신 경험이 대리모 계약에 관해 적절한 지식을 제공한다는 것은 명백하지 않다. 대리모 계약의 특별한 점은 그것이 여성에게 아기를 낳고 그러고 나서 그 아기를 포기하라고 요구한다는 것이다. 아기를 사랑으로 낳고 자신의 자식으로 키우는 것이, 여성에게 돈을 위해 아기를 낳은 후에 아기를 포기하는 것이 어떤 것인지를 알려주진 않는다.

대리모 계약에 대한 두 번째 반론은 동의의 행위에서 결점을 찾는 데에 의존하지 않는다. 그 반론은 어떤 것들은 매매되어서는 안 되기 때문에 자발적이고 충분한 정보에 근거해서 아기를 파는 것에 동의했다 하

11) 같은 책, p.1248.

더라도 도덕적인 효력이 없다는 것이다. 이것이 뉴저지 주 대법원의 입장인데, 대법원은 "문명화된 사회에서는 돈으로 살 수 없는 것들이 있다"고 판결했다.12) 그 논변에 따르면 우리가 소중하게 여기는 것들에 우리가 원하기만 하면 어떤 가치든 자유롭게 부과할 수 있다고 간주하지 말아야 한다. 가치의 종류에 따라 가치 평가의 형태가 달라지는 것이 적절하다. 하지만 아기를 상품으로 대하는 것은 아기를 사랑과 보호를 받을 가치가 있는 사람으로가 아니라 이윤을 획득하기 위한 수단으로 이용함으로써 아기의 격을 떨어뜨린다는 것이다. 또한 계약 임신은 여성의 몸을 공장으로 취급하고 여성이 자신이 낳는 아기와 유대를 갖지 못하게 함으로써 여성의 격을 떨어뜨린다는 것이다.

엘리자베스 앤더슨(Elizabeth Anderson)은 이런 종류의 논변을 설득력 있게 다음과 같이 개진한다. "대리모 계약은 대리모에게 자신의 아기에 대해 느끼는 어머니의 사랑을 억누르게 함으로써 여성의 노동을 소외된 노동으로 만든다." 대리모는 자신의 노동(출산)을 임신이라는 사회적 행위가 올바르게 장려하는 목적인 아기와의 감정적인 유대를 갖지 않도록 해야 하기 때문에 "대리모의 노동(출산)은 소외된 노동이다."13) 앤더슨의 논변은 상업화에 반대하는 타락으로부터의 논변의 성격을 명료화한다. 어떤 가치에 대한 시장 평가와 교환이 그 가치의 성격을 타락시킨다고 반대하는 것은 그 가치가 어떤 방식으로 적절하게 간주되고 취급되어야 한다는 것을 가정하는 것이다. 따라서 앤더슨은 임신과 육아의 적절한 목적에 관한 어떤 특정한 개념에 호소한다. 이 견해에 따르면 어떤 것이 시장에서 교환될 수 있는지를 알기 위해서는 어떤 종류의 평가가 그 가치에 맞는지 또는 적절한지를 알 필요가 있다. 이것은 그 가치가 얼마만큼의 가치가 있는 것을 아는 것과 다르다. 그것은 양적인 판단이 아니라 질적인 판단을 포함한다.

그러한 판단은 논쟁의 여지가 있을 뿐 아니라 어떤 때는 위협적이기

---

12) 같은 책, p.1249.

13) Elizabeth Anderson, "Is Women's Labor a Commodity?", *Philosophy and Public Affairs*, vol. 19(Winter 1990), pp.81, 83.

까지 하다. 시장의 호소력 중의 일부는 시장이 사람들이 매매하는 것의 내재적 가치에 대해 판단하지 않기 때문이다. 다른 사람들은 상품을 다르게 평가하고 시장은 사람들이 자신들의 가치 평가에 따라 행동하도록 방임한다. 때때로 어떤 사람들은 타락으로부터의 논변과 달리 동의에 기초한 논변은 교환되는 것의 내재적 가치나 그것에 적합한 가치 평가의 방식에 대한 판단을 하지 않는 것이 장점이라고 생각해왔다.

하지만 이런 외관상의 장점에도 불구하고 동의로부터의 논변은 상업적 임신에서 도덕적으로 가장 문제가 되는 점을 적절히 다루지 못한다. 왜냐하면 상업적 임신을 어떤 종류의 아기 판매보다 도덕적으로 나쁘게 하는 것은 바로 상업적 임신의 의도적, 자발적인 성격이기 때문이다. 힉스 박사의 아기 암시장은 시장의 고려와 다른 문제에 응답한 것이었다. 그는 결혼하지 않은 여성의 아기를 팔기는 했지만 먼저 그 여성에게 임신하라고 하지는 않았다. 만일 그랬다면, 즉 그가 돈을 받기 위해서 임신하고 애를 낳고 아기를 포기할 여성들을 광고하고 모집했다면, 그의 아기 매매 사업은 실제보다 도덕적으로 더욱 반대할 만했을 것이다. 그것은 오늘날 공식적으로 진행되는 상업적 대리모 사업만큼 도덕적으로 반대할 만했을 것이다.

타락으로부터의 논변은 우리에게 어떤 가치나 사회적 관행에 적합한 가치 평가의 방식에 주의를 기울이게 하는데, 대리모와 정자 판매의 유비 관계의 도덕적 함의를 다시 생각하게 한다. 이 유비는 일반적으로 대리모를 정당화하기 위해 사용된다. 만일 남자들이 자신들의 재생산 능력을 자유롭게 팔 수 있다면 여자들도 자신들의 재생산 능력을 자유롭게 팔 수 있어야 하지 않는가? 남자들에게는 허용하고 여자들에게 허용하지 않는 것은 불공정하고 성차별적인 것이 아닌가?

하지만 이 유비 논변은 숙고한 후에는 반대 방향으로 진행될 수도 있다. 만일 대리모 경우를 성찰함으로써 우리가 특정한 종류의 가치에 대해서는 특정한 종류의 가치 평가 방식이 적합하다고 결론짓는다면 우리는 정자 판매의 도덕적 허용 여부에 대해 의문을 품게 될 수도 있다. 이런 의문은 정자 시장이 상업화되는 뻔뻔스러운 방식 때문에 더욱 심화된다.

하버드의 학생 신문인 『크림슨(*The Crimson*)』에 "미국 최대의 정자 은행이 기증자를 찾습니다" 하는 광고가 때때로 실린다. 자격이 되는 사람들은 한 번 정자 기증에 35달러를 받는다. 별다른 노력 없이, 자격 이 되는 하버드 남자 학생들은 정자를 팔아서 일주일에 105달러를 벌 수 있다. 크리오뱅크사(Cryobank Inc.)가 정자은행을, 동부에는 하버드 와 MIT 근처에, 서부에는 스탠포드와 버클리 근처에 두고 있는 것은 우 연이 아니다. 매달 나오는 카탈로그는 고객들에게 각 기증자의 전공을 포함해서 신체적, 인종적 특징을 소개한다.

아이비리그 정자 마케팅은 상업적 대리모가 임신을 상품화하는 것처 럼 남성의 재생산 능력을 상품화한다. 양쪽은 재생산을 사랑, 친밀함, 책임의 규범에 따라 행사되어야 할 인간의 능력으로보다는 이윤을 위한 상품으로 취급한다.

다양성과 공약 가능성

타락으로부터의 논변은 상업화에 관한 논쟁이 진행되어야 하는 방식 에 관해 중요한 시사점을 던져준다. 강제로부터의 논변과 달리 타락으 로부터의 논변은 각각의 경우마다 다른데 그 이유는 다음과 같다. 강제 로부터의 논변은 언제나 동의의 이상에 호소하는 데 반해 타락으로부터 의 논변은 문제가 되는 개별적인 가치의 이상에 호소한다. 대리모, 아기 매매 그리고 정자 판매의 경우에 문제가 되는 이상들은 모성, 부성 그리 고 아기 양육의 의미와 관련되어 있다. 일단 우리가 문제가 되는 가치가 무엇인지를 밝히면 시장 평가와 교환이 그 가치의 성격을 감소시키거나 타락시키는지 또는 어떤 면에서 그런지 하는 것은 더 고려되어야 할 문 제다.

비록 문제가 되는 가치들이 달라지더라도 상업화에 반대하는 타락으 로부터의 논변의 일반적 성격을 밝히는 것은 가능하다. 모든 타락으로 부터의 논변은 많은 시장 지향적인 사고를 형성하는 가정에 대해 의문을 제기한다. 이 가정은 모든 가치들이 통약 가능하고 모든 가치들이 하나의 가치를 측정하는 척도나 단위로 환원될 수 있다는 것이다.

모든 가치들이 통약 가능하다는 것은 적어도 공리주의의 일부 버전, 특히 제레미 벤담의 공리주의에서 친숙한 명제다. 상업화에 반대하는 타락으로부터의 논변은 이 주장에 반대한다. 통약 가능성 명제를 일반적으로 증명하거나 논파하는 것이 가능해 보이지 않기 때문에, 가치의 상업화에 관한 논쟁에서 유비에 의한 논변은 중요한 역할을 한다. 하지만 모든 가치들이 한 종류의 가치 척도에 의해 포섭될 수 있다는 생각에 의문을 제기하는 것은 합리적이고, 이런 의문을 설명하기 위해 내가 20여 년 전 옥스퍼드대학에서 공부할 때의 다른 이야기를 하겠다.

당시에 남자 대학과 여자 대학은 아직 남녀 공학이 아니었다. 그리고 여자 대학은 남자들이 밤에 묵고 가는 것을 금지하는 규칙을 가지고 있었다. 대학 당국은 이 규칙을 강제적으로 실행하지 않았고 사람들은 그 규칙을 쉽게 어겼다. 적어도 나는 그렇게 들었다. 하지만 1970년대 말에 이 규칙을 완화하라는 압력이 고조되었고 세인트앤대학의 교수들 사이에서 논쟁거리가 되었다. 나이 든 여교수들은 전통주의자들이었다. 그들은 전통적인 도덕적 근거에서 변화를 반대했다. 하지만 시대가 변했고 그들은 변화에 반대하는 자신들의 진짜 이유를 밝히는 것을 불편해했다. 그래서 그들은 그들의 논변을 공리주의적인 용어로 바꾸었다.

만일 남자들이 밤에 묵는다면 대학의 비용이 증가할 것이다. 어떻게 그러냐고 당신은 물을 것이다. 그들은 남자들이 목욕하기를 원할 것이고 따라서 온수를 다 사용해버릴 것이라고 말했다. 게다가 침대의 매트리스를 더 자주 바꾸어야 한다고 그들은 주장했다(이것은 실화다). 변화에 찬성하는 교수들은 변화에 반대하는 교수들의 요구에 응해서 다음과 같은 타협안을 내놓았다. 남자 손님이 대학에 이런 비용을 지불하기 위해 하룻밤에 50펜스를 낸다면, 한 여성은 일주일에 최대한 세 명의 남자들을 손님으로 맞을 수 있다는 것이었다. 타협안이 채택된 다음 날 『가디언(The Guardian)』지는 "세인트앤대학의 여대생: 하룻밤 50펜스"라는 머리기사를 실었다. 얼마 지나지 않아 대학교 기숙사의 이성

방문자 규칙과 그 비용이 폐지되었다. 하지만 이 이야기는 모든 가치들이 통약 가능하고 모든 가치와 미덕이 돈으로 환산될 수 있다는 명제에 의문을 제기한다. 타락으로부터의 논변은 그 명제를 거부하는 것이다.

II. 시장, 도덕 그리고 공적 영역

타락으로부터의 논변에 대한 반론

상업화가 어떤 종류의 가치들을 타락시키거나 격을 떨어뜨린다는 논변은 강제로부터의 논변에는 적용되지 않는 두 가지 어려움에 직면한다. 하나는 타락으로부터의 논변은 경우마다 다른 방식으로 구성되어야 한다는 것이다. 이 종류의 논변은 어떻게 각 경우에 시장 평가와 교환이 비시장적인 관행이 구현하는 중요한 가치와 목적의 격을 떨어뜨리거나 타락시키는지를 보여주어야 한다. 이와 대조적으로 강제로부터의 논변은 매번 다른 방식으로 구성될 필요가 없다. 이 논변은 여러 개의 이상들이 아니라 단 하나의 이상— 동의의 이상— 만을 지적한다. 논변의 형식은 언제나 같다. 경제적 강제 또는 경제적 필요성이 그 배후에서 작동하고 있기 때문에 돈을 대가로 해서 재화와 용역의 자유로운 교환처럼 보이는 것이 진짜로는 자발적인 것이 아니라는 것이다.

두 번째 어려움은 첫 번째 어려움으로부터 바로 도출된다. 타락으로부터의 논변은 동의가 아니라 특정한 인간적인 가치가 가지고 있는 도덕적 가치를 지목하기 때문에 이 가치들이 어떻게 입증될 수 있는지, 특히 대립하는 도덕적, 종교적 신념들이 있을 때 어떻게 그럴 수 있는지하는 문제가 생긴다. 상업적 대리모에 반대하는 앤더슨의 논변을 생각해보자. 앤더슨은 어떤 특정한 종류의 가치에는 어떤 특정한 가치 평가 방식이 "맞거나 적절하다"고 주장한다. 적어도 어떤 사람들에게는 이 논변이 걱정스러울 정도로 아리스토텔레스적인 면(본질주의적인 면)이 있는데 이 논변이 어떤 사회적 관행에 특정한 목적을 부여하기 때문이다. 이런 종류의 논변들은 두 가지 잘 알려진 반론에 직면한다. 만일 우리가 어떤 가치를 대하는 적절한 방식을 주어진 시대 주어진 사회에서 통용되는 사회적 의미로부터 도출한다면 우리는 관습주의로 전락할 위험이 있다. 예를 들어 만일 오늘날 돈으로 살 수 있는 것들이 점점 더 적어진다면 우리는 우리의 사회적 관행의 의미가 이 면에서 변화하고 있다고 결론지을 수도 있다. 이 경우 적절한 종류의 가치 평가에 호소하는 것의 비판적 역할은 상실된다. 다른 한편으로 우리가 문제가 되는 관행의 본질에 관한 어떤 개념으로부터 그 가치를 다루는 적절한 방법을 도출한다면 우리는 본질주의(사회적 실천의 목적들이 자연에 의해서 결정되어 있다는 생각)의 위험에 직면하게 된다.

관습주의나 본질주의에 빠지지 않고 시장이 어떤 종류의 가치들을 타락시키거나 격을 떨어뜨린다고 논변하는 것이 가능할까? 목적에 관한 의견들이 서로 다르다고 할 때 어떻게 그런 논변들이 진행될 수 있을까? 내가 위에서 제시했듯이 한 진행 방식은 유비를 통해 논변하는 것이다. — 즉, 우리가 어떤 관행에 대해 가지고 있는 도덕적 직관에서 출발해서 문제가 되는 관행이 적절하게 유사한가 하는 것을 살피는 방식이다. 우리는 대리모가 아기 판매와 정자 판매 둘 중 어느 것과 더 유사한지를 살펴왔다. 유비에 의한 논변은 도덕적 직관이 숙고를 위한 출발점으로서 기능하지만 논변이 전개되면서 수정될 수 있다는 사실에 의해 관습주의의 위험을 피할 수 있다. 아기 판매에 반대하지만 정자 판매에는 찬성하는 직관은 이런 관행과 대리모 사이의 유사성과 차이에 관해 성찰하는 과정에서 의문시되었다. 다른 진행 방식은 어떤 가치에 대한 특정한 개념을 가지고 출발해서 도덕적으로 논쟁이 되는 상업화와 통상 받아들여지는 상업화에 대한 그것의 결과들을 고려하는 방식이다. 성찰하는 과정에서 어떤 경우에 우리는 우리의 판단이나 출발점을 제공하는 가치의 개념에 대한 판단을 수정할 이유를 찾게 될 수 있다.

공화주의적 시민관

나는 이제 시장과 공적 영역에 관련된 두 가지 경우들을 살펴보려 하는데, 대리모의 경우처럼 유비로부터 출발해서 문제가 되는 가치의 개념을 도출하기보다 다른 방향으로 진행하고 싶다. 즉, 가치에 관한 어떤 개념을 기술하는 것으로 시작해서 친숙한 시장 지향적인 정책과 관행에 관한 결과를 고려하는 것이다. 내가 마음에 두고 있는 경우들은 (1) 병역과 (2) 투표다. 나는 이 두 가지 관행들을 규제하는 데에서 우리가 익숙해진 것보다 시장의 역할을 더 제한할 이유가 있다고 논변하고자 한다. 각각의 경우에 시장의 지나친 역할은 그 관행들이 적절하게 표현하고 진전시키는 이상— 공화주의적인 시민의 이상— 을 타락시킨다.

공화주의적 시민관에 의하면 자유롭다는 것은 자치에 공동으로 참여한다는 것이다. 이것은 선거에서 투표하고 나의 선호나 이익을 등록한다는 문제 이상의 것이다. 공화주의적 시민관에서 자유롭다는 것은 공동체의 운명을 다스리는 힘을 형성하는 데 참여한다는 것이다. 하지만 그러기 위해서 그리고 그것을 잘하기 위해서 시민들이 시민적 덕목을 소유하게 되는 것이 꼭 필요하다.[14)]

시민적 덕목을 강조하는 것은 공화주의적 정치 이론을 다른 두 가지 종류의 시민관과 확연히 구별 짓는 것이다. 한 이론은 이익집단 다원주의인데, 이 이론에 따르면 시민들은 자신들의 이익에 따라 투표하는 자유를 갖는 사람들이라는 것이다. 두 번째 이론은 자유주의적 시민 개념인데, 이 개념은 관용과 타인의 권리 존중을 강조한다. 자유주의적 시민 개념은 어떤 종류의 시민적 덕목의 양성을 허용한다. 하지만 그것이 허용하는 것은 관용과 상호 존중의 덕목같이 자유주의 원리에 필요한 것들만이다. 공화주의적 시민 개념은 이와 대조적으로 좀 더 넓은 영역의 시민의 덕목들을 배양하고자 하는데, 이 덕목들은 위기에 처한 공동체와의 도덕적 유대, 자신의 동료 시민들에 대한 의무감, 공동선을 위해 사익을 희생하는 정신 그리고 공동의 목적과 목표에 대해서 잘 숙고하는 능력 등을 포함한다.

---

14) 더 이상의 논의는 나의 책을 참조. Michael Sandel, *Democracy's Discontent: America in Search of a Public Philosophy*(Cambridge: Harvard University Press, 1996), pp.4-7, 25-28.

무엇이 공화주의적 시민관을 정당화하는가? 공화주의 정치 이론에는 두 가지 버전이 있으며 각각의 버전이 다른 종류의 대답을 한다. 공화주의적 개념의 온건한 버전은 시민적 덕목이 도구적으로 중요하다고 주장한다. 만일 시민들이 공공선에 관심을 갖지 않는다면 각 사람에게 그 자신의 목적을 선택하거나 추구할 권리를 부여하는 정치 사회를 유지하기가 불가능하다는 것이다. 이와 대조적으로 강한 버전은 자치와 그것에 관련된 덕목들을 인간 번영의 본질적인 부분으로 본다. 이 견해에 따르면 정치에 참여하는 것은 사람들이 자신들의 목적을 추구하는 것을 가능케 하는 체제를 지키기 위한 수단인 것만이 아니라 좋은 삶을 이루는 본질적인 요소라는 것이다. 강한 공화주의자들에게는, 공동선에 대해 숙고하는 것이 실제로 차이를 만드는 조건 아래에서, 공동선에 대해 숙고하는 것은 그렇지 않았으면 잠자고 있을 인간 능력 — 판단과 타협, 논변과 숙고, 책임을 지는 능력 — 을 일깨운다는 것이다. 이 견해에 따르면 정치의 목적은 일이나 예술 같은 다른 종류의 인간의 노력이 개발하지 못하는 인간의 특징적인 능력을 깨우고 개발하는 것이다. 이 시민 개념을 염두에 두고 우리는 상업화가 공적 생활의 두 영역에서 자치의 가치를 어떻게 타락시키는가를 고려해볼 수 있다.

▪ 병역

병역은 여러 가지 방식으로 할당될 수 있는데 어떤 방식은 시장을 포함하고 다른 것들은 그렇지 않다. 징병제는 시장을 사용하지 않고 병역을 할당한다. 징병제의 가장 단순한 형태는 징병 대상자들 중에서 추첨으로 병역을 할당한다. 군대에서 병역을 할당하는 두 번째 방식은 남북전쟁 중에 사용된 방식이다. 이 방식은 어느 정도까지 시장 원리를 도입한다. 1863년 미국이 처음으로 징병할 때 징집되었지만 복무하기를 원하지 않는 사람은 자신을 대체해서 병역을 수행할 사람을 고용할 수 있었다. 징집된 많은 사람들은 신문에 수백 달러에서 1,500달러를 지불하겠다면서 대체 복무자들을 찾는 광고를 했다. 그 방식은 성공적이지 않았다. 그 방식에 대해서 많은 사람들이 항의했다. 뉴욕 시의 징병 폭동에서 천여 명의 사람들이 죽었다. 의회는 징병을 피하기 위한 단일 가격을 책정해서 이런 항의를 진정시키려 했다. 징병되었지만 복무하기를 원하지 않는 사람은 정부에 300달러를 내고, 개인적으로 대체 복무자를 찾는 수고를 할 필요는 없다는 것이었다. 당시 300달러는 노동자의 1년치 임금에 상당하는 것이었다.15)

병역을 부과하는 세 번째 방식은 시장 원리를 한 단계 더 진전시키는 것이다. 사람들을 징병한 후에 시장 원리를 적용하기보다 현재 미국의 자원병제에 의한 군대는 처음부터 시장 원리를 사용한다. '자원병'은 어느 정도 잘못된 명칭이다. 병사들은 추수감사절에 자선을 위한 식당에서 일하는 것처럼, 즉 보수를 받지 않고 일하는 것처럼 자원하지 않는다. 그것이 자발적이라는 것은 모든 유급 노동이 자발적이라는 의미에서만 그렇다. 아무도 징집되지 않고 병역은 돈과 다른 혜택을 대가로 병역을 치르기로 한 사람들에 의해서만 수행된다는 것이다.

병역을 할당하는 이 세 가지 방식을 비교해보라. — 징병제, 돈을 지불함으로써 면제될 수 있는 단서가 있는 징병제(남북전쟁 방식), 그리고 자원병제. 어느 것이 가장 바람직한가? 시장 논리의 시각에서는 남북전쟁 방식이 선택의 범위를 증가시키기 때문에 순수한 징병제보다 낫다. 징병되었지만 복무하고 싶지 않은 사람들은 돈을 지불하고 복무하지 않을 수 있으며, 징병되지 않았지만 그 일을 원하는 사람은 돈을 받고 그 일을 할 수 있다. 하지만 시장 논리 시각에서 보자면 자원병제가 더 낫다. 남북전쟁 방식처럼 자원병제 아래에서 사람들은 돈을 내고 병역을 안 할 수도 있고 돈을 받고 병역을 할 수도 있다. 하지만 자원병제는 군인들을 고용하는 비용을 징집이 되어서 복무하거나 대체 복무자를 구해야만 하는 운 나쁜 소수에게 부과하는 것이 아니라 사회 전체에 부과하기 때문에 남북전쟁 방식보다 낫다.

---

15) 남북전쟁 징병제에 대해서는 다음의 책들을 참조. James McPherson, *Battle Cry of Freedom*(New York: Oxford University Press, 1988), pp.600-611; Guido Calabresi and Philip Bobbitt, *Tragic Choices*(New York: W. W Norton, 1978), pp.158-167.

따라서 시장 논리의 관점에서 보자면 자원병 제도가 최선이고 남북전쟁 방식이 두 번째이고 징병제가 병역을 할당하는 최악의 방식이다. 하지만 이런 방식의 논변에 대해서 최소한 두 가지 반론이 제기될 수 있다. 하나는 그 사회의 배경 조건들에 관해서 모르고서는 자원병제를 선호할 수 없다는 것이다. 자원병제는 징병의 강제성을 피할 수 있기 때문에 매력적일 수 있다. 그것은 병역의 문제를 동의의 문제로 만든다. 그러나 자원병제 군대에 복무하는 어떤 사람들은 입대하지 않은 사람들만큼이나 병역을 싫어할 수도 있다. 만일 가난과 경제적인 불리함이 사회에 널리 퍼져 있다면 군대에 복무하는 선택은 다른 대안이 없다는 것을 의미한다. 이것이 가난한 사람들로 이루어진 군대의 문제다. (강제로부터의 반론의 한 예인) 이 반론에 따르면 돈을 받고 복무하는 사람들 또는 돈을 지불하고 군에 복무하는 것을 피할 수 없는 사람들은 경제적 필요라는 추첨에 의해 징집되었다는 것이다.

징병제 군대와 자원병제 군대의 차이는, 징병제 군대는 강제적이고 자원병제 군대는 비강제적이라는 것이 아니라, 각각이 다른 형태의 강제를 사용한다는 것이다. 징병제 군대는 국가라는 강제를, 자원병제 군대는 경제적 필요라는 강제를 사용한다. 처음부터 사람들이 유사한 상황에 처해 있다면, 사람들이 보수를 위해 병역에 복무하는 것은 그들의 제한된 대안을 반영하는 것이라기보다 그들의 선호를 반영한다.

모두 자원병으로 이루어진 미군의 실제 구성비가 이 반론을 입증하는 듯이 보인다. 걸프전에 파견된 미 육군의 30퍼센트가 아프리카계 미국인이었는데, 이는 미국의 전체 인구에서 아프리카계 미국인이 차지하는 비율의 거의 세 배에 이른다. 미국 인구 중 상위 15퍼센트의 부유한 사람들의 자식들 중에서 군에 복무하는 비율은 미국 평균 가정의 자식들의 복무 비율의 5분의 1이었다.[16) 따라서 자원병제 군대가 보이는 것처럼 자발적이 아니라는 반론의 힘은 쉽게 이해된다.

모든 자원병제 부대를 없애지 않아도 원리상 이 반론에 응답할 수 있

---

16) Larry Tye, "All-Volunteer Force No Mirror of Society", *The Boston Globe* (February 2, 1991), pp.1, 3.

다. 사회의 배경 조건을 충분히 평등하게 만들어서 사람들의 직업 선택이 심각한 경제적 필요보다 의미 있는 동의를 반영하게끔 된다면 이 반론에 응답할 수 있다. 다른 경우에서와 마찬가지로 이 경우에도 강제로부터의 논변은 병역의 상업화 자체에 대한 반론이 아니라 불공정한 배경 조건 아래에서 일어나는 상업화에 대한 반론인 것이다.

병역의 상업화에 대한 두 번째 반론은 첫 번째 반론과 다르다. 이 반론은 직업의 선택이 사회적 상황의 깊은 불평등을 반영하지 않는 사회에서도 병역이 마치 다른 종류의 직업과 같은 것처럼 노동 시장에 의해 할당되어서는 안 된다고 주장한다. 이 논변에 따르면 모든 시민은 자신의 나라에 복무할 의무를 가지고 있다. 이 의무를 가장 잘 수행하는 것이 병역이든지 아니면 다른 형태의 국가 봉사이든지, 그것은 사람들이 자유롭게 사고팔 수 있는 종류의 것이 아니다. 이런 종류의 복무를 상품화하는 것은 — 즉, 돈을 위한 직업으로 — 그 복무와 관련된 시민적 덕목의 의미를 타락시키거나 격을 떨어뜨리는 것이다. 루소가 이런 종류의 논변을 개진한다. "공적인 복무가 시민들의 주된 일이 되지 않기 시작하고, 국민들이 그 복무를 그들 스스로가 하지 않고 돈으로 때우려 할 때 국가가 몰락할 날은 멀지 않다. 전쟁에 나갈 필요가 있을 때 국민들은 군대를 고용하고 자신들은 집에 머물 것이다. … 진정으로 자유로운 나라에서 시민들은 돈으로서가 아니라 그들 자신의 힘으로 모든 것을 한다. 돈으로 자신들의 의무를 회피하지 않고 오히려 그들의 의무를 수행하는 특권을 갖기 위해서 돈을 쓰기까지 할 것이다. … 나는 세금이 강제 노동보다 더 자유에 반대되는 것이라고 주장한다."17)

병역의 상업화에 반대하는 루소의 논변은 타락으로부터의 논변의 한 예다. 그것은 공화주의적 시민관에 호소한다. 시장의 옹호자들은 공화주의적 시민관을 부정하거나 공화주의적 시민관이 병역 문제에 관련이 있다는 것을 부정함으로써 자원병 제도를 방어하려 할지 모른다. 하지만 현재의 자원병 군대도 시장 원리에 대한 모종의 제한을, 우리가 여전히

---

17) Jean-Jacques Rousseau, *The Social Contract*(1762), trans. G. D. H. Cole (London: J. M. Dent & Sons, 1973), Book III, ch. XV, p.265.

지니고 있는 공화주의적 시민관의 이상으로부터 도출되는 제한을 인정하고 있지 않은가?

현대의 자원병 군대와 용병 부대의 차이를 생각해보자. 양쪽 군대는 병사들에게 싸우는 대가로 돈을 지불한다. 양측은 돈과 다른 혜택을 약속하면서 사람들에게 군대에 입대하라고 유혹한다. 미 육군은 군인이라는 직업이 가능한 한 매력적으로 보이게 하는 텔레비전 광고를 한다. 하지만 만일 시장이 병역을 할당하는 적절한 방식이라면 용병 부대가 무엇이 잘못된 것인가? 용병들은 돈을 위해 싸우는 외국인들이지만 미국 자원병 부대는 오직 미국인들만을 고용한다고 응답할지 모른다. 하지만 병역이 단지 다른 종류의 직업이라면 왜 고용자가 고용할 때 국적에 따라 차별해야 하는가? 왜 미군은 적절한 자격 조건을 갖추고 미군으로 일하기를 원하는 어느 나라의 시민이든 받아들이면 안 되는가?

시장 논리는 정부만이 군대를 운용해야 한다는 생각에 도전할 수도 있다. 왜 군대의 기능을 사설 기업에 하청을 주지 않는가? 사실 감옥의 사설화처럼 전쟁의 사설화도 잘못된 경향이다. 용병을 고용하는 사설 회사들이 세계 전역의 분쟁에서 점점 더 많은 역할을 하고 있다. 샌드라인 인터내셔널(Sandline International)은 바하마에 등록되어 있고 런던에 본부를 두고 있는 회사다. 파푸아뉴기니의 수상은 몇 년 전에 분리주의자들의 반란을 진압하기 위해서 이 회사를 고용했다. 파푸아뉴기니의 수상은 자국 군대가 진압할 수 없는 반란군을 진압하기 위해 3,200만 달러를 주고 고용했다. 그는 "나는 우리 병사들이 시체로 돌아오는 것을 보는 것에 지쳤다"고 말했다.[18]

샌드라인 인터내셔널은 다시 병사들을 공급하고 훈련시키는 이그제큐티브 아웃컴스(Executive Outcomes)라는 이름의 남아프리카공화국에 있는 회사와 하청 계약을 했다. 『보스턴 글로브』는 이그제큐티브 아웃

---

18) Colum Lynch, "Soldiers for Hire Tempt War-Weary", *The Boston Globe* (March 8, 1997), pp.A1, A12. 다음의 글들도 참조. Raymond Bonner, "U.S. Reportedly Backed British Mercenary Group in Africa", *The New York Times*(May 13, 1998); David Shearer, "Outsourcing War", *Foreign Policy* (Fall 1998), pp.68-80.

컴스에 대해 다음과 같이 보도한다. "이그제큐티브 아웃컴스는 그 회사의 고객들을 위해서 많은 군사적 승리를 거두어왔다. 러시아제 공격용 헬기, 중화기와 이전에 남아프리카공화국의 백인지상주의 정부의 군대에서 고용된, 전쟁에서 단련된 군인들로 무장된 이그제큐티브 아웃컴스는 앙골라와 시에라리온 정부를 위해 전쟁을 수행해왔다."[19]

이라크에 주둔하고 있는 미군의 특별한 점은 오늘날 "사설 계약자들"이라 불리는, 고용된 군인들에 많이 의존하고 있다는 것이다. 이런 사설 계약자들은 도로나 건설하고 전기나 고치는 것이 아니다. 연합군정청의 미국 측 최고 책임자인 폴 브레머(Paul Bremer)의 경호를 책임지고 있는 사람들은 미 육군 소속의 사람들이 아니다. 그들은 국방부가 고용한 사설 회사의 사람들이다. 포로 학대로 기소된 미국 포로 심문관들 중 최소한 한 명은 사설 계약자다. 사설 계약자들과 이라크의 보안 요원들의 인원은, 13만 5천 명의 미군을 제외한다면, 다른 어떤 나라에서 파병된 숫자보다 많은 인원이다. 어떤 사람들은 "의지의 연합"은 "계산서의 연합"이라고 말하는 것이 더 나을 것이라고 말한다.

우리가 고려한 경우들은 전원 자원병 군대에 의해 제기되는 병역의 상업화에 대해 다음과 같은 도전을 제기한다. 만일 남북전쟁 방식이 사람들로 하여금 자신들의 시민적 의무를 돈을 지불하고 면제받는 것을 허용한다는 근거에서 반대할 만하다면 자원병 군대도 비슷한 근거에서 반대할 만하지 않은가? 만일 병역이 노동 시장에 의해 할당되는 단지 다른 종류의 직업이라면 자원병 군대와 사설 회사가 고용하는 용병 군대 간에 어떤 원칙에 근거한 구별이 있을까? 위의 세 가지 방식 모두— 남북전쟁 방식, 자원병 군대와 용병 군대 — 공화주의적 시민관과 충돌한다. 각각의 경우에 느끼는 우리의 불편함은 타락으로부터의 논변에 의해 가장 잘 명료화되고 정당화되는데, 이 논변은 다시 공화주의적 시민의 이상을 전제하고 있다.

---

19) Colum Lynch, 앞의 글.

• 투표

병역의 상업화와 투표의 상업화는 다른 방식으로 논란거리가 된다. 아무도 노골적으로 표를 매매하는 것을 옹호하지 않는다. 하지만 왜 그 것이 반대할 만한 것인가? 만일 반대할 만하다면 표를 매매하는 것에 위험할 정도로 가까운 현재 통상적으로 받아들여지고 있는 투표 제도의 관행에 대해서는 어떤 결과를 가질까?

투표 제도의 개혁을 주장하는 사람들은 오랫동안 정치에서 돈의 역할 에 대해서 걱정해왔다.[20] 미국의 대통령 선거에는 천문학적인 액수의 돈이 든다. 물론 정치에서 돈의 힘을 줄이려는 시도를 해왔다. 이런 시 도의 밑에 깔린 것은 현재 미국의 정치 선거에 자금을 대는 방식이 매 수에 가깝다는 걱정이다. 하지만 선거 자금에 관한 논쟁은 더 깊은 타락 에 관해서는 다루고 있지 않은데, 그것은 개인의 사익(self-interest) 자체 의 정치다.

민주주의 정치를 한다는 것은 개인의 사익을 모으고 그것에 응답하는 것이라는 관행을 생각해보자. 만일 부유한 이익집단이 선거 기부금으로 정치가들을 매수하는 것이 나쁘다면 정치가가 유권자들의 지갑을 향한 공약을 약속함으로써 유권자들을 매수하는 것도 나쁘지 않은가? 어떤 매수는 다른 매수보다 더 노골적이다. 과거에 정치적 보스를 위해 일하 던 정치 건달들은 사람들을 투표하도록 하기 위해 돈과 식사와 호의를 베풀었다. 오늘날에는 표를 소매로 사는 것보다 도매로 사는 것이 더 존 경받을 만한 것으로 여겨진다. 소매로 표를 사는 것은 매수이지만, 도매 로 표를 사는 것은 이익집단 정치의 이름으로 통상 받아들여진다.

다음의 예는 둘 사이의 가운데에 위치하고 있다. 몇 년 전 워싱턴 주 에서 카지노 개발업자들은 카지노 도박을 찬성하는 주민투표안을 추진 했다. 그 주민투표안은 만일 통과가 된다면 카지노에서 생기는 이익의 10퍼센트를 그 투표에 참가한 모든 사람에게 지불한다고 되어 있었 다.[21] 이것이 뇌물인가, 아니면 이익집단 정치의 적법한 예인가? 이 주

---

20) 이 부분은 내가 쓴 다음의 글에서 가져온 것이다. Michael Sandel, "Votes for Sale", *The New Republic*(November 18, 1996), p.25.

민투표안의 지지자들은 주 정부가 보통 카지노 수입의 10퍼센트를 세금으로 받고 다른 산업에 대해서도 그렇게 한다고 주장했다. 워싱턴 주의 주민투표안은 중개인을 배제하고 그 돈을 직접 주민들에게 제공하는 것이었다.

선거의 후보자들도 종종 같은 방식으로 선거 공약을 한다. 1980년대 초에 미 연방대법원은 켄터키 주의 카운티 주지사를 위한 후보와 관련된 사건을 심리했다. 그 후보자는 만일 자기가 선출되면 자신의 보수를 줄이겠다고 공약했다. 반대편 후보는 그 공약이 후보자가 유권자들의 표를 얻기 위해 금전적인 유인책을 사용해서는 안 된다는 주법을 어기는 것이라고 주장했다.[22]

연방대법원은 상대 후보자의 주장을 기각했다. 연방대법원은 보수를 줄이겠다는 공약은 뇌물에 해당하지 않는다고 판결했다. 하지만 왜 그렇지 않은가? 대법원의 추론은 사익 정치의 핵심에 있는 도덕적 혼란을 드러내고 있다. 대법원은 다음과 같이 추론했다. 어떤 주는 "표를 사는 것을 금지할 수 있다. 민주주의라 불릴 만한 어떤 정치체도 지도자의 선택을 경매나 물물교환에 맡길 수 없다." 법원의 의견은 표를 사는 것과 유권자들의 사익에 호소하는 것이 명확한 구별되어야 한다고 주장했지만 그 구별을 옹호하지는 않았다. "정치적 다원주의라는 우리의 전통은 유권자들이 정치적 과정을 통해 자신들의 사익을 추구한다"는 것을 가정한다. 개인적 이익은 "자신의 표를 행사하는 정당한 기반이었고 앞으로도 그럴 것이다."[23]

하지만 유권자의 표를 사는 정치가와 유권자의 사익에 영합하는 정치가의 도덕적 차이는 무엇인가? 만일 나의 표를 정당의 보스에게 500달러를 받고 파는 것이 정당한 것이 아니라면 500달러의 세금 인하를 위해 나의 표를 던지는 것이 왜 정당한가? 이 질문에 대해 적어도 세 가지

21) Timothy Egan, "Hedging Bets on Democracy, Casinos Offer Cash to Voters", *The New York Times*(August 18, 1995), pp.A1, B7.
22) Brown v. Hartlage, 456 U.S.(1982), p.45.
23) 같은 책, pp.54, 56.

가능한 답이, 뇌물과 세금 인하의 공약을 구별하는 세 가지 방식이 있다.

(1) 세금 인하는 공적 자금에서 나오는 데 반해 뇌물은 사적 자금이나 정당의 자금으로부터 나온다고 논변할지도 모른다. 하지만 이 논변은 세금 인하를 뇌물보다 더 나쁜 것으로 만든다. 적어도 워싱턴 주의 카지노들은 그들의 경제적 유인책을 공적인 자금이 아니라 사적인 자금으로부터 제공한다. 만일 유권자들이 뇌물을 받는다면 납세자의 돈이 아니라 사적 자금에서 받는 것이 낫지 않은가?

(2) 아마도 그 차이는 선거 공약은 지켜지지 않을 가능성이 많고 따라서 노골적인 뇌물보다 작은 영향을 유권자에게 끼칠 것이다. 하지만 이것은 선거 공약이 뇌물보다 도덕적으로 나은 점은 그 공약을 한 정치가가 그의 약속을 지키리라고 믿을 수 없다는 데에 있다는 것을 시사한다. 어쨌든 만일 유권자들이 공약이 지켜지리라는 것에 회의적이라면 유권자들은 공약에 그 불확실성의 정도를 반영하는 평가 절하된 가치를 부과할 수 있다. 50퍼센트의 실행 가능성이 있는 세금을 인하한다는 공약은 250달러의 가치가 있을 것이다. 하지만 이것이 그것을 조금이라도 더 정당화하는 것은 아니다.

(3) 그렇지 않으면 그 차이는 아마도 선거 공약은 공적이고 모든 사람에게 유효한 것인 데 반해, 뇌물은 비밀이고 단지 어떤 사람들에게만 제공된다는 것이다. 하지만 많은 선거 공약도 특정한 집단들을 목표로 하고 있거나 다른 집단들에 대해 다른 효과를 갖는다. 어떤 경우든 만일 뇌물이 어떤 사람에게는 제공이 되고 다른 사람에게는 제공되지 않기 때문에 나쁘다면 왜 뇌물을 모든 사람에게 주지 않는가? 만일 표가 공개적으로 사거나 팔 수 있다면, 그리고 표를 위한 공개 시장이 있다면 모든 사람은 시세에 따라 자유롭게 팔 수 있을 것이다.

이들 중 어떤 구별도 성공하지 못하는 이유는 그것들이 민주주의의 목적이 사람들의 이익과 선호를 모으고 그것들을 반영하는 정책을 만드는 것이라는 잘못된 견해를 공유하기 때문이다. 이 이론에 따르면 시민들은 소비자들이고 정치는 다른 방식의 경제다. 만일 이 이론이 민주주의에 관해서 맞는다면 표를 사고파는 것을 금지할 좋은 이유가 없다. 우리가 표를 상품으로 대하기를 꺼린다는 사실은 우리로 하여금 우리 시대에 너무나 익숙한 사익의 정치에 대해 의문을 제기하도록 인도해야 한다. 그것은 또한 우리로 하여금 현대의 민주주의적 관행에 암시적으로 존재하는 공화주의적 이상을 인정하고 긍정하는 데로 인도해야 한다.

* * *

이 강연에서 내 논변의 주적은, 자유란 현재의 배경 조건이 어떻든 사람들이 시장에서 하는 자발적인 교환으로 이루어진다고 생각하는 사람들이다. 자유지상주의적 철학자들과 정치 이론가들, 경제학의 합리적 선택 이론가들, '법과 경제' 운동의 지지자들이 내 논변의 가장 명백한 표적들이다. 하지만 기소되지 않은 공모자들도 연루되어 있다. 이들은 공적인 삶의 상업화와 사유화의 문제가 시장이 작동하는 배경 조건들을 조정함으로써 해결될 수 있다고 생각하는 자유주의적 동의 이론가들이다. 이들 공모자들에 따르면 사회 협력의 공정한 조건이 치유할 수 없는 상업화는 잘못된 것이 없다는 것이다. 만일 사람들이 사고파는 선택이 불공정한 거래 조건에 의해서 잘못되지 않고 진정으로 자발적일 수 있게 사회가 조직되기만 한다면 상업화에 대한 반론은 약화되리라는 것이다. 이런 논변이 간과하는 것은 동의를 넘어서 있는 삶의 차원, 시장이 존중하지 못하고 돈으로 살 수 없는 도덕적이고 시민적인 가치들 안에 있는 삶의 차원이다.

박상혁 옮김

줄기세포 연구, 인간 복제 및 유전공학의 윤리

이 강연에서 나는 줄기세포 연구, 인간 복제 및 유전공학의 윤리를 다룰 것이다.1) 그러나 나는 다음과 같은 좀 더 일반적인 주장을 제시하고자 한다. 복제 그리고 유전공학과 관련된 논쟁은 철학자들로 하여금 자신들이 다루는 주제에 대해 생각하는 방식을 변화시키도록 할 것이라는 점이다. 복제와 유전공학에 대한 많은 논쟁은 자율성, 동의 그리고 개인의 권리라는 친숙한 용어로 행해지고 있다. "자유주의적 우생학"을 옹호하는 사람들은 아이들이 누릴 삶의 전망을 향상시키기 위해 부모는 아이들의 유전적 특질을 향상시킬 자유가 있다고 주장한다.2) 예를 들어

---

1) 복제와 줄기세포 연구에 대한 부분은 2003년 5월 14일 베를린에서 Deutsches Referenzzentrum für Ethik in den Biowissenschaften(DRZE)이 주최한 복제에 대한 국제학술회의에서 발표한 공개 강연에 기초를 두고 있다. 그리고 이 부분은 *Jahrbuch für Wissenschaft und Ethik*, Band 8(Berlin, 2003)에 실려 있다.

2) N. Agar, "Liberal Eugenics", in H. Kuhse and P. Singer eds., *Bioethics* (Oxford: Blackwell, 1999); Allen Buchanan, Daniel W. Brock, Norman Daniels and Daniel Wikler, *From Chance to Choice: Genetics and Justice* (Cambridge: Cambridge University Press, 2000); Ronald Dworkin, "Playing God: Genes, Clones, and Luck", in *Sovereign Virtue: The Theory and Practice of Equality*(Cambridge: Harvard University Press, 2000), pp.427-452 참조.

로널드 드워킨(Ronald Dworkin)은 "미래 세대의 삶이 더 길어지고 더 많은 재능으로 그래서 더 많은 성취로 가득 차게 하려는" 야망에 어떤 잘못도 없다고 주장한다. 사실 그는 윤리학적 개인주의라는 원리는 그런 노력을 의무로 만들고 있다고 주장한다.3) 복제와 유전공학의 반대론자들 역시 자율성과 권리란 용어에 호소한다. 예를 들어 위르겐 하버마스(Jürgen Habermas)는 심지어 찬성할 만한 유전적 개량조차도 아이들이 특정 삶을 선택하도록 함으로써, 그리하여 삶의 계획을 스스로 선택할 권리를 침해함으로써, 그들의 자율성과 개성을 해칠 수 있다고 우려했다.4)

그러나 자율성과 권리만을 논하는 것은 복제가 제기하는 가장 깊이 있는 질문을 다루지 않는 것이다. 우리가 복제와 유전공학의 윤리적 함축과 씨름하기 위해서는 현대에는 사라져버린 질문들, 즉 자연의 도덕적 지위에 대한 질문, 그리고 주어진 세계에 대한 인간의 적절한 태도에 대한 질문을 다룰 필요가 있다. 하지만 현대 철학자와 정치학자들은 이런 질문들을 회피하는 경향이 있다. 왜냐하면 이 질문들은 거의 신학적 질문에 가깝거나, 최소한 인간이 자신의 삶을 가장 잘 영위하는 방법에 대한 견해와 관련되기 때문이다. 그러나 우리의 생명공학이 지닌 새로운 힘은 이런 질문들을 피할 수 없게 만든다.

현재 미국에서는 어떤 연방법도, 출산을 목적으로 하는 생명 의료 연구를 목적으로 하든, 인간 복제를 금지하고 있지는 않다. 이는 대부분의 사람들이 생식을 위한 복제(reproductive cloning)에 찬성하고 있기 때문이 아니다. 반대로, 선거로 뽑힌 거의 모든 공무원들과 여론은 생식을 위한 복제에 반대하고 있다. 하지만 생명 의료 연구를 위한 복제를 허용할 것인지에 대해서는 강한 의견 불일치가 존재한다. 생명 의료 연구를 위한 복제에 반대하는 사람들은 현재로서는 영국이 시행하고 있는 것과 같이 생식을 위한 복제만 금지하는 방안을 지지하려 하지 않는다. 이런

---

3) Ronald Dworkin, 앞의 글, p.452.
4) Jürgen Habermas, *The Future of Human Nature*(Cambridge, U.K.: Polity Press, 2003).

상황 때문에 복제에 대한 어떠한 연방 차원의 금지도 시행되지 못하고 있다.

생명 의료 연구를 위한 복제의 윤리

나는 우선 줄기세포 연구와 생명 의료 연구를 위한 복제의 윤리를 다루고자 한다. 미국 상원은 일체의 복제를 금지하고자 하는 의원들과, 생식을 위한 복제는 금지하되 줄기세포 연구와 재생의학(regenerative medicine)을 위한 복제는 허용하려는 의원들로 나눠져 있다.[5] 생식을 위한 복제의 경우와 마찬가지로 자율성과 권리란 개념 그 자체가 줄기세포 연구와 재생의학을 위한 복제의 도덕적 문제를 해결할 수는 없다. 그 이유는 줄기세포 연구를 위한 복제의 도덕적 허용 가능성을 평가하기 위해서는 우리가 초기 배아의 도덕적 지위를 결정할 필요가 있기 때문이다. 수정 후 6일 된 착상 이전의 배아 또는 미분화 배아 세포체(blastocyst)가 도덕적으로 사람과 동등하다면, 줄기세포를 배아로부터 추출해내는 것은 그것이 설사 파킨슨병이나 당뇨병과 같은 치명적인 질병을 치료하기 위한 것이라 하더라도 잘못된 일이다. 만약 배아가 사람이라면, 모든 치료적 복제가 금지되어야 할 뿐 아니라 모든 배아 줄기세포 연구가 금지되어야 한다.

배아의 도덕적 지위를 다루기 전에 나는 생명 의료 연구를 위한 복제에 반대하는 영향력 있는 한 주장을 고려하고자 한다. 이 주장은 배아 줄기세포 연구 그 자체를 반대하는 것에 가깝다. 복제 연구에 반대하는 몇몇 사람들은 만약 연구가 불임 치료 후 남은 '잉여' 배아를 사용한다면 배아 줄기세포 연구를 지지하고 있다.[6] 그들이 문제 삼는 것은 연구를 위한 배아의 계획적 생산이다. 그러나 체외수정(IVF) 시술은 (최소한

---

5) 인간 복제에 대한 미국에서의 논쟁에 대해서는, Leon R. Kass ed., *Human Cloning and Human Dignity: The Report of the President's Council on Bioethics*(New York: Public Affairs, 2002) 참조.

6) 나는 이 주장을 "The Anti-Cloning Conundrum", *The New York Times*(May 28, 2002), p.A19에서 좀 더 충분히 논의하였다.

미국에서는) 궁극적으로 착상시키고자 하는 것보다 많은 수정된 난자를 만들어내고 있기 때문에 연구를 위한 잉여 수정란 사용에는 어떤 잘못도 없다고 주장한다. 다시 말해 잉여 배아가 어쨌든 폐기될 것이라면, 잠재적으로 생명을 구할 연구를 위해 (기증자의 동의와 함께) 잉여 배아를 사용하는 것은 왜 안 되느냐는 것이다.

이것은 유의미한 구분처럼 보인다. 그러나 좀 더 면밀히 검토해보면 이 구분은 유지되지 못한다. 왜냐하면 이 구분은 애초에 '잉여' 배아가 만들어져야 하는가 그렇지 않은가라는 선결 문제를 요구하기 때문이다. 다음을 고려해보자. 치명적인 질병을 치료하거나 처치하기 위해 배아를 만들어내고 희생시키는 것이 비도덕적이라면, 불임을 처치하는 과정에서 잉여의 체외 수정 배아를 만들어내고 폐기하는 것은 왜 반대할 만한 것이 아닌가? 또는 상반된 입장에서 위 주장을 살펴보자. 체외 수정으로 배아를 만들어내고 희생시키는 것이 도덕적으로 받아들일 만한 것이라면, 줄기세포 연구를 위해 배아를 만들어내고 희생시키는 것 역시 왜 받아들일 만한 것이 못 되는가? 결국 이 두 행위 모두 가치 있는 목적에 기여하고 있다. 그리고 파킨슨병과 당뇨병 같은 질병을 치료하는 것은 최소한 불임 부부가 자신들과 유전적으로 관련된 아이들을 가질 수 있게 하는 것만큼 중요하다.

물론 생명 윤리는 목적뿐 아니라 수단에 대해서도 고려한다. 연구용 배아를 만들어내는 데 반대하는 사람들은 그것이 착취이고 배아를 적절하게 존중하지 않는 것이라고 주장한다. 그러나 파괴될 운명인 잉여 배아를 만들어내는 불임 처치에 대해서도 동일한 주장이 가능하다. 사실상 최근 한 연구는 미국의 불임클리닉에서 약 40만 개의 냉동 배아가, 영국에서는 5만 2천 개, 호주에서는 7만 1천 개의 냉동 배아가 고통 받고 있음을 밝혔다.[7]

나의 주장이 옳다면 이것은 체외 수정에서의 잉여 배아에 대한 줄기세포 연구와 연구를 위해 만들어진 배아(자연적인 방법으로든 복제에

---

7) Nicholas Wade, "Clinics Hold More Embryos Than Had Been Thought", *The New York Times*(May 9, 2003), p.24.

의해서든)에 대한 줄기세포 연구가 도덕적으로는 동등하다는 것을 보여 준다. 이 결론은 배아의 도덕적 지위에 대해 서로 다른 견해를 지닌 사람들에 의해서도 받아들여질 수 있다. 줄기세포 연구를 위한 복제가 배아에 대한 적절한 존중을 어기는 것이라면 잉여의 체외 수정 배아에 대한 줄기세포 연구도 마찬가지이고 잉여 배아를 만들어내고 폐기하는 어떤 형태의 체외 수정도 마찬가지다.

위 행위들이 도덕적으로는 함께 존속되거나 폐기된다면, 이 행위들이 지탱되는지 폐기되는지 묻는 게 남았다. 그리고 그 대답은 배아의 도덕적 지위에 의존한다.

배아의 도덕적 지위

배아의 도덕적 지위에 대해 그것을 사물, 사람 또는 이들 사이에 있는 어떤 것으로 생각하는 세 가지 방식이 가능하다. 배아를 우리가 원하거나 고안한 어떤 용도로도 사용이 가능한 단지 사물로 간주하는 것은 나에게는 발생 중인 인간 생명이 지닌 중요성을 놓치는 것이다. 그렇다고 배아가 존중받을 대상이라고 생각하기 위해 그것을 완전한 사람으로 간주할 필요는 없다. 왜냐하면 사람임(personhood)이 존중을 보증하는 유일한 것이 아니기 때문이다. 우리는 경솔한 여행자가 아주 오래된 거목에 자신의 이름을 새겼을 때 그것을 존중의 결여로 간주한다. 이것은 우리가 그 거목을 사람으로 간주하기 때문이 아니라, 그 진가를 음미하고 경외할 만한 가치가 있는 자연의 경이로움으로 간주하기 때문이다. 진가의 음미나 경외는 거목을 광고판 정도로 취급하거나 하찮은 오만함을 위해 거목을 손상하는 것과는 양립할 수 없는 존중의 양태다. 오랜 기간 성장해온 숲을 존중한다는 것은 인간이 추구하는 목적을 위해 어떤 나무도 베어버릴 수 없다거나 획득할 수 없다는 것을 의미하지 않는다. 그 숲을 존중한다는 것은 그것을 사용하는 것과 병존할 수 있다. 그러나 사용 목적이 중대해야 하고 사물의 경이로운 본성에 적절한 것이어야 한다.

발생 중인 인간 생명을 대상화하고 격하시키는 태도에 반대하는 한 방법은 완전한 사람임을 배아에 귀속시키는 것이다. 나는 이것을 "도덕적 지위동등론(equal moral status view)"이라 부를 것이다. 이 견해를 평가하는 방법은 그 함축들을 끄집어내서 그것들이 그럴듯한지 평가해 보는 것이다. 다음 상황을 고려해보자. 한 불임클리닉에서 화재가 발생했다고 해보자. 여러분은 다섯 살 난 소녀를 구하거나 아니면 10개의 배아가 들어 있는 트레이를 가지고 나올 시간이 있다. 이 상황에서 소녀를 구하는 것은 잘못인가?[8]

도덕적 지위동등론의 또 다른 함축은 6일 된 미분화 배아 세포체로부터 줄기세포를 획득하는 것은 어린아이로부터 장기를 획득하는 것만큼이나 도덕적으로 혐오스럽다는 것이다. 그러나 정말 그러한가? 만약 혐오스럽다면, 현재 제안된 미국 복제금지법에서 제시하는 제재 — 100만 달러 벌금과 10년 구금형 — 는 통탄할 만큼 부적절한 것이다. 만약 배아 줄기세포 연구가 어린아이로부터 장기를 빼앗는 것과 도덕적으로 동일하다면 이것은 섬뜩한 살인의 형태로 취급되어야 하고 이것을 수행하는 과학자는 종신형이나 (몇몇 미국 주에서는) 사형이 언도되어야 한다.

도덕적 지위동등론이 지닌 또 다른 문제점은 자연적 임신에서 최소한 모든 배아의 반 정도가 착상에 실패하거나 그렇지 않으면 유산된다는 사실에 있다. 이 사실에 대해 영아의 높은 사망률은 영아 살해를 정당화하지 못하는 것과 같이 이 경우도 마찬가지라고 말함으로써 대응할 수 있을 것이다. 그러나 우리가 배아의 자연적 손실이나 심지어 초기 유산에 대응하는 방식은 이런 손실이나 유산을 도덕적으로나 종교적으로 영아 사망과 동등한 것으로 간주하고 있지 않음을 보여준다. 그렇지 않다면 우리는 어린아이가 사망했을 때 따르는 장례 예식과 똑같은 예식을 배아의 유실에 대해서도 치러야 하지 않을까?

배아가 사람이라는 확신은 종교적 교설로부터 뿐 아니라 도덕 세계는

---

8) 나는 이 가설에 대해 조지 애너스(George Annas)에게 빚지고 있다. 그는 "A French Homunculus in a Tennessee Court", *Hastings Center Report* 19(6) (November 1989), pp.20-22에서 이 가설을 제시하였다.

508

둘로 나뉘어 있다는 칸트주의자의 가정으로부터 지지를 얻고 있다. 칸트주의자의 가정은 모든 것은 사람이거나 사물이며, 사람이라면 존중할 가치가 있고 사물이라면 사용에 개방적이라고 가정한다. 그러나 이 이분법은 과도한 구분이다.

현대 기술과 상업이 도구화하려는 충동과 싸우는 방법은 사람이면 존중하고 사람 아닌 나머지 생명은 공리주의적 계산법에 맡기는 식의 존중의 윤리를 주장하는 것이 아니다. 그런 윤리는 모든 도덕적 질문을 사람임의 경계에 대한 싸움으로 전환시키는 위험이 있다. 우리는 생명을, 우리의 존경을 요구하고 우리의 사용을 제한하는 은총(gift)으로 여기는 좀 더 폭넓은 이해를 함양하는 것이 좋을 것이다. 맞춤 아이를 만들어내는 인간 복제는 은총으로서의 생명에 대한 존경심을 상실했음을 나타내는 극단적 오만함의 표현이다. 그러나 복제되었든 아니든 6일 된 미분화 배아 세포체를 사용하며 질병을 치료하려는 줄기세포 연구는 인간의 재능을 고귀하게 사용하는 것으로 치료를 증진하고 주어진 세계를 개선하는 데 우리가 할 수 있는 것을 수행하는 것이다.

배아 공장, 난자와 접합체의 상용화와 같은 미끄러운 경사길 논증을 경고하는 사람들의 걱정은 옳으나 생명 의료 연구를 위한 복제가 이러한 위험들을 반드시 열어놓을 것이라고 가정하는 것은 잘못이다. 줄기세포 연구를 위한 복제와 다른 형태의 배아 연구를 금지하느니 차라리 인간 생명의 시작이 지닌 신비에 합당한 도덕적 제한을 구체화한 법률의 통제를 받으면서 배아 연구가 진행되도록 허용해야 한다. 그러한 법률은 배아 연구 기획과 불임클리닉에 대한 허가를 필수 요건으로 하고, 난자와 정자의 상용화에 대한 규제와 줄기세포주에 대한 접근을 민간 자본이 독점하는 것을 막는 조치들을 포함해야 한다. 이런 접근이 나에게는 발생 중인 인간 생명을 함부로 사용하는 것을 피하면서 아울러 생명 의료 발전을 인간 감수성이 손상된 일화라기보다 건강을 위한 축복으로 만드는 최선의 희망을 제공하는 것 같다.

생식을 위한 복제의 윤리

나는 이제 생식을 위한 복제의 윤리 그리고 유전공학에 대한 폭넓은 질문을 다루고자 한다. 생식을 위한 인간 복제를 금지하는 사례를 생각해보는 것은 최소한 현재는 어렵지 않다. 왜냐하면 많은 과학자들은 이 복제가 안전하지 않고 심각한 기형과 선천적 결함을 유발할 수 있다는데 동의하기 때문이다. 그러나 어느 날 복제를 통해 아이를 출산하는 것이 자연적 출산보다 더 위험하지 않게 되었다고 가정해보자. 많은 사람들은 생식을 위한 인간 복제가 여전히 윤리적으로 반대할 만한 것이라고 생각하고 있으며 나도 동의하는 바다. 그러나 그 이유를 말하기는 쉽지 않다.

복제에 반대하는 자율성 논증은 설득력이 없다. 왜냐하면 이 논증은 유전자를 설계하는 부모가 없다면 아이들이 자신들의 신체적 특질을 스스로 선택할 수 있음을 함축하고 있기 때문이다. 그러나 이것은 잘못된 함축이다. 우리들 중 어느 누구도 자신의 유전적 유산을 선택할 권리를 지니고 있지 않다. 복제되거나 유전적으로 향상된 아이에 대한 대안은 자율적인 아이가 아니라 유전적 제비뽑기에 맡겨진 아이다.

혹자는 복제가 자연적인 유성 생식에서 벗어난 것이기 때문에 잘못이라고 주장한다.9) 그러나 이 반대 역시 문제의 핵심을 짚지 못하고 있다. 생식을 위한 복제가 도덕적으로 문제가 되는 것은 복제의 주된 목적이 특정 종류의 아이들을 만들어낸다는 점이다. 이런 관점에서 유전공학의 다른 형태들과 유사한데, 부모는 유전공학을 이용해 자녀의 특질 — 성별, 눈 색깔, 아마도 언젠가는 심지어 지적인 속성, 체육 특기, 음악적 재능 — 을 선택하고자 한다. 몇몇 기이한 자기 도취자는 자신의 유전적 복제아를 만들고자 열망할지 모르나 맞춤 아이들을 위한 실제 시장은 다른 곳, 즉 부모가 자신보다 유전적으로 월등한 아이를 생산하고자 하

---

9) Leon R. Kass and James Q. Wilson, *The Ethics of Human Cloning* (Washington, D.C.: AEI Press, 1998), 여기서 카스는 성적 생산으로부터의 이탈을 강조하였다.

는 욕망에 있다.

자녀의 유전적 특성을 통제하고자 하는 욕망이 바로 윤리적 논쟁의 핵심이다. 생식을 위한 복제가 지닌 도덕적 문제는 복제가 성과 관련을 맺고 있지 않는다는 특성에 있는 것이 아니라, 아이들이 은총이라는 이해를 공격하고 아이를 소유나 우리 의지의 기획이나 행복의 수단으로 이해하는 데 있다. 혹자는 복제와 유전공학은 부모가 결국 특정 종류의 아이, 즉 '맞춤 아이'를 생산하는 데로 나아가는 다른 방편들과 원리상 차이가 없다고 반박할 수 있다. 그러나 이런 의견은 복제를 받아들여야 하는 이유를 제시한다기보다 자녀 양육의 현 풍속에 대해 걱정할 만한 이유를 제공하는 것일 수 있다.

인간 복제와 생명공학에서 가장 문제가 되는 것은 이것들이 급진적인 일탈이기 때문이 아니라, 우리 문화 속에 특히 아이들을 대하고 다루는 방식에 이미 존재하는 문제가 있는 경향을 드러내고 있기 때문이다. 우리는 아이들을 우리 자신의 야망이나 성취를 위한 수단으로 간주하는 길을 이미 어느 정도 걸어왔다. 맞춤 아이를 생산하고자 하는 충동은 이미 유혹이 되었고, 사회적 관행에 존재한다. 신비와 한계가 가득 찬 은총으로서의 생명이란 개념이 공격받고 있다. 아이들을 생산하기 위한 복제가 위협적인 이유는 정확히 말해 복제가 위에서 언급한 경향과 유혹을 최대한 드러내고 있다는 점 때문이다.

성별 선택

아마도 생명공학의 가장 피할 수 없는 비의료적 사용은 성별 선택이다. 여러 세기 동안 부모는 아이들의 성을 선택하고자 시도해왔다. 오늘날 생명 기술은 민간요법이 실패했던 곳에서 성공을 거두었다. 성별 선택을 위한 하나의 양수 천자(ammniocentesis, 양수를 얻기 위해 복벽을 통해 자궁 안으로 천공을 행하는 시술)와 초음파를 사용한 산전 진단과 함께 발생했다. 이러한 의료 기술들은 척추이분증(spina bifida)과 다운 증후군 같은 유전적 이상을 진단하기 위해 개발되었다. 그러나 이 기술들은 또한 태아의 성을 알 수 있게 하고 원하지 않는 성의 태아를 낙태할 수 있게 한다. 심지어 낙태 권리에 찬성하는 사람들도 부모가 단지 여아를 원치 않기 때문에 하는 낙태에 반대한다. 그럼에도 불구하고 남아에 대한 강력한 문화적 선호를 지닌 전통적 사회에서는 이런 관행이 만연하게 되었다.

하지만 성별 선택이 낙태와 관련될 필요는 없다. 체외 수정을 감당해야 하는 부부에게는 수정된 난자가 자궁에 착상되기 전, 아이의 성을 선택하는 것이 가능하다. 한 방법은 유전병을 스크린하기 위해 개발된 과정인 착상 전 유전 진단(pre-implantation genetic diagnosis, PGD)을 활용한다. 다수의 난자가 페트리 접시에서 수정되고 8세포기 상태(수정 후 3일 정도)까지 성장한다. 이 시점에서 배아들은 성을 확인하기 위해 진단된다. 원하는 성의 배아들은 착상되고 다른 것들은 대개 폐기된다. 단지 아이의 성을 선택하기 위해 어떤 부부도 체외 수정의 힘겨움과 비용을 감당할 것 같지 않지만 배아 스크린은 성을 선택하는 매우 신뢰할 만한 수단이다. 그리고 유전 지식이 증대됨에 따라 원하지 않는 유전자, 예를 들어 비만, 신장, 피부색과 관련된 원하지 않는 유전자를 지닌 배아를 추려내기 위해 착상 전 유전 진단을 사용하는 것이 가능하다. 공상 과학영화 「가타카(Gattaca)」는 부모가 성, 신장, 질병에 대한 면역성, 심지어 IQ를 알기 위해 배아를 정기적으로 스크리닝하는 미래를 묘사하고 있다. 「가타카」 시나리오에는 문제점이 있다. 하지만 아이들의 성을 선택하기 위한 배아 스크리닝에서 무엇이 잘못인지 정확히 집어내기는 쉽지 않다.

한 반대 노선은 낙태 논쟁에서와 유사한 주장을 내놓는다. 배아가 인간이라고 생각하는 사람들은 낙태에 반대하는 동일한 이유로 배아 스크리닝에 반대한다. 페트리 접시에서 성장하고 있는 8세포기의 배아가 도덕적으로 완전히 발달한 인간과 동등하다면, 그것을 폐기하는 것은 태아의 낙태보다 나을 게 없고 둘 다 영아 살해에 해당한다. 그러나 이런 생명옹호론 측의 반대는 그것의 장점이 무엇이든 간에 성별 선택 그 자체에 반대하는 주장은 아니다.

배아의 도덕적 지위 문제로 인해 명확하게 드러나게 된 성별 선택의 문제가 최신 기술에 의해 다시 제기되고 있다. 버지니아 주 페어팩스 시 소재 불임클리닉인 유전학 및 체외수정연구소(The Genetics & IVF Institute)는 임신 전에 수정란의 성별 선택을 가능하게 만드는 정자 분류 기술을 제공하고 있다. X염색체를 지녀 여아를 산출하는 정자는 Y 염색체를 지녀 남아를 산출하는 정자보다 더 많은 DNA를 지니고 있다. 유량세포측정기(flow cytometer)라 불리는 장치는 이들 정자를 분리해 낼 수 있다. 마이크로소트(MicroSort)라 불리는 이 과정은 성공률이 높다.

정자 분류에 의한 성별 선택이 반대할 만하다면 이것은 배아의 도덕적 지위에 대한 논쟁을 넘어선 다른 이유 때문이어야 한다. 이런 이유 중 하나는 성의 선택이 성차별 — 인도, 중국, 한국에서의 놀랄 만한 성비가 보여주는 것처럼 대개 여아에 대한 차별 — 의 한 형태라는 점이다. 혹자는 여자보다 남자가 상당히 많은 사회는 덜 안정적이고 좀 더 폭력적이고 범죄나 전쟁이 일어나기 쉽다고 생각한다. 이것은 납득할 만한 우려다. 하지만 정자 분류 회사는 이런 우려에 대응하는 현명한 방법을 가지고 있는데, 이 회사는 '가족 균형'의 목적을 위해 아이의 성을 선택하고자 하는 부부에게만 마이크로소트를 제공하고 있다. 딸보다 아들이 많은 부부는 여아를 선택할 수 있고, 아들보다 딸이 많다면 아들을 선택할 수 있다. 그러나 소비자는 동일한 성의 아이를 만들기 위해 또는 심지어 첫 아이의 성을 선택하기 위해 이 기술을 사용할 수는 없다. (참고로 지금까지 대부분의 마이크로소트 이용 고객은 여아를 선택했다.) 이런 종류의 제한 규정 아래에서라면 우리가 잠시 생각해보아야 할 어떤 윤리적 문제가 있는가?

마이크로소트의 사례는 유전적 개량 기술이 안전하고 모두에게 이용 가능하게 되더라도 계속 견지해야 할 도덕적 반대가 무엇인지 구별해내는 데 도움을 준다.

맞춤 아이와 통제의 추구

유전적 개량은 자유롭게 행위하고, 노력으로 성공하고, 우리 자신이 우리가 수행한 것과 우리의 존재 방식에 책임이 있다고— 즉, 칭찬받을 만하거나 비난받을 만하다고— 여기는 우리 능력을 위협함으로써 인간성을 침해한다고 흔히 말해졌다. 잘 통제된 훈련과 노력의 결과로 70개의 홈런을 치는 것과, 스테로이드나 유전적으로 개량된 근육의 도움으로 70개의 홈런을 치는 것은 다르다. 물론 노력과 개량의 역할은 정도의 문제일 것이다. 그러나 개량의 역할이 증대되었을 때 성취에 대한 우리의 찬사는 사라진다. 아니 오히려 성취에 대한 우리의 찬사는 선수로부터 그 선수의 약사에게로 옮겨진다. 이것은 개량에 대한 우리의 도덕적 반응이란 향상된 성취를 이룬 사람이 행한 축소된 작용에 대한 반응임을 보여준다.

이 주장에 대해 말해야 할 것은 많지만, 나는 개량과 유전공학의 주된 문제점은 이것들이 노력을 저해하고 인간이 해야 하는 작용에 손상을 준다는 점이라고 생각하지 않는다. 더 심각한 위험은 개량과 유전공학이 일종의 과도 작용자라는 점, 즉 인간 본성을 포함한 자연을 재제작하여 인간의 목적에 기여하도록 하고, 우리의 욕망을 만족시키고자 하는 프로메테우스 식 열망이라는 점이다. 문제는 기계주의로 향하고 있다는 것이 아니라 통제에 대한 욕구다. 통제에 대한 욕구로 인해 놓쳐버리고 심지어 파괴될 수 있는 것은 인간의 능력과 성취가 지닌 은총으로서의 성격에 대한 이해다.

삶이 은총으로서 주어진 것임을 인정하는 태도는, 비록 우리의 재능과 능력을 계발하고 발휘하는 데 노력을 기울였음에도 불구하고 우리 재능과 능력이 완전히 우리 자신이 한 것 때문만은 아님을 인식하는 것이다. 이것은 또한 세계에 있는 모든 것이 우리가 원하거나 고안해낼 수 있는 어떤 용도로도 사용 가능한 것이 아님을 인식하는 것이다. 은총으로 주어지는 생명의 특질을 이해하는 것이 프로메테우스 식 기획을 제한하고 우리를 겸손으로 이끈다. 이것은 부분적으로는 종교적 감수성이다. 그러나 이것이 불러일으키는 반향은 종교를 넘어선다.

은총으로 주어짐(giftedness)의 윤리는 육아 관행에 계속 남아 있다. 하지만 생명공학과 유전적 개량은 이 윤리를 없애버릴 것 같다. 아이들을 은총으로 이해하는 것은 아이들을 설계의 대상이나 의지의 산물이나 우리 야망의 도구로서가 아니라, 생긴 그대로의 아이들을 받아들이는 것이다. 부모의 사랑은 아이가 지니게 된 재능이나 특성에 달려 있지 않다. 우리는 친구와 배우자를 최소한 부분적으로는 우리가 매력적이라고 발견한 특성에 근거해서 선택한다. 그러나 우리는 아이들을 선택하지 않는다. 아이들의 특질은 예측할 수 없고 심지어 대부분의 부모는 자신들이 갖게 된 종류의 아이들에 전적으로 책임질 수도 없다. 이것이 바로 신학자 윌리엄 메이(William F. May)가 "우연에 열려 있음(openness to the unbidden)"이라고 부른 것을 다른 어떤 인간관계보다도 부모 됨에서 배우는 이유다.

반향을 일으키는 메이의 문구는 우리가 개량에 대한 가장 깊이 있는 도덕적 반대가 개량이 추구하는 완전함에 있다기보다 그것이 드러내고 증진시키고자 하는 인간의 경향성에 있음을 보게 하는 데 도움을 준다. 문제는 부모가 자신들이 설계한 아이의 자율성을 빼앗아버린다는 점이 아니다. 문제는 설계하는 부모의 오만, 출생의 신비를 통제하려는 욕구에 있다. 이런 경향성이 부모가 아이들에게 전제 군주와 같은 존재가 되게 하는 것은 아님에도 불구하고, 이 경향성은 부모와 아이 사이의 관계를 변형시킬 것이고, 부모에게서 우연에 열려 있음으로 배양될 수 있는 겸손과 확장된 인간적 동정을 빼앗을 것이다.

물론 아이들을 은총이나 축복으로 간주하는 것은 질병에 직면했을 때 수동적이어야 한다는 것을 의미하지는 않는다. 질병의 치료나 예방 또는 부상자를 회복시키는 의료적 개입은 자연을 모독하는 것이 아니라 존중하는 것이다. 병이나 부상을 치료하는 것은 아이의 자연적 능력을 침해하는 것이 아니라 이 능력이 풍성하게 자라나도록 하는 것이다.

은총으로서의 생명의 의미는 부모가 아이의 발달을 형성하고 방향 짓는 것은 삼가야 한다는 것을 의미하지 않는다. 육상 선수와 예술가가 자신의 재능을 계발해야 할 의무를 지닌 것처럼 부모는 아이들의 능력을 계발하고 그들이 자신의 능력과 재능을 발견하고 펼치는 데 도움을 줄 의무를 지닌다. 우리 아이들을 변화시키고 영향을 주어야 한다는 명령, 즉 그들의 능력을 계발하고 향상시켜야 한다는 명령은 개량에 대한 반대를 복잡하게 만든다. 우리는 흔히 아이들에 대한 최선을 추구하는 부모, 그래서 아이들이 행복과 성공을 얻는 데 어떤 수고도 아끼지 않는 부모를 칭찬한다. 어떤 부모는 아이들을 비싼 학교에 보내고, 과외 교사를 고용하고, 테니스 캠프에 보내고, 피아노와 발레, 수영 교습 등을 시킴으로써 아이들에게 이익을 주고자 한다. 부모가 이런 방식으로 아이들을 돕는 것이 허용되고 심지어 칭찬할 만한 것이라면, 부모가 아이들의 지능, 음악적 재능이나 체육 특기를 향상시키기 위해서 앞으로 등장할 수 있는 어떤 유전적 기술이든 (안전하다면) 부모가 사용하는 것은 왜 마찬가지로 칭찬할 만한 것이 못 되는가?

개량의 옹호자들은 어느 정도는 옳다. 왜냐하면 유전공학을 통해 아이들을 향상시키는 것이 지금 일반화돼버린 철저한 관리와 높은 강도의 자녀 양육과 그 정신에서 매우 유사하기 때문이다. 그러나 이 유사성은 유전적 개량이 옳다는 것을 보이지 못한다. 오히려 이 유사성은 '과다 양육'에 대한 경향이 지닌 문제점을 부각시킨다. 쉽게 주목할 수 있는 이런 경향의 예는 아이들을 챔피언으로 만들려고 하는 스포츠에 미친 부모들이다. 또 다른 예는 아이들의 학업을 관리하는 위압적인 부모의 통제할 수 없는 욕구다.

어떤 이들은 유전적 개량과 사람들이 자신과 아이들에게서의 향상을 추구하는 다른 방식들 사이에 명백한 선이 있다고 한다. 유전적 조작은 성과를 향상시키고 성공을 추구하는 다른 방식들보다 더 나쁜 것 같다. 더 주제넘은 참견이고 사악한 것이다. 그러나 도덕적으로 말해, 이 차이는 중요한 것처럼 보인 것보다는 사실 덜 중요하다. 생명공학은 우리가 흔히 받아들이는 낮은 기술 높은 강도의 자녀 양육 관행을 의문시할 이유를 제공해준다. 우리 시대에 친숙한 과다 양육은 은총으로서의 생명의 의미를 놓치게 하는 과도한 통제와 지배를 나타낸다. 이것은 걱정스럽게도 과다 양육과 우생학을 가깝게 만든다.

우생학의 문제

유전공학 및 유전적 개량에 관한 오늘날의 논쟁에는 우생학의 그림자
가 드리워져 있다. 유전공학에 대한 비판자들은 인간 복제, 개량, 맞춤
아이를 원하는 것은 '사유화된' 우생학 또는 '자유 시장' 우생학에 지나
지 않는다는 논변을 편다. 반면 개량의 옹호자들은 자유로운 상태에서
행해진 유전적 선택은 사실상 우생학이 아니라고, 적어도 경멸적인 의
미의 우생학은 아니라고 항변한다. 강압의 문제가 해결된다면 우생학적
정책에 반대할 이유가 없다고 그들은 주장한다.

우생학의 교훈을 가려내는 것은 개량의 윤리와 씨름하는 또 다른 방
식이다. 우생학은 나치 때문에 오명을 뒤집어썼다. 그러나 정확히 우생
학의 어떤 점이 잘못되었는가? 과거 우생학이 강압적이었다는 이유만으
로 반대하는가? 아니면 우리 자손의 특질을 계획적으로 디자인하려는
결심이 본질적으로 잘못된 것인가?

프랜시스 크릭과 더불어 DNA의 구조를 발견한 생물학자 제임스 왓
슨은 국가에 의한 강제가 아니라 자유롭게 선택된 것이라면 유전공학과
개량이 나쁠 게 없다는 생각을 품고 있다. 왓슨의 발언은 과거 우생학에
대한 단순한 호감 이상이다. 그는 최근 런던의 『타임즈(The Times)』와
의 인터뷰에서 "만약 당신이 진정으로 어리석다면 나는 그걸 질병이라
고 부르겠다"고 말했다. "초등학교 때부터 계속 열등한 하위 10퍼센트
의 원인은 무엇인가? 많은 이들은 '빈곤이나 뭐 그런 거겠지'라고 말한
다. 아마 그렇지 않을 것이다. 그래서 나는 그 질병의 원인을 제거해 하
위 10퍼센트에 도움을 줄 작정이다"라고 한 적이 있다. 몇 년 전, 만약
동성애 유전자가 발견된다면 그 유전자를 보유한 태아를 임신한 여성은
낙태해도 좋다는 왓슨의 발언을 둘러싸고 논쟁이 일었다. 발언이 문제
되자 그는 자신의 주장이 동성애자들을 걸러내자는 게 아니라, 하나의
원칙을 주장했던 것이라고 응수했다. 그 원칙이란, 어떠한 유전적 선호

때문이든, 예컨대 아이가 독서 장애이거나 음악에 재능이 없거나 농구 하기에 키가 너무 작을 경우라도, 여성은 그런 태아를 자유롭게 낙태해 도 좋다는 것이다.

낙태는 입에 담을 수 없는 범죄라는 사람들에게 왓슨의 시나리오란 당연히 있을 수 없는 일이다. 그러나 생명옹호론을 받아들이지 않는 사 람들에게 이 시나리오는 다음과 같은 어려운 문제를 제기한다. 만약 동 성애 아이나 독서 장애아를 피하기 위한 낙태를 심사숙고하는 것이 도 덕적으로 곤란한 일이라면, 이는 국가의 강압이 없을 때조차도 우생학 적 선호에 따른 모든 행위들이 잘못임을 시사하는 게 아닌가?

정자, 난자 시장을 생각해보라. 인공수정이 출현하자 예비 부모들은 그들이 원하는 유전적 특질을 가진 배아 쇼핑에 나선다. 맞춤 아이는 복 제나 착상 전 유전 진단에 비해 예상이 잘 안 되긴 하지만, 그것은 과거 의 우생학이 새로운 소비자 중심주의와 만나는 생식 시술의 좋은 예를 보여준다. 수년 전 아이비리그 대학교 신문에 난자를 구한다는 광고가 실렸는데, 신장 175센티미터 이상에 운동 잘하고 질병이 없는 가족력에 SAT 총점이 1,400점 이상인 여학생이라는 조건이었다. 이 조건을 갖춘 기증자에게는 5만 달러를 주겠다는 내용이었다. 최근에는 한 인터넷 경 매 사이트에서 패션모델들의 사진을 올려놓고 난자를 경매한다는 사이 트가 생겼다. 경매가는 1만 5천에서 시작하여 15만 달러까지였다.

난자 시장에 반대할 도덕적 근거가 대체 무엇인가? 아무도 매매를 강 제 받지 않았으므로, 강압을 이유로 난자 시장이 잘못되었다고 말할 수 는 없다. 난자에 매겨진 높은 가격 때문에 그것을 거절 못하는 가난한 여성들이 착취당할 것이라고 우려하는 사람들이 있을 것이다. 그러나 가장 비싼 맞춤 난자들은 가난한 여성들이 아니라 특권 계급 여성들의 것일 공산이 크다. 고급 난자 시장에 대해 우리가 도덕적인 불쾌감을 느 낀다면 이 또한 우리가 우생학을 우려하는 이유가 선택의 자유 때문이 아니라는 점을 보여주는 것이다.

다음의 두 곳의 정자은행 이야기가 그 이유를 설명해준다. 미국 최초 의 정자은행 중 하나인 정자선별보관소(The Repository for Germinal

Choice)는 영리 사업체가 아니었다. 1980년에 설립된 이 은행의 설립자 로버트 그레이엄(Robert Graham)은 세상의 '생식 원형질(germ plasm)'을 개선하고 '퇴화하는 인간들'의 출현에 맞서 행동했던 헌신적인 박애주의자였다. 그의 계획은, 노벨상을 수상한 과학자들의 정자를 채집해 지능이 높은 여성들에게 제공함으로써 슈퍼 스마트 베이비들을 탄생시키는 것이었다. 그러나 그의 기괴한 계획 때문에 노벨상 수상자들의 정자를 기증받는 데 어려움을 느낀 그레이엄은 그 대신 장래가 촉망되는 젊은 과학자들의 정자를 채집하는 것으로 만족해야 했다. 그레이엄의 정자은행은 1999년에 문을 닫았다.

대조적으로, 세계적인 정자은행인 캘리포니아 크리오뱅크(Cryobank)는 우생학 사업을 표면에 드러내지 않는 영리 사업체다. 이 회사의 공동 설립자이자 의사인 캐피 로스먼(Cappy Rothman)은 그레이엄의 우생학을 경멸하지만, 크리오뱅크가 정자 수집에 적용하고 있는 표준은 똑같다. 크리오뱅크 지사는 매사추세츠 주 케임브리지 시 소재 하버드대학과 MIT대학 중간에도 있고, 캘리포니아 주 스탠포드대학 인근의 팰로앨토 시에도 있다. 대학 신문에 난 정자 기증자(최고 900달러 보상) 모집 광고를 보고 이 회사를 찾아온 남학생들의 합격률은 5퍼센트에도 못 미친다. 이 회사는 크리오뱅크의 상품이 최고 품질이라고 선전한다. 상품 카탈로그에는 각 기증자의 신체적 특징에 대한 자세한 정보와 함께, 인종과 대학 전공이 수록되어 있다. 추가 비용을 내면 기증자의 체질과 성격 유형을 평가한 테스트 결과를 구매할 수 있다. 로스먼의 말에 따르면, 크리오뱅크의 이상형 기증자는 신장 180센티미터, 갈색 눈동자, 금발, 양쪽 볼에 보조개를 가진 대학 졸업생이다. 회사가 이러한 특질들을 널리 퍼뜨리려고 해서가 아니라, 고객들이 이러한 특질을 원하기 때문이라고 로스먼은 말한다. "만약 고객이 고교 중퇴자를 원한다면 우린 기꺼이 고교 중퇴자를 드릴 겁니다."

모든 사람들이 정자 매매에 반대하는 것은 아니다. 그러나 노벨상 수상자 정자은행의 우생학적 측면을 걱정한다면, 소비자의 눈높이에 맞춘 크리오뱅크도 똑같이 걱정해야 한다. 결국, 명시적으로 드러난 우생학적 목적에 따른 맞춤 아이 생산과 시장의 지시에 따른 맞춤 아이 생산 사이에 도덕적으로 무슨 차이가 있는가? 인류의 '생식 원형질'을 개선하든 소비자들의 기호에 영합하든 그 목표가 무엇이든 간에, 두 가지 행태는 아이들을 계획적인 디자인의 산물로 만든다는 점에서 공히 우생학적이다.

다수의 정치철학자들이 새로운 "자유주의적 우생학"을 요청하고 있다. 그들은 과거의 낡은 우생학 정책과 아동의 자율성을 제한하지 않는 유전적 개량 사이에 도덕적 구분선이 그어질 수 있다는 논변을 편다. 니콜라스 아가(Nicholas Agar)는 "구식의 권위주의적 우생학자들은 시민들을 하나의 중앙집권적으로 설계된 틀에서 구워내려고 시도했지만, 새로운 자유주의 우생학의 가장 큰 특징은 국가로부터 중립적이란 점이다." 정부는 부모들에게 이러저러한 맞춤 아이들을 생산하라고 요구해선 안 되고, 부모들은 아이들의 인생 계획의 선택에 대해 어떤 편견도 없이 오로지 아이들의 역량을 개량하는 특질만을 엔지니어링할 수 있다. 유전학과 정의(正義)에 관해 최근 출간된 책의 공저자인 뷰캐넌(Allen Buchanan), 브록(Dan W. Brock), 다니엘스(Norman Daniels), 위클러(Daniel Wikler)는 유사한 견해를 제시한다. "지금까지 우생학이 받아왔던 나쁜 평판은 미래의 우생학 프로그램에서는 피할 수 있을지도 모른다." 과거 우생학의 문제점은 약자와 빈자들이 부당한 불임 시술을 받고 격리되는 등 우생학의 부담이 그들에게 불균형적으로 지워졌다는 데 있었다. 그러나 만약 유전적 개량에 따른 이득과 부담이 공평하게 분배된다면 우생학적 수단에 반대할 이유가 없을 뿐 아니라 도덕적인 요구 사항이 될지도 모른다는 것이 이들 생명윤리학자들의 주장이다.

자유지상주의 철학자 로버트 노직은 사회 전체가 단일 디자인을 택하는 게 아니라 개별 부모들이 디자인별로 자녀를 주문할 수 있는 "유전적 슈퍼마켓"을 제안했다. "미래 인간 유형을 정하는 중앙 집권적 결정이 없다는 점에서 이 슈퍼마켓은 큰 장점이 있다"고 말한다.

미국 자유주의의 대표 철학자인 존 롤즈조차 그의 고전적 저서 『정의론』(1971)에서 비강압적 우생학을 짤막하게 승인했다. 유전적 제비뽑기의 이득과 부담을 나누기로 합의한 사회에서조차도 "더 많은 자연적 자산(assets)을 갖는 것이 개인의 관심사다"라고 롤즈는 말했다. "이로 인해 개인은 그가 선호하는 인생 계획을 추구할 수 있다." 사회적 계약의 당사자들은 "(자신들의 유전적 재능이 고정되었다는 전제 아래) 후손들에게 최고의 유전적 재능을 물려주는 것이 보장되길 원한다." 따라서 우생학 정책은 허용될 뿐 아니라 정의의 이름으로 요구된다. "그러므로 시간이 흐름에 따라 한 사회는 자연적 재능의 일반적 수준을 적어도 보존하고 심각한 결함의 전파를 방지하기 위한 조치를 취해야 한다는 것이다."

그러나 강압을 제거된다고 우생학이 정당화되는 것은 아니다. 우생학과 유전공학의 문제점은 은총으로 주어짐에 대한 고의성의 승리, 경외에 대한 지배의 승리, 바라보기(beholding)에 대한 성형하기(molding)의 일방적 승리를 나타낸다는 데 있다. 우리가 왜 이런 승리에 대해 걱정해야 하느냐고 의아해할지 모른다. 미신에 대해서 그랬던 것처럼 왜 유전적 개량에 대한 우리의 불안을 떨쳐버리면 안 되는가? 생명공학이 은총으로 주어짐에 대한 우리의 의미를 해체시킨다면 무엇을 상실하게 될 것인가?

종교적 관점을 취한다면 해답은 명확하다. 우리의 재능과 능력이 전적으로 우리 자신이 한 것이라는 믿음은 창조에서의 우리의 위치를 잘못 이해한 것이다. 즉, 우리의 역할을 신과 혼동한다는 말이다. 그러나 종교만이 은총으로 주어짐에 대해 고려하는 유일한 원천이 아니다. 도덕적 이해관계(moral stakes)는 세속적 용어로도 묘사될 수 있다. 만약 생명공학이 '자작(自作) 인간'의 신화를 현실로 만든다면, 우리의 재능은 빛을 지고 있는 은총이라고 보는 것은 어려워질 것이고, 대신 우리가 책임져야 할 성취로 보아야 할 것이다. 이것은 우리의 도덕적 조망(moral landscape)의 세 가지 핵심 특징들, 즉 겸손함, 책임감, 연대감을 변형시킬 것이다.

숙련과 통제가 높이 평가되는 사회적 세계에서는 부모가 됨으로써 겸손함을 배웠다. 우리 자녀들을 잘 보살피지만 부모가 원하는 종류의 아이를 선택할 수는 없다는 생각은 우연에 열려 있음을 부모들에게 가르쳤다. 이렇듯 우연에 열려 있음은 가족 안에서 뿐 아니라 더 넓은 세계에서도 지지할 만한 가치가 있는 경향성이다. 그것은 우리에게 예상치 않은 결과를 감수하고, 불협화음도 참아내며, 통제하려는 충동을 억제하기를 권유한다. 부모가 자녀의 성과 유전적 특질을 정하는 데 익숙해진 「가타카」 영화 같은 세상은 우연에 열려 있음이 환영받지 못하는 세상, 즉 명백히 문호가 닫힌 공동체가 될 것이다. 우리의 재능과 능력은 전적으로 우리가 한 것만이 아니라는 깨달음은 오만해지려는 우리의 경향을 억제한다.

어떤 이들은 유전적 개량 때문에 노력이 무시되므로 인간의 역할이 침식된다고 주장하지만, 진짜 문제는 책임감의 침해가 아니라 폭발이다. 겸양이 줄어들면 책임이 무서울 정도로 그만큼 늘어난다. 우리는 우연에 기대기보다 선택에 더 많이 의지하게 된다. 부모들은 자녀들을 위해 올바른 특질을 선택하거나 선택하지 못한 것에 대해 책임을 지게 된다. 운동선수들은 소속팀이 승리하는 데 도움이 되는 재능을 획득하거나 획득하지 못한 것에 대해 책임을 지게 된다.

우리 자신을 자연, 신 또는 숙명적인 피조물로 볼 때의 축복 중 하나는 우리 모습에 대해 우리가 전적으로 책임지지 않아도 된다는 것이다. 우리가 유전적 재능(endowment)을 더 잘 다루게 될수록 우리가 보유한 재능과 우리가 수행하는 방식에 대한 우리의 부담은 더욱 커진다. 현재는 농구 선수가 리바운드 볼을 놓칠 때 감독은 선수더러 제대로 된 위치에 있지 않았다고 야단친다. 미래에는 감독이 그 선수를 키가 작다고 비난할지 모른다. 심지어 오늘날에도 프로 스포츠에서 사용하는 기록 향상 약물은 선수 상호간 기대 수준에 미묘한 변화를 가져온다. 어떤 팀에서는 암페타민이나 여타 흥분제를 복용하지 않고 출전하는 선수들을 "알몸으로 경기"했다고 비난한다.

우리가 운명이 지닌 우연적 본성에 민감할수록 우리는 우리 운명을 다른 사람들과 공유해야만 하는 이유를 더 갖게 된다. 보험을 생각해보라. 사람들은 다양한 질병이 그들에게 닥칠지 말지, 언제 닥칠지 모르기 때문에 의료보험과 생명보험으로 위험에 공동으로 대처한다. 건강한 사람들은 그렇지 못한 사람들이 지불해야 하는 것을 보조하고, 장수하는 사람들은 조기 사망한 사람들의 가족이 지불해야 하는 것을 보조한다. 심지어 상호간의 의무감 없이도 사람들은 자신들의 위험과 자원을 공유하고 서로의 운명을 공유한다.

그러나 보험 시장은 사람들이 자신들에게 닥칠 위험 요소를 알지 못하거나 통제하지 못하는 경우에만 연대감(solidarity)을 흉내 낸다. 유전자 검사가 개개인의 의료적 미래와 수명을 신빙성 있게 예측하는 정도로 발전했다고 가정해보자. 건강과 장수를 확신하는 사람들은 공동 출자 풀에서 빠질 것이며, 이로 인해 다른 사람들의 보험료가 천정부지로 치솟을 것이다. 좋은 유전자를 지닌 사람들이 나쁜 유전자를 지닌 사람들이 많은 보험 회사를 피한다면 보험에서의 연대는 사라질 것이다.

보험 회사가 위험 평가와 보험료 산정을 위해 유전 정보를 사용하고자 할 것이란 두려움은 최근 의료보험에서 유전적 차별을 금지하는 투표를 미국 상원에서 하게 했다. 그러나 이보다 더 큰 위험은 물론 좀 더 이론적인 이야기지만 유전적 개량이 일상화된다면 유전적 개량은 사회적 연대에 필요한 도덕적 감수성이 증진되도록 하는 것을 더 어렵게 만들 것이라는 점이다.

결국 질문은 왜 성공한 사람들이 사회의 최소 수혜자에게 무언가를 갚아야 하느냐는 것이다. 이 질문에 대한 가장 좋은 대답은 은총으로 주어짐이란 개념에 크게 의존한다. 성공한 사람들이 번창할 수 있게 한, 자연이 준 재능은 그들 자신이 한 것이 아니라 오히려 그들의 행운, 즉 유전적 제비뽑기의 결과라는 것이다. 우리의 유전적 재능이 우리가 그 공로의 인정을 요구할 수 있는 성취라기보다 은총이라면, 시장 경제에서 성취로 인해 받게 되는 최대의 상여금을 받을 만한 자격이 있다고 가정하는 것은 잘못이고 독단이다. 그래서 우리는 이 상여금을 자신의 잘못은 아니지만 그러한 재능을 받지 못한 사람들과 공유해야 할 의무를 지닌다.

우리 재능의 우연성을 절감하는 것, 즉 우리들 중 어느 누구도 자신의 성공에 전적으로 책임이 있지 않다는 의식은 능력 중심 사회(meritocratic society)가 부자는 그들이 가난한 자들보다 더 대접받을 만하기 때문에 부자라는 독선적인 생각에 빠져드는 것을 막을 수 있다. 이 의식이 없다면 성공한 사람들은 지금보다도 더 자기 자신을 스스로 이루어내고 자기 충족적인 것으로 그래서 완전히 자신들의 성공에 책임이 있는 것으로 간주할 가능성이 높다. 그리고 사회의 밑바닥에 있는 사람들은 불이익을 당했고 그래서 보상받을 만하다고 여겨지는 것이 아니라, 단지 부적격한 자들로 그래서 유전적 교정을 받을 만한 사람들로 간주될 것이다. 우연에 의해 덜 단련된 능력 중심 사회는 더 경직되고 덜 관용적일 것이다. 완벽한 유전 지식이 보험 시장에 있는 연대 의식의 환영(幻影)을 종식시키는 것처럼, 완벽한 유전적 통제는 사람들이 자신들의 재능과 부의 우연성을 반성할 때 생겼던 실질적인 연대 의식을 침식시킬 것이다.

35년 전에 칼텍의 분자생물학자였던 로버트 신스하이머(Robert L. Sinsheimer)는 이런 사태가 올 것을 예견했다. 「디자인 유전자 변화의 전망(The Prospect of Designed Genetic Change)」이란 제목의 논문에서 그는, 선택의 자유가 새로운 유전학을 정당화할 것이고 예전에 불신의 대상이 되었던 우생학과 새로운 유전학을 분리시킬 것이라는 논변을 폈다. "예전의 우생학을 실행한다는 것은 여러 세대를 거쳐 수행되는 거대한 사회적 기획을 요구했을 것이다. 그런 기획은 다수의 동의와 협력 없이는 시작조차 할 수 없었을 것이고 계속해서 사회적 통제를 받아야 했을 것이다. 반면 새로운 우생학은 최소한 원리상으로는 한 세대 안에서 개인 차원에서 실행될 수 있고, 존재하는 어떤 제약에 의해서도 영향을 받지 않을 것이다."

신스하이머에 따르면, 새로운 우생학은 강압적이라기보다 자율적일 것이고 그래서 좀 더 인간적일 것이다. 부적격한 사람들을 격리하거나 제거하기보다는 그들을 개선할 것이다. "예전의 우생학은 적격한 사람들의 번식을 위해 지속적인 선택을 요구했을 것이고 부적격한 사람들을 도태시켰을 것이다." "새로운 우생학은 원리상 부적격한 사람들 모두를 최상의 유전적 수준으로 변환시키는 것을 허용할 것이다."

유전공학에 대한 신스하이머의 찬사는 이 시대의 무모한 프로메테우스적인 이미지를 포착했다. 그는 "인간 운명을 결정하는 염색체 제비뽑기에서의 패자들" — 유전적 결함을 가지고 태어난 사람들뿐 아니라 "IQ 90 이하인 '평범한' 미국인 500만 명"도 포함하여 — 을 구할 것이란 점에 대해 희망적으로 썼다. 그러나 그는 또한 "세대마다 던져지는" 자연의 "무심한 주사위"를 개선하는 것보다 더 커다란 무언가가 문제임을 보았다. 우주에서 인간 존재의 좀 더 고양된 자리가 유전적 개입이란 기술에 숨어 있었다. "우리가 인간의 자유를 증대함에 따라 우리는 인간의 제약을 줄이고 주어진 것으로 받아들여야 했던 것을 감소시켰다." 코페르니쿠스와 다윈은 "인간을 우주의 중심이라는 찬란한 영광에서 강등시켰다." 그러나 새로운 생물학은 인간의 중심적 역할을 회복시킬 것이다. 유전학 지식이란 거울에서 우리는 우리 자신이 진화의 연속선상에 있는 하나의 고리 이상임을 볼 것이다. "우리는 완전히 새로운 진화로 이동시키는 역할을 수행할 수 있다. 이것은 우주적 사건이다."

주어진 것의 속박에서 벗어난 인간 자유를 그려보는 것에는 호소하는 무언가가 있고 심지어 매료시키는 어떤 것이 있다. 이런 매력이 게놈 시대가 도래하도록 하는 데 어떤 역할을 수행했다는 것은 사실일 수 있다. 지금 우리가 소유한 개량의 능력은 생명 의료상의 발전이 낳은 우연한 부산물로 종종 여기곤 한다. 다시 말해 질병을 치료하기 위해 유전적 진화가 도래했고, 우리는 우리 성과를 개선하고 우리 아이들을 디자인하고 우리의 본성을 완벽하게 할 수 있다는 전망에 사로잡혔다. 하지만 이것은 우리의 이야기를 되돌려놓을 수 있다. 유전공학을 우주에 걸터앉은 우리 자신, 즉 우리 본성의 통제자로서의 우리 자신을 보려는 결심으로 간주하는 것이 더 타당한 이야기다. 그러나 이런 통제의 전망은 결함이 있다. 이것은 생명을 은총으로 이해하지 못하게 위협하고, 우리 의지와 상관없이 우리가 긍정하고 바라보아야 할 어떤 것도 남겨놓지 않게끔 위협한다.

구영모 · 최경석 옮김

다산기념 철학강좌 ■ 10

이 시대에 윤리적으로 살아가기
현대사회와 실천윤리

2007

피터 싱어

구영모·김선욱·김성한·박상혁·윤은주·최경석 옮김

Living Ethically in the Twenty-First Century

Peter Singer

차례

역자 서문

세계적 석학들의 강연을 듣고 토론하는 다산기념 철학강좌가 2007년으로 10회째를 맞이했다. 2007년에는 미국 프린스턴대학의 석좌 교수인 피터 싱어(Peter Singer) 교수가 초청되었다. 응용윤리학의 거장인 싱어 교수는 동물 해방 운동과 저개발국의 빈곤 구제를 위한 국제적 운동을 선도하는 사유와 실천의 조화를 도모하는 '행동하는 철학자'다. 살아 있는 철학자로서는 드물게 국내에 『실천윤리학』, 『동물 해방』, 『세계화의 윤리』 등 10권의 저서와 6권의 편저가 소개되어 있는 싱어 교수는, 강연에서 공리주의를 근간으로 여러 윤리적인 문제들에 대한 자신의 입장을 간결하고 명확한 논지로 제시했다.

'이 시대에 윤리적으로 살아가기(Living Ethically in the Twenty-First Century)'라는 강연의 원제목이 시사하듯이, 그의 목표는 현실 속에서의 윤리적 주제에 대한 논리적인 천착에만 머물러 있지 않다. 그는 윤리적 사유를 통해 일정한 결론을 도출하고, 그에 근거하여 올바른 삶을 살아갈 것을 적극적으로 권유하고 있는 것이다.

총 4회에 걸쳐 이루어진 강연은 윤리의 본질, 지구적 기후 변화와 전 세계적 빈곤 구제, 동물 해방 그리고 생명 의료에서 생사 판정의 도덕적 기준의 문제를 다루었다. 이들은 싱어 교수가 평생 핵심적으로 논구해온 주제들로, 강연은 그의 윤리적 입장의 핵심을 들을 수 있는 절호의 기회였다. 응용윤리의 문제에 대해 조금이나마 고민을 해본 철학과 현실의 만남에 관심을 갖는 사람들에게는 강연이 분명 유익한 시간이 되었을 것이다. 특히 난해하고 복잡한 철학적 논변이 부담스러운 일반인들에게 싱어 교수의 간결하고도 명쾌한 논의는 분명 철학에 좀 더 쉽게 다가갈 수 있는 훌륭한 기회를 제공했을 것이다.

1946년 호주 빅토리아주 멜버른의 유대인 이민 가정에서 출생한 싱어 교수는 멜버른대학을 거쳐 옥스퍼드대학에서 박사 과정을 수료했으며, 1977년부터 호주 모나시대학(Monash University)에서 가르치다가 1999년에 프린스턴대학 인간가치연구센터의 생명윤리학 석좌 교수로 자리를 옮겨 가르치고 있다. 그는 옥스퍼드대학, 뉴욕대학, 콜로라도대학, 캘리포니아대학, 라트로브대학(La Trobe University) 등에서도 강의한 바 있으며, 국제생명윤리학회(IAB) 회장을 역임했다.

공리주의와 무신론적 입장에서 윤리적 문제들에 접근하고 있는 싱어 교수는 실천윤리학의 거장이자 동물 해방론의 선구자로 널리 알려진 인물이다. 그는 현대사회에서 발생하는 민감하고도 현실적인 윤리적 문제들을 간결하고도 독특한 방식으로 해결하려 하며, 특히 실천에 대한 남다른 관심으로 인해 철학자로서는 드물게 일반인들에게도 많은 주목을 받고 있다. 『뉴요커(*The New Yorker*)』는 싱어 교수에 대해 "살아 있는 철학자 중에서 가장 논쟁의 대상이 되는 철학자이며, 가장 영향력 있는 철학자 중 한 명임에 분명하다"고 평가했다.

피터 싱어 교수가 세상에 널리 알려지게 된 계기는 29세가 되던 해인 1975년에 동물 해방 운동의 성전(聖典)이라 불리는 『동물 해방(*Animal Liberation*)』을 발간한 것이다. 이 책은 45만 권이 넘게 팔렸으며 9개 언어로 번역되었다. 이 책을 포함한 모든 저서에서 일관되게 그가 주장하고 있는 것은 '매사에 공평하라'는 것이다. 그에 따르면 동일한 '이익(interest)'은 동일하게 취급해야 한다. 다시 말해 어떤 존재가 동일한 고통이나 행복을 느낀다면 그러한 고통이나 행복은 동등한 고려의 대상이 되어야 한다는 것이다. 싱어 교수는 이를 두고 '이익 동등 고려의 원칙(the principle of equal consideration of interests)'이라고 부른다. 이러한 원칙에 따르면 우리는 자신의 이익과 다른 존재의 이익에 동등한 비중을 두어야 한다. 여기서 이익을 가질 수 있는 존재에는 쾌락과 고통을 느낄 수 있는 모든 존재가 포함되며, 그러한 능력을 갖춘 존재의 쾌락과 고통은 동등한 고려의 대상이 되어야 한다. 이러한 원리를 일관성 있게 적용해본다면 우리는 마땅히 동물의 이익도 동등한 고려의 대상으로 삼아야 한다. 동물 또한 쾌락과 고통을 느낄 수 있는 존재이기 때문이다. 그리하여 침팬지를 실험용으로 사용할 수 있다면, 그 정도의 쾌락과 고통을 느낄 수 있는 능력을 갖춘 인간 또한 실험용으로 사용될 수 있어야 한다. 거꾸로 인간의 유아를 실험 대상으로 사용할 수 없다면 동일한 정도의 능력을 갖춘 동물들 또한 실험 대상으로 사용되어선 안 된다. 한편, 돌이나 나무는 도덕적 배려의 대상이 될 수 없다. 그들은 쾌락과 고통을 느낄 수 있는 능력이 없기 때문이다.

싱어 교수에 따르면, 단지 인간이라는 이유 외에 별다른 이유 없이 동물의 고통을 외면하고 인간의 고통에만 관심을 갖는 것은 공평무사하지 못한 태도다. 이처럼 단지 자신이 소속되어 있는 집단에 편승하여 다른 집단의 성원을 부당하게 대우하는 것은 잘못인데, 그 이유는 어떤 집단에 소속되어 있다는 것이 그 개인의 권리나 지위를 보장해주는 것은 아니기 때문이다. 그럼에도 우리는 흔히 그와 같은 잘못을 범하고 있다. 그는 인간과 동물 간의 어떠한 차이를 통해서도 차별을 정당화할 수 없다고 생각한다. 그렇게 할 경우 경계선상에 존재하는 인간이나 동물로 인해 애매한 경우가 필연적으로 발생하기 때문이다. 예를 들어, 대부분의 동물들은 평균적인 인간에 비해 지능이 낮지만, 일부 심각한 정신지체인은 동물 정도의 지능을 갖추고 있다. 이렇게 본다면 지능을 기준으로 하여 차별을 정당화할 수는 없다. 만약 그것이 가능하다면 심각한 정신지체인 또한 차별의 대상이 되어야 할 것이다.

이상에서와 같이 우리가 이익 동등 고려의 원칙을 일관되게 적용하려 하고 차이를 통해 차별하려는 태도가 부당하다는 것을 인식할 경우, 우리는 동물에게 도덕적 지위를 부여할 수밖에 없을 것이다. 이러한 연유로 싱어 교수는 사람들에게 채식을 권유하고 있는 것이다.

싱어 교수의 입장을 살펴보면 우리는 그가 이익 동등 고려 원칙을 일관되게 적용하여 윤리적 쟁점을 해결해야 한다는 확신을 가지고 있음을 알 수 있다. 이와 관련해 그는 다음과 같이 말한다. "나의 연구는 명료하고도 일관성 있는 도덕적 사유를 통해 윤리적 쟁점에 대한 더욱 훌륭한 관점을 취하게 될 것이라는 가정에 근거하고 있다." 이와 같은 '지킴'은 근거 없는 아집이나 고집과는 다르다. 그는 이익 동등 고려 원칙을 다른 이론과의 비교 및 검토를 통해, 그리고 이론 자체에 대한 치열한 반성을 통해 도출해냈는데, 그는 이를 동물 문제와 빈곤, 기아 등의 문제뿐 아니라 안락사, 낙태 등 생명 윤리 문제를 포함한 모든 현실적인 문제에 일관되게 적용하여 결론을 도출해내고 있다. 그런데 이와 같은 태도로 인해 싱어 교수는 많은 사람들의 비난의 대상이 되기도 한다. 그 이유는 낙태, 고통 없는 유아 살해, 그리고 유전병을 갖고 태어난 아이와 불치병 환자의 안락사가 어떤 특별한 상황, 예를 들어 당사자뿐 아니라 부모를 포함한 주변 사람들에게 고통만을 안겨줄 경우 허용될 수 있음을 시사하기 때문이다. 이와 같은 입장은 그에 대한 적대감으로 이어져 일부 사람들은 그를 인종 청소를 시도한 히틀러에 빗대어 생각한다. 실제로 그에 대한 반감으로 인해 독일에서는 1992년에 지식인 백여 명이 싱어 교수에 반대하는 성명을 발표한 이래 그의 강연이 공식적으로 금지되고 있으며, 프린스턴대학으로 옮겨갈 때도 거센 반대 여론에 시달려야 했다.

이와 같은 비판에도 불구하고 그가 많은 대중들에게 긍정적인 평가를 받는 것은 그가 철학자로서는 드물게 실천 지향적이라는 이유 때문일 것이다. 그에게는 항상 행동을 향한 정열이 묻어나고 있다. 예를 들어 싱어 교수는 동물 해방 운동에 깊이 관여하고 있다. 그는 『동물 해방』의 저자일 뿐 아니라 동물 권익 옹호 단체인 '동물 해방(Animal Liberation)'(빅토리아)의 초대 회장을 역임했고, 호주와 뉴질랜드의 동물 복리 및 권리 옹호 단체의 최상위 조직인 '호주와 뉴질랜드 동물협

회연맹' 회장, '유인원 계획'의 공동 창시자로 회장을 맡은 바 있다. 지금도 그는 서구에서의 동물을 위한 법률 개정에 앞장서고 있고, 자신도 책에서 밝힌 입장과 일치되게 채식주의자로서의 삶을 살아가고 있다. 다음으로 싱어 교수는 빈민 구제 운동에 적극적으로 참여하고 있는데, 한 예로 그는 25퍼센트의 수입을 기부금으로 사용하고 있으며, 여생 동안 다른 주제보다도 빈민 구제에 적극적으로 관심을 기울일 것이라고 밝힌 바 있다. 이 외에도 싱어 교수는 자신의 저술에서 사용하는 용어에서도 실천적인 측면을 보여준다. 예를 들어 그는 '동물'을 이야기할 때 그저 '동물'이라고 쓰지 않고 '인간 아닌 동물(non-human animals)'이라고 표현한다. 이는 인간 역시 동물임을 나타내려는 의도와 더불어, '동물'과 '인간'의 차이가 질적이기보다는 정도의 차이에 불과하다는 것을 보이려는 의도가 반영된 것이다. 이러한 표현은 인간의 격을 낮추려는 노력이 아니라, 동물의 격을 높여서 동물 또한 권리를 갖는다는 것을 은연중에 보이려는 시도다. 이처럼 사유와 실천을 조화시키려는 실천가이자 철학자인 싱어 교수를 많은 대중들이 주목하는 것은 그만큼 그의 삶과 철학이 많은 사람들의 귀감이 될 수 있기 때문일 것이다.

제1강연에서 싱어 교수는 윤리의 본질에 대한 입장을 개진한다. 그는 20세기 말과 21세기 초의 과학의 발달이 윤리의 본질, 그리고 우리가 도덕 판단을 내리는 방식에 대한 오랜 철학적 질문들에 시사하는 바가 무엇인가를 묻고, 이에 대해 긍정적인 평가를 내린다.

싱어 교수에 따르면 윤리학자들은 흔히 우리가 도덕적 문제에 대한 질문을 받았을 때 즉각적으로 마음속에 떠오르는 도덕적 직관에 커다란 비중을 둔다. 예를 들어 그들은 이러한 도덕적 직관을 준거점으로 삼고, 특정 도덕 이론이 그러한 직관에 부합되는지의 여부를 통해 도덕 이론의 건전성을 파악하고자 하는 것이다. 하지만 싱어 교수는 이러한 입장에 의문을 제기한다. 무엇보다도 우리가 즉각적으로 떠올리는 도덕적 직관은 상당수가 우리가 거쳐온 과거의 산물에 지나지 않기 때문이다. 이러한 입장은 과거의 위대한 철학자들이 이용할 수 없었던 윤리에 대한 새로운 지식, 특히 이에 대한 진화론적, 신경과학적 지식을 통해 뒷받침된다. 먼저 현대 진화론은 도덕이 사회적 동물에게서 살펴볼 수 있는 행동의 산물이며, 그것이 자연선택의 결과임을 시사하는 다양한 증거를 제시하고 있다. 다음으로 신경과학적 지식은 우리가 '직접적으로 사람을 대상으로 하지 않는(impersonal)' 경우에 비해 '직접적으로 사람을 대상으로 하는(personal)' 경우에 시간적인 지체 없이 즉각적으로 판단을 내리게 된다는 것을 보여준다. 이는 '수백만 년에 걸친 진화 과정에서 획득한 정서의 뒷받침을 받는 판단'이 '합리적인 사유의 산물로서의 판단'에 비해 즉각적인 반응을 불러일으키며, 또한 확실한 것처럼 느껴진다는 것을 보여주고 있다.

그런데 우리가 지금까지 자명한 것으로 간주해왔던 직관들 중 상당수가 우리가 거쳐왔던 과거사로 인해 그렇게 느끼는 것이라면, 많은 윤리학자들이 준거점으로 삼았던 우리의 즉각적인 도덕적 직관은 더 이상 준거로서의 역할을 맡을 수 없게 될 것이다. 이렇게 보았을 때 존 롤즈(John Rawls)의 건전한 도덕 이론의 기준으로서의 반성적 평형(reflective equilibrium) 모델은 재고의 여지가 있다고 볼 수 있을 것이다. 싱어 교수에 따르면, 반성적 평형 모델이란 "최초의 도덕 판단에 완벽하게 부합하는 본래적으로 설득력 있는 이론이 존재하지 않을 경우, 이론과 판단 간에 평형 상태에 이르기까지 이론을 수정하거나 판단을 수정해야 한다"는 것을 의미한다. 그런데 도덕 판단이 자명한 진리가 아니라 우리 조상들이 살았던 환경에 대한 우리의 진화된 반응에서 유래한 것이라면, 이론과 도덕 판단을 조정하기 위한 노력은 그다지 의미가 없게 될 것이다. 도덕 판단 자체가 준거로서의 역할을 할 수가 없기 때문이다.

이상과 같은 주장에 어느 정도 설득력이 있다면, 설령 과학적 사실로부터 윤리적 결론을 연역해내는 것이 불가능하다는 주장이 타당하다고 해도, 과학적 사실이 아무런 규범적 중요성을 갖지 않는다고 말할 수는 없을 것이다. 과학과 윤리학적 탐구가 별개의 영역이라는 일반적인 생각과는 달리, 과학적 사실은 간접적이긴 하지만 오늘날의 윤리적 문제에 시사하는 바가 분명 있다고 주장할 수 있을 것이다.

제2강연에서는 기후 변화 및 전 지구적 빈곤의 문제를 들어 하나뿐인 세계를 위한 윤리를 이야기한다. 인간 활동은 지구의 기후 변화를 일으키고 있으며, 기후 변화로 인한 지구 온난화가 얼마나 윤리적 문제인가를 이해하기 위해서는 희소 자원의 분배 문제로 환원하여 생각해보는 것이 최선이다. 희소 자원을 분배하기 위해서 오염자 부담의 원칙에 의해 오염원을 방출한 사람이 오염 정화와 피해에 대한 보상 비용을 지불하도록 하는 방법, 동일한 쓰레기 처분 할당량의 분배, 마지막으로 빈부 격차에 따라 부자들이 더 많은 희생을 감소하도록 하는 세 가지 방법이 있다. 그러나 이 모든 원리는 결국 지구 온난화를 일으키고 있는 선진국이 그 책임을 지는 방향으로 결론지어진다. 이를 해결하기 위해서는 평등한 1인 할당량과 방출 할당량 무역이라는 지구적 체계의 제도화를 결합함으로써 경제적으로 효과적인 결과를 낳게 될 것이다. 이는 무제약적 방출이라는 현 체제에 대한 도전이다. 그러나 기후 변화는 전 지구적 문제이며, 효과적인 전 지구적 제도 없이는 해결하기 어려운 문제라 할 것이다.

이와 더불어 지구를 위협하는 또 하나 어려운 문제는 전 지구적 빈곤의 문제다. 가난한 사람들 대부분은 영양 부족 상태이며, 기본적인 의료 지원이나 교육을 받지 못하고 있다. 빈곤으로 인해 매년 천만 명 이상의 어린이들이 죽어가고 있는 상황에서, 부유한 국가들이나 그곳에 살고 있는 사람들이 가져야 하는 의무는 무엇인가? 워런 버핏이나 빌 게이츠의 개인적 기부 행위는 사실적이고 윤리적인 문제를 일으킨다. 그것이 어떤 선을 행하고 있는 것인지, 부자들이 그렇게 많이 기부했다고 해서 칭찬해야 하는지, 아니면 더 기부하지 않았다고 해서 비난해야 하는지, 그러한 중대한 결정이 소수의 부유한 개인들에 의해 이루어진다는 사실이 거북하지 않은지, 그리고 재벌에 속하지 않는 우리가 가난한 사람들에 대해서 가져야 하는 의무는 무엇인지 등이다.

빈곤 구제책은 개인적 박애가 아니라 국가적 차원에서 이루어져야 합리적이라고 할 수 있을 것이다. 그러나 실제로 국가에 의한 원조는 빈곤이나 그에 연결된 죽음을 막을 만큼 충분하지 않다. 현 상태에서 전 지구적 빈곤을 구제하기 위한 개인의 기부금을 정부가 처리해야 한다고 논박하는 국가는 없다. 제대로 실행되지 않는 원조에 대한 최상의 답변이 개인적 박애가 될지도 모른다. 그렇다면 부자들은 얼마나 기부를 해야 하는 것인가? 세계 최대 갑부인 빌 게이츠의 기부는 대단한 액수였지만, 기본적인 삶을 유지할 수 있는 정도만을 남긴 채 모두 기부한 사람들에 비하면 부족하다고 할 것이다. 그래서 프린스턴대학의 L. 머피와 K. A. 아피아 같은 철학자들은, 우리의 의무는 지구적 빈곤을 제거하는 부담에서 우리의 공정한 몫을 수행하는 정도로 제한된다고 주장한다. 그들은 세계의 가장 가난한 사람들이 품위 있는 삶을 살 기회를 갖도록 하는 데 얼마나 필요한지를 계산하여, 그 양을 부유한 사람들이 나누어지도록 할 것이다. 그러나 공정한 몫이 얼마이며, 충분한 소득을 가진 사람들이 전 지구적 빈곤을 구제하기 위한 자신들의 몫을 수행하지 않는다면 어떻게 될 것인가? 그것은 심각한 도덕적 실패가 될 것이다. 더구나 공정한 몫 이론 때문에 더 기부를 하고 싶어도 하지 못하는 사람들이 있다면, 그것은 또한 어떻게 해결할 수 있을 것인가? 미국의 상위 10퍼센트의 소득 근로자가 얼마나 많이 기부할 수 있는가를 계산한다면, 세계의 부가 전 지구적 빈곤을 얼마나 쉽게 제거할 수 있는지를 충분히 이해하게 될 것이다. 우리가 세워야 하는 목표는 빈곤층의 비율을 절반으로 줄이는 것이 아니라, 어느 누구도 그러한 상황에서 살 필요가 없도록 보장하는 것이다. 그것은 가치 있는 목표이며 그리고 그것은 우리의 힘이 충분히 미치는 일이다.

제3강연에서는 도덕적 고려의 대상으로서의 동물에 대한 입장을 제시하고 있다. 싱어 교수는 세계적으로 무엇보다도 '동물 해방 운동'의 주창자로 알려져 있다. 싱어 교수에 의하면, 인간과 동물 사이의 명백한 차이에도 불구하고 동물 역시 인간처럼 고통 받는 능력을 소유하며, 그것이 의미하는 것은 동물도 우리 인간처럼 이해관계를 가진다는 것이다. 그런데 도덕은 이해를 가진 존재들의 이익을 동등하게 고려해야 할 것을 요구한다. 만일 우리가 동물들이 인간 종(human species)에 속하지 않기 때문에 동물의 이해관계를 무시하거나 평가절하한다면, 이런 논리는 어떤 사람이 자신들이 속한 인종(race)이나 성(gender)에 속한다는 한 가지 사실만으로, 그 사람이 다른 성질을 가지고 있든지 말든지, 우월한 도덕적 지위를 가진다고 생각하는 극단적인 인종차별주의자나 성차별주의자의 논리에 가깝다. 따라서 싱어 교수는 이런 입장을 종차별주의(speciesism)라 부른다. 우리가 현재 동물들을 대하는 방식은 종차별주의적이다. 우리는 동물들의 이해관계는 인간들의 이해관계와 비교할 때 아무런 의미도 가지지 않는 것으로 보거나, 의미를 가진다 하더라도 별로 중요한 의미를 가지지 않는 것으로 본다. 그래서 화장품의 안전성 실험을 위해 동물에게 치명적인 실험을 하거나, 인간의 식욕 만족이라는 작은 이해관계를 위해 동물들이 생존하려는 커다란 이해관계를 희생시킨다. 싱어 교수는 이런 우리의 행동 방식이 종차별주의적이고 따라서 도덕적으로 옳지 않기 때문에 바꾸어야 한다고 주장한다.

싱어 교수가 1970년대 초 그의 책 『동물 해방』에서 종차별주의에 반대하는 논변을 발표한 이후 많은 이론가들이 싱어 교수에 반대해서 종차별주의를 옹호하는 논변을 해왔다. 이런 이론가들로 유명한 철학자인 버나드 윌리엄스, 로저 스크루턴, 피터 캐루터스 그리고 생물학자인 페트리노비치 등이 있다. 싱어 교수는 종차별주의를 옹호하는 이런 논변들이 자신의 종차별주의를 반대하는 논변을 격파하지 못한다고 주장한다. 따라서 현행 우리의 종차별주의는 사라져야 한다는 것이다.

그는 현실적으로 동물 해방 운동이 1970년대 이후 어떤 성과를 거두었는지를 개관한다. 화장품 회사들이 안전성 심사를 동물들에게 하는 것이 없어졌으며, 우리가 식용으로 사용하는 가축들을 잔인한 방식으로 사육하는 공장 식 가축 사육 방식이 유럽연합에서는 사라졌고 북미에서도 감소하고 있다. 하지만 이런 성과에도 불구하고 아시아의 신흥공업국들에서는 중산층의 증가로 인해 공장 식 가축 사육이 더욱 증가하고 있으므로 세계적으로 동물 해방 운동은 성공적이라고 볼 수 없다는 것이다. 따라서 싱어 교수는 아시아 국가에서 행해지는 이번 강연에서 동물 해방 운동에 동참할 것을 호소하고 있다.

마지막 제4강연에서는 생사 판정의 도덕적 기준에 대해 이야기한다. 비종교적인 관점을 취하는 싱어 교수는 수천 년 동안 유대-그리스도 사상의 토대가 되었던 인간 생명의 신성성(sanctity of human life)의 윤리를 전면적으로 부정하고, 인간의 삶의 질(quality of human life)에 기초한 윤리를 주장한다. 본 강연에서 싱어 교수는 인간의 죽음, 특히 뇌사에 대한 이해가 지난 30년간 어떻게 변화해왔는가 하는 점부터 살핀다. 1968년 이후 미국을 비롯한 거의 모든 선진국에서 뇌사는 심폐사와 함께 사망 판정 기준으로 널리 받아들여졌다. 죽음의 기준이 변화한 것은 죽음의 본성에 대해 과학적으로 더 깊이 이해할 수 있었기 때문이었다. 이런 이유로 뇌사는 흔히 의과학적인 이슈로 이해되었지만 이는 잘못된 것이다. 1968년에 미국 하버드위원회가 제시한 뇌사 필요성의 두 가지 이유들— 첫째, 뇌사는 관련자들(환자, 의사, 병원, 뇌사자 가족들, 장기 수혜자)에게 큰 부담이 됨. 둘째, 뇌사자의 장기를 이식용으로 사용하면 생명을 구할 수 있음— 은 과학적인 것이 아니고 윤리적인 것이다. 원래 하버드위원회가 의미했던 것은 중앙신경계의 기능이 완전히 소실된 전뇌사(全腦死) 환자였다. 그런데 그들의 제시한 두 가지 이유는 불가역적인 혼수상태의 환자— 여기에는 뇌간(腦幹)과 중앙신경계가 기능을 계속하는 지속적 식물 상태(PVS) 환자도 포함됨— 에게도 그대로 적용된다. 싱어 교수는 두 가지 해법을 제시한다. 첫째, 사망의 기준을 전뇌사가 아닌, 의식(意識)의 불가역적인 소실로 정하는 것이다. 뇌에서 의식을 담당하는 부분, 즉 대뇌 또는 대뇌 피질(일명 higher brain)의 기능이 상실되었을 때 삶이 종료된 것으로 간주하자는 해법이다. 만약 이 것이 어렵다면 둘째, 우리는 사망의 전통적 정의를 받아들이되 무고한 인간의 생명을 의도적으로 끝내는 것이 언제나 잘못이라는 윤리적 견해를 거부하는 쪽으로 갈 수도 있다.

이어서 싱어 교수는 배아, 태아 및 유아에 대한 생사 결정 문제를 검토한다. 인간 살해는 동물 살해보다 더 나쁘다. 인간은 단순한 의식을 넘어선 자의식(自意識) — 시간을 넘어서 미래에 대한 계획을 세울 수 있는 능력 — 을 가진 존재이기 때문이다. 그런데 신생아들에게는 자의식이 없다. 지구의 인구는 계속 늘어나고, 우리는 부부가 아이를 많이 낳는 것이 의무가 아니요 바람직한 일도 아니라고 믿는다. 싱어 교수는 인간 태아가 유일하고 합리적이며, 자의식적인 존재가 될 잠재적 존재라는 사실이 임신 중절에 반대할 이유가 될 수 없다고 본다. 배아 줄기세포를 얻기 위해 인간 배아를 파괴하는 경우도 마찬가지다. 만약 줄기세포가 주요 질환을 치료할 전망이 진정으로 있고 배아가 줄기세포를 위한 최적의 자원이라면, 배아로부터 줄기세포를 얻어야 할 윤리적 의무가 있을지 모른다고 논증한다.

심한 장애를 갖고 태어난 유아는 자신의 인생에 대해 어떠한 전망도 갖지 못한다. 싱어 교수는 장애 유아를 죽이는 것이 나쁜 이유는 아이의 부모에게 해악을 주기 때문이라고 본다. 선진국에 사는 보통의 부부들은 가족계획을 세우고, 아이가 장애를 갖지 않고 태어나기를 바란다. 산전 진단이 보편화된 오늘날 태아가 다운증후군이나 척추이분증으로 밝혀지면 거의 모든 여성들이 임신 중절을 택한다. 싱어 교수는 이 견해가 합당하다고 본다. 장애아의 출생을 예방하기 원하고 장애 태아를 임신 중절하는 것은 받아들이면서 장애아로 태어난 아이에 대해 같은 추론을 적용하는 데에는 놀라다니 그게 오히려 이상한 일이다.

자의적 안락사에 대해 싱어 교수는, 자유 사회라면 어느 누구도, 충분한 정보를 가진, 의사 결정 능력이 있는 말기 환자가 자신의 삶이 살아갈 가치가 없다고 스스로 판단해서 의사에게 도움을 요청했을 때, 의사가 그에 따른 행동을 취하는 것을 막을 권리가 없다고 본다. 개인의 권리와 자유를 옹호하는 사람들이 자의적 안락사의 입법을 지지하지 않다니 이상한 일이다. 자의적 안락사는 완화 요법이나 치료 유보와 같은 하나의 옵션이 되는 편이 옳다.

삶과 죽음에 관해 싱어 교수가 옹호하는 입장은 다음을 함축한다. 심한 장애를 갖고 태어난 신생아 치료에서 죽게 방치하는 것과 의도적으로 죽이는 것 사이의 구분이 도덕적으로 유의미하다는 것을 우리가 비판하는 것과 마찬가지로, 가난한 나라에서 절대 빈곤에 처한 사람들의 생명을 우리가 구하지 못하는 문제 역시 중요하다. 우리가 더 쓰기 위해서 구호 물품을 보내지 않음으로써 우리는 그들을 죽게 방치한다. 죽이는 것과 똑같지는 않더라도 그 결과가 나쁘기는 마찬가지다.

내가 처음 싱어 교수님을 알게 된 것은 석사 과정에 입학해서 『실천 윤리학(*Practical Ethics*)』 세미나를 하게 되면서였다. 그 당시 나는 동물의 도덕적 지위라는 것이 쟁점이 된다는 것에 별다른 관심을 가지지 않았고, 오히려 안락사나 낙태 등을 다루면서 어떤 특별한 경우에 인간의 생명마저도 포기할 수 있다는 지적을 특이하게 생각했던 것이 기억 속에 남아 있다. 그 후 싱어 교수님을 다시 만나게 된 것은 『사회생물학과 윤리(*Expanding Circle*)』를 읽으면서였다. 진화론의 윤리학적 함의에 관심을 가지고 있던 나는 싱어 교수님의 『사회생물학과 윤리』를 읽으면서 어느 정도 입장을 정리하게 되었고, 우연한 기회에 책을 번역까지 하게 되었다. 그런데 동료와 선배들이 이왕이면 주저인 『동물 해방』까지 번역해보라고 제안하기에 내친 김에 이 책까지 번역하게 되었다. 번역을 하면서 나는 부지불식간에 싱어 교수님의 영향을 적지 않게 받게 되었는데, 무엇보다도 그는 사유와 실천을 일치시키려 노력한다는 점에서 특별히 내게 강한 인상을 남겼다.

이처럼 간접적으로만 알고 있던 싱어 교수님을 직접 만나게 된 것은 명경의료재단의 초청으로 2007년에 그가 방한했을 때였다. 영어도 제대로 못하고, 내성적이며 어눌한 나로서는 싱어 교수님을 맞이하러 공항에 가는 것이 적지 않은 부담이었다. 그럼에도 용기를 내서 구영모 교수님과 함께 새벽에 싱어 교수님을 맞이하러 공항에 나갔고, 그로부터 싱어 교수님과의 일주일이 시작되었다. 싱어 교수님은 내가 머릿속으로 생각했던 것과 그리 다르지 않았다. 그는 실제로 엄격한 채식주의자였고, 다른 사람의 의견에 대체로 따르려 하며, 항상 겸손함과 성실함을 잃지 않으려 노력하는 신사였다. 싱어 교수님을 좀 더 가깝게 느끼게 된 것은 계명대학교의 강연이 끝나고 난 후의 일정에서였다. 강연을 마치고 행사를 준비한 여러 교수님들과 함께 노래방을 갔다. 이름에 걸맞지 않게 싱어 교수님은 노래를 잘 못했지만 열심히 부르셨고(죄송합니다),

그 자리에서 화답으로 황경식 교수님의 탭댄스, 박정순 교수님의 태극권 시범이 이어졌다. 나는 이 자리가 모두가 급격히 친해지는 계기가 되지 않았나 생각해본다.

다음 날 해인사 방문을 끝내고 싱어 교수님을 비롯해 동행했던 다른 교수님들과 함께 사우나를 간 것은 정말 의외였다. 박정순 교수님의 제안도 놀라웠지만 싱어 교수님이 선뜻 그렇게 하겠다고 한 것도 참으로 뜻밖이었다. 박정순 교수님은 싱어 교수님이 털이 많아 오랑우탄 같다고 연신 놀려댔고 싱어 교수님은 이를 부정하지 않았다. 마치 오랜 친구들의 목욕 장면을 보는 것 같았다. 박정순 교수님은 분위기를 살리느라 2박 3일 동안의 해인사, 경주 방문 일정 내내 말을 그치지 않으셨는데, 그러다가 목이 쉬어서 경주 불국사를 방문할 즈음에는 결국 침묵을 지킬 수밖에 없는 처지가 되었다. 박 교수님은 이를 묵언 수행이라 하셨다. 하지만 분위기가 가라앉는 듯하자 박 교수님은 이내 묵언 수행을 그만두시고 다시 열심히 발언 보시(?)를 하셨다. 이런 보시를 너무 열심히 하셔서인지 황경식 교수님이 주선해주신 경주 꽃마을한방병원에서 검사를 해보았더니 박 교수님의 몸 상태가 가장 좋지 않다는 결과가 나왔다. 그런 몸 상태에서도 박 교수님은 동대구역에서 기차를 기다리면서 싱어 교수님에게 개다리 스텝을 가르치셨는데, 이를 열심히 따라하던 모습이 지금도 기억에 생생하다.

그때의 기억은 돌이켜보건대 참으로 유쾌했다. 이는 비단 나만의 느낌은 아닐 것이다. 이는 싱어 교수님이 한국을 꼭 한 번 더 방문하고 싶다고 말씀하시며 윤리학회로 감사의 글을 보낸 데에서도 미루어 짐작할 수 있다. 이는 황경식 교수님, 박정순 교수님 외에 행사를 준비하신 모든 분들의 정성이 어우러진 너무나도 당연한 결과가 아닌가 싶다. 아마도 다른 철학자들이 이곳에서 있었던 일에 대한 이야기를 듣는다면 누구나 서로 앞을 다투어 한국을 방문하려 할 것이다.

여행 도중 앞으로 어떤 분야에 관심을 기울일 것인가라는 질문에 싱어 교수님은 앞으로 빈곤의 문제에 관심을 집중하려 한다고 말씀하셨다. 관심이 동물의 도덕적 지위에서 생명 의료 윤리로, 또다시 빈곤의 문제로 나아가게 된 것이다. 나는 싱어 교수님의 빈곤 문제에 대한 관심이 동물들의 도덕적 지위 재고에 미친 영향 이상의 좋은 성과가 있길 기원한다. 아울러 국내에서도 많은 학자들이 함께 어울려 잘 살아가는 세상을 만드는 데에 관심을 갖고, 많은 사람들의 실천을 유도하는 데에 일조하길 바라마지 않는다.

제10회 다산기념 철학강좌가 성공적으로 끝날 수 있었던 것은 많은 분들의 철저한 준비와 노력 덕분이다. 지금까지 10회에 걸쳐 다산기념 철학강좌가 개최될 수 있도록 아낌없이 물심양면의 뒷받침을 해주신 황경식 교수님, 빈틈없는 준비와 노력, 그리고 분위기 조성에 혼신의 힘을 다하신 박정순 교수님과 주동률 교수님, 그리고 이 책의 편집을 맡아주신 데다 성공적인 강좌 개최의 숨은 공로자 윤은주 박사님, 강연의 통역을 맡아주신 구영모 교수님, 김선욱 교수님, 손화철 교수님, 박상혁 교수님과 질문자들, 그 외 직간접적으로 강좌의 성공적 개최에 도움을 주신 모든 분들의 수고에 이 자리를 빌려 머리 숙여 감사를 드린다.

이 책에 수록된 강연 순서는 원문의 순서를 따른 것으로, 모두 네 개의 강연으로 구성되어 있다. 제1강연은 김성한 박사가, 제2강연은 김선욱 교수와 윤은주 박사가, 제3강연은 박상혁 교수가, 제4강연은 구영모 교수와 최경석 교수가 번역하였다. 구영모 교수가 싱어 교수의 서문을 번역하였고, 김성한 박사가 싱어 교수의 사상에 대한 해설과 강연 번역자들의 요약을 정리하여 번역자들을 대신하여 역자 서문을 썼다.

세계적인 철학자들과의 직접적인 만남을 통해 그들의 생각을 직접 듣고 논의할 수 있었던 다산기념 철학강좌가 철학의 전문화와 대중화에 기여한 바가 적지 않으리라고 생각된다. 아무쪼록 이 강좌를 통해 더 많은 성과를 거두어 한국철학계의 지속적인 발전을 꾀하는 데 보탬이 되었으면 하는 바람이다.

2008년 5월
김성한

544

저자 서문

제10회 다산기념 철학강좌의 연사로 선정된 것이 저로서는 큰 행운이요 영광이라고 생각합니다. 저는 호주를 비롯해 미국과 영국 그리고 짧은 기간이나마 유럽의 여러 나라들에서 지내며 일을 해왔습니다. 한국은 현대화되고, 높은 기술력과 과학을 근간으로 하는 산업화된 국가라는 점에서 제가 살았던 나라들과 비슷하다고 생각됩니다. 이는 한국역시 산업화된 다른 국가들과 마찬가지로 많은 윤리적인 문제들에 직면해 있다는 것을 의미합니다. 그러나 한국은 또한 서양 국가들과 확연히구분되는, 아주 오래된 문화적, 철학적 유산을 지니고 있습니다. 기독교는 지난 2천 년간 서양인의 사상을 지배해왔습니다. 대조적으로, 한국은역사적으로 대부분의 시간 동안 유교와 불교 사상에 더 큰 영향을 받았고, 기독교의 가르침은 근래에 와서야 한국인들에게 영향을 미치기 시작했습니다. 따라서 오늘날 우리들이 직면하고 있는 이슈들에 관한 한국인들의 사고방식은 새로운 시각을 제시해줄 것으로 기대됩니다. 즉,서구에 특정된 기독교 유산의 일부분인 서양의 사고방식이 좀 더 보편적인 인간의 사고방식에 근간을 두고 있다는 생각에 새로운 시각을 제시해줄 수 있다는 말입니다. 그러므로 저는 한국인들이 현대에 당면한윤리적 문제들을 어떻게 풀어가는지 알고 싶었고, 동시에 한국 사람들이제 강의에 어떻게 반응하는지 보고 싶었습니다. 강의 과정에서 저 역시 청중들로부터 배움을 얻을 수 있었습니다.

저는 이 강연의 제목을 '이 시대에 윤리적으로 살아가기'로 정했습니다. 왜냐하면 이 강연에서 저는 우리 시대의 몇 가지 중심적인 윤리적 문제들에 대해 논의하기 때문입니다. 저는 윤리의 본질 그 자체에 대한 논의로 제1강연을 시작합니다. 윤리의 본질은 지난 2,500년간 동서양 철학에 공통되는 중요한 이슈였습니다. 윤리란 어떤 객관적인 것, 즉 무엇이 객관적으로 옳고 선한 것인지에 대한 직관에 기초하고 있을까요? 아니면 윤리란 문화적으로 상대적이거나 어쩌면 주관적인 것이라서 어떤 윤리적 관점은 참이고, 다른 관점은 거짓이라고 주장하는 것이 불가능한 것일까요? 비록 철학자들이 종종 사실적인 정보가 이런 토론에 적합하다는 점을 인정하기 꺼리지만, 제가 보기에 진화심리학과 신경과학 분야에서의 최근의 몇몇 연구들은 이런 해묵은 논쟁에 새로운 빛을 비추었다고 생각합니다. 저는 이런 새로운 정보가 윤리에 대한 결과론적 접근법의 타당성을 뒷받침한다고 생각합니다. 즉, 행동에 의해서 영향을 받는 모든 사람들에게 긍정적인 결과가 생기는지 부정적인 결과가 생기는지에 따라 우리는 그 행동이 옳은지 그른지를 판단하는 접근법 말입니다.

다음으로는 제 일생 동안 매우 깊은 관심을 가져왔던 응용윤리학의 세 가지 분야를 다룹니다. 먼저 전 지구적인 윤리 문제부터 시작합니다. 극도로 빈곤한 지역에서 살아가고 있는 사람들에 대해 상대적으로 부유한 국가에 살고 있는 시민들이 갖는 의무는 무엇일까요? 빈곤에 대해 논의하고, 빈곤에 대한 우리의 반응에 대해 토론하는 것이 어느 때보다 중요한 시점입니다. 빈곤이 어느 정도 해소된 오늘날에도 약 10억 명의 사람들이 극빈층으로, 26억 명의 사람들이 빈곤층으로 살아가고 있습니다. 동시에 부유한 나라들은 예전보다 더 부자가 되었습니다. 한국은 비록 가장 부유한 나라에 속하진 않지만 세계 평균보다는 훨씬 더 잘살고 있으므로, 세계에서 가장 가난한 사람들을 원조하기 위한 국제적 노력에 더 많은 기여를 해야 할 시점에 와 있습니다.

동시에 세계는 새로운 윤리적 문제에 직면해 있습니다. 이는 한국의 산업화와도 관련이 있습니다. 지구 온난화는 후세가 직면할 가장 위급한 도덕적 문제가 될지도 모릅니다. 지구 온난화는 강우 패턴의 변화 또는 해수면 상승으로 발생할 수 있는 문제들에 적절히 대응할 수단을 갖지 못한 수억 명의 사람들의 생명을 위협하고 있습니다. 주요 산업국가로 성장하는 과정에서 한국의 온실가스 배출량은 불가피하게 증가해왔습니다. 본 강연을 위해 한국에 머무는 동안, 저는 서울 거리에 들어찬 많은 차량들, 특히 일반 차량보다 더 많은 연료를 소비하는 큰 스포츠 유틸리티 차량들(SUV)의 모습을 볼 수 있었습니다. 한국의 자동차 회사들은 참신하고 연비 효율성이 좋은 하이브리드 차량을 생산하는 데 경쟁자인 일본 업체보다 뒤져 있습니다. 한국은 그 유명한 기술력을 온실 가스 배출량을 줄이는 데 사용할 필요가 있습니다. 그리고 한국의 소비자들은 좀 더 윤리적이며 에너지 효율이 높은 상품들을 지원할 필요가 있습니다.

세 번째 강연은 동물의 처우에 대한 윤리 문제인데, 이 주제는 제가 학창 시절부터 중요하게 생각해왔던 것입니다. 유대교와 기독교 사상의 영향을 받은 서구에서는 동물에 대한 인간의 우월성을 당연한 것으로 받아들입니다. 오직 인간만이 신의 형상으로 창조되었습니다. 창세기에서 신은 특별히 인간에게만 동물에 대한 지배권을 주었다고 했습니다. 기독교 가르침에 따르면, 오직 인간만이 불멸의 영혼을 가지고 있다는 사상에 의해 인간과 동물 간의 격차는 한층 더 벌어진다고 합니다. 따라서 만약 그 동물들이 우리가 애완용으로 키우는 개나 고양이가 아닌, 식용이나 연구를 위해 사용하는 동물일 경우, 서양에서 동물에 대한 관심이 좀처럼 진지하게 받아들여지지 않는다는 사실을 발견하는 것은 놀라운 일이 아닙니다. 혹자는 불교 사상의 영향을 받은 한국에선 동물을 대하는 태도가 다를 수 있을 거라 생각할지도 모르지만, 불행히도 전반적으로 한국 역시 서구와 별반 다르지 않습니다. 박정순 교수님이 마련해준 일정 덕분에 저는 해인사의 현응 주지스님과 동물 처우의 윤리에 대해 토론하는 좋은 기회를 가질 수 있었습니다만, 불행히도 동물에 대한 주지스님의 계몽적인 불교적 입장은 한국인들에게는 보편적으로 적용되는 사항이 아니었습니다. 서양에서 한국은 식용으로 기르는 개를 학대하는 일로 악명이 높습니다. 개에게 잔인한 방법으로 고통을 주는 행위는 결코 옹호될 수 없지만, 그러나 제 생각은 수적인 면에서 봤을 때, 개고기를 먹는 것이 돼지고기를 먹는 것에 비해 더 나쁘다고 말할 수 없다는 것입니다. 개 식용 문제는 공장식 농장에서 고통을 받고 있는 엄청난 수의 돼지나 닭과 비교했을 때 상대적으로 작은 문제라고 생각합니다. 그래서 저는 개 식용 문제에 반대하는 운동을 하기보다는, 채식주의를 장려하는 좀 더 광범위한 캠페인이 벌어지는 것을 보고 싶습니다. 실제로 한국의 요리에는 이미 두부와 채소 그리고 쌀이 들어가기 때문에, 제가 해인사에서 주지스님과 함께 했던 점심 공양과, 서울에 있는 유명한 '산촌(山村)' 레스토랑을 비롯한 한국의 다른 여러 명소에서 즐길 수 있었던 음식과 같은 맛있는 채식 식단을 발전시키기에 적합하다고 생각합니다. 우리가 식용 동물의 공장식 생산을 중단하는 것만이, 쾌락과 고통을 느낄 수 있는 생명체인 동물들이 마땅히 누려야 할 도덕적 지위에 적절히 응답하는 것입니다. 우리가 하루빨리 실천에 옮길수록 수억 마리의 동물들이 겪고 있는 전적으로 불필요한 고통이 경감될 것입니다.

마지막 강연에서 저는 의학과 생명과학 분야에서의 생사 판정의 문제를 다루었습니다. 여기도 그렇지만, 기독교 정신의 지배를 받은 서구 사회에서는 모든 사람의 생명이 동등한 가치를 지니고 있으며, 무고한 사람의 생명을 의도적으로 빼앗는 행위는 완전히 잘못된 것이라고 생각합니다. 사람들은 적어도 그렇게 말하고 있습니다. 이와 관련된 중요한 이슈 하나가, 발달하는 인간 생명의 어느 단계에서 생명을 종결시키는 행위가 잘못된 일인가 하는 것입니다. 물론 이 주제는 연구 목적으로 배아를 사용하는 행위와 관련되는데, 이것은 한국에서도 폭넓게 논의되어온 주제입니다.

의료 기술의 발달로 말미암아 모든 인간의 생명이 동등한 가치를 지니고 있다는 관념에 엄밀히 입각하여 행동하기가 한층 더 어려워졌습니다. 오늘날 현대식 병원의 중환자실에서 실제로 일어나고 있는 일들과 그 관념을 조화시키기는 어렵습니다. 우리는 심각한 장애를 가진 유아가 죽도록 허용하면서도, 그것이 단지 자연적인 경과였다고 말합니다. 저는 이런 경우 우리가 고의적으로 그 아이의 생명을 종결시켰다고 생각합니다. 이런 행위가 정당화될지도 모릅니다. 하지만 이것은 모든 인간의 생명이 동등한 가치를 지닌다는 생각을 버릴 때만 정당화될 수 있습니다. 저는 이런 저의 관점을 고상한 철학적 용어들을 동원하여 모호하게 말하지 않고 직설적으로 표현해왔던 탓으로, 저의 의견을 둘러싸고 상당한 논쟁이 있어왔습니다. 독일에서는 저를 반대하는 사람들이 저의 강의를 취소시켰고, 제가 1999년 프린스턴대학에 부임했을 때 몇몇 사람들은 대학 당국이 저의 임용을 백지화하도록 시도하기도 했습니다. 그럼에도 불구하고 저는 이런 이슈에 대한 진솔하고 열린 접근만이 인간 생명의 신성함에 대한 현재의 혼란에서 벗어날 수 있는 유일한 길이라 생각합니다.

저는 이 책에 실린 자료들이 한국에서 이와 같은 중요한 이슈들에 관한 더 많은 논쟁을 이끌어낼 수 있기를 희망합니다. 제게 이 기회를 마련해주신 다산기념 철학강좌 운영위원회와, 특히 본 강연이 매끄럽게 진행될 수 있도록 애쓰고 제가 한국에 머무는 동안 환대를 베풀어주신 운영위원장 박정순 교수께 깊이 감사드립니다. 또한 강연의 편집과 번역 작업을 맡아주시고 저를 도와주신 구영모 교수께도 감사드리는 바입니다.

2007년 7월 프린스턴에서
피터 싱어

윤리의 본질에 대한 이해

1. 서론

규범윤리 혹은 응용윤리를 연구하는 많은 철학자들은 도덕철학의 역할이 우리의 일상적인 도덕적 직관을 자료로 파악하고, 이와 같은 직관에 가장 부합되는 이론을 개발하는 데에 있다고 믿는 것처럼 보인다. 반대로 나의 입장은 우리가 도덕적 문제에 대한 질문을 받았을 때 최초로 마음속에 떠오르는 직관에 기꺼이 도전해야 한다는 것이다.1) 오늘 강연에서 나는 최근의 신경과학 연구가 일상적인 직관에 비판적인 입장을 취할 새롭고도 강력한 이유를 제공한다고 주장할 것이다. 하지만 나는 이러한 연구를 도덕의 기원과 본성에 관한 긴 탐색이라는 맥락 속에 두고서 출발할 것이다.

파리의 루브르박물관에는 태양신 샤마시(Shamash)가 함무라비 대왕에게 법전을 증정하는 모습이 양각된 바빌로니아의 검은 기둥이 있다. 도덕이 신에게서 유래한다는 것을 보여주는 이와 같은 신비적인 설명은 흔히 살펴볼 수 있다. 플라톤의 『프로타고라스』에는 제우스가 인간을

---

1) 나는 이러한 견해를 "Sidgwick and Reflective Equilibrium", *The Monist*, 58 (1974), pp.490-517에서 처음 옹호했다.

어떤 방식으로 가엾이 여기는가에 대한 설명이 나오는데, 이는 명백하게 신화적인 설명이다. 여기서 인간은 소규모 집단에 살고 있으며, 다른 짐승들에 필적할 수 없는, 적응성이 부족한 이와 약한 턱을 가진 빠르지 못한 존재로 그려지고 있다. 이러한 결함을 보완해주기 위해 제우스는 법을 집행하고 정의를 실현할 능력과 도덕감을 인간에게 부여했고, 이를 통해 그들이 더욱 큰 공동체에서 서로 협력하며 살아갈 수 있도록 했다. 물론 신이 시나이 산에서 모세에게 십계명을 내리는 성서의 설명 또한 신비적 설명의 또 다른 사례다.

이런 신비적인 설명과는 별도로, 철학자들은 서로 다른 문명에서 최소한 2,500년 동안 윤리의 본질에 대해 토론을 벌여왔고 글을 써왔다. 플라톤 자신은 분명 자신이 『프로타고라스』에서 제시한 설명에 만족하지 못했다. 이렇게 말하는 이유는 '대화편'에서 그가 다른 여러 가능성들을 논의하고 있기 때문이다. 『정체(政體)』에서만도 우리는 자신들의 이익에 따라 행동하는 강자들이 약자들에게 도덕을 부과한다는 트라시마쿠스(Thrasymacus)의 회의적인 주장, 글라우콘(Glaucon)의 사회계약 모델, 그리고 인간 본성의 상이한 부분들이 조화를 이룸으로써 나타난 정의를 원형적인 자연법을 통해 옹호하는 소크라테스를 살펴볼 수 있다.

철학자들이 고찰했던 문제에는 윤리가 객관적으로 참인지, 문화에 상대적인지 아니면 전적으로 주관적인 것인지의 문제, 인간이 본래 선한지의 문제, 그리고 윤리가 자연에서 오는지 아니면 문화에서 오는지의 문제 등이 있다. 그들은 이와 같은 문제들이 이론적인 중요성뿐 아니라 실천적인 중요성을 갖는다고 생각했다. 그들은 이러한 문제에 대해 올바른 답변을 얻게 됨으로써 우리가 더 나은 방식으로 살아갈 수 있게 될 것이라 생각했다.

이러한 사상가들 중 상당수는 당대의 가장 현명한 사람들 중의 한 명이었을 뿐 아니라 동료 인간들에 대한 숙련된 관찰자이기도 했다. 예를 들어 맹자, 아리스토텔레스, 니콜로 마키아벨리, 토머스 홉스 그리고 데이비드 흄의 저작들을 고찰해보자. 거기에는 그들이 매우 잘 이해한 인간 본성에 관한 많은 내용들이 나온다. 하지만 그들 중 어느 누구도 그러한 문제를 현대 과학적으로 접근할 수 있는 장점을 갖지 못했다. 오늘날 우리는 그러한 장점을 갖추게 되었는데, 이렇게 보았을 때 우리가 그들이 쓴 것을 개선할 수 없다면 그것은 이상한 일일 것이다.

이하에서 나는 현재 우리가 가지고 있는 윤리에 대한 새로운 지식의 일부를 요약할 것이다. 이는 내가 위에서 언급한 위대한 철학자들 중 누구도 활용하지 못했던 지식이다. 다음으로 나는 이러한 새로운 지식이 갖는 규범적 의미를 고찰해볼 것이다. 그것이 우리가 어떻게 행동해야 할 것인가에 대한 논의에 기여할 수 있는 것(만약 있다면)은 무엇인가?

2. 진화론과 도덕의 기원

과거의 위대한 도덕철학자들에 비해 우리가 갖는 유일하고도 중요한 장점은, 우리가 진화를 이해하고 있으며 그것이 윤리에 적용될 수 있음을 안다는 것이다. 내가 언급한 철학자들은 도덕이 신에게서 유래한다는 신화에 얽매이지 않을 수 있었으며, 자연주의적인 용어로 도덕을 설명할 수 있었다. 하지만 그들은 우리의 규범이 어떻게 세대 간의 유전 형질을 전달하는 기본 단위로서의 유전자에 대한 자연선택을 통해 탄생할 수 있었는가를 적절하게 이해하지 못했다. 이러한 지식이 없었기 때문에 그들은 우리의 감정과 태도를 관찰할 수 있었지만 이를 적절하게 설명하지는 못했다. 진화론은 심지어 도덕의 기원에 대해 사색한 다윈 이전의 위대한 사상가들에 덧붙이는 바가 있는데, 이것이 무엇인가를 파악하고자 한다면 정당한 이유로 유명한 『인성론(*Treatise of Human Nature*)』에서의 데이비드 흄의 도덕에 대한 논의를 고찰해보라.

흄은 정의가 자연적인 덕인지 혹은 인위적인 덕인지에 대해 의문을 제기하면서 정의에 관한 논의를 시작한다. 그러한 의문에 대해 논의하면서 그는 다음과 같이 말하고 있다.

모든 것이 동등한 조건일 때, 인간은 자연스레 조카들에 비해 자신의 자식들을 사랑하며, 사촌들에 비해 조카를, 모르는 사람에 비해 사촌을 사랑한다. 이로부터 어떤 사람을 다른 사람보다 좋아하는 우리의 일상적인 의무에 대한 지표가 탄생한다. 우리의 의무감은 항상 일상적이며 자연스러운 우리의 열정의 추이를 따른다.2)

홉은 일상적인 의무감에 대한 진화론적 이해에 매우 밀접하게 접근해 있다. 하지만 그는 현대 진화론과는 달리 "일상적이며 자연스러운 우리의 열정"이 그와 같은 모습을 취하는 이유를 설명할 수 없었다. 관계의 근접성에 비례하여 친척들을 선호하는 데로 이어지지 않는 유전자와 비교해보았을 때, 오늘날 우리는 홉이 서술하고 있는 사랑의 형태로 이끄는 유전자가 사회적 동물들 사이에서 살아남아 확산될 가능성이 더욱 크다는 것을 이해한다. 이렇게 말하는 이유는 우리가 사촌보다는 자식과 유전자를 더욱 많이 공유하고, 모르는 사람들보다는 사촌과 더 많은 유전자를 공유하기 때문이다.

또한 이제 우리는 홉의 담화와 "개인적 특성, 도움이 되는지의 여부 그리고 우리와의 관계와 무관한 그 자체로서의 인류애와 같은 열정은 인간의 마음속에 존재하지 않는다"3)는 더욱 논쟁의 여지가 있는 관찰의 진실성에 대해 더 심층적인 설명을 제공할 수 있다. 우리가 상당히 유감스럽게 생각하는 바이지만, 대부분의 사람들은 길거리에서 지나치는 모르는 사람들에 대한 보편적인 자애의 느낌을 가지고 있지 않다. 진화론적으로 설명하자면, 전체로서의 종을 배려할 경우 자연선택이 상당한 영향력을 발휘하기엔 선택의 단위가 너무 커진다. 우리가 어렸을 때 보았던 그림책에 묘사된 것과는 달리, 대체로 보았을 때 초기 인간의 삶은 인간과 검치호(劍齒虎) 간의 생존을 위한 투쟁이 아니었다. 이러한 투쟁은 서로 다른 인간들 사이의 생존 투쟁이었던 경우가 훨씬 흔했다. 타인들이 단지 우리 종의 성원이라는 이유로 관심을 갖는 것은 아무런

---

2) David Hume, *A Treatise of Human Nature*, ed. L. A. Selby-Bigge(Oxford: Clarendon Press, 1978), Bk. III, Pt. 2, Sec. i.
3) 같은 곳.

진화적 이점이 되지 않는다. 항시 일어나고 있는 종 안에서의 개별 생물에 대한 선택과는 대조적으로, 서로 다른 종 간의 선택은 진화에서 커다란 역할을 하기에는 너무 완만하고도 드물게 일어난다.

하지만 개인적 특성, 도움이 되는지의 여부, 우리와의 관계라는 흄이 제시한 타인에 대한 사랑을 촉발하는 요인들의 목록들에 주목해보라. 먼저 관계에 대해서는 우리가 이미 논의한 바 있다. 다음으로 개인적인 특성은 우리 혹은 우리가 속한 소규모 집단에 이익을 줄 가능성이 클 경우 긍정적인 느낌을 산출한다. 진화에서 드물게 일어나며 그다지 중요하지 않은 종 간의 선택과는 대조적으로, 소규모의 고립된 번식 집단들 간의 종 안에서의 선택은 훨씬 더 빈번하게 일어난다. 이러한 소규모 집단은 서로 경쟁하며, 종과 비교해보았을 때 상대적으로 그 수명이 짧다. 개체 혹은 유전자 수준에서의 대항 압력은 여전히 작용할 것이지만 덜 효과적일 것이다. 일부 상황에서는 집단의 이익을 위한 자기희생을 선호하는 선택압이 있을 수 있다. 물론 집단에 이익을 주지 않는 이기적인 행동을 선호하는 대항 압력 또한 있을 수 있다. 하지만 그 집단이 집단의 이익을 위해 자신의 이익을 포기하는 자들을 보상하고, 그렇게 하지 않는 자들을 처벌하는 문화를 발달시킬 경우, 손익 비율은 집단에 대한 이익이 다음 세대에 후손을 남기는 것과 양립할 가능성이 높아지도록 기울어지게 될 것이다.

흄이 언급한 세 번째 예외는 "도움이 되는지의 여부"다. 여기서 또다시 그는 죄수의 딜레마와 같은 상황을 탐구하는 데에서 게임 이론과 맞물려 있는 최근 진화론의 핵심을 건드리고 있다. 이러한 연구로 인해 우리는 흄이 정의에 대한 논의를 출발했던 질문에 대해 흄 자신보다 충분하고도 설득력 있게 대답할 수 있게 된다.

흄은 정의가 자연적인 덕인지 인위적인 덕인지를 묻고, 그것이 인위적인 덕이라고 대답한다. 이를 통해 그가 의미하고자 한 바는 "정의와 부정의 감각은 자연에서 도출되는 것이 아니라 인위적이지만 교육과 인간의 관습으로부터 필연적으로 탄생한다"는 것이었다. 그는 정의의 규칙들이 인위적이긴 하지만, 이것이 그러한 규칙들이 임의적임을 뜻하는 것은 아니라고 덧붙이고 있다. 흄에게 정의는 "분명하고도 절대적으로 필요한"[4] 것이지만 그럼에도 인간이 고안한 것이다. 하지만 최소한 기원이라는 측면에서 보았을 때 정의는 인간의 고안물이 아니다. 우리는 그 모습을 우리의 가까운 인간 아닌 친척들에게서 발견할 수 있다. 원숭이는 기생충을 제거해줄 또 다른 원숭이에게 자신의 등을 내밀 것이다. 시간이 지나 역할이 바뀔 것인데, 이때 보답하지 않는 원숭이는 공격을 받거나 나중에 무시당할 것이다. 진화론적 관점에서 보았을 때, 이러한 호혜성은 도움을 주는 데에서의 비용이 도움을 받음으로써 얻는 이익보다 작을 때, 그리고 동물들이 궁극적으로 '속이는' 것을 통해 얻는 바가 없을 때, 다시 말해 혜택을 돌려주지 않고 받기만 할 경우 이익을 얻지 못할 때 보상을 받을 것이다. 속이는 자들의 번성을 확실하게 막는 최선의 방법은 동물들이 속이는 자들을 인식할 수 있고, 다음에 만났을 때 협력의 이익을 함께 나누길 거부하는 방법일 것이다. 이는 오직 소규모의 안정적인 집단에서 오랫동안 함께 살아가는 영리한 동물들 사이에서만 가능하다. 증거는 이러한 결론을 지지한다. 지금까지 호혜적 행동은 조류와 포유류에서 관찰되어왔으며, 가장 분명한 사례는 늑대, 들개, 돌고래, 원숭이 그리고 유인원들에게서 살펴볼 수 있다.

도덕의 많은 특징들은 손이 닿지 않은 곳의 기생충을 서로 제거해주는 것과 같은 단순한 호혜적 관행에서 탄생했을 수 있다. 예를 들어 내가 내 머리에서 이를 제거하길 원하고, 나는 그 대가로 다른 사람의 머리에서 이를 기꺼이 제거해주길 원한다고 가정해보자. 하지만 나는 파트너를 신중하게 선택해야 한다. 만약 내가 모든 사람을 아무런 구분 없이 도와준다면, 내게 붙어 있는 이를 제거하지 못하면서 다른 사람에게 붙어 있는 이를 제거해주게 될 것이다. 이를 회피하기 위해 나는 호의를 갚을 자와 그렇지 않을 자를 구분하는 방식을 습득해야 한다. 이러한 구분을 하면서 나는 호혜적인 자와 호혜적이지 않은 자를 나누며, 그 과정에서 공정성과 속임에 대한 소박한 개념을 개발한다. 나는 호혜적인 자와의 연결을 강화할 것이며, 이어서 도움을 주어야 한다는 의무감과 더

---

4) 같은 곳.

불어 우정과 충성의 유대가 나타나게 될 것이다.

이것이 전부가 아니다. 우리가 원숭이의 사례에서 살펴본 바와 같이, 호혜적인 자들은 호혜적이지 못한 자들에게 적대적이고 짜증스러운 방식으로 반응할 가능성이 높다. 사유 능력이 있고 언어를 사용할 수 있는 더욱 복잡한 호혜적인 자들은 호혜성을 좋고 '옳은' 것으로, 속이는 것을 나쁘고 '그른' 것으로 간주할 수 있다. 이로부터 가장 질이 나쁜 호혜적이지 않은 자들이 다시는 다른 사람에게서 이익을 얻지 못하도록 사회에서 추방되거나 어떤 방식으로 처벌받는 데로 귀결되는 조그만 행보가 시작된다. 이처럼 처벌 체계와 응분의 개념은 호혜적 이타성의 또 다른 측면을 구성한다.

이렇게 보았을 때, 정의가 인위적인 덕이라는 흄의 주장이 전적으로 잘못은 아니지만 전적으로 옳은 것도 아니었다. 속이는 자를 탐지하는 능력과 그들을 배제하는 데에 필요한 분개의 감각을 포함한 기본적인 호혜성의 규칙은 자연스러운 것이다. 즉, 그것이 진화되었고, 우리의 생물학적 본성이며, 우리와 가까운 인간 아닌 친척들과 공유하는 무엇이라는 의미에서 자연스러운 것이다. 하지만 언어를 사용하는 인간의 사회에서 전형적으로 살펴볼 수 있는 정의에 대한 더욱 상세한 규칙들은 본능적인 호혜성의 감각을 정제한 것이며, 그리하여 인위적인 것으로 파악될 수 있을 것이다.

우리의 생물학적 특성은 도덕이 취하는 구체적인 형태를 규정하지 않는다. 심지어 헤로도토스마저도 알고 있었듯이 인간의 도덕은 문화적으로 차이가 있다.[5] 그럼에도 이와 같은 상이한 형태들은 모두 사회적 동물들에게서 살펴볼 수 있는 행동의 산물이며, 자연선택이라는 일상적인 진화 과정의 결과인 것처럼 보인다. 도덕은 자연 현상이다. 그 존재를 설명하기 위해서는 어떤 신화도 필요하지 않다.

---

5) 어떻게 죽은 사람을 처리할 것인가에 대해 페르시아의 황제인 다리우스가 서로 다른 문화의 사람들에게 자신들의 관습을 바꾸도록 열심히 설득하는 모습에 대한 그의 설명은, Herodotus, *The Histories*, trans. Robin Waterfield (Oxford: Oxford University Press, 1998), Bk. III, ch. 38에서 살펴볼 수 있다.

3. 인간은 어떻게 도덕 판단을 내리는가?

도덕의 기원에 대한 이와 같은 배경적인 이해를 뒤로하고, 다음으로 나는 더욱 구체적인 도덕적 결정과 행동을 이해하는 데 도움을 주는 최근의 일부 과학적 연구를 소개하고자 한다. 사람들이 도덕 판단에 도달하는 방식을 연구하기 위해 버지니아대학의 심리학자인 조너선 하이트(Jonathan Haidt)는 사람들에게 다음과 같은 이야기에 답할 것을 요구했다.

줄리와 마크는 오누이 사이다. 그들은 여름 방학을 이용해서 함께 프랑스를 여행하고 있다. 어느 날 밤 그들은 해변 근처의 오두막에 단 둘이 머문다. 그들은 성관계를 갖는 것이 흥미롭고 재미있는 것이라고 생각했다. 적어도 이는 그들 각각에게 새로운 경험일 것이다. 줄리는 이미 피임약을 먹었지만 확실하게 하기 위해 마크 또한 콘돔을 사용한다. 그들은 모두 성관계를 즐겼지만 다시는 하지 않기로 결정한다. 그들은 그 날 밤을 그들끼리의 특별한 비밀로 유지하는데, 이는 그들을 더욱 가깝게 느끼게 한다. 당신은 어떻게 생각하는가? 그들이 성관계를 맺는 것이 아무런 문제가 없는가?

하이트는 대부분의 사람들이 곧장 줄리와 마크가 잘못했다고 말한다고 보고하고 있다. 그리고 나서 그들은 자신들의 답변에 대한 이유를 제시하기 위해 노력한다. 그들은 근친상간의 위험성을 언급하기도 하지만, 이윽고 줄리와 마크가 두 가지 형태의 피임을 활용하고 있다는 것을 떠올린다. 또한 비록 이야기를 통해 그렇지 않다는 것이 분명하게 드러나고 있지만, 그들은 두 사람이 마음에 상처를 받을 것이라고 주장하기도 한다. 최종적으로 많은 사람들은 "모르겠어요. 설명하지 못하겠어요"6)

---

6) Jonathan Haidt, Fredrik Björklund, and Scott Murphy, "Moral Dumbfounding: When Intuition Finds No Reason", 미발간 원고(Department of Psychology, University of Virginia, 2000); 그리고 Jonathan Haidt, "The Emotional Dog and Its Rational Tail: A Social Intuitionist Approach to Moral Judgment", *Psychological Review*, 108(2001), pp.814-834에서 더욱 심층적인 논의를 보

라는 식으로 말한다. 분명 이러한 사람들이 도달한 판단에 영향을 주는 것은 직관적인 반응이지 그들이 제시하는 이유들이 아니다. 이렇게 말하는 이유는, 그들이 그러한 판단들에 대해 최초로 제시한 이유들을 철회하고 나서도 여전히 자신들의 즉각적이고 직관적인 판단을 계속 고수하기 때문이다.

하나의 사례 자체가 많은 것을 보여주지는 못할 것이다. 하지만 하이트는 다양한 분야에서의 도덕 판단이 일반적으로 신속하고 거의 자동적인 직관적 반응의 산물이라는 견해를 지지하는 인상적인 증거들을 수집하였다. 더욱 숙고된, 의식적인 추론은 직관적인 반응에 뒤이어 나타나는 경향이 있고, 도덕 판단의 근거가 되기보다는 그러한 반응에 대한 합리화인 경향이 있다.[7]

윤리적 결정에 개입되는 두뇌 부위에 대한 지식은 성장을 거듭하고 있다. 이를 살펴보면 우리는 조슈아 그린(Joshua Greene)과 그 외 사람들이 수행한 기능성 자기 공명 영상 혹은 fMRI를 사용한 실험들에서 더욱 심층적인 통찰을 얻을 수 있다. 그린은 철학 문헌에서 "활차의 문제"[8]로 알려져 있는 상황에 사람들이 대응하는 방식을 조명하기 위해 일련의 실험을 고안했다. 표준적인 활차의 문제에서 당신이 활차를 발

라. 나는 조슈아 그린(Joshua Greene) 덕분에 이것과 이 절에서 논의한 그린의 박사 논문, *The Terrible, Horrible, No Good, Very Bad Truth about Morality, and What to Do About It*, 미발간 원고(Department of Philosophy, Princeton University, 2002), ch. 3에서 가져온 다른 자료들에 대한 관심을 갖게 되었다.

7) Jonathan Haidt, "The Emotional Dog and Its Rational Tail: A Social Intuitionist Approach to Moral Judgment", *Psychological Review*, 108(2001), pp.814-834.

8) 필리파 푸트(Philippa Foot)는 이러한 문제를 "The Problem of Abortion and the Doctrine of the Double Effect", *Oxford Review*, 5(1967), pp.5-15; reprinted in James Rachels ed., *Moral Problems: A Collection of Philosophical Essays*(New York: Harper & Row, 1971), pp.28-41에서 논의한 최초의 철학자인 것처럼 보인다. 하지만 이 주제에 대한 고전적인 논문은 Judith Jarvis Thomson, "Killing, Letting Die, and the Trolley Problem", *The Monist*, 59(1976), pp.204-217이다.

견하였을 때 활차는 선로를 따라 다섯 명을 향해 돌진하고 있으며, 당신은 주변에 아무도 없는 상황에서 철도 선로 옆에 서 있다. 만약 선로를 따라 활차가 계속 돌진할 경우 다섯 명은 모두 목숨을 잃을 것이다. 이러한 다섯 명이 목숨을 잃는 것을 막기 위해 당신이 취할 수 있는 유일한 선택은 활차가 옆 선로로 이동하도록 전철기(轉轍機)를 움직이는 것이다. 이 경우 활차는 오직 한 명의 목숨만을 앗아가게 될 것이다. 이러한 상황에서 무엇을 해야 할 것인가라는 질문을 받으면, 대부분의 사람들은 당신이 옆 선로로 활차를 이동시켜 다섯 명의 목숨을 구해야 한다고 말한다.

표준 문제를 변형시킨 또 다른 문제에서는 활차가 앞에서와 마찬가지로 다섯 명의 목숨을 앗아가려는 상황이다. 하지만 이번에는 당신이 선로 근처에 서 있지 않고 선로 위의 인도교에 서 있다. 당신은 활차를 다른 선로로 이동시키지 못한다. 당신은 위험에 처한 사람들을 구하기 위해 다리에서 활차 앞으로 뛰어내려 자신을 희생할 생각을 해본다. 하지만 당신은 자신이 활차를 멈추기에는 너무 체중이 가볍다는 것을 깨닫는다. 하지만 당신이 모르는 당신 옆에 서 있는 사람은 몸무게가 매우 많이 나가는 사람이다. 활차가 다섯 명의 목숨을 앗아가는 것을 막을 유일한 방법은 몸무게가 많이 나가는 모르는 사람을 활차 앞으로 밀어서 떨어뜨리는 것이다. 만약 당신이 그 사람을 밀어서 떨어뜨린다면 그는 죽게 되겠지만 다른 다섯 명의 목숨을 구하게 될 것이다. 이러한 상황에서 무엇을 해야 할 것인가에 대한 질문을 받았을 때, 대부분의 사람들은 다리에서 모르는 사람을 밀어 떨어뜨려선 안 된다고 말한다.

주디스 자비스 톰슨(Judith Jarvis Thomson)을 포함한 많은 철학자들은 이러한 한 쌍의 사례가 제기하는 문제를 다음과 같이 파악한다. 두 경우 모두에서 당신은 다섯 명의 목숨을 구하기 위해 한 사람의 죽음을 초래하였다. 하지만 우리는 표준적인 활차 사례에서의 행위는 옳다고 판정하고, 인도교의 사례는 잘못이라고 판정한다. 그런데 이러한 두 경우 간의 차이를 만드는 것은 무엇인가? 이들 철학자들은 사례들에서 이끌어낸 도덕적 직관을 옳은 것으로 간주하면서 그들에 대한 정당화를 도모한다. 하지만 언뜻 설득력 있어 보이는 정당화 원리가 제시될 때마다 다른 철학자들은 원래의 사례 쌍에 대한 변형을 만들어냈고, 이를 이용하여 제시된 원리가 우리의 직관적인 반응들을 정당화할 수 없음을 보여주고자 했다. 예를 들어 일부 철학자들은 표준적인 활차의 경우와 인도교의 경우 간의 차이가, 후자에서는 모르는 사람이 다른 사람들을 구하기 위한 수단으로 사용되었다는 데에 있다고 주장했다. 그리하여 모르는 사람을 인도교에서 밀어버리는 것은 "다른 인격을 단지 수단으로만 사용해서는 안 된다"는 칸트의 명령을 위반하는 것임에 반해, 전철기를 움직이는 것은 그렇지 않다는 것이다. 하지만 유감스럽게도 이러한 산뜻한 설명 방식을 옹호하는 사람들에게 우리는 다음과 같은 사례를 제시할 수 있다. 즉, 우리는 전철기를 움직여 활차를 다른 선로로 달려가게 하는 대신, 활차가 위험에 처한 다섯 명에게 도달하기 전에 활차를 환상선(環狀線)으로 선회할 수 있게 하는 경우를 상상해볼 수 있는 것이다. 그러한 환상선에는 매우 몸집이 큰, 모르는 사람이 누워 있다. 그의 몸집이 매우 크기 때문에 활차가 멈추긴 하겠지만 그것은 활차가 그의 목숨을 앗아가고 난 다음이다. 그런데 이러한 환상선으로 활차를 선회하게 하는 것은 분명 다른 다섯 명의 목숨을 구하기 위한 수단으로 모르는 사람을 이용하는 것이다. 하지만 대부분의 사람들은 그렇게 하는 것이 옳다고 생각한다. 이처럼 사람들은 이러한 경우가 모르는 사람을 인도교에서 밀어서 떨어뜨리는 경우보다 전철기를 움직이는 표준적인 경우에 더욱 가깝다고 판단한다.

이러한 상황에서의 우리의 직관을 정당화하기 위해 노력했던 수많은 철학자들과는 달리, 그린은 우리가 그러한 직관을 갖는 이유를 이해하는 데에 더욱 관심을 가졌다. 그는 두 가지 상황에서 서로 다른 판단을 내리게 되는 근본적인 이유가 '선로상에서 전철기를 움직여서 모르는 사람의 죽음을 야기하는 관념'과 '우리의 손으로 누군가를 밀어서 죽음에 이르게 하는 관념'에 대해 우리가 서로 다른 정서 반응을 나타내는 데에 있다고 생각했다. 그린이 밝히고 있듯이,

사람들은 인도교의 사례에서 제시된 '직접적으로 사람을 대상으로 하는(personal)' 침해에 대한 강하고도 부정적인 정서 반응을 나타낸다. 이 때문에 그들은 즉각적으로 그것이 잘못이라고 말한다. 반면 사람들은 원래의 활차 사례에서 제시된 비교적 '직접적으로 사람을 대상으로 하지 않은(impersonal)' 침해에 대해 강하고도 부정적인 정서 반응을 나타내지 않으며, 이에 따라 "해악을 최소화하라"는 가장 명백한 도덕 원리로 되돌아간다. 이로 인해 그들은 원래 사례에서의 행동을 허용할 수 있다고 말하게 된다.9)

그린은 이러한 가설을 검증하기 위해 뇌의 상이한 부위의 활동을 실시간 영상으로 제공하는 fMRI 영상을 활용했다. 그는 전철기를 움직이는 것과 같은 비교적 '직접적으로 사람을 대상으로 하지 않은' 침해에 대해 판단을 내리도록 요구받는 경우에 비해, 인도교에서 모르는 사람을 밀어 떨어뜨리는 것과 같은 '직접적으로 사람을 대상으로 하는' 침해에 대해 도덕 판단을 내리도록 요구받은 사람의 정서와 관련된 두뇌 부위의 활동이 활발해질 것이라고 예측했다. 그런데 그는 더욱 구체적인 예측을 하기도 했다. 즉, 정신질환자가 아닌 이상, 모르는 사람을 인도교에서 밀어서 떨어뜨리는 것이 분명 옳다고 생각하는 소수의 피실험자들은 자신들의 정서를 거슬러 이러한 대답을 제시하는 것이라고 예측했던 것이다. 그리하여 그는 그들이 인도교에서 모르는 사람을 밀어 떨어뜨리는 것이 잘못이라고 말하는 사람들에 비해 이러한 판단에 이르는 데에 더 오랜 시간이 걸릴 것이며, 그처럼 강한 정서 반응을 야기하지 않는 경우에 도달하는 판단에 비해서도 시간이 오래 걸릴 것이라고 예측했다.

그린의 예측은 확증되었다. 사람들이 '직접적으로 사람을 대상으로 하는' 경우들에서 판단을 내리도록 요구를 받았을 때, 정서 활동과 결부된 두뇌 부위들의 활동은 '직접적으로 사람을 대상으로 하지 않는' 경우들에서 판단을 내리도록 요구받았을 때에 비해 더욱 활발했다. 더욱 의

---

9) Joshua Greene, *The Terrible, Horrible, No Good, Very Bad Truth about Morality, and What to Do About It*, p.178.

미심장하게도 '직접적으로 사람을 대상으로 하는' 침해를 포함하지만,
전체적인 해악을 최소화하는 방식으로 행동하는 것이 옳다는 결론에 도
달한 사람들— 예를 들어 모르는 사람을 인도교에서 밀어서 떨어뜨리
는 것이 옳다고 말하는 사람들— 은 그렇게 하는 것이 잘못이라고 말한
사람들에 비해 자신들의 판단을 형성하는 데에 오랜 시간이 걸렸다.10)

전체적인 해악을 최소화하는 '직접적으로 사람을 대상으로 하는' 침
해에 대해 긍정적인 태도를 나타내는 피실험자들의 두뇌 활동을 더욱
자세하게 살펴본 결과, 그린은 그러한 침해에 대해 부정적인 태도를 나
타내는 사람들에 비해 그들의 인지 활동과 결부된 두뇌 부위에서의 활
동이 활발하다는 것을 발견하였다.11) 물론 이들은 제한된 자료의 양에
기초한 예비적인 결과들이다. 하지만 일단 그러한 결과가 건전하다고
가정해보자. 그리고 위에서 개괄했던 윤리의 기원에 대한 다른 과학 정
보와 더불어, 이들로부터 무엇이 도출되는가에 대해 숙고해보자.

4. 규범적 함의

먼저 일상적으로 범하는 실수에 대한 경고에서 시작하도록 하겠다.

---

10) Joshua D. Greene, R. Brian Sommerville, Leigh E. Nystrom, John M. Darley, and Jonathan D. Cohen, "An fMRI Investigation of Emotional Engagement in Moral Judgment", *Science*, 293(2001), pp.2105-2108. 더욱 구체적으로 말해, 직접적으로 사람을 대상으로 하는 도덕적 딜레마에서는 뇌 피질의 내측 전두피질(medial frontal cortex), 후대상피질(posterior cingulate cortex), 그리고 각이랑/상측두고랑(angular gyrus/superior temporal sulcus)의 활동이 활발했다. 직접적으로 사람을 대상으로 하지 않는 도덕적 딜레마에서는 배외측 전전두피질(dorsolateral prefrontal cortex)과 두정엽(parietal lobe)의 활동이 늘어났다.

11) Joshua Greene and Jonathan Haidt, "How (and Where) Does Moral Judgment Work?", *Trends in Cognitive Sciences*, 6(2002), pp.517-523와 개인적인 서신. 더욱 구체적으로 말해, 직접적으로 사람을 대상으로 하는 침해를 받아들인 사람들은 앞 배외측 전전두(anterior dorsolateral prefrontal)의 활동이 늘어났음에 반해, 그것을 부정한 사람들은 쐐기 앞부분(precuneus area)의 활동이 더욱 활발했다.

진화의 방향은 도덕적 진보의 길을 따르지도 않고, 양자 사이에 어떤 필연적인 관계가 있는 것도 아니다. '더욱 진화된'은 '더욱 나은'을 의미하지 않는다. 이렇게 보았을 때 내가 진화론이 우리의 혈연에 대한 의무, 그리고 호혜성에 관한 의무라는 중요한 역할을 포함하는 일상 도덕의 상당 부분을 **설명한다**고 주장한 바 있지만, 이는 어떠한 의미에서도 일상 도덕에서 살펴볼 수 있는 이들 요소들에 대한 **정당화**가 아니다.

하지만 진화의 사실들로부터 윤리적 결론을 연역해내는 것이 불가능하다는 것이, 윤리에 대한 이해에서의 최근의 발전이 아무런 규범적인 중요성을 갖지 않는다는 것을 의미하는 것은 아니다. 이러한 발전은 규범윤리에 매우 중요하지만 오직 간접적인 방식에서만 그러하다. 이를 이해하려면 방법론을 놓고 벌어지는 오늘날의 규범윤리의 논쟁을 살펴볼 필요가 있다.

지난 세기 혹은 그 이상의 기간 동안 규범윤리의 주요 테마는 체계적인 규범윤리 이론 — 공리주의와 다른 형태의 결과주의가 유력한 경쟁 이론이었다 — 을 지지하는 사람들과 자신들의 규범윤리의 토대를 우리의 일상적인 도덕 판단 혹은 직관에 두는 사람들 간의 논쟁이었다. 이러한 논쟁에서 공리주의를 반대하는 주요 무기는 공리주의의 명령이 우리 모두가 공유하는 도덕적 직관과 충돌하는 것을 보여주기 위한 사례들이었다. 어쩌면 문학에서의 가장 유명한 사례는 『카라마조프의 형제들』에서 살펴볼 수 있다. 거기에서 도스토예프스키는 이반(Ivan)을 통해, 만약 사람들이 행복하고 평화롭게 사는 이상적인 세상이 오직 "작은 주먹으로 자신의 가슴을 치고 있는 조그만 아이"를 괴롭힘으로써 이룩될 수 있다면, 그러한 세상을 구축하는 데 동의할 것인가를 알료샤(Alyosha)에게 묻게 한다. 알료샤는 그러한 조건 아래에서는 그러한 세상을 이루는 데에 동의하지 않을 것이라고 말한다.[12] 헤이스팅스 래시덜(Hastings Rashdall)은 쾌락주의적 공리주의가 성적인 순결성의 가치를 설명하지 못한다고 주장함으로써 자신이 그와 같은 공리주의를 반박할 수 있다고

---

12) Fyodor Dostoyevsky, *The Karamazov Brothers*, trans. Ignat Avsey(Oxford: Oxford University Press, 1994), Pt. 2, Bk. 5, ch. 4.

생각했다.[13) H. J. 매클로스키(H. J. McClosky)는 미국 남부에서 린치를 가하는 것이 여전히 가능성으로 남아 있던 시기에 대해 글을 쓰면서, 공리주의 이론이 강간에 대한 복수로 백인 군중들이 여섯 명의 무고한 사람들에게 린치를 가하려는 것을 막기 위해 무고한 사람에게 죄를 뒤집어씌울 것을 보안관에게 명할 수 있으며, 이것이 공리주의에 대한 결정적인 반박이라고 생각했다.[14) 버나드 윌리엄스(Bernard Williams)도 유사한 사례를 제시했다. 그의 사례에서 한 식물학자는 길을 잃고 떠돌다가 20명의 무고한 사람들이 총살을 당하려는 상황에 놓인 정글 속의 한 마을을 방문하게 된다. 그는 스무 번째 사람을 총살할 경우에만 그들 중 19명이 살아남을 것이라는 이야기를 전해 듣는다. 비록 윌리엄스 자신이 스무 번째 사람을 총으로 쏘는 것이 반드시 잘못이라고 말하지는 않았지만, 그는 공리주의가 그러한 결정의 어려움을 설명할 수 없을 것이라 생각했다.[15)

먼저 공리주의 이론에 반대하는 우리의 일상적인 도덕적 직관들에 호소하기 위해 그러한 사례들을 사용하는 것은 메타 윤리학적 토대를 갖지 않은 임시 변통적인 고안 장치다. 이는 단순히 다음과 같이 말하는 것에 지나지 않는다. "만약 이론 U가 참이면, X라는 상황에서 당신은 Y를 해야 한다. 하지만 우리는 X의 상황에서 Y를 하는 것이 잘못이라는 것을 안다. 따라서 U는 참일 수 없다." X의 상황 아래에서 Y를 행해야 하는 것이 잘못이라는 판단이 도전받지 않을 경우, 이는 U에 반대하는

---

13) Hastings Rashdall, *The Theory of Good and Evil*, vol. 1(Oxford: Clarendon Press, 1907), p.197.

14) H. J. McCloskey, "An Examination of Restricted Utilitarianism", *Philosophical Review*, 66(1957), pp.466-485; reprinted in Michael D. Bayles ed., *Contemporary Utilitarianism*(Gloucester, MA: Peter Smith, 1978), 그 사례는 p.121에 나온다.

15) Bernard Williams, "A Critique of Utilitarianism", in J. J. C. Smart and Bernard Williams, *Utilitarianism: For and Against*(Cambridge: Cambridge University Press, 1973), pp.96-100, 110-117; 이와 관련된 구절은 Peter Singer ed., *Ethics*(Oxford: Oxford University Press, 1994), pp.339-345에 재차 나온다.

효과적인 논증이다. 하지만 이러한 논증은 X의 상황 아래에서 Y를 행하는 것이 잘못임을 분명하게 밝히기 위해 행하는 바가 아무것도 없으며, U보다 건전한 이론이 어떤 특징을 가질 것인가에 대해서도 마찬가지다. 『정의론(*A Theory of Justice*)』에서 존 롤즈(John Rawls)는 어떤 이론이 우리의 숙고된 도덕 판단과 "반성적 평형(reflective equilibrium)"을 이룰 수 있는지의 여부가 건전한 도덕 이론의 기준이라고 주장했는데, 이때 그는 방금 언급한 논증 방식을 윤리적 방법론과 융합하는 데로 나아가는 중요한 단계를 밟은 것이다. 롤즈는 "반성적 평형"을 통해 최초의 도덕 판단에 완벽하게 부합하는 본래적으로 설득력 있는 이론이 존재하지 않을 경우, 우리가 이론과 판단 간에 평형 상태에 이르기까지 이론을 수정하거나 판단을 수정해야 한다는 것을 의미했다. 여기서의 모델은 과학 이론에 대한 검증 방법이다. 과학에서 우리는 일반적으로 자료에 가장 잘 부합되는 이론을 받아들이지만, 간혹 이론이 본래적으로 설득력이 있을 경우, 설령 그것이 모든 자료에 부합되지 않는다고 해도 그것을 기꺼이 받아들이려 할 것이다. 이때 우리는 핵심을 벗어난 자료가 잘못이라고 생각할 수 있으며, 그러한 특별한 상황에서 작동 중인, 여전히 발견되지 않은 요인들이 존재한다고 생각할 수 있다. 규범적 윤리 이론에서 롤즈는 원 자료가 우리의 선행 도덕 판단이라고 생각한다. 우리는 이들과 설득력 있는 이론을 조화시켜보려 한다. 하지만 그것이 가능하지 않을 경우 우리는 일부 판단들을 거부하며 다른 판단들에 부합되도록 이론을 수정한다. 궁극적으로 이론의 설득력과 살아남은 판단들의 설득력이 평형 상태에 도달하며, 이때 우리는 비로소 가능한 최선의 이론을 갖게 된다. 이러한 견해에 따르면 도덕 이론의 수용 가능성은 이론 자체의 내재적인 정합성과 설득력에 의해 결정되는 것이 아니라, 그러한 이론이 우리가 수정하거나 포기하지 않으려 하는 우리의 선행 도덕 판단에 일치하는가의 여부에 따라 상당 부분 결정된다. 『정의론』에서 롤즈는 우리의 일상적인 정의의 관념과 지나칠 정도로 동떨어진 것은 아닌 결과를 산출할 수 있을 때까지 가설적 계약의 상황에서 자신이 선택한 원래의 개념을 조정하는 것을 정당화하기 위해 이러

한 모델을 사용한다.16)

반성적 평형 모델은 언제나 내게 의구심을 불러일으켰다. 규범적 도덕 이론과 과학 이론의 역할에 대한 유추는 근본적으로 잘못된 것이다.17) 과학 이론은 우리가 설명하자고 하는 '저기 밖의' 세상에 관한 자료의 존재를 설명하고자 한다. 물론 자료는 측정 혹은 해석에서의 실수의 영향을 받을 수 있다. 하지만 실수가 무엇이었을 것이라는 설명을 어느 정도 제시할 수 있다면, 관찰을 선택하거나 거부하는 것은 우리가 좌지우지할 수 있는 것이 아니다. 이에 반해 규범적 윤리 이론은 우리의 일상적인 도덕적 직관을 설명하기 위해 노력하지 않는다. 규범적 윤리 이론은 우리의 일상적인 도덕적 직관을 모두 거부할 수 있으며, 그러면서도 우리의 도덕 판단에 더욱 잘 부합하는 다른 규범 이론보다 우월한 이론일 수 있다. 이렇게 말하는 이유는 규범적 도덕 이론이 "우리가 지금처럼 도덕 문제에 대해 생각하는 이유는 무엇인가?"라는 질문에 답하고자 하는 것이 아니기 때문이다. 심지어 윤리에 대한 진화론적 이해 없이도 "우리가 지금처럼 도덕 문제에 대해 생각하는 이유는 무엇인가?"라는 질문이 철학적인 탐구보다는 역사적인 탐구를 필요로 한다는 것은 분명하다. 예를 들어 낙태, 자살 그리고 자발적 안락사와 관련해 우리는 2천 년의 거의 대부분의 기간 동안 기독교의 지배를 받은 사회에서 성장해왔으며, 이로 인해 지금처럼 생각하게 되었을 수가 있다. 우리는 더 이상 기독교를 도덕적 권위로 믿지 않는다. 그럼에도 우리는 부모와 스승(본인들이 신자였거나 신자였던 다른 사람들에 의해 자신들의 모습을 갖추게 된)을 통해 모습이 만들어진 도덕적 직관을 제거하기 어렵다는 것을 알 수 있다.

규범적 도덕 이론은 "우리가 무엇을 해야 할 것인가?"라는 질문에 답하려는 시도다. 이러한 질문에 대해 "우리의 모든 일상적인 도덕 판단

---

16) John Rawls, *A Theory of Justice*(Cambridge, MA: Belknap Press, 1971), 특히 p.48 참조. 반성적 평형 개념은 이미 롤즈의 논문, "Outline of a Decision Procedure for Ethics", *Philosophical Review*, 60(1951), pp.177-197에 나온다. 과학 이론과의 유비는 『정의론』을 쓰기 전의 논문에서 분명하게 드러난다.

17) Peter Singer, "Sidgwick and Reflective Equilibrium" 참조.

을 무시하고 최선의 결과를 산출할 바를 행하라"고 답하는 것은 전적으로 가능하다. 물론 우리는 이러한 답변을 뒷받침할 일종의 논증을 제시해야 할 것이다. 여기서의 나의 관심은 그러한 논증을 제시하는 것이 아니며, 우리의 직관적 판단을 가장 잘 설명할 이론의 가능한 대안들을 뒷받침하는 어떤 다른 논증을 제시하는 것도 아니다. 나의 주장의 요점은 적어도 『정의론』에서 제시된 반성적 평형의 모델은 그와 같은 답변을 배제하는 것처럼 보인다는 것이다. 이렇게 말하는 이유는 그러한 모델이 도덕적 직관을 우리가 무엇을 해야 할 것인가를 체득할 수 있는 일종의 자료로 간주하고 있기 때문이다.

잠시 활차 문제의 경우로 되돌아가보도록 하자. 앞에서 언급한 바와 같이, 이 경우에 대한 주디스 자비스 톰슨의 철학적 논의는 줄곧 최초의 직관적 반응을 정당화하는 경우들 간의 차이를 발견하는 데에만 초점이 맞추어져 있었다. 하지만 우리의 직관적 반응의 차이가 정서적 견인력에서의 차이에 기인한다는 주장이 옳다면, 다시 말해 직접적이면서 '사람을 대상으로 하는' 방식으로 누군가의 죽음을 초래하는 것과, 간접적이면서 비교적 '직접적으로 사람을 대상으로 하지 않는' 방식으로 동일한 사람의 죽음을 초래하는 상황에 대한 정서적 견인력의 차이에 기인한다면, 이러한 반응들을 정당화하는 무엇인가가 있다고 믿어야 할 이유는 무엇인가? 만약 그린의 최초의 연구 결과가 이어지는 연구를 통해 확증된다면, 우리는 마침내 그가 철학적 난제를 설명했을 뿐 아니라 명쾌하게 설명해냈다고 결론을 내릴 수 있을지도 모른다. (내가 궁극적으로 이러한 결론에 도달할 수 있을지 모른다고 약하게 말하는 이유는, 오직 그린의 자료만으로는 어떤 규범적인 관점이 옳거나 그르다는 것을 입증할 수 없기 때문이다. 그러한 자료와 특정한 규범적인 견해를 연결하려면 내가 이하에서 개괄적으로 언급할 유형의 규범적인 논증이 필요하다.)

이는 그린의 발견이 이 논문의 앞에서 개괄했던 도덕의 기원에 대한 더욱 포괄적인 진화론적 관점에 얼마만큼 잘 부합되는가를 고찰할 경우 좀 더 분명해진다.18) 진화를 거친 대부분의 기간 동안 인간은 소규모 집단에서 생활했으며, 이는 인간 이전의 유인원과 사회적인 포유류 조상에 대해서도 거의 확실하게 참이다. 이러한 집단에서는 폭력이 오직 직접적이면서 '사람을 대상으로 하는' 방식으로만 가해질 수 있었다. 즉, 때리고 밀치고 목을 조이거나 막대기나 돌을 곤봉으로 사용하는 방식으로만 폭력이 행사될 수 있었던 것이다. 모르는 사람을 인도교에서 밀어서 떨어뜨리려는 생각은 이러한 정서가 뒷받침된 반응을 유도해낸다. 반면, 전철기를 움직여 활차의 선로를 바꾸어 누군가를 치는 것은 우리와 우리 조상이 살았던 상황에서 일어났을 법한 경우와 전혀 닮은 점이 없다. 따라서 그런 일을 하려는 생각은 누군가를 다리에서 밀어서 떨어뜨릴 때와 동일한 정서 반응을 유도해내지 않는다. 이렇게 보았을 때 두 경우에서 우리가 상이한 직관적 판단을 내리는 이유를 설명해주는 두드러진 특징은 다음과 같이 말할 수 있을 것이다. 인도교의 경우는 우리가 진화하고 있던 무한히 긴 시간 동안 있었을 법한 유형의 상황이다. 반면, 표준적인 활차의 경우는 오직 지난 세기 혹은 두 세기 동안에나 가능했던 누군가의 죽음을 초래하는 방식을 서술하고 있는데, 이는 우리가 물려받은 형태의 정서 반응에 어떤 영향을 미치기에는 지나칠 정도로 짧은 시간이다. 그런데 오직 200년 전에야 가능하게 된 방식보다는 100만 년 전에 가능했던 방식으로 내가 누군가를 죽였다는 사실에 도덕적인 중요성을 부과하게 하는 것은 무엇인가? 나는 아무것도 없다고 답할 것이다.

이처럼 윤리를 이해하는 데에 도움이 되는 최근의 과학적 발전은 분명 어느 정도의 규범적 중요성을 가지고 있으며, 이는 상이한 수준에서 그러하다. 활차의 경우에서 제기된 것과 같은, 도덕 문제에 대한 특별한 수준의 분석에서는 직관적 반응의 본성을 더욱 심층적으로 이해함으로써, 다양한 사례들이 불러일으키는 서로 다른 직관들을 정당화하는 도덕 원리들을 발견하려는 노력이 소용없다는 것을 은연중에 알게 된다. 그러한 사례들 사이에는 도덕적으로 적절한 구분 방식이 존재하지 않을 가능성이 매우 크다. 다음으로 윤리의 방법이라는 더욱 일반적인 수준

---

18) 이는 앞에서 인용한 박사 학위 논문에서 그린 자신이 지적하였다.

에서는 어떻게 도덕 판단을 내리는가에 대한 동일한 이해가 반성적 평형의 방법에 심각한 의문을 제기한다. 숙고된 도덕 판단은 그 자체가 우리의 진화된 반응(우리와 우리 조상들이 사회적 포유류와 영장류 그리고 마침내 인간으로 진화했던 기간 동안 살았던 환경에 대한)에서 유래한 것인데, 이에 부합하도록 고안된 도덕 이론을 구축하는 것은 별다른 의미가 없다. 현재 우리는 추론 능력을 갖추고 있으며, 윤리에 대한 이해의 지평은 급속하게 넓어지고 있다. 이러한 조건 아래에서 우리는 더 잘해낼 수 있어야 한다.

반성적 평형이라는 관념을 옹호하는 사람은, 특정한 직관에 더욱 무게를 두는 데에 반대하는 그러한 논증 자체가 어떤 이론과 우리의 숙고된 도덕 판단 간의 평형을 이루는 과정의 한 부분이라고 말할 수 있을 것이다. 이때 우리는 그러한 논증으로 인해 상황이 달랐다면 유지하고 있을 판단들을 거부하게 될 것이며, 그리하여 마침내 상이한 규범 이론을 갖게 될 것이다. 이처럼 모든 것을 포괄하도록 '반성적 평형' 모델을 만드는 것은 설령 그러한 모델을 구할 수 있을지는 몰라도, 거의 공허하게 만드는 희생을 치르고서야 그렇게 할 수 있다. 이렇게 말하는 이유는 건전한 도덕 이론이 부합하려는 '자료'가 그러한 변화와 더불어 너무 가변적으로 되어버릴 것이며, 이에 따라 그러한 자료가 규범적 도덕 이론의 최종적인 모양새를 결정하는 데에서 조그만 역할을 하는 데 그칠 것이기 때문이다.

간략하게 내가 말하고자 하는 것은 다음과 같다. 윤리에 대한 이해의 발전은 그 자체가 어떤 직접적인 규범적 결론을 함의하고 있지 않다. 하지만 그러한 발전은 윤리를 연구하는 방법(이는 그 자체가 규범적인 결론을 갖는다)과 관련한 일부 개념들을 훼손한다. 그러한 윤리에 대한 개념들은 지나칠 정도로 우리의 직관을 존중하는 경향이 있다. 우리는 윤리를 더욱 심층적으로 이해함으로써 그러한 직관을 덜 존중하는 근거를 마련하게 된다.

5. 결론: 앞으로 나아갈 길?

규범윤리가 일상적인 도덕적 직관을 무시해야 한다는 주장이 제기될 때마다 직관이 없다면 아무 곳으로도 갈 수 없다는 비판이 제기된다. 수세기 동안 윤리의 제일 원리에 대한 증거를 발견하려는 수많은 시도가 있어왔다. 하지만 대부분의 철학자들은 그러한 시도를 모두 실패한 것으로 간주한다. 심지어 공리주의 같은 기본적인 윤리 이론마저도 선이 무엇인가에 관한 근본적인 직관에 의존해야 한다. 이렇게 보았을 때 우리에게는 직관만이 남아 있으며, 그 이상의 것은 아무것도 남아 있지 않은 것처럼 보인다. 만약 이들을 모두 거부한다면 우리는 윤리적 회의주의자 혹은 허무주의자가 되어야 할 것이다.

이러한 비판에 대응하기 위한 수많은 방안들이 있다. 여기서 그들을 모두 검토할 시간적 여유는 없다. 이에 따라 여기서는 한 가지 가능성만을 시사하고자 한다. 하이트의 행동 연구와 그린의 두뇌 영상 연구는 '정서에 기초를 둔 직접적인 반응들'과 '더욱 심사숙고한 결론들'이 구분될 가능성을 시사한다. 하이트가 지적하고 있듯이, 일상생활에서 추론은 우리의 직관적인 반응을 합리화한 것에 지나지 않는 것처럼 보인다. 다시 말해 하이트가 말하듯이 정서적인 개가 이성적인 꼬리를 흔들고 있는 것이다. 하지만 그린의 연구는 일부 사람들이 추론을 통해 최초의 직관적인 반응을 극복할 수 있음을 시사한다. 적어도 이는 인도교 사례에서 활차 앞으로 모르는 사람을 밀어 떨어뜨리는 것이 정당하다고 결론을 내린 피실험자들의 길어진 반응 시간을 설명하는 가장 그럴듯한 방법인 것처럼 보인다. 그러한 사람들은 모르는 사람을 밀어 떨어뜨리는 행동에 대해 일반인들과 동일한 정서 반응을 나타내는 것처럼 보인다. 하지만 그들은 한층 더 생각해봄으로써 그러한 정서 반응을 거부하고 다른 답변을 제시하게 되었던 것이다. 인지 과정과 연결된 두뇌 부위의 활동이 더욱 활발했음을 보여주는 예비 자료는 동일한 결론을 시사하고 있다. 나아가 이러한 피실험자들이 제시한 답변은 합리적인 답변이다. 한 사람의 죽음은 다섯 사람의 죽음에 비해 덜 비극적이다. 이와 같은 추론으로 인해 우리는 표준적인 활차의 경우에서 전철기를 움직이게 되며, 또한 모르는 사람을 인도교에서 밀어 떨어뜨리기도 하는데, 그 이유는 두 상황 간에 도덕적으로 적절한 차이가 존재하지 않기 때문이다. (물론 우리가 이러한 상황에서 누군가를 인도교에서 밀어 떨어뜨릴 수 있는 사람들에 대한 칭찬을 보류할 수 있긴 하다. 헨리 시지윅(Henri Sidgwick)이 『윤리학 방법론』에서 지적하고 있듯이, '행동의 공리'와 '행동을 칭찬하거나 비난하는 공리'에 대한 구분은 중요하다. 우리는 희생에 비해 많은 사람들을 구하지 못하는 경우마저도 일부 사람들이 높은 곳에서 모르는 사람을 밀어 떨어뜨릴지 모른다고 염려할 수 있으며, 때문에 그런 행동을 하려는 사람들을 칭찬하지 않으려 할 수 있다.[19])

내가 "더욱 심사숙고한"이라고 부른 대응이 여전히 직관에 토대를 두고 있다는 주장이 제기될 수 있다. 예를 들어 다섯 명의 죽음이 한 명의 죽음에 비해 나쁘다는 직관, 혹은 더욱 근본적으로 어떤 사람이 살해되는 것은 나쁘다는 직관이 그것이다. 하지만 만약 이것이 직관이라면, 이는 하이트와 그린이 말하고 있는 직관과는 다르다. 이는 우리의 진화적 과거의 산물이 아닌 것처럼 보인다. 앞에서 우리는 "그 자체로서의 인류애와 같은 열정은 인간의 마음속에 존재하지 않는다"는 흄의 관찰에 대해 언급한 바 있다. 그리고 그럴 수밖에 없는 훌륭한 진화론적인 이유가 있다. 이렇게 보았을 때 한 사람의 죽음이 다섯 사람의 죽음에 비해 덜 비극임을 알려주는 '직관'은, 전철기를 움직여도 되지만 인도교에서 모르는 사람을 밀어 떨어뜨려선 안 된다고 말하는 그러한 유형의 직관은 아니다. 그것은 헨리 시지윅이 『윤리학 방법론』에서 공리주의를 옹호하기 위해 호소하는 세 가지 "윤리적 격률" 혹은 "참으로 분명하고도 확실한 직관적인 명제"와 같은 이성적인 직관이라고 말하는 것이 진리에 가까울 것이다. 이러한 격률의 세 번째는 "우주의 관점(만약 이렇게 말할 수 있다면)에서 보았을 때, 한 개인의 선은 다른 어떤 사람의 선에 비해 중요성을 갖지 않는다"는 점이다.[20]

---

19) Henry Sidgwick, *The Methods of Ethics*(7th ed., London: Macmillan, 1907), pp.428-429.

우리는 이 논문의 상당 부분에서 데이비드 흄과 대략적으로 의견이 일치하는 우리 자신을 발견한다. 그런데 어쩌면 여기에서 우리는 흄의 정반대 입장, 즉 임마누엘 칸트에 호소할 필요가 있음을 깨달아야 할지도 모른다. 칸트는 도덕이 순수 이성에 근거할 수 없다면 그것은 망상에 지나지 않는다고 생각했다.21) 어쩌면 그가 옳을지도 모른다. 윤리에 대한 최선의 과학적 이해에 비추어보았을 때 우리는 선택에 직면한다. 우리는, 도덕적 직관과 판단이 직관적 반응에 정서적으로 기초해 있고 또한 앞으로도 그럴 것임에 반해, 이성은 비이성적인 토대에 근거하여 이미 내려진 결정을 뒷받침하는, 가능한 한 최선의 정당한 논거를 구축하는 일 이상을 하지 못한다는 관점을 취할 수 있을 것이다. 이러한 접근 방식은 우리의 정서에 기초한 도덕적 가치들에 대한 옹호, 그리고 그러한 가치들에 대한 명확한 생각을 고무하는 일과 여전히 양립할 수 있지만, 그럼에도 이는 일종의 도덕적 회의주의로 이어지게 될 것이다.22) 또 다른 대안으로 우리는 '우리의 진화사와 문화사에 힘입은 도덕 판단'을 '이성적 토대를 갖는 도덕 판단'과 분리하는 야심에 찬 계획을 수립할 수 있을 것이다. 이는 광대하고도 어려운 작업이다. 심지어 도덕 판단이

---

20) 같은 책, p.382.

21) Immanuel Kant, *Groundwork of the Metaphysics of Morals*, trans. Mary Gregor(Cambridge: Cambridge University Press, 1997), Sec. II.

22) 그린은 *The Terrible, Horrible, No Good, Very Bad Truth about Morality, and What to Do About It* 에서 이와 같은 입장을 취한다. 그는 자신의 견해를 도덕적 회의주의라고 말하면서, 이를 도덕적 가치에 대한 여지가 전혀 없는 입장인 도덕적 허무주의와 구분한다. 그린은 계발적인 연구를 했을 뿐 아니라, 이 강연의 이전 판에 대해 가치 있는 의견을 제시해주었다. 이에 대해 감사한다. 개인적으로 언급하기에는 너무 많은 사람들이 다른 유용한 의견을 제시해주었다. 따라서 나는 James Rachels Memorial Conference at the University of Alabama, Birmingham; Princeton University Center for Human Values Fellows' Seminar; 그리고 University of Melbourne, University of Vermont, Rutgers University, University of Lodz의 철학과에서 논문을 발표했을 때 의견을 제시해준 모든 분들께 일괄적으로 감사를 드린다. 이 모든 충고에도 불구하고, 나는 훨씬 더 많은 작업이 필요하다는 것을 잘 알고 있다. 이 강연은 미래에 더욱 적절하게 개발되기를 바라는 논의에 대한 대략적인 그림에 다름 아니다.

어떤 의미에서 이성적 토대를 갖는가를 상세히 설명하는 것마저도 쉬운 일이 아니다. 그럼에도 내게는 이것이 시도해볼 만한 가치가 있는 것으로 여겨진다. 그 이유는 그것만이 도덕적 회의주의를 피할 수 있는 유일한 방법이기 때문이다.

김성한 옮김

하나뿐인 세계를 위한 윤리

이 강연에서 나는 산업화된 사회가 그 나머지의 세계에 관련하여 범한 두 가지의 중대한 윤리적 실패라고 보는 것에 대해 논의하고자 한다. 그 가운데 하나는 인류 발생학적 기후 변화의 문제이며, 다른 하나는 전 지구적 빈곤의 문제에 관한 이러한 국가들의 대응이다. 이것들이 전혀 다른 별개의 문제라 할지라도, 이들 모두는 우리의 도덕 공동체들의 경계들을 그리는 방법에 이의를 제기한다. 이 문제들을 해결하기 위해서, 우리는 우리 자신의 국가 구성원들뿐 아니라 우리 지구 전체 인구들을 포함하는 경계들을 확장할 필요가 있다.

* * *

오늘날 인간 활동들이 우리 지구의 기후를 변화시킨다는 사실에 대해서는 더 이상 어떠한 심각한 논쟁도 하지 않는다. 기후 변화는 세계의 모든 부분에 대해 나쁜 것은 아니다. 그것은 러시아와 캐나다 북쪽 동토를 더욱 살기 좋고 생산적이게 만들어줄 것이다. 하지만 세계 수십억의 가난한 사람들은 더욱 불규칙적인 강우 방식에 의해 그들의 삶이 위험한 상태에 놓이게 되는데, 즉 건조 지역이 사막으로 바뀌고, 방글라데시와 이집트 같은 나라들에서 수천만 명의 가난한 노동자들의 안식처로서 비옥하지만 저지대인 삼각주 지역을 침수시키는 해수면의 상승이 일어나는 것이다. 또한 지구 온난화는 더 많은 산불을 일으키고, 허리케인은 현재 그 영향권에 해당하는 적도에서 멀리 있는 도시를 강타하고, 열대의 질병은 그 영향권을 넘어 확산되고, 더욱 따뜻해진 기온에 적응할 수 없는 종들이 멸종하고, 빙하가 줄어들고 극지의 얼음층이 녹으며, 해수면이 높아져 해안가 지역을 침수시키는 것을 의미할 것이다. 통제할 수 없는 더욱 나쁜 시나리오는, 얼음층이 녹으면서 온난화를 더욱 가중시키는 거대한 양의 메탄가스를 분출시킬 수 있으며, 이와 더불어 아주 두터운 구름층을 형성하여 태양으로부터 오는 열을 차단해서 지상에서의 생명을 멸종시키는 심각한 빙하기에 빠져들게 한다고 몇몇 과학자들이 생각한다는 것이다.

기후 변화에 대한 대중적 논의는 일반적으로 과학적, 경제적, 정치적 측면에 집중되어 있다. 하지만 기후 변화는 윤리적 문제이며, 오늘날 우리가 직면하고 있는 가장 중요한 윤리적 문제들 가운데 하나다. 지구 온난화가 얼마나 윤리적인 문제인가를 이해하기 위한 최선의 방법은 어느 누구의 소유도 아닌 희소 자원을 어떻게 가장 잘 분배할 것인가에 대한 문제로 그것을 생각하는 것이다. 희소 자원이란 대기를 말하며, 좀 더 분명하게 말하자면, 해로운 방식으로 지구의 기후를 변화시키지 않으면서 우리의 배기가스를 흡수하는 대기의 능력이다. 이러한 측면에서 우리는 대기의 상황을, 중요한 식량 공급원인 물고기를 잡기 위해 호수에 의존하고 있는 200개의 서로 다른 마을에 둘러싸인 호수의 경우에 비유할 수 있다. 이 마을들 각각은 호수에 쓰레기를 버리지만, 호수에 버려진 쓰레기의 양은 마을마다 상당히 다르다. 하지만 그 총량은 꾸준히 증가하게 되고, 만약 오물의 양이 감소하지 않는다면 호수의 생태계는 변화될 것이며, 상당한 양의 혹은 거의 모든 물고기들이 죽게 될 것이라고 전문가들은 예견한다.

분명한 것은, 마을들이 호수에 버리는 쓰레기의 적절한 양에 동의할 필요가 있고, 일단 그 정도가 합의된다면 호수에 버릴 수 있는 쓰레기의 양에서 할당량을 각 마을에 분배해야 할 것이다. 이러한 할당량을 분배하는 다양한 방법이 있다. 한 가지 방법은 어떤 마을이 현재의 문제를 일으켰는지를 묻는 것이다. 만약 역사적으로 어떤 마을이 다른 마을들보다 더 많은 쓰레기를 호수에 버렸다면, 미래를 위해 그 마을에는 가장 적은 할당량을 주어야 한다고 주장할 수 있을 것이다. — 그리고 그 마을들은 호수에 쓰레기를 조금 버리거나 전혀 버리지 않는 마을들에 대해 감소된 물고기 수확량으로 인한 손해 배상을 해야 할지도 모른다. 환경법에서, 이것은 '오염자 부담(polluter pays)'의 원칙으로 알려져 있다. 시장이 효과적으로 작동하기 위해서는 모든 내용이 '내면화'되어야— 즉, 생산 원가에 포함되어야— 한다는 것은 경제 이론의 기본이다. 이 것은 만일 어떤 생산자가 어떤 다른 제삼자를 해롭게 하는 오염을 방출한다면, 생산자는 오염을 정화하거나 오염에 의해 피해를 입은 자들에게 보상하는 비용을 지불해야만 한다는 것을 의미한다.

다른 가능한 원리는 과거를 무시하고, 모든 마을에 동일하게 쓰레기 처분 할당량을 주는 것이다. 하지만 인구 규모에서 마을들이 동일하지 않다면, 이것은 더 큰 마을에 살고 있는 사람들에게는 불공평하게 될 것이다. 좀 더 공정한 해결은 호수가 처리할 수 있는 쓰레기 총량을 호수 주변에 살고 있는 사람들의 수로 나누어, 1인당 허용할 수 있는 오염의 양을 구하는 것이다. 그 다음에 각 마을에 살고 있는 사람들의 수에 1인 할당량을 곱하게 되면 호수에 버릴 오물의 양에 대한 마을의 할당량이 산출될 것이다. 다른 관련된 요소가 없다면, 공동의 자원을 나누는 자명하게 공정한 방식으로, 여기에 대해서는 개인이나 집단이 다른 개인이나 집단보다 더 강력한 요구를 하고 있지 않다. 그것은, 적어도 4분의 1조각의 파이를 원할 만큼 배가 고프지만, 어느 누구도 어떤 다른 사람들보다 더 많이 파이를 가질 권리가 없는 열 명의 사람들이 파이를 나눌 때 사용하는 것과 동일한 규칙이다.

만약 마을들 사이에 빈부 격차가 크다면, 세 번째로 가능한 원리를 고려해볼 수 있을 것이다. 이러한 환경에서, 부자들이 가난한 사람들보다 좀 더 큰 희생을 하는 것이 공정하다고 어떤 사람들은 주장한다. —

특히 가난한 사람들이 겪는 고통이 그들의 출생, 물려받은 능력들 혹은 그들이 책임질 수 없는 어떤 환경들에 기인한다면 그렇다.1) 만약 이 원리가 건전하다면, 부유한 마을은 가난한 마을보다 훨씬 더 엄격한 할당량을 받아들여만 한다.

나는 우리가 지구 온난화에 관련해서 현재 직면하고 있는 것과 같은 환경에서 희소 자원의 배분을 지배하는 것으로 타당하게 주장될 수 있는 세 가지 원리들을 밝혔다. 이러한 원리들 가운데서 어떤 것이 적용되어야 하는가를 결정하는 것은 규범윤리학의 논쟁적인 영역 깊숙이 우리를 끌고 간다. 하지만 실천적 조건에서, 그 원리들 사이에서의 선택은 처음에 생각했던 것보다 덜 적절한 것이다. 왜냐하면 세 가지 모두가 동일한 방향을 가리키고 있기 때문이다. 지난 2세기 동안 최초로 산업화된 국가들은 거대한 양의 이산화탄소를 대기 중에 방출하였다. 그 대부분이 여전히 남아 있으며, 지구의 기후에 변화를 주지 않고서 온실가스를 더 많이 흡수할 수 있는 대기의 능력이 고갈되어버린 원인이다. 오염자 부담의 원칙을 사용한다면, 개발도상국보다는 오히려 선진국들이 지구 온난화 문제를 다루어야 하는 부담을 현재 져야 한다는 것은 합당한 것으로 보인다. 그런데 만약 우리가 과거를 잊고 파이를 나눌 때 사용한 동일 분배 규칙으로 전환하더라도, 우리는 역시 선진국들이 바로 방출량을 매우 급격하게 줄일 필요가 있는 국가들이라는 결론에 도달하게 될 것이다. 선진국들은 세계 인구의 4분의 1에 불과하지만, 세계의 온실가스 방출의 4분의 3에 책임이 있다. 예를 들어, 미국은 평등한 1인 분담 체계 아래에서 가질 수 있는 국가 할당량의 최소한 다섯 배를 사용한다. 부자들이 가난한 사람들보다 더 많이 희생해야 한다는 제3원리로 바꾼다 하더라도 동일한 결과가 나온다. 즉, 부유하기 때문에 기후 변화를 피하는 부담에 대한 가장 큰 부분을 담당해야만 하는 국가가 바로 선진국들이다.

---

1) 이러한 공정성 개념을 주장한 이로 가장 잘 알려진 사람은 존 롤즈다. John Rawls, *A Theory of Justice*(Cambridge, MA: Harvard University Press, 1971), pp.65-83 참조.

우리의 배기가스를 흡수하는 대기의 능력에 대한 그들의 공정한 몫 이상으로 사용함으로써, 부유한 국가들이 개발도상국의 가난한 농부들 — 강우량이 줄거나 해수면이 상승함으로써 발생한 결과를 누그러뜨릴 만한 능력을 가지고 있지 않은 사람들— 에게 황폐화된 미래의 손해를 주고 있다. 재임 초기 G. W. 부시 대통령에게 이러한 상황에 대해서 그가 어떤 일을 하려고 하는가라는 질문을 했을 때, 그는 다음과 같이 대답했다. "우리는 우리의 경제를 해롭게 하는 것은 그 어떤 것이라도 하지 않을 것이다. 왜냐하면 우선적으로 배려해야 할 사람들은 미국에 살고 있는 사람들이기 때문이다." 기후 변화에 관련된 좀 더 높은 관심에 직면해서, 비록 부시가 오늘날 동일한 말을 하지는 않겠지만, 이러한 '미국우선주의' 철학에서 떠난 것으로 보이는 어떠한 일도 그가 실제로 행한(done) 것은 없다. 그의 행정부에서 준비된 최근의 한 보고서에 따르면, 미국의 방출량이 지속적으로 증가하고 있으며, 2002년부터 2012년까지 11퍼센트가 증가할 것이라고 한다.2)

아마도 제한된 양의 음식을 분배하는 데 타당한 공정성의 원리가 온실가스 방출 상황에 적용될 수 없다고 반론을 제기할 수 있을 것이다. 그러나 상이한 공정성의 원리를 제시할 책임은 이런 말을 하는 사람들에게 있다. 그리고 부유한 국가들이 재앙적인 기후 변화를 일으키지 않고서도 온실가스를 흡수할 수 있는 우리 대기의 제한된 능력의 그토록 큰 부분을 사용하는 현재의 관행을 지속할 수 있게 해주는 타당한 공정성 개념을 나는 알지 못한다.

미국이 교토의정서에 서명하는 것을 거부했을 때, 지구 온난화 문제를 다루는 데로 첫걸음을 내딛는 부담을 다른 국가들로 하여금 안게 만들었다. 물론 교토의정서는 그 자체로는 충분하지 않지만 그것은 첫걸음이다.

부유한 국가들의 국민들은 생존하기 위해서가 아니라 그들이 원할 때마다 자동차를 몰고 에어컨을 틀면서 현재의 높은 수준의 안락한 상태

---

2) Andrew Revkin, "U. S. Predicting Steady Increasa for Emissions", *New York Times*(March 3, 2007).

를 유지하기 위해서 높은 수준의 온실가스 방출을 지속하고 있다는 것을 기억해야 한다. 미국을 방문한 외국인들이 알아차리듯, 대부분의 건물들이 겨울에는 지나치게 난방을 하며 여름에는 과도하게 에어컨을 틀어놓는다. — 과도하게 낭비되는 에너지 사용이라는 국가적 습관을 보여주는 과도한 증상이다. 에너지 절약에 대해 훨씬 더 많은 말을 하고 있지만, 현 상황은 별로 변화가 없다. 지난여름 뉴욕에서 내가 지구 온난화에 관련된 앨 고어의 영화인 「불편한 진실(An Inconvenient Truth)」을 보기 위해 어느 따뜻한 저녁에 외출했을 때, 극장은 너무나 추워서 겉옷을 입어야만 했다.

오늘날 몇몇 부유한 국가들은 모든 국가들에 속한 희소 자원을 불공정하게 전유하고 있는데, 그것에 대해서는 그 국가들이 어떤 다른 국가들보다 더 큰 요구를 할 수 없는 것이다. 자신들에게 약소한 비용이 부과되는 것을 피하기 위해, 그들은 수억 명의 사람들의 삶을 위험에 빠뜨리고 있다.

어떤 이들은 미국이 온실가스 방출을 현재보다 5분의 1로 삭감한다면 — 평등한 1인 할당량 원리가 주장한 것처럼 해야만 한다면 — 상당한 경제적 위기가 오게 될 것이라고, 특히 이러한 일이 말하자면 10년 만에 이루어져야 한다면, 그리고 이러한 것이 모두에게 해가 될 것이라고 반론을 제기하는 것이다. 우리는 과연 그렇게 될지 알 수 없지만, 그러한 위험을 감수하는 것은 현명하지 못할 것이다. 우리는 결과들, 특히 가난하고 특권을 박탈당한 사람들이 치를 대가를 고려할 필요가 있다. 하지만 어느 누구도 예측 가능한 미래에 미국이 전 지구적인 공정한 1인 할당량에 근접할 정도로 방출을 축소하는 것을 목표로 할 것이라고 생각하지 않고 있다. 평등한 1인 할당량이라는 관점이 함축하는 바를 괴롭히는 점은 미국의 현재 입장이 얼마나 터무니없는가를 우리에게 보여준다는 것이다. 미국은, 파이를 원하는 모든 사람들이 똑같은 조각을 가질 수 있도록 그 파이를 잘랐을 때, 한 조각 대신 다섯 조각을 가지고 가면서 다른 사람들로 하여금 남아 있는 파이를 가지고 어떻게 할 것인지를 생각하게 만드는 탐욕스러운 사람과 같다. 더욱이 이 탐욕스러운 사람은 이미 과식을 한 반면, 파이 한 조각을 원했던 다른 수많은 사람들은 심각한 영양실조 상태에 있다.

어쨌든 평등한 해결이 전체 비용을 증가시킬지 모른다는 염려에 대한 분명한 해결이 있다. 교토의정서는 선진국들에게 그들이 사용할 필요가 없는 온실가스를 방출하는 권리를 팔도록 이미 허용하고 있다. 개발도상국들은 교토의정서에 따른 제한 분량의 1단계에서는 의무적인 할당량이 없기 때문에, 그들은 팔 것이 아무것도 없다. 하지만 교토의정서가 평등한 1인 할당량에 근거한다면, 개발도상국은 선진국들과 동일한 규칙에 속하기로 동의함으로써 잃어버릴 것은 없고 얻는 것은 많게 될 것을 보게 될 것이다. 그래서 그들은 자신들에게 할당된 양을 팔 수 있게 되는 것이다. 예를 들어, 인도는 10억에 가까운 인구에 비례하는 할당량을 가지게 되겠지만 현재 방출량을 고려해볼 때 그 할당량의 3분의 1 정도만 필요할 뿐이다. 그래서 6억 명 이상의 1인 할당량을 방출할 권리를 세계시장에 팔 수 있을 것이다. 미국과 다른 선진국들은 그러한 권리의 입찰에 응찰할 것이며, 다른 개발도상국이 제공한 다른 권리들에도 그러할 것이다. 현재 지구적 방출에서 전 지구적 할당량이 주목할 만하게 감소되고 있는 한, 이러한 체계는 모든 국가들에게 방출량을 감소하는 동기를 제공할 것이다. — 선진국들은 다른 국가들로부터 아주 많은 양을 사들일 필요가 없도록 하기 위해서, 개발도상국은 자신들의 할당량을 자유롭게 판매하기 위해서다. 결과적으로 선진국은 판매 가능한 할당량 없이 평등한 1인 할당량에 근거한 체계가 요구하는 방출량에서 급격한 감소와 같은 것을 피할 수 있을 것이지만, 그렇게 함으로써 그 국가들은 자신들의 부의 일부를 개발도상국에게 양도해야만 할 것이다. 그러한 양도에는 불공정한 것은 없다. 왜냐하면 그것은 선진국의 부가 그들이 소유하고 있지 않은 자원을 사용함으로써 가능하게 되었다는 사실을 나타내기 때문이다. 그들은 단지 임대료를 지불하게 된다는 것이다.

또한 방출 할당량 무역의 지구적 체계를 제도화하는 것은, 온실가스의 조건에서, 평등한 1인 할당량이 비효율적인 생산으로 나아갈 것이라는 반론에 대한 답이 될 것이다. 무제약적 방출이라는 현 체계가 미국과 같은 선진국이 자신을 위한 경제적 이익을 얻도록 허용하는 반면, 오염 원의 높은 생산성의 이익을 공유하지 않는 제삼자에 대해 비용을 부과 하고 있다. 방출 할당량 시장과 결합되어 있는 평등한 1인당 권리 체계 는, 생산의 실제 비용을 내면화함으로써, 경제적으로 좀 더 효과적인 결 과를 낳게 될 것이다. 물론 그와 같은 체계를 형성하는 것은 현존하고 있는 전 지구적 제도에 대한 심각한 도전이 될 것이다. 그것은 각 국가 들의 방출량을 측정하여 할당량을 넘어서는 국가들에게 어떤 형식의 제 재를 가할 것을 요구할 것이다. 어쨌든 이러한 도전은 응해져야만 할 것 이다. 기후 변화는 전 지구적 문제이며, 효과적인 전 지구적 제도를 요 구하지 않는 어떠한 해결책을 상상하는 것은 어렵기 때문이다.

* * *

이제 나는 전 지구적 빈곤의 문제를 다루고자 한다. 우리는 이전에는 결코 알지 못했던 풍요로운 수준에서 10억 이상의 사람들이 살고 있는 반면, 하루에 1달러도 채 못 되는 정도의 구매력을 가지고 살아남기 위 해 대략 수십억의 다른 사람들이 격렬하게 애쓰는 세계에 살고 있다. 세 계의 가난한 사람들 대부분은 영양 부족 상태이며, 안전하게 마실 수 있 는 물이나 심지어 가장 기본적인 의료 지원조차 부족하며, 자녀들을 학 교에 보낼 수조차 없다. 유엔아동기금인 유니세프에 따르면, 1천만 명 이상의 어린이들이 매년 — 하루에 3만 명 정도 — 회피 가능한 빈곤과 연결된 이유로 죽어가고 있다. 이러한 상황에서 부유한 국가들이 가져 야 하는 의무는 무엇인가? 그리고 우리가 — 매일 1달러만이 아니라 보 통 더 많은 달러를 실제 필요한 물건이 아니라 사치품이나 사소한 물품 을 사는 데 쓰는 부유한 국가들에 거주하는 사람들이 — 가져야 할 의무 는 무엇인가?

지난 6월에 투자자인 워런 버핏은 빌 게이츠 부부 재단(Bill and Melinda Gates Foundation)에 310억 달러, 그리고 다른 자선 재단에 60

억 달러를 기부하였을 때, 그러한 죽음을 감소시키는 데 중요한 한 걸음을 내디뎠다. 게이츠 부부가 이 재단에 준 300억 달러가 넘는 기부와 함께 버핏의 기부는 21세기 최초 10년이 새로운 '박애의 황금시대'임을 분명하게 해주었다. 게이츠와 버핏의 기부금은 이제 개발도상국들에서 나타나는 빈곤, 질병 그리고 어린이의 죽음을 감소시키기 위한 활동에 주로 사용될 것이다. 세계 건강 조사 포럼(Global Forum for Health Research)에 따르면, 세계 건강 연구 예산의 10퍼센트 정도가 전 지구적 질병 부담의 90퍼센트를 일으키는 조건과 싸우는 데 쓰인다고 한다. 지금까지 가난한 사람들에게만 영향을 주는 질병은 제약 산업에 어떠한 상업적 이익도 가져다주지 못했다. 왜냐하면 가난한 사람들은 약품을 살 여유가 없었기 때문이다. 게이츠 재단의 강력한 지원을 받고 있는 GAVI(Global Alliance for Vaccines and Immunization)는, 자신들이 개발한 말라리아와 같은 질병을 예방할 수 있는 백신 수백만 개의 매입을 보장함으로써 이러한 상황을 변화시키려고 한다. GAVI는 또한 현재 있는 백신의 사용으로 더 많은 사람들이 면역력을 갖도록 개발도상국들을 돕고 있다. 9,900만 명의 어린이들이 현재까지 추가적으로 접종을 받았다. 이렇게 함으로써 GAVI는 거의 170만 명의 미래의 죽음을 이미 막았다고 주장한다.

이러한 규모의 박애는 사실적이고 윤리적인 문제를 일으킨다. 그것이 어떤 선을 행하는 것인가? 우리는 부자들이 그렇게 많이 기부하였다고 해서 칭찬해야 하는가, 아니면 여전히 더 기부하지 않았다고 해서 비난해야 하는가? 그러한 중대한 결정이 소수의 극도로 부유한 개인에 의해서 이루어진 사실은 거북하지 않은가? 그리고 재벌에 속하지 않는 우리가 가난한 사람들에 대해서 가져야 하는 의무는 무엇인가?

어떤 사람들은 부자가 돈을 벌기 위해 열심히 일했다면, 그들은 돈을 가질 만한 자격이 있다고 믿는다. 그들 스스로가 가난한 사람들의 고통의 원인이 되지 않았다면, 그들은 가난한 사람들에게 무엇을 주어야 할 의무가 없다. 하지만 우리는 부자가 되는 데에는 수많은 행운이 존재해야 한다는 것을 인정해야만 한다. 사람들은 유리한 사회적 환경에서 살고 있을 때만 많은 돈을 벌 수 있으며, 그들 스스로가 그러한 환경을 만들지는 않는다. 워런 버핏은 자신의 부의 상당 부분에 대해 사회가 책임이 있다는 것을 알고 있었다. "만약 당신이 나를 방글라데시나 페루의 한가운데에 놓아둔다면, 당신은 이 재능이 척박한 땅에서 얼마나 많은 것을 생산할 수 있는지 보게 될 것이다." 노벨상 수상자로서 경제학자이자 사회학자인 허버트 사이먼(Herbert Simon)은 '사회자본'이 미국이나 북서부 유럽과 같은 부유한 사회에서 사람들이 벌어들이는 것의 최소한 90퍼센트에 책임이 있다고 추정하였다. 사이먼에 의하면 사회자본은 천연자원뿐 아니라 공동체 안의 테크놀로지와 조직적인 기술들, 그리고 좋은 정부의 존재를 의미하는 것이 더욱 중요하다. 이러한 것들이 부자가 자신들의 일을 시작할 수 있는 토대다. 사이먼은 덧붙여서 "도덕적 토대에서 우리는 일률적인 90퍼센트의 소득세를 주장할 수 있다"고 말한다. 물론 사이먼이 무리한 세율을 주장하는 것은 아니다. 왜냐하면 그는 경제 성장을 방해하는 영향들에 대해 잘 알고 있기 때문이다. 하지만 그의 추정은 부자가 그들의 부가 모두 열심히 일한 결과이기 때문에 유지해야 할 권리가 있다는 주장의 근거를 공격하고 있다. 만약 사이먼이 옳다면, 그들의 주장은 기껏해야 10퍼센트 정도만 참일 뿐이다.

어쨌든 우리가 사람들이 벌어들인 모든 돈을 가질 만한 자격이 있다는 점을 인정한다 하더라도, 그들이 그 돈을 가지고 어떻게 써야 하는가에 대한 질문의 대답은 아니다. 우리는 그들이 사치스러운 파티, 개인 비행기 그리고 비싼 요트에 돈을 사용하거나 그런 것들을 위해 돈을 변기에 쏟아버릴 권리가 있다고 말할지도 모른다. 하지만 우리는 쉽게 예방할 수 있는 질병으로 사람들이 죽어가는 동안 그들이 그러한 일을 하는 것은 잘못이라고 여전히 생각할 수 있다. 현재 방글라데시가 된 지역이 인도주의적 위기에 처해 있었던 때인 30여 년 전에 쓴 논문에서, 얕은 연못가를 거닐던 내가 그 연못에 빠져 익사의 위험에 처한 작은 아이를 발견하게 된 예를 사용하였다. 비록 우리가 그 아이가 연못에 빠지는 데 원인을 제공하지는 않았지만, 만약 우리가 우리 자신에게 최소한의 불편이나 어려움을 감수하고서 아이를 구할 수 있다면 거의 모든 사람들은 그렇게 했을 것이라는 데에 동의한다. 그 밖의 것은 냉정하고 부당하며, 한마디로 말해서 잘못이다. 예를 들어 아이를 구하면서 새 신발을 더럽히게 될지도 모른다는 사실이 아이가 익사하도록 허용하는 데 좋은 이유가 되지 않는다. 마찬가지로 만약에 신발 한 켤레 값으로 우리가 한 아이의 생명을 구하는 좋은 기회가 될 수 있는 개발도상국의 건강 프로그램에 기여할 수 있다면, 우리는 그렇게 해야만 하는 것이다.

아마도 가난한 사람들을 도와야 한다는 우리의 의무가 이러한 예들이 함축하는 것보다 더 강력할 것이다. 왜냐하면 우리는 아이가 연못에 빠지도록 어떠한 원인도 제공하지 않은, 지나치는 사람들보다 덜 결백하기 때문이다. 적어도 우리의 풍요로움의 일부가 가난한 사람들을 희생시킴으로써 온 것이라고 토머스 포기(Thomas Pogge)는 주장한다. 그의 이러한 주장은 단순히 유럽과 미국이 개발도상국으로부터 농산물을 수입하는 것에 대해서 유지하고 있는 장벽에 대한 통상적인 비판에 근거할 뿐 아니라, 개발도상국과의 무역이라는 그다지 친숙하지 않은 측면에도 근거한다. 예를 들어, 그 정부가 어떻게 권력을 장악했든지 간에, 국제적인 기업이 어느 정부로부터도 천연자원을 사들이도록 기꺼이 거래를 하고 있다고 그는 지적한다. 이것은 현 정부를 타도하려고 하는 집단들에게 커다란 재정적인 인센티브를 제공한다. 성공적인 반역은 그 국가의 석유, 광물 혹은 목재를 매각할 권리를 갖는 것으로 보상받게 된다.

개발도상국들에서 부패한 독재자를 다루는 데에서 훔친 상품들을 고의로 사는 사람들보다 국제적인 기업이 도덕적으로 더 나을 것이 없다고 포기는 주장한다. — 국제법 및 정치 질서가 기업을 훔친 물품들을 소유하고 있는 범죄자로 여기지 않고 자신들이 구매한 물품들의 법적 소유자로 인정한다는 차이점은 있지만 말이다. 물론 이러한 상황은 산업국가들에게는 이익이 된다. 왜냐하면 이 상황은 우리가 우리의 번영을 유지하는 데 필요한 원자재들을 획득하는 데 도움을 주기 때문이다. 그러나 이 상황은 자원이 풍부한 개발도상국에게는 재앙이 되는데, 그들에게 도움이 되어야 할 부가 쿠데타, 내란 그리고 부패라는 순환으로 이어지며 전체 국민들에게는 도움이 되지 않는 저주로 빠뜨리기 때문이다.

이러한 견지에서, 가난한 사람들에 대한 우리의 의무는 이방인들에게 도움을 주어야 할 의무일 뿐 아니라 우리가 야기하였으며 여전히 야기하고 있는 해악에 대해 보상해야 할 의무다. 우리의 풍요로움이 실제로 그들에게 이롭기 때문에, 우리가 가난한 사람들에게 보상할 의무가 없다고 주장할지도 모른다. 말하자면, 부유하게 사는 것은 일자리를 제공하는 것이며, 부가 조금씩 흘러가서 원조보다 더 효과적으로 가난한 사람들을 돕게 한다는 것이다. 하지만 산업화된 국가에서 부자는 매우 가난한 사람들이 만든 것을 실제로 하나도 사지는 않는다. 경제적 지구화가 이루어진 지난 20여 년 동안, 무역 팽창이 세계의 수많은 가난한 사람들을 빈곤으로부터 끌어올리는 데 도움을 주었음에도 불구하고, 세계 인구의 10퍼센트에 해당하는 극빈층에게 이익을 주는 데는 실패하였다. 대부분 아프리카 사하라 사막 아래쪽에 살고 있는 극단적으로 가난한 사람들은 부자들이 살 만한 것을 아무것도 가지고 있지 않으며, 반면에 다른 사람들은 자신들의 상품을 시장에 내놓을 수 있는 산업 토대가 결여되어 있다. 비록 그들이 자신들의 농작물을 항구에 내놓을 수 있다고 하더라도, 유럽과 미국의 보조금 때문에 부유한 국가들에게 보조금을 지원받고 있는 생산자들에 비해 낮은 생산 비용을 가지고 있음에도 불구하고 — 예를 들어 광범위하고 부유한 미국 목화 생산자들과 경쟁하는 서아프리카 목화 생산자들의 경우에서 — 종종 그들이 농산물을 팔 수 없게 된다.

이러한 문제들에 대한 구제책은 사적 박애로부터가 아니라 국가로부터 나와야만 한다고 합리적으로 주장될 수 있을 것이다. 원조가 정부를 통해서 나오게 된다면, 지불 능력이 많은 사람들로부터 나온 기부금과 함께 면세 한계점 이상의 수익이 있는 모든 사람이 무엇인가 기여하게 된다. 게이츠와 버핏이 한 일을 칭찬하는 것만큼, 우리는 수억 명의 사람들의 운명을 두세 명의 사적 시민들의 결정에 매달아놓는 체계에 의해 거북함을 느낄 수 있다. 하지만 선진국에 의해 주어진 외국 발전 원조의 양은 끔찍하게도 부적절한 상태에 있다. 미국은 절대적인 수치에서 최대의 정부 원조 제공자이지만, 총 국내 생산의 비율로 볼 때 미국은 거의 바닥에 가까운데, 외국 원조에 총 국민소득의 0.22퍼센트만, 즉 국민소득 100달러당 22센트만을 제공하고 있다. (OECD 웹사이트에서 입수할 수 있는 가장 최근의 정보로, 2005년의 상황이다.) 호주는 총 국민소득의 0.25퍼센트를 제공하고 있다. 일본은 조금 많은 0.28퍼센트를 제공하고 있다. 하지만 한국의 기록은 훨씬 더 나쁘다. 2005년 한국의 외국 원조는 총 국민소득의 0.10퍼센트 정도인데, 이는 1퍼센트의 10분의 1로, OECD 개발원조위원회 국가들 가운데 가장 낮은 상태다.[3] (그리스는 OECD 개발원조위원회 국가들 가운데 최하위이지만, 총 국민소득의 0.17퍼센트를 제공하고 있다.) 한국산업연합회 조근호 부회장은 지난 10월에, "한국의 현 외국 원조는 그 경제력이 세계 12위임을 감안한다면 전혀 충분하지 않다. 해외 원조가 급격하게 증가하지 않는 한, 한국은 국제위원회의 인색한 구성원으로 여겨질지도 모른다"[4]라고 말했다. 하지만 한국의 원조가 2004년과 2005년 사이에 아주 급격하게 — 거의 60퍼센트에 가깝게 — 증가하였다는 것은 좋은 소식이며 그 궤도가 상승세를 지속하기를 사람들은 바랄 것이다.

최근 몇 년에 걸쳐서 유엔이 권장한 목표인 총 국민소득의 0.7퍼센트를 초과한 국가들은 스웨덴, 네덜란드, 노르웨이, 덴마크 그리고 룩셈부르크였다. 그 국가들은 모든 다른 국가들에 비해 훨씬 나았지만, 그 국가들조차 소득의 1퍼센트가 안 되게 제공했다. 이것은 늘 일어나고 있는 회피 가능한 빈곤과 연결된 죽음을 막을 만큼은 여전히 충분하지 않으며, 더욱이 기부 국가들에 대한 어떤 주목할 만한 어려움도 되지 못한다. 그러므로 현재로는 개인 기부금이 전 지구적 빈곤을 구제한다는 주

---

3) OECD, *Final ODA Data for 2005*, p.7, available at http://www.oecd.org/ topic/o,2686,en_2649_34447_1_1_1_1_37413,00.html.

4) Cho Kun-ho, "Korea Needs to Increase Foreign Aid to Win Respect from the International Community", *Korea Focus*(November 2006). http://www.korea focus.or.kr/main_view.asp?volume_id=53&cate_code=B&g_cate_code=BB&g _code=101281.

장에 대해, 정부가 이 문제를 처리해왔다는 주장으로 논박할 수 있는 나라는 이 세계에서 단 하나도 없다.

원조에는 항상 비판이 뒤따랐다. 신중하게 계획되고 지성적으로 방향 잡힌 사적 박애라면, 원조가 제대로 작용하지 않는다는 주장에 대한 최상의 답변이 될지도 모른다. 비정부기구(NGO)는 외교적 고려 사항들이나 유엔에서 투표를 좌지우지하려는 욕구에 의해 구속을 받지 않기 때문에, 부패하거나 낭비하는 정부 다루기를 더 쉽게 피할 수 있다. 그들은 직접 현장에 나가서, 지역 마을들 및 민간 기구들과 함께 일할 수 있다. 물론 어떤 대규모의 인간의 계획과 마찬가지로 몇몇 원조는 비효과적일 수 있다. 그러나 원조가 정말로 반생산적이지 않다면, 상대적으로 비효율적인 원조조차 부자가 사치품을 사는 것보다 인간의 복지를 증진시키는 데 더 많은 도움이 될 것이다.

그런데 부자는 — 단지 부유한 국가만이 아니라 부유한 개인들은 — 제공해야만 한다. 그러나 누가 '부자'이며 또 얼마나 많이 제공해야 하는가? 빌 게이츠는 거의 300억 달러를 주었다고 하지만, 530억 달러를 소유한 채 『포브스(Forbes)』의 미국인 갑부 목록 맨 위에 올라가 있다. 시애틀 근교에 있는 그의 6만 6천 제곱피트의 하이테크가 갖추어진 호반 부동산은 1억 달러 이상의 가치가 있다고 한다. 재산세는 약 100만 달러다. 그의 소유물 가운데 '코덱스 라이체스터'라는 것이 있는데, 이것은 레오나르도 다 빈치가 남긴 유일한 육필 서적이지만 여전히 개인 소유로 남아 있다. 그는 이것을 1994년에 3,080만 달러를 주고 구입하였다. 빌 게이츠는 할 만큼 했는가? 더욱 신랄하게 당신은 다음과 같이 질문할 수 있을 것이다. 그가 — 게이츠 부부 재단이 웹사이트에서 선언한 것처럼 — 모든 생명은 평등한 가치를 갖는다는 것을 정말로 믿는다면, 이처럼 비싼 집에서 살고 레오나르도 코덱스를 소유하면서 그는 무엇을 하고 있다는 말인가? 더욱 검소하게 살면서 모은 돈을 그가 이미 기부한 금액에 보탬으로써 구할 수 있는 생명이 더 있지 않은가?

하지만 게이츠가 제공했던 재산의 비율로 판단해본다면, 그가 세계의 대부분의 다른 극단적인 부자들과 잘 비교된다는 것을 우리는 인정해야만 한다. 예를 들어 게이츠의 이전 동료이자 마이크로소프트사의 공동 설립자였던 폴 앨런(Paul Allen)을 생각해보자. 1983년에 회사를 떠난 앨런은 평생 동안 박애적인 이유로 8억 달러 이상을 제공하였다. 아주 극소수의 사람만이 대략 그만큼을 제공할 수 있을 것이다. 그러나『포브스』는 앨런을 순 가치 160억 달러로 다섯 번째로 부유한 미국인으로 목록에 올렸다. 그는 시애틀 시혹스(Seattle Seahawks), 포틀랜드 트레일블레이저스(Portland Trailblazers), 그리고 두 대의 헬리콥터와 60피트짜리 잠수함을 탑재한 413피트짜리 대양 항해용 요트를 소유하고 있다. 그는 단지 자신의 전 재산의 5퍼센트만을 제공하였다.

앨런이 제공하였던 5퍼센트와 게이츠가 기부하였던 대략 35퍼센트 사이에는 도덕적 타당성의 선이 존재하는가? 게이츠가 충분한 기부를 하지 않았다고 말할 수 있는 개인적 모범을 보여준 사람은 거의 없지만, 그런 예를 보인 한 사람은 젤 크라빈스키(Zell Kravinsky)다. 몇 년 전, 40대 중반이었던 크라빈스키는 필라델피아 근처에 있는 젠킨타운에 자신의 소박한 집 한 채 그리고 자신의 가족들의 생활비를 치르기에 충분한 정도만 남겨놓은 채, 4,500만 달러 가치의 부동산을 건강과 관련된 자선 단체들에 기부하였다. 매년 신장 기능이 중지된 수천 명의 사람들이 이식을 기다리는 동안 죽어간다는 것을 알고 난 뒤, 그는 필라델피아 병원과 접촉하여 전혀 낯선 사람에게 자신의 신장 하나를 기증하였다. 크라빈스키의 견해에 따르면, 신장 기증을 받지 않으면 죽게 되는 사람에게 신장을 주지 않는 것은 자신의 생명을 타인의 생명보다 4천 배 더 가치 있게 여기는 것을 의미하며, 이는 크라빈스키가 "터무니없다"고 생각한 비율이다.[5]

우리와 크라빈스키가 구별되는 것은, 모든 인간의 평등한 가치라는 것을 단지 멋진 수사로서만이 아니라 삶에 대한 지침으로 삼는다는 것이다. 버핏은 자신의 자녀들이 "아무것도 할 수 없다고 느낄 만큼 많은 것이 아니라, 무엇이든 할 수 있다고 느끼기에 충분할 만큼" 주어야 한다고 믿는다고 말한다. 그의 판단으로, 그것은 한 사람에 대해서 "몇 십

---

5) 2004년 6월 프린스턴대학의 내 수업에서 그가 말한 내용이다.

만 달러 정도"를 의미한다. 절대적인 의미에서 그것은 대부분의 미국인이 자녀들에게 남길 수 있는 것보다 훨씬 많은 액수이며, 크라빈스키의 기준에 의하면 그것은 분명히 너무 많다. 그러나 버핏이 자신의 세 자녀들에게 각각 100만 달러씩 남겨준다고 하더라도, 그는 여전히 자신의 재산의 99.99퍼센트 이상을 제공할 수 있을 것이다. 어떤 사람이 그 정도를 할 때— 특히 당신 재산의 대부분을 자녀에게 남겨주는 것이 규범인 사회에서— 그들이 제공할 수도 있었던 수십만 달러 때문에 트집을 잡는 것보다는 그들을 칭찬하는 것이 더 낫다.

프린스턴대학에 있는 리암 머피(Liam Murphy)와 K. A. 아피아(Kwame Anthony Appiah) 같은 철학자들은 우리의 의무가 전 지구적 빈곤을 구제하는 부담에 대한 우리의 공정한 몫을 실행하는 정도로 제한된다고 주장한다. 그들은 우리로 하여금 세계의 가장 가난한 사람들이 품위 있는 삶을 살 수 있는 기회를 가지도록 하는 데 얼마나 필요한지를 계산해서, 이 총액수를 부유한 사람들에게 나눌 것이다. 이렇게 하면 우리가 기부해야 할 양이 나오게 되며, 이를 제공한다면 우리는 가난한 사람들에 대한 우리의 의무를 수행하는 게 될 것이다.

공정한 양은 얼마인가? 그것을 계산하는 하나의 방법은, 2000년 유엔 밀레니엄 정상회의에 의해 제정된 새천년개발목표인 최소한 향후 9년 동안을 우리의 목표로 받아들이는 것이다. 그때 역사상 최대의 세계 지도자 모임에서 연대하여 다음의 일련의 목표들을 2015년까지 실행하기로 서약하였다.

- (1일 1달러 상당의 물품 구매력보다 낮은 상태에서 살고 있는 것으로 규정된) 극단적 빈곤 상태에 있는 세계 인구의 비율을 절반으로 줄일 것.
- 굶주림의 고통을 받고 있는 사람들의 비율을 절반으로 줄일 것.
- 모든 곳의 어린이들이 초등교육 전 과정을 이수할 수 있도록 보장할 것.
- 교육에서 성적 차별을 없앨 것.

- 5세 이하 어린이들의 사망률 3분의 2를 줄일 것.
- 임신부 사망률 4분의 3을 줄일 것.
- HIV/AIDS의 확산을 멈추고 줄어들게 하며, 말라리아와 기타 주요 질병들의 감염을 멈추고 줄일 것.
- 안전한 식수를 지속적으로 공급받지 못하는 사람들의 비율을 절반으로 줄일 것.

지난해, 컬럼비아대학 경제학자인 제프리 삭스(Jeffrey Sachs)가 이끌었던 유엔 특별팀은 이러한 목적들에 부응하기 위한 1년 예산을 2006년에는 1,210억 달러, 2015년에는 1,890억 달러로 증가할 것이라고 추정하였다. 우리가 현존하는 공식적인 개발 원조 약속을 고려했을 때, 이 목적에 부응하기 위해 매년 필요로 하는 부가 예산은 2006년에 겨우 480억 달러, 그리고 2015년에 740억 달러다. 이것은 실제로 매우 약소한 금액이다. 예를 들어, 미국에서만 최소한 500만 달러를 벌어들이는 납세자들이 1만 4,400명이 있다는 사실을 생각해보자. 이는 총 1,840억 달러에 달한다. 그들은 자신들의 1년 소득의 3분의 1을 제공하는 데 큰 어려움이 없을 것이다. 왜냐하면 그래도 여전히 최소한 연소득 330만 달러가 그들 각자에게 남아 있을 것이기 때문이다. 그 기부금 총액은 삭스가 2006년에 필요하다고 계산했던 추가 원조액보다 더 많은 금액이다.

이제 세계 도처에 있는 매우 부유한 다른 사람들이 — 비록 앞서 말한 이들보다 덜 부유하다 하더라도 — 밀레니엄 정상회의가 세운 목적에 부응하기 위해 자신들의 소득의 상당한 부분을 제공할 것이라고 가정해보자. 200만 달러 이상 500만 달러 이하를 벌어들이는 사람들은 자신의 수입의 4분의 1을 제공하고, 100만 달러에서 200만 달러 사이로 벌어들이는 사람들은 5분의 1을 제공한다는 등 수입에 비례한 기부율을 상상해볼 수 있다. 이와 유사한 비율을 사용하되 미국의 소득권 상위 10퍼센트 이하의 사람들에게로는 내려가지 않는다 하더라도, 미국에 사는 부자들은 재정적으로 매우 안락하게 지내면서도 매년 4천억 달러 이상을 기부할 수 있을 것이라고 나는 계산한다. 만약 우리가 이 그림을 전 세계에 걸쳐 있는 부자들을 포함하여 확장한다면, 우리는 이 액수의 두 배를 쉽게 얻을 것이다.6) 그것은 삭스가 이끌었던 특별팀이 추정했던 것으로, 새천년개발목표에 부응하기 위한 궤도에 오르기 위해서 2006년에 필요했던 것의 6배 이상이며, 필요 총액과 기존의 공식적 개발 원조 약정액 사이의 차액의 16배 이상이다.

만약 우리가 전 지구적 빈곤을 제거하는 데 대해 단지 우리의 공정한 몫만을 의무로 진다면 부담은 크지 않을 것이다. 하지만 그것이 우리가 해야만 하는 것의 전부인가? 공정이 하나의 좋은 것이라는 데 우리 모두가 동의하기에, 그리고 다른 사람들이 자기의 역할을 다하지 않기 때문에 우리 가운데 어느 누구도 더 많이 하는 것을 좋아하지 않기에, 공정한 몫이라는 견해는 매력적이다. 그렇지만 결국 우리는 그것을 거절해야만 한다고 나는 생각한다. 얕은 연못에 빠져 죽어가는 아이의 문제로 되돌아가보자. 연못에 빠진 아이가 한 명이 아니라 50명이라고 상상해보자. 우리는 그 아이들과는 무관한 50명의 어른들 사이에 있고, 그 연못 주변 잔디밭에 소풍을 나왔다. 우리는 손쉽게 연못에 들어가서 그 아이를 구할 수 있으며, 무릎 깊이의 흙탕물 속을 절벅거리며 가는 것이 춥고 불쾌하다는 사실이 아이를 구하지 않는 데 대한 정당화가 되지 않는다. '공정한 몫' 이론가들은, 만일 우리가 각각 한 아이를 구한다면 모든 아이들은 구출될 것이고, 따라서 우리 가운데 어느 누구도 한 아이 이상을 구출할 의무를 갖지 않는다고 말할 것이다. 하지만 만약 소풍을 나온 사람들 가운데 절반이 아이를 구하는 것보다는 그냥 깨끗이 있고 싶어 한다면 어찌할 것인가? 만일 나머지 절반의 사람들이 오직 한 명의 아이만을 구하고 나서, 절반의 아이들이 그냥 빠져 죽는다는 것을 알면서도 멈춰버린다면 이는 받아들일 수 있는 일인가? 자신들의 공정한 몫을 행하지 않은 사람들에게 우리가 정당하게 분노하게 되겠지만, 그

---

6) 상세한 것은 다음을 참조. Peter Singer, "What Should a Billionaire Give — and What Should You?", *The New York Times Sunday Magazine*(December 17, 2006).

들에 대한 우리의 분노는 그들이 아이들을 죽게 내버려두었다는 이유에서가 아니다. 칭찬과 비난을 중심으로 보자면, 아무것도 하지 않은 사람들에게 아주 강하게 비난하는 것이 옳다. 이와는 대조적으로, 우리는 자신들의 공정한 몫을 행하고 나서 그만둔 사람들에게 그러한 비난을 보류할지도 모른다. 그렇다 하더라도 그들은 아이들을 쉽게 구할 수 있었던 때 그 아이들을 빠져 죽게 했고, 따라서 그것은 잘못이다.

마찬가지로, 현실 세계에서는 충분한 소득을 가진 사람들이 전 지구적 빈곤을 구제하기 위한 자신들의 공정한 몫을 수행하지 않을 때 그것은 심각한 도덕적 실패로 간주되어야 한다. 하지만 자신들의 공정한 몫으로만 기부를 제한하는 사람들에게, 그들이 더 많은 양을 쉽게 기부할 수 있고 또 다른 사람들이 그들의 몫을 하지 않기 때문에 좀 더 기부함으로써 절망적인 상태에 있는 사람들을 도울 수 있을 때, 그들에 대해 어떤 접근을 할 수 있을지를 결정하는 것은 쉬운 일이 아니다. 우리 자신의 사적인 판단으로는, 더 많이 하지 않는 것은 잘못이라고 믿어야만 한다. 그러나 자신들의 공정한 몫을 행하면서 그 이상을 하지 않으려는 사람들을 실제로 비판해야만 하는지의 여부는, 그러한 비판이 그들에게 그리고 다른 사람들에게 끼치게 될 심리학적 영향력에 달려 있다. 그리고 이는 또다시 사회적 관행에도 달려 있을 것이다. 만약 다수가 거의 아무것도 하지 않거나 전혀 하지 않는다면, 공정한 몫의 수준보다 높은 기준을 설정하는 것은 너무나 지나친 일이 되어 결국 공정한 몫의 기여를 기꺼이 하려는 사람들로 하여금 그조차도 하지 않게 만들 것이다. 그래서 공정한 몫의 수준을 달성한 사람들을 비판하지 않는 것이 최선일 것이다. 우리 사회의 기준을 발전시키려면, 우리는 한 번에 한 걸음씩 나아가야만 할 것이다.

30여 년 동안 나는 우리의 지구에서 엄청난 풍요와 생명을 위협하는 빈곤의 공존이 제기하는 윤리적 문제에 대해 읽고 쓰고 가르쳐왔다. 그런데 미국의 상위 10퍼센트 소득자가 얼마나 많은 것을 할 수 있는지를 계산하였을 때에야 비로소 세계의 부자들이 전 지구적 빈곤을 얼마나 쉽게 제거할 수 있는지 혹은 실제로 제거하고 있는지를 충분히 이해하게 되었다. 부자가 상당할 정도로 더 부유하게 되어온 것만큼, 그 일은 지난 30년 동안 훨씬 더 쉽게 되어왔다. 우리의 역량에 비추어 측정했을 때, 새천년개발목표들은 부당할 정도로 놀라울 만큼 약소한 것이다. 만약— 현재 우리가 보여주고 있는 것처럼— 그 목적을 달성하지 못한다면 우리는 변명의 여지가 없다. 우리 스스로 세워야만 하는 목표는 극단적인 빈곤에서 살고 있으며 먹을 것이 충분하지 않은 사람들의 비율을 절반으로 줄이는 것이 아니라, 어느 누구도, 사실상 단 한사람도 그러한 열악한 조건에서 살 필요가 없도록 보장하는 것이다. 그것은 가치 있는 목표이며 우리가 충분히 할 수 있는 일이다.

김선욱 · 윤은주 옮김

동물은 왜 도덕적 고려의 대상이 되어야 하는가?

오늘 내 강연의 주제는 우리가 동물을 다루는 방식의 윤리 문제다. 서양 문명을 통해서 동물들은 도덕적으로 중요성이 아예 없거나 기껏해야 아주 사소한 중요성을 가진 존재들로 인식되어왔다. 아리스토텔레스는 동물들은 좀 더 이성적인 인간들을 위해서 존재하는 것으로, 즉 인간들에게 먹을 것과 입을 것을 제공하기 위해 존재하는 것이라고 생각했다. 성경의 창세기에서도 인간은 동물에 대한 지배권을 부여받았으며 그리고 오직 인간만이 신의 형상을 따라 창조되었다고 하고 있다. 사도 바울은 하나님께 "황소들을 걱정하시는가?" 하고 묻지만 이 물음은 수사학적 질문에 불과하다. 그의 대답은 명백히 그렇지 않다는 것이다. 그 후 아우구스티누스나 토마스 아퀴나스 같은 기독교 사상가들 역시 동물의 고통은 그 자체로는 동물들에게 해를 안 끼치거나, 동물에게 친절해야 하는 이유가 되지 않는다고 주장한다. (그들에 의하면 인간이 동물에게 잔인하지 말아야 하는 이유는 그런 행동이 인간에 대한 잔인함으로 이끌 수도 있다는 것으로, 동물들 그 자체는 중요하지 않다.)

대부분의 서양 철학자들은 이런 견해를 받아들였다. 데카르트는 동물이 고통을 느낄 수 있다는 것을 부정하기조차 했다. 칸트는 그렇지는 않았지만 오직 이성적 존재들만이 목적 그 자체이고 동물은 단지 수단이라고 생각했다. 물론 서양의 이런 전통에 대한 예외가 있기는 하다. 몽테뉴는 인간의 거만함에 의문을 표시했고, 흄은 우리가 동물들에게 정의를 행해야 하는 것은 아니지만 거칠지 않게 동물을 이용해야 한다고 생각했다. 서양의 주된 전통에 대한 가장 강력한 반대는 벤담, 밀, 시지윅 같은 영국의 공리주의 철학자들에 의해 제기되었다. 이들은 동물의 고통이 그 자체로 문제가 된다고 강조했다. 벤담은 동물이 권리를 가진 것으로 인정되는 날이 오기를 기대했다. 하지만 이런 고전적인 공리주의자들조차도 동물에 대한 그들의 언급을 자신들의 철학적 저작의 구석에 남겨놓았을 뿐이다. 그들의 사고는 동물에 대한 지나친 행위를 금지하는 법률을 입법하는 데 영향을 미쳤지만, 사람들의 이해관계가 동물들의 이해관계와 상충할 때 인간의 이해관계가 우선한다는 가정을 재고하는 데까지는 이르지는 못했다.

동양의 전통은 달랐다. 힌두교와 불교에서 인간과 동물은 밀접히 연결되어 있는 것으로 인식되었다. 우리가 동물로 환생할 수 있다는 힌두교의 관념은 우리를 동물들과 연결시켰는데, 이런 방식은 유대교, 기독교, 이슬람교의 전통에서는 완전히 배척되는 방식이다. 모든 쾌고(快苦) 감수성을 가진 동물들에 대한 동정은 불교의 핵심 교리다. 인도의 아소카 왕과 일본의 '개쇼군'으로 알려진 도쿠가와 쓰나요시는 동물을 보호하는 법을 만드는 데 동시대의 서양인들을 훨씬 앞서고 있다. 그럼에도 불구하고 불교에서 동물은 인간보다 열등한 것으로 생각된다. 동물로 태어나는 것은 명백히 부정적인 일이다. 그리고 불교에서 모든 쾌고 감수성을 가진 동물에 대한 동정의 원칙은 동물에 대해서 근본적으로 다른 실천적 관행으로 발전할 수 있었음에도 불구하고 현실적으로 동물에 대한 태도는 불교 국가와 서양의 국가 사이에 별다른 차이가 없다.

위의 논의를 배경으로 해서 나 자신의 생각을 소개하겠다. 30년도 더 전에 나는 『뉴욕 서평(*The New York Review of Books*)』에 다음과 같은 글을 썼다.

우리는 흑인 해방 운동, 동성애자 해방 운동 그리고 여러 가지 다른 종류들의 운동들을 잘 알고 있다. 여성 해방 운동이 일어났을 때 어떤 사람들은 이제 우리는 마지막 해방 운동에 도달했다고 생각했다. 성차별은 인종차별을 하지 않는다고 스스로 자부하는 자유주의자들조차도 보편적으로 받아들이고 시행한 마지막 차별이라고 그들은 말했다. 하지만 우리는 늘 "마지막 남아 있는 차별의 형태"라고 말하는 것을 조심해야 한다.

이 인용문 뒤에 따라 나오는 글에서 나는 인간과 동물 사이의 명백한 차이에도 불구하고 동물은 인간처럼 고통 받는 능력을 소유하며 이것이 의미하는 것은 동물도 우리 인간처럼 이해관계를 가진다는 것이라고 썼다. 만일 우리가 동물들이 우리의 종에 속하지 않기 때문에 동물의 이해 관계를 무시하거나 평가절하한다면, 이런 입장의 논리는 자신들의 인종이나 성에 속한다는 것에 의해, 다른 성질들을 가지고 있는지는 관계없이 우월한 도덕적 지위를 가진다고 생각하는 극단적인 인종차별주의자나 성차별주의자의 논리에 가깝다. 비록 대부분의 인간들은 추론이나 그 외의 지적인 능력에서 동물보다 탁월하지만, 그런 차이는 우리가 인간과 동물 사이에 갈라놓은 선을 정당화하기에는 충분하지 않다. 아기나 심한 정신적 장애를 가진 사람들은 어떤 동물보다 지적으로 열등한 능력을 갖지만, 상품이 안전한지를 검사하기 위해 고통이 지속되는 죽음을 그들에게 가하자고 우리에게 제안하는 사람이 있다면 우리는 그 사람들이 잘못되었다고 생각할 것이다. 그리고 우리는 아이나 심한 정신적 장애를 가진 사람을 조그만 우리에 가두고 그들을 식용으로 쓰기 위해 죽이는 것을 용납하지 않을 것이다. 하지만 동물들에게는 그럴 수 있다는 사실은 '종차별주의'의 신호다. 종차별주의는 지배적인 집단들에게 편하기 때문에 존속되는 편견인데 이 경우의 주된 집단은 백인이나 남자가 아니라 모든 인간들이다.

오늘날에는 거의 믿기 어려울 정도로 1970년대 초에는 동물을 다루는 것이 심각하게 고려할 만한 윤리적 문제를 제기한다고 거의 아무도 생각하지 않았다. 동물의 권리도 동물 해방 기구도 없었다. 동물의 복지는 고양이나 개 같은 애완동물을 사랑하는 사람들의 문제였고, 좀 더 중요한 문제들에 대해서 쓸 것이 있는 사람들은 이에 대해 관심조차 보이지 않았다.

오늘날은 상황이 변했다. 뉴스에서 우리가 동물을 다루는 방식에 대한 문제들이 종종 나온다. 동물 권리 단체들이 산업화된 모든 나라에서 활동 중이고 어떤 나라에서는 중요한 영향력을 가지고 있다. 그리고 활기찬 지적인 논쟁이 진행되어왔다. (동물의 도덕적 지위에 관한 저작의 가장 완전한 문헌 목록은 1970년까지 단지 94종만을 싣고 있지만, 1970년에서 1988년까지는 240종을 싣고 있다.[1]) 지금은 전체 수가 수천 종에 이를 것이다. 게다가 이런 논쟁이 단지 서구의 현상만은 아니다. ― 동물과 윤리학에 관한 선도적인 저작들이 일본어, 중국어, 한국어를 포함해서 대부분의 세계 주요어들로 번역되었다.)

이 분야에서 내가 30년 전에 처음으로 개괄한 입장이 지난 30년간 나의 입장에 반대해서 제기된 다양한 비판과 논변에 대해서 얼마나 잘 견디고 있을까?

논쟁을 평가하기 위해서는 두 가지 질문을 구분하는 것이 도움이 될 것이다. 첫째, 호모사피엔스의 성원이라는 근거에 기초해 인간들에게 선호를 부여하는 것이 정당화된다는 생각인 종차별주의가 방어될 수 있는가? 둘째, 만일 종차별주의가 방어될 수 없다면 우리가 동물에게 일어나는 것보다 인간에게 일어나는 것에 더 많은 도덕적 의미를 부여하는 것을 정당화하는 인간의 다른 성질들이 있을까?

* * *

어떤 종에 속한다는 것이 어떤 존재들을 다른 존재들보다 도덕적으로 더 중요하게 대하는 이유라는 견해는 자주 가정되어왔지만 사실 논변에 의해 옹호되는 일은 드물었다. 종차별주의를 옹호하는 것처럼 말하는

---

1) Charles Magel, *Keyguide to Information Sources in Animal Rights*(Jefferson, NC: McFarland, 1989).

사람들 중 어떤 사람들은 사실상 인간과 동물 사이에서 우리가 인간의 이익에 좀 더 무게를 둘 권리를 주는 도덕적으로 적절한 차이들이 있다고 논변하면서 두 번째 질문에 대해서 긍정적 답변을 하고 있다.2) 하지만 버나드 윌리엄스는, 그의 생전에 출판되지는 않았지만 이제 곧 출판될 「인간의 편견」이라는 논문에서 종차별주의를 옹호하고 있고, 그 논문에 대한 나의 응답 역시 『공격받는 싱어』라는 책에 수록될 것이다.3) 윌리엄스는 종차별주의에 대한 나의 비판에 맞서서 종차별주의를 옹호한 가장 유명하고 가장 유능한 철학자이기 때문에 나는 잠시 그의 논변을 논하고자 한다.

윌리엄스는 우주에서 인간의 지위에 대한 가능한 여러 가지 견해들에 대한 논의로 시작한다. 그는 우주가 문자 그대로 혹은 비유적으로 우리 주위를 공전한다는 종교적이고 인간 중심적인 견해를 부정한다. 그에 따르면 이런 견해들의 문제는 우리가 우주적 관점에서 우리의 중요성을 과대평가하고 있다는 것이 아니라 "우주적 관점"이 있다고 우리가 가정하는 것에 있다. 따라서 우리가 어느 정도의 중요성, 하지만 아마도 상대적으로 작은 중요성을 가진다는 것은 혼동된 사고로서 부정된다. 대신에 윌리엄스는 "옛날 옛적에 우주의 한 구석에 별이 하나 있었고 그 별을 도는 행성이 있었고 그 위에 지식을 발명한 어느 정도 영리한 생물들이 있었고 그러고 나서 세월이 지난 후에 그들은 죽었고 별도 폭발되어 없어졌고 아무 일도 일어나지 않은 것처럼 보였다"는 니체의 견해를 선호한다.

인간 존재가 혹은 더 나아가 이 지구상의 모든 쾌고 감수성을 가진 존재들이 어느 날 사라지게 될지도 모르고 아무 일도 일어나지 않은 것처럼 될지도 모른다. 하지만 사실은 어떤 일이 일어났으며 만일 지구상에 사는 쾌고 감수성을 가진 존재들이 행복과 만족에 가득 차서 사는

---

2) 다음의 예들을 보라. Carl Coher, "The Case for the Use of Animas in Biomedial Research." New England Journal of Medicine 315 : 865-870 (1986) ; Michael Leahy, *Against Liberation : Putting Animals in Perspective.* London, Routledge, 1991.

3) Jeffrey Schaler ed., *Singer Under Fire*(Open Court, 008).

것보다 구제되지 않는 고통 속에 살아야만 한다면 그런 우주는 그렇지 않은 상태보다 영원히 더 나쁠 것이라고 생각하는 데에는 어떤 혼동된 사고도 없다. 이것이 우주의 상태에 대한 전체적인 판단에서 얼마만큼의 차이를 만들 것인지는 우리가 모르는 어떤 것에, 즉 전체 우주에 존재하는 쾌고 감수성을 지닌 존재들과 지구상에 발견되는 쾌고 감수성을 가진 생명체들의 비율에 달려 있다. 지구만이 우주에서 쾌고 감수성을 가진 존재들이 존재해왔고 존재할 유일한 장소라는 것은 그다지 개연성이 없지만 그럴 경우에 우주가 잘 지내고 있는지 아닌지에 관한 우리의 판단은 지구상에 있는 쾌고 감수성을 지닌 존재가 어떻게 지내는지에 전적으로 달려 있다. 하지만 지구가 수십억 개의 행성들 중 하나이고, 그 각각의 행성에 수십억의 쾌고 감수성을 지닌 존재들이 존재해왔고 존재하고 존재할 것이라면, 지구에서 쾌고 감수성을 지닌 존재가 얼마나 잘 지내는지 하는 것은 우주가 얼마나 잘 지내는지 하는 전체적인 판단에서 아주 작은 부분이 될 것이다.

이렇게 말하는 것은 우주가 사실상 어떤 목적이나 관점을 가지고 있다는 유사 종교적 주장을 함축하지 않는다. 하지만 목적 있는 우주를 부인한다고 해서, 우리의 존재가 중요하다는 것의 유일한 의미는 그것이 우리에게 중요하다는 결론을 받아들일 필요는 없다. 그렇지 않다 하더라도 우리는 우리의 생명이, 그리고 우리의 선호의 만족과 좌절이 객관적으로 중요하다고 주장할 수 있다. 최소한 니체나 윌리엄스가 말한 것 중 이런 가능성을 부인하는 것은 아무것도 없다. 이런 입장을 견지하기 위해 필요한 것은 관련된 모든 쾌고 감수성을 지닌 존재들의 위치에 자신을 놓고 만일 자신이 그 모든 삶을 산다면 어떤 우주를 선호했을지를 고려하는 불편부당한 관찰자를 상상할 수 있는 능력뿐이다.

우주적 관점이라는 생각에 반대하는 윌리엄스의 요점은 우리의 모든 가치가 필연적으로 "인간적 가치"라는 것이다. 물론 어떤 의미에서 그것들은 인간적 가치들이다. 아직 우리가 자신들의 가치들을 분석하고 반성하고 토론하는 인간이 아닌 존재들을 만나지 않았기 때문에 우리가 가진 모든 가치들은 인간적 가치이거나, 우리가 진화론적으로 인간 이

전의 조상들로부터 물려받은 행동의 경향으로부터 인간에 의해 발전시켜온 가치들이다. 하지만 우리의 가치들이 이런 의미에서 인간적 가치라는 사실은 우리가 가진 인간 본성이 다른 존재들과 공감할 수 있는 능력을 가진 이성적 존재들 역시 받아들일 만한 가치를 개발할 수 있는 능력을 포함한다는 가능성을 배제할 수는 없다. 게다가 가장 중요한 점은 가치의 인간적 본성이 우리의 가치가 무엇일 수 있는지 혹은 무엇이어야 하는지, 특히 우리가 인간이 아닌 동물들의 고통과 즐거움과 생명들을 인간의 고통과 쾌와 목숨들을 가치 있게 여기는 것보다 덜 가치 있게 여겨야 하는지에 대해 아무것도 말하지 않는다는 것이다.

윌리엄스는 우리의 가치가 인간 가치이기 때문에 동물을 배려하는 것이 어떤 방식으로 잘못 정향되었다고 논변하고자 하지 않는다. 반대로 그는 다음과 같이 말한다. "동물들을 어떻게 다루어야 하는지에 대해 관심을 가지는 것은 인간적 혹은 인도주의적인 태도의 일부이며 내가 말한 어떤 것도 그것에 관심을 갖지 말아야 한다고 시사하는 것은 없다." 대신에 윌리엄스의 논변은 인간이 다른 동물들에 우선한다는 편견을 갖는 것에 대해 정당화할 필요가 없다는 것이다.

우리가 이미 본 것처럼 이 문제에 대한 나의 초기의 글부터 나는 인종차별주의, 성차별주의, 종차별주의 사이의 유사점을 지적했다. 이 각각의 경우에, 우세한 그룹이 자신의 그룹의 외부적 존재들을 자신의 그룹의 이익이 되도록 다루는 것을 정당화하는 이데올로기를 개발했다고 나는 주장한다. 이 이데올로기는 이들 외부 존재들의 이익을 무시하거나 평가절하한다. 간단히 말해 이 외부 존재들의 이해관계는 내부자들의 이해관계만큼 중요하지 않다. 인종차별주의, 성차별주의, 종차별주의 사이의 유비는 유용한데, 그 이유는 부분적으로는 그 유비가 인간을 유일하게 중요한 존재로서가 아니라 다른 존재들을 자신들의 목적을 위해서 사용하는 우세한 그룹으로 볼 수 있도록 하기 때문이다. 게다가 그 유비는 단순한 생물학적 차이가 우리가 다른 존재들에 대해 얼마만큼의 고려를 해야 하는지에 대한 차이를 정당화한다는 것에 대해 의문을 제기한다.

이 유비에 대해서 윌리엄스는 종차별주의가 인종차별주의나 성차별주의와 다르고 도덕적으로 반대할 만하지 않다고 주장한다. 물론 인종차별주의, 성차별주의, 종차별주의 사이의 유사성이 완전히 정확한 것이 아니라는 것은 진실이다. 윌리엄스는 왜 그렇지 않은지 몇 가지 이유를 든다. 예를 들어 정상적인 인간과 캥거루 사이의 차이는 다른 인종 간의 차이와 남성과 여성의 차이보다 훨씬 크다. 『동물 해방』의 초판에서 나 자신도 그렇게 말했다. "정상적인 성인 인간의 탁월한 정신적 능력이 큰 차이를 만드는 영역이 있다: 기대, 좀 더 구체적인 기억, 무엇이 일어날 것인지에 대한 더 많은 지식 등등.4) 하지만 종차별주의가 도덕적으로 비난을 받을 만하다는 주장은 사실 이런 종류의 논변에 의해서는 응답될 수 없다. 그 이유는 다른 종의 성원들은 탁월한 정신 능력을 가지지 않고 우리 종의 성원들은 가지고 있다 하더라도 나는 종차별주의를 이런 탁월한 정신 능력에 기초한 차별이라고 정의하지 않고 종에 기초한 차별이라고 정의하기 때문이다.

하지만 윌리엄스의 종차별주의 논의에서 가장 흥미로운 것은 이런 차별이 가장 명백한 경우에 대해 논하지 않는다는 것이다. 이런 경우는, 어떤 사람들은 개나 돼지의 정신 능력보다 탁월한 정신 능력을 가지고 있지 않지만, 다른 사람과 동일한 탁월한 도덕적 지위를 갖는 경우다. 우리는 침팬지와 원숭이, 돼지, 개들을 고통스럽고 치명적인 실험에 기꺼이 사용한다. 만일 이런 실험에 사람들을 사용한다면 우리는 그것이 인간의 권리를 침해하는 것이라 간주할 것이다. 여기서 인간은 아마도 비정상적인 유전적인 요소 때문에 혹은 출생 시의 문제로 인해 이들 동물들에 비견할 만한 지적인 능력을 갖고 있지 않고 갖지 못할 것이다. 이것이 인간을 우선시하는 편견, 즉 종차별주의가 윌리엄스가 논하는 인간과 동물을 구별하는 정신적 능력이나 그 외의 특징들과 아무런 관련도 없다는 것을 보여주지 않는가? 우리가 지금 동물을 다루는 방식을 옹호하려는 사람은 이 가능성에 응답할 필요가 있다. 사실 이것은 순전히 가정적인 경우가 아니다. 심한 뇌의 손상이 있는 인간을 실험에 사용

---

4) Peter Singer, *Animal Liberation*(London: Cape, 1976), p.18.

하는 것은 많은 경우에 의학을 위해서 이익이 될 것이다. 왜냐하면 종들 사이에는 의미 있는 차이들이 있고 인간이 아닌 동물들에 관한 연구로부터 나오는 결과들은 오도할 수 있기 때문이다. 우리는 적어도 일부의 사람들보다 더 높은 지적인 의식을 가지고 있는 동물에 대해서 수백만 번의 실험을 계속하지만, 이런 연구를 인간에 대해 하는 것에 대해서는 생각조차 하지 않으려 한다.

가장 중요한 부분에 이르면, 인간의 편견을 방어하는 윌리엄스의 마지막 수단은 놀랍도록 단순하다. 그는 우리에게 우리의 행성이 자비롭고 공정하고 먼 안목을 가진 외계인들에 의해 식민화되고, 이들이 의심할 바 없이 공정한 마음과 완전한 정보에 근거해서 "우리를 제거하는 것이" 필요하다고 판단했다고 상상해보라고 한다. 이 상황에서 우리는 외계인들의 잘잘못을 논하지 말아야 한다고 윌리엄스는 말한다. 비록 외계인들이 공정하고 모든 존재들의 더 큰 좋음을 위해서 행동한다 하더라도 이때 유일한 질문은 "너는 어느 편이냐?"라는 것이라고 윌리엄스는 생각한다.

윌리엄스가 인종차별주의와 종차별주의 사이의 유비를 부정하고 나서 "너는 어느 편이냐?"를 자신의 논변의 궁극적인 거점으로 사용한다는 것은 의아하다. 왜냐하면 그것은 우리가 전에 들어온 질문이기 때문이다. 전쟁이나 인종적, 민족적, 종교적 혹은 이념적 갈등이 있을 때 그 질문은 집단의 단합을 불러일으키기 위해 사용되고 이런 싸움에 의문을 표하는 것은 반역이라고 제시한다. 매카시주의자들은 공산주의와 싸우는 자신들의 방법에 반대하는 사람들에게 그렇게 물었고, 지금 미국의 부시 행정부는 행정부를 비판하는 사람들에게 행정부의 정책을 비판하는 것은 테러리스트들을 지원하는 것이라는 점을 시사하면서 그렇게 묻는다. "너는 어느 편이냐?"는 세계를 '우리'와 '그들'로 나누고, 이런 구분이 있다는 사실은 무엇을 행하는 것이 올바른가 하는 윤리적 문제들을 초월한다는 것이다.

이런 상황에서 행할 올바른 일은 그리고 용기 있는 일은, 옳든 그르든 나의 부족(나라, 인종, 민족, 종교, 종 등)이라 말하게 하는 부족 본능을 따르는 것이 아니라 "나는 올바른 쪽에 서겠다"라고 말하는 것이다. 비록 공정하고 모든 정보를 알고 먼 안목을 가진 판단자가 더 많은 부정의와 비참을 피하기 위해 우리 종족을 제거하는 것 외에 다른 대안이 없다고 결정하는 것을 상상하는 것이 어렵지만, 만일 그것이 사실이라면 우리는 부족 혹은 종 본능을 누르고 윌리엄스의 질문에 같은 식으로 대답해야 한다. 즉, 올바른 쪽에 서겠다고 대답해야 한다.

인종차별주의와 종차별주의 사이의 유사성의 문제를 끝내기 전에 종차별주의를 옹호하기 위한 다른 논변을 거론해야 한다. 그 논변은 부모들이 모르는 사람들의 아이들에 우선해서 자기 자신의 아이들을 돌보아야 할 특별한 의무가 있는 것처럼 다른 종의 성원들에 우선해서 우리 종의 다른 성원들에 대해 특별한 의무가 있다는 것이다.5)

이 입장을 취하는 사람들은 가족과 종 사이에 있는 명백한 경우들에 관해서 침묵한다. 예를 들어 캘리포니아대학(리버사이드)의 명예교수인 루이스 페트리노비치(Lewis Petrinovich)는 조류학과 진화론의 권위자인데, 그는 우리의 생물학적인 본성이 어떤 경계를 도덕적 명령으로 전환시킨다고 말한다. 이런 경계들로 "아이들, 친족, 이웃 그리고 종"을 들고 있다.6) 만일 이 논변이 가족과 친구라는 좀 더 좁은 범위와 종이라는 좀 더 넓은 영역 양쪽 모두에서 성공적이라면, 이 논변은 그 중간 범위인 인종에 대해서도 성공적이어야 한다. 하지만 페트리노비치는 그런 결론을 도출하고 싶지 않을 것이다. 우리 자신의 인종의 이해관계를 다른 인종의 이해관계보다 우선시하는 것을 지지하는 논증은 오늘날은 친족, 이웃 그리고 우리 인간 종의 성원들의 이익을 우선시하는 논변보

---

5) Mary Midgley, *Animals and Why They Matter*(Athens, GA: University of Georgia Press, 1984); Jeffrey Gray, "On the Morality of Speciesism", *Psychologist* 4:5(1991) pp.196-198, and "On Speciesism and Racism: Reply to Singer and Ryder", *Psychologist* 4:5(1991): pp.202-203; Lewis Petrinovich, *Darwinian Dominion: Animal Welfare and Human Interests*(Cambridge, MA: MIT Press, 1999).

6) Lewis Petrinovich, *Darwinian Dominion: Animal Welfare and Human Interests*, p.29.

다 설득력이 없다. 하지만 만일 인종이 도덕적으로 적절한 경계가 아니라면 왜 종이 도덕적으로 적절한 경계여야 하는가?

1983년에 로버트 노직(Robert Nozick)은, 종의 성원이라는 것의 도덕적 중요성에 관한 이론을 아직 우리가 가지고 있지 않다는 사실로부터 많은 결론을 끌어낼 수는 없는데, 왜냐하면 그 문제는 최근까지는 그렇게 절실한 문제로 보이지 않았고 아무도 그런 이론을 만들기 위해 많은 시간을 들이지 않았기 때문이라고 논변했다.7) 노직이 그렇게 쓴 이후부터 많은 철학자들이 종의 성원의 도덕적 중요성에 관해 많은 주의를 기울여왔다. 하지만 그들 중 아무도 설득력 있는 것을 말하지 못했다. 따라서 노직의 언급은 다른 의미를 갖게 된다. 종의 성원이라는 것의 도덕적 중요성을 정당화하는 것은 점점 더 성공하지 못할 것처럼 보인다.

* * *

이제 두 번째 질문에 관해서 논의하겠다. 만일 종이라는 것 자체가 도덕적으로 중요하지 않다면, 우리가 동물들의 이해관계를 과소평가하는 근거가 되는 종의 경계와 일치하는 다른 특징이 있을까? 도덕을 일종의 사회계약으로 보는 사람들은 상호작용을 하는 능력의 결여가 그런 것이라고 말한다. 예를 들어 피터 캐루터스(Peter Carruthers)는, 도덕이 만일 내가 너를 해치지 않는다면 너도 나를 해치지 말아야 한다는 동의로부터 나왔다고 주장한다. 그런데 동물들은 이런 사회계약에 참여할 수가 없기 때문에 우리는 동물들에 대한 직접적인 의무가 없다.8) 도덕에 대한 이런 접근의 문제는, 이런 접근이 우리는 어린아이들이나 아직 태어나지 않은 미래의 세대에 대해서는 직접적인 도덕적 의무가 없다는 것을 의미한다는 것이다. 만일 우리가 수천 년이나 유해한 방사성 쓰레

---

7) Robert Nozick, "About Mammals and People", *New York Times Book Review*(November 27, 1983), p.11.

8) Peter Carruthers, *The Animals Issue: Moral Theory in Practice*(Cambridge: Cambridge University Press, 1992).

기를 생산하고 그것을 150년 동안만 유지되는 용기에 넣어서 가까운 호수에 버린다면 그것은 비도덕적이 아닐까? 만일 그런 행동이 비도덕적이라면 도덕은 상호성에 기초할 수 없다.

인간의 특별한 도덕적 중요성을 지적하는 많은 다른 방식들이 제시되어왔다. 추론 능력, 자의식, 정의감, 언어 자율성 등. 하지만 이 모든 구별하는 표지들의 문제는 위에서 윌리엄스를 논할 때 언급한 대로 어떤 사람들은 이런 특징들을 완전히 결여하지만, 이런 사람들을 동물들과 동일한 범주에 넣으려는 사람들은 거의 없다는 것이다.

동물들에 대한 우리의 현 관행의 종차별주의를 증명하기 위해 인간이 아닌 동물들의 지적 능력보다 탁월하지 않은 능력을 가진 인간들을 다루는 방식에 호소하는 것은 "한계적 경우로부터의 논증"이라는 논쟁을 불러일으키는 이름으로 알려졌다.9) 그것은 우리가 특별한 도덕적 지위를 가지는 존재들과 그런 지위를 결여한 존재들의 경계를 나누는 우리의 현행 방식에 대한 강력한 논변일 뿐 아니라 종차별주의에 대한 비판이 우리가 동물에 대해 생각하는 방식을 바꾸는 만큼이나 우리가 사람들에 관해서 생각하는 방식에 대해서도 함의를 가진다는 것을 보여준다. 어떤 사람들은 이런 함의에 놀란다. 이런 함의에 대해서는 다른 강연에서 더 충분히 논의할 것이다. 오늘 강연의 목적을 위해서는 이 문제에 관한 간략한 요약만이 필요할 것이다. 만일 우리가 모든 인간들은 그들의 지적 능력에 상관없이 동일한 기본적 권리를 갖는다고 주장하는 현재 통용되는 도덕적 수사학을 받아들인다면, 인간이 아닌 많은 동물들이 — 최소한 모든 정상적인 조류들과 포유류들이 — 일부의 인간들만큼 이성적이고 자의식적이고 자율적이라는 사실은 모든 동물들은 생명권을 포함한 기본적 권리들을 가진다는 것을 주장하는 강력한 기초처럼 보인다. 다른 한편으로, 만일 심한 지적 장애를 가진 사람들이 우리가 지금 같은 지적 수준에 있는 동물들이 권리들을 가지고 있지 않다고 믿

---

9) 좀 더 심층적인 논의를 위해 다음을 참조. Daniel Dombrowski, *Babies and Beasts: The Argument from Marginal Cases*(University of Illinois Press, 1997).

는 것처럼 그들도 권리를 갖고 있지 않다고 믿는다면, 우리는 동물들을 고통스럽고 치명적인 실험에 사용하는 것처럼 그런 사람들도 그런 실험에 사용할 수 있는 것처럼 보인다.

어떤 사람들을 정상적인 조건에서 사람들은 권리에 의해 보호되는 도덕 공동체의 성원들이기 때문에 비정상성이 이 공동체의 성원권을 취소시킬 수 없다고 주장한다. 그래서 로저 스크러튼(Roger Scruton)은, 비록 심한 정신적 장애를 가진 사람들은 정상적인 인간만큼 동일한 요구를 우리에게 실제로 가지고 있는 것은 아니지만 우리는 그들이 그런 것처럼 대해야 한다는 것이다.10) 하지만 노예제 사회의 사람들은 권리를 가진 인간과 권리를 갖지 않은 인간 사이의 경계를 나눈 것에 전혀 어려움을 느끼지 않았다. 게다가 사람들이 실제로 가지고 있는 것이 아니라 그들이 정상적으로 가지고 있는 특징들 때문에 동물들보다 왜 도덕적으로 높아져야 되는지 명백하지도 않다. 이 논변은 필요한 특징들을 '우연히' 갖지 못한 사람들을 배제하는 것이 불공정하다는 것에 호소하는 듯이 보인다. 만일 '우연히'가 단지 통계적인 것이라면 그것은 도덕적 적절성을 갖지 못한다. 그리고 만일 그것이 필요한 특징들을 결여하는 것이 비정상적인 사람들의 잘못이 아니라는 것을 의미하는 것이라면 그것은 비정상적인 사람들을 동물로부터 구별하는 기초가 되지 못한다.11)

나는 과거 30년의 논쟁이 모든 쾌고 감수성을 가진 존재들 — 이해관계를 가진 존재들 — 은 그들의 이해관계가 평등하게 고려되어야만 한다는 생각에 어떤 근본적인 반대도 제시하지 못했다고 본다. 하지만 그런 입장은 그런 이해관계가 무엇인지를 평가해야 하는 불가피한 어려움에 봉착하게 된다. 계속되는 삶에 대한 한 존재의 이해관계는 — 따라서

---

10) 다음의 예를 보라. Roger Scruton, *Animal Rights and Wrongs*(3rd ed., Claridge Press, 2003); Peter Carruthers, *The Animals Issue: Moral Theory in Practice.*

11) 다음을 참조. Paola Cavalieri, *The Animal Question: Why Non-human Animals Deserve Human Rights*, trans. Catherine Woollard(New York: Oxford University Press, 2001).

그 존재의 생명을 빼앗는 그릇됨은— 부분적으로는 그 존재가 자신이 시간이 지나도 존재하고 미래 지향적인 욕망을 형성할 수 있는가에 달려 있다. 시간이 흘러도 존재하는 자신을 볼 수 없는 존재는 계속 살기를 원할 수 없기 때문에 죽음이 그런 욕망을 좌절시킬 수 없다. 그 정도까지 자의식이나 미래를 지각하는 센스 같은 특징들은 한 존재를 죽이는 것에 의하여 얼마나 심각한 해가 끼치는지에 대한 차이를 만들 수 있다. 만일 물고기가 물 밖으로 끌려나온다면 물고기조차도 그 삶을 위하여 투쟁할 것이라고 반대할지도 모른다. 이것이 물고기가 자신을 의식하고 계속 살기를 원한다는 표시인가? 하지만 대답은 물고기는 그렇지 않다는 것이다. 물 밖에 나온 물고기는 숨을 쉴 수 없기 때문에 확실히 고통을 받고 있고 서서히 질식되면서 아마도 고통을 받을 것이다. 그런 고통 때문에 그것이 꿈틀거린다. 하지만 그런 버둥거림으로부터 물고기가 시간을 넘어서 존재한다는 것을 알고 계속 살기를 원하는 것으로 결론을 끌어내는 것은 잘못된 것이다. 이것에 대해서는 다른 강연에서 (삶과 죽음의 문제를 다룬 강연에서) 더 얘기할 것이다.

하지만 나는 쾌고 감수성의 경계에 대해서 좀 말을 해야만 한다. 내 견해는, 쾌고 감수성을 가진 모든 존재들은 이해의 동등한 고려를 받을 권리가 있다는 것이다. "쾌고 감수성을 가진 존재"라는 용어로 나는 이해관계를 가진 존재를 말하고 고통을 느끼는 능력은 그 존재가 이해관계를 가지는 데 충분하다는 것이다. 즉, 그런 존재는 최소한 고통을 안 느낄 이해관계를 갖는다. 하지만 어떤 존재들이 그런 능력을 갖는가?

아무도 다른 존재의 의식을 직접적으로 관찰할 수 없다. 우리가 직접적인 경험을 가지고 있는 유일한 의식은 우리 자신의 의식뿐이다. 다른 모든 경우에 우리는 유비에 의해서 의식의 존재를 추론할 수 있을 뿐이다. 다른 동물들이 우리에게 고통을 촉발하는 상황에 있고 우리가 행동하는 것처럼 행동할 때 우리는 동물들이 우리가 고통에 있을 때 경험하는 것을 경험하리라고 믿을 만한 상당한 이유를 갖는다. 이 유비는 동물들이 우리의 신경계와 아주 비슷한 신경계를 가지고 있고 우리의 뇌와 유사한 뇌에 임펄스를 전달하는 것을 발견할 때 더욱 강해진다. 우리가 공통된 진화론적인 근원을 공유한다는 지식을 더하면— 동물들은 동물 행동을 모방하기 위해서 장난감 회사가 만든 영리한 로봇이 아니다— 동물들이 우리가 가진 의식적인 경험들을 가지리라고 가정하는 것이 합리적일 것이다. 따라서 모든 포유류들이 고통을 느낄 수 있다는 것은 명백한 듯이 보이고 새에 대해서도 별다른 의심이 없어 보인다. 물고기와 무척추 동물들에 대해서는 어느 정도의 논란이 있다. 아지만 물고기의 행태에 대한 최근의 연구는 물고기들이 고통을 느낄 수 있다는 것을 강력하게 시사하고 있다.12) 갑각류와 벌레들에 대해서는 그것에 대해 확신하기가 더욱 어렵다. 어떤 면에서는 그것들의 행동은 좀 더 의식이 요구되지 않는 것 같은 방식으로 더 프로그램화되어 있는 듯이 보인다. 하지만 우리는 확신할 수 없고 따라서 가장 윤리적인 행동의 방식은 그것들에게 의심의 혜택을 주는 것이고, 가능한 한 만일 그런 동물이 고통을 받을 수 있다면 그런 동물에게 고통을 가할 수 있는 것을 피하는 것이다.13)

* * *

어떤 사람들은 도덕적 논변이 실제 생활에 영향을 줄 수 있다는 것에 대해 회의적이다. 그들은 도덕적 논증이라는 것은 실제로는 우리가 하고자 하는 것을 합리화하는 것에 불과한 것이고 전혀 사람의 마음을 바꾸지 못하거나 아주 드물게만 사람의 마음을 바꿀 수 있다고 믿는다.14)

---

12) Lynne Sneddon, V. A. Braithwaite, and M. J. Gentle, "Do fish have nociceptors? Evidence for the evolution of a vertebrate sensory system", *Proceedings of the Royal Society*, vol. 270, no. 1520(2003), pp.1115-1121; 또한 다음을 참조. K. P. Chandroo, I. J. H. Duncan, and R. D. Moccia, "Can fish suffer? Perspectives on sentience, pain, fear and stress", *Applied Animal Behaviour Science*, vol. 86(2004), pp.225-250.
13) Chris Sherwin, "Can invertebrates suffer? Or how robust is argument from analogy?", *Animal Welfare*, vol. 10, supplement(2001), pp.103-118 참조.
14) 다음의 예를 보라. Richard A. Posner, *The Problematics of Moral and Legal Theory*(1999).

동물 운동은 이런 견해에 대한 반례를 제공한다. 제임스 재스퍼(James Jasper)와 도로시 넬킨(Dorothy Nelkin)이 『동물권 십자군 운동: 도덕적 항의의 성장』이라는 책에서 관찰하고 있듯이, "철학자들이 1970년대 말 동물 운동의 산파 역할을 했다."15) 이 운동은 여러 가지 방식으로 개혁을 이끌어내는 데 성공했다. 동물 실험에서 개혁과, 특히 유럽연합에서는 가장 나쁜 형태의 가축 사육 공장을 금지하는 법률들을 통과시켰다. 이런 최악의 가축 사육 공법이란 육용 송아지와 돼지를 몸을 움직이지도 못하는 작은 우리 속에 넣고, 암탉을 알을 낳는 통도 없거나 본능적인 행동을 할 수 있는 충분한 공간조차 없는 아주 작은 철망 우리 속에 가두어 기르는 것이다. 유럽연합에서 취해진 이런 개혁들은 수많은 동물들에 영향을 미치고 대규모 산업들을 변화시킬 것이다. 이 모든 변화들이 동물의 복지에 대한 배려에 기인한 것이다. 이제 미국이 유럽의 예를 따르기 시작하고 있다. 가장 잔인한 공장식 사육 방식을 금지하는 미국의 플로리다 주와 애리조나 주의 주민 투표에 따라서 세계 최대의 돼지 생산 업체인 스미스필드가 자발적으로 돼지들을 개별 우리에 가두어 기르는 것을 단계적으로 없애나가겠다고 발표했다. 캐나다 최대의 돼지 생산 업체인 메이플리프 역시 그렇게 하겠다고 발표했다. 그리고 미국의 송아지 고기 생산 업체들도 송아지를 개별 우리에 가두어 사육하는 방식을 단계적으로 없애나가겠다고 발표했다. 따라서 철학이 관념의 영역에서 뿐 아니라 일상생활 영역에서도 중요한 변화를 촉발했다는 데에서 사회에서 진정으로 비판적인 역할을 했다.

우리가 동물들에 관해 생각하는 방식에 대한 이런 근대 철학적인 도전이 때때로 "분석적 전통"이라 불리는, 영어권 철학의 전통에 있는 철학자들로부터 나왔다는 것은 주목할 만한 가치가 있다. 유럽의 대륙 철학의 전통, 하이데거, 푸코, 레비나스와 들뢰즈 등의 전통에 있는 철학자들은 아무런 역할도 하지 않았다.16) 이런 철학자들이 어떤 사회가 취

15) James Jasper and Dorothy Nelkin, *The Animal Rights Crusade: The Growth of a Moral Protest*(New York: Free Press, 1992), p.90.

16) Peter Atterton and Matthew Calarco eds., *Animal Philosophy: Ethics and*

하는 주된 가정과 제도에 대해서 견지한다고 하는 여러 모로 가치 있는 '비판적 자세'에도 불구하고, 이런 사유 체계는 우리가 동물들을 어떻게 다루어야 하는지 하는 문제들과 씨름하는 데 거의 실패했다. 왜 그렇게 되었을까?

물론 동일한 질문을 1970년대 이전의 분석적 전통의 철학에 대해 묻는 것도 가능하고, 이 문제에 대해서 가능한 어떤 대답들은 모든 철학적 전통에 공통될 것이다. 노예 상인들과 노예 소유주들이 아프리카계 사람들을 재산으로 취급하는 것이 정당하다고 믿는 것이 편리했던 것처럼, 우리 자신은 동물이 소유할 수 있는 사물이고, 동물이 도덕적 요구를 할 수 있는 근거가 되는 이해관계를 가지고 있지 않다고 믿는 것이 편리할 것이다. 영국 철학 전통에 있는 철학자들이 동물을 다루는 문제를 다루고 있을 때, 대륙 전통이 이 문제에 대해 침묵을 지킬 수밖에 없었던 더 구체적인 이유가 있다. 한 이유는 흄, 벤담, 밀의 영국적 전통에서는 어떤 존재가 쾌와 고통을 경험할 수 있는 능력이 도덕적 지위를 갖는 데 중요하다는 결론에 이미 도달하고 있었다는 것이다. 반대로 대륙 전통에서는, 그중에서도 칸트에 집중해보면, 이성 능력과 이성 능력에 의한 자율성의 능력이 도덕적 지위를 갖기 위한 중요한 전제조건이었다. 하지만 이러한 입장이 아기들이나 심한 정신적 장애를 가진 인간들의 도덕적 지위에 관해 심각한 문제를 일으킨다는 것에 주목한 칸트의 추종자들이 거의 없었다는 것은 놀라운 일이다. 만일 이성 능력 혹은 자율적으로 행동할 수 있는 능력이 인간을 다른 사람의 목적을 대한 수단이 아니라 목적 자체로 만드는 것이라면 명백히 어떤 사람들은 목적 자체가 아니라 다른 사람의 목적을 위한 수단일 뿐이다.

대륙 철학이 동물의 도덕적 지위 문제를 다루는 데 실패한 사실로부터 배워야 하는 참된 교훈은 '비판적 자세'를 취하는 것이 심오하거나 우리를 고양시키는 듯이 보이지만, 이에 사용된 애매한 수사학은 비판적 고찰을 돕기보다는 추론의 약점을 위장하는 데 더 큰 역할을 하기 때문에, 이런 수사학적 정식화에 대해서 비판적이어야 한다는 것이다.

Identity(Continuum, 2004).

철학은 과거의 위대한 철학자들의 권위에 무조건 굴복해서는 안 되고, 명백한 논변을 결여한 부풀려진 수사학의 바람을 뺄 준비가 되어야 한다. 그렇게 하는 것이 소크라테스가 고대 아테네에서 그랬을 때 인기가 없었던 것처럼 우리를 인기 없게 만들지라도 우리는 반드시 그렇게 해야만 한다.

* * *

이 강연의 처음에서 인용한 『뉴욕 서평』에 실린 내 글은 동물 해방 운동을 인간 본성에 대한 시험으로 보는 문단으로 끝이 난다.

이런 종류의 순전히 도덕적인 요구가 성공할 수 있을까? 물론 아주 어려울 것이다. 이 책은 어떠한 유인책도 내놓지 않는다. 이 책은 우리가 동물을 더 이상 착취하지 않는다면 우리가 더 건강해진다거나 인생을 더 즐기게 될 것이라 말하지 않는다. 동물들은 자신들을 위해서 동물 해방을 요구하거나 착취에 반대해서 투표나 데모나 폭탄으로 항의할 수 없기 때문에, 동물 해방은 다른 어떤 종류의 해방 운동보다 인간의 입장에서 더 많은 이타주의를 요구한다. 하지만 누가 알겠는가? 만일 이 책이 중요한 영향을 미친다면, 이 책은 인간의 마음속에 잔인함과 이기심 외에 더 많은 가능성을 가지고 있다고 믿어온 사람들의 입장을 입증하는 길이 될 것이다.

그래서 지금까지 우리는 무엇을 성취했는가? 우리가 거둔 성과가 인간 본성에 대한 낙관주의자들과 냉소주의자들 양쪽 모두 자신들의 견해를 지지하는 것으로 볼 수도 있다. 동물 실험과 동물 학대의 영역에서 중요한 변화들이 일어났다. 레블론, 에이본, 브리스톨 마이어스 같은 큰 화장품 회사들은 그들의 상품을 시판하기 전에 동물에 통상적으로 실험해왔다. 그들은 수천 마리의 토끼들을 나무 상자 속에 움직이지 못하게 한 뒤 의식이 있는 상태에서 화장품에 사용되는 요소들을 눈에 집어넣었다. 그 후 기술자들이 하루나 이틀 후에 돌아와서 토끼들의 눈에 가해진 피해를 측정했다. 때로 매우 부식시키거나 산성이 있는 것들을 토끼 눈에 넣었고 그 결과로 안구에 수포가 생기고는 했다. 우리는 이것이 토끼들에게 얼마나 고통스러웠을지 상상할 수 있다. 다행히 동물 해방 운동의 결과로 이 회사들은 더 이상 그 생산물들을 동물에 실험하지 않게 되었고 동물 눈에 대한 실험은 이제 거의 사라졌다. 모피 역시 어느 정도 진보가 이루어진 다른 영역이다. 많은 유럽의 국가들과 북미에서 모피 산업에서 동물에 가해지는 고통이 사람들에게 알려진 후에 모피는 예전보다 인기가 없다.

하지만 현재까지 인간의 동물 학대가 가장 중요한 분야는 동물 사육인데 이 영역에서 사용되는 동물의 수가 엄청나기 때문이다. 미국에서만 1년에 100억 마리의 동물들이 사육되고 음식으로 사용하기 위해 도축된다. 내가 이미 언급한 대로 유럽에서는 이런 산업 전체가 공장식으로 사육되는 동물의 복지에 대한 사람들의 관심으로 인해 변화되고 있다. 아마도 이런 변화가 북미에서도 시작되고 있을 것이다. 아마도 낙관주의자들에게 가장 고무적인 일은 수백만의 운동가들이 동물 해방 운동을 위해 자신들의 시간과 돈을 자발적으로 제공하고, 그들 중 많은 사람들이 동물 학대를 지지하는 것을 피하기 위해 자신들의 식생활과 삶의 방식을 바꾼다는 것이다. 채식주의와 (모든 동물로부터 나오는 것들을 소비하지 않는) 절대적인 채식주의가 북미와 유럽에서는 30년 전보다 훨씬 더 널리 채택되고 있다. 비록 이런 변화가 얼마만큼이나 동물에 대한 배려에 의해 촉발된 것인지 알기는 어렵지만, 이들 중의 일부가 그렇다는 데에 대해서는 의심할 바가 없다.

다른 한편으로, 동물의 도덕적 지위에 관한 철학적 논쟁은 일반적으로 동물이 도덕적 지위를 갖는다는 입장에 대해 우호적인 데 반해 대중들의 일반적인 견해는 종의 차이를 무시하고 이들 존재들의 이해관계가 평등하게 고려되어야 한다는 기본적인 생각으로부터 여전히 아직 거리가 멀다. 대부분의 사람들은 우리가 먹는 고기들이 산출되는 동물의 고통에 대해서는 망각한 채 여전히 고기를 먹고 가장 싼 고기를 찾는다. 현대 동물 해방 운동이 이루어낸 성취에도 불구하고 지구적 차원에서 동물을 위한 상황은 좋아진 것이 아니라 오히려 더 나빠졌다. 내가 위에서 언급한 동물 해방의 성취는 특히 중국, 하지만 증가하는 그리고 점점 더 부유해지는 중산층을 포함하는 아시아 국가들에서 공장식 가축 사육의 증가에 비교해보면 거의 아무것도 아니다. 확신하건대 한국도 그런 나라 중의 하나다. 공장에서 사육되는 대부분의 동물들은 살아 있는 대부분의 시간 동안 실내에서, 신선한 공기나 태양이나 풀도 모르고 도축을 위해서 트럭에 실리기 전까지 비참한 삶을 산다. 요약하자면 지금까지 우리가 동물 해방 운동에서 거둔 결과가 입증하는 것은 한 종으로서 우리가 다른 존재들을 위한 이타적인 배려를 할 수 있다는 것이다. 하지만 불완전한 정보, 강력한 이해관계와 불편한 사실들을 알려고 하지 않는 욕망이 동물 해방 운동이 이룩한 성취를 제한적으로 만든다는 것이다.

박상혁 옮김

생사 판정의 도덕적 기준은 과연 무엇인가?

1. 들어가는 말

인간 생명의 신성성이라는 전통적 윤리는 지난 수천 년간 유대교와 기독교 사상의 중심이었다. 나는 공적인 추론, 즉 종교적 신념과 무관한 사람들에게 호소하는 추론에서는 전통적 윤리가 옹호될 수 없음을 논증하려 한다. 나는 우선 인간의 죽음에 대해 우리의 이해가 지난 30년간 어떻게 변화해왔는가 하는 점부터 살피겠다. 일견 해결된 것처럼 보이는 이슈를 내가 택한 이유는, 우리가 만든 변화가 실은 비논리적인 것임을 보이기 위함이요, 그 변화를 통해 인간 생명의 신성성의 전통적 교설이 이미 심각하게 침식당하고 있음에도 그것을 되돌리길 원하는 사람들은 거의 없다는 점을 보이기 위해서다. 둘째, 나는 이 문제가 사망으로 간주되지는 않지만 불가역적으로 의식을 소실한 사람들에 대한 결정과 어떻게 관련되는지 살피겠다. 다음으로 나는 심각한 장애를 갖고 태어난 신생아의 치료 문제를 논의하고, 줄기세포를 얻을 목적으로 인간 배아를 파괴하는 행위와 낙태에 관해 간략히 논의한 뒤 자의적 안락사의 문제 또한 고려할 것이다.

2. 죽음에 대한 관점의 변화

1968년 당시 죽음의 법률적 정의는 세계 공통적으로 심장 박동과 혈액 순환의 정지에 기초해 있었다. 그해 이후 별 논란도 거치지 않은 채 뇌사는 미국을 포함한 거의 모든 선진국에서 죽음의 또 다른 기준으로 받아들여졌다. 선진국 중에서 일본만이 유일하게 뇌사를 인정하길 꺼렸고 지금도 그런 상태를 유지하고 있다. 앞으로 살펴보겠지만, 이러한 회의적 입장은 변화의 실제적 결과가 바람직함에도 불구하고 정당한 근거를 갖고 있다.

죽음의 기준이 변화한 것은 죽음의 본성에 대해 과학적으로 더 깊이 이해할 수 있었기 때문이었다. 이런 이유로 뇌사는 윤리적 이슈가 아닌, 의과학적인 이슈로 받아들여졌다. 널리 퍼진 이러한 견해는 잘못된 것이다. 죽음의 새로운 기준은 하버드대학의 헨리 비처(Henry Beecher) 교수의 제안에서 비롯되었다. 그의 명백한 동기는 당시로선 새로운 시술인 장기 이식을 위한 신선 장기들을 이용 가능하게 하는 데 있었다. 비처가 이끌었던 하버드위원회는 1968년에 발간한 역사적인 보고서에서 죽음의 본성에 대한 과학적 이해가 더 깊어졌기 때문에 죽음의 정의가 바뀌었다고 주장하지 않았다. 그 대신 위원회가 사망의 새로운 정의를 권고한 이유는, 현 상태가 여러 사람들과 관련 기관에 큰 부담이 되고 있고, "비가역적인 혼수상태"에 있는 사람들의 장기가 제대로 쓰였을 때 갖는 "생명을 구하는 잠재력"을 방해하고 있다고 보았기 때문이었다. 이러한 부담을 피하는 것이 좋은 일이라는 판단, 그리고 장기들이 사용될 수 있도록 하는 것이 좋은 일이라는 판단은 과학적인 것이 아니라 윤리적인 판단이다. 이 정의가 새로운 과학적 발견 또는 중환자 의학이라는 현대적 방법에 힘입은바 모호함을 명료하게 한 것뿐이라는 생각은 널리 유포된 오해다. 사망의 새로운 정의를 받아들이는 것이 과학 기술 전문가들의 권고를 받아들이는 일이라는 마음 든든한 생각에 도전하는 것은 그 누구(의사, 병원, 뇌사자 가족, 장기의 잠재적 수혜자)의 관심사도 아니었다. 이것이 새로운 정의가 별 논쟁 없이 성공을 거두어온 데 대한 설명이다. 그러나 상황은 이미 분명해지고 있다.

뇌 기능이 완전히 정지한 환자들 중 일부는 분명 여전히 살아 있는 인간 유기체다. 그들은 중환자실에서, 심지어 한 사례는 가정에서 장기간 유지되고 있다. 임신부 환자가 태아를 출산한 사례도 있다. 만약 한 인간이 모든 뇌 기능이 정지된 이후에 수년간 인간 유기체로 '생존'할 수 있다면, 이는 뇌가 통합된 유기적 기능에 핵심적이지 않다는 점을 보여준다. 이런 사람들의 생존이 기계에 의존해 있는 건 사실이지만, 우리는 투석 환자의 신장 기능이 기계에 의존한다고 해서 투석 환자를 사망했다고 간주하지 않는다. 이와 유사하게, 우리는 뇌 기능이 불가역적으로 소실된 환자들이 기계 혹은 여타 기술에 의해 유지된다고 해서 그들을 사망한 것으로 생각해서는 안 된다.

내 말을 주의 깊게 들은 사람이라면 앞서 내가 인용한 하버드위원회의 보고서 구절에서 "불가역적인 혼수상태"가 사망을 뜻하려 했다는 점을 알 수 있을 것이다. 위원회는 또한 "지력의 영구적인 소실"에 관해서도 언급했다. "불가역적인 혼수상태"는 사망한 사람에게 사용하기 이상한 용어이며, 이는 전뇌사(全腦死)와 동의어가 아니다. 의식을 담당하는 뇌의 부분이 영구적인 손상을 입었다는 것은 뇌간(腦幹)과 중앙신경계가 기능을 계속하고 있는 반면 의식은 불가역적으로 소실되었다는 뜻이다. 지속적 식물 상태(PVS) 환자들이 여기에 해당되는데, 요즘은 이를 가리켜 혼수상태라고 말하지 않는다.

앞서 인용한 하버드위원회의 보고서는 바로 이어서 "우리는 여기서 중앙신경계의 어떠한 활동도 감지되지 않는 혼수상태 환자들만을 대상으로 한다"고 적고 있다. 그러나 위원회가 사망을 재정의할 때 내세웠던 이유들 — 뇌사는 환자, 가족, 병원, 공동체에 큰 부담이 됨. 또한 이식용 장기가 낭비됨 — 은 각 측면에서 뇌 전체 기능이 정지된 환자들뿐 아니라 불가역적인 혼수상태에 있는 모든 환자들에게 똑같이 적용된다.

그렇다면 왜 위원회는 관심사를 뇌 활동이 전혀 없는 환자들로만 한정했을까? 그 이유는 아마도 뇌 전체가 죽은 환자의 신체 기능을 하루나 이틀 정도밖에 유지할 수 없다고 믿었기 때문일 것이다. 뇌간이 살아 있는 환자의 경우, 음식, 수분, 기초적인 간호만 제공되면 신체는 얼마든지 유지된다. 두 번째 이유는 아마도 1968년 당시에는 어떠한 뇌 활동도 감지되지 않는 경우만이 신뢰성 있는 — 사망 판정을 받은 사람이 나중에 '깨어날' 가능성이 없는 — "불가역적인 혼수상태"의 진단 형식이었기 때문일 것이다. 또 다른 가능성은, 뇌 활동이 전혀 없는 환자의 인공호흡기를 제거하면 호흡이 곧 멈출 것이고 이는 어떤 기준에서 보더라도 사망이 될 것이기 때문이다. 반면, 지속적 식물 상태 환자는 기계적 도움 없이도 계속 숨을 쉴 수 있다. 따라서 만약 하버드위원회가 불가역적인 혼수상태의 환자들 가운데 뇌 활동이 일부 있는 사람마저 죽은 것으로 정의하면 그건 아직 숨 쉬고 있는 사람을 매장해도 된다고 제안하는 셈이 된다.

이제 우리는 뇌 기능이 완전히 정지한 환자들의 신체 기능을 수개월 또는 몇 년이라도 유지할 수 있음을 안다. 따라서 죽음의 정의를 뇌 기능의 전적인 소실에 한정했던 첫 번째 이유는 더 이상 타당하지 않다. 기술 발달은 두 번째 이유도 제거해버렸다. 몇몇 장기간의 지속적 식물 상태 환자들의 경우 회복 불능이 되는 시기를 정확히 알 수 있는 신뢰성 있는 수단이 아직 없긴 하지만, 다른 예들에서는 새로운 뇌 영상 기법에 힘입어 의식과 연관된 뇌의 부분이 죽어버려서 의식이 다시 돌아올 수 없다는 것을 알 수 있게 되었다.

뇌 기능이 완전히 소실된 환자들에게만 사망의 정의를 한정했던 세 가지 이유들 중에서 이제 마지막 한 가지 — 자발적인 호흡이 있는 환자들에게 사망을 선언하는 문제 — 만 남았다.

지금처럼 사망의 정의가 불만족스러운 상황을 타개하기 위한 하나의 해결책은, 애초에 하버드위원회가 뇌사를 옹호할 때 제시했던 이유들이 갖는 함축과 오늘날 개량된 진단법을 결부시켜, 의식의 불가역적인 소실이라는 죽음의 정의로 나아가는 것이다. 의식이 불가역적으로 소실될 때, 우리의 생존에서 가치 있는 모든 것을 잃는 것이요, 우리가 사랑하는 사람들이 살아 있어주기를 바라는 이유를 모조리 잃게 되는 것이다.

의식의 중요성, 의식과 뇌의 연결이 "왜 뇌인가?"라는 근본적인 질문에 해답을 준다. 전뇌사 지지자들은 이제껏 이 질문에 만족스러운 답을 내놓지 못했다. 뇌의 죽음은 한 인격체의 일생에서 문제 되는 모든 것의 종말이다. 뇌에서 의식을 담당하는 부분의 죽음이 한 인격체의 일생에서 문제 되는 모든 것의 종말임은 물론이다. 그러므로 의식의 불가역적인 소실을 통해 사망을 정의하자면, 사망의 기준은 대뇌 피질, 대뇌 반구 또는 대뇌라 불리는 곳의 기능이 불가역적으로 정지되는 것이다. 더 정교한 정의를 내리지 않아도 되게끔, 나는 뇌에서 의식 작용을 위해 필요한 부분을 'higher brain'이라고 부르기로 하겠다.

진정 우리는 사망의 새로운 개념, 즉 체온이 있고 자발적으로 호흡하는 인간더러 죽었다고 하는 그런 개념을 도입하기를 원하는가? 이런 식으로 죽음을 재정의하려는 시도는 현명하지 않다고 생각한다. '사망했다'는 것은 인간 또는 의식이 있는 존재를 넘어서 훨씬 더 넓게 적용되는 말이다. 'higher brain'은 고사하고 뇌가 없는 생명체도 살고 죽는다. 왜 우리 모두가 잘 이해하고 있는 용어를 만지작거리는가? 하버드위원회가 제안했던, 이보다 훨씬 더 온건한 수정조차도 대부분 사람들이 죽음에 관해 생각하는 방식에 아직 녹아들지 못하고 있다. 신문 헤드라인에서 "뇌사 여성이 아이를 낳고 죽었다"고 읽는 건 흔한 일이다. 사랑하는 친척이 침대에 누워 기계의 도움 없이 정상적으로 숨을 쉬고 있는데도 환자가 사망했다고 말하면 그 말을 곧이 믿으려 하지 않을 것이다. 거기에는 그럴 만한 이유가 있다. 뇌사를 향한 첫 번째 변경의 옹호자들과 마찬가지로, 우리는 중요한 윤리적 결정을 과학적 사실인 양 위장하려는 잘못을 범하게 될 것이다.

우리는 사망의 전통적 정의로 회귀할 수 없다. 왜냐하면 그 경우 우리는 사람들의 생명을 구하는 다수의 장기들을 얻을 기회를 잃게 될 것이기 때문이다. 똑같은 이유로, 우리는 의식의 불가역적인 소실을 사망의 정의로 하는 데까지 나아갈 수도 없다. 대부분의 사람들이 기계의 도움 없이 정상적으로 호흡하고 있는 환자가 사망했다는 점을 인정하기 어려워하지만, 그들은 뇌를 자신들의 관심 부분과 무관심한 부분으로 명확히 구분한다. 그 이유는 산 자와 죽은 자를 구분하기 위해서가 아니라, 뇌의 기능 중 우리가 관심을 갖는 기능과 그렇지 않은 기능이 있기 때문이다. 그래서 뇌의 어떤 기능이 문제가 되느냐고 묻는다면 대부분의 사람들은, 최소한, 의식과 연관된 기능이라고 답할 것으로 나는 믿는다. 만약 의식 경험을 할 수 있는 능력을 여전히 보유한 환자로부터 주요 장기를 적출하는 경우가 생겨난다면, 공공의 항의는 다음 경우에 비해 훨씬 더 거셀 것 같다. 뇌에서 호르몬 분비가 계속되고 있으므로 뇌의 기능이 전적으로 중지되지 않았다는 점에서 법적으로는 사망하지 않은 환자로부터 장기를 적출하는 경우. (실제로 이런 일이 일어났다는 보도가 있었다.)

의식의 중요성을 강조하다보면 'higher brain'의 죽음을 사망과 동일시하는 쪽으로 가기 쉽다. 그러나 이것만이 유일한 결론은 아니다. 의식이 불가역적으로 소실되었을 때 인간이 사망한다고 주장하는 것은 너무나 역설적이다. 그 대신 우리는 사망의 전통적 정의를 받아들이되 무고한 인간의 생명을 의도적으로 끝내는 것이 언제나 잘못이라는 윤리적 견해를 거부할 수도 있다. 그렇다면 의식이 불가역적으로 소실된 환자에게 (적절한 동의가 있는 경우) 생명 유지 장치를 중단하거나 그로부터 이식용 장기를 적출하는 것이 윤리적으로 허용된다고 볼 수도 있을 것이다. 이렇게 함으로써 우리는 의식의 불가역적인 소실을 사망으로 재정의하는 것과 마찬가지의 실제적 결과를 얻을 수 있게 된다. 하버드위원회 식으로 표현하면, 의식을 결코 회복할 수 없는 사람들을 돌봐야 할 필요 대신 우리는 환자 가족, 병원, 병상을 원하는 사람들의 부담을 덜어주게 된다. 뇌의 모든 기능이 멈춘 환자들의 경우만이 아니라 뇌간이 기능하는 환자들의 경우에도 우리는 이 부담을 덜어주게 된다. 이때 우리는 도움 없이 자발 호흡을 하고 있는 환자에게 어떤 의미의 사망 선고를 내리지 않아도 된다. 끝으로, 우리의 윤리적 판단이 투명해지게 되고 따라서 관련 이슈들에 대한 공공의 이해가 은폐되지 않고 증진된다.

이 제안에 대한 심각한 반론은, 제아무리 논리적으로 강력해도 현실과 너무 동떨어져 있어서 성공할 가능성이 별로 없다는 것뿐이다. 결국 이 제안은 인간 생명의 신성성이라는 전통적인 교설에 대한 정면 도전이다. 혹자는 요새처럼 견고한 교설과 충돌해서 깨지고 마느니, 교설 안에 머물되 의식을 불가역적으로 소실한 사람들에게까지 죽음의 정의를 확장하는 것이 더 낫지 않겠느냐고 말할 것이다. 달리 말해, 뇌사가 진정한 사망이라는 허구를 그대로 유지한 채 이 허구의 영역을 넓혀가는 것이 더 낫지 않겠느냐고 말이다.

허구가 유용할 때도 있으므로 때로는 그냥 두는 게 더 낫다는 것을 부정하진 않겠다. 그러나 이것은 그런 예에 해당되지 않는 것 같다. 허구는 어쨌든 붕괴되고 있다. 또한 전통적인 생명의 신성성 교설은 의료와 법률 영역에서 점차 포기되고 있다. 만약 미국에서 아직 그렇지 않다면 네덜란드, 벨기에, 영국에서는 그러하다. 윤리에서 허구보다는 진실이 일반적으로 더 나은 토대다.

3. 배아, 태아 및 유아에 대한 삶과 죽음의 결정

지금까지 나는 인간 생명의 신성성의 전통적 견해를 고수하려는 사람들조차도 뇌 기능의 불가역적 소실과 관련된 어려운 문제에 직면하게 된다는 점을 보였다. 이 문제들에 대한 정합적이고 일관성 있는 해법에 이르기 위해서 우리는 평소에 당연시해왔던 생각, 즉 무고한 인간의 생명을 빼앗는 것은 항상 잘못이라는 생각에 대해 의문을 던질 필요가 있다. 인간 생명의 신성성이란 우리가 좀처럼 의문시하지 않는 것인 까닭에 이는 많은 사람들에게 충격적인 제안이다. 하지만 철학자들은 이런 믿음을 포함하여 우리가 당연시하는 믿음들에 대해 의문을 제기해야만 한다. 광범위한 합의의 어떤 문제, 다시 말해 죽음의 정의를 뇌 기능의 불가역적 정지와 관련해서 변경하자고 할 때 이미 그런 의문들이 제기되고 있음을 내가 보였기를 희망한다. 여기 이 문제를 더 끌고 나가는 하나의 방법이 있다. "인간을 죽이는 것이 가령 닭을 죽이는 것보다 더 나쁜 일인가?" 하고 자문해보라. 당신이 채식주의자가 아닌 한, "예"라고 대답할 것이 확실하다. 설령 당신이 나처럼 채식주의자라고 하더라도 누군가가 거리나 학교에서 무작위로 사람들을 죽인다면 그것은 도살

장에서 일상사로 벌어지는 일보다 더 큰 비극이라고 생각할 것이 거의 틀림없다. 나도 그렇게 생각한다. 왜 그런가? 우리가 종교적 가르침을 끌어들이지 않는 한, 대답은 인간과 동물의 차이 때문이라는 것이다. 그러나 그 차이가 우리가 속한 종(種)이 닭의 종과 다르다는 그 사실만이어서는 안 된다. 단지 어떤 종족의 구성원이라는 점이 도덕적으로 주요한 차이를 낳는다면 그것은 종차별주의가 될 것이다. 우리와 유사한 정도로 지적인 외계인이 있어 평화적이고 우호적이지만 우리와 다른 종이라고 상상해보자. 그들이 우리 종족이 아니라는 이유만으로 그들을 죽이는 것이 용인될 수 있을까? 전혀 그렇지 않다.

그러므로 만약 인간을 무작위로 죽이는 것이 인간 아닌 동물을 죽이는 것보다 더 나쁜 일이라면 그 차이는 어떤 종류의 인간인가 하는 점과 분명 관련이 있다. 더 구체적으로 나는 그 차이가 동물에겐 없지만 인간이 보유한 고도의 정신 능력과 유관한 것이 틀림없다고 제안한다. 이것은 단지 쾌락과 고통과 느낄 수 있는 능력도 아니요, 모자 관계의 단절 때문에 고통 받는 그런 능력도 아니다. 타 종족의 구성원을 죽이는 것에 비해 우리가 인간을 죽이는 것을 훨씬 더 나쁘게 생각하는 이유는, 인간이 단지 의식을 넘어서 자의식, 즉 미래에 대한 계획을 세울 수 있는 능력을 갖고 있기 때문이다. 이제 우리는 분명 도덕적으로 유관한 어떤 것에 기반하여 살아 있는 존재들을 죽이는 것을 구분하는 이유를 갖게 되었다. 다른 것들이 동등하다면, 한 존재가 자신이 생명을 갖고 있음을 이해할 수 있는 능력이 있다는 사실로 인해 그 생명을 끝내는 것이 진정으로 나쁜 일이 되는 것이다. 자신이 살아 있음을 알고, 자신의 존재가 시간에 걸쳐 있음을 인식하는 존재, 죽음으로 인해 잃게 될 것에 대해 파악하고 있는 존재, 죽음으로 인해 좌절을 겪을, 미래에 대한 욕망을 품을 수 있는 그런 존재인 것이다.

그러나 여기서 다음과 같은 점이 분명해진다. 공공장소에서 자행된 자살 폭탄 테러의 희생자와 같은 **전형적인** 사람들은 인간 아닌 동물은 갖지 못한 그런 능력을 갖고 있는 반면에, **어떤** 사람들은 그런 능력을 갖고 있지 못하다. 가령 신생아들에게는 그런 능력이 없다. 신생아들은 인간 아닌 동물에 비해 탁월한 지적 능력을 가진 존재가 될 **잠재성**이 있다는 반박이 대번에 나올 테지만, 만약 이것이 신생아를 죽여서는 안 되는 이유라면, 우리는 인간 태아도 매우 유사한 잠재성을 지니고 있다는 점을 인정해야만 할 터이니, 그렇게 되면 인간 태아를 죽이는 것마저도 심각한 잘못이 될 것이다.

특히 미국에서는 이 결론을 지지하는 사람들이 있다. 그러나 태아와 배아에 대한 이 결론은 오도되었다는 것이 나의 견해다. 세계 인구는 이미 60억 명을 넘어섰고 지구 자원의 고갈, 특히 일산화탄소 배출량이 한계점에 이르게 될 90억 내지 100억 명을 향해 증가하고 있다. 부모가 자녀들을 되도록 많이 낳는 것이 의무가 아니요 바람직한 일도 아니다. 설령 각각의 자녀가 모든 확률에서 유일무이하고 합리적이며 자의식적인 인간으로 성장한다 하더라도 말이다. 똑같은 이유에서 나는, 인간 태아가 모든 확률에서 유일무이하고 합리적이며 자의식적인 존재가 될 것이라는 사실이 낙태에 반대할 이유는 아니라고 생각한다.

줄기세포를 이용하는 연구가 한국에서 널리 논의되고 있으므로, 태아에 대한 나의 논의가 인간 배아 줄기세포를 얻을 목적으로 파괴되는 인간 배아의 경우에는 한층 더 명확하게 적용된다는 점을 덧붙이고자 한다. 다시 말해, 이 배아들이 호모사피엔스 종의 일원이라는 의미에서 **인간**이라는 사실이 배아에게 생명권이 있다고 생각할 수 있는 근거는 아니라는 것이다. 단지 우리 종에 속한다는 이유만으로 특별대우를 해서는 안 된다. 체외 상태의 배아는 클리닉에서의 인공적인 조작 없이는 더 자랄 수 없다. 이 같은 초기 상태의 배아에게는 고통, 쾌락을 느끼거나 의식 경험을 할 수 있는 능력이 없음이 분명하다. 이렇듯 배아 생명권의 근거를 배아의 잠재성에서 찾을 수 없다면, 정자와 난자 주인들의 동의가 있는 한 배아를 파괴하는 데 대해 도덕적으로 반대할 근거가 없다. 만약 수백만 명이 고생하는 주요 질환의 치료에 줄기세포가 진정으로 유망하다면, 그리고 인간 배아가 이러한 줄기세포의 최적의 자원이라면, 우리는 그런 식으로 줄기세포를 얻어야 할 윤리적 의무마저 진다고 논증할 수도 있을 것이다.

4. 심한 장애 유아의 치료

지금부터 장애 유아의 생사 결정에 대한 내 견해를 설명하겠다. 내가 앞에서 밝힌 이유에서, 나는 **어떤** 신생아를 죽이는 것도 합리적이고 자의식적인 존재를 죽이는 것과 도덕적으로 동등하다고 생각하지 않는다고 했다. 물론 이 견해가 유아 살해는 도덕적으로 무관한 사안임을 의미하는 건 아니다. 그와는 달리, 유아 살해는 대단히 잘못된 일이지만, 보통 그것이 잘못된 이유는 주로 아이를 임신하고 이미 그 아이를 사랑하고 양육하고자 원했던 부모에게 미치는 해악 때문이다. 신생아의 죽음은 일반적으로 부모의 비극이지, 자신의 인생에 대해 어떠한 전망조차 갖지 못해본 유아의 비극은 아닌 것이다.

그렇다면 장애는 신생아에 대한 생사 판정에 어떤 차이를 만들어내는가? 내가 심한 장애 신생아의 치료에 관심을 갖게 된 것은 1970년대 후반인데, 그 당시에는 의사들이 그런 아이들을 '자연적으로 내버려두는' 것이 흔한 관행이었다. 이것은 어떤 수술도 하지 않고 어떤 항생제도 쓰지 않은 채, 그 아이들이 며칠, 몇 주 혹은 몇 달에 걸쳐 서서히 죽어갔음을 의미한다. 부모의 의견을 묻지 않는 경우가 흔했고, 아이에게 더 이상 해줄 게 없다고 말하는 것이 고작이었다. 내가 보기에 그건 도덕적 책임을 회피하는 짓이었고, 너무 몰인정한 일이었다.

그러나 심각한 장애를 지닌 몇몇 유아들에 대한 전망을 가늠하는 데에서 나는 그 전망이 무엇이든 관계없이 삶을 연장하는 것이 항상 좋은 일은 아님을 인정해야만 했다. 그러나 누가 이 어려운 결정을 내려야 하는가? 물론 유아 자신은 이런 결정을 할 수 없다.

일반적인 상황에서 부모는 유아의 생사에 의해 가장 큰 영향을 받는 사람들이며, 바로 그들이 가능한 가장 풍부한 정보를 근거로 아이의 생존을 위해 현대 의학의 자원을 사용할지 여부를 결정하는 데 발언 우선권을 지녀야 한다. 나는 의사가 특정 장애를 지닌 생명에 대해 지나치게 부정적인 견해를 지닐 수 있음을 인정한다. 그러므로 나는 이런 결정에 대해 의구심을 지닌 부모는 의사로부터 얻는 정보에만 의존하지 말고,

특정 장애아 대표 단체나 장애아 부모, 간병인과 접촉하여 다양한 정보를 구할 것을 촉구한다.

그럼에도 불구하고, 부모는 여전히 종종 합당한 근거에서 아이가 살지 않는 편이 더 낫다고 결정할 것이다. 그렇다면 어떻게 해야 하는가? 내가 프린스턴 대학의 교수직을 수락할 즈음, 나는 그런 사례를 일상적으로 접하는 신생아 중환자실 실장으로부터 한 통의 전화를 받았다. 그는 부모의 의견을 구한 후, 그들이 아이가 생존하지 않는 편이 낫다는 데 동의한다면, 호흡기를 끌 것이고 심지어 아이에게 음식과 수분을 공급하는 튜브를 제거할 것이라고 나에게 말했다. 그러나 그는 아이에게 극약을 주사하지는 않겠다고 했다. 그는 거기에 중요한 도덕적 차이가 있지만 그 차이가 무엇인지 설명하진 못하겠다고 말했다. 나는 그에게 대답하기를, 가용한 의료적 치료를 의도적으로 유보함으로써 죽음을 허용하는 것과, 신속하고 인도적으로 죽음을 앞당기기 위한 적극적 개입을 하는 것을 심리적으로 서로 다르게 받아들이는 이유를 이해할 수는 있지만, 나는 이 둘 사이에 중요한 도덕적 차이가 존재한다고 볼 수 없다고 말했다. 사실상 나는 엄밀히 말해 후자가 덜 고통스럽기 때문에 종종 도덕적으로 더 낫다고 생각한다.

아이의 전망이 매우 나쁠 때조차도, 모든 의사들이 이 의사처럼 부모와 상의하고 치료를 중단하는 것은 아니다. 내가 그 의사에게 내 견해를 밝혔던 그 즈음, 나는 B 부인이라는 한 여성으로부터 다음과 같은 편지를 받았다.

내 아들 존[실명 아님]은 거의 2년 반 전에 단지 1파운드 14온스의 체중으로 11주나 일찍 미숙아로 태어났습니다. 당시 그 아이는 이미 임신 29주에 있었고 두개골 안에 출혈이 없었기 때문에 상태가 양호할 것이라고 했지요. 그 아이는 단지 동일 연령의 다른 아이들을 따라잡을 필요가 있을 뿐이라구요. 그러나 사실은 그렇지 않았어요. 존은 잠재적인 우측 반신불수와 함께 경련성 양측 뇌성마비를 지니고 있었고, 지각 계통의 문제를 지니고 있었고, 언어 발달이 뒤처졌습니다. 사람들이 나에게 그가 아마 다수의 학습 장애를 지닌 '정상' 지능을 지닐 것이라고 말함에도 불구하고, 우리는 그 아이의 지적 기능이 어떤 수준일지 알지 못해요. 그 아이가 CP 아동들에 비해 더 잘 기능하는 건 확실하고, 최소한 납득할 만한 '정상'적 삶의 기회가 아주 작은 아이들보다는 기능이 더 좋을 것이지만, 이것이 논의하고자 하는 문제는 아니지요.

내 남편과 나는 우리 아이(세 아이 중 둘째)를 사랑하지만, 누군가 나에게 'B 부인, 당신 아들은 수많은 장애를 가지게 될 거예요. 당신은 우리가 이 아이에게 삽관하기를 여전히 원하시나요?'라고 묻는다면, 나의 대답은 '아니요'일 것입니다. 이것은 결정을 뒤엎는 직감이었을 것이지만 최상의 대답이었을 거예요. 그리고 존에게 그리고 우리에게 그리고 우리의 다른 아이들에게 최상의 이익이었을 겁니다. 나는 그가 성장해감에 따라 그가 극복해야 할 그 모든 것들에 대해 생각하면 말할 수 없이 슬퍼집니다.

내가 받은 이런 투의 편지가 이것만은 아니었다. 나는 B 부인이 전형에서 벗어난 부모라고 생각하지 않는다. 심각한 장애를 지닌 아이들의 많은 부모들은 아이들의 삶에 대해 그들이 출생했을 때나 출생 후 바로 사망했더라면 더 나았을 것이라고 판단한다. 물론 다른 부모들은 매우 다른 견해를 지니고 있다.

B 부인은 심각한 장애를 지닌 아이를 가질지, 그렇게 하지 않을지 선택하는 기회에 직면했을 때 우리 대부분이 어떻게 행동하는지에 대한 질문과 관련된 또 다른 핵심을 다음과 같이 지적하고 있다.

이것은 틀림없이 내가 나 자신을 위해서 선택했을 삶이 아닙니다. 내 남편과 나는 우리가 심각한 장애를 지닌 아이의 부모가 될 자격이 없다는 점을 숨겨온 셈입니다. 우리는 만약 그런 아이를 임신했다는 것을 알게 되었다면 낙태했을 것이라고 말해왔습니다. 나는 이런 아이의 임신에 잘 대처할 만큼 특별한 사람은 아니라고 느꼈어요.

이것은 분명 일반적인 견해다. 산전 진단은 35세 이상의 임신부에게 권고 사항이다. 그리고 이 연령의 여성 거의 대부분은 이 권고를 받아들인다. 검사 결과 태아가 다운증후군이나 척추이분증 같은 조건에 영향을 받는다면, 거의 모든 여성은 임신을 중단할 것이다. 그들의 동기는 복합적일 수 있다. B 부인처럼, 부분적으로는 자신이 스스로 심각한 장애를 지닌 아이의 부모가 될 자격이 없다고 볼 수 있다. 그러나 그들은 '그들의 아이'에 대한 최선의 것을 바라면서, 그들 역시 잘못 시작된 삶을 종료하고 아마도 다시 시도하는 게 더 낫다고 생각할 수 있다.

이런 이슈들에 대해 생각할 때, 우리는 오늘날 대부분의 부부-자녀가, 최소한 선진국에서는, 가족계획을 한다는 점을 잊지 않아야 한다. 그들은 아마 두 명 또는 세 명의 아이를 가질 것이다. 가령 다운증후군 태아를 낙태하는 결정은 '반생명'은커녕 '반자녀'도 아니다. 이것은 "내가 단지 두 명의 아이들만 가질 것이기 때문에, 나는 그들이 완전하고 풍요로운 삶에 대한 가장 좋은 전망을 지니기를 원한다. 그리고 시작 시점에서 이런 전망이 심각하게 어둡다면, 나는 차라리 다시 시작할 것이다"라고 말하는 결정이다.

이것은 분명 받아들일 만한 합당한 견해다. 이 견해는 장애를 지닌 삶이 살 만한 가치가 있다는 생각에 대한 편견을 반영하는가? 이것이 편견이라면, 매우 널리 퍼진 편견이다. 대부분의 사람들은 다른 모든 것이 동일하다면 장애가 없는 아이들을 갖는 것이 더 낫다고 생각한다. 그렇지 않다면 왜 하반신 마비와 같은 상태를 극복하는 방법을 찾는 연구에 많은 돈을 쓰겠는가?

장애를 지닌 아이들의 출생을 방지하는 결론에 도달하거나 심지어 종종 낙태란 결론에 도달하게 될 때 우리들 대부분은 이 추론을 받아들이는 것 같다. 하지만 아이가 태어나자마자, 정확하게 동일한 추론에 대해 우리가 놀라다니 참 이상한 일이다. 나는 왜 그런지 알 수 없다. 낙태 반대론자가 옳은 점이 있다면, 분명히 출생은 존재 그 자체의 본성에서 어떠한 결정적인 변화를 나타내지 않는다는 점이다. 태아에서 유아로의 발달은 점진적인 것이다. 출생이 만들어내는 아마도 가장 중요한 차이점은 유아가 좀 더 쉽게 포기되어 입양될 수 있다는 점이다. 별로 심하지 않은 장애아의 경우 아이를 입양할 부부가 있다면 그 아이

의 삶을 종결시키느니 이것이 더 나은 결과가 되는 이유가 바로 여기에
있다.

후기 태아와 신생아 사이의 구분 말고는, 나는 우리가 출생에 대해
단호한 입장을 취하도록 강요하는 **몇몇** 비임의적인 선을 가질 필요가
없다면 출생에 선을 그을 이유가 무엇인지 모르겠다. 나는 실제 도덕적
으로 구분하는 선은 좀 더 나중에 발생하는데, 자의식이 시작되는 때라
고 제안해왔다. 그러나 여기서도 역시 분명한 선이 그어지지는 않는다.
그렇기 때문에 언젠가 내 동료인 헬가 쿠제(Helga Kuhse)와 나는 다음
과 같이 제안한 바 있다. 부모와 의사가 함께 신생아에 대한 생사 결정
을 내리는 데 출생 후 28일간의 결정 시간이 재량권으로 허용되어야 한
다. 그러나 나는 지금 이것이 매우 임의적인 것이어서 실제로 가능하기
어렵다고 생각한다. 그래서 나는 출산 후 유아의 상태에 대한 정확한 진
단이 내려지자마자 곧 이런 결정들이 내려져야 하며, 적절히 고려할 시
간에 대한 부모의 요구는 허용한다는 점만을 말하고자 한다.

심한 장애를 지닌 아이에 대한 이 절에서 내가 지금까지 논의했던 것
은, 유아의 맥락에서, 유아에 대한 부모의 결정이란 맥락에서였다는 점
을 강조하면서 마무리하고 싶다. 지금까지 논의했던 것의 그 어떤 것도
장애를 지닌 성인이나 좀 더 성장한 아이들에 대해 직접 적용할 수 없
다. 어떤 사람이 휠체어에 앉아 있고 맹인이라는 사실은 한 '사람'으로
서의 지위와 어떤 관련을 지니고 있지 않다. 그러므로 이런 사실은 그
사람의 삶을 그들의 의지에 반하여 종결시키는 것과 아무런 관련이 없
다. 부모들이 나중에 성장하여 휠체어에 앉아 생활하거나 맹인이 될 아
이들의 삶을 종결시키는 것을 내가 허용하고 있다는 점을 인정한다. 그
래서 사람들은 내 견해를 따른다면 자신들이 오늘날 생존해 있을 수 없
을 것이라고 말할 수 있다. 그러나 이것은 낙태의 관점에서 많은 경우
사실이다. 그리고 산전 상담 때문에 몇몇 경우에서 사실이기도 하다. 왜
냐하면 부모들은 가령 유전적인 장애를 피하기 위해, 기증된 정자를 이
용하도록 조언을 받을 수 있기 때문이다. 어느 누가 이것을 산전 상담을
금지시킬 이유라고 보겠는가? 그리고 의심할 여지없이 그들의 부모가

낙태할 수 **없었다면** 생존해 있지 않았을 많은 사람들이 오늘날 살아 있다. 왜냐하면 그랬다면 그들의 부모는 또 다른 아이를 갖지 않았을 것이기 때문이다.

끝으로, 나는 이전에도 여러 번 말해왔듯이 내가 장애를 지닌 사람들이 사회에 통합되고 교육받을 수 있어야 하며, 그들이 할 수 있는 한 정상적으로 살아가고 일할 수 있도록 사회로부터 가능한 한 모든 지원을 받아야 한다고 생각한다는 점을 다시 한 번 말하고 싶다.

5. 자의적 안락사와 의사 조력 자살

전통적 윤리에 대한 또 다른 도전은 의학적 치료 여부를 결정할 환자의 권리가 점점 더 강조되고 있다는 점이다. 자유 사회라면, 의사결정 능력이 있는 말기 환자가 충분한 정보에 근거하여 더 이상 자신의 삶이 살 가치가 없다는 결정을 내리고 이 결정을 존중하는 의사가 이를 실행에 옮기려 할 때, 살인의 부도덕성에 대해 하나의 이데올로기적 입장을 가지고 있는 사람들이 이것을 막아서는 안 된다. 따라서 개인의 권리와 자유를 옹호해온 사람들이 자의적 안락사의 입법을 지지하지 않았다는 것은 이상한 일이다. 정부가 시민의 사적 생활에 불필요한 간섭을 해서는 안 된다고 생각하는 사람들이 말기 환자와 의사가 죽을 시기를 결정하는 사적인 결정에 정부가 간섭해야 한다고 믿는다니 이게 어찌된 일인가?

플로리다 출신의 여성인 테리 시아보(Terri Schiavo)의 급식 튜브를 제거하는 문제로 남편과 친정 부모 사이에 법정 다툼이 벌어졌다. 시아보의 생명을 연장하려고 시도했던 생명권 옹호론자들의 노력이 가져온 큰 아이러니는, 이 사건이 널리 알려짐에 따라 수많은 미국인들이 15년 간이나 식물인간 상태에 있었던 시아보와 같은 상황이 되면 나는 더 이상 살기를 바라지 않는다는 명시적인 생전 유언을 남겼다는 것이다. 그러므로 시아보의 급식 튜브 제거를 둘러싼 논쟁으로 인해 급식 튜브 제거가 상당히 늘어날 것 같다. 이 사례에서 의사 결정 능력이 있는 환자의 결정권이 부각되었다는 점에서 시아보 사례 자체의 이슈를 넘어 적극적 자의적 안락사 및 의사 조력 자살과 같은 광범위한 죽을 권리의 문제를 둘러싼 논쟁이 재점화되었다.

19세기 철학자 존 스튜어트 밀은 개인이야말로 궁극적으로 자신의 이익의 최선의 판단자요 수호자라고 논증했다. 밀이 든 유명한 예는, 위험한 다리를 건너는 사람들을 발견했을 때 당신이 그 사람들을 멈추게 한 뒤 다리 붕괴의 위험성을 알릴 수도 있겠지만, 만약 그들이 계속 가기를 원한다면 당신은 비켜서서 그들을 지나가도록 해야만 한다는 것이다. 왜냐하면 오직 다리를 건너는 그들만이 자신의 행동의 중요성과 위험의 가능성을 저울질하는 법을 알고 있기 때문이다. 밀이 든 예는 우리가 다루고 있는 존재는 정보를 습득, 반성, 선택하는 능력을 갖고 있다는 점을 전제하고 있다. 개인적 자유에 가치를 두는 사람이라면, 삶이 계속될 가치가 있느냐 여부를 결정하는 주체는 바로 그 자신이어야 한다는 밀의 주장에 동의해야만 한다. 만약 판단 능력이 손상된 사람이 미래에 대한 불투명한 전망을 이유로 살기보다 죽겠다는 결론에 이른다면, 살인에 반대하는 통상적인 이유 — 살인은 죽음을 당하는 존재로부터 생명이 가져올 선(善)을 빼앗기 때문 — 는 그 사람의 요구에 응해야 하는 이유로 뒤바뀌게 된다.

우리 사회의 어떤 구성원들에게 자의적 안락사는 도덕적으로 용납되지 않을 것이다. 그러나 바로 **자의적** 안락사라는 발상에서 그들의 견해는 암묵적으로 존중된다. 그것은 완화 요법이나 치료 유보처럼 원하는 사람들에게 열려 있는 하나의 옵션이지, 모든 사람들이 택해야만 하는 죽음의 양식은 아니다. 완화 요법과 비치료는 많은 사람들이 선호하는 옵션으로 남게 될 것이다. 그렇지만, 완화 요법이 많은 사람들에게 그들이 원하는 종류의 품위 있는 죽음을 줄 수 있다는 사실이, 완화 요법이 모든 사람들에게 적합하다는 것을 의미하지는 않는다.

완화 요법을 통하면 도움을 받지 못할 말기 환자가 거의 없다고 흔히들 말하는데, 별 관련 없는 주장이다. 5퍼센트 정도가 여기에 해당될 것이다. 설령 그 수치가 0.05퍼센트라고 해도 근원적인 논점은 여전히 성립한다. 어떤 환자도 도덕 또는 종교의 가르침을 지키느라고 자신이 질색하는 방법으로 죽게 되어서는 안 된다.

6. 죽게 방치함

생사 문제에 관해 내가 옹호해온 입장이 갖는 더 넓은 함축이 있다. 심한 장애를 갖고 태어난 신생아의 치료 케이스에서 우리가 죽게 내버려둠과 의도적인 살인 사이의 구분을 비판해야만 하는 것과 마찬가지로, 우리는 세계 최빈국의 절대 빈곤 주민들의 생명을 구하기 위해 우리가 해야 할 일에 실패하는 경우에도 이 구분의 적절성에 대해 의문을 제기해야만 한다. 여기서 우리는 우리 자신을 위해 더 소비하느라고 원조를 유보함으로써 '죽게 내버려두고' 있는 것이다. 이것이 살인과 동일시될 수는 없겠으나 그 결과가 나쁘다는 점에서는 유사하며, 매년 1,800만 명에 달할 것으로 추산되는, 빈곤으로 인한 사망과 관련이 있다. 이 문제는 제2강의에서 주로 다루어진다.

구영모 · 최경석 옮김

강연자 및 번역자 *

■ 다산기념 철학강좌 1. 공자 사상과 현대사회

김태길

충북 중원에서 태어나 청주고보를 졸업하고 일본 동경대학 법학부에서 공부하였다. 서울대 철학과와 동 대학원을 졸업한 후 미국 존스홉킨스대학 철학과에서 철학 박사 학위를 받았다. 서울대 철학과 교수, 학술원 회원, 철학문화연구소 이사장 등을 역임하였다. 주요 저서로는 『윤리학』, 『한국 대학생의 가치관』, 『변혁시대의 사회철학』, 『한국 윤리의 재정립』, 『흐르지 않는 세월』, 『삶을 어디서 찾을 것인가』, 『삶과 그 보람』, 『삶이란 무엇인가』, 『직업윤리와 한국인의 가치관』 등이 있다.

■ 다산기념 철학강좌 3. 자유주의를 넘어서

마이클 왈쩌(Michael Walzer)

1936년에 미국 뉴욕에서 태어나 브랜다이스대학을 졸업하고 케임브리지대학에서 공부했다. 하버드대학에서 박사 학위를 받았으며, 프린스턴대학과 하버드대학의 교수를 역임했다. 현재 미국 고등학술원(Institute for Advanced Study) 종신교수다. 주요 저서로는 *Obligations: Essays on Disobedience, War, and Citizenship* (Harvard University Press, 1970), *Just and Unjust Wars*(Basic Books, 1977), *Spheres of Justice*(Basic Books, 1983, 정원섭 외 옮김, 『정의와 다원적 평등』, 철학과현실사, 1999), *Interpretation and Social Criticism* (Harvard University Press, 1987), *Thick and Thin: Moral Argument at Home and Abroad*(Notre Dame Press, 1994), *Pluralism, Justice, and Equality*(Oxford University Press, 1995), *On Toleration*(David Miller와 공저, Yale University Press, 1997) 등이 있다.

---

* 강연자 및 번역자 약력은 각각의 다산기념 철학강좌가 개최된 당시의 내용임을 밝힌다.

김용환

연세대 철학과를 졸업하고 영국 웨일즈대학에서 철학 박사 학위를 받았다. 현재 한남대 철학과 교수로 재직 중이다.

박정순

연세대 철학과를 졸업하고 미국 에모리대학에서 철학 박사 학위를 받았다. 현재 연세대 철학과 교수로 재직 중이다.

윤형식

성균관대 법학과를 졸업하고 독일 브레멘대학에서 철학 박사 학위를 받았다. 경희대 연구교수를 역임했으며, 현재 성균관대 철학과 강사로 재직 중이다.

정원섭

서울대 철학과를 졸업하고 동 대학원에서 박사 과정을 수료했다. 현재 서울대 철학과 강사로 재직 중이다.

■ 다산기념 철학강좌 5. 문명 간의 대화

두유명(杜維明)

1940년에 중국 윈난성(雲南省) 쿤밍(昆明)에서 태어나 1949년에 대만으로 이주하였다. 1957년 동해대학(東海大學) 영문과에 들어갔으며, 1961년 대학 졸업과 함께 미국 하버드대학으로 건너가 제3기 유학을 제창하며 현대 신유학 사상 형성에 기여하였다. 현재 하버드대학 교수 및 연경연구소장이다. 현재까지 19권의 영문 저서와 13권의 중문 저서를 출판하였다.

나성

숭실대 철학과를 졸업하고 서울대 대학원에서 동양철학을 공부하였다. 대만대학 철학연구소에서 석사 학위를 받았으며 미국 하버드대학에서 박사 학위를 받았다. 현재 한신대 철학과 교수로 재직 중이다.

마이클 샌델(Michael Sandel)

1953년에 미국에서 태어나 브랜다이스대학을 졸업한 뒤 영국 옥스퍼드대학 밸리올 칼리지에서 철학 박사 학위를 받았다. 1980년부터 하버드대학에서 정치철학을 강의하고 있으며, 또한 미국 대통령 직속 생명윤리위원회 위원, 국제관계위원회 위원, 미국 예술과학원 위원으로 활동 중이다. 주요 저서로는 『자유주의와 정의의 한계』(1982), 『자유주의와 그 비판자들』(1984), 『민주주의의 불만: 공공 철학을 모색 중인 미국』(1996), 『공공 철학: 정치에서의 도덕론』(2005), 『완전성을 반론한다: 유전공학 시대의 윤리』(2007) 등이 있으며, 그 밖에 정치철학과 윤리에 관한 수많은 논문들을 발표하였다.

강준호

미국 펜실베이니아대학에서 철학 석사 학위를 받았고, 퍼듀대학에서 철학 박사 학위를 받았다. 현재 경희대와 한국외국어대, 건국대, 경인교대 강사로 재직 중이다.

구영모

서울대 철학과를 졸업하고 미국 캘리포니아대학(샌타바버라)에서 석사와 박사 학위를 받았다. 현재 울산의대 인문사회의학교실 교수로 재직 중이다.

김선욱

숭실대 철학과를 졸업하고 미국 뉴욕주립대학(버펄로)에서 철학 박사 학위를 받았다. 현재 숭실대 철학과 교수로 재직 중이다.

김은희

서울대에서 철학 박사 학위를 받았으며 현재 서울대 강사로 재직 중이다.

박상혁

서울대 지리교육과를 졸업하고 동 대학원 미학과에서 석사를 마친 뒤, 미국 캔자스대학에서 철학 박사 학위를 받았다. 현재 계명대 철학과 교수로 재직 중이다.

최경석

서울대 미학과를 졸업하고 동 대학원에서 석사를 마친 뒤, 미국 미시간주립대학에서 철학 박사 학위를 받았다. 현재 이화여대 생명윤리법정책연구소 연구교수로 재직 중이다.

■ 다산기념 철학강좌 10. 이 시대에 윤리적으로 살아가기

피터 싱어(Peter Singer)
1946년에 호주 멜버른에서 태어나 멜버른대학과 옥스퍼드대학에서 공부하였으며, 옥스퍼드대학, 뉴욕대학, 콜로라도대학, 캘리포니아대학, 라트로브대학 등에서 학생들을 가르쳤다. 호주 모나쉬대학 철학과 교수를 역임했으며 현재는 미국 프린스턴대학 석좌교수다. 주요 저서로는 『실천윤리학(*Practical Ethics*)』, 『이렇게 살아도 괜찮은가?(*How are we to live*)』, 『동물해방(*Animal Liberation*)』, 『삶과 죽음(*Rethinking Life & Death*)』 등이 있다.

구영모
서울대 철학과를 졸업하고 미국 캘리포니아대학(샌타바버라)에서 석사와 박사 학위를 받았다. 현재 울산의대 인문사회의학교실 교수로 재직 중이다.

김선욱
숭실대 철학과를 졸업하고 미국 뉴욕주립대학(버펄로)에서 철학 박사 학위를 받았다. 현재 숭실대 철학과 교수로 재직 중이다.

김성한
고려대 불문과를 졸업하고 동 대학원 철학과에서 철학 박사 학위를 받았다. 현재 동덕여대 강사로 재직 중이다.

박상혁
서울대 지리교육과를 졸업하고 동 대학원 미학과에서 석사를 마친 뒤, 미국 캔자스대학에서 철학 박사 학위를 받았다. 현재 계명대 철학과 교수로 재직 중이다.

윤은주
숭실대 철학과를 졸업하고 동 대학원에서 철학 박사 학위를 받았다. 현재 숭실대 강사로 재직 중이다.

최경석
서울대 미학과를 졸업하고 동 대학원에서 석사를 마친 뒤, 미국 미시간주립대학에서 철학 박사 학위를 받았다. 현재 이화여대 생명윤리법정책연구소 연구교수로 재직 중이다.

다산기념 철학강좌 ■ 세계 석학들의 향연
윤리와 사회철학

1판 1쇄 인쇄	2015년 10월 25일
1판 1쇄 발행	2015년 10월 30일

엮은이	한국철학회
발행인	전 춘 호
발행처	철학과현실사

등록번호	제1-583호
등록일자	1987년 12월 15일

서울특별시 종로구 동숭동 1-45
전화번호 579-5908
팩시밀리 572-2830

ISBN 978-89-7775-787-5   03190
값 25,000원